**Die Bonus-Seite**

Ihr Vorteil als Käufer dieses Buches

Auf der Bonus-Webseite zu diesem Buch finden Sie zusätzliche
Informationen und Services. Dazu gehört auch ein kostenloser
Testzugang zur Online-Fassung Ihres Buches. Und der besondere
Vorteil: Wenn Sie Ihr **Online-Buch** auch weiterhin nutzen wollen,
erhalten Sie den vollen Zugang zum **Vorzugspreis**.

So nutzen Sie Ihren Vorteil

Halten Sie den unten abgedruckten Zugangscode bereit und
gehen Sie auf **www.galileodesign.de**. Dort finden Sie den
Kasten **Die Bonus-Seite für Buchkäufer**. Klicken Sie auf **Zur
Bonus-Seite / Buch registrieren**, und geben Sie Ihren **Zugangscode** ein. Schon stehen Ihnen die Bonus-Angebote zur Verfügung.

Ihr persönlicher
Zugangscode   vbqd-m7ha-y9c8-x62p

Heiko Stiegert

Modernes Webdesign mit CSS

Schritt für Schritt zur perfekten Website

Galileo Press

Liebe Leserin, lieber Leser,

wer heutzutage Webdesign macht, steht vor vielen Herausforderungen: Die Website muss nach neuesten Standards erstellt sein, aktuelle Techniken wie CSS3 wollen berücksichtigt werden, die Website muss in möglichst vielen Browsern und Browserversionen laufen, und nicht zuletzt soll natürlich auch das Design das gewisse Etwas haben.

Nutzt man aber zum Beispiel neueste CSS3-Eigenschaften, funktionieren diese oft nur in den aktuellsten Browserversionen. Es ist aber auch keine gute Lösung, ganz auf die neuen Möglichkeiten zu verzichten, denn schließlich bieten sich dadurch auch viele Vorteile, beispielsweise was den Umgang mit Grafiken angeht oder die allgemeine Performance einer Website. Heiko Stiegert hat es sich zum Ziel gemacht, Ihnen in dieser Situation zu helfen und Ihnen zu zeigen, wie der Spagat zwischen Alt und Neu gelingt. In genauen Schritt-für-Schritt-Anleitungen erfahren Sie, wie Sie die wichtigsten CSS-Probleme in den Griff bekommen und dabei trotzdem nicht auf eine gute Gestaltung verzichten müssen. Wann immer möglich, kommt dabei CSS3 zum Einsatz, sodass Sie schon bald souverän mit der neuen CSS-Version umgehen. Für Browserversionen, die mit CSS3 nicht umgehen können, werden alternative Lösungen vorgestellt. So können Sie sicher sein, dass Ihre Websites auch in älteren Browsern funktionieren. Der Theorie-Teil am Anfang des Buchs bietet Ihnen dabei einen kompakten Einstieg in die Welt des Webdesigns mit CSS, eignet sich aber auch zum Nachschlagen für alle fortgeschrittenen Leser.

Alle Beispiele aus den Workshops des Buchs finden Sie zudem auf der DVD, die diesem Buch beiliegt. So müssen Sie den Code nicht abtippen und können das Ergebnis »live« testen. Auf der DVD haben wir außerdem über eine Stunde Video-Lektionen zum Thema CSS für Sie zusammengestellt. Es lohnt sich also, die DVD einmal einzulegen!

Nun wünsche ich Ihnen viel Spaß bei der Lektüre und beim Nachvollziehen der Workshops. Wenn Sie Fragen, Kritik oder Anmerkungen zu diesem Buch haben, so freue ich mich über Ihre E-Mail.

Katharina Geißler
Lektorat Galileo Design
katharina.geissler@galileo-press.de

www.galileodesign.de
Galileo Press • Rheinwerkallee 4 • 53227 Bonn

Inhalt

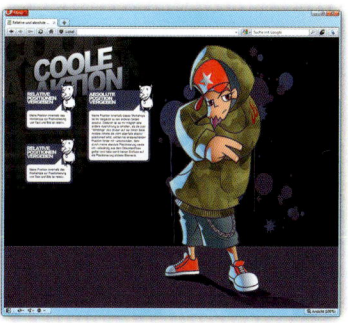

TEIL II Seitenelemente

5 Die Site strukturieren

TEIL III Trends, Tipps & Tricks

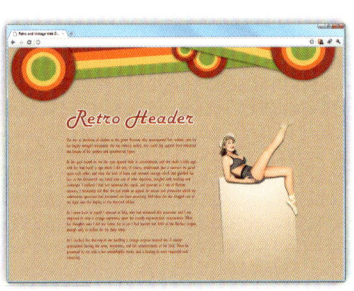

10 Onlineshops

TEIL IV Web 3.0

11 CSS3 für eine kreative Gestaltung

12 Das semantische Web

Vorwort

So, wie sich die meisten Dinge im Leben verändern, bleibt auch die Entwicklung des Internets in einem immer anspruchsvoller werdenden Informationszeitalter nicht stehen. Im Gegenteil, wohl kaum eine andere Branche ist aufgrund der Entwicklungen von Webstandards und deren Implementierungen in immer wieder neueren Browserversionen so schnelllebig. Um sich in diesem Bereich längerfristig behaupten zu können, bleibt Ihnen nichts anderes übrig, als sich fortwährend mit der Entwicklung dieser Webstandards kritisch auseinanderzusetzen und zu beschäftigen.

Die immer neuen Möglichkeiten, die uns unter anderem die vom W3C verabschiedeten Webstandards (CSS, HTML, JavaScript & Co.) bieten, kommen dem Ziel von Sir Tim Berners-Lee, dem Erfinder des World Wide Web, näher: Informationen und Wissen für jedermann zugänglich zu machen. In Zeiten des Internethypes Mitte der 90er Jahre war es leider allzu oft das Ziel, mit doch eher fragwürdigen Methoden so schnell wie möglich mit dem Medium Internet Geld zu verdienen. Der tatsächliche Nutzen des Internets entstand erst, nachdem dieser Hype abflaute. Viele hinterfragten erst dann, welchen Nutzen dieses Internet denn überhaupt hat. Den eigentlichen Inhalten des Internets wurde nun mehr und mehr Bedeutung beigemessen. Ziel war es, Informationen nicht nur einfach abzubilden, sondern sie mittels Webstandards ihrer inhaltlichen Bedeutung entsprechend den Anwendern zugänglich zu machen.

Praxisnähe und Inspiration | Zu Themen wie CSS, HTML, JavaScript & Co. gibt es bereits eine interessante Vielfalt an Publikationen, die Einsteigern, Kennern und Profis der Szene die jeweiligen Sujets näher bringen – sei es als umfangreiches Nachschlagewerk oder als Buch, das den Leser dazu inspirieren soll, das Gelesene selbst auszuprobieren. Das Ihnen vorliegende Buch ist eher der zweiten Kategorie zuzuordnen. Die Workshop-Beispiele sind allesamt praxisnah und räumen mit dem Mythos auf, dass barrierearme und mit Webstandards umgesetzte Webanwendungen langweilig und alles andere als kreativ seien.

Progressive Enhancement und Graceful Degradation | Die Unterstützung der neuesten Webstandards und der Browser hinunter bis zum IE 6 wird in den meisten Workshops auf Basis von »Progressive Enhancement« umgesetzt. Das heißt, es wird zunächst von einer Basisversion der entsprechenden Website ausgegangen, deren Eigenschaften von allen relevanten Browsern umgesetzt werden können; dieser Stand wird dann durch

Zum Weiterlesen

Wer mehr über die beiden Ansätze Progressive Enhancement und Graceful Degradation erfahren möchte, liest in Abschnitt 2.10 weiter.

Verbesserungen in Form neuer CSS3-Eigenschaften so ergänzt, dass neue Browserversionen nicht in ihren Fähigkeiten beschnitten werden, sondern ihre volle Leistung entfalten können. In einigen wenigen Workshops hingegen wird der Ansatz des »allmählichen Funktionsabbaus«, auch bekannt unter dem Begriff »Graceful Degradation«, verfolgt. In einem solchen Fall nutzt die Basisversion der Website neueste CSS3-Eigenschaften, während für ältere Browserversionen wie den IE 6 zusätzliche Arbeitsschritte und unter Umständen weitere Dateien zur gewünschten Umsetzung des Designs notwendig werden. Auf Basis dieser beiden Ansätze wird im Laufe der einzelnen Kapitel des Buchs auch auf mögliche Probleme durch die unterschiedliche Interpretation von Standards durch die Browser(-versionen) und auf die daraus resultierenden Lösungsvorschläge hingewiesen.

Neue Möglichkeiten mit CSS3 | Die Workshops dieses Buchs sollen die Vorteile des Einsatzes von CSS3-Eigenschaften nicht nur in Bezug auf eine bessere Performance verdeutlichen. Denn derjenige, der die Vorteile von Webstandards kennt, ihre Integration beherrscht und sie bereits bei der Konzeption und dem Design berücksichtigt, kann auf seine Art und Weise dazu beitragen, das Web zukunftsfähiger und effektiver zu gestalten. Denjenigen, die daran interessiert sind, liefert dieses Buch Ansatzpunkte und zeigt mögliche Vorgehensweisen auf.

Webstandards | Dieses Buch richtet sein Augenmerk inhaltlich auf die Vorteile von Webstandards und die damit verbundene strikte Trennung von Inhalt und Layout. Die Möglichkeit, nicht nur kreativ, sondern auch semantisch strukturell zu denken und die Beispiele nachzuvollziehen, ist die ideale Voraussetzung, um die Vorteile von CSS zu erkennen und in Zukunft auch nutzen zu können.

Dieses Buch | Beim Besuch einer Webseite entscheiden nicht selten nur Bruchteile von Sekunden, ob der User bleibt oder die Seite verlässt, und damit verbunden auch über ihren Erfolg. Deshalb ist es wichtig, dass beim Designentwurf sowie bei der umgesetzten Webanwendung eine klare visuelle und hierarchische Struktur und Gliederung zu erkennen ist. Ziel ist es, Ihnen genau dieses Zusammenwirken von HTML und CSS auf Basis kreativer, effektiver und vor allem praktikabler Workshops näherzubringen.
Dieses Buch richtet sich

- ▶ an Einsteiger, die sich in Bezug auf den Einsatz von CSS und die damit verbundenen Möglichkeiten inspirieren lassen möchten,
- ▶ an Fortgeschrittene, die bereits erste Erfahrungen mit Webseitengestaltung haben, aber Neues über den Umgang mit und die kreative Gestaltung auf Basis von CSS3 erfahren möchten,

▶ aber auch an erfahrene, professionelle Webdesigner und Screendesigner, die an kreativen Lösungsansätzen im Umgang mit CSS3 interessiert sind.

Jedes Kapitel in diesem Buch bezieht sich auf ein spezielles Thema im Bereich Webdesign und Webentwicklung. Klassiker wie Webseiten-Navigationen, Webformulare oder Datentabellen sind Anforderungen, die Ihnen im Alltag nicht selten sämtliche Fähigkeiten abverlangen.

Kompatibilität und Unterstützung von Browsern

Ausschlaggebend für die Entscheidung, welche Browser(-versionen) unterstützt werden sollen, ist in erster Linie die Zielgruppe eines Webprojektes. Die Kompatibilität und Unterstützung vieler CSS-Eigenschaften der Beispiele in diesem Buch ist, wie den meisten Lesern bekannt sein sollte, nicht überall identisch. Diese fehlerhafte Darstellung entsteht durch die unterschiedlichen technischen Voraussetzungen und Interpretationsfähigkeiten bezüglich CSS, HTML, DOM und JavaScript. Um dieses Verhalten nicht nur allgemein und theoretisch zu beschreiben, wird in den einzelnen praktischen Anwendungsbeispielen des Buchs explizit darauf eingegangen, auch wenn hierfür ein anderer Lösungsansatz möglich gewesen wäre.

Da von der Konzeption bis hin zur Fertigstellung des Buchs einiges an Zeit verging und die Entwicklung der Browser in dieser Zeit nicht stillstand, haben einige neue Browserversionen das Licht der Welt erblickt. Sofern nicht gesondert in den einzelnen Workshops erwähnt, werden die Beispiele von allen aktuell relevanten Browsern unterstützt. Die Unterstützung der in den Workshops verwendeten CSS3-Eigenschaften wurde in den folgenden Browsern getestet: Firefox 5, Opera 11.5, Safari 5, Google Chrome 13 und IE 9 sowie im IE 10, der sich bei Veröffentlichung des Buchs noch in der Pre-Beta-Phase befand. Auf Funktionalität und alternative Darstellung dieser Eigenschaften wurde in einzelnen Workshops insbesondere im IE bis hinunter zur Version 6 getestet, um hier gegebenenfalls die dafür notwendigen Alternativansätze verdeutlichen zu können.

Über den Autor

Mal abgesehen von meinem Autorendasein der letzten Monate arbeite ich seit Ende der 90er des letzten Jahrhunderts im Bereich Webdesign und Webentwicklung und seit einigen Jahren in diesem Bereich bei der Mediaworx AG in Berlin. Themen wie die oben erwähnten Webstandards beeinflussen meinen Arbeitsalltag in großem Maße, und ich beschäftige mich damit immer noch mit wachsender Begeisterung. Die Entwicklung in Sachen Web ist so unglaublich rasant, und das Internet bietet durch seine immense Vielfalt unglaublich viele und interessante Möglichkeiten. Mein Ziel ist es, Ihnen mit diesem Buch nicht nur die Entwicklung von standard-konformen Webanwendungen anhand praktischer und visuell hochwertiger Workshop-Beispiele näherzubringen, sondern meine Begeisterung an Einsteiger, Fortgeschrittene und Profis gleichermaßen weiterzugeben.

Danksagung

Zunächst bedanke ich mich, und das in allererster Linie, bei meiner wundervollen Tochter Letizia und meiner Frau Sonja, die mir während der Monate des Schreibens den Rücken freigehalten haben und mich außerhalb der Onlinewelt immer wieder inspiriert haben. Außerdem bedanke ich mich bei Pierre Woita, der mir für einige Workshop-Beispiele wunderbare Grafiken und Illustrationen zur Verfügung gestellt hat und somit auf besonders kreative und inspirierende Weise zur Fertigstellung der Workshops beigetragen hat. Des Weiteren möchte ich selbstverständlich auch Galileo-Press und hier insbesondere Katharina Geißler für die wunderbare Zusammenarbeit danken, ebenso Dirk Jesse, der als Fachgutachter gleichermaßen mit seinem großen Engagement und seinen Anregungen und Inspirationen zum Gelingen des Buchs beigetragen hat.

Allen Lesern wünsche ich viel Vergnügen bei der Lektüre dieses Buchs und, was eigentlich noch viel wichtiger ist, viel Erfolg beim Umgang mit CSS.

Heiko Stiegert
Berlin

TEIL I
Grundlagen

1   Einleitung

Webdesign umfasst neben der Strukturierung der Inhalte auch deren Gestaltung und eine durchdachte Nutzerführung. Die daraus resultierende **visuelle Wahrnehmung von Webseiten** ist ebenso wie bei den klassischen Druckmedien grundsätzlich abhängig von Gesetzmäßigkeiten der visuellen Kommunikation. Dass eine visuell ansprechend gestaltete Webseite nicht zwangsläufig auch eine erfolgreiche Webseite sein muss, wird dann deutlich, wenn ein der Benutzergruppe entsprechend optimiertes Design valide umgesetzt wurde, aber dennoch nicht die gesteckten Ziele erreicht. Warum dies der Fall sein kann und warum mehr als nur die visuelle Kommunikation für eine **erfolgreiche Webseite** von Bedeutung ist, soll hier beschrieben werden.

> **Webdesign**
>
> Webdesign ist die Gestaltung von Webseiten nach den Kriterien von Ästhetik und Funktionalität unter dem höchstmöglichen Maß an Nutzbarkeit. Die Inhalte einer Webseite sind aber nur dann für den Besucher optimal nutzbar, wenn die visuelle Umsetzung der Benutz- und Bedienbarkeit einer Webseite nicht im Wege steht, sondern sie unterstützt.

1.1   Was ist benutzerfreundliches Webdesign?

Webseiten werden heute nicht mehr nur allein auf dem Desktop-PC oder auf Laptops betrachtet. Mehr und mehr setzen sich auch mobile Medien wie Tablet-PCs und Smartphones wie iPhone & Co. durch. Jedes dieser Medien stellt jedoch andere Anforderungen an die Präsentation der Inhalte. Zum einen liegt das an den unterschiedlichen Viewportgrößen dieser Geräte, zum anderen aber auch an den Möglichkeiten in Sachen Bedienung.

Damit Inhalte von den unterschiedlichsten Ausgabemedien dargestellt werden können, ist es wichtig, sie ihrer Bedeutung entsprechend auszuzeichnen.

1.1.1   Accessibility

Webseiten sollten so konzipiert und umgesetzt werden, dass sie jeder nutzen und lesen kann. Es sollen vor allem keine Barrieren für körperlich eingeschränkte Menschen aufgebaut werden. Laut Angaben des Bundesamts für Statistik aus dem Jahre 2004 sind über 8 Millionen und damit jeder zehnte Einwohner in Deutschland körperlich behindert. Die wesentlichen Kriterien für ein barrierefreies und somit auch behindertengerechtes Web-

▲ **Abbildung 1.1**
Je nach Ausgabemedium unterschiedliche Darstellungen auf Basis ein und derselben HTML-Datei

design werden in Deutschland durch die **BITV** geregelt, die am 24. Juli 2002 in Kraft trat. Da diese Regelung mittlerweile in die Jahre gekommen ist, gibt es seitens des W3C Richtlinien für barrierefreie Webinhalte (WCAG 2.0), die, wenn Sie ihnen folgen, zu barrierefreien Webinhalten für eine größere Gruppe von Menschen mit Behinderungen (Blindheit, Seh- und Lernbehinderungen, kognitive Einschränkungen etc.) führen.

Ein weiterer Aspekt, der in diesem Zusammenhang oft genannt wird, ist der des fehlerfreien und somit **validen** Webdesigns. Valide bedeutet in diesem Fall, eine Webseite technisch nach genormten Regeln des W3C auf Basis vorhandener Webstandards zu erstellen. Validität ist aber nicht mit Barrierefreiheit gleichzusetzen! Denn auch ein auf einem Tabellenlayout basierendes Design kann valide sein, durch das zur inhaltlichen und visuellen Strukturierung verwendete Tabellengerüst ist eine solche Webseite allerdings nicht barrierefrei, denn **assistive Technologien** wie Screenreader, die dem Anwender die Webinhalte zum Beispiel über eine Braillezeile ausgeben, können mit Inhalten, die durch eine Tabelle gegliedert werden, nicht viel anfangen. Sehbehinderten Menschen wird das Erreichen von Informationen deutlich erschwert.

1.1.2 Usability

Benutzerfreundliches Webdesign umfasst neben dem Ermöglichen des Zugangs zu Webinhalten (*Accessibility*) auch die verständliche und komfortable Bedienung der Webinhalte (*Usability*). Da die Gestaltung direkten Einfluss auf die Benutzerfreundlichkeit einer Webseite hat, lässt sich diese am besten entwickeln und umsetzen, wenn der Anwender der jeweiligen Zielgruppe im Zentrum des Gestaltungsprozesses steht. Der Begriff, der sich hierfür in den letzten Jahren durchgesetzt hat, lautet **nutzerzentriertes Design**. Damit verbundene Aufgabenprozesse sind folgende:
▶ Verifizieren Sie die Zielgruppe der Webseite.
▶ Welche Eigenschaften kennzeichnen diese Zielgruppe (beispielsweise Geschlecht, Alter, Internetaffinität)?
▶ Welche Wünsche haben die Benutzer an die Website, wie kurze Ladezeiten, Hilfefunktionen, Orientierungs- und Navigationsmöglichkeiten?
▶ Wie lautet die Zielsetzung der Webseite (beispielsweise Informationen in Form eines PDFs bereitstellen, Kontaktaufnahme)?

Bei der Berücksichtigung all dieser Aspekte wird schnell deutlich, dass das Wissen um die Wahrnehmung der Webseitenbesucher bei der farblichen Gestaltung und der Positionierung von Inhalten eine zentrale Rolle spielt. Je mehr sich also das Design einer Webseite an der Wahrnehmung durch den Anwender orientiert, desto höher ist der Wert, den eine Webseite für den Webseitenbesucher hat.

1.2 Was ist erfolgreiches Webdesign?

Allgemein gesagt ist Webdesign immer dann erfolgreich, wenn es dazu beiträgt, den ursprünglichen Zweck der Website zu unterstützen. Ein Newsportal muss also so gestaltet sein, dass der Anwender einen möglichst hohen Nutzen aus einer Webseite zieht, ein Shop sollte leicht zu bedienen sein usw. Daher sollte vor der Umsetzung einer Webseite das Ziel, das mit der Webpräsenz verfolgt wird, im Mittelpunkt der Planung stehen. Wenn dieses Ziel definiert wurde, muss das Design anschließend so umgesetzt werden, dass dieses Ziel auch erreicht werden kann.

Für einen Shop heißt das zum Beispiel, im **Check-out-Process** bei einer mehrschrittigen Bestellung keine Missverständnisse aufkommen zu lassen, die den Anwender kurz vor Schluss dazu bringen, den Bestellvorgang doch noch abzubrechen. Hier ist es wichtig, die sogenannten **Call-to-Action-Elemente** für den User deutlich zu gestalten. Dazu gehört neben der visuellen Gestaltung auch die Positionierung dieser Elemente innerhalb des Designs einer Webseite.

Call-to-Action-Elemente

Ein Call-to-Action-Element beschreibt in erster Linie eine klare Aufforderung zu einer Handlung innerhalb einer Webseite, wie dem Bestellen eines Produktes innerhalb eines Onlineshops. Eine gut strukturierte Webseite führt den Blick des Webseitenbesuchers zielgerichtet hin zu diesem Element. Neben den gestalterischen Eigenschaften, die ein solches Element ausmachen, ist die Beschreibung von immenser Bedeutung, denn diese sollte beim Webseitenbesucher keine Fragen offenlassen. Das heißt, der Text beschreibt deutlich und unmissverständlich, was nach der Aktion durch den Besucher passiert.

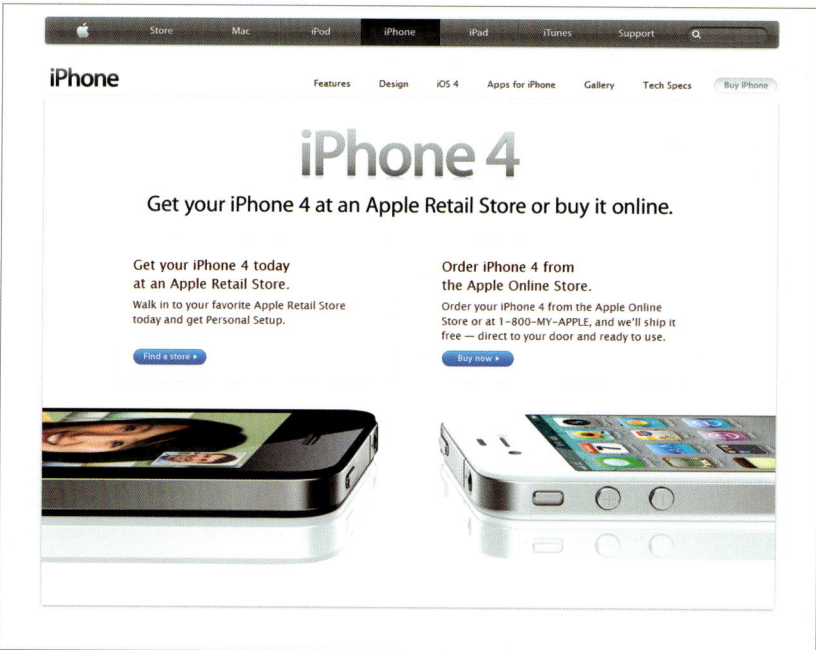

◄ **Abbildung 1.2**
Produktseite zum iPhone 4 – eine Webseite mit unmissverständlichem Ziel (»Get your iPhone 4…«), inklusive Call-to-Action-Element (»Buy it now!«)

1.2.1 Suchmaschinenoptimierung – SEO (Onpage)

Damit eine Website erfolgreich sein kann, muss sie im Netz natürlich erst einmal gefunden werden. Damit beschäftigt sich die **Onpage-Optimierung für Suchmaschinen**. Das beginnt mit der URL der Webseite, einer sogenannten sprechenden URL, setzt sich fort mit dem Webseitentitel im title-Element und mündet in der Strukturierung der Inhalte. Voraussetzung für eine erfolgreiche Strategie in Bezug auf SEO ist die semantische Kennzeichnung der Inhalte. Diese Vorgehensweise sorgt also nicht nur dafür, dass beispielsweise assistive Technologien die Inhalte besser strukturieren und gliedern können, sondern auch dafür, dass derartig gekennzeichnete Inhalte auch für die Crawler der Suchmaschinen (aus)lesbar sind.

Letztendlich sind aber nicht die Suchmaschinen das Ziel der Bemühungen, sondern die Webseitenbesucher, die über die Ergebnisse der Suchmaschinen zu einer Webseite finden. Eine gute Position innerhalb der **SERPs** (Search Engine Research Pages) ist deshalb unverzichtbar und somit wichtiger Bestandteil einer erfolgreichen Webseite. Denn erst die über die Suchmaschine zu den Inhalten kommenden Besucher können ja überhaupt dazu beitragen, dass das gesteckte Ziel des Webseitenbetreibers erreicht wird. Dennoch ist eine große Anzahl an Webseitenbesuchern kein Garant dafür, dass die Website erfolgreich ist, denn nicht jeder Website-Besuch mündet z. B. in einem Reiseportal automatisch in einer Buchung oder in einem Onlineshop in Kaufabschlüssen. Einer der grundlegenden Aspekte für den Erfolg einer Website ist die Konversionsrate.

1.2.2 Konversion

Nehmen wir an, die Webseite wurde den Anforderungen der Zielgruppe entsprechend mit interessanten und nützlichen Informationen gefüllt und diese wurden ihrer Semantik entsprechend ausgezeichnet, so dass die Website unter Umständen auch in den SERPs der Suchmaschinenbetreiber sehr gute Positionen erzielt. Nun fehlt zum Erfolg des Webseitenbetreibers nur noch eines – die Konversion. Aus Besuchern müssen Käufer, Abonnenten, Leser etc. werden!

Leider muss sich eine gute Konversionsrate nicht zwangsläufig in einem benutzerfreundlichen Webdesign begründen. Ein »sehenswertes« Beispiel hierfür ist der von vielen Webdesignern als »unübersichtliche Webseite mit grauenhaftem Webdesign« bekannte Webauftritt der irischen Billigfluggesellschaft Ryanair (siehe Abbildung 1.3). Die Webseite dürfte visuell gesehen den meisten Betrachtern nicht zuletzt aufgrund der Farbenvielfalt eher Schmerzen bereiten als sie zum Betrachten der Inhalte animieren. Aber die Betreiber der Webseite beachten einen Aspekt ganz besonders, wodurch auch diese Seite zu einem erfolgreichen Portal zählen dürfte – die Positionierung des primären **Call-to-Action-Elements** auf der Startseite der Fluggesellschaft.

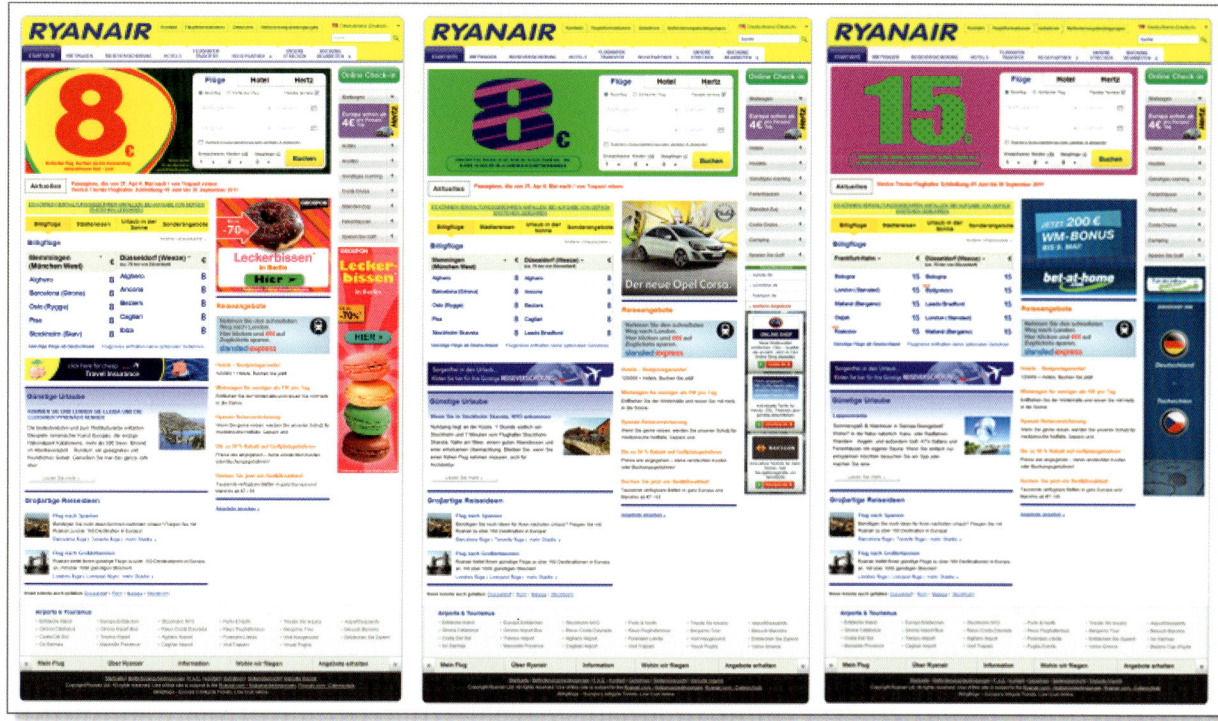

Neben den ins Auge springenden unterschiedlichen Farbkontrasten und der daraus resultierenden Aufmerksamkeit ist insbesondere die Position der regelmäßig farblich veränderten Keyvisual-Grafik ideal: Sie ist unabhängig vom Viewport des Anwenders selbst bei einer Auflösung von 800 × 600 px aufgrund ihrer Position im oberen Viertel der Seite nahezu immer im direkten Blickfeld des Betrachters und muss nicht wie bei anderen Webseiten erst durch Suchen und Scrollen erreicht werden.

▲ **Abbildung 1.3**
Die Webseite der Fluggesellschaft Ryanair (*www.ryanair.com/de*) Ende April 2011 (links), Anfang Mai 2011 (Mitte) und Mitte Mai 2011 (rechts): Die Preis-Grafik oben links ist das Call-to-Action-Element dieser Website.

2 CSS-Basiswissen

In diesem Kapitel lernen Sie die wichtigsten CSS-Grundlagen kennen und erhalten einige grundlegende Informationen zu den in den Workshops verwendeten CSS-Eigenschaften. So wird der Lesefluss bei den Workshops in den Buchteilen 2 bis 4 nicht durch zu umfangreiche ergänzende Informationen gestört, und Sie können hier schnell nachschlagen, sollte Ihnen einmal eine Information fehlen.

2.1 Was ist CSS?

CSS ist eine Formatierungssprache zur Definition von Formateigenschaften einzelner HTML-Elemente, die das Design einer Webseite ergeben. Die Abkürzung steht für Cascading Style Sheets. Während das HTML-Dokument die Inhalte der Webseite ihrer Bedeutung entsprechend auszeichnet, legen Sie mit CSS die visuelle Darstellung und die daraus resultierende **visuelle Wahrnehmung** durch den Betrachter fest. Mit anderen Worten: Sie trennen den Inhalt vom Layout. Das Zusammenspiel von HTML und CSS ergibt unter Berücksichtigung der Accessibility und Usability der Inhalte das Webdesign einer Webseite.

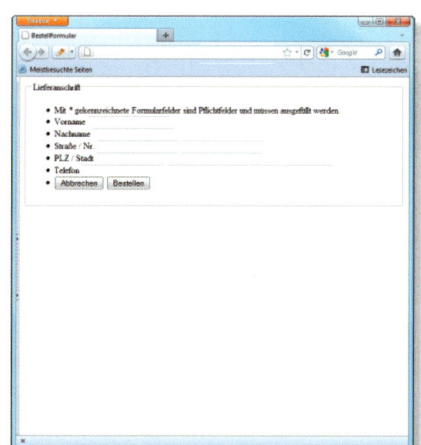
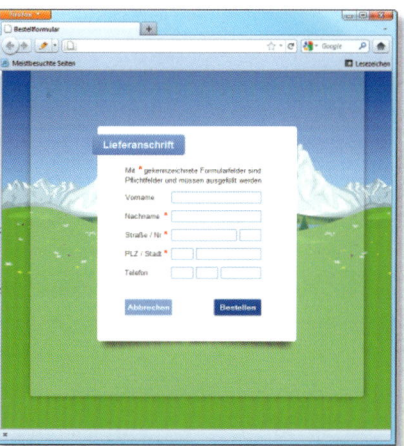

◄ **Abbildung 2.1**
Zweimal dasselbe Bestellformular: Die Darstellung links basiert auf dem Default-Stylesheet (Browser-Stylesheet), rechts wurde ein Autoren-Stylesheet angehängt und eine zusätzliche Grafik genutzt.

Ausgabemedien wie Browser erstellen aufbauend auf dem HTML-Quell-
code einen hierarchischen Stammbaum des Dokumentes, das sogenannte
Document Object Model. Die innerhalb eines solchen Dokumentes enthaltenen Elemente können dann, wie in Abbildung 2.1, über CSS die
gewünschten Eigenschaften erhalten.

2.1.1 Funktionsweise von CSS

Der für CSS ausschlaggebende Prozess der Ausführung, die sogenannte
Kaskade, wird in vier verschiedene Stufen untergliedert. Die Styleanwei-
sungen werden je nach Gewichtung, Ursprung, Spezifität und Reihenfolge,
in der die CSS-Eigenschaften aufgeführt werden, ausgeführt:

1. Gewichtung
2. Ursprung
3. Spezifität der Selektoren
4. Reihenfolge

Die Prüfung und Festlegung dieser Kaskade bildet die Grundlage zur Ver-
meidung von Konflikten zwischen verschiedenen Stylesheets. Sie löst also
auf, welche Deklarationen und CSS-Regeln angewendet werden.

Gewichtung und Ursprung von Selektoren | Das **Default-Stylesheet**, des-
sen CSS-Eigenschaften als Erstes auf eine Webseite angewendet werden,
bestimmt beispielsweise die Schriftgrößen für Fließtexte und Überschriften
oder auch die Unterstreichungen und farbliche Hervorhebung für Verlinkungen. Um die Auswirkungen dieses Stylesheets erkennen zu können,
deaktivieren Sie doch einmal alle für eine Webseite angelegten Styles (zum
Beispiel über die Browsererweiterung Web-Developer-Toolbar). Das im
linken Teil von Abbildung 2.1 sichtbare Resultat ist ein unformatiertes, aber
vollkommen funktionsfähiges HTML-Dokument. Dieses Stylesheet wird
allerdings nur dann verwendet, wenn keine anderen Regeln vom Autor
oder Anwender existieren.

Mittlerweile erlauben es dem Anwender aber auch alle modernen Browser, sein eigenes Stylesheet, das sogenannte **Benutzer-** oder **User-Style-
sheet**, anzulegen. Auf diese Weise können Sie als Nutzer im Browser Ihre
persönlichen Einstellungen entsprechend Ihren Anforderungen vornehmen
und damit wiederum die Angaben des Browser-Stylesheets überschreiben.

Das **Autoren-Stylesheet** enthält jene Stylesheet-Angaben, die Web-
entwickler/-designer definieren. Bei der Reihenfolge der Gewichtung von
Stylesheets kommt es unter Umständen dazu, dass sich Selektoren gegenseitig außer Gefecht setzen und somit bereits festgelegte CSS-Eigenschaften wirkungslos werden lassen. Dadurch passiert es, dass man trotz punkt-
genauer Ansprache bei einem Selektor keine Veränderung der Gestaltung

erhält. Die Ursache dafür ist oftmals die niedrigere **Spezifität** dieses Selektors im Vergleich zu einem anderen, dessen Eigenschaften statt der eigentlich beabsichtigten Eigenschaft vom Ausgabemedium umgesetzt werden.

Eine Ausnahme gibt es allerdings auch hier. Sie tritt bei der Verwendung der !important-Regel für CSS-Anweisungen innerhalb einer CSS-Datei in Kraft. Durch diese Regel werden CSS-Anweisungen innerhalb einer CSS-Datei eines Benutzer-Stylesheets stärker gewichtet als eine CSS-Regel eines Autoren-Stylesheets. Seit CSS Level 2 (CSS2), das bereits im Mai 1998 in Kraft trat, besitzt nicht mehr das Autoren-Stylesheet mit der !important-Regel, sondern das Benutzer-Stylesheet mit der bereits seit CSS1 vorhandenen !important-Regel die höchste Gewichtung:

1. Eigenschaften des Benutzer-Stylesheets und !important
2. Eigenschaften des Autoren-Stylesheets und !important
3. Eigenschaften des Autoren-Stylesheets (Stylesheet der Webseite)
4. Eigenschaften des Benutzer-Stylesheets (Einstellungen innerhalb des Browsers des Anwenders)
5. Eigenschaften des Default-Stylesheets (Standardeinstellung des Browsers)

2.2 CSS in HTML einbinden

Für die Einbindung von CSS-Dateien in HTML-Dokumente gibt es verschiedene Möglichkeiten. Daher schaffen wir an dieser Stelle einen kleinen Überblick darüber.

2.2.1 Einbindung per »style«-Attribut

Bei der Einbindung von CSS-Eigenschaften per style-Attribut werden diese innerhalb des body-Elements im HTML-Dokument in den entsprechenden HTML-Elementen direkt definiert:

```
<h1 style="color:blue;">
    Ich bin eine Überschrift
</h1>
```

Wenn sich das Layout einer Webseite ändert, ist diese Herangehensweise allerdings mit einem immensen Pflegeaufwand innerhalb einer HTML-Datei verbunden. Ansätze, die Content (Inhalte und HTML) und Layout (CSS) strikt trennen, bieten also deutliche Vorteile.

2.2.2 Einbindung per »style«-Element

Beim Ansatz der Bereitstellung von CSS-Regeln per style-Element werden diese nicht mehr innerhalb des HTML-Elements und somit innerhalb des body-Elements angegeben, sondern innerhalb des Dokumentenkopfes

Trennung von Content, Struktur und Layout

Durch die Trennung von Inhalt und Layout wird der Prozess der Erstellung von Inhalten von der Programmierung der Webseite unabhängig. Gestalterische Veränderungen können erfolgen, ohne das HTML-Dokument anfassen zu müssen. Gerade in größeren Projekten können sich dadurch die jeweiligen Experten auf ihr Gebiet konzentrieren. Zudem sorgt eine solche Trennung von Inhalt, Struktur und Layout für einen übersichtlichen und schlankeren Code, was sich je nach Umfang der HTML- und CSS-Dokumente auch in der Performance (u. a. Ladegeschwindigkeit) einer Webseite niederschlagen kann. Dies hat unter anderem wiederum Auswirkungen auf die SERPs der gängigen Suchmaschinen, da die Ladegeschwindigkeit ein nicht zu vernachlässigender Aspekt bei der Beurteilung dieser Suchmaschinenergebnisse darstellt.

head. Mit dem Befehl `<style ...> ... </style>` für Stylesheet-Angaben wird dann dort wie folgt auf die entsprechenden Elemente verwiesen:

```
<html>
<head>
<title>Einbindung per style-Element</title>
<style type="text/css">
h1 {
    color:blue;
}
</style>
</head>
<body>
<h1>Ich bin eine Überschrift</h1>
</body>
</html>
```

Dieser Ansatz führt zwar zu einer Trennung von Content und Layout im Allgemeinen, aber die Eigenschaften befinden sich immer noch innerhalb der HTML-Datei. Damit eventuelle Änderungen oder Neuerungen getrennt von der Seitenstruktur und den Inhalten stattfinden können, gibt es zwei weitere Möglichkeiten, CSS einzubinden. Diese Varianten referenzieren innerhalb der HTML-Datei auf eine externe CSS-Datei, um dort getrennt von Content und Struktur das Layout anpassen zu können.

2.2.3 Einbindung einer externen CSS-Datei per HTML-Anweisung

Der im Vergleich zu den beiden vorangegangenen Varianten wesentlich empfehlenswertere Ansatz sind externe CSS-Dateien. Auf diese wird dann innerhalb des Kopfbereiches head eines HTML-Dokumentes referenziert, und somit können sie nicht nur für eine, sondern auch für die Gestaltung mehrerer Webseiten verantwortlich sein. Das link-Element leitet die **Verknüpfung zur CSS-Datei** ein, wohingegen das Attribut rel die Beziehung zur CSS-Datei abbildet. Das Attribut mit dem MIME-Type informiert den Browser, wie in der Vorgängervariante bereits erwähnt, dass der Inhalt vom Typ text/css ist. Im Attribut href wird der Pfad zur externen Stylesheet-Datei angegeben. Dieser Ansatz enthält mit dem Attribut media die Referenzierung auf das Ausgabemedium:

```
<link rel="stylesheet" media="all" type="text/css" href="css/
styles.css" />
```

Die im Header der HTML-Datei referenzierte CSS-Datei »styles.css« enthält die CSS-Eigenschaften, zum Beispiel:

```
h1 { color: blue; }
```

Ausgabemedien (Media Types)

▶ all = für alle Ausgabegeräte

▶ handheld = für Handcomputer wie beispielsweise Palms oder Mobiltelefone

▶ print = für die Ausgabe durch Drucker

▶ screen = für die Ausgabe auf dem Monitor

▶ aural = für Sprachsynthesizer vorgesehen

▶ braille = für Braillegeräte mit taktilem Feedback

2.2.4 Einbindung einer Datei per CSS-Anweisung

Eine weitere Möglichkeit der Implementierung von CSS-Anweisungen ist @import. Bei diesem Ansatz kann neben dem **Pfad zur CSS-Datei** das entsprechende Ausgabemedium mitgeliefert werden. Im folgenden Code-ausschnitt ist es die Ausgabe speziell für den Monitor:

```
<head>
<style type="text/css">
<!--
   @import url(css/styles.css) screen;
//-->
</style>
</head>
```

2.2.5 Einbindung einer CSS-Datei für den Internet Explorer: Conditional Comments

Da nicht alle Browser alle CSS-Eigenschaften identisch abbilden, wird somit unter Umständen die separate Implementierung einer weiteren browserspezifischen CSS-Datei notwendig. Und da unter den aktuell relevanten Browsern für die fehlerhafte Interpretation von CSS-Eigenschaften meistens die Versionen des Internet Explorers verantwortlich sind, erfolgt dieser fünfte Ansatz zur Implementierung von CSS-Anweisungen mittels **Conditional Comments** (CC). Diese sind, wie das folgende Codebeispiel belegt, spezielle Kommentare mit if-Abfragen, die ausschließlich vom Internet Explorer ab Version 5 interpretiert werden können.

```
<!--[if Bedingung]>Anweisung<![endif]-->
```

Andy Clark, seines Zeichens bekannter Verfechter von Webstandards, geht bei seiner Webseite sogar so weit, dass er via CC nicht nur Anpassungen einzelner Elemente, sondern der gesamten Website vornimmt. Und das in einem Maß, das jedem Betrachter, wie Abbildung 2.2 zeigt, vor Augen führt, wie unterschiedlich die Fähigkeiten alter und aktueller Browser sind.

 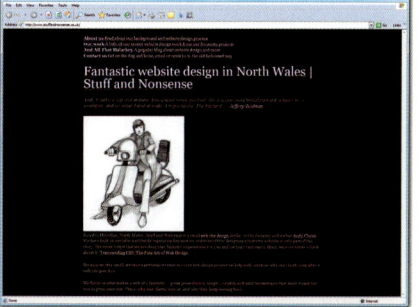

Vorteile von Conditional Comments

Der Ausschlusscharakter dieses Kommentars in Bezug auf andere Browser führt dazu, dass andere Browser nicht in der Lage sind, diese CSS-Anweisungen darzustellen. Diesen Umstand können Sie nutzen, um Elemente für die Microsoft-Browser gesondert abzubilden. Wer Conditional Comments verwendet, benötigt keine CSS-Hacks mehr wie den Underscore-Hack für den IE 6. Der Verzicht auf diese CSS-Hacks innerhalb der für alle Browser allgemeingültigen CSS-Dateien sorgt somit für eine bessere Übersicht und unter Umständen (wenn auf CSS-Hacks für Opera, Safari & Co. verzichtet wird) auch für valide und fehlerfreie CSS-Dateien.

◄ **Abbildung 2.2**
Die Webseite von Andy Clark (*stuffandnonsense.co.uk*) liefert mittels Conditional Comments unterschiedliche Eigenschaften an verschiedene Browser aus (Chrome links und IE 6 rechts).

► `<!--[if !IE 7]>`
Der NOT-Operator ! wird direkt vor einem Wert platziert und negiert damit den Wert des Operanden.

► `<!--[if lt IE 7]>`
Der Kleiner-als-Operator lt (*lower than*) dient lediglich zum Vergleich von Werten.

► `<!--[if lte IE 7]>`
Der Kleiner-oder-gleich-Operator lte (*lower than equals*) dient ebenso zum Vergleich der Werte.

► `<!--[if gt IE 7]>`
Der Größer-als-Operator gt (*greater than*) vergleicht die unterschiedlichen Versionen miteinander.

► `<!--[if gte IE 7]>`
Der Größer-oder-gleich-Operator gte (*greater than equals*) dient ebenfalls wie seine Vorgänger zum Vergleich der Werte.

Nachteile von Conditional Comments

Nachteil der Herangehensweise mit individuellen CSS-Dateien für den IE ist, dass es getrennte CSS-Angaben in mehreren CSS-Dateien für ein und dasselbe Element gibt. Dies bedeutet nicht eine, sondern mehrere Anpassungen. Zudem wird für den IE ein zusätzlicher HTTP-Request durch das Laden der separaten CSS-Datei notwendig, es sei denn natürlich, Sie legen auch die für den IE notwendigen CSS-Regeln in der allgemeinen und für alle Browser gültigen CSS-Datei an.

Integration | Die Implementierung von Conditional Comments ist denkbar einfach, denn sie können ausschließlich in HTML-Dokumente integriert werden und sich neben der üblichen Integration im `head` auch innerhalb des `body`-Elements der HTML-Datei befinden.

Varianten | CCs bieten die Möglichkeit, entweder alle Versionen oder nur bestimmte Versionen des Internet Explorers (kurz: IE) anzusprechen bzw. auszuschließen. Dies erreichen Sie mit verschiedenen **Operatoren** und den gewünschten Werten. Werte stellen in diesem Fall die einzelnen Browserversionen seit IE 5.0 dar. Die Operatoren sind beispielsweise »kleiner gleich« oder »größer als«:

```
<!--[if IE]>
<link rel="stylesheet" media="all" type="text/css"
title="default" href="css/stylesIE.css" />
<![endif]-->
```

Wenn nun aus layouttechnischen Gründen die 7er-Version des IE separate CSS-Eigenschaften benötigt, können sie diese wie folgt ansprechen und übergeben:

```
<!--[if IE 7]>
<link rel="stylesheet" media="all" type="text/css"
title="default" href="css/stylesIE7.css" />
<![endif]-->
```

Genauso ist es möglich, bestimmte Versionen des IE auszuschließen. Dazu können Sie den Operator »less than«, lt (zu Deutsch: »kleiner als«), nutzen:

```
<!--[if lt IE 8]>
<link rel="stylesheet" media="all" type="text/css"
title="default" href="css/stylesIE7.css" />
<![endif]-->
```

Die folgende Abfrage spricht alle Versionen des Internet Explorers an und wird direkt nach der für alle Browser allgemeingültigen CSS-Datei »styles.css« im HTML-Code definiert. Der Übersicht halber sollten Sie eine solche Datei namentlich mit »stylesIE.css« oder ähnlich wie folgt auszeichnen und ansprechen:

```
<link rel="stylesheet" media="all" type="text/css"
title="default" href="css/styles.css" />
<!--[if IE]>
<link rel="stylesheet" media="all" type="text/css"
title="default" href="css/stylesIE.css" />
<![endif]-->
```

The Conditional Body Tag | So schön und hilfreich diese Herangehensweise auch ist, sie führt auch zu Nachteilen, wie der Notwendigkeit weiterer HTTP-Requests, die durchaus vermieden werden können. Denn die von Paul Irish entwickelte Methode des Conditional Body Tags erlaubt es, den IE direkt anzusprechen, und das, ohne zusätzliche HTTP-Requests in Anspruch zu nehmen. Hierzu wird, wie der folgende Codeausschnitt belegt, jeder relevanten Version des IE oder allen »Nicht-IEs« mittels CC eine eigene Klasse im body-Element zugewiesen. Dieser Ansatz erlaubt ein zielgerichtetes Ansprechen, ohne separate Stylesheets laden zu müssen.

Conditional Body Tag

Mehr zu Conditional Body Tags erfahren Sie hier: *paulirish.com/ 2008/conditional-stylesheets-vs-css-hacks-answer-neither*.

```
...
<!--[if IE 6]><body class="ie6"><![endif]-->
<!--[if IE 7]><body class="ie7"><![endif]-->
<!--[if IE 8]><body class="ie8"><![endif]-->
<!--[if gt IE 8]><body class="ie9"><![endif]-->
<!--[if !IE]><!--><body class="noIE"><!--<![endif]-->
...
</body>
...
```

Dies führt dazu, dass Sie innerhalb einer CSS-Datei alle Browser über die Veränderung der Selektoren ansprechen können. In diesem Beispiel wird dem Überschriftenselektor h1 mit der Klasse der jeweiligen Version des IE ein zusätzlicher und aussagekräftiger Einfachselektor vorangestellt:

```
.ie6 h1  { color: red;   }
.ie7 h1  { color: green; }
.ie8 h1  { color: brown; }
.ie9 h1  { color: blue;  }
.noIE h1 { color: black; }
```

2.3   CSS-Regeln

Mit CSS-Regeln legen Sie fest, welche Elemente im HTML-Dokument angesprochen werden, welche Eigenschaft und welche dazugehörigen Werte diese bekommen. Erst wenn all diese Bedingungen für ein bestimmtes Element eingehalten wurden, können die Regeln auf das entsprechende HTML-Element angewandt werden.

2.3.1   Aufbau von CSS-Regeln

Zum Aufbau einer CSS-Regel gehören der Selektor und der Deklarationsblock, der die CSS-Eigenschaften für das zu gestaltende Element enthält. Ersterer kann entweder ein Einfachselektor oder eine Kombination aus mehreren Selektoren sein. Der **Deklarationsblock** wird durch die öffnende geschweifte Klammer eingeleitet und durch die schließende geschweifte Klammer abgeschlossen. Er enthält immer mindestens eine Eigenschaft inklusive dazugehörigem Wert.

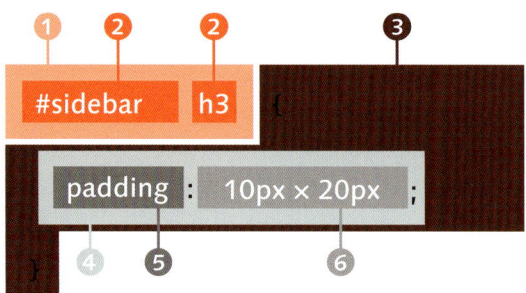

Die Bedeutung der einzelnen Elemente einer CSS-Regel ist vollkommen unterschiedlich, aber ein Element kann ohne die anderen nicht auskommen.

Der Selektor | Dem Selektor kann all das zugeordnet werden, was sich innerhalb einer CSS-Regel vor der öffnenden geschweiften Klammer befindet. Ein **Selektor**, der aus einem einfachen Selektor besteht, kann mit jedem Element übereinstimmen, das die Bedingung h3 erfüllt:

```
h3 { Eigenschaft: Wert; }
```

Hiermit wird also das HTML-Elemente h3 gestaltet.

Ein Selektor hingegen, der aus mehreren Einfachselektoren besteht, kann die Eigenschaften nur dem Selektor zuweisen, der die Bedingung dieser miteinander kombinierten Einfachselektoren #sidebar und h3 erfüllt:

```
#sidebar h3 { Eigenschaft: Wert; }
```

Die Bedingung für diesen Selektor ist die, dass nicht jede Überschrift h3 die über diesen Ansatz festgelegte Eigenschaft inklusive Wert erhält, sondern nur die Überschrift h3, die sich innerhalb eines Bereiches befindet, der die ID #sidebar besitzt. Erst wenn diese Bedingung erfüllt ist, wird der dazugehörige Deklarationsblock ausgeführt.

In Verbindung mit sogenannten **Kombinatoren** besteht zudem die Möglichkeit, weitere Bedingungen zu definieren, die erfüllt werden müssen, damit die entsprechenden CSS-Eigenschaften ausgeführt werden. Diese zusätzlichen Indikatoren ermöglichen somit eine sehr individuelle Gestaltung der Elemente eines HTML-Dokumentes, und das ohne zusätzliche Kennzeichnung des HMTL-Codes:

```
#sidebar + h3 { Eigenschaft: Wert; }
```

Die Einfachselektoren #sidebar und h3 sind durch einen Kombinator + verbunden. Deshalb wirkt dieser Selektor auf alle Elemente h3, die direkt auf ein Element #sidebar folgen. Der Leerraum zwischen Einfachselektor und Kombinator ist optional.

Die Deklaration | Bei der auf einen Selektor folgenden Deklaration gibt es eigentlich nicht viel zu beachten; sie muss lediglich eine Eigenschaft und einen dazugehörigen Wert enthalten. Eine Deklaration sollte im Anschluss an den Wert immer von einem Semikolon abgeschlossen werden:

```
#sidebar {
    Eigenschaft1: Wert1;
    Eigenschaft2: Wert2;
    Eigenschaft3: Wert3;
}
```

Die Eigenschaft | Eine CSS-Eigenschaft wird innerhalb einer Deklaration angegeben und immer mit einem Doppelpunkt abgeschlossen:

```
#sidebar { padding: 10px; }
```

Der Wert | Eine Eigenschaft ohne Wert ist im wahrsten Sinne des Wortes wertlos. Zudem gibt es bei einigen Eigenschaften die Möglichkeit, mehrere Werte zusammenzufassen und mit der sogenannten Shorthand-Schreibweise zu schreiben: Im Fall des Innenabstandes (padding) wird statt der vier einzelnen Innenabstands-Eigenschaften (padding-top, padding-right, padding-bottom und padding-left) zusammenfassend die Eigenschaft padding verwendet. Sie erhält die Werte für alle vier Eigenschaften:

```
#sidebar { padding: 10px 20px 30px 40px; }
```

Wäre der Wert für alle vier Eigenschaften mit 10px beispielsweise identisch, müssten Sie diesen Wert nur einmalig angeben.

```
#sidebar { padding: 10px; }
```

Herstellerspezifische Eigenschaften – Browser-Präfixe | Da der Sprachumfang von CSS ständig weiterentwickelt wird und stetig anwächst, ist es den Browserherstellern lediglich möglich, Momentaufnahmen zukünftiger Standards zu implementieren. Damit neue CSS-Eigenschaften jedoch keine Probleme verursachen, wenn ein Entwurf vom W3C geändert oder verworfen wird, werden sie durch **herstellerspezifische Präfixe** gekennzeichnet.

Abbildung 2.4 ▶
Darstellung aller für dieses Buch relevanten Browser (Safari 5, Chrome 13, Firefox 5, IE 9, Opera 11.5)

W3C-Empfehlung für Browser-Präfixe

Der CSS2.1-Standard des W3C empfiehlt den Herstellern von Browsern, das hauseigene Präfix bei neuen oder geänderten Eigenschaften mit anzugeben, und zwar so lange, bis die richtige und fertige Implementierung vom W3C abgeschlossen wurde. Da das oft sehr lang dauert, müssen bestimmte Präfixe jahrelang verwendet werden.

Reihenfolge der Browser-Präfixe

Sie sollten CSS-Anweisungen wie folgt in Ihre CSS-Dateien schreiben: Zuerst für jeden Hersteller, der die Eigenschaft noch nicht gemäß Standard verarbeiten kann. Anschließend in der standardisierten Form. Dadurch soll sichergestellt werden, dass eine Eigenschaft auch dann korrekt umgesetzt wird, wenn ein Hersteller seine Implementierung gemäß dem Standard aktualisiert.

Da die Entwicklung von Browsern und damit die Implementierung von Standards bei nahezu allen Browserherstellern unterschiedlich ist, existieren nicht alle Präfixe für alle Eigenschaften. So hat der webkitbasierte Browser Google Chrome keinerlei Probleme mit der Darstellung eines Box-Schattens ohne Präfix, wohingegen er dieses für die Umsetzung eines linearen Farbverlaufes auch in der erst Anfang 2011 modifizierten Schreibweise immer noch benötigt.

```
Selektor {
   -Präfix-Eigenschaft: Wert;
}
```

Die CSS-Regeln, die solchen browserspezifischen Präfixen folgen, werden nur von den Browsern verstanden, für die diese Präfixe gelten. So setzt zum Beispiel der Mozilla-Browser (-moz-) Firefox keine Regeln für Webkit-Browser (-webkit-) wie Safari oder Google Chrome um oder umgekehrt. Daher müssen Sie – zumindest dann, wenn all diese Browser unterstützt werden sollen – auch alle verschiedenen Schreibweisen für ein und dieselbe Eigenschaft aufführen. Aus Gründen der Aktualität und der Wichtigkeit der Browser werden in den Workshops dieses Buchs lediglich die herstellerspezifischen Präfixe folgender Browser verwendet:

```
Selektor {
/* Mozilla-Browser: Firefox */
   -moz-Eigenschaft: Wert;
/* Webkit-Browser: Safari, Google Chrome */
   -webkit-Eigenschaft: Wert;
/* Opera */
   -o-Eigenschaft: Wert;
/* Internet Explorer */
   -ms-Eigenschaft: Wert;
/* Für alle Browser, die keinen Präfix benötigen */
   Eigenschaft: Wert;
}
```

Mit **proprietären Microsoft-Filtern** – wie dem `-ms-filter`, der für den IE 8 zuständig ist, und `filter`, der für die Versionen 6 bis 7 gilt – können Sie auch dem Internet Explorer unter Umständen die ein oder andere Eigenschaft wie einen Schatten (`shadow-filter` alias `box-shadow`) zukommen lassen, die dieser Browser ansonsten selbst mit Präfix nicht realisieren könnte.

Wenn Ihnen die mittlerweile sehr umfangreichen Präfix-Schreibweisen zu viel des Guten sind und Sie sich diese Arbeit lieber abnehmen lassen wollen, sei Ihnen das Tool »-prefix-my css« aus Abbildung 2.5 empfohlen. Es ergänzt die eigentlichen CSS3-Eigenschaften mit einem Klick um die entsprechenden Präfixe.

Arbeitshilfen für Browser-Präfixe

Da der Aufwand für das Hinzufügen der individuellen Präfixe nicht unerheblich ist, gibt es einige hilfreiche Onlinetools, die Ihnen diese zeitraubende Arbeit abnehmen. Dazu gehört unter anderem der in Abbildung 2.5 gezeigte Onlinegenerator »prefixMyCSS«: *prefixmycss.com*.

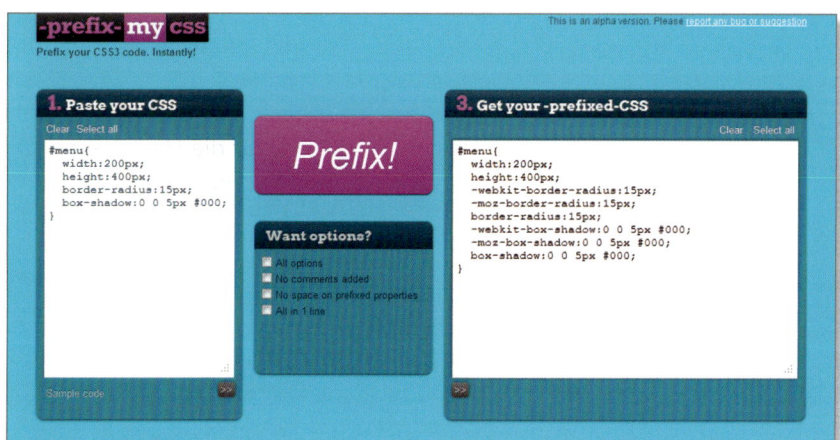

◄ **Abbildung 2.5**
Onlinetool zur Ergänzung herstellerspezifischer Präfixe

2.4 Namenskonventionen

HTML-Code zu schreiben, heißt, Inhalte ihrer Bedeutung entsprechend zu gliedern. Somit werden Strukturen geschaffen, logische Beziehungen zueinander hergestellt und Hierarchien definiert. Neben der Auszeichnung der Inhalte durch HTML-Elemente gehört hierzu auch die Bezeichnung von Klassen und IDs, für deren Kennzeichnung es keine Standards gibt. Allerdings gibt es eine strukturelle Namenskonvention, bei der man Klassen und IDs keine präsentationsgetriebene Benennung zukommen lässt, sondern sie ihrer Bedeutung entsprechend auszeichnet. Auf diese Weise kann der **semantische Ansatz zur Strukturierung der Inhalte** auch innerhalb der Kennzeichnung der HTML-Elemente fortgesetzt werden.

Die Vorteile dieser Herangehensweise liegen auf der Hand, denn im Laufe der Lebenszyklen von Projekten kann sich bei stetig neuen und wechselnden Inhalten auch das Layout ändern.

Mit Aktualität zum Erfolg

Um eine erfolgreiche Webseite zu betreiben, ist neben der logischen Auszeichnung der Inhalte insbesondere ihre Relevanz für den Webseitenbesucher wichtig. Grundsätzlich gilt für relevante Inhalte wie Texte, Bilder oder Videos: je mehr, desto besser. Denn umso mehr Inhalte eine Webseite besitzt, desto größer ist auch die Wahrscheinlichkeit, von den Internetnutzern gefunden zu werden. Nicht ganz unwichtig bei diesem Aspekt ist insbesondere die Aktualität dieser Inhalte, denn den Suchmaschinen bleibt nicht verborgen, wer regelmäßig Inhalte einstellt oder aktualisiert.

Nr.	visuelle Kennzeichnung	semantische Kennzeichnung
1	#firstBigImage	#keyvisualImg
2	#firstText	#keyvisualTxt
3	.smallImage	.previewImg
4	.secondText	.previewTxt
5	#topNavigation	#metaNavi

▲ **Tabelle 2.1**
Vergleich visuell und semantisch geprägter Kennzeichnungen von HTML-Elementen aus Abbildung 2.6

Zum besseren Verständnis und zur Zuordnung der fünf Klassen und IDs aus Tabelle 2.1 sind in beiden Teilen von Abbildung 2.6 die Positionen fünf verschiedener Bereiche einer Webseite gekennzeichnet.

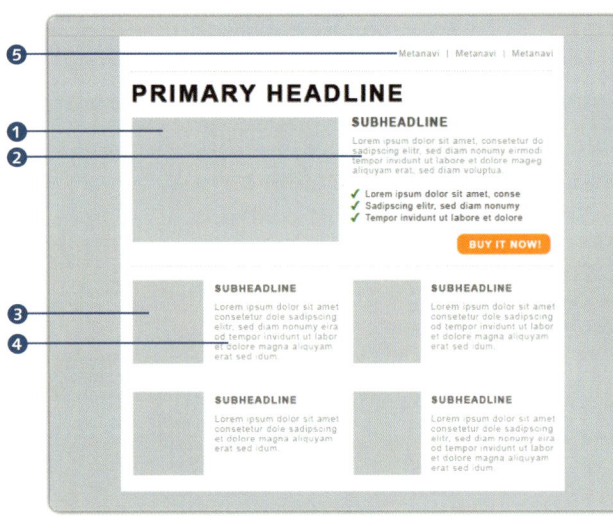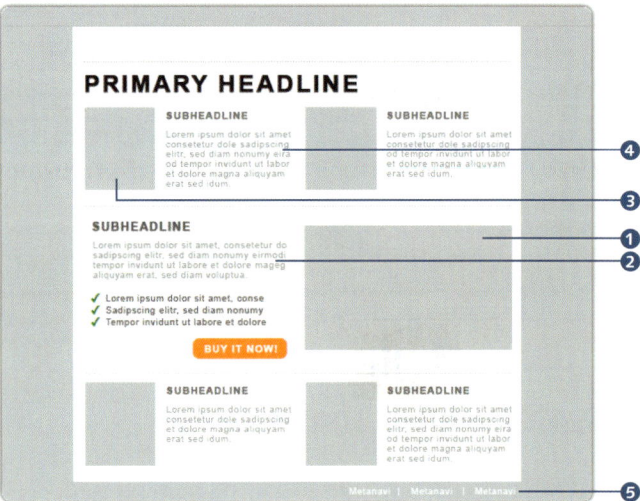

▲ **Abbildung 2.6**
Vergleich zweier Darstellungen einer Webseite vor (links) und nach einer strukturellen Veränderung (rechts)

Klassennamen mehrfach vergeben

Klassen, die durch einen Punkt (.) vor dem Namen des Selektors bestimmt werden, können mehrfach vergeben werden und besitzen daher eine größere Flexibilität. Die hier in Abbildung 2.6 verwendeten Elemente `.previewTxt` und `.previewImg` kommen mehrfach im Layout vor und erhalten daher eine Klasse.

Auf der Website werden die Inhalte beispielsweise durch ein Content Management System (CMS) nicht nur stetig aktualisiert, sondern auch die Positionen dieser Elemente können sich verändern, sei es aufgrund von besonderen Ereignissen (Präsentation neuer Produkte oder Services etc.) oder auch im Zuge eines Facelifts dieser Webseite. Die Bedeutung dieser Elemente sollte von diesen Positionsveränderungen unberührt bleiben.

Die Elemente ❶ und ❷ (siehe linken Teil von Abbildung 2.6) könnten aufgrund ihrer Positionierung an erster Stelle nach der Hauptüberschrift mit `#firstBigimage` und `#firstText` benannt werden. Wenn sich diese

Position wie im rechten Teil von Abbildung 2.6 jedoch ändern sollte, wird deutlich, wo das Problem bei der visuell geprägten Kennzeichnung von Klassen und IDs liegen kann. Denn im rechten Teil der Abbildung belegen die beiden Elemente `#firstBigImage` und `#firstText` strukturell und visuell gesehen nicht mehr die erste, sondern die dritte Position innerhalb des HTML-Dokumentes. In diesem Fall sind die IDs `#keyvisualImg` ❶ und `#keyvisualTxt` ❷ nicht nur aussagekräftiger, sondern auch vor etwaigen Wechseln der Position innerhalb des Layouts gefeit.

Benennen Sie Klassen und IDs also immer ihrer semantischen Bedeutung entsprechend.

IDs nur einmal vergeben

Ein ID-Selektor wird durch ein Rautenzeichen (#) eingeleitet und darf nur einmal innerhalb eines HTML-Dokuments verwendet werden. Weitere Unterschiede zu Klassen sind, dass eine ID durch die JavaScript-Funktion `getElementByID` aufgerufen und als Sprungmarke für einen Hyperlink verwendet werden kann. Die hier in Abbildung 2.6 verwendeten Elemente `#keyvisualTxt` und `#keyvisualImg` kommen einmalig im Layout vor und erhalten daher eine ID.

2.5 Maßeinheiten

Einer der wichtigsten Punkte in Sachen Gestaltung ist die Angabe der Schriftgrößen sowie der Höhe und Breite von Elementen. Dafür gibt es mehrere Varianten. Wenn Sie **relative Maßeinheiten** wie em oder % verwenden, ermöglichen Sie dem Besucher einer Webseite, die Darstellung den eigenen Anforderungen entsprechend anzupassen (beispielsweise größere Schrift, Veränderung des vorhandenen Farbkontrastes).

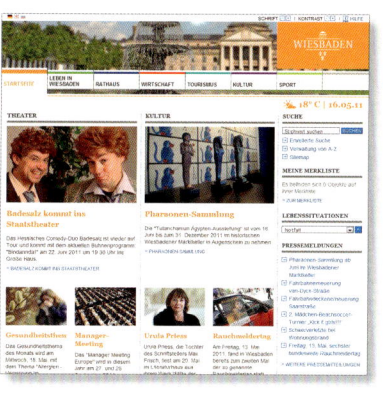

Verwenden Sie hingegen Maßeinheiten wie px, nehmen Sie zumindest den Anwendern des IE 6 diese Möglichkeit. Zumindest so lange, wie Sie die Standardeinstellung für die Veränderung der Schriftgradangaben, wie in Abbildung 2.7 zu erkennen ist, nicht verändern. Daher sind für die Ausgabe auf dem Monitor vor allem relative Einheiten wie em, Prozentwerte oder die noch folgenden Schlüsselwörter besser geeignet. Absolute Einheiten wie pt oder gar Maßangaben in cm sollten zudem ausschließlich dem Drucklayout vorbehalten bleiben.

▲ **Abbildung 2.7**
Startseite des Onlineportals der Stadt Wiesbaden: Original (links), mit zweifacher Vergrößerung des Textes (Mitte), mit zweifacher Webseitenvergrößerung (rechts)

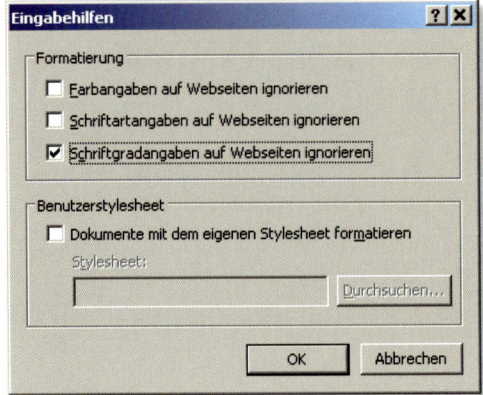

▲ **Abbildung 2.8**
Im Bereich EINGABEHILFEN des IE 6 kann die standardmäßige Darstellung der Schriftgröße verändert werden.

2.5.1 Absolute Größenangaben

Die Angabe für die Schriftgröße, Breite oder Höhe eines Webseitenelements in Pixelwerten wird in erster Linie von der **Auflösung des Anzeigegerätes** bestimmt, wie beispielsweise eines Desktop-PC-Monitors, des Displays eines Notebooks, eines Tablets oder Smartphones.

Pixel (px) | Im Vergleich zu relativen Maßangaben können CSS-Eigenschaften mit Pixelangaben für Kindelemente und Elternelemente unabhängig voneinander definiert werden. Der folgende HTML-Code zeigt eine Infobox (.teaser), die eine Überschrift, einen Textabsatz und einen Link enthält. Die Infobox ist das Elternelement.

```
...
   <div class="teaser">
      <h2>Teaserheadline</h2>
      <p>Teasercontent</p>
      <a href="#">Teaserlink</a>
   </div>
...
```

Besitzt die Infobox z. B. einen Wert von 16px für die Schriftgröße, gilt dies für alle darin befindlichen Elemente, die Kindelemente.

```
.teaser { font-size:16px;}
```

Wird einem Kindelement, z. B. der Überschrift zweiter Ordnung, nun für die Schriftgröße ein Wert von 24px zugewiesen, ist h2 unabhängig von den 16px, die für die Infobox definiert wurden.

```
h2 { font-size:24px;}
```

Aufgrund der Entwicklung der Browser hat die Angabe der Maßeinheit für die Schriftgröße von Webseiteninhalten allerdings nicht mehr die Bedeutung wie vor einigen Jahren. Denn die meisten Browser können die Schriftgröße unabhängig von der Maßeinheit über die Zoomfunktion des Browsers individuell den Wünschen und Anforderungen des Anwenders entsprechend verändern.

Punkt (pt) | Eine weitere Maßeinheit für absolute Maßangaben ist der Punkt (pt). Er verhält sich wie ein Pixel, sollte allerdings ausschließlich für den Ausdruck von Daten über den Browser verwendet werden. Diese Maßeinheit entspricht bei Schriftgrößen im Web einem zweiundsiebzigstel Zoll (1/72 Zoll, Englisch: »inch«). Auf Mac- und Linux-Systemen mit einer Auflösung von 72 Points per Inch (ppi) ergäbe ein Point einen Bildpunkt (px), auf einem Windows-System dagegen 1,3 Pixel. Microsoft hatte sich nämlich für 96–120 ppi entschieden, was dafür sorgte, dass unter Windows die meisten Schriften noch lesbar waren, aber auf dem Mac bei kleinen Angaben zu einer Art Sehtest mutierten. Seit geraumer Zeit verwenden die aktuellen Mac-Browser ebenfalls 96 ppi als Berechnungsbasis.

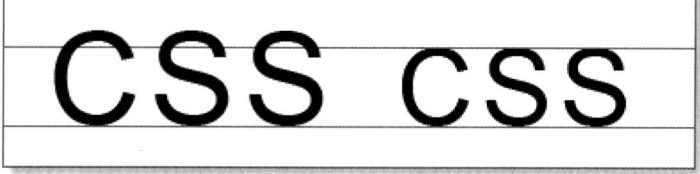

◄ **Abbildung 2.9**
Unterschied von 100 pt bei 96 dpi (links) und 72 dpi (rechts)

2.5.2 Relative Größenangaben

Eine Maßeinheit, die einen vollkommen anderen Ansatz zur Deklaration von Schriftgrößen verwendet, ist em (englisch »equal M«).

em | Ein em ist definiert als die Breite des Großbuchstabens M in der dargestellten Schriftart und Schriftgröße. Wenn Sie em als Einheit für die Schriftgrößen nutzen und keine eigenen Eigenschaften definieren, entspricht 1 em genau einer Schrifthöhe von 16 px. Das ist der Wert, auf den sich die Browserhersteller als Grundgröße geeinigt haben. Verwenden Sie em für die Schriftgröße, wird ein Text (h2 und p) relativ zum Elternelement (div) verändert. Das heißt, ein Textabsatz p mit einer Schriftgröße von 0,8 em ist nur 80 % so groß wie der Text des Elternelements div. Wie der Pixelwert für die Schriftgröße des Textabsatzes p berechnet wird, erfahren Sie in der Infobox auf der nächsten Seite.

<div style="font-size:20px;">

```
<div style="font-size:20px;">
    <h2>20px</h2>
    <p style="font-size:0.8em;">??px</p>
</div>
```

<div style="padding-left: 0;">

Berechnung der Schrift- größe em

Wenn das umfassende Elternele- ment `div` eine absolute Schrift- größe von 20 px besitzt, wie groß ist dann die absolute Schriftgröße des Textabsatzes `p`, wenn ihm eine relative Maßangabe von `0.8em` (entsprechen 80 % des Elternele- ments) zugewiesen ist?

$$\frac{20\,px}{100\,\%} = \frac{x}{80\,\%}$$

$$\frac{20\,px \times 80\,\%}{100\,\%} = 16\,px$$

Die absolute Schriftgröße des Textabsatzes `p` beträgt somit 16 Pixel.

Zur Umrechnung absoluter in relative Größenangaben können Sie auch auf Onlinequellen zu- rückgreifen, wie den »px to em Calculator« oder den »px to em Converter«: *calculator.tobani.com/ convert/px-to-em*

</div>

Prozent (%) | In Gegensatz zum obigen Codebeispiel mit den Pixelanga- ben stehen Elemente mit prozentualen Maßangaben in direktem Bezug zueinander und vererben damit ihre Eigenschaften an andere Elemente.

```
...
    <div class="teaser">
        <h2>Teaserheadline</h2>
        <p>Teasercontent</p>
        <a href="#">Teaserlink</a>
    </div>
...
```

Für die Infobox und alle darin befindlichen Elemente wird ein Wert von `100%` für die Schriftgröße vergeben:

```
.teaser { font-size:100%;}
```

Wird der Überschrift zweiter Ordnung nun für die Schriftgröße ein Wert von `150%` zugewiesen, ist die Schriftgröße von `h2` um 50 % höher als die der Infobox (`.teaser`) und damit von selbiger abhängig.

```
h2 { font-size:150%;}
```

Das heißt, wird der Wert der Infobox (`.teaser`) verändert, verändert sich die Größe von `h2` analog zu dieser Veränderung. Der Vorteil ist, dass Sie bei sauberer Umsetzung mit der Veränderung eines Wertes für die Schrift- größe (idealerweise für das `body`-Element) die Möglichkeit haben, alle Schriftgrößen zu ändern. Bei Pixelangaben müssen Sie alle Elemente mit dieser Eigenschaft anpassen.

Auch wenn Schriftangaben für `em` und `%` theoretisch austauschbar wären, weil sie sich gleich verhalten, gibt es dennoch einen entscheiden- den Unterschied. Um diese unterschiedliche Umsetzung zu demonstrieren, weisen Sie dem `body`-Element einer Testseite des Microsoft-Browsers IE 6 eine Schriftgröße von 100 % und 1 em zu. Wenn Sie dann über den Menü- punkt ANSICHT und die Auswahlmöglichkeit SCHRIFTGRAD den Schriftgrö- ßenwert NORMAL auf SEHR KLEIN einstellen, sehen Sie wie in Abbildung 2.10 deutlich, welche unterschiedlichen Auswirkungen diese Maßangaben haben.

Verwenden Sie daher zumindest für die erste Definition einer Schriftgröße (meist im `body`-Element) einen prozentualen Wert; damit vermeiden Sie die fehlerhafte Darstellung wie im rechten Screenshot aus Abbildung 2.10.

▲ **Abbildung 2.10**
Unterschied zwischen `em` und `%` bei Verkleinerung des Schriftgrades im Internet Explorer 6

2.5.3 Schlüsselwörter

Eine weitere Möglichkeit zur Definition von Schriftgrößen wird von allen gängigen Browserherstellern unterstützt. Gemeint ist die Verwendung vorgegebener Schlüsselwörter für Schriftgrößen, die in folgende drei Hauptgruppen untergliedert werden:

▶ klein (`xx-small`, `x-small` und `small`)
▶ mittel (`medium`; entspricht der Voreinstellung bei Browsern)
▶ groß (`large`, `x-large` und `xx-large`)

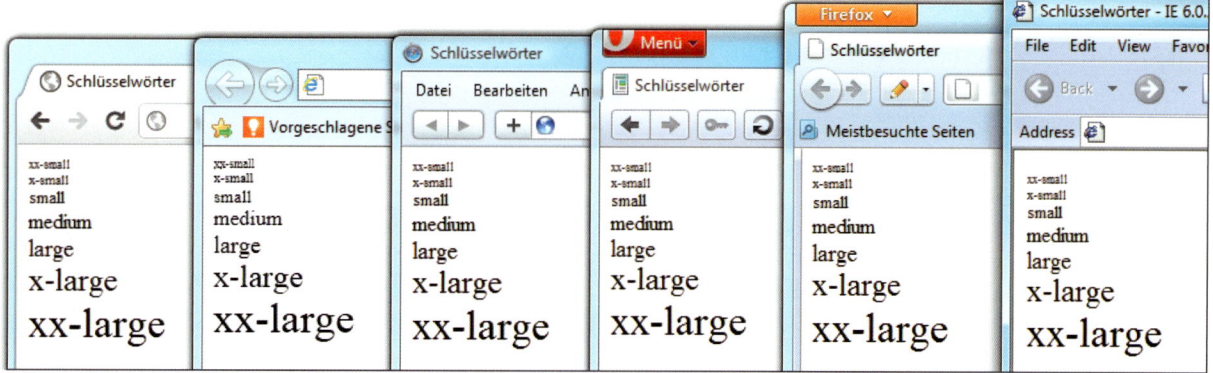

▲ **Abbildung 2.11**
Browservergleich der Interpretation vorgegebener Schlüsselwörter mit Google Chrome 13, IE 9, Safari 5, Opera 11.5, Firefox 5 und IE 6 (von links)

Mit den zwei weiteren Schlüsselwörtern `larger` und `smaller` besitzen Sie die zusätzliche Möglichkeit, die Schriftgröße der entsprechenden Inhalte um den Faktor 1,2 zu vergrößern bzw. zu verkleinern.

2.6 Inline- und Blockelemente

Wo Elemente innerhalb einer Webseite mittels CSS angeordnet werden, liegt in erster Linie an der Eigenschaft der Elemente. Unterschieden wird hierbei zwischen Block-Level-Elementen und Inline-Level-Elementen, kurz auch Block- und Inlineelemente. Erstere werden mit einem Zeilenumbruch vor und nach dem Element umgesetzt, während Inlineelemente an der Stelle abgebildet werden, an der sie sich im Textfluss befinden.

Unabhängig von der Eigenschaft, die ein HTML-Element von Haus aus mitbringt, können Sie mit CSS festlegen, welche Arten der Darstellung ein Element erzeugen soll.

2.6.1 Blockelemente

Blockelemente

Im HTML-Dokument befindliche Elemente, die jeweils neue Zeilen erzeugen, sind beispielsweise folgende: `p`, `div`, `ul`, `ol`, `li`, `fieldset`, `h1-h6`, `table`, `address` und `blockquote`.

Ohne weitere CSS-Eigenschaften erzwingen Blockelemente wie im folgenden HTML-Code-Ausschnitt `h1`, `h2`, `p`, `ul` und `li` innerhalb des Dokumentenflusses einer HTML-Datei einen Zeilenumbruch.

```
...
   <h1>Primary Headline</h1>
   <h2>Subheadline</h2>
   <p> Lorem ipsum dolor sit amet ...</p>
   <ul>
      <li>Lorem ipsum ...</li>
      <li>Sadipscing ...</li>
      <li>Tempor ...</li>
   </ul>
...
```

Das heißt, die Überschrift `h1` kann sich ohne entsprechende CSS-Eigenschaften niemals neben einer Überschrift `h2` befinden. Das Gleiche gilt auch für den Textabsatz und die darunter liegende Liste. Im Verlaufe des Buchs, wie beispielsweise in den Workshops »Zitate individuell gestalten« und »Onlineformulare benutzerfreundlich gestalten« in Teil 2 des Buchs, wird Ihnen dieses Verhalten von Blockelementen häufiger begegnen.

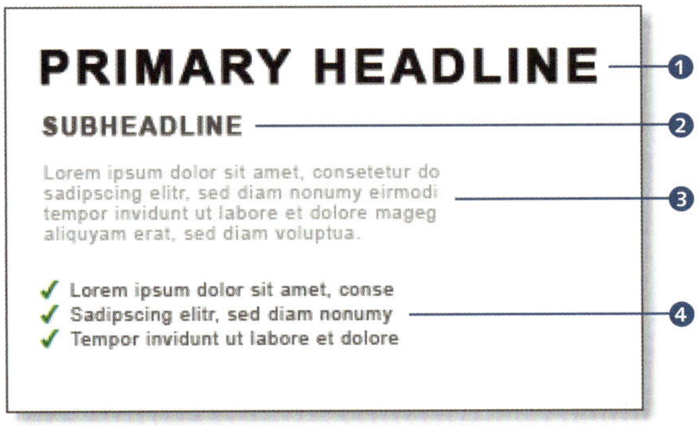

Abbildung 2.12 ▸
Typische Blockelemente:
❶ Headline `h1`, ❷ Subheadline `h2`, ❸ Paragraph `p`, ❹ Checklist `ul`

Per CSS können Sie diesen Blockelementen einen Innenabstand `padding` und einen Außenabstand `margin` zuweisen. Aus den Werten für die Breite für den Inhaltsbereich, den Innenabständen und eventuellen Rahmeneigenschaften ergibt sich die Gesamtbreite eines Elements. Der Außenabstand `margin`, in Abbildung 2.13 grau eingefärbt, fließt nicht in die Berechnung dieses Wertes ein. Mehr dazu erfahren Sie in Abschnitt 2.7, »Das Box-Modell«.

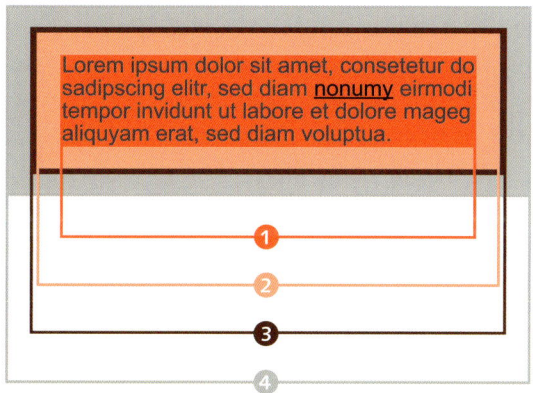

◄ **Abbildung 2.13**
Detailansicht eines typischen Block-Level-Elements – des Absatzes (`p`-Element): (1) Inhaltsbereich + (2) Innenabstand `padding` + (3) Rahmen `border` + (4) Außenabstand `margin`

2.6.2 Inlineelemente

Inline- oder Textelemente befinden sich im Textfluss und können selbst weitere Inlineelemente enthalten, allerdings keine Blockelemente.

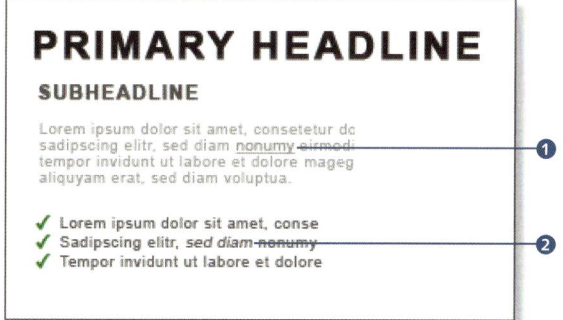

◄ **Abbildung 2.14**
Typische Inline-Level-Elemente: ❶ (unterstrichener) Textlink durch `a`-Element, ❷ kursive Texthervorhebung mit dem `em`-Element

Wie Abbildung 2.14 und Abbildung 2.15 verdeutlichen, erzeugen Inlineelemente ohne zusätzliche CSS-Eigenschaften keine Zeilenumbrüche und können sich somit auch direkt nebeneinander befinden. Das gilt unabhängig davon, ob sie sich wie in den Abbildungen innerhalb von Blockelementen (siehe auch folgender HTML-Code) befinden oder nicht.

Inlineelemente

Im HTML-Dokument befindliche Elemente, die keine neue Zeilen erzeugen, sind beispielsweise folgende: `a`, `abbr`, `b`, `cite`, `em`, `i`, `img`, `label`, `span`, `strong`, `sub`, `sup`.

```
<p>Lorem ipsum dolor sit amet, consetetur do sadipscing elitr,
sed diam <a href="#">nonumy</a> eirmodi ...</p>
```

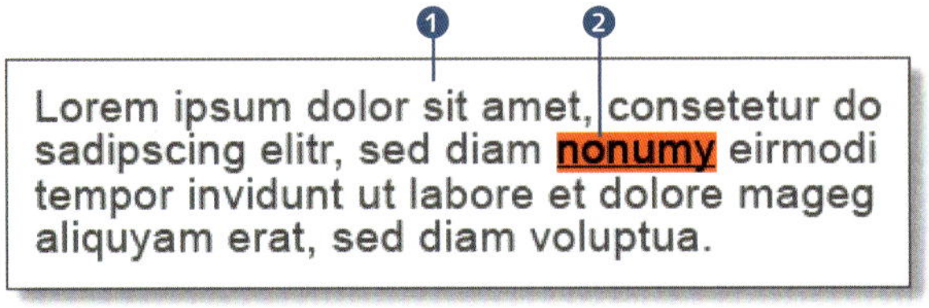

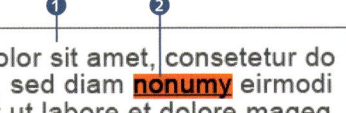

Lorem ipsum dolor sit amet, consetetur do sadipscing elitr, sed diam **nonumy** eirmodi tempor invidunt ut labore et dolore mageg aliquyam erat, sed diam voluptua.

Abbildung 2.15 ▶
Der Absatz ❶ enthält ein Inlineelement: eine Verlinkung ❷ (`a href`).

Das Bild: das besondere Inlineelement

Auch wenn es aufgrund seines Box-Charakters nicht den Eindruck hinterlässt, so spezifiziert das `img`-Element ein Inlineelement. Damit müssen Sie einer im HTML-Dokument befindlichen Bild-Ressource, um sie in einer eigenen Zeile abbilden zu können, die Eigenschaft `display:block` zuweisen.

Im Vergleich zu Blockelementen können Inlineelemente keine Werte für die Eigenschaften `width` und `height` annehmen und würden selbst, wenn Sie diese Eigenschaften zuweisen würden, in dem Stand der Darstellung aus Abbildung 2.15 verharren. Eine Ausrichtung von Inlineelementen, wie dieses Textlinks, ist allerdings mit dem Innenabstand `padding` umsetzbar. Zu Testzwecken weisen wir daher dem Linktext »nonumy« einen Innenabstand von je 10 px zu. In der Höhe findet, wie Abbildung 2.16 verdeutlicht, keine Veränderung statt. Die Innenabstände links und rechts neben dem Inlineelement sind um den angegebenen Wert erhöht worden, was wiederum dazu führt, dass die nachfolgenden Inhalte umbrechen, weil für sie aufgrund der zusätzlichen Innenabstände für das Wort »nonumy« in der zweiten Zeile dieses Textabsatzes nicht mehr genügend Platz vorhanden ist.

```
a { padding:10px;}
```

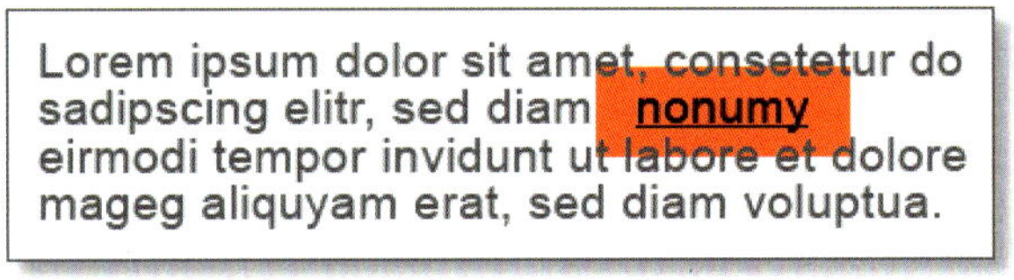

Lorem ipsum dolor sit amet, consetetur do sadipscing elitr, sed diam **nonumy** eirmodi tempor invidunt ut labore et dolore mageg aliquyam erat, sed diam voluptua.

Abbildung 2.16 ▶
Einrückung des Linktextes auf Basis eines Innenabstandes in alle Richtungen von je 10 px

Mit der Eigenschaft der Zeilenhöhe, `line-height`, haben Sie allerdings doch noch eine Möglichkeit, einem Inlineelement eine Höhe zukommen zu lassen. Die Höhe eines solchen Elements wird somit nicht auf Basis der Inhalte erzeugt, sondern über die Zeilenhöhe. Hierzu weisen Sie dem Linktext »nonumy«, wie in Abbildung 2.17 zu erkennen ist, eine doppelt so große Zeilenhöhe wie ursprünglich zu und keine Innenabstände wie im Schritt zuvor.

```
a { line-height:2;}
```

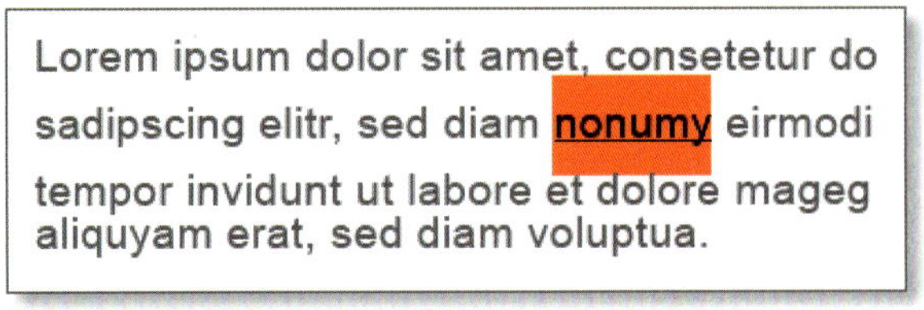

Lorem ipsum dolor sit amet, consetetur do sadipscing elitr, sed diam **nonumy** eirmodi tempor invidunt ut labore et dolore mageg aliquyam erat, sed diam voluptua.

Abbildung 2.17 ▶
Veränderung der Höhe des Linktextes auf Basis einer doppelt so hohen Zeilenhöhe wie ursprünglich

2.6.3 Inline-Block-Elemente

Mit CSS können Sie aber auch noch ein drittes Element, das Inline-Block-Level-Element, erzeugen. Denn mit der Eigenschaft `display` mit dem Wert `inline-block` erzeugen Sie eine Box, die nach innen hin die Eigenschaft eines Blockelements besitzt und nach außen die eines Inlineelements. Ein solches Element kann somit horizontal wie auch vertikal ausgerichtet werden. Zur Verdeutlichung des daraus resultierenden Verhaltens zeigt Abbildung 2.18 zwei Absatzblöcke. Da diese die Eigenschaft `display:block` bereits von Haus aus besitzen, sei diese CSS-Eigenschaft an dieser Stelle nur zum besseren Verständnis aufgeführt.

CSS und der IE-Sonderfall Inline-Block

Leider kann der Internet Explorer die Anweisung `display:inline-block` erst ab Version 8 interpretieren, wenn das entsprechende Element nicht bereits von Haus aus einem Inlineelement entspricht. Im IE 6 und 7 können Sie diese Eigenschaft mit Hilfe einer kleinen Modifizierung trotzdem nutzen. Für diese Versionen setzen Sie die Eigenschaft `display` auf `inline` und fügen anschließend die Eigenschaft `zoom` und den Wert `1` hinzu. Dadurch wird für diese Browserversionen die proprietäre Microsoft-Eigenschaft `hasLayout` für das entsprechende Element auf `true` gesetzt. Dieser Ansatz ermöglicht es also, ehemaligen Inlineelementen ebenfalls Höhen und Breiten zuzuweisen. »On having layout« erreichen Sie unter: *www.satzansatz.de/cssd/onhavinglayout.html*.

```
p { display:block;}
```

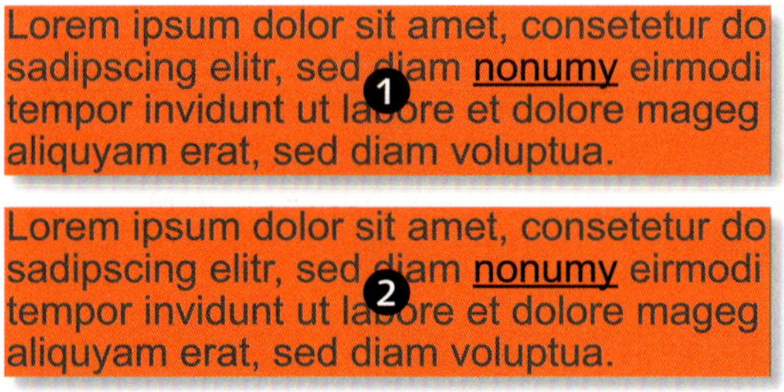

▲ **Abbildung 2.18**
Ansicht zweier untereinander angeordneter Blockelemente auf Basis eines Textabsatzes (`p`-Element)

Durch Inline-Block-Elemente hingegen ist es möglich, Elemente wie Textabsätze `p`, die aufgrund ihrer Blockeigenschaft eigentlich untereinander ausgerichtet werden, nebeneinander anzuordnen. Dazu wird der Wert `inline-block` verwendet (siehe Abbildung 2.19).

```
p { display:inline-block;}
```

▼ **Abbildung 2.19**
Die ursprünglichen Blockelemente werden durch die Eigenschaft `display:inline-block` zu nebeneinander angeordneten Inline-Block-Elementen.

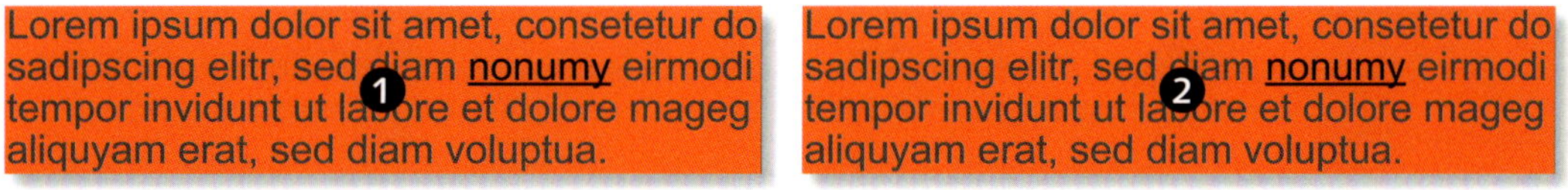

2.7 Das Box-Modell

Wie Sie im vorangegangenen Abschnitt erfahren haben, ist ein CSS-Layout grundsätzlich aus rechteckigen Boxen aufgebaut. All diese Boxen basieren auf ein und demselben Schema – dem Box-Modell. Dieses entsteht

Mindestgröße von Elementen

Inhalte von Webseiten stehen im Inhaltsbereich eines Elements, dessen Breite mit width und dessen Höhe mit height definiert werden kann. Wenn diese Angaben nicht angelegt werden, gelten die folgenden Grundregeln: Ohne Breitenangabe werden Blockelemente auf Basis des Inhaltes so breit dargestellt, wie es die umgebenden Elemente erlauben. Ohne Angabe der Höhe werden alle HTML-Elemente nur so hoch, wie es der darin befindliche Inhalt benötigt.

auf Basis der Eigenschaften width, height, padding und border. Der in Abbildung 2.20 von den übrigen drei Bereichen etwas distanzierte Außenabstand margin bleibt im wahrsten Sinne des Wortes außen vor und fließt somit bei der Berechnung der Gesamtbreite des entsprechenden Elements nicht mit ein.

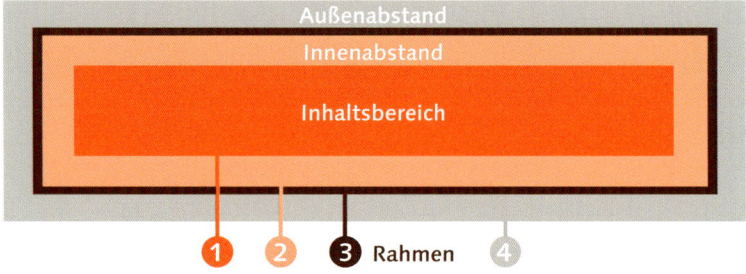

▲ **Abbildung 2.20**
Box-Modell: (1) Inhaltsbereich (Beachten Sie, dass width die Breite des Inhaltsbereichs definiert und nicht die Gesamtbreite des Elements.), (2) Innenabstand padding, (3) Rahmen border, (4) Außenabstand margin

Wenn ein Inhaltsbereich eines Elements beispielsweise eine Breite width von 400 Pixel besitzt, der Innenabstand padding 20 Pixel und der Rahmen border 5 px beträgt, resultiert daraus für dieses Element, sofern sich der Browser im Standardmodus befindet, eine Breite von 450 px $(400 + 2 \times (20 + 5))$.

Im Internet Explorer 6 ist die Berechnung dieser Werte allerdings fehlerhaft implementiert, was dazu führt, dass Bereiche außerhalb des Inhaltsbereiches vom Inhaltsbereich abgezogen werden, anstatt addiert zu werden. Dieses fehlerhafte Verhalten ist auch unter dem Begriff »Box-Modell-Bug« bekannt. Bei HTML-Dokumenten, die keine oder eine fehlerhafte Deklaration aufweisen, wird das »fehlerhafte Box-Modell« in diesem Browser angewandt, um dadurch eine Abwärtskompatibilität der Darstellung der Inhalte zu gewährleisten. Um den IE 6 aber dennoch dazu zu bekommen, das Standard-Box-Modell zu akzeptieren, müssen Sie also am Anfang des HTML-Dokuments unbedingt eine korrekte Doctype-Angabe machen! Geeignet sind dafür die Dokumenttypangaben HTML 4.01, XHTML 1.0 und XHTML 1.1.

Damit das klappt, muss sie allerdings an erster Stelle stehen. Da der Doctype angibt, welche Version von HTML oder (X)HTML im Dokument verwendet wird, muss er sich ganz am Anfang des HTML-Dokuments vor allen anderen Elementen befinden.

Ein gültiger Doctype weist den Browser des Anwenders dann an, die Webseite im Standardmodus anzuzeigen. Ob sich ein Browser also im

Box-Modell-Bug umgehen

Ein anderer Ansatz, diesen Box-Modell-Bug zu umgehen, ist, die einheitliche und pixelgenaue Darstellung damit zu erreichen, nicht nur einem Element alle Eigenschaften zu geben, sondern die Eigenschaften auf mehrere Elemente aufzuteilen.
So könnten Sie dem Elternelement eine Breite zuweisen und den darin befindlichen Kindelementen beispielsweise den Innenabstand und Rahmen.

Quirks-Modus befindet oder nicht, liegt in Ihren Händen. Wenn sich der IE 6 im Quirks-Modus befindet, würde er für das obige Rechenbeispiel im Übrigen eine Gesamtbreite von 400 px »errechnen«.

Inhaltsbereich | Der Inhaltsbereich eines Elements ist der Bereich, in dem Inhalte wie Texte, Bilder, Videos etc., ganz ohne jegliche Abstandsangaben wie `padding` oder `margin`, enthalten sind.

Innenabstand – »padding« | Der mittels der Eigenschaft `padding` erzeugte Innenabstand befindet sich innerhalb des Elements und übernimmt Hintergrundfarben und -grafiken dieses Elements.

Rahmen – »border« | Ein Rahmen `border` umschließt den Inhaltsbereich eines Elements und dessen Innenabstand `padding`.

Außenabstand – »margin« | Der Außenabstand `margin` eines Elements befindet sich außerhalb eines Elements und wird somit auch nicht zur Berechnung der Gesamtbreite herangezogen. Außerdem kann der Außenabstand auch keine Hintergrundfarben und -grafiken dieses Elements anzeigen. Diese Eigenschaft beschreibt somit einzig und allein den Abstand zu den umliegenden Elementen.

Besonderheiten beim Außenabstand

Der Außenabstand von Elementen kann im Gegensatz zum Innenabstand auch negative Werte enthalten. Inlineelemente kennen weder `margin-top` noch `margin-bottom`. Bei Blockelementen hingegen kollabieren diese Werte bei zwei untereinanderstehenden Boxen. Kollabieren bedeutet in diesem Fall, dass der größere Wert dieser beiden erhalten bleibt und der kleinere nicht umgesetzt werden kann.
Weitere Informationen dazu im Buch »Fortgeschrittene CSS-Techniken« von Ingo Chao und Corina Rudel:
galileocomputing.de/katalog/ buecher/titel/gp/titelID-2511.

2.8 Positionieren und Stapeln

Ohne individuelle Ausrichtung eines HTML-Elements mittels entsprechender CSS-Eigenschaften befindet sich dieses Element im **Dokumentenfluss** einer HTML-Datei. Mit der CSS-Eigenschaft `position` können Sie dieses Verhalten, wie die folgenden Beispiele zeigen, aufhaben und den Anforderungen entsprechend anpassen.

2.8.1 Relative Positionierung

Relativ positionierte Elemente wie die beiden Boxen in Abbildung 2.21 befinden sich im normalen Dokumentenfluss, womit sie ihrer Reihenfolge entsprechend innerhalb des HTML-Dokumentes ausgeführt werden. Sie können aber durch den Positionswert `relative` von ihrer ursprünglichen Position verschoben werden. Diese Verschiebung erfolgt über die Eigenschaften `left`, `right`, `top` und `bottom` mit einer relativen oder absoluten Maßangabe.

```
div#relative { position:relative;}
```

Überlagerungen möglich

Absolut positionierte Elemente einer Webseite sind gänzlich aus dem Dokumentenfluss genommen und haben somit keinen direkten Einfluss auf umliegende Elemente. Aufgrund dieser Eigenschaft können sie, wie in den Abbildungen 2.24 bis 2.27 zu erkennen ist, andere Elemente überlagern. Die Positionierung eines solchen Elements erfolgt wie bei relativ positionierten Elementen durch die Eigenschaften `left`, `right`, `top` und `bottom` mit einer relativen oder absoluten Maßeinheit.

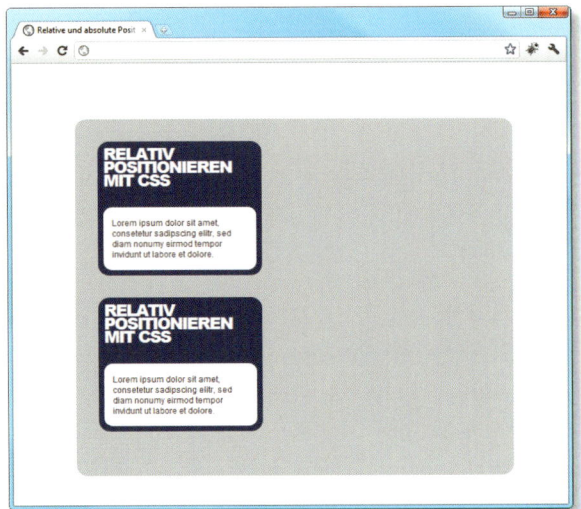

Abbildung 2.21 ▶
Auf Basis der CSS-Eigenschaft
position und des Werts relative
positionierter div-Container

2.8.2 Absolute Positionierung

Möchten Sie die Ordnung und somit die Reihenfolge dieser beiden Elemente verändern und die rechte der beiden Boxen absolut positionieren, weisen Sie ihr einfach den Wert absolute zu und nehmen eine Einrückung innerhalb des Browserfensters vor:

```
div#absolute { position:absolute; right:2em; top:2em;}
```

Mit diesem Wert wird ein HTML-Element vollkommen aus dem Dokumentenfluss herausgenommen und ist somit völlig losgelöst vom restlichen Layout. Dies kann sich jedoch ändern, wenn dem Elternelement dieser beiden Boxen eine relative Positionierung zugewiesen wird.

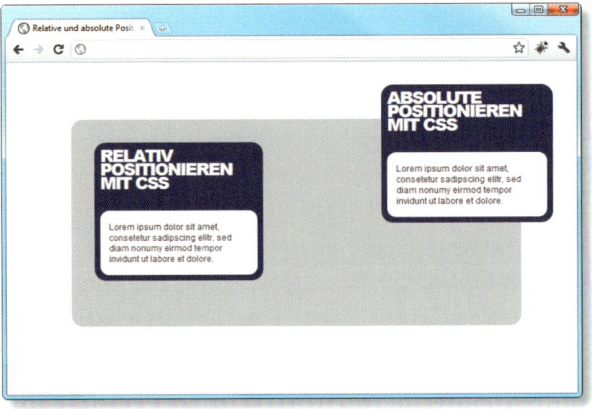

Abbildung 2.22 ▶
In Bezug zum Browserfenster absolut positionierte Box

Damit die im Browserfenster absolut rechts oben positionierte Box innerhalb des Containers #main platziert werden kann, müssen Sie dem Container die Eigenschaft position und den Wert relative zuweisen. Mit dieser relativen Positionierung erzeugen Sie einen sogenannten **Containing Block** als Bezugspunkt für absolut positionierte Nachfahren.

```
div#main { position:relative; background: #d1d2d3;}
```

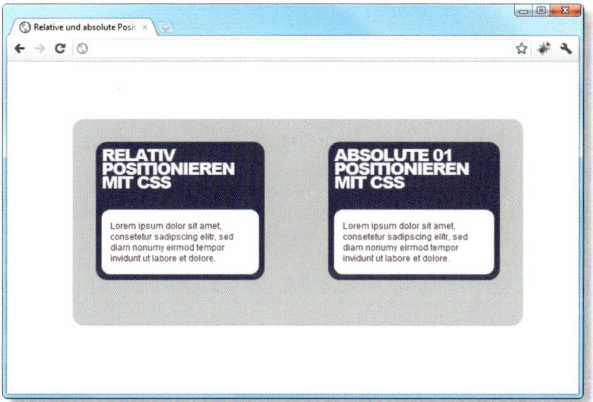

◄ **Abbildung 2.23**
Absolut positionierte Box »01« in Bezug zum allumfassenden Container #main

Um die Auswirkungen der absoluten Positionierung zu verdeutlichen, wird der absolut ausgerichteten Box »01« eine zweite absolut ausgerichtete Box »02« hinzugefügt und entsprechend ausgerichtet:

```
div#absolute02 { position:absolute; right:4em; top:4em;}
```

▲ **Abbildung 2.24**
Reihenfolge der Stapelung - graue Infobox »02« oben und blaue Infobox »01« unten

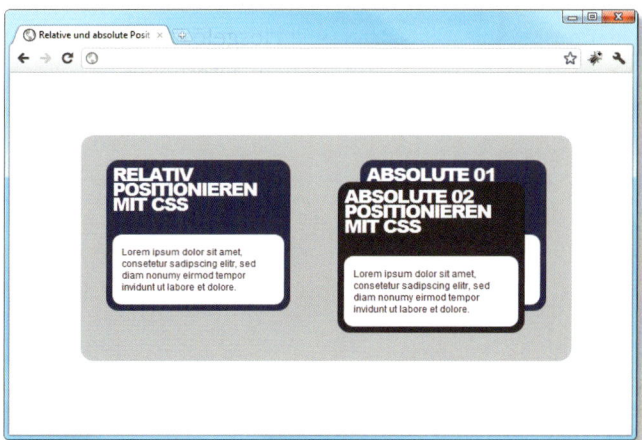

◄ **Abbildung 2.25**
Stapelreihenfolge der absolut positionierten Boxen: »02« liegt über »01«.

Stapeln mit dem »z-index« | Grundsätzlich nimmt der Browser die Stapelung automatisch vor. So weist er einem absolut positionierten Element automatisch den z-index:0 zu. Bei identischem z-index entscheidet dann die Reihenfolge innerhalb des HTML-Dokumentes. Die Überlagerung der beiden Boxen in Abbildung 2.25 geschieht somit automatisch, da inner-

Stapelkontext (Stacking Context)

Elemente einer Webseite im normalen Dokumentenfluss werden entsprechend der Reihenfolge innerhalb des Quelltextes gestapelt. Da absolut positionierte Elemente aus diesem Dokumentenfluss herausgenommen wurden, erfolgt ihre Stapelreihenfolge über die z-Koordinate. Der dafür zuständigen Eigenschaft z-index wird ein Zahlenwert zugewiesen, der die Reihenfolge der Stapelung »koordiniert«. Je höher dieser Wert ist, desto weiter oben innerhalb des Stapels liegt das jeweilige absolut positionierte Element.
Mehr Informationen zum Thema unter: *vanseodesign.com/css/css-stack-z-index*.

halb des Autoren-Stylesheets bisher keiner der beiden Boxen die Eigenschaft z-index zugewiesen wurde. Bei einer Ausrichtung mittels dieser Eigenschaft und der gleichen Reihenfolge wie in der Abbildung müssten die beiden Boxen folgende Eigenschaften erhalten:

```
div#absolute01 { position:absolute; z-index:1;}
div#absolute02 { position:absolute; z-index:2;}
```

Eine Veränderung der Ordnung des Stapels erreichen Sie über die Veränderung des z-index. Die Eigenschaft ordnet die Elemente also in z-Richtung. Tauschen Sie wie in dem bisherigen Beispiel die Wertigkeit des z-index der jeweiligen Box, tauschen beide, wie in Abbildung 2.27 zu erkennen ist, auch die Position innerhalb des Stapels.

```
div#absolute01 { position:absolute; z-index:2;}
div#absolute02 { position:absolute; z-index:1;}
```

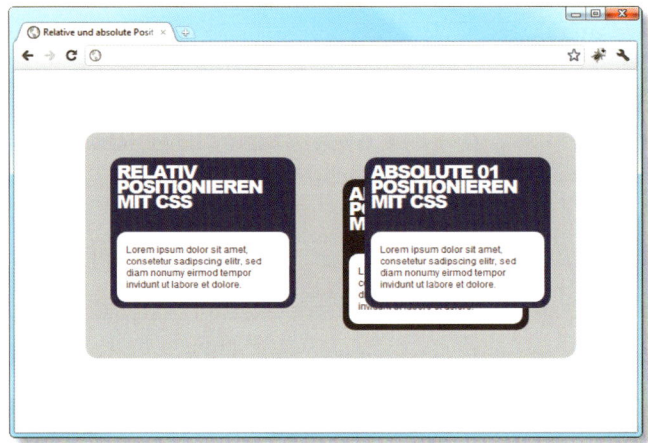

▲ **Abbildung 2.26**
Stapelreihenfolge der absolut positionierten Boxen – »01« liegt über »02«.

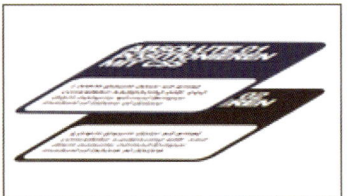

▲ **Abbildung 2.27**
Reihenfolge der Stapelung - blaue Infobox »01« oben und graue Infobox »02« unten

»hasLayout« | Falls Sie den Wert relative zur Erzeugung eines **Containing Blocks** als Bezugspunkt für absolut positionierte Nachfahren verwenden, benötigt dieses Element zur korrekten Darstellung im IE 6 und kleiner zusätzlich hasLayout. »Layout« ist in diesem Fall ein proprietäres Konzept des Internet Explorers auf Windows-Betriebssystemen, das festlegt, wie Elemente einer Webseite ihre Inhalte darstellen und welche Auswirkungen sie auf andere umliegende Elemente besitzen. Dazu muss die Microsoft-spezifische Eigenschaft hasLayout für das jeweilige Element true sein.

Einige Elemente besitzen »Layout« bereits von vornherein, beispielsweise Tabellen, Bilddateien oder Formularelemente wie ein Eingabe- oder Auswahlfelder. Hier ist also keine weitere Handlung nötig.

Über hasLayout

Falls Sie den Internet Explorer 6 oft berücksichtigen müssen, können Sie auf folgender Website mehr über hasLayout erfahren: *onhavinglayout.fwpf-webdesign.de*.

Es gibt aber auch Elemente, die »Layout« von Haus aus nicht besitzen. Diese Elemente können Sie aber dennoch auf `hasLayout=true` setzen, indem Sie für sie einfach absolute Positionierung oder die Eigenschaft `float` nutzen, sie als Inline-Block-Element definieren oder eine Höhe oder Breite (außer mit Wert `auto`) angeben.

2.9 Floating und Clearing

Neben den Möglichkeiten der absoluten, fixen und relativen Positionierung steht zur Ausrichtung von Webseiten-Elementen die Eigenschaft `float` zur Verfügung. Diese Eigenschaft nimmt Elemente aus dem normalen Dokumentenfluss und richtet diese visuell gesehen entweder links- oder rechtsbündig innerhalb des umfassenden Elternelements aus. Da sich so ausgerichtete Elemente außerhalb des normalen Dokumentenflusses befinden, sind die »fließenden Elemente« in einer Art »Schwebezustand« ohne direkten Bezug auf die umliegenden Elemente und deren Ausrichtung im Layout. Zur weiteren Erläuterung dieser Eigenschaft folgendes Beispiel:

```
<div id="content">
    <div><!-- Infobox 01 --></div>
    <div><!-- Infobox 02 --></div>
    <div><!-- Infobox 03 --></div>
</div>
```

Der mit einer festen Breite von 620 px versehene `div`-Container mit der ID `#content` enthält drei Infoboxen mit einer festen Breite von 200 px, die aufgrund ihrer Blockeigenschaft, wie in Abbildung 2.28 zu erkennen, ohne zusätzliche CSS-Eigenschaften untereinander abgebildet werden.

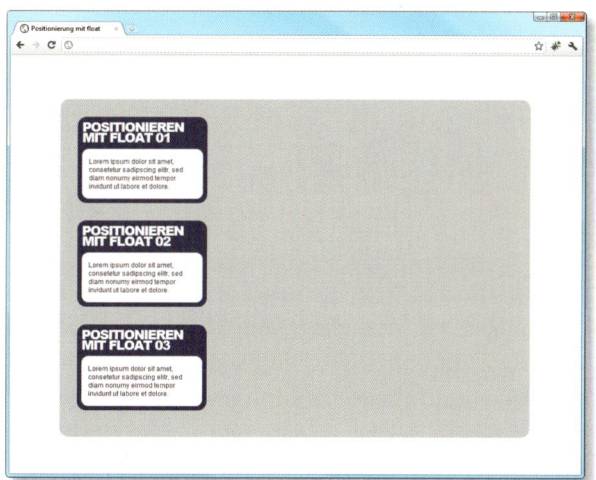

Elemente fließen lassen mit »float«

Zur Ausrichtung von Webseiten-Elementen können Sie der Eigenschaft `float` die Werte `left` oder `right` zuweisen, um somit das entsprechende Element entweder links- (`float:left`) oder rechtsbündig (`float:right`) auszurichten. Mit dem Wert `none` heben Sie diese Eigenschaften wieder auf.

◄ **Abbildung 2.28**
Dem Dokumentenfluss entsprechend untereinander ausgerichtete Infoboxen ohne Floating

2.9.1 »float« zuweisen

Ein mit der Eigenschaft float ausgerichtetes Element ist nicht Teil des Dokumentenfluss, besitzt aber dennoch Einfluss auf das weitere Layout. Neben der Ausrichtung so positionierter Elemente, was über den Wert left und right geschieht, müssen »gefloatete Elemente« auch eine Breite zugewiesen bekommen. Das gilt jedoch nur für Elemente, die nicht von Haus aus eine Breite besitzen, wie beispielsweise Bilder.

```
#content div {
    float:left;
    width:200px;
    margin:0 10px;
}
```

Ohne diese Breitenangabe würde sich dieses Element auf die Breite ausdehnen, die ihm zur Verfügung steht. Im hier verwendeten Beispiel wären die Infoboxen damit so breit wie der grau eingefärbte Container und würden untereinander ausgerichtet. Aufgrund der zur Verfügung stehenden Breite des umfassenden div-Containers besitzen die drei 200px breiten Infoboxen mit einem Außenabstand nach links und rechts von je 10px genug Platz, um über die Eigenschaft float nebeneinander ausgerichtet zu werden.

Abbildung 2.29 ▶
Mit der Eigenschaft float und dem Wert left linksbündig nebeneinander ausgerichtete Infoboxen – Reihenfolge »01«, »02«, »03«

Bisher ist dies vielleicht nicht sonderlich spektakulär, aber verändern Sie einmal den Wert dieser Eigenschaft von left auf right:

```
#content div {
    float:right;
    ...
}
```

Um die Auswirkungen dieser Veränderung besser einschätzen zu können, werfen Sie einen genauen Blick auf die Überschriften der drei Infoboxen. Richtig, die Reihenfolge wurde vertauscht, und das, ohne das HTML-Dokument überhaupt anfassen zu müssen. Ausschlaggebend für die Reihenfolge der Infoboxen innerhalb des Browsers ist die Reihenfolge innerhalb des

HTML-Dokumentes. Dort wurde zuerst die Infobox »01«angelegt, dann »02« und an dritter Stelle die Infobox »03«. Der Wert `right` sorgt nun dafür, dass sich alle rechtsbündig nebeneinander ausrichten.

◄ **Abbildung 2.30**
Mit der Eigenschaft `float` und dem Wert `right` kehrt sich die Reihenfolge der Infoboxen um: »03«, »02«, »01«.

Ein weiteres signifikantes Merkmal der Eigenschaft `float` wird Ihnen bei der Gestaltung von Webseiten noch oft helfen: Sobald nebeneinander ausgerichteten Elementen mit dieser Eigenschaft nicht mehr genügend Platz zur Verfügung steht, wird automatisch eine neue Ebene bzw. »Zeile« eröffnet. Um diesen Effekt zu erzeugen, fügen wir den bisherigen drei Infoboxen eine vierte hinzu (siehe Abbildung 2.31).

```
<div id="content">
    <div><!-- Infobox 01 --></div>
    <div><!-- Infobox 02 --></div>
    <div><!-- Infobox 03 --></div>
    <div><!-- Infobox 04 --></div>
</div>
```

Mehr Informationen zu »float«

Zur Erklärung und Beschreibung von `float` gibt es zahlreiche Anlaufstellen, die diese Eigenschaft noch ausführlicher beschreiben; daher empfehle ich an dieser Stelle die folgenden beiden deutschsprachigen Webseiten zu diesem Thema:
www.thestyleworks.de/ref/ float.shtml
www.mediaevent.de/tutorial/ CSS-Positionieren-float.html

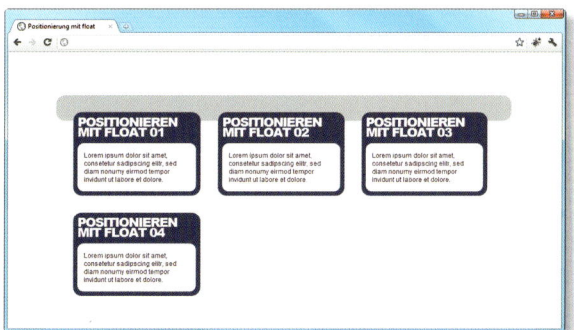

◄ **Abbildung 2.31**
Die vierte Infobox rutscht automatisch in eine neue Zeile.

Wenn Sie die vorangegangenen Abbildungen mit Abbildung 2.31 vergleichen, werden Sie sehen, dass sich das Elternelement (hervorgehoben durch den grauen Hintergrund) der Infoboxen anders verhält, sobald die Eigenschaft `float` eingesetzt wird.

Da ein gefloatetes Element aus dem Dokumentenfluss genommen wird, hat es keine Auswirkungen mehr auf das dahinter befindliche Elternelement. Das führt in diesem Fall dazu, dass sich die Höhe des Hintergrundes nicht der Höhe der Infoboxen anpasst. Denn der hier grau eingefärbte Hintergrund richtet sich an der tatsächlichen Breite und Höhe des Elements aus, allerdings wurde lediglich die Breite anfangs mit 600 px definiert. Die Höhe ergab sich automatisch aus den im div-Container befindlichen Elementen. Die gefloateten Elemente befinden sich aber im »Vordergrund« und können für diese automatische Höhenberechnung also nicht mehr herangezogen werden. Das führt auch dazu, dass der Hintergrund unterhalb der gefloateten Elemente nur teilweise sichtbar wird. Um dieses Verhalten zu vermeiden, bedarf es der Aufhebung der damit zusammenhängenden Eigenschaften.

2.9.2 »float« mit »clear« aufheben

Um dieses Verhalten für die im Dokumentenfluss befindlichen Elemente aufzuheben, wird die CSS2-Eigenschaft clear eingesetzt. Diese Eigenschaft zwingt Elemente, die gefloatete Elemente enthalten, sich den Maßen dieser anzupassen. Das bedeutet, dass ein Element (#content), auf das die clear-Eigenschaft angewendet wird, sich so weit nach unten schiebt, bis es die vorhergehenden gefloateten Elemente »umschließt«. Allerdings benötigen Sie, damit das klappt, noch weitere CSS-Angaben, den sogenannten Clearfix-Hack.

Wenn Sie diese Verhalteneigenschaften einer CSS-Klasse (.clearfix) zuweisen, müssen Sie bis auf diese zusätzliche Klasse keine weiteren Modifikationen im HTML-Markup vornehmen.

Da die dafür notwendigen Eigenschaften allerdings nicht von allen Browsern gleichermaßen umgesetzt werden, bedarf es zahlreicher Eigenschaften, die im weiteren Verlauf nun genauer vorgestellt werden.

```
.clearfix:after {
    content: ".";
    clear: both;
    display: block;
    height: 0;
    visibility: hidden;
}
```

Mittels des Pseudoelements :after, das auf die Eigenschaft clear anwendbar ist, und der Eigenschaft content wird dem Bereich, der die gefloateten Elemente enthält, ein »Punkt« zugeführt und mit clear:both eine neue Zeile nach dem Punkt erzeugt. Da dieser Punkt am Ende des entsprechenden Elements aber nur eingefügt wird, um Fehler bei der Umsetzung der Clearing-Eigenschaft zu vermeiden, blenden wir diesen Punkt mit einer auf null gesetzten Höhe und der Eigenschaft visibility in Kombination mit dem Wert hidden wieder aus, zumindest für die Anwender einige Browser.

Einschließen von Floats ohne zusätzliches Markup

Wer weitere Informationen benötigt, wie er das Einschließen von Floats ohne zusätzliches HTML-Markup erreichen kann, wird auf folgender Webseite fündig: *jassesnee.de/easyclear*.

Denn insbesondere die älteren Versionen des IE (Version 7 und kleiner) benötigen hier einiges an Mehrarbeit:

Für den IE 7 muss zunächst die vorher angelegte Höhe anders angegeben werden. Da der IE 7 mit der Eigenschaft `min-height` umgehen kann und auch die Pseudoklasse `:first-child` kennt, werden dafür diese Eigenschaften genutzt.

```
/* IE-Patch für IE 7*/
*:first-child+html .clearfix { min-height: 0; }
```

Allerdings kann der IE 6 mit der Pseudoklasse `:first-child` und der Eigenschaft `min-height` nichts anfangen. Daher weisen wir dieser Browserversion mit Hilfe des Clearfix-Hacks von Tony Aslett auf Windows-Betriebssystemen eine einfache Höhe von 1 % für das entsprechende Element zu.

```
* html .clearfix {height: 1%;}
```

Damit wären alle aktuell relevanten Browser mit entsprechenden Eigenschaften versehen, um das durch die Eigenschaft `float` erzeugte Verhalten aufzuheben und den Hintergrund so wie in Abbildung 2.32 darzustellen.

Auch wenn der folgende Ansatz in diesem Buch keine Verwendung findet, weil er erst nach der Umsetzung der Codebeispiele vorgestellt wurde, möchte ich diesen sogenannten »micro clearfix hack« von Nicolas Gallagher kurz vorstellen. Er berücksichtigt aktuelle Entwicklungen moderner Browser und ist auch wesentlich kürzer (*nicolasgallagher.com/micro-clearfix-hack*). Während die ersten sechs Zeilen des folgenden CSS-Codes für Zeilenumbrüche in modernen Browsern sorgen, benötigen der IE 6 und 7 die letzte Zeile dieses CSS-Codes.

```
.clearfix:before,
.clearfix:after {
    content:"";
    display:table;
}
.clearfix:after { clear:both; }
.clearfix { zoom:1; }
```

Dieser Ansatz erzeugt eine anonyme und leere Tabellenzelle, die eine Blockformatierung zur Folge hat und somit einen Zeilenumbruch erzeugt. Unterstützt wird diese Methode im Übrigen von folgenden Browsern: Firefox ab Version 3.5, Safari ab Version 4, Opera ab Version 9, IE ab Version 6 und Chrome.

> **Clearfix**
>
> Der hier vorgestellte Ansatz zum aufheben der `float`-Eigenschaft wird **Easy-Clearing** oder auch **Clearfix-Methode** genannt. Er wurde von Tony Aslett (*csscreator.com*) entwickelt und von Holly 'n John (*positioniseverything.net*) weiterentwickelt. Der Name »Clearfix« ist bekannter, weshalb die Klasse in dem hier verwendeten Beispiel auch diese Bezeichnung trägt.

Unabhängig davon, welchen CSS-Ansatz Sie verfolgen, fügen Sie die angelegten Eigenschaften der CSS-Klasse `.clearfix` dem entsprechenden HTML-Element hinzu und fügen diese dem Bereich hinzu, der die gefloateten Elemente – in diesem Fall die drei Infoboxen – enthält.

```
<div id="content" class="clearfix">
   <!-- Infoboxen 01 bis 03 -->
</div>
```

Abbildung 2.32 ▶
Kombination aus Floating und Clearing: Die gefloateten Elemente vorn und im Hintergrund der geclearte `div`-Container

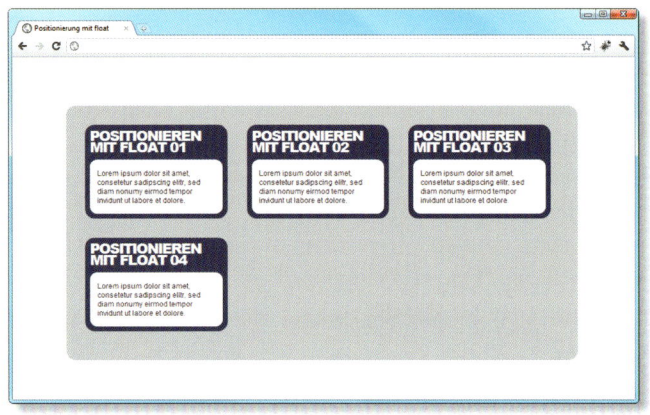

Verschiedene Ansätze für verschiedene Browser

Browser der neuesten Generation mit sehr guter CSS3-, HTML5- und JavaScript- Unterstützung (ab Firefox 4, Safari 5, Chrome 11, Opera 11 oder IE 9 bzw. IE 10 Pre-Beta) bieten Design in »Perfektion«.
Browser mit weitestgehender Unterstützung von CSS 2.1 (Vorgängerversionen der oben genannten Browser) stellen ein Design mit marginalen Abweichungen dar. Alte Browser wie der IE 6, die selbst lediglich CSS2 vollständig unterstützen und nur teilweise CSS2.1, führen aufgrund fehlender Unterstützung aktueller Standards zu sichtbaren Abweichungen im Design. Die Interaktion innerhalb der Anwendung wird davon nicht beeinflusst.

Der Vorteil dieser Art der Ausrichtung bzw. Positionierung von Webseiten-Elementen und -Bereichen ist, dass sich diese je nach Größe des Viewports automatisch neben- und untereinander ausrichten und den Viewport somit optimal ausnutzen können. In Kombination mit CSS3 Media Queries haben Sie somit die Möglichkeit, Webseiteninhalte optimiert für die jeweiligen Endgeräte auszurichten (mehr dazu im Workshop »Responsive Webdesign mit Media Queries« in Kapitel 11).

2.10 Progressive Enhancement und Graceful Degradation

Auch wenn die in den Workshops dieses Buchs verwendeten Eigenschaften aus CSS3 bereits vielerorts angewendet werden und mit dem Erscheinen des Internet Explorers 9 im März 2011 nun endlich auch der letzte aktuell relevante Browser diese Eigenschaften weitestgehend umsetzen kann, sollte Ihnen klar sein, dass Sie für ältere Browserversionen immer eine Alternativlösung finden müssen.

Ohne zusätzliche Klassen, IDs und zusätzliche Elemente könnten Browser wie der IE 6 und seine beiden Nachfolgeversionen das gewünschte Design und die Funktionalität der Beispiele oftmals nicht umsetzen.

Bei manchen Effekten werden zudem zusätzliche Grafiken, CSS- oder JavaScript-Dateien notwendig.

2.10.1 Was bedeutet »Progressive Enhancement«?

Arbeiten Sie nach dem Ansatz des Progressive Enhancements, gehen Sie zunächst von einer Basisversion Ihrer Website aus und fügen dann Verbesserungen und neue Funktionen oder Eigenschaften für die Browser hinzu, die diese umsetzen können.

Die Idee dahinter ist, ein Ziel nicht »auf Teufel komm raus« umzusetzen und die Qualität zu vernachlässigen, sondern Fallbacks anzubieten. Im Falle von RGBA-Farbwerten wäre das ein RGB-Farbwert, der auch von den Browsern umgesetzt werden kann (beispielsweise IE 6), die mit der Darstellung von RGBA-Farbwerten Schwierigkeiten haben oder diese gar nicht kennen, womit unter Umständen für diese Browser nicht einmal annähernd die gewünschten Farbwerte vorlägen. Ein Workshop in diesem Buch, der diesen Ansatz visuell gut verständlich macht, ist der des tabellarischen Direktvergleiches ehemaliger Top-10-Tennisspieler aus Kapitel 7. Hier wird zuerst eine Basisversion erstellt, die von allen Browsern umsetzbar ist (siehe in Abbildung 2.33 rechts den IE 7), und dann eine »extended Version«, die CSS3-Eigenschaften wie lineare Farbverläufe, Box-Schatten oder auch das CSS3 Animation Module verwendet. In diesem Fall werden all diese Eigenschaften vom Google-Chrome-Browser im linken Teil von Abbildung 2.33 präsentiert.

◄ **Abbildung 2.33**
Links die Vergleichstabelle mit CSS3-Eigenschaften wie linearen Farbverläufen, Box-Schatten, CSS3 Animation Module & Co. (Google Chrome) und rechts ohne all diese Eigenschaften auf Basis einfacher Hintergrundfarben im IE 7

Vorgehensweise | Ein Webprojekt, das nach dem Ansatz des Progressive Enhancements umgesetzt werden soll, kann in folgende Schichten aufgeteilt werden:

▶ HTML-Markup: Den Ausgangspunkt bilden semantisch ausgezeichnete und gut strukturierte Inhalte. Diese sind für alle Browserversionen auf allen relevanten Endgeräten der kleinste gemeinsame Nenner, die sogenannte Basisversion.

▶ CSS-Gestaltung: Mit CSS wird dann eine schrittweise Verbesserung eines Designs erzielt, das durch Hinzufügen von neuesten Eigenschaften in den aktuellsten Browsern und verbesserten Endgeräten unter anderem durch das Hinzufügen von Präfixen und Eigenschaften wie CSS3 Media Queries ausgebaut wird.

▶ Verhalten und Interaktion: In der dritten und letzten Schicht wird dann beispielsweise mit JavaScript, Flash oder unter Umständen auch mit den CSS3-Modulen Animation und Transition das Verhalten einer Webseite schrittweise ausgebaut und deren Interaktionsmöglichkeiten verbessert.

Diese Art der schrittweisen Verbesserung geht somit von einer allgemeingültigen und kompatiblen Basisversion aus, die unter Verwendung neuester Webstandards eine weitestgehend optimale Darstellung von Webseiteninhalten in allen relevanten Browser(versione)n erfährt.

2.10.2 Was bedeutet »Graceful Degradation«?

Der Ansatz Graceful Degradation (zu Deutsch »allmählicher Funktionsabbau«) wurde bereits bei der Softwareentwicklung verwendet und ist der Herangehensweise von Progressive Enhancement ähnlich, allerdings wird hier nicht vom kleinsten gemeinsamen Nenner der Basisversion ausgegangen, sondern man orientiert sich an den neuesten Browserversionen mit vollem Funktionsumfang und stellt älteren Browserversionen eine weniger leistungsstarke Version zur Verfügung.

Der große Nachteil dieses Ansatzes ist, dass in den seltensten Fällen für alle relevanten älteren Browserversionen alternative Lösungen in Form »abgespeckter« oder gar anderer Eigenschaften angeboten werden können. Die einzige Lösung ist dann hier oft, in einem älteren Browser beispielsweise durch entsprechende Hinweismeldungen kenntlich zu machen, dass zum Beispiel ein JavaScript-Feature nicht funktioniert. Und selbst wenn Sie sich nun die Mühe machen, dieses Feature auch in älteren Browsern sichtbar und funktionsfähig werden zu lassen, kann dies dazu führen, dass von diesem Feature dann mehrere Versionen existieren. Dadurch wiederum kann die Fehleranfälligkeit steigen, von der schlechteren Performance bei der Ladegeschwindigkeit ganz zu schweigen.

Allerdings hat der Ansatz des »allmählichen Funktionsabbaus« auch seine Vorteile. So können Sie besagtes JavaScript-Feature beispielsweise gezielt für bestimmte Ausgabemedien wie mobile Endgeräte optimieren und somit an dieser Stelle die Dateigröße oder -anzahl (HTTP-Requests) reduzieren. Bei der Gestaltung von Webseiten mit CSS würde dieser Ansatz bedeuten, dass Sie bei dem Einsatz von CSS3 moderne Webstandards benutzen, aber trotzdem genauestens abwägen, inwieweit Sie ältere Browser, die diese Eigenschaften noch nicht kennen, durch alternative Herangehensweisen weiterhin unterstützen.

3   Layouttypen

Mit der Gestaltung Ihrer Webseiten bestimmen Sie, wie die Text-, Bild- und Videoinformationen vom Nutzer aufgenommen werden. Eine wesentliche Rolle spielt dabei der Viewport, also die Größe des Browserfensters. Im Idealfall nutzt eine Website den zur Verfügung stehenden Platz so aus, dass alle Inhalte gut zugänglich sind.

3.1   Fixes Design (fix Layout) mit fester Breite

Für die Anordnung der verschiedenen Bereiche und Inhalte einer Website gibt es verschiedene Ansätze. Einer davon ist das sogenannte fixe Layout. Damit bezeichnet man eine Variante der Layoutgestaltung, die auf **absoluten Breiten- und Abstandsangaben** basiert.

```
#wrapper { width:950px; }
```

Neben den allumfassenden Containern werden auch die einzelnen Elemente einer Webseite, wie in Abbildung 3.1 eine Sidebar, die Formular- oder Gestaltungselemente, mit absoluten Breiten- und Abstandsangaben in Pixeln innerhalb ihrer so erzeugten Grenzen ausgerichtet.

   Das bedeutet, ein zentriert ausgerichtetes Webseitenlayout von beispielsweise 950 px in der Breite wird bei einem Viewport mit einer Breite von knapp 1.000 px ebenso breit dargestellt wie bei einem Viewport mit einer Breite von 1.600 px (siehe Abbildung 3.2).

   So schön und unter Umständen einfach auch die Umsetzung eines pixelgenauen Entwurfes ist – sobald der Anwender die Schriftgröße über die entsprechende Browserfunktion ändert, verändert sich auch das Layout.

   Beim Page-Zoom (Seitenzoom), den mittlerweile alle aktuellen relevanten Browserversionen ohne Probleme umsetzen können (siehe rechten Teil der Abbildung 3.3), stellt dies dagegen kein wirkliches Problem dar, weil hier das gesamte Layout verändert wird.

Das fixe Layout

Diese Variante der Layoutgestaltung basiert auf absoluten Pixelangaben für die Elemente einer Webseite und deren gesamter Ausbreitung. Somit ist ein solch umgesetztes Seitenlayout unabhängig vom jeweiligen Viewport des Besuchers der Webseite. Das bedeutet, die Breite einer Webseite von beispielsweise 760 Pixeln wird auf einem Viewport (Größe des Browserfensters) von 1.000 Pixeln ebenso wie bei einem Viewport von 1.600 Pixeln dargestellt.

Vorteile eines fixen Layouts

▶ Webseiten mit einem fixen Layout sind leichter zu designen und umzusetzen als fließende oder elastische Designs.

▶ Die einzelnen Bereiche und Elemente bleiben in ihrer Anordnung und in ihren Maßen unabhängig vom Viewport gleich.

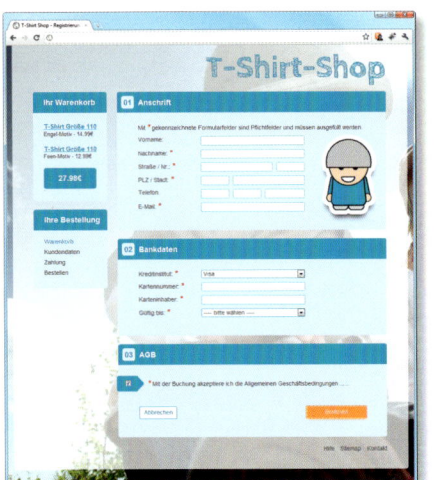

▲ **Abbildung 3.1**
Fixes Layout bei einem Viewport
von 1.000 px

▲ **Abbildung 3.2**
Fixes Layout bei einem Viewport von 1.600 px

Das heißt, in dieser hier verwendeten Beispielabbildung des aus Kapitel 10 stammenden Formular-Workshops skalieren sowohl die Hintergrundgrafik als auch die absolut ausgerichteten Inhalte und die Illustration. Verändert der Anwender allerdings lediglich die Schriftgröße (siehe linken Teil von Abbildung 3.3), ändern sich nur die textlichen Inhalte, womit das Layout in diesen Bereichen nicht mehr das gewünschte Verhältnis zwischen Text und den dahinter- oder umliegenden Elementen aufweist.

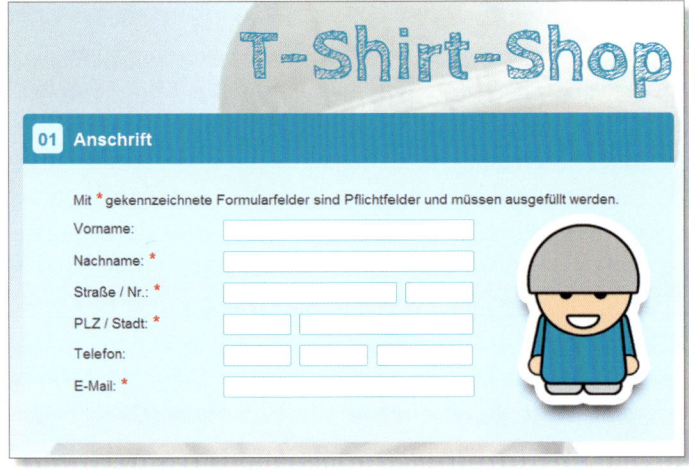

▲ **Abbildung 3.3**
Vergleich zwischen Text- (links) und
Seitenzoom (rechts)

Drei Beispielwebseiten, die auf dieser Art der fixen und absoluten Layout-gestaltung basieren, sind in Abbildung 3.4 zusammengefasst.

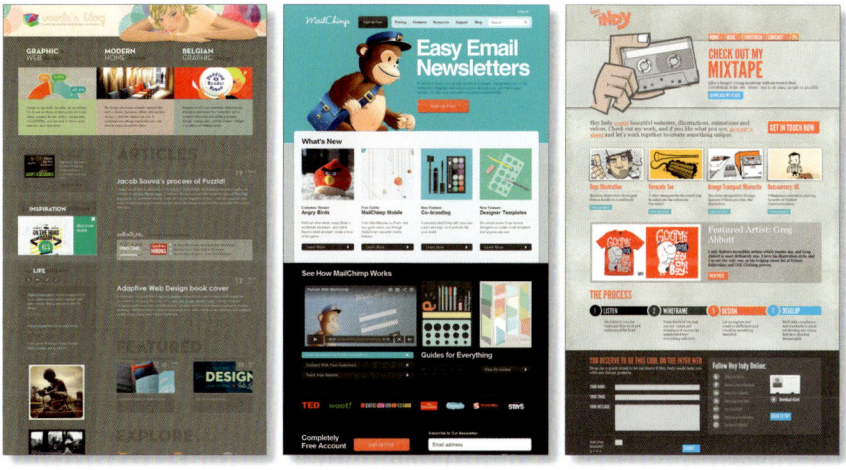

▲ **Abbildung 3.4**
Webseiten mit absolutem Layout (von links nach rechts): Veerle's blog (*veerle.duoh.com*),
MailChimp (*mailchimp.com*) und hey Indy (*heyindy.com*)

3.2 Fließendes Design (fluid Layout)

Designs von Webseiten müssen allerdings nicht immer auf absoluten Maß-
angaben beruhen, sondern können auch mittels relativer Angaben eine
Flexibilität aufweisen, die es ihnen ermöglicht, sich dem Viewport des
Betrachters anzupassen. Ausschlaggebend für ein solches Verhalten sind
in erster Linie die Maßangaben, die sich der Breite des Gesamtlayouts und
der darin befindlichen Elemente widmen. Diese kleinen, aber wirksamen
Änderungen innerhalb der CSS-Angaben führen dazu, dass sich die mit
Prozentangaben ausgestatteten Bereiche eines Webseitenlayouts bei der
Größenänderung des Browserfensters entsprechend anpassen.

In den Abbildungen 3.5 und 3.6 sehen Sie ein Beispiel aus Kapitel 5,
das mit einem solchen fließenden Layout umgesetzt wurde. Der allumfassende wrapper nutzt 75 % der vorhandenen Viewportbreite.

```
#wrapper { width:75%; }
```

Die für ein fließendes Layout angegebenen prozentualen Breiten- und
Abstandsangaben erlauben somit ein Höchstmaß an Flexibilität. Wie in
dem hier vorgestellten Workshop-Beispiel kann der Viewport allerdings so
stark verkleinert werden, bis das Layout einen horizontalen Scrollbalken
erhält, weil beispielsweise die darin enthaltene Überschrift nicht mehr den
notwendigen Platz besitzt, sich entsprechend ihrer Eigenschaften ausbreiten zu können. Bei einem fixen Layout würde der Scrollbalken eines 950 px

Vorteile des fließenden Layouts

▶ Fluid Layouts passen sich dem Viewport des Ausgabemediums an.

▶ Textinhalte von Webseiten dieses Layouttyps können sich der Größe des Viewports anpassen.

▶ Horizontales Scrollen kann unabhängig vom Viewport vermieden werden.

▶ Eine Anpassung der Breiten des Designs und der darin enthaltenen Elemente ist nicht zwingend notwendig, da das Layout sich auch kleinen Viewports anpasst.

breiten Layouts hingegen bereits bei 949 px erscheinen, obwohl die Elemente immer noch genügend Platz besäßen.

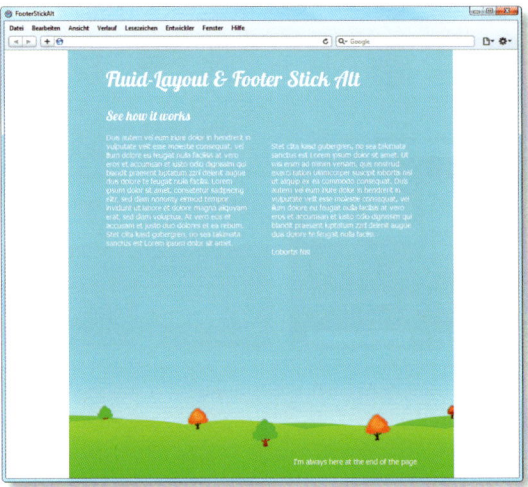

▲ **Abbildung 3.5**
Fluid Layout bei einem Viewport von 1.000 px

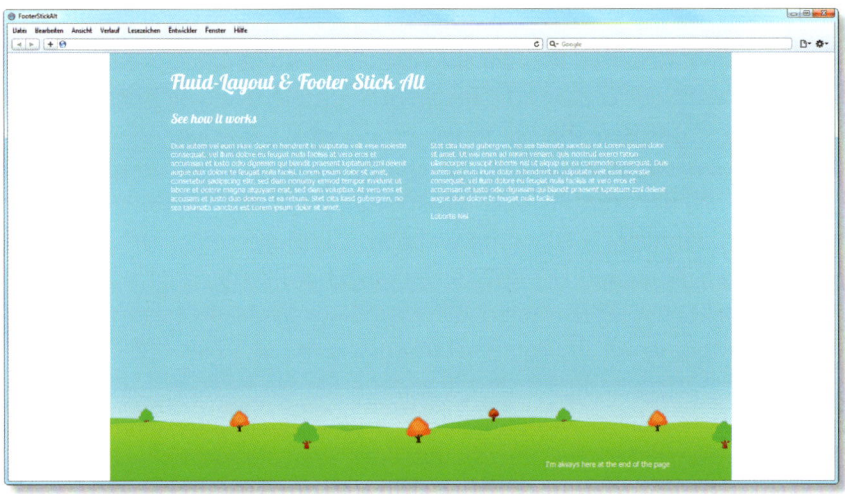

▲ **Abbildung 3.6**
Fluid Layout bei einem Viewport von 1.600 px

▲ **Abbildung 3.7**
Fluid Layout bei einem Viewport von 400 px

Neben den Breitenangaben für allumfassende Container werden auch die Breiten der darin enthaltenen Elemente in Prozent angegeben. Werden die Breitenangaben weggelassen, breiten sich Blockelemente immer in Abhängigkeit von dem ihnen zur Verfügung stehenden Platz aus. Das ist durch ein `width:auto` in den Browser-Defaultstylesheets geregelt. In diesem Fall bedeutet das, dass sich beispielsweise die beiden Textspalten der Abbildungen 3.5 und 3.6 je nach Viewport verkleinern oder verbreitern. Schränken Sie allerdings die maximale Ausdehnung nicht ein, kann ein fließendes Layout durchaus zu einem Usability-Problem führen: Die Texte laufen zu breit und sind nicht mehr lesbar. Eine Möglichkeit, das zu umgehen, ist die Eigenschaft `max-width`. Lesen Sie dazu bitte auch Abschnitt 3.4, »Mischformen«.

Zudem müssen Sie bei diesem Layouttyp unbedingt darauf achten, dass Webseiten auch bei einem kleinen Viewport von beispielsweise 400 px wie in Abbildung 3.7 weiterhin handhabbar sind und nicht durch horizontale und vertikale Scrollbalken gänzlich unübersichtlich werden. In Kombination mit CSS3 Media Queries (mehr dazu im Workshop »Responsive Webdesign mit Media Queries« in Kapitel 11) können Sie einem fließenden Layout für unterschiedliche Viewportgrößen den Anforderungen entsprechend individuelle Breitenabgaben zuweisen und unter Umständen auch die dann nicht mehr notwendigen Spalteneigenschaften des Fließtextes aufheben.

Da auch diese Art von Layout von zahlreichen Webseitenbetreibern als Basis zur Gestaltung des eigenen Layouts herangezogen wird, zeigt Abbildung 3.8 nun drei Beispielwebseiten, die auf ebendiese Art des fließenden Layouts zurückgreifen.

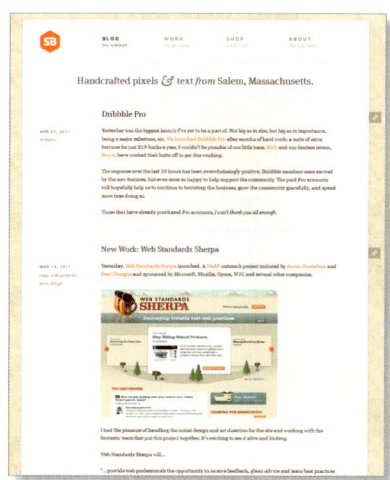
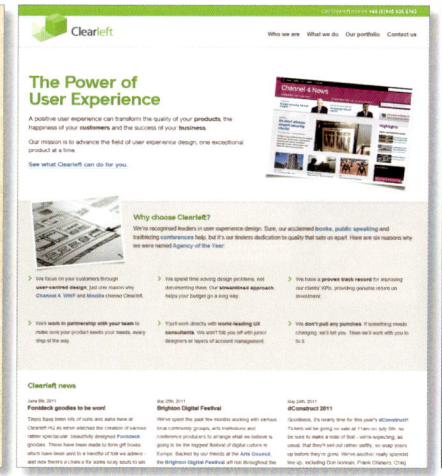
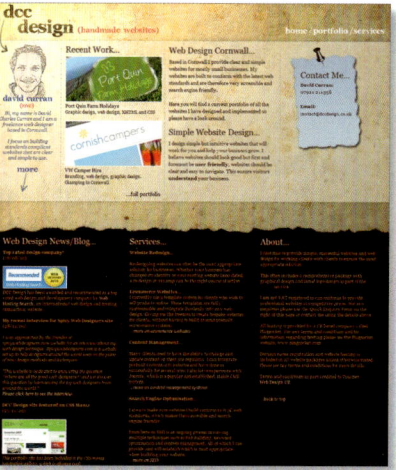

▲ **Abbildung 3.8**
Webseiten mit fluid Layout (von links nach rechts): SimpleBits (*simplebits.com*), Clearleft (*clearleft.com*) und dcc design (*dccdesign.co.uk*)

3.3 Elastisches Design (elastic Layout)

Ein Layout basierend auf den relativen Größenangaben % (für die Schriftgrößen) und `em` (für die Elemente an sich) wird zu einem sogenannten elastischen Layout. »Elastisch« heißt in diesem Fall, dass es in Bezug auf Höhe, Breite und Abstände skalierbar ist.

Der Vorteil dieses Layouttyps gegenüber einem fixen Layout liegt darin, dass bei der Veränderung der Schriftgröße durch den Anwender nicht nur

Textinhalte, sondern auch die dazugehörigen Elemente, wie Bilder und multimediale Inhalte, mitskalieren. Verwenden Sie diese relative Maßangabe für die initiale Schriftgrößenangabe, verhalten sich die innerhalb dieses Elements befindlichen Inhalte (#wrapper ...) relativ zu diesem Elternelement.

Aufgrund der damit verbundenen Flexibilität ist aber der Arbeitsaufwand größer als beim fixen Layout. Ausschlaggebend für die Maße der Elemente ist die initial für das body-Element gesetzte Schriftgröße, denn dies ist der Wert, den der Anwender seinen Anforderungen entsprechend verändert.

```
body { font-size:100%; }
```

Größenangaben in em verhalten sich proportional zur Text- oder Schriftgröße, wenn diese ebenfalls relativ (em oder %) angelegt wurde. Wird über die Browsereinstellung der Schriftgrad verändert, erhöhen sich auch die Bereiche, die in em angegeben werden.

```
#wrapper { width:25em; }
```

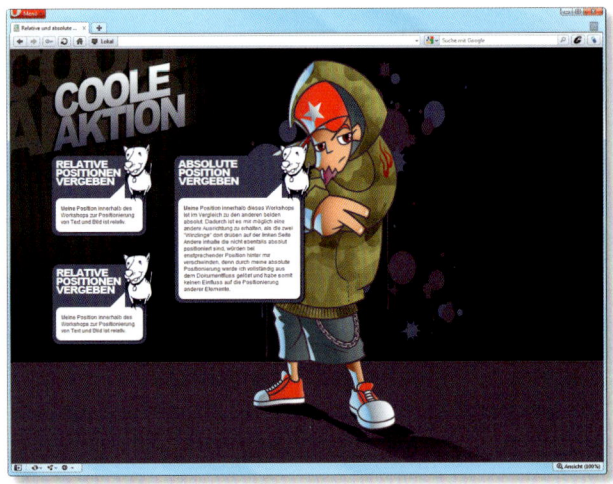

▲ **Abbildung 3.9**
Elastic Layout bei 100 % der initialen Schriftgröße des Layouts aus dem Workshop »Sprechblasen und Teaserboxen« in Kapitel 6

Wie die Abbildungen 3.9 bis 3.12 verdeutlichen, schrumpft und wächst das Design eines solchen Layouttyps mit der Definition für die Schriftgröße des body-Elements. Bei einer Erhöhung dieser Schriftgröße von 100 % auf 115 % verändert sich somit nicht nur die Schriftgröße der Textinhalte, sondern auch die Maße der mit em gekennzeichneten Elemente dieses Layouts.

```
body { font-size:115%; }
```

Weil alle vorhandenen Breiten-, Höhen- und Abstandsangaben mit 115 % denselben Ursprung für ihre Maße besitzen, verändern sich auch die Proportionen der Elemente nicht: Die drei Infoboxen mit all ihren Eigenschaften (Breite, Schriftgröße, »runde Ecken«...) samt Illustration wachsen. Voraussetzung für die Skalierbarkeit eines Bildes wie in Abbildung 3.11 ist, dass sich die Bilddatei der Hunde-Illustration im HTML-Dokument befindet und ihre Maße (Höhe und Breite) ebenfalls in em angegeben werden.

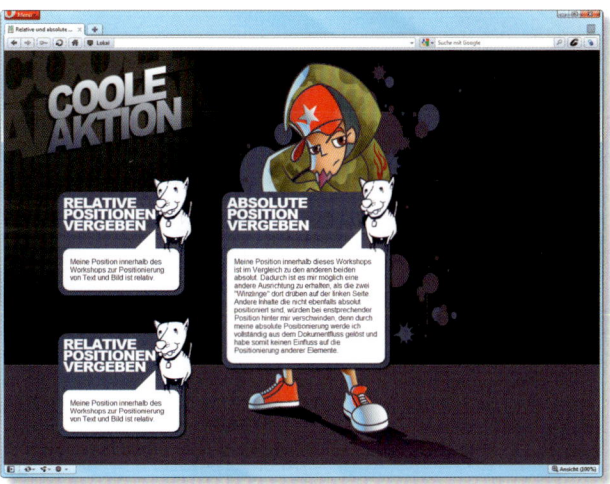

▲ **Abbildung 3.10**
Elastic Layout bei 115 % der initialen Schriftgröße des Layouts

▲ **Abbildung 3.11**
Verhalten eines Webseitenelements basierend auf der Maßeinheit em – bei einer initialen Schriftgröße von 115 % (oben), mit dem Originalwert von 100 % (Mitte) und einer Schriftgröße von 85 % (unten)

Reduzieren Sie nun beispielsweise die initiale Schriftgröße für das body-Element auf 85 %, werden auch die drei Infoboxen kleiner.

```
body { font-size:85%; }
```

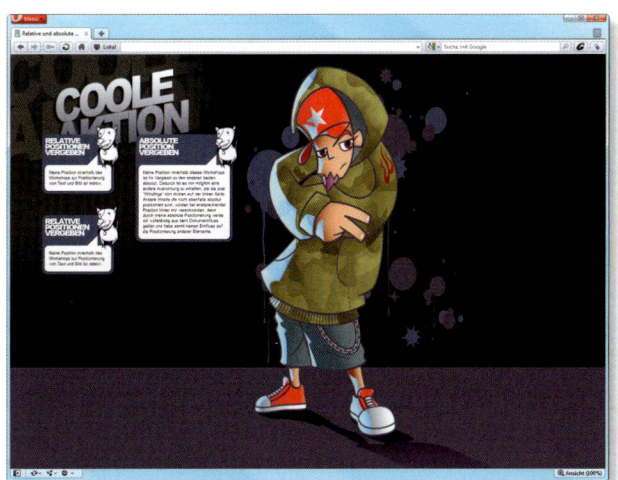

◀ **Abbildung 3.12**
Elastic Layout bei 85 % der initialen Schriftgröße des Layouts

  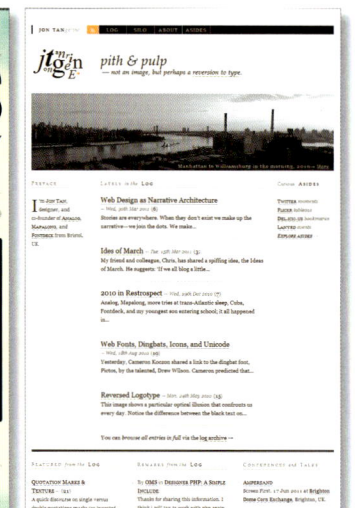

▲ **Abbildung 3.13**
Webseiten mit elastic Layout – von links nach rechts: Pearsonified (*pearsonified.com*), StephenCaver (*stephencaver.com*) und JonTangerine (*jontangerine.com*)

Wenn Sie es konsequent machen, dann können die Proportionen einer solchen Website dieses Layouttyps 1 : 1 beibehalten werden. Allerdings ist das gerade beim Einsatz von em mit einem nicht unerheblichen Rechenaufwand verbunden. Wenn Sie diesen Aufwand nicht scheuen, können Sie wie in Abbildung 3.11 auch Elemente »punktgenau« ausrichten, sodass diese selbst einer Vergrößerung oder Verkleinerung standhalten und keine ungewollten Abstände oder fehlerhaften Einrückungen entstehen.

3.4 Mischformen

Da alle drei bisher vorgestellten Layouttypen nicht frei von Nachteilen sind, ist im Lauf der Zeit daraus ein vierter Layouttyp entstanden. Da dieser noch keine offizielle Bezeichnung besitzt, verwende ich dafür den Begriff »elastisches Layout mit Breitenbegrenzung«. Kurz gesagt, dieser Typ könnte sich wie ein elastisches Layout verhalten, nur dass er mit der Eigenschaft max-width eine Begrenzung für seine Breite erhält, die mit einem prozentualen Wert versehen ist. Diejenigen Browser (alle aktuell relevanten Browser bis auf den IE 6), die mit der zusätzlichen Eigenschaft zur Breitenbegrenzung umgehen können, verändern somit das Layout wie gewohnt relativ und proportional zur Veränderung der Schriftgröße, allerdings ohne dabei die Breite des Viewports des Browsers zu überschreiten. Die übrigen CSS-Eigenschaften des Layouts basieren unabhängig davon auf dem zuvor vorgestellten elastischen Layout.

4 Seitenoptimierung und Debugging

Eine Webseite, die über Suchmaschinen nicht gefunden wird, nützt niemandem etwas. Daher beschäftigen sich mittlerweile ganze Berufszweige mit der sogenannten Optimierung von Websites. Die zentrale Aufgabe ist dabei, in den SERPs (Search Engine Research Pages) weit nach vorn zu gelangen. Unterschieden wird dabei zwischen Onpage- und Offpage-Faktoren. Im weiteren Verlauf dieses Kapitels wird allerdings nur auf die Onpage-Faktoren Validierung, Performance-Analyse und -Optimierung sowie das Debugging näher eingegangen, weil diese im direkten Zusammenhang mit der Darstellung der Elemente einer Webseite stehen.

4.1 Web-Performance-Optimierung (WPO)

Bei der Optimierung von Webseiten und -anwendungen geht es unabhängig von der Zielgruppe darum, dass die Webseiten schneller ausgeliefert werden und der Anwender schnell und intuitiv die gesuchten Informationen finden kann. Nach umfangreichen Studien der Suchmaschinenbetreiber Google und Bing liegen in etwa 80 bis 90 % der Performance einer Webseite am Frontend, die übrigen Prozente liegen im Bereich Server- und Datenbankoptimierung. Da sich die Durchschnittsgröße von Webseiten um ein Vielfaches erhöht hat und auch die Anzahl an HTTP-Requests – nicht zuletzt aufgrund der Zunahme multimedialer und interaktiver Inhalte – spürbar angestiegen ist, stoßen die Browser oftmals an die Grenze ihrer Leistungsfähigkeit. Ob und wie eine Webseite performt, können Sie mit zahlreichen Analysetools, wie sie im weiteren Verlauf für die einzelnen Bereiche vorgestellt werden, verifizieren.

4.1.1 HTML-Performance verbessern

Eine Webseite sollte in erster Linie ihrer Bedeutung entsprechend strukturiert werden. Das heißt, beherzigen Sie immer eine strikte strukturelle Trennung von Inhalten (HTML), Layout (CSS) und Verhalten (JavaScript, Flash, CSS3). Das wiederum heißt, keine Inline-Styles oder Inline-JavaScript-Auf-

> **Der Besucher einer Webseite steht im Mittelpunkt!**
>
> Da die Ladegeschwindigkeit einer Webseite enormen Einfluss auf die Zufriedenheit des Nutzers hat, sollten Sie diesen Aspekt gleich zu Beginn eines Projektes berücksichtigen. Denn ein langsames Ladeverhalten führt unter Umständen sogar dazu, dass die gesamte Website und damit auch die Glaubwürdigkeit des Unternehmens darunter leidet. So etwas wirkt sich möglicherweise auf das gesamte Branding einer Marke aus. Ebenfalls schlecht ist es, wenn die langsame Performance dazu führt, dass (potentielle) Kunden das Onlineangebot der Konkurrenz aufrufen. Die Toleranz bei den Anwendern, jegliches Ladeverhalten einer Website zu akzeptieren, ist ein Dogma, das längst überholt ist. Nicht zuletzt aus diesem Grund ist WPO kein »Kann«, sondern ein »Muss« bei der Umsetzung eines jeden Webprojektes!

rufe zu nutzen, sondern Auslagerungen in externe Dateien vorzunehmen. Wenn zudem JavaScript(-Frameworks) und zusätzliche Plugins in Form weiterer JavaScript-Dateien verwendet werden, ist es oft sinnvoll, diese am Ende vor dem schließenden `body`-Element anzugeben, insbesondere dann, wenn Sie in Ihrem Projekt den IE 7 und seine Vorgängerversionen berücksichtigen müssen, denn diese Versionen laden diese Dateien sequentiell und nicht wie alle aktuellen Browser (Firefox 5, Chrome 13, Opera 11.5, Safari 5 und der IE seit Version 8) parallel. Wenn die JavaScript-Dateien am Ende eines HTML-Dokumentes eingebunden werden, kann die für das Laden der Funktionen notwendige Ladezeit einer Seite, je nach Umfang, spürbar verlangsamt werden. Dies führt unter Umständen dazu, dass bestimmte Inhalte erst dann zugänglich sind, wenn alle Ressourcen – damit sind auch sämtliche Bilder, multimedialen Inhalte oder Widgets gemeint – geladen und die HTTP-Requests durchgeführt worden sind.

Der Nachteil dieses Ansatzes ist, dass unter Umständen ein kurzes Aufblitzen der Webinhalte ohne CSS-Eigenschaften, also auf Basis der Browserstyles, entsteht. Dieses im Internet Explorer auftretende Problem tritt üblicherweise dann auf, wenn die CSS-Dateien mit `@import` eingebunden werden. Wenn die CSS-Dateien durch eine Verlinkung über das `href`-Attribut eingebettet werden, sollte dieses unter dem Begriff FOUC-Effekt (*bluerobot.com/web/css/fouc.asp*) bekannte Problem nicht mehr auftreten.

4.1.2 CSS-Performance verbessern

Natürlich wird die Ladezeit von der Dateigröße der entsprechenden Inhalte bestimmt. In Bezug auf CSS liegt es daher nahe, als Erstes die CSS-Datei-Größen eines Webprojekts zu reduzieren. Dies erreichen Sie auf verschiedenste Arten.

Manuelle Optimierung von CSS-Dateien | Ein möglicher Ansatz zur Reduzierung der Größe einer CSS-Datei ist die Verwendung sogenannter Shorthand-Properties. Diese Shorthand-Properties stellen eine Art Zusammenfassung mehrerer Deklarationen dar, ohne dass dabei die Darstellung einer Eigenschaft oder eines Wertes zu verloren geht.

```
/* ohne Shorthand-Properties */
h3 {
    font-family: Arial, sans-serif;
    font-style:italic;
    font-weight:bold;
    font-size:125%;
    line-height:1.25;
}
```

Verbesserungsmaßnahmen innerhalb eines HTML-Dokumentes

► Vermeiden von Umbrüchen innerhalb des HTML-Dokumentes, sondern dafür CSS-Eigenschaften verwenden

► ihrer Bedeutung entsprechend selbsterklärende und kurze Dateinamen für Bilder und multimediale Inhalte sowie kurze und prägnante ID- und Klassenbezeichnungen

► wenn möglich Verzicht auf Grafiken zur Darstellung gestalterischer Eigenschaften und stattdessen Einsatz entsprechender CSS-Eigenschaften (CSS3!)

► keine Inline-Styles und Inline-JavaScript-Aufrufe

► JavaScript-Dateien sofern möglich an das Ende des HTML-Dokumentes stellen

Bei den in diesem Beispiel vorgestellten Eigenschaften für die Darstellung einer Überschrift dritten Grades reduzieren wir fünf verschiedene Deklarationen mittels der Shorthand-Property-Methode auf eine Deklaration.

```
/* mit Shorthand-Properties */
h3 {
    font: italic bold 125%/1.25 Arial, sans-serif;
}
```

Wer diesen Ansatz bereits von Beginn eines Projektes an berücksichtigt, kann somit nicht nur auf eine bessere Performance verweisen, sondern besitzt zudem eine bessere Übersicht innerhalb der CSS-Datei. Zumindest so lange, bis der folgende Arbeitsschritt beginnt.

Automatische Minimierung von CSS-Dateien | Eine Alternative dazu stellt die automatische Minimierung bzw. Kompression von CSS-Dateien mittels entsprechender Tools wie »Minify CSS« dar.

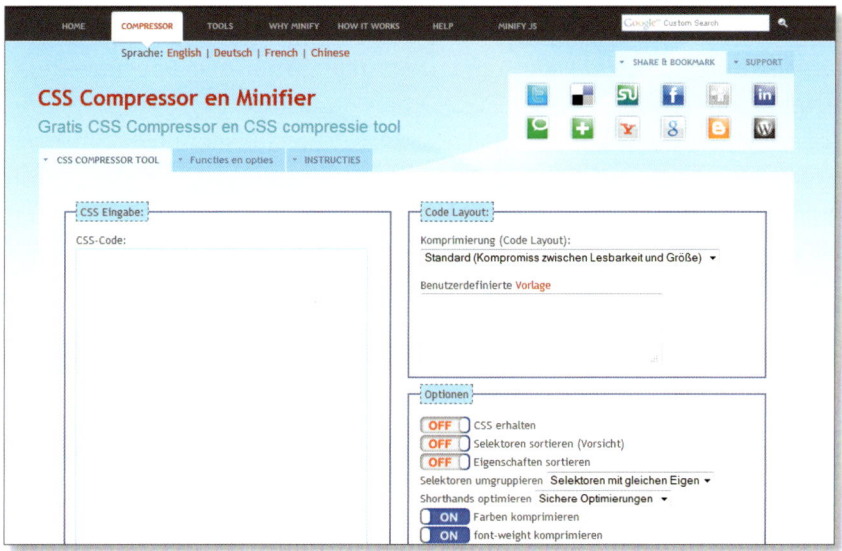

▲ **Abbildung 4.1**
Onlinetool »Minify CSS« zur Kompression von CSS-Dateien (*www.minifycss.com*)

Hier werden in erster Linie die darin enthaltenen Leerzeichen oder Kommentare, wie in Abbildung 4.2 zu erkennen, entfernt. So kann eine CSS-Datei mit Hunderten von Zeilen und Dutzenden Kommentaren, die zur Strukturierung der Datei angelegt wurden, um beispielsweise eine bessere Zusammenarbeit im Team zu ermöglichen, nach einer Komprimierung nur noch aus einigen wenigen Zeilen bestehen und unter Umständen eine Komprimierungsrate von 30 % und mehr erreichen.

Geeignete Elemente

Besonders prädestiniert ist der Einsatz dieser Art der Zusammenfassung u. a. bei Elementen mit folgenden Eigenschaften: font, border, margin, padding, background.

Tools zur Komprimierung von CSS- und JavaScript-Dateien

▶ **Code Beautifier:**
codebeautifier.com

▶ **CSS Compressor:**
csscompressor.com

▶ **CSS Optimizer:**
cssoptimiser.com

▶ **CSS-Formatierer und -Optimierer:** *cleancss.com*

So hilfreich eine Komprimierung des CSS-Codes anmutet, so vorsichtig sollten Sie bei der Verwendung solcher Tools sein. Trauen Sie niemals einem Tool oder einem Script zur Komprimierung von Dateien blind. Insbesondere neuere CSS3-Eigenschaften mit den leider oftmals noch notwendigen Browserpräfixen werden oft so verändert, dass die Eigenschaft dann nicht mehr korrekt umgesetzt wird. Das heißt, testen Sie erst die Anwendung mit der komprimierten Version, bevor es live geht!

```
tfoot th {
    background: #a0d63d;
    background-image:-moz-linear-gradient(top,#9cd238, #a0d63
    background-image:-o-linear-gradient(top,#9cd238, #a0d63d
    background-image:-webkit-gradient(linear, left top, left
    background-image:-webkit-linear-gradient(top,#9cd238, #a0
    text-align:left;
    font-weight:bold;
    text-indent:15px;
}
tbody th {
    text-align:left;
    font-weight:bold;
    text-indent:15px;
    border-width:0 1px 1px 0;
    border-style:solid;
    border-color: transparent #FFF #9ec630 transparent;
    background: #a0d63d;
    background: -moz-linear-gradient( top, #a0d63d, #a0dd42)
    background: -o-linear-gradient( top, #a0d63d, #a0dd42);
    background: -webkit-gradient(linear, left top, left botto
```

```
background:#bdbdbd;background:-moz-linear-gradient(top,#d4d4
#d4d4d4,#bdbdbd 2%,#c5c5c5 92%,#b9b9b9);background:-webkit-g
color-stop(0.92,#c5c5c5),to(#b9b9b9));background:-webkit-lin
vertical-align:bottom;font-size:115%;line-height:275%;borde
#b3b3b3 transparent;background:#bdbdbd;background-image:-moz
-o-linear-gradient(bottom,#bdbdbd,#bdbdbd 78%,#fff 78%,#fff)
color-stop(0.78,#bdbdbd),color-stop(0.78,#fff),to(#fff));ba
tfoot th{background:#a0d63d;background-image:-moz-linear-gra
(top,#9cd238,#a0d63d 72%,#fff 72%,#fff);background-image:-we
color-stop(0.72,#fff),to(#fff));background-image:-webkit-lir
font-weight:bold;text-indent:15px;}tbody th{text-align:left;
border-color:transparent #FFf #9ec630 transparent;backgroun
-o-linear-gradient(top,#a0d63d,#a0dd42);background:-webkit-g
-webkit-linear-gradient(top,#a0d63d,#a0dd42);}tfoot td{backg
#bdbdbd 72%,#fff 72%,#fff);background-image:-o-linear-gradi
(linear,left top,left bottom,from(#d4d4d4),color-stop(0.01,#
-webkit-linear-gradient(top,#d4d4d4,#bdbdbd 1%,#bdbdbd 72%,#
underline;}thead th.best,tfoot td.best,tbody td.best{width:9
#FFF transparent transparent;vertical-align:top;text-indent
background-color:#87c81c;background:-moz-linear-gradient(top
-webkit-gradient(linear,left top,left bottom,from(#a0dd42),
```

▲ **Abbildung 4.2**
»Minify CSS« macht eine CSS-Datei kleiner, allerdings leidet natürlich die Übersichtlichkeit.

Je mehr CSS-Dateien ein Projekt umfasst, umso größer ist der daraus resultierende Vorteil in Bezug auf eine bessere bzw. schnellere Performance.

4.1.3 Performance der Bilder verbessern

Wie umfangreich die mögliche Komprimierung verwendeten Bildmaterials ausfällt, hängt in erster Linie vom Dateiformat und von den damit verbundenen Komprimierungsmöglichkeiten ab.

Komprimierung von Bilddateien | Auch wenn eine Reduzierung der Dateigröße im Sinne einer schnelleren Ladezeit einer Webseite erstrebenswert ist, sollten Sie die Qualität des komprimierten Bildmaterials allerdings nicht aus dem Auge lassen.

Der folgende Test zeigt in wenigen Sekunden auf, wie groß das Einsparpotential des auf Ihren Seiten verwendeten Bildmaterials ist.

1 Installieren Sie Firebug und YSlow

Sofern noch nicht geschehen, installieren Sie die Browsererweiterung Firebug (Version 1.7) sowie die aus dem Hause Yahoo! stammende Browsererweiterung YSlow (Version 2.1): *https://addons.mozilla.org/de/firefox/ addon/firebug* und *https://addons.mozilla.org/de/firefox/addon/yslow*.

2 Qualitätstest mit YSlow

Nach Installation dieser beiden Entwickler-Erweiterungen klicken Sie nach dem Aufrufen der zu testenden Webseite das in der Fußzeile des Browserfensters abgelegte YSlow-Icon ❶ und starten per Klick auf RUN TEST ❷ den Test zur Verifizierung der Schwachstellen.

◄ **Abbildung 4.3**
Aufruf und Start des Tests der
Webseite *bundesregierung.de* in
Bezug auf ihre Performance

3 Aufruf des Komprimierungstools

Die nach dem Durchlauf gewonnenen Erkenntnisse werden in einer Art Gesamtnote ❸ zusammengefasst und nach verschiedenen Merkmalen geordnet dokumentiert. Die auf diese Weise erzielten Ergebnisse können dann mit verschiedenen Tools ❹ ausgewertet und die Schwachstellen gezielt optimiert werden.

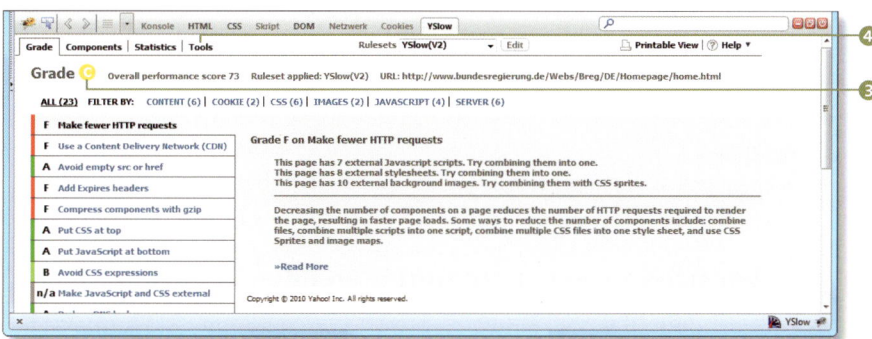

◄ **Abbildung 4.4**
Ergebnis des Qualitätstests mit
YSlow

4 Optimierung des Bildmaterials mit Smush.it

Diese Analyse enthält am Ende alle in einer Webseite verwendeten Dateien und die dazugehörigen Dateigrößen, so dass Sie erkennen können, welche Dokumententypen in Sachen Dateigröße Optimierungsbedarf besitzen (siehe Abbildung 4.5). Bei über 400 KB für 26 Grafiken ⑤ kann man in Bezug auf die Komprimierung dieser Dateien ruhig einmal einen Test wagen.

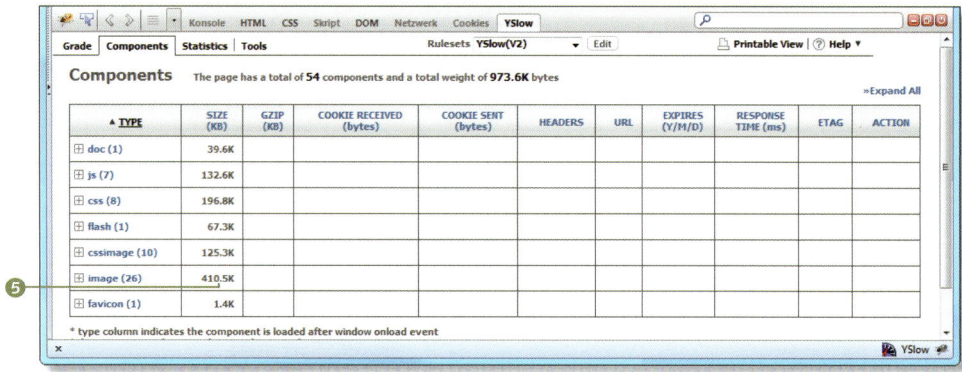

▲ **Abbildung 4.5**
Optimierung des Ergebnisses mit Smush.it

Neben Bilddateien, deren Komprimierung Sie durch das Anklicken des Links ALL SMUSH.IT ⑥ anstoßen, können Sie, wie in Abbildung 4.6 zu erkennen ist, mittels YSlow auch JavaScript- und CSS-Dateien komprimieren.

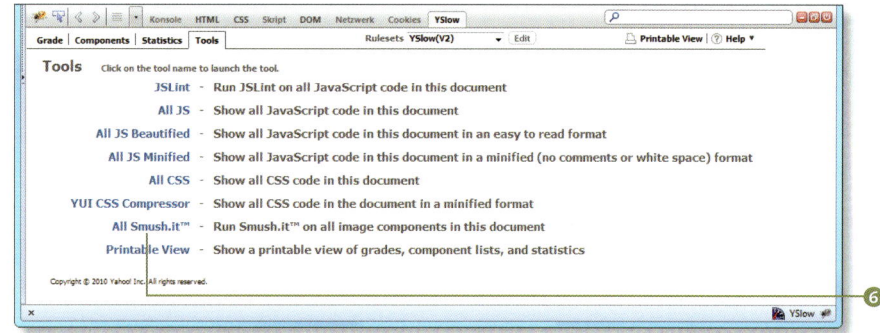

▲ **Abbildung 4.6**
Abspeichern der komprimierten Dateien

5 Verifizieren der zu komprimierenden Bilddateien

Nachdem die auf einer Webseite verwendeten Bilddateien und deren Einsparpotential ermittelt wurden, zeigt Smush.it an, wie hoch der prozentuale einzusparende Anteil des auf der getesteten Seite verwendeten Bildmaterials ist und wie viel Kilobyte dies entspräche. In der darunter befindlichen Übersichtstabelle erhalten Sie, wie in Abbildung 4.7 gut zu erkennen ist, alle dafür notwendigen Informationen. Zu empfehlen ist eine Sortierung nach dem Einsparpotential in KB, denn ein Einsparpotential von

95 % bei einer 3 KB großen Bilddatei ist im Vergleich zu 25 % einer 105 KB großen Bilddatei nicht der Erwähnung wert.

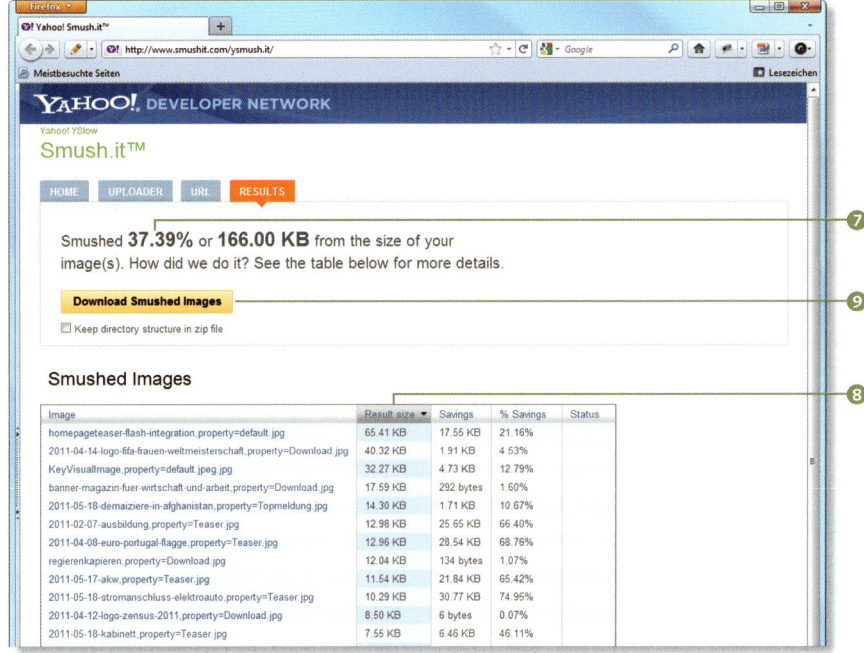

◄ **Abbildung 4.7**
Umfang des eingesparten Bildmaterials ❼, Dateigröße nach
Kompression in KB ❽, Download
des komprimierten Bildmaterials ❾

6 Downloaden der komprimierten Bilddateien

Als Nächstes können Sie die komprimierten Bilddateien herunterladen. Ähnlich wie bei anderen (Online-)Komprimierungstools heißt es aber
auch hier, vertrauen Sie nie einer Anwendung oder einem Script zur Komprimierung, ohne die Resultate einem eigenen Qualitätstest unterzogen zu
haben, bevor es mit den Bilddateien online geht!

Mit Spritegrafiken zur Reduzierung von HTTP-Requests | Dass die Lade-
zeit mittlerweile als Kriterium bei Suchmaschinenpositionen immer mehr
Gewichtung bekommt, dürfte sich bereits herumgesprochen haben. Und
eine Ursache für ein langsames Ladeverhalten können zu viele HTTP-
Requests sein, von denen ein Browser nur eine bestimmte Anzahl gleichzeitig durchführen kann. So können die oftmals für Webprojekte immer
noch relevanten Versionen 6 und 7 des Internet Explorers nur zwei Objekte
und der IE 8 sowie Firefox in Version 5 nur sechs Objekte gleichzeitig pro
Domain abrufen. Genau dort liegt der Ansatz von CSS-Sprites – in der Einsparung von HTTP-Requests. Zudem hat eine solche CSS-Spritegrafik eine
Reduzierung der gesamten Größe aller Bilder zur Folge, was sich ebenfalls
positiv in der Verkürzung der Ladezeit bemerkbar macht.

Mit CSS-Sprites zu einer Redu-zierung der HTTP-Requests

Die Technik der Spritegrafiken ist
nicht neu, denn sie wurde bereits
früher beim Erstellen von Compu-
terspielen verwenden, da Grafik-
speicher damals noch klein waren
und das Nachladen lange dauerte.
Auch im Webdesign sind CSS-
Sprites keine »brandneue« Technik, sondern wurden bereits im
Jahr 2004 von Dave Shea bei A
List Apart vorgestellt (*www.alist-
apart.com/articles/sprites*).
Allerdings hat dieser Ansatz auch
Nachteile, denn die Erstellung
und Pflege einer solchen oftmals
doch recht umfangreichen (Bild-)
Datei dauert unter Umständen
durchaus länger, als eine einzelne
Grafik zu erneuen. Auch die Positionierung mittels CSS muss geübt
sein. Wem die oftmals aufwändige
Erstellung einer CSS-Spritegrafik
zu viel Arbeit macht, der kann
auch auf Tools wie den CSS-
Sprite-Generator zurückgreifen:
*de.spritegen.website-performance.
org.*

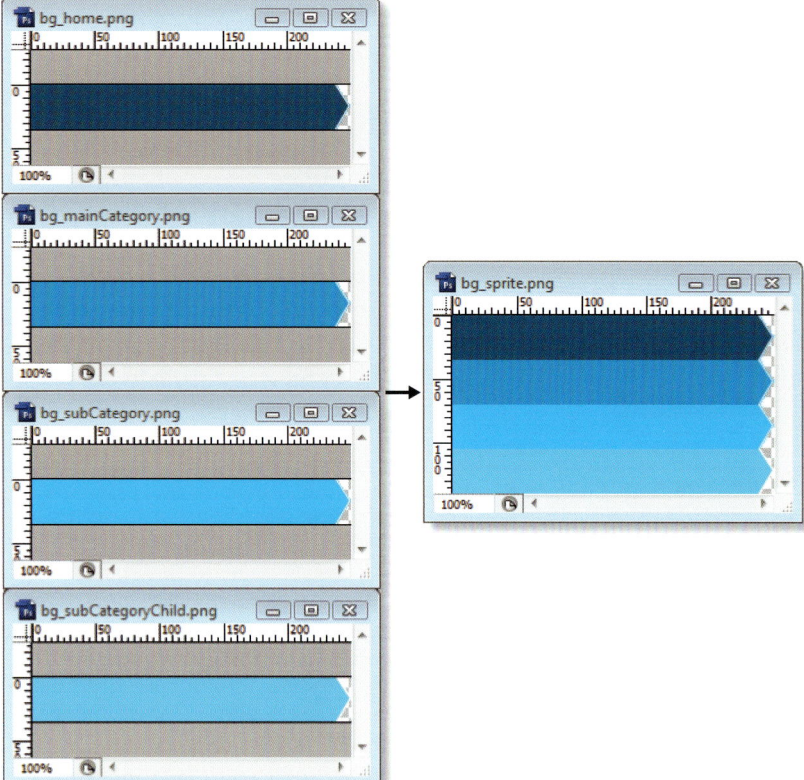

▲ Abbildung 4.8
Einzelgrafiken (4 HTTP-Requests mit insgesamt 4 KB – links) vs. CSS-Sprite
(1 HTTP-Request mit insgesamt 2 KB – rechts)

gzip

»gzip« ist die Kurzform für GNU ZIP und stellt ein Programm zur Kompression von Dateien dar, das für alle Betriebssysteme verfügbar ist. gzip komprimiert nur einzelne Dateien, und das unabhängig davon, ob die aus dieser Komprimierung resultierenden Dateien auch tatsächlich kleiner sind. Es ersetzt die Dateien durch die komprimierte Version, indem es an den ursprünglichen Dateinamen die Endung ».gz« anhängt. Sie finden gzip unter: *www.gzip.org*.

Vergleich gleichzeitiger HTTP-Requests

Wer einen direkten Vergleich gleichzeitig möglicher HTTP-Requests der aktuellen Browser bzw. Browserversionen benötigt, wird unter folgender URL fündig: *www.browserscope.org*.

Der einzige »Trick« bei dieser Herangehensweise ist, wie in Abbildung 4.8 gut zu erkennen: Anstatt viele kleine Einzelgrafiken zu laden, wird eine größere Grafik mit allen Einzelgrafiken erstellt. Diese Spritegrafik wird dann, wie im Workshop »Breadcrumb-Navigationen« in Kapitel 10, per CSS mit der Eigenschaft `background-position` an den Anzeigenbereich verschoben, so dass immer nur der jeweils gewünschte Bereich sichtbar wird.

Unabhängig davon, dass die meisten Anbieter mit ihren jeweiligen Webhosting-Paketen eine Komprimierung mit dem Programm gzip anbieten und somit die Inhalte einer Website serverseitig vorkomprimiert und dadurch schneller ausgeliefert werden, ist eine frontend-seitige Komprimierung niemals unnötig.

4.1.4 Load Sharing

Wie im wahren Leben ist eine große Last, auf mehrere Schultern verteilt, einfacher zu tragen, als wenn man sich der Aufgabe allein annähme. In Bezug auf die Optimierung der Performance von Webseiten fällt hierzu in letzter Zeit immer häufiger der Begriff **Load Sharing**. Google beispielsweise stellt seit einiger Zeit einen kostenlosen Ansatz für die Last-Verteilung und optimale Ausnutzung des Cache zur Verfügung. Mit diesem Ansatz können interessierte Anwender und Nutzer von Ajax-Features – die zum Beispiel basierend auf jQuery, MooTools, prototype, script.aculo.us oder dojo in den Projekten zur Anwendung kommen – eine Google Ajax Libraries API nutzen. Diese bietet die durchaus komfortable Möglichkeit, mit einer API auf viele verschiedene externe Ajax-APIs zuzugreifen, und das, ohne sich Gedanken über deren Aktualisierung machen zu müssen. Nachteile dieses Fremdhosting-Ansatzes sind allerdings die technische Abhängigkeit, in die Sie sich begeben, und auch die qualitative Abhängigkeit, denn wenn solche APIs vom Betreiber einem Update unterzogen werden, bemerken es oftmals die Anwender zuerst.

Das Einzige, was Sie dafür benötigen, ist ein API-Key, den Sie nach der Registrierung dort erhalten. Diesen müssen Sie dann wie folgt im eigenen Webprojekt integrieren:

```
<script type="text/javascript"
src="https://www.google.com/jsapi?key=IHR-KEY">
</script>
```

Mit der Funktion `google.load()` können Sie dann die entsprechenden APIs verwenden. Ein weiterer Vorteil dieses Load-Sharing-Angebotes ist, dass sich diese Google Ajax Library im Cache derjenigen Besucher befindet, die eine Webseite aufrufen, die dieses Angebot nutzt.

4.2 Debugging und Analyse

Um Fehler bei der Umsetzung von Webseiten zu vermeiden, gibt es zahlreiche Mittel und Wege. Dazu gehört die Validierung der Dokumente. Dabei werden die fertigen Dateien auf Fehler getestet. Ein weiterer Schritt ist das Debugging von Anwendungen während des Entwicklungsprozesses. Zudem sollten Sie Ihre Webseite oder -anwendung in allen relevanten Betriebssystemen und Browsern testen.

4.2.1 CSS- und HTML-Validierung

Bei der Validierung eines Webdokuments werden die Inhalte dieses Dokuments durch ein Validatorprogramm, wie dem Markup Validation Service des W3C in Abbildung 4.9, mit den vom W3C veröffentlichten und aktuell relevanten Webstandards verglichen. An den Stellen des Quellcodes, wo das Dokument mit diesen Standards nicht übereinstimmt, gibt der Validator Fehlermeldungen oder Warnungen aus.

Load Sharing mit der Ajax Library API von Google

Die Bibliotheken der Google Ajax Library API bilden ein Netzwerk der beliebtesten Open-Source-JavaScript-Frameworks, zu denen aktuell (Stand Mai 2011) die folgenden elf Frameworks gehören: Chrome Frame (aktuellste Version 1.0.2), Dojo (1.6), Ext Core (3.1), jQuery (1.6.1), jQuery UI (1.8.13), Mootools (1.3.2), Prototype (1.7), script.aculo.us (1.8), SWFObject (2.2), Yahoo! User Interface Library (YUI) (3.3.), WebFont Loader (1.0.19).

Die Bibliotheken finden Sie unter: *code.google.com/intl/de-DE/apis/libraries*.

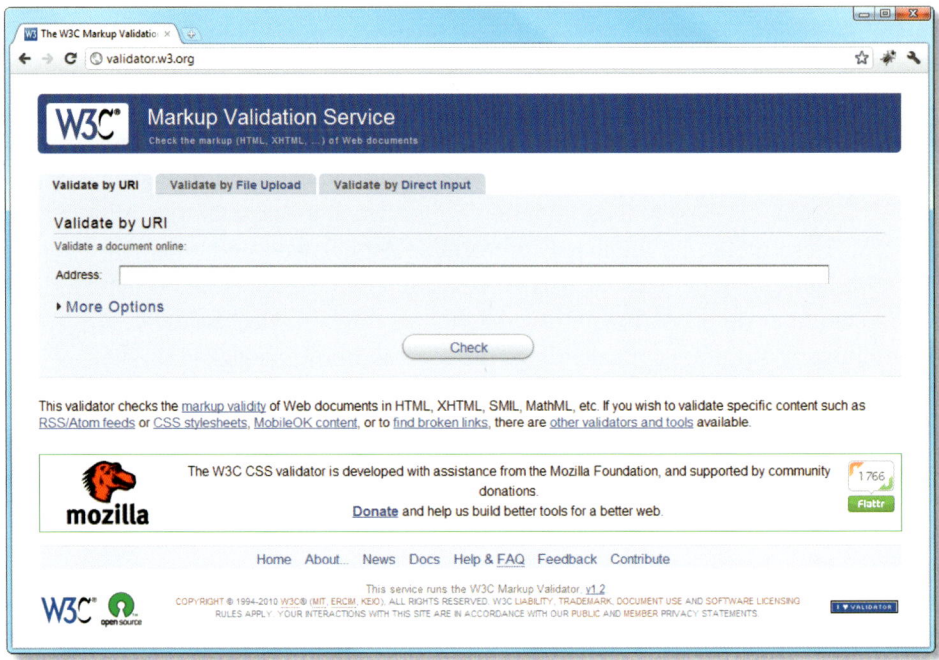

▲ **Abbildung 4.9**
Markup Validation Service des W3C

4.2.2 Debugging mit Browser-Extensions

W3C Markup Validation Service

Das W3C stellt einen eigenen Validator zur Verfügung, den Sie hier starten können: *validator.w3.org*. Geben Sie einfach die zu prüfende URL ein.

Es gibt zahlreiche Browser-Entwicklungswerkzeuge zum Erstellen und Debuggen von JavaScript, HTML und CSS. Daher stelle ich hier für jeden der in diesem Buch verwendeten relevanten Browser eine Browsererweiterung zum Debugging etwas näher vor. Mit diesen Erweiterungen können Sie beispielsweise die auf der DVD enthaltenen Codebeispiele debuggen oder editieren, um die verwendeten CSS-Eigenschaften eingehender zu testen.

Firebug für Firefox

Die Firefox-Extension Firebug können Sie hier herunterladen: *getfirebug.com*.

Firebug für Firefox | Eine – wenn nicht gar **die** – unverzichtbare Erweiterung für den Mozilla-Browser Firefox ist das in Abbildung 4.10 gezeigte Entwicklerwerkzeug Firebug. Mit diesem können Sie bestehende Inhalte anpassen, einzelne Elemente hinzufügen oder löschen. Durch einen eingebauten Editor im Browser können Sie damit »live« CSS-Werte wie Farbe, Schriftart, Breiten, Höhen, Abstände und vieles andere mehr verändern und direkt die Auswirkungen sehen. Um einen speziellen Bereich einer Webseite wie die Überschrift der Firebug-Webseite ❷ zu editieren, klicken Sie auf der linken Seite in den HTML-Code ❸. Dann wird auf der rechten Seite ❹ der dazugehörige CSS-Code oder das daraus resultierende Box-Modell für dieses Element angezeigt. Diese Angaben können Sie ebenfalls live editieren und die Maßeinheiten und die einzelnen Boxmodellattribute im Layoutmodul anzeigen lassen.

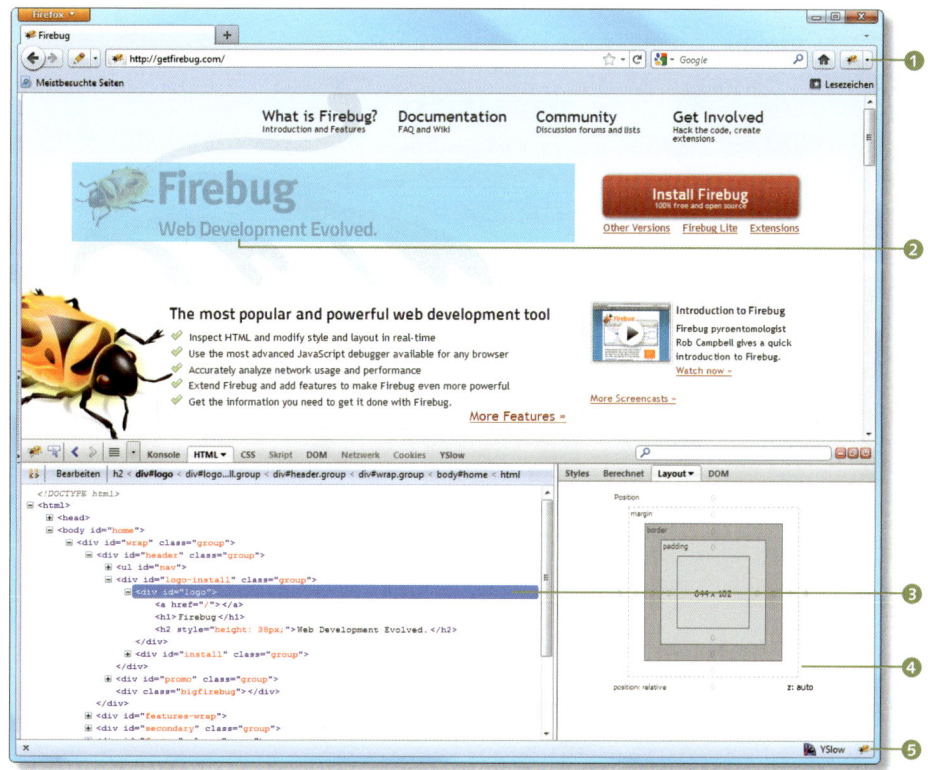

▲ Abbildung 4.10
Firebug in Firefox 5 kann oben ❶ und unten ❺ im Browser aufgerufen werden.

Native Developer-Tools von Google Chrome | Dieselbe Extension gibt es auch für Google Chrome, allerdings nur in abgespeckter Version, denn Firebug Lite für Google Chrome besitzt nicht die Möglichkeit des »Live«-Editierens, womit meiner Meinung nach die wichtigste Funktion dieser Browsererweiterung für Google Chrome (noch) fehlt. Daher stelle ich an dieser Stelle das standardmäßig in Google Chrome enthaltene Entwicklertool vor (siehe Abbildung 4.11), das sogar den Vorteil hat, die Elemente und Inhalte einer Webseite ❻ wie der zur Fußball-Bundesliga (*bundesliga. de*) innerhalb der HTML-Ansicht ❽ live editieren zu können.

Aufgerufen wird dieses native Entwicklungstool über das Schraubenschlüssel-Icon für den Bereich EINSTELLUNGEN im Chrome-Browser über den dortigen Menüpunkt TOOLS, der dann wiederum den Menüpunkt ENTWICKLERTOOLS ❼ enthält. Neben dem HTML-Debugging können Sie mit diesem Tool auch CSS-Regeln ❾ live ändern und CSS-Dateien beispielsweise auch mit einer Versionierung versehen, abspeichern, downloaden und innerhalb der verschiedenen Versionen dieser Dateien hin und her springen. Neben diesem Debugging können Sie aber auch die vorhandenen Ressourcen und die damit verbundenen Timelines analysieren.

Google Chrome Developer Tool

Eine ausführliche Vorstellung der standardmäßig in Google Chrome enthaltenen Debughilfe finden Sie unter:
code.google.com/intl/de/chrome/ devtools/docs/overview.html.

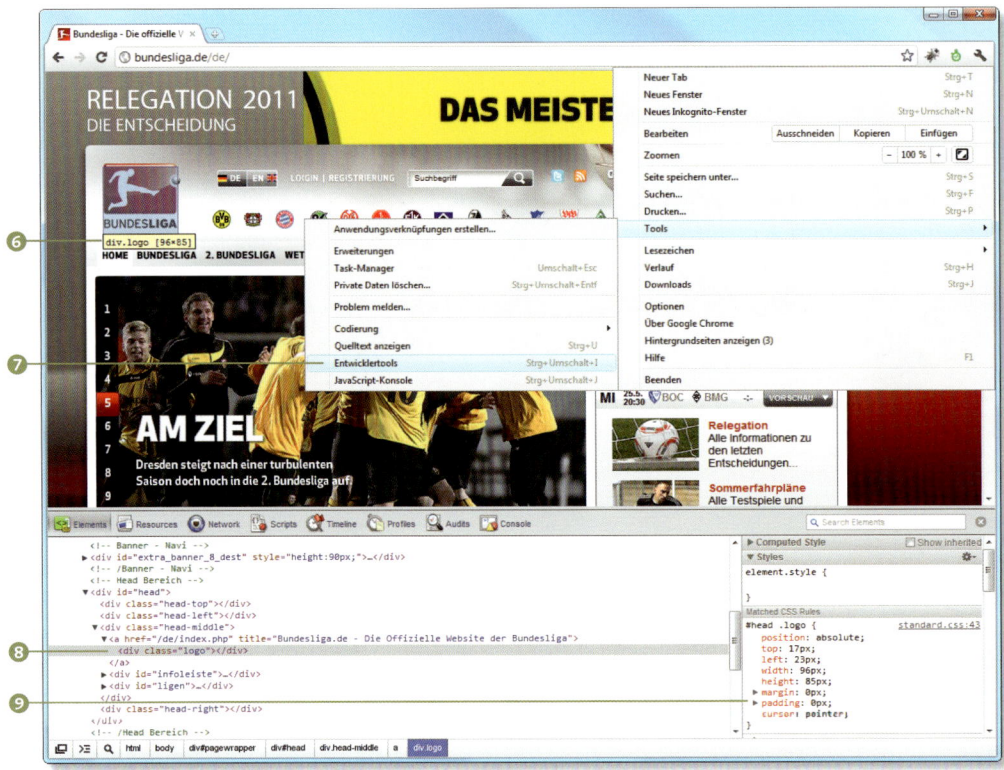

▲ **Abbildung 4.11**
Developer-Tools innerhalb der Version 13 von Google Chrome

Developer Tools für den Internet Explorer | Auch wenn der Internet Explorer in Bezug auf das Debugging keine umfangreiche Auswahl an Tools wie beispielsweise der Firefox besitzt, ist die Developer Toolbar, die seit Version IE 6 zur Verfügung steht, beim Debugging für den IE 6 und 7 unverzichtbar, obwohl sie nur eine begrenzte Teilmenge der Möglichkeiten der Firebug-Erweiterung bietet. Sie verfügt über einen DOM Inspector und kann Maße von Elementen, deren Position innerhalb des HTML-Dokumentes ❷ und deren CSS-Eigenschaften anzeigen. Die seit Version 8 im Microsoft-Browser nativ vorliegenden Entwicklertools ❸ sind diesbezüglich wesentlich fortschrittlicher.

Bei diesen Tools handelt es sich um eine kleine Suite an Tools, die beim Erstellen und Debuggen von Webseiten in diesem Browser sehr behilflich sind. So ermöglichen sie unter anderem, Inhalte ❺ über die HTML-Dokumentenstruktur ❶ live zu editieren. Um auch die CSS-Eigenschaften zu editieren und die Veränderungen direkt zu beobachten, müssen Sie erst noch einmal in den Browserbereich, der die Webseite zeigt, klicken. Außerdem umfasst die Suite ein Tool zur Analyse der Netzwerkdaten und einen JavaScript-Debugger mit Konsolenansicht, in der Skriptbefehle ausgeführt werden können. Ein weiteres sehr hilfreiches Feature ist die seit IE 8 vorhandene Möglichkeit, Webseiten in verschiedenen Browser- und Dokumentmodi ➍ darzustellen. Im aktuellen IE 9 besitzen Webentwickler zu Analyse- und Testzwecken somit die Möglichkeit, Webseiten über den Browser- und Dokumentenwechsel auch als IE 8 und IE 7 zu testen.

▲ **Abbildung 4.12**
Übersicht der Entwicklertools im Internet Explorer (ab Version 8)

Dragonfly für Opera | Die für den norwegischen Browser Opera entwickelte Erweiterung Dragonfly (siehe Abbildung 4.13) ist ebenfalls ein an Firebug angelehntes Javascript-, HTML-, DOM- und CSS-Debugging Tool. Die Version 1.0 dieser Erweiterung ermöglicht unter anderem das Ansehen und das Live-Editieren innerhalb der HTML-Ansicht ⓬ (siehe markierte Überschrift »OOOOpera Dragonfly 1.0« ⓾). Zudem können Sie die dazugehörigen CSS-Eigenschaften ⓭ editieren. Seit Opera Version 9.5 ist diese Erweiterung standardmäßig enthalten und kann über das Menü des Browsers ⓫ erreicht werden. Darüber hinaus bietet Opera Dragonfly auch für Designer hilfreiche Funktionen, wie beispielsweise die ausgeklügelte Farbauswahl oder das Debuggen von SVG-Grafiken. Ein weiteres Feature von Dragonfly ist der

Dragonfly für Opera

Die Webadresse, wenn Sie sich die Dragonfly-Erweiterung herunterladen möchten: *opera.com/dragonfly*.
Eine hilfreiche und auch ausführliche Dokumentation zu diesem auch unter Opera Mobile laufenden Entwicklertool gibt es unter: *opera.com/dragonfly/documentation*.

Ansatz, Webseiten mittels Remote-Debugging auf mobilen Endgeräten zu testen, womit Sie die Kompatibilität der zu analysierenden und testenden Webseiten einer genaueren Untersuchung unterziehen können.

Abbildung 4.13 ▶
Dragonfly 1.0 in Opera 11.5

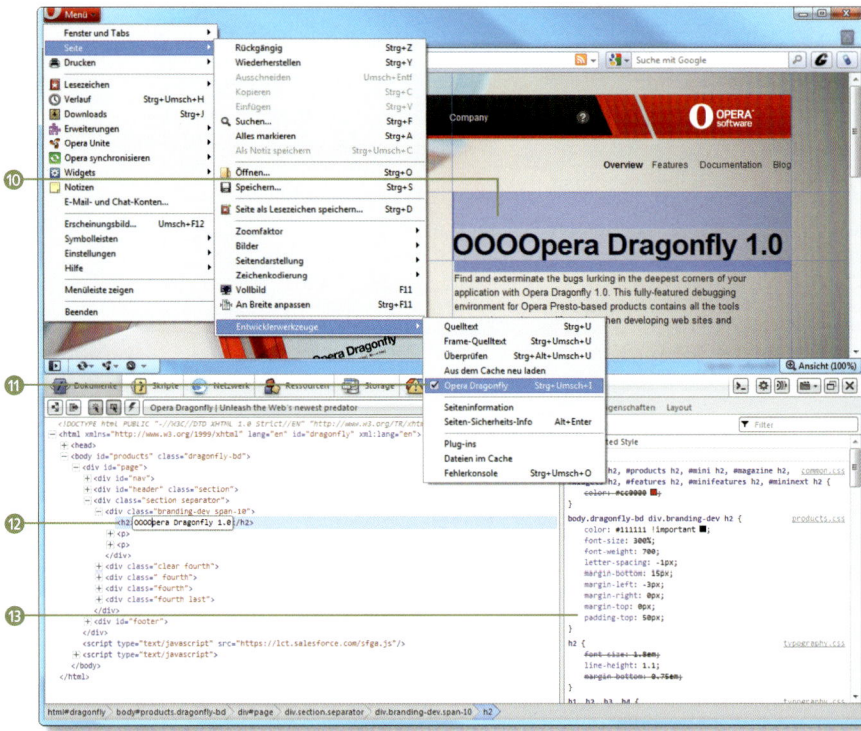

WebInspector für Safari unter Mac und Windows

Eine ebenfalls hilfreiche Dokumentation mit der Auflistung aller enthaltener Features dieses Tools gibt es unter: apple.com/safari/features. html#developer.

WebInspector für Safari | Mit der aktuellen Version 5 des Safari-Browsers ist standardmäßig auch eine neue Version des Entwicklertools WebInspector erschienen. Dieser dient ebenso wie die Tools der anderen Browser zum Analysieren und Debuggen von Webseiten. Um dieses Tool zu starten, klicken Sie einfach mit der rechten Maustaste innerhalb der HTML-Seite ❶ und wählen dann die Option ELEMENTINFORMATION. Sofern diese bei einer älteren Version dieses Browsers noch nicht vorhanden sein sollte, müssen Sie dieses Feature unter EINSTELLUNGEN, dann ERWEITERT und im Menü unter SKRIPTS freischalten und danach die Webseite neu laden.

Der WebInspector, der – sofern aktiviert – über den Menüpunkt ENTWICKLER ❷ erreichbar ist, ermöglicht das interaktive Eingreifen in die Darstellung der Inhalte über die Dokumentenstruktur und JavaScript-Funktionen einer Webseite. So können Sie innerhalb der HTML-Ansicht ❸ CSS-Regeln editieren, die durch das Anklicken der HTML-Elemente mit allen Eigenschaften des jeweiligen Objekts im rechten Bereich des Tools ❹ angezeigt werden. Auch sämtliche Informationen zur Datenübertragung können angezeigt werden.

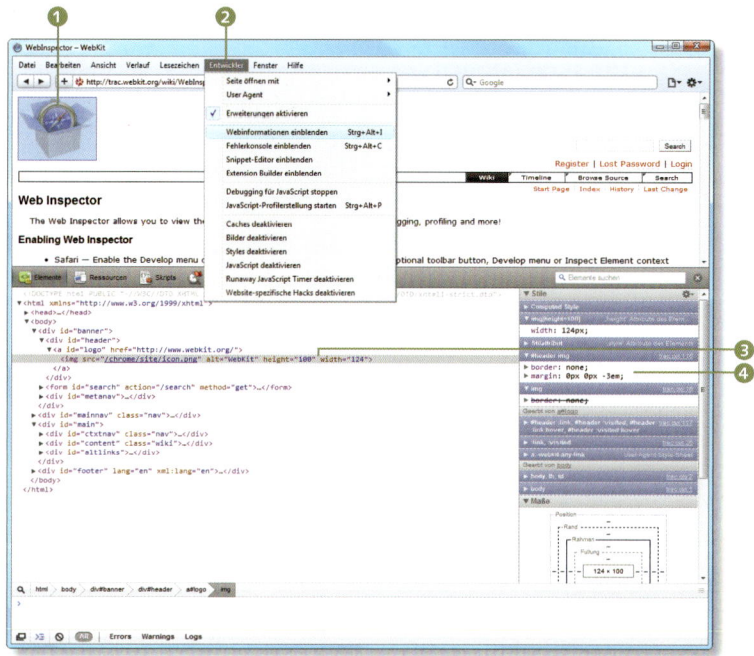

◄ **Abbildung 4.14**
Der WebInspector in Safari 5

Ein Aspekt, der insbesondere bei der Analyse einer Webseite nicht zu vernachlässigen ist, ist die Performance-Messung der Ressourcen ❺. Die Aufbereitung dieser Daten innerhalb dieses Tools bietet die Möglichkeit, die Daten nach Dateigröße ❼ oder Dauer zu analysieren, und bereitet aufgrund der visuellen Präsentation der Daten ❻ selbst ungeübten Anwendern der Performance-Analyse einen einfachen Einstieg.

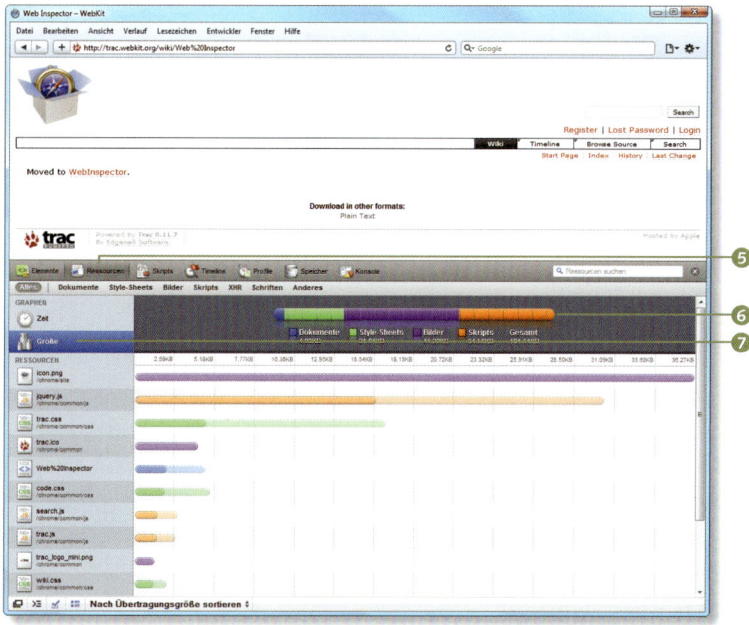

◄ **Abbildung 4.15**
Die Ressourcenanalyse innerhalb des WebInspectors

4.2.3 Mehrere Browserversionen

Die Vielfalt der Browser ist groß, und insbesondere die immer neu hinzukommenden Versionen der relevanten Browser sorgen dafür, dass Sie diese immer im Auge behalten müssen.

IETester | Um zu beurteilen, wie sich eine Website in älteren Browserversionen verhält, gibt es zum Beispiel den IETester. Mit der aktuellen Version 0.4.10 besitzen Sie die Möglichkeit, die Rendering- und JavaScript-Engine des IE von Version 5.5 bis hin zur Version 9 zu testen. Dieses Tool kann auf Windows 7, Vista und Windows XP installiert werden. Zum Testen von Webseiten öffnen Sie einfach die relevanten Versionen neben- oder untereinander; so können Sie die Darstellungen der verschiedenen Browserversionen schnellstmöglich miteinander vergleichen und auf eventuelle Fehler untersuchen.

IETester

Die aktuelle Version des IETesters ist sogar so neu, dass die Screenshots dieses Tools in diesem Buch noch die Vorgängerversion berücksichtigen. Im Prinzip ändert sich aber an der Funktionsweise nichts, bis auf die Tatsache, dass die neue Version sogar eine Vorschau auf die noch in der Pre-Beta-Phase befindliche Version 10 des IE bietet.
my-debugbar.com/wiki/IETester/ HomePage

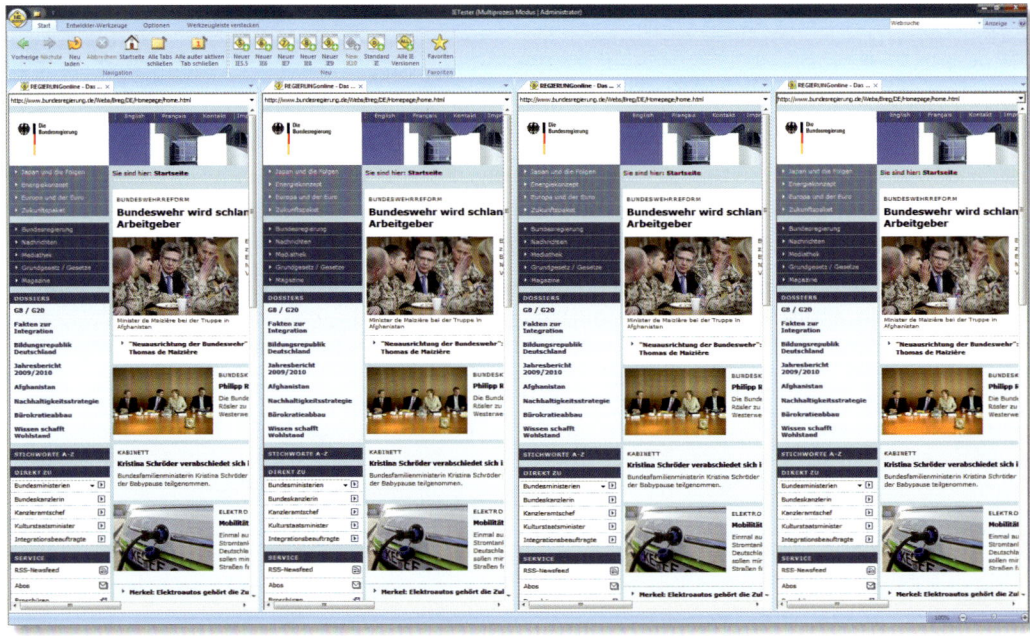

▲ **Abbildung 4.16**
Der IETester beim Vergleich der Website der Bundesregierung (*www.bundesregierung.de*) in den IE-Versionen 6, 7, 8 und der aktuellen Version 9 (von links nach rechts)

Multiple IE

Mehr Informationen und einen Download-Link finden Sie hier: *tredosoft.com/Multiple_IE*.

Multiple IE | Wer unter Umständen gar noch ältere Versionen des IEs unterstützen muss, dem sei der Multiple IE von Tredosofts empfohlen. Mit dieser Anwendung installieren Sie die Browserversionen 3 bis 6 auf einem XP-System nach, so dass diese parallel zum IE 7 oder den entsprechenden Nachfolgeversionen laufen. Der Nachteil dieses Tools: Es läuft nicht unter Windows Vista oder Windows 7.

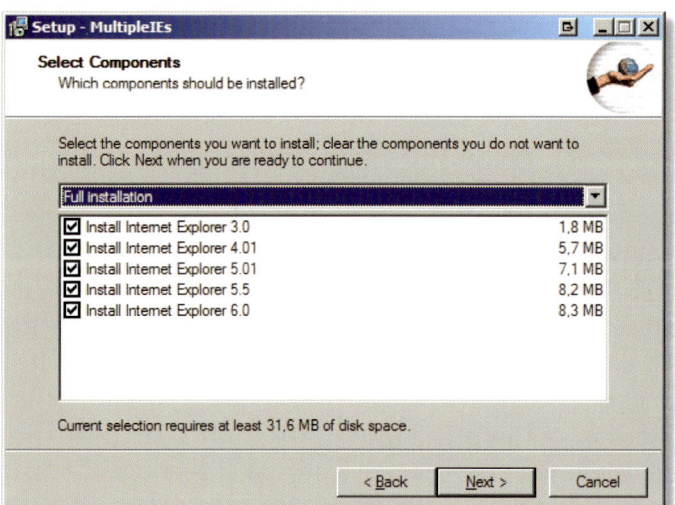

◀ **Abbildung 4.17**
Installationsfenster des Multiple IE

Multi-Safari | Auch wenn Safari im Vergleich zum Microsoft-Browser einen kleinen Marktanteil besitzt, der zugegebenermaßen je nach Zielgruppe variiert, ist es unter Umständen notwendig, auch diesen Browser in verschiedenen Versionen zu testen. Abhilfe schafft in diesem Fall die unter dem Namen Multi-Safari (*michelf.com/projects/multi-safari*) bekannte Anwendung. Diese Versionen des Safari-Browsers verwenden die Original-Webkit-Layout-Engine der jeweiligen Versionen, womit das ursprüngliche Safari-Rendering und JavaScript-Verhalten nachgeahmt werden kann. Da Multi-Safari nichts am System ändert und keine bestehenden Versionen überschreibt oder beeinflusst, können Sie diese Anwendung getrost parallel zu anderen Browsern installieren. Aktuell simuliert die Anwendung von Safari 1.0 (Mac OS X 10.2) bis 4.0.5 (Mac OS X 10.6) alle relevanten Versionen dieses Browsers.

4.2.4   Virtuelle Maschinen – Parallels, VMware & Co.

Den zeitlichen und auch finanziellen Aufwand, den man betreiben muss, um eine Website in allen relevanten Browsern zu testen, ist enorm. Eine Alternative zum Aufsetzen aller Umgebungen ist der Einsatz virtueller Maschinen. Anwendungen wie Parallels (*www.parallels.com*) oder VMware (*www.vmware.com*) verbessern somit nicht nur die Effizienz, sondern ermöglichen den Zugriff auf IT-Ressourcen und Anwendungen, die insbesondere den Bereich des Debuggings und der Qualitätssicherung enorm erleichtern. Mit Parallels Desktop for Mac steht Apple-Anwendern eine Anwendung zur Verfügung, mit sie der Windows-Programme unter Mac OS problemlos ausführen können. Unterstützt werden das Windows-Betriebssystem ab Version 3.11 und DOS 6.22. Zudem unterstützt Parallels verschiedene Linux-Derivate, Free BSD, OS/2 und Solaris. In Bezug auf

Browser-Updates

Dass ständig neue Browserversionen veröffentlicht werden, musste auch ich beim Schreiben dieses Buchs leidvoll erfahren: In dieser Zeit haben, bis auf Safari, alle aktuell relevanten Browserhersteller neue Versionen auf den Markt gebracht (Opera 11.5, Chrome 13, Firefox 5, IE 9).

Portable Browser

Portable Browser lassen sich z. B. von einem USB-Stick aus aufrufen und ermöglichen Ihnen das Testen einer Website in verschiedenen Browserversionen. Sie finden sie unter *http://portableapps.com*.

die Entwicklung auf dem Markt für mobile Endgeräte bietet diese Integration die Möglichkeit, die entsprechenden Windows-Partitionen unter Mac OS mit dem Finder anzusteuern. Umgekehrt kann der Windows-Explorer auch auf die Mac-OS-Partition zugreifen. Datenaustausch ist einfach über Drag & Drop möglich.

4.2.5 Screenshot-Services

Eine weitere Alternative, die Darstellung von Webseiten in Browsern zu testen, sind Screenshot-Services. Eine dieser Anwendungen ist »FWP screenshots«, mit dem Sie online selbst kleinste Abweichungen erkennen. Hier können Sie aus einer Vielzahl an Browsern und Viewports, die getestet werden sollen, wählen.

Nach Angabe der zu testenden Seite werden die Ergebnisse auf einer Übersichtsseite zum Vergleich angezeigt (siehe Abbildung 4.18; in diesem Fall wieder die Webseite der Bundesregierung). Mit einem Klick können Sie diese Screens dann per Mail an Kollegen oder Kunden versenden.

Weitere Screenshot-Services

Im Netz gibt es zahlreiche solcher Screenshot-Tools. Wenn Sie danach googeln, helfen Ihnen die Stichwörter »Online Cross-Browser« und »Web Browser Screen Capturing« weiter.
Browsershots (große Auswahl an Windows- und Linux-Browsern): *browsershots.org*
IE NetRenderer (alle IE-Versionen von 5.5 bis 9): *ipinfo.info/netrenderer*

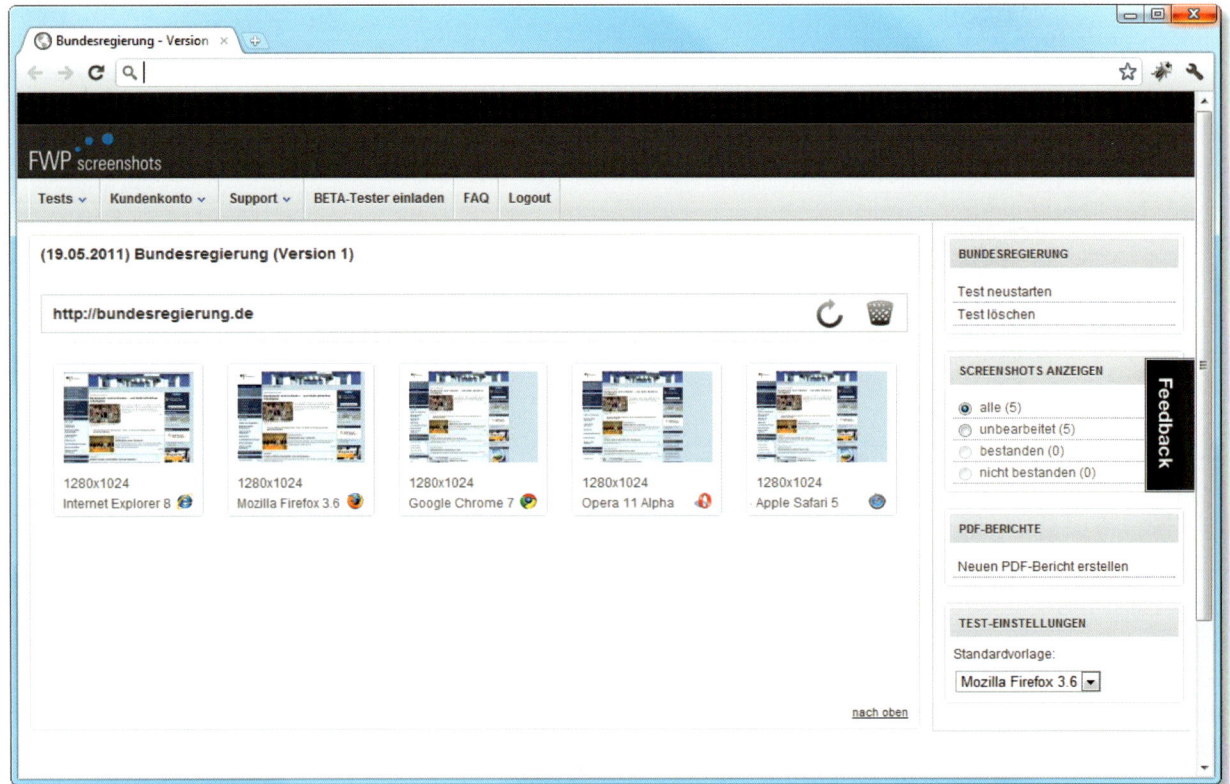

▲ **Abbildung 4.18**
Vergleich einer Webseite mit dem Screenshot-Tool »FWP screenshots« (*www.fwpscreenshots.de*)

TEIL II
Seitenelemente

5 Die Site strukturieren

Übersichtlich gegliedert: Navigationen gestalten

Mit der Qualität und Verständlichkeit einer Navigation steht und fällt der Erfolg einer Webseite. In diesem Workshop erstellen Sie eine Tab-Navigation mit und ohne Grafiken.

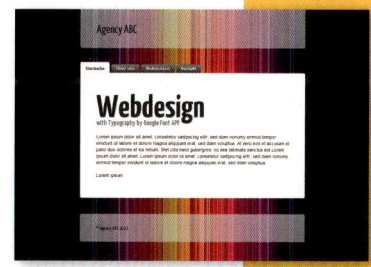

Ganz ohne Grafiken: Slogans, Logos, Aufmacher

Wenn Wort- oder Bildmarken für eine Website gestaltet werden sollen, müssen nicht immer Grafiken zum Einsatz kommen. Dank CSS3 und der Google Font API ist es möglich, solche Elemente nur mit CSS zu gestalten.

Von Kopf bis Fuß: Der Webseitenfooter

Viele moderne Websites haben einen individuell gestalteten Footer. Hat eine Einzelseite jedoch wenig Inhalt, schwebt der Footer schnell einmal in der Luft. Wie Sie das vermeiden und was es sonst zu beachten gibt, erfahren Sie in diesem Workshop.

Übersichtlich gegliedert: Navigationen gestalten

Eine benutzerfreundliche Tab-Navigation mit und ohne Grafiken.

Eine Webanwendung bzw. eine Webseite sollte dem Besucher die Inhalte so gegliedert und übersichtlich präsentieren, dass dieser die Struktur direkt erfassen kann. Dafür ist neben Überschriften und Abbildungen einer Webseite hauptsächlich eine Webseiten-Navigation verantwortlich. Denn diese soll dem Besucher im Idealfall ein Navigationssystem zur Verfügung stellen, das ihm zur Orientierung und Lokalisierung dient. Daher verwundert es nicht, dass mit der Qualität und Verständlichkeit einer Navigation der Erfolg einer Webseite oder Webanwendung steht und fällt.

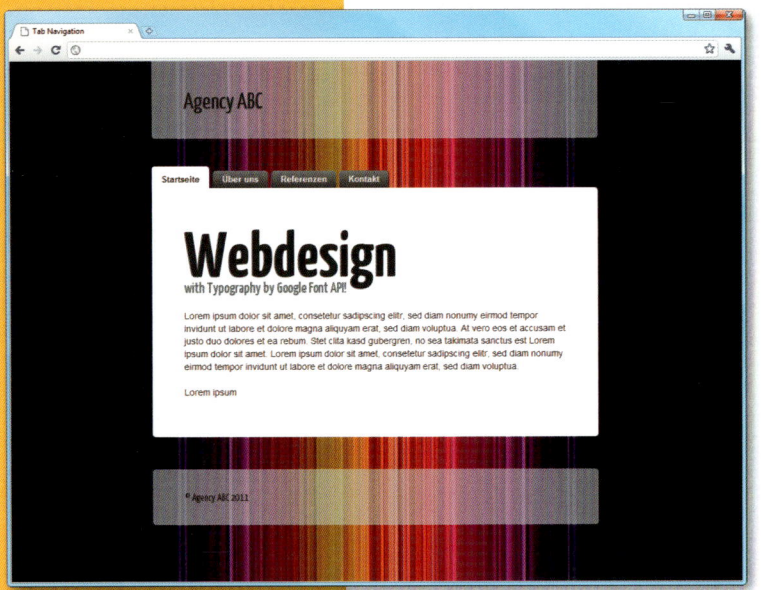

Zielsetzungen:

► Anlegen und ausrichten einer einfachen Navigationsstruktur

► Gestalten der Navigationspunkte mit zwei verschiedenen Methoden: mittels Farbverlauf und Hintergrundgrafiken

► Anwenden der Sliding-Doors-Technik

CSS3-Eigenschaften: `linear-gradient`, `border-radius`, `text-shadow`

1 Anlegen der Navigationsstruktur

Dieser Workshop behandelt eine Navigation einer Webseite für eine fiktive Agentur und stellt ihre Strukturierung anhand zwei verschiedener Techniken vor. Hierbei wird den Entwicklungen aktueller Webstandards Tribut gezollt und erklärt, wie Sie auf Hintergrundgrafiken zur Darstellungen runder Ecken verzichten können und wie Sie Farbverläufe und Transparenzen einsetzen. Die ideale semantische Grundlage zur Strukturierung von Navigationen sind Listen, denn die einzelnen Navigationspunkte stellen funktionell und strukturell nichts anderes dar als eine Auflistung von Hyperlinks.

Um die Vorteile von CSS3 und somit hoffentlich zukünftigen Entwicklungen zu verdeutlichen, setzen wir in der ersten Variante die Navigation ohne jegliche Grafiken um. Die zweite Variante realisieren wir mit Hintergrundgrafiken. Ältere Browserversionen, die die genannten Eigenschaften nicht korrekt umsetzen können – wie bspw. der IE Version 8 und kleiner – erhalten mit dieser zweiten Variante die Möglichkeit, das annähernd gleiche Resultat zu erzielen wie diejenigen Browser, die die nun folgenden CSS3-Eigenschaften beherrschen.

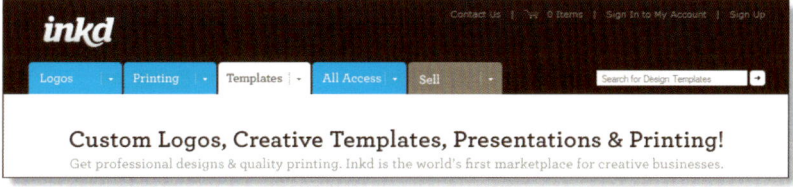

◄ **Abbildung 1**
Nebeneinander ausgerichtete Navigationspunkte (mit drei unterschiedlichen Zuständen)

Im barrierearmen Webdesign wird eine nutzerfreundliche Navigation durch eine Liste strukturiert und gegliedert, wobei jeder Listenpunkt, bis auf den jeweils aktiven Navigationspunkt, eine Verlinkung enthält. Vorteil dieser Herangehensweise ist, dass die Zusammengehörigkeit der Navigation nicht verloren geht und dass der aktive Menüpunkt für den Anwender erkennbar ist, auch wenn keine CSS-Eigenschaften für die Navigation vorhanden sind. Da in dieser Liste keine besondere Ordnung vorhanden sein muss, fällt die Wahl für die innerhalb des Bereiches #navi befindliche Navigation auf das HTML-Element ul.

```
<div id="main">
   <div id="header">
   ...
   </div>
   <div id="navi">
      <ul>
         <li id="active">Startseite</li>
         <li><a href="#">Über uns</a></li>
```

```
            <li><a href="#">Referenzen</a></li>
            <li><a href="#">Kontakt</a></li>
        </ul>
    </div>
    <div id="content">
        ...
    </div>
    <div id="footer">
        ...
    </div>
</div>
```

- **Startseite**
- **Über uns**
- **Referenzen**
- **Kontakt**

▲ **Abbildung 2**
Durch die Browser und die Blockeigenschaft der Listenpunkte untereinander ausgerichtete Navigationspunkte

Der im Screenshot auf Seite 84 aktivierte Navigationspunkt »Startseite« enthält dabei übrigens keinen Hyperlink, da es nicht sinnvoll ist, weiterhin auf eine Seite zu verlinken, auf der sich der Besucher bereits befindet. Aus diesem Grund haben wir dem Navigationspunkt die eindeutige ID #active zugewiesen.

Es muss nicht immer »floating« sein!

Die Eigenschaft display:inline-block ist, wie die Bezeichnung schon erahnen lässt, eine Mischung aus einem Block- und einem Inlineelement. Elemente mit dieser Eigenschaft werden als Blockelement formatiert, wodurch Angaben für Breite, Höhe und Außenabstände zugewiesen werden können. Der ausschlaggebende Unterschied zu einem Element mit der Eigenschaft display:block ist der, dass inline-block keine neue Zeile und somit unter Umständen einen Absatz erzeugt. Die Probleme dieser Eigenschaft heißen »IE 6« und »IE 7«, denn diese Browser verstehen diese Eigenschaft nicht. Als Fallbacklösung können Sie für diese display:inline verwenden. Einen empfehlenswerten Artikel zu diesem Thema finden Sie unter: *bittersmann.de/articles/inline-block*.

2 Ausrichten der Navigationspunkte

Um die durch die Browser standardmäßig untereinander angeordneten Listenpunkte nebeneinander auszurichten, greifen wir auf die Eigenschaft display:inline-block zurück. So ausgerichtete Elemente erzeugen keine neue Zeile und richten sich daher so lange nebeneinander aus, wie sie den dafür notwendigen Platz bekommen.

Die inaktiven Navigationspunkte sollen niedriger sein als der eine jeweils aktive Navigationspunkt. Zudem sollen sie einen Außenabstand zueinander von 5 px aufweisen, und die Aufzählungszeichen sollen entfernt werden.

```
#navi ul {
    padding:0;
    margin:0;
    list-style:none;
}
```

Um neben der späteren farblichen Unterscheidung für den Betrachter den jeweils aktiven Navigationsreiter zusätzlich hervorzuheben, verschieben wir an dieser Stelle alle inaktiven Navigationsreiter durch einen Innenabstand padding von 7 Pixel nach unten.

```
#navi li {
    display:inline-block;
    padding:7px 0 0 0;
    margin:0 5px 0 0;
}
```

◄ Abbildung 3
Vertikale Ausrichtung der Navigationspunkte

3 Erstellen eines Farbschemas

Sofern keine Vorgaben an das Design in Form eines Corporate Designs vorliegen, können Sie beispielsweise mit der Onlineanwendung Kuler von Adobe ein Farbschema erstellen. Für diesen Workshop wurde mit Kuler das Farbschema »Agency ABC« erstellt, das die Grundlage der farblichen Gestaltung der Navigationselemente bildet.

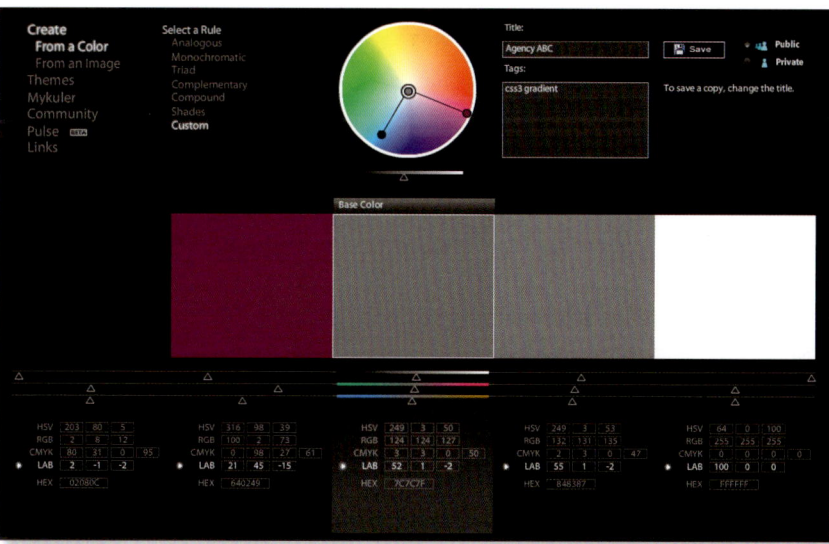

◄ Abbildung 4
Anlegen des Farbschemas »Agency ABC«

Außerdem können Sie die Farbpaletten mit Stichwort-Tags oder Anmerkungen versehen und so für andere Mitglieder der Adobe Kuler Community bereitstellen, die diese Paletten dann auch bewerten können.

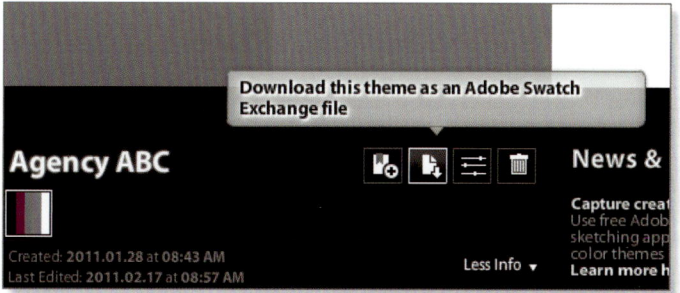

◄ Abbildung 5
Gefällt Ihnen ein Farbschema, können Sie es direkt von der Website herunterladen.

Wer diese Farbpaletten nicht nur online präsentieren und mit der Community teilen möchte, hat zudem die Möglichkeit, sie als Adobe Swatch

Exchange File (».ase«) herunterzuladen und in Photoshop zu importieren. Die so erstellte Farbpalette wird dann innerhalb des Bereiches FARBFELDER sichtbar und kann darüber zur Gestaltung der Inhalte verwendet werden.

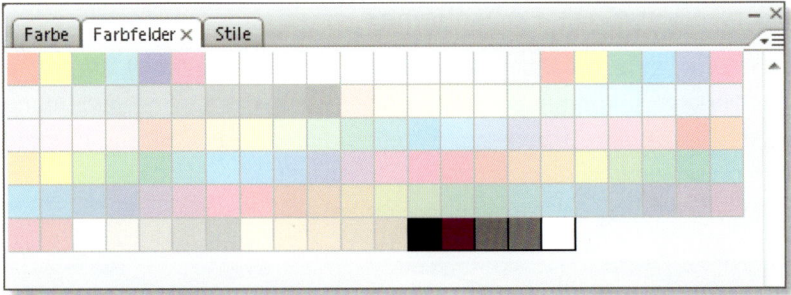

Abbildung 6 ▶
Farbpalette »Agency ABC« nach dem Hochladen in die Farbfelder (Photoshop)

4 Umsetzen des Navigationsdesigns mit CSS3

Als Erstes wird nun der Farbverlauf, der linear von oben nach unten ausgerichtet ist, mit einem Anfangs- und Endwert festgelegt. Wer möchte, dass auch Browser, die diese Eigenschaft nicht umsetzen können, zumindest eine Hintergrundfarbe erhalten, sollte diese vor den Farbverläufen angeben. Als Letztes weisen Sie in diesem Arbeitsschritt den Navigationspunkten die runden Ecken zu.

Da nicht jeder Browser und erst recht nicht jede Browserversion die Eigenschaft `linear-gradient` korrekt interpretieren kann, müssen wir für diese eine Fallback-Angabe für die Hintergrundfarbe (`background:#3C3C3C`) definieren. Dadurch wird es auch Browsern wie der Version 11.1 des norwegischen Browsers Opera möglich, die Navigationsreiter weitestgehend identisch darzustellen und somit für den Nutzer zugänglich zu machen. Da aber auch die Mitte April 2011 veröffentlichte Version 10 des Internet Explorers, die sich in der Pre-Beta-Phase befindet, lineare Farbverläufe abbilden kann (wie Sie in den Abbildungen 7 und 8 erkennen) und sich im März 2011 zudem die Schreibweise der Farbverläufe der webkit-basierten Browser noch einmal geändert hat, ist der nun folgende CSS-Block recht umfangreich. Der besseren Übersicht halber wurden allen Schreibweisen mit den verschiedensten Präfixen kurze Beschreibungen vorangestellt.

← (left top) #848487

↓ (linear)

← (left bottom) #3c3c3c

▲ Abbildung 7
Darstellung der inaktiven Navigationsreiter und der Farbverlaufseigenschaften

```
#navi li a {
    display: block;
    color:#fff;
    text-decoration: none;
    padding:0 15px;
    -moz-border-radius-topright:5px;
    -moz-border-radius-topleft:5px;
    -webkit-border-top-right-radius:5px;
    -webkit-border-top-left-radius:5px;
    border-top-right-radius:5px;
    border-top-left-radius:5px;
    background:#3c3c3c;
/* alte webkit-basierte Browser (Safari, Chrome, etc.) */
    background: -webkit-gradient(linear, left top, left
    bottom, from(#848487), to(#3c3c3c));
/* neue webkit-basierte Browser (Safari, Chrome, etc.) */
    background: -webkit-linear-gradient(
    top, #848487, #3c3c3c);
/* Mozilla/Gecko (Firefox, Flock, etc.) */
    background: -moz-linear-gradient(
    top, #848487, #3c3c3c);
/* Für Presto (Opera ab Version 11.1) */
    background: -o-linear-gradient(
    top, #848487, #3c3c3c);
/* IE10 Pre-Beta */
    background: -ms-linear-gradient(
    top, #848487, #3c3c3c);
/* aktueller W3C working draft */
    background: linear-gradient(top, #848487, #3c3c3c)
}
```

▲ **Abbildung 8**
Darstellung der inaktiven Navigationsreiter mit Farbverlauf (oben) und mit Hintergrundfarbe ohne Farbverlauf (unten)

Merkmale eines Farbverlaufs

Grundsätzlich sind für einen einfachen Farbverlauf (ohne Haltepunkte) folgende drei Werte ausschlaggebend:

▶ Ausrichtung und Art des Farbverlaufes (`linear-` oder `radial-gradient`) sowie Anfangspunkt des Farbverlaufes (z. B. `top`, `bottom`, `left`, `right`)

▶ erster Farbwert für den Beginn des Verlaufes

▶ zweiter Farbwert für das Ende des Verlaufes

▲ **Abbildung 9**
Darstellung der inaktiven Navigationspunkte mit Farbverlauf und »runden Ecken«

5 Farbgebung des aktiven Navigationsreiters

Da der aktive Navigationsreiter und die inaktiven Tabs bis auf den Farbverlauf nahezu identisch sind, sind auch die CSS-Eigenschaften weitestgehend gleich. Lediglich die Hintergrundfarbe ist anders – sie ist weiß –, und außerdem überragt der aktive Navigationsreiter die inaktiven Navigationspunkte um 7 px.

```
#navi li#active {
    margin:0 5px 0 0;
    padding:7px 15px 0 15px;
```

»border-radius« ohne Präfix

Aufgrund der rasanten Weiterentwicklung der Browser Anfang des Jahres 2011 und der darin befindlichen Browser-Engines für die Umsetzung von Webstandards und neuester CSS3- Eigenschaften bedarf es bspw. für den Mozilla-Browser Firefox ab Version 4 keiner Präfixangabe `-moz-` für die Umsetzung der von vielen so geliebten »runden Ecken«. Wer in seinen Projekten ältere Firefox-Versionen unterstützen will, sollte diesen Präfix aber trotzdem noch in der CSS-Datei belassen.

```
color:#2c2c2c;
background:#FFF;
-moz-border-radius-topright:5px;
-moz-border-radius-topleft:5px;
-webkit-border-top-right-radius:5px;
-webkit-border-top-left-radius:5px;
border-top-right-radius:5px;
border-top-left-radius:5px;
}
```

Abbildung 10 ▶
Darstellung des aktiven Navigationspunktes mit »runden Ecken«

Im Kontext des gesamten Designs der fiktiven Agenturwebseite fügt sich die Navigation wie in Abbildung 11 in das Gesamtkonzept ein.

Abbildung 11 ▶
Darstellung der Navigation im Gesamtlayout der Webseite der fiktiven ABC Agency

Navigation mit Hintergrundgrafiken: Sliding-Doors-Technik

Da solche auf CSS3 basierenden Farbverläufe vom Internet Explorer Version 8 und kleiner nicht umgesetzt werden können, bedarf es für diese Browserversionen der Mithilfe von Grafiken, die in den Hintergrund der Navigationselemente eingefügt werden.

Da die Navigationspunkte unterschiedlich lang sind und in der Breite auch für spätere Anpassungen wie beispielsweise eine Mehrsprachigkeit des Webprojektes flexibel sein müssen, ist es nicht möglich, den Navigationspunkten nur eine einzige (gemeinsame) Hintergrundgrafik zuzuweisen. Allerdings sind die Browser, die auf die Umsetzung mittels Hintergrundgrafiken angewiesen sind, auch nicht in der Lage, einem Element mehrere Hintergrundgrafiken zuzuweisen. Deshalb muss die Hintergrundgrafik zunächst zweigeteilt werden, und die beiden in Abbildung 12 zu erkennenden Grafiken müssen je einem Element zugewiesen werden. Die oberen beiden Grafiken sind für die inaktiven Navigationspunkte gedacht, die unteren beiden für den aktiven Navigationspunkt.

Sliding-Doors-Technik

Die Sliding-Doors-Technik zur Umsetzung nebeneinander ausgerichteter und in der Breite flexibler Navigationspunkte ist nicht neu. Sie wurde bereits Ende 2003 von Douglas Bowman in einem lesenswerten Beitrag auf »A List Apart« vorgestellt: *www.alistapart.com/articles/slidingdoors*

Da es bisher lediglich ein HTML-Element innerhalb eines Listenpunktes gibt, nämlich die Navigationspunkte, muss diesen Elementen ein HTML-Element zugeführt werden, dem dann eine der beiden Hintergrundgrafiken zugewiesen werden kann. Die Wahl fällt in diesem Workshop auf das ohne eigene Formatierung daherkommende span-Element.

```
...
<div id="navi">
    <ul>
        <li id="active"><span>Startseite</span></li>
        <li><a href="#"><span>Über uns</span></a></li>
        <li><a href="#"><span>Referenzen</span></a></li>
        <li><a href="#"><span>Kontakt</span></a></li>
    </ul>
</ul>
...
```

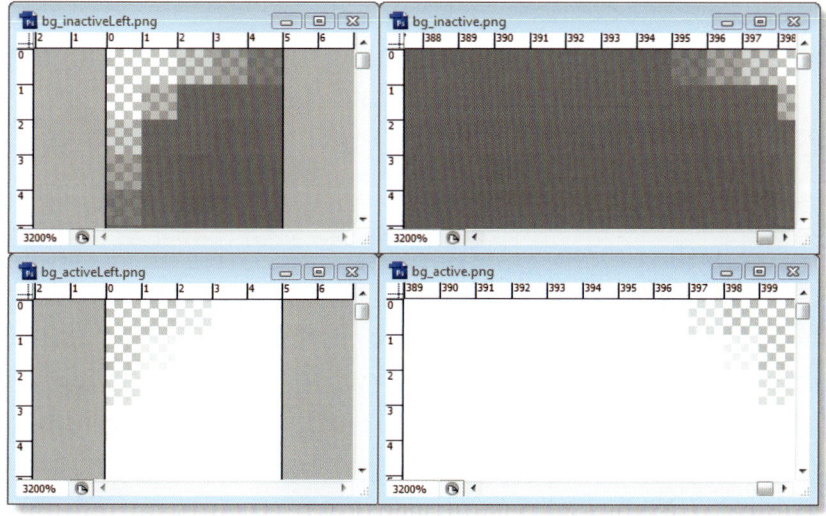

◄ **Abbildung 12**
Hintergrundgrafiken (PNG-24-Format) für die inaktiven (oben) und den aktiven (unten) Navigationspunkt

»bg_inactiveLeft.png«
»bg_inactive.png«
»bg_activeLeft.png«
»bg_active.png«

Die linke Grafik weisen wir, wie in Abbildung 13 zu erkennen ist, dem a-Element zu, während wir dem span-Element die breitere rechte Hintergrundgrafik zuordnen.

Das Aufteilen in zwei Teile bewirkt Folgendes: Die schmale Grafik für den linken Bereich des Navigationsreiters wird links ausgerichtet. Die breite Grafik wird an der rechten Seite ausgerichtet. Somit sind die runden Ecken im oberen Bereich der Grafiken immer sichtbar und vollständig anklickbar, weil sich das span-Element innerhalb des a-Elements befindet. Je mehr Text in den jeweiligen Navigationspunkten enthalten ist, umso mehr wird vom linken Bereich der breiten Grafik sichtbar. Sie schiebt sich praktisch mehr und mehr ins Bild des Betrachters.

PNG-24

PNG-24 ist ein Unterformat des bereits 1995 entwickelten freien Formates PNG. PNG-24 bietet 24 Bit Farbtiefe, die um einen Alphakanal mit 8 Bit ergänzt werden können. Auf diese Weise sind qualitativ hochwertige Transparenzen möglich. Ein solch erhöhter Transparenzumfang hat dann aber oftmals eine signifikant größere Datei zur Folge.

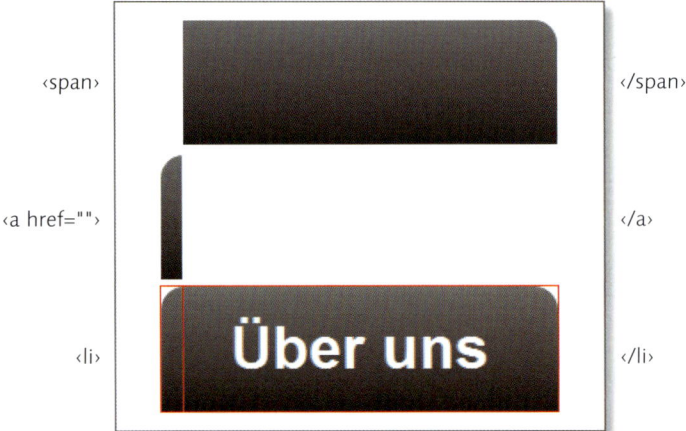

Abbildung 13 ►
Hintergrundgrafiken und ihre Positionierung innerhalb der inaktiven Navigationspunkte

```
#navi ul a {
    background:transparent
    url(../images/bg_inactiveLeft.png) left top no-repeat;
}
#navi ul a span {
    background:transparent
    url(../images/bg_inactive.png) right top no-repeat;
}
#navi li#active {
    padding-left:0px;
    background:transparent
    url(../images/bg_activeLeft.png) left top no-repeat;
}
#navi li#active span {
    padding-left:15px;
    background:transparent
    url(../images/bg_active.png) right top no-repeat;
}
```

Da das span- und das a-Element von Haus aus Inlineelemente sind und somit keine Blockeigenschaft besitzen, weisen wir ihnen diese nun zu. Nur so können wir die Innen- (padding) und Außenabstände (margin) verändern, damit die darin befindlichen Hintergrundgrafiken überhaupt erst sichtbar werden und das gesamte Element durch den Anwender anklickbar ist.

```
#navi li a {
    display: block;
    color:#fff;
    text-decoration: none;
    padding:0 0 0 5px;
}
```

```
#navi li a span {
    display:block;
    margin:0;
    padding:0 15px 0 10px;
}
#navi li#active {
    margin:0 5px 0 0;
    padding:0;
}
#navi li#active span {
    display:block;
    margin:0;
    padding:7px 15px 0 15px;
}
```

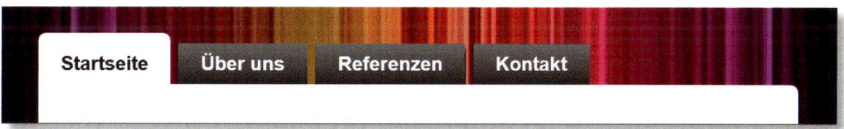

▲ **Abbildung 14**
Navigation mit Grafiken in allen relevanten Browsern außer dem IE 6

Das Ergebnis führt dazu, dass selbst der IE 6 diese Navigation wie gewünscht umsetzen kann, auch wenn dafür Hintergrundgrafiken notwendig geworden sind.

7 Alphatransparenz – Grafikalternative für den IE 6

Je nachdem, welche Relevanz der Internet Explorer 6 bei privaten oder beruflichen Projekten in der Zukunft (noch) haben sollte, wird an dieser Stelle beispielhaft die Vorgehensweise für eine weitere Problematik in Bezug auf diesen Oldie unter den Browsern vorgestellt.

Da in diesem Workshop aufgrund des mehrfarbigen Hintergrundes die Problematik der fehlenden Unterstützung von alphatransparenten PNG-Grafiken (PNG-24) beim IE 6 ins Spiel kommt, müssen für diesen mittlerweile über 10 Jahre alten Browser zusätzlich PNG-Dateien im PNG-8-Format erstellt werden.

Dies führt dazu, dass die speziell für den IE 6 erstellten Hintergrundgrafiken (PNG-8) keine sauberen Übergänge im Bereich des Border-Radius erzeugen und dieser dort pixeliger erscheint als bspw. im aktuellen IE 9 (siehe Abbildung 15).

▲ **Abbildung 15**
Ausschnitt der Navigationspunkte im IE 9 mit Hintergrundgrafiken im PNG-24-Format (oben) und im IE 6 mit Hintergrundgrafiken im PNG-8-Format (unten)

PNG-8

Das PNG-8-Format war als der eigentliche Nachfolger des GIF-Formates gedacht und besitzt daher ebenso wie GIF 8 Bit Farbtiefe und umfasst 256 Farben. Grafiken dieses Formates unterstützen (ebenso wie die des Unterformates PNG-24) einen zwischen 8 Bit und 16 Bit kodierten Alphakanal.

»bg_inactiveLeft_ie6.png«
»bg_inactive_ie6.png«
»bg_activeLeft_ie6.png«
»bg_active_ie6.png«

▲ **Abbildung 16**
Hintergrundgrafiken (PNG-8) für die inaktiven (oben) und den aktiven (unten) Navigationspunkt für den Internet Explorer 6

Weniger HTTP-Requests

▸ Navigation mit CSS3 und ohne Grafiken = 2 Requests (1,8 KB)

▸ Navigation mit einer Sprite-Grafik = 3 Requests (2,8 KB)

▸ Navigation mit mehreren Grafiken = 6 Requests (3,8 KB)

Die bei PNG-Grafiken im Unterformat PNG-24 transparenten Bereiche würden im IE 6 grau ausgefüllt und sähen, wie im oberen Teil von Abbildung 17, »eckig« und nicht »rund« aus. Die PNG-Grafiken im Unterformat PNG-8 würden, wie Sie in Abbildung 16 und im unteren Teil von Abbildung 17 sehen, zwar keine sonderlich ansehnliche Eckenrundung erzeugen, kämen dafür aber der eigentlichen Gestaltung der Navigationsreiter wesentlich näher.

▲ **Abbildung 17**
Navigation im IE 6 mit PNG-24-Grafiken (oben) und mit PNG-8-Grafiken (unten)

8 CSS3 = weniger Requests = schnelleres Laden

Betrachten wir diesen Workshop und die beiden Herangehensweisen zur Umsetzung der Tab-Navigation, liegen die Vorteile der Umsetzung mit CSS3 deutlich auf der Hand: Zum einen erzielt diese Navigationsvariante, wie Abbildung 18 zeigt, das weitestgehend gleiche Endergebnis wie die mit Hintergrundgrafiken umgesetzte Navigation.

Chrome 13　　　　　　　　　　Safari 5.0　　　　　　　　　　Opera 11.5

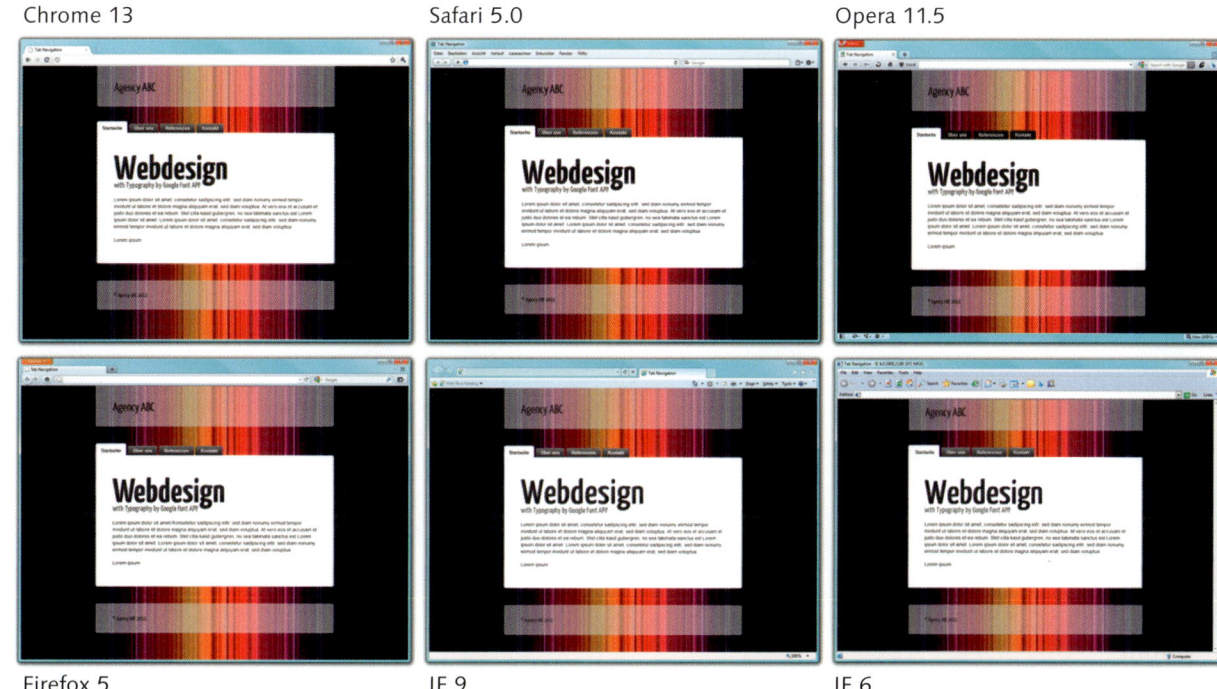

Firefox 5　　　　　　　　　　　IE 9　　　　　　　　　　　　IE 6

▲ **Abbildung 18**
Darstellung der Navigationspunkte in den verschiedenen Browsern

Zum anderen äußern sich die Unterschiede neben der unterschiedlichen Dateigröße der CSS-Dateien auch in der unterschiedlichen Anzahl an HTTP-Requests, die notwendig werden, um diese Navigation durch den Browser abbilden zu können. Dies wiederum hat unterschiedliche Ladezeiten zur Folge. Da die Ladezeit ein Rankingkriterium bei Suchmaschinen ist und Google oder Yahoo sowie Amazon oder Mozilla unter anderem mit der Verwendung von CSS-Sprites mit gutem Beispiel vorangehen, kann dieser Ansatz auch bei diesem Workshop Anwendung finden.

Um also eine weitere Reduzierung an HTTP-Requests zu erzielen, müssen wir eine sogenannte Spritegrafik erstellen. Diese enthielte alle für die Navigation notwendigen gestalterischen Elemente in einer einzigen Abbildung. Per CSS würden wir dann angeben, welcher Ausschnitt dieser großen Einzelgrafik jeweils angezeigt werden soll.

Wie Sie eine solche Grafik erstellen und innerhalb der CSS-Datei auf die einzelnen Hintergrundgrafikbereiche referenzieren, erfahren Sie unter anderem im Workshop »Initialen und mehrspaltige Layouts« in Kapitel 6.

Ganz ohne Grafiken: Slogans, Logos, Aufmacher

Mit individuell gestalteten Überschriften die Aufmerksamkeit des Besuchers lenken

Die ständig wachsende Menge an Informationen im Netz führt dazu, dass Benutzer Informationen selektieren. Daher ist es wichtig, die Aufmerksamkeit der Websitebesucher durch visuelle Reize genau auf die Inhalte zu lenken, die sie unbedingt wahrnehmen sollen. Ob die Vorhersage von Aufmerksamkeitsprozessen in den Gestaltungsprozess einfließt, entscheidet oft darüber, ob eine Webseite gelungen oder schlecht ist. Nicht selten wird versucht, über Grafiken Aufmerksamkeit zu erreichen, denn diese haben eine stärkere Aktivierungswirkung als beispielsweise Text. Da sich dieses Buch aber der modernen Gestaltung von Webseiten widmet, werden im folgenden Workshop keine Grafiken, sondern allein CSS für das Erzeugen dieser visuellen Reize verantwortlich sein.

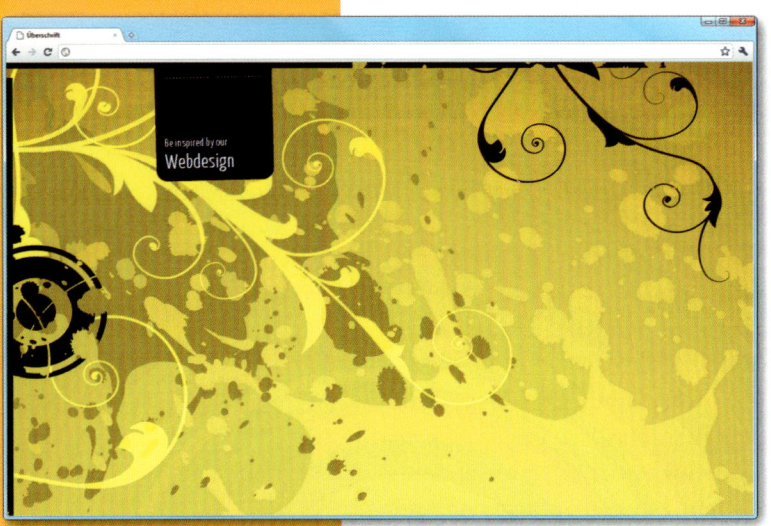

Zielsetzungen:

▶ Anlegen und Strukturieren einer Überschrift

▶ Einbinden der externen Schrift »Yanone Kaffeesatz« über die Google Font API

▶ Gestalten der Überschrift als Wortmarke mit Hintergrund, Neigung und Animation

CSS3-Eigenschaften: border-radius, CSS3-Module »Animation« und »Transforms« (rotate)

1 Mit Überschriften von der Wort- zur Bildmarke

Der diesem Workshop zugrundeliegende HTML-Code ist einfach gegliedert. Der Slogan und Aufmacher der Website wird durch ein Überschrift-Element ausgezeichnet. Ziel ist es, grafische und textliche Elemente so zu kombinieren, dass eine eigene Gestaltung entsteht, die wiedererkennbar ist und eher wie ein Logo oder eine Bildmarke anmutet – eine Entscheidung, die nicht nur aus semantischen Aspekten getroffen wurde, sondern auch weil für die Suchmaschinenoptimierung die wichtigsten Keywords einer Webseite auch immer in einer Überschrift enthalten sein sollten. Dazu gehört es also auch, sofern möglich, das Logo samt Wort- und Bildmarke über CSS zu realisieren.

◀ **Abbildung 1**
Vier Beispielwebseiten mit Logos, deren Wort- und Bildmarke mit Grafiken realisiert wurden (von links oben nach rechts unten: *http://axelmichel.de*, *http://starflower.at*, *http://www.teixido.co*, *http://davidjonsson.com.au*)

2 Strukturieren, Gestalten und Ausrichten der Headline

Für ein Layout im Grunge-Stil soll in diesem Workshop neben der Hintergrundgrafik »bg_grunge_headline.jpg« auch die Farbgebung der Überschrift die Aufmerksamkeit des Webseitenbesuchers wecken. Dazu muss in erster Linie für die Überschrift `h1` und den darin befindlichen Slogan »Be inspired by our Webdesign« ein Kontrast zum gelb geprägten Hintergrund geschaffen werden. Vorher werfen wir noch einen Blick auf die recht übersichtliche Struktur der Inhalte:

 »bg_grunge_headline.jpg«

```
<h1>Be inspired by our Webdesign</h1>
```

Um also einen guten Kontrast zu erhalten, wählen wir als Hintergrundfarbe für diese Überschrift eine dunkelgraue Farbe (`rgb(34,32,34)`). Ihr Farbwert stammt von der Hintergrundgrafik und wurde via Photoshop mit der Pipette entnommen.

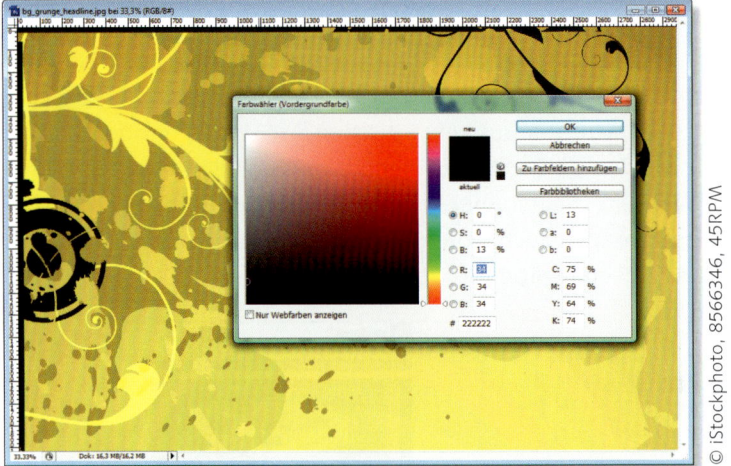

Abbildung 2 ►
Die Farbe für die Überschrift wird der Hintergrundgrafik entnommen.

Der in der Überschrift exemplarisch enthaltene Slogan wird, wie in Abbildung 3 gut erkennbar, mit einem ebenfalls kontrastreichen hellen Farbton (rgb(240,240,240)) kombiniert. Schließlich soll gewährleistet werden, dass der Slogan für die Besucher lesbar ist.

```
h1 {
    font: 35px Arial, serif;
    color: rgb(240,240,240);
    background-color: rgb(34,32,34);
}
```

Abbildung 3 ►
Darstellung der Überschrift auf Basis des Farbschemas der Hintergrundgrafik

Auch wenn der aktuelle Stand der Darstellung noch stark zu wünschen übrig lässt, sollten Sie bereits jetzt gut erkennen können, in welche »gestalterische Richtung« sich die Überschrift begeben soll. Um die Wirkung der Überschrift weiter zu erhöhen, wird die bisherige Schriftart »Arial« im folgenden Arbeitsschritt von der Schrift »Yanone Kaffeesatz« abgelöst.

Der noch vorhandene Abstand zum oberen Rahmen des Viewports des Browsers basiert im Übrigen auf den Standardabständen, die Browser für Überschriften erster Kategorie für Außen- (margin) und Innenabstände (padding) bei einer Schriftgröße von 35 px bereithalten.

3 Google Font API – Schriften einbinden

Die in diesem Workshop verwendete Schrift »Yanone Kaffeesatz« gehört bei Google bereits seit Beginn des Font Directorys zu den zur Verfügung gestellten Schriftarten. Der große Vorteil dieser Schriften ist, dass sie nicht wie bisher bereits auf dem System des Anwenders installiert sein müssen, sondern den Anwendern über die Google-Schnittstelle zur Verfügung gestellt werden.

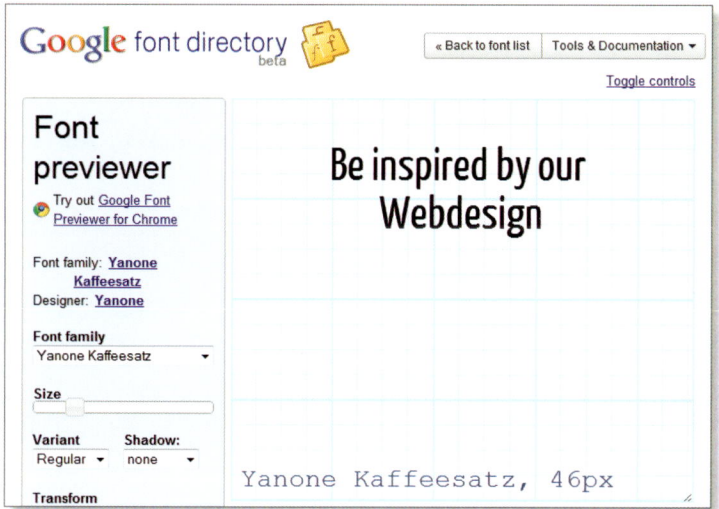

◀ **Abbildung 4**
Abbildung des Font-Previewers

Eine Schriftart ist über die Google Font API relativ schnell und unproblematisch in die eigene Webseite eingebunden, denn es ist lediglich eine Referenzierung auf eine Schriftfamilie des Google-Servers im `head` der Webseite notwendig.

```
<link href="http://fonts.googleapis.com/css?family=
Yanone+Kaffeesatz&subset=latin" type="text/css"  rel="stylesheet" />
```

In der CSS-Datei selbst ist keine `@font-face`-Eigenschaft nötig. Es reicht aus, die Schriftfamilie, wie im folgenden CSS–Code-Ausschnitt, der bisherigen Schriftart »Arial« voranzustellen. Die Schriftart »Arial« stellt also ab nun die Fallback-Variante dar, falls die via `@font-face` implementierte Schriftart nicht umgesetzt werden kann.

Sie können übrigens auf Windows-Betriebssystemen ab Windows Vista mit einer guten Darstellung der »Yanone Kaffeesatz«-Schrift rechnen, da dort die Glättung von Schriften von Haus aus unterstützt wird. Bei XP-Usern ist dies nicht der Fall, was wie in Abbildung 5 zu einer sehr pixeligen Darstellung führt. Hier müssen Sie zudem zwischen den Servicepacks 1, 2 und 3 unterscheiden, denn bei Letzterem ist die Schriftglättung standardmäßig

»Yanone Kaffeesatz«

Die »Yanone Kaffeesatz« ist das Erstlingswerk des Diplomdesigners Jan Gerner. Der 1982 geborene Dresdner hat mit »Kaffeesatz« eine freie Schrift geschaffen, deren Buchstaben sehr schmal sind, aber dennoch eine gewisse Dynamik ausstrahlen, die für die Überschrift dieser Headline unabdingbar und somit prädestiniert ist.

ClearType

Da von Windows XP-Usern und IE 6-Anwendern nicht verlangt werden kann, Änderungen am ClearType über Desktopeinstellungen oder Registry-Eintragungen vorzunehmen, sollte für diese Fälle ein Fallback angeboten werden. Dies geschieht, indem Sie der eingebundenen externen Schrift weitere hinzufügen. Diese übernehmen dann unter Zuhilfenahme einer Abfrage nach dem Betriebssystem (beispielsweise via JavaScript) die Gestaltung des Textes, falls die via `@font-face` angebotenen Schriften ohne ClearType zu unsauber abgebildet werden oder falls eine via `@font-face` »eingebundene« Schrift nicht umgesetzt werden kann.

Be inspired by our Webdesign
Be inspired by our Webdesign

▲ Abbildung 5
Vergleich der Darstellung der Überschrift mit ClearType (oben) und ohne (unten) auf Basis des Farbschemas der Hintergrundgrafik

sogar ausgeschaltet und muss erst aktiviert werden. Ab Internet Explorer Version 7 ist bei der ClearType-Einstellung aber standardmäßig ein Häkchen gesetzt. Die Internet Explorer ab dieser Version verwenden diese Eigenschaft somit zur Darstellung von Texten von Haus aus, egal welche Einstellung im Betriebssystem vorliegt!

Des Weiteren soll die Überschrift eine Breite von 175 px besitzen und Innenabstände zugewiesen bekommen, damit der Slogan gut lesbar ist. Für die Ausrichtung des Elements ist eine absolute Einrückung vom linken Browserfensterrand von 20 % vorgesehen. Die Position ist somit zwar absolut vom linken Browserfensterrand aus gesehen, aufgrund der relativen Prozentangabe ändert sich diese Position aber trotzdem je nach Größe des Browserfensters. Da zum oberen Browserfensterrand kein Abstand vorliegen soll, setzen wir diesen Wert folgerichtig auf null.

```
h1 {
    font: 35px "Yanone Kaffeesatz", Arial, serif;
    position:absolute;
    left:20%;
    top:0;
    width:175px;
    padding:25px 15px 15px 15px;
    margin:0;
    background-color: rgb(34,32,34);
}
```

Abbildung 6 ▶
Darstellung der mittlerweile in ihrer Breite (175 px) eingeschränkten Überschrift, hier noch einheitlich mit einer Schriftgröße von 35 px

Im nächsten Schritt soll der Slogan innerhalb der Überschrift in zwei unterschiedlich große Schriftgrößen geteilt werden. Dem Text »Be inspired by our« weisen wir 20 px zu; das Wort »Webdesign« soll wesentlich präsenter erscheinen und wird deshalb mit 35 px definiert. Da dies ohne zusätzliches HTML-Element nicht möglich ist, wird der Text »Be inspired by our« von einem span-Element ohne eigene Formatierungseigenschaften umfasst.

```
<h1><span>Be inspired by our</span> Webdesign</h1>
```

Zudem soll das Keyword »Webdesign« in einer separaten Zeile ausgerichtet werden. Dafür weisen wir dem span-Element, das von Haus aus ein Inlineelement ist, die Eigenschaften eines Blockelements zu. Da wir hier keine Breite angeben, orientiert sich dieses Element an der Breite des umfassenden Elements h1, also 175 px. Die Einrückung des Textes »Be inspired by our« von oben soll 100 px betragen und am oberen Rand durch einen gestrichelten Rahmen begrenzt werden.

```
h1 span {
    display:block;
    padding:100px 0 0 0;
    font-size:20px;
    border-width:1px;
    border-top-style: dashed;
    border-color: #f0f0f0;
}
```

◀ **Abbildung 7**
Überschrift mit unterschiedlichen Schriftgrößen und Textumbruch

4 Rundungen aus der Hintergrundgrafik aufgreifen

Im folgenden Arbeitsschritt werden der Überschrift für die unteren beiden Kanten »runde Ecken« zugewiesen, um die Rundungen der floralen Elemente der Hintergrundgrafik aufzugreifen.

```
h1 {
    ...
    -moz-border-radius-bottomright:20px;
    -moz-border-radius-bottomleft:20px;
    -webkit-border-bottom-right-radius:20px;
    -webkit-border-bottom-left-radius:20px;
    border-bottom-right-radius:20px;
    border-bottom-left-radius:20px;
}
```

◀ **Abbildung 8**
Überschrift mit »runden Ecken«

5 Neigen der Überschrift: CSS3-Transforms-Modul

Als weiterer Schritt zur Aufmerksamkeitssteigerung soll die Überschrift über die in einigen Browsern bereits zur Verfügung stehende CSS3-Eigenschaft `transform` eine Neigung (`rotate`) erfahren. Diese ermöglicht es, via CSS Objekte beliebig zu drehen und zu neigen. Hier entscheiden wir uns für eine Rotation von –1,25°.

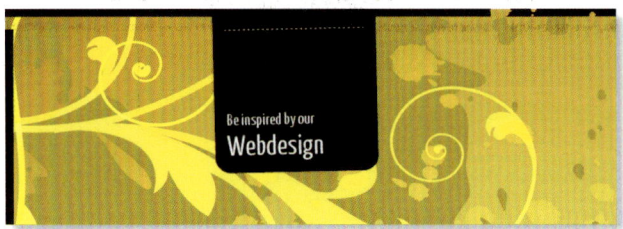

Abbildung 9 ▶
Um –1.25° (gegen den Uhrzeigersinn) geneigte Überschrift

```
h1 {
    ...
    -moz-transform: rotate(-1.25deg);
    -webkit-transform: rotate(-1.25deg);
    -o-transform: rotate(-1.25deg);
    transform: rotate(-1.25deg);
}
```

Dank CSS3 können Sie Ihre Texte mit Gestaltungselementen wie Textschatten, Spiegelungen, Transparenzen oder Neigungen versehen und haben so wesentlich mehr Möglichkeiten zur Gestaltung. Geben Sie Ihren Texten ein grafisches Look & Feel – und das ganz ohne (Hintergrund-)Grafiken!

Gäbe es aktuell (Juni 2011) keine webkit-basierten Browser (Google Chrome und Safari) und nicht die Version 5 des mozilla-basierten Firefox, wäre dieser Workshop hier beendet. Dank dieser Browser kann er fortgesetzt und um einen interessanten Aspekt erweitert werden.

6 Aufmerksamkeit mit Animationen wecken

Mit dem CSS3-Animations- und dem CSS-Transitions-Modul gibt es nun endlich auch die Möglichkeit, Bewegung ausschließlich über CSS abzubilden. Ziel ist es, die Überschrift in einer fließenden Bewegung mit gleichzeitig abnehmender Transparenz über einen Zeitraum von zwei Sekunden in den sichtbaren Bereich der Webseite sliden zu lassen.

```
h1 {
    -webkit-animation-name:slidingHeadline;
    -webkit-animation-duration:2s;
    -webkit-animation-iteration-count:1;
    -webkit-animation-direction:normal;
```

Animation

Um eine solche Bewegung erzielen zu können, müssen grundlegende Eigenschaften für die Animation festgelegt werden. Dies beginnt mit der Vergabe des `animation-name`, der frei wählbar ist. Dieser idealerweise selbsterklärende Name wird benötigt, um der Animation später die entsprechenden `keyframes` zuordnen zu können. Mit `animation-duration` legen Sie die Laufzeit der `animation` fest, wohingegen Sie mit `animation-iteration-count` die Anzahl der Animationsdurchläufe beschreiben. Da die Headline nicht vom Content ablenken, sondern die Aufmerksamkeit des Besuchers beim ersten Aufruf der Seite wecken soll, wird die Animation nur einmalig durchgeführt.

```
    -moz-animation-name:slidingHeadline;
    -moz-animation-duration:2s;
    -moz-animation-iteration-count:1;
    -moz-animation-direction:normal;
}
```

Innerhalb der `keyframes` werden der Anfangs- und Endwert mit den sich ändernden Zuständen wie Position und Transparenz festgelegt. Die CSS-Eigenschaften des Endpunktes sollten mit denen zuvor in Schritt 3 für die Überschrift angelegten Eigenschaften übereinstimmen, da es ansonsten nach Ablauf der Animation zu einem unschönen »Sprung« kommt.

```
@-webkit-keyframes slidingHeadline{
    from {
        margin:0 0 0 -35%;
        background-color: rgba(34,32,34,0);
    }
    to {
        margin:0;
        background-color: rgb(34,32,34);
    }
}
```

Für die Ende Juni 2011 veröffentlichte Version 5 des Firefox gilt die gleiche Schreibweise wie für die webkit-basierten Browser Chrome und Safari, mit dem Unterschied, dass eben der Mozilla-Präfix für die Definition der keyframes verwendet werden muss.

```
@-moz-keyframes slidingHeadline{
    ...
}
```

Wie zu Beginn dieses Workshops beschrieben wurde, ist es eines der obersten Ziele des Webdesigns, die Aufmerksamkeit des Betrachters auf sich zu ziehen. Da alles Wahrgenommene zuerst im sensorischen Gedächtnis (auch Ultrakurzzeit-Gedächtnis genannt) landet und die Zeitspanne dieses Gedächtnissystems mit ein bis zwei Sekunden sehr kurz ist, muss die Aufmerksamkeit schnell geweckt werden. Häufig wird versucht, dieses Ziel beispielsweise bei der Bannergestaltung über die Bewegung von Elementen zu erreichen. Bisher sind dabei entweder GIF-Animationen oder Flash zum Einsatz gekommen. Diese Ansätze haben mit CSS3 neue Konkurrenz bekommen, die auf mobilen Endgeräten wie iPhone, iPad und Co. unter Beachtung der verwendeten Browser problemlos läuft, im Unterschied zu Flash auch kein Plug-in voraussetzt und somit eine echte Alternative darstellt.

Unterschied zwischen »Animation« und »Transition«

Kurz zusammengefasst besteht der Unterschied zwischen CSS3-Animation und CSS3-Transition darin, dass mit Transition beispielsweise eine veränderte Darstellung (`scale`, `rotate` …) oder Position eines Elements erzielt werden kann. Mit Animation hingegen definieren Sie den Zeitraum, in dem eine Eigenschaft sich verändert. Im Fall dieses Workshops ist dies die veränderte Position am Anfang (`from`) und Ende (`to`) des Zustandes. Das, was zwischen diesen Zuständen passiert, wird in entsprechenden Eigenschaften dem Element zugewiesen (`animation-name`, `animation-duration` …).
Wer mehr zu diesem Thema erfahren möchte, sollte einen Blick in Teil 4, »Web 3.0«, werfen.

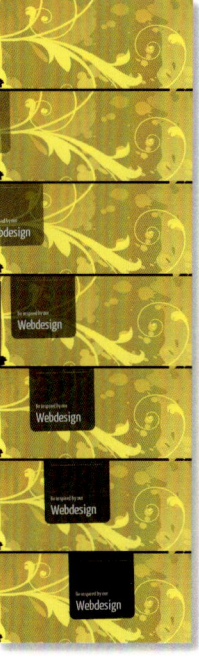

▲ **Abbildung 10**
Animation der Headline

Von Kopf bis Fuß: der Webseitenfooter

Webseitenfooter am Boden des Browserfensters fixieren

Ein Problem zahlreicher Websites und Blogs mit gut gestaltetem Header und Footer wird oft erst bei Sonderfällen sichtbar. Nämlich dann, wenn auf einer der Unterseiten nur wenig Inhalte zu finden sind: Der Footer »hängt in der Luft«, weil er nicht am unteren Browserfensterrand fixiert ist. Besonders wenn die Start- oder die Kontaktseite davon betroffen ist, macht das den guten Eindruck Ihres Designs schnell wieder kaputt. Eine Technik, mit der Sie den Fußbereich einer Webseite am unteren Bildschirmrand fixieren können, nennt sich »footerStickAlt« und wurde von Cameron Adams aka »The Man in Blue« bereits 2005 vorgestellt. Anhand einer Webseite mit einer illustrativen Hügellandschaft im Footerbereich zeigen wir diese Technik nun in diesem Workshop.

Zielsetzungen:

▶ Anlegen und Strukturieren der Beispielwebsite, inklusive des Footerbereichs

▶ Gestalten des Footerbereichs und Ausrichten am unteren Browserrand

▶ Einbinden der externen Schrift »Lobster« über die Google Font API

▶ Erzeugen von Textspalten mit dem Multi-Column-Layout-Modul

CSS3-Eigenschaft: `column-count`

1 footerStickAlt

Die Webseite der Glenilen Farm (*www.glenilenfarm.com*) wird als Beispiel dienen, um die Problematik des am unteren Ende des Browserfensterrandes fixierten Footers zu beschreiben. Die Webseite besitzt ein recht ansehnliches Design mit einem durchaus themenrelevanten und gut gestalteten Footer, der prädestiniert dafür wäre, am unteren Rand des Browserfensters fixiert zu sein, und das unabhängig von der über ihm befindlichen Menge an Inhalt.

▼ **Abbildung 1**
Webseite der Glenilen Farm; links Originalposition des Footers »in der Luft hängend« und rechts mit footerStickAlt-Ansatz am unteren Browserfensterrand

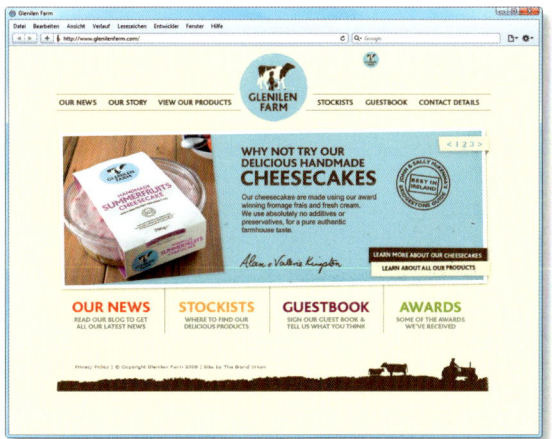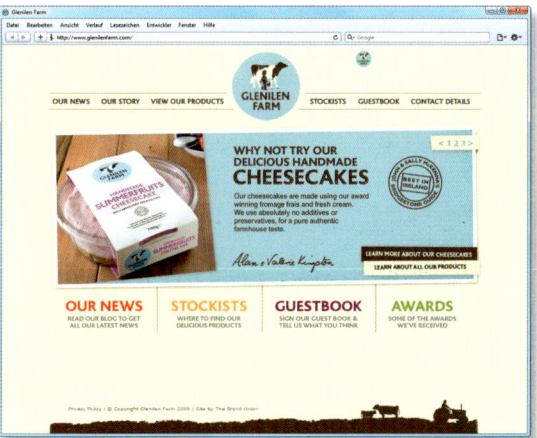

2 Inhalte gliedern und Strukturen schaffen

Die Strukturierung der Inhalte unseres Beispiels fällt relativ leicht, weil die Inhalte für die Vorstellung der genannten Technik nicht relevant sind. Daher verzichten wir auf eine zu komplexe Struktur und legen lediglich eine Überschrift erster, eine zweiter Kategorie und ein wenig Text an.

```
<div id="wrapper">
   <div id="main">
      <div id="header">
         <h1>Footer Stick Alt</h1>
      </div>
      <div id="contentWrapper">
         <div id="content">
            <h2>See how it works</h2>
            <p>Duis autem wel eum...</p>
         </div>
      </div>
   </div>
   <div id="footer">
      <p>I'm always here at the end of the page</p>
   </div>
</div>
```

»footerStickAlt«

Der Erste, der sich bereits im Sommer 2005 in der Öffentlichkeit des Webs erfolgreich mit dieser Problematik beschäftigte und dies mit seiner Leserschaft teilte, war der Australier Cameron Adams. Nachzulesen ist dies in seinem Blogbeitrag »footerStickAlt: A more robust method of positioning a footer«: *themaninblue.com/writing/perspective/2005/08/29*

Abbildung 2 ▶
Darstellung der Inhalte basierend
auf den Browserstyles (in diesem
Fall von Safari)

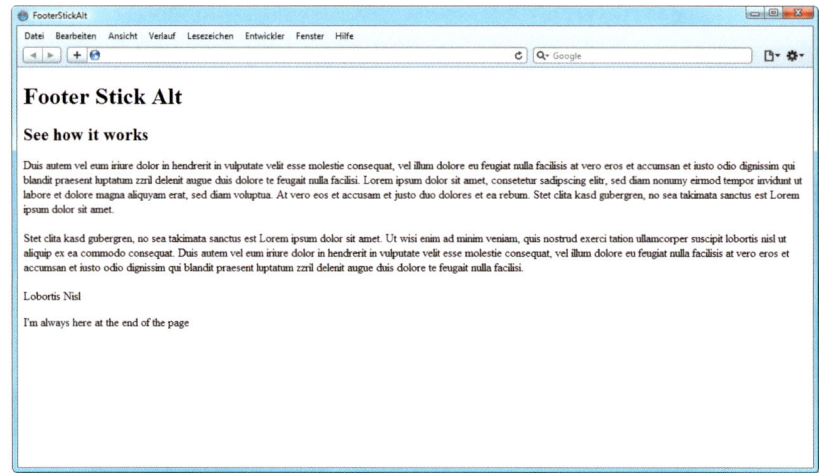

▲ Abbildung 4
Auch auf *www.therissingtonpodcast.*
co.uk rutscht der Footer unschön
nach oben, wenn zu wenig Content
vorhanden ist (unten).

3 Content und Footer – Platz machen, bitte!

Damit sich das Layout am Ende des Workshops auch bei wenig Inhalten über die gesamte Höhe des Browserfensters erstreckt und sich der Footer dabei immer am unteren Browserfensterrand befindet, müssen wir einige Grundeinstellungen für die Höhe der einzelnen Bereiche vornehmen. Das betrifft den allumfassenden Wrapper, den Header, den Content #main und den Footer #footer. Grundlage ist, dass das html- und das body-Element 100% Höhe zugewiesen bekommen. Nur die direkten Kindelemente können sich anschließend mit einer relativen Höhenangabe darauf beziehen, so dass für den Footer mit seinen 220 Pixeln Höhe erst einmal kein Platz vorhanden ist.

```
html, body, #wrapper {
    height: 100%;
}
```

Damit sich das Layout unabhängig von der Breite (75%) des Viewports immer in der Mitte des Browserfensters wiederfindet und nicht etwa am linken oder rechten Browserfensterrand, wird dem #wrapper für den linken und rechten Außenabstand der Wert auto zugewiesen, der aufgrund der Breite des Layouts jeweils 12,5% beträgt.

```
#wrapper {
    width: 75%;
    margin: 0 auto;
}
#main {
    min-height: 100%;
}
```

```
#footer {
    height:220px;
}
```

Wegen der vergebenen Mindesthöhe von 100% für den dunkelbraun eingefärbten Hauptbereich #main liegt der #footer außerhalb des sichtbaren
Bereiches. Um ihn sichtbar werden zu lassen, muss gescrollt werden.

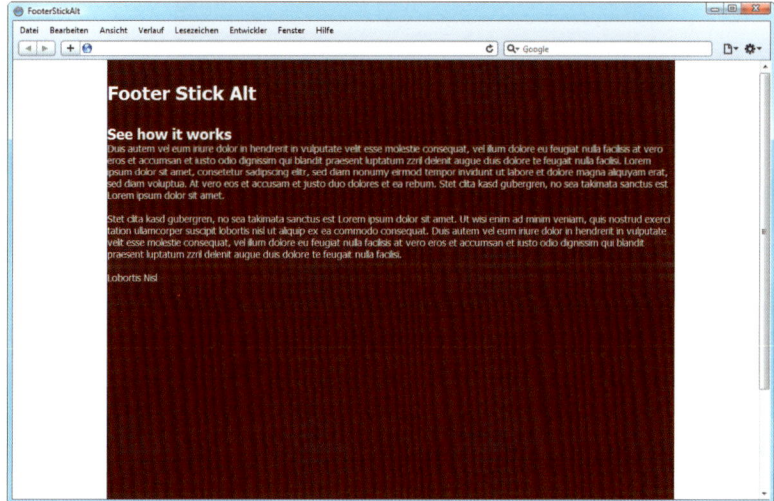

◄ Abbildung 3
Darstellung des Workshop-Beispiels
bei einer Mindesthöhe von 100%
für den dunkelbraun eingefärbten
Contentbereich. Nicht sichtbar
ist der zum besseren Verständnis
hellbraun eingefärbte, 220px hohe
Footerbereich.

Nun muss der Footer an die für ihn vorgesehene Stelle rücken. Dazu muss
aber erst noch Platz für die Höhe des Footers von 220 Pixeln geschaffen
werden, damit an dieser Stelle die Hintergrundgrafik ihren für sie vorgesehenen Platz einnehmen kann. Hierzu erhält der #contentWrapper einen
Innenabstand nach unten von genau diesem Ausmaß, so dass der Footer
durch einen negativen Außenabstand (margin-top), der wiederum der
Höhe des Footers entspricht, in den sichtbaren Bereich gezogen wird.

```
#contentWrapper {
    padding-bottom: 220px;
}
#footer {
    ...
    margin-top: -220px;
}
```

Durch diese Technik sitzt der Webseitenfooter (»I'm always here at the
end of the page«) nun immer am unteren Rand des Browserfensters, auch
wenn auf der Website nur wenig Inhalte im Contentbereich zu finden sind.
Und wenn der Inhalt einmal mehr Platz benötigt, als durch die Größe des

»Negative Margin«

Im Gegensatz zu Innenabständen
(padding) von Elementen, die nur
positive Werte annehmen können, können Sie bei Außenabständen (margin) auch negative Werte
angeben. Solche negativen Marginwerte ermöglicht es, auf unproblematische Weise einzelne
Elemente oder Elementgruppen
aus dem sie umschließenden Element herausragen zu lassen oder
sie wie den Webseitenfooter (hell-
brauner Bereich) in voller Höhe
über ein anderes Element (dun-
kelbrauner Bereich) zu ziehen.

Browserfensters zur Verfügung steht, kann natürlich wie gewohnt gescrollt werden.

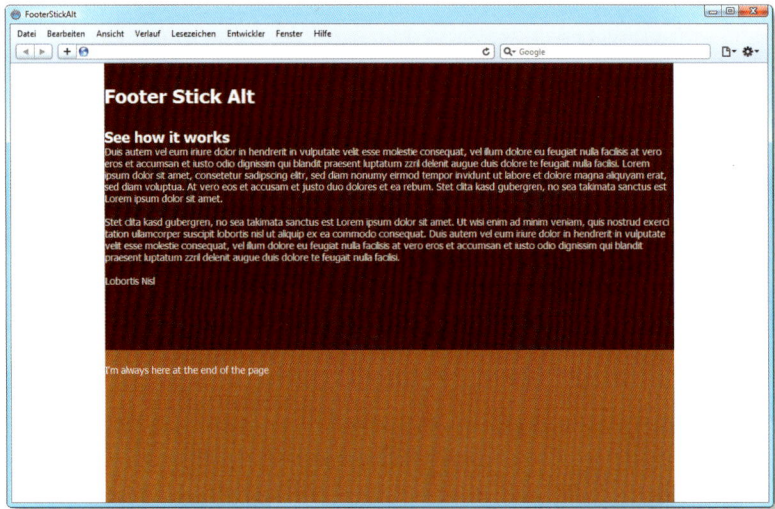

Abbildung 5 ▶
Nun wird der Footer um 220 px nach oben gezogen.

»bg_landscapeFooter.png«

4 Grafik einsetzen

Den 220 Pixel hohen Footerbereich wird nun in unserem Beispiel eine 200 Pixel hohe Grafik mit einer illustrativen Hügellandschaft ausfüllen.

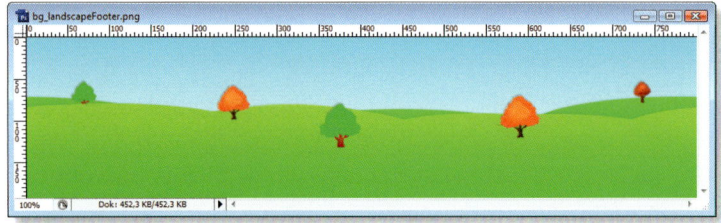

▲ **Abbildung 6**
Hügellandschaft »bg_landscapeFooter.png«

Die Ausrichtung ist aufgrund der gewünschten fixierten Position am Ende des Browserfensters klar. Die 800 Pixel breite Grafik wird also links unten ausgerichtet und erhält zudem die Möglichkeit, sich auf der x-Achse zu wiederholen, sofern eine größere Breite des Viewports dies ermöglicht.

```
#footer {
  ...
  background:transparent url(../images/
  bg_landscapeFooter.png) bottom left repeat-x;
}
```

5 Erstellen der farblichen Grundlagen

Wie in einigen anderen Workshops dieses Kapitels können wir auch in diesem Beispiel über eine Grafik wie das Hintergrundbild durchaus zum Farbschema einer Webseite gelangen.

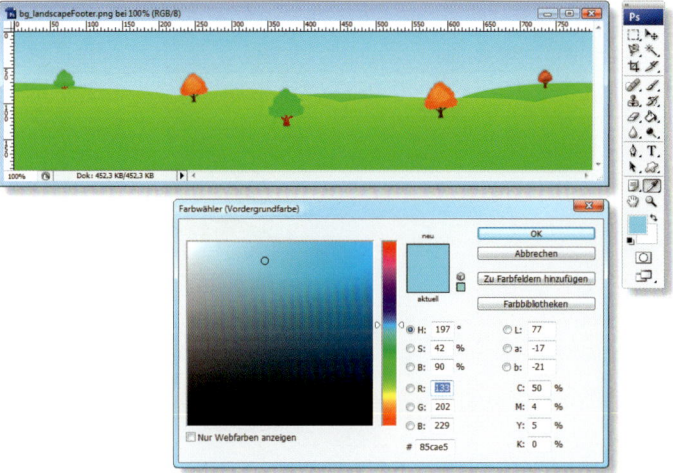

◄ **Abbildung 7**
Entnahme der Hintergrundfarbe für den Himmel (Contentbereich)

Von der Schriftfarbe Weiß bis hin zum azurblauen Himmel, der neben der Hintergrundgrafik den restlichen Hintergrund der Webseite ausmacht, ist alles der Hügellandschaft zu entnehmen.

```
#wrapper, #header, #contentWrapper, #footer {
    background-color: #84cae5;
    color: #fff;
}
```

Besonderes Augenmerk bei der Erstellung einer sich wiederholenden Grafik sollte den »Kontaktpunkten« einer solchen Grafik zukommen. Die in Abbildung 8 gekennzeichneten Stellen sorgen dafür, dass der Hügel am linken Rand der Abbildung ❶ und der Hügel am rechten Rand ❷ nahtlos ineinander übergehen, wenn die Grafik wiederholt wird.

◄ **Abbildung 8**
Aufteilung und Ausrichtung der Hintergrundgrafik und -farbe innerhalb des Layouts bei einem Viewport von mindestens 1.450 px Breite

Nach dem Einfügen der Hintergrundgrafik und ohne weitere CSS-Anpassung für den in diesem Workshop enthaltenen Content dürfte der Browser zum aktuellen Stand das Ergebnis aus Abbildung 9 präsentieren:

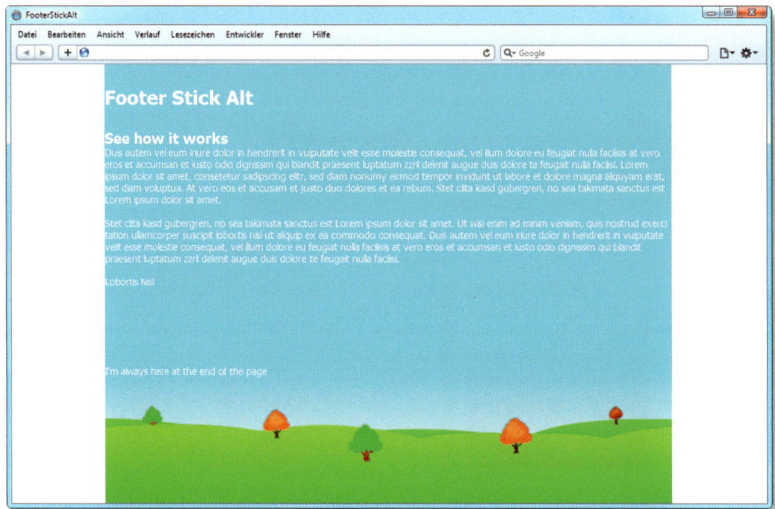

6 Implementierung einer Schrift über die Google Font API

Um unserer Seite ein wenig mehr Spannung zu verleihen, soll nun die Schriftart verändert werden. Dazu weisen wir der Überschrift und dem Untertitel die in der Google Font API vorhandene Schrift »Lobster« von Pablo Impallari zu. Dazu wählen Sie die gewünschte Schriftart einfach im Google-Font-Verzeichnis aus und kopieren den dann angezeigten Code zum Einbetten der Schrift.

Die Implementierung ist denkbar einfach: Die Schrift wird per externem CSS direkt von Google im `head` der HTML-Datei eingebunden. Der Vorteil bei der Einbindung via Google Font API ist, dass das leidige Problem mit der Lizenzierung für die Schrift nicht existiert. Die Google-Fonts sind frei verfügbar, und die Anzahl der Fonts wird zunehmend größer.

```
<link href="http://fonts.googleapis.com/css?family=
Lobster&subset=latin" rel="stylesheet" type="text/css" />
```

Danach muss die Schriftart für die entsprechenden Elemente nur noch hinzugefügt und den bisherigen Schriften der font-family »Arial«, die ab nun die Fallback-Schrift darstellt, vorangestellt werden. Wird »Lobster« nicht ausgeführt, wird die darauffolgende font-family ausgeführt. Dies sollte immer eine Schriftfamilie sein, die mit hoher Wahrscheinlichkeit auf den Systemen der Anwender vorhanden ist.

```
h1, h2 {
    padding:0;
    margin:0 10%;
    font: 40px Lobster, Arial, sans-serif;
}
```

Wie bereits im Workshop »Ganz ohne Grafiken: Slogans, Logos, Aufmacher« erwähnt, wird die Glättung von Schriften von Windows Betriebssystemen erst ab Windows Vista von Haus aus unterstützt, so dass Sie auf diesen Systemen mit einer guten Darstellung der »Lobster«-Schrift rechnen können. Bei XP-Usern hingegen ist dies nicht der Fall, was (wie Abbildung 11 zeigt) zu einer sehr pixeligen Darstellung führt.

▲ **Abbildung 11**
Darstellung der Schriftart »Lobster« im IE 6 unter Windows XP mit deaktivierter (oben) und mit aktivierter (unten) Schriftglättung

7 Erzeugen von Textspalten

Um die bisher noch recht breite Laufweite, insbesondere bei größeren Viewports, im Sinne einer besseren Lesbarkeit einzugrenzen, soll der Text im Contentbereich mit dem Multi-Column-Layout-Modul in einem zweispaltigen Textlayout angezeigt werden. Um dieses Spaltenlayout

Schriften unter Windows, Mac und Linux

Wer mehr zum Thema Schriften und ihrer Verbreitung erfahren möchte, dem empfehle ich, sich Übersicht auf *codestyle.org* zu verschaffen. Diese Ergebnislisten sind nach Plattformen und den darin unter Umständen enthaltenen Schriftklassen sortiert. Dort erreicht »Arial« bei Windows-Systemen immerhin eine Verbreitung von 99,68 %. Sie erreichen dieses nützliche Tool unter: *www.codestyle.org/css/font-family/index.shtml*.

Fallback-Schrift per JavaScript

Da externe Schriften auf XP-Rechnern oftmals sehr verpixelt dargestellt werden, müssen Sie sicherstellen, dass dort die Fallback-Schriften, wie in diesem Fall die »Arial«, angezeigt werden. Dazu können Sie z. B. mit der JavaScript-Datei »TypeHelper.js« von Zoltan Hawryluk das Betriebssystem abfragen und für Windows XP mit Service Pack 1 und 2 die Fallback-Schrift anbieten. Alternativ wäre es auch möglich, für dieses Betriebssystem eine kleinere Schriftgröße anzubieten, damit die externe Schrift nicht ganz so pixelig abgebildet wird.
TypeHelper.js: *www.useragent-man.com/blog/2009/11/29/how-to-detect-font-smoothing-using-javascript*
Als Variante hierzu empfehle ich auch den Ausbau dieser Funktion durch Michael van Laars Script für ein (nahezu) perfektes Webfont-Ladeerlebnis:
www.michael-van-laar.de/blog/artikel/webfont-load-enhancer.

Ausschlaggebend für die Breite einer über das Multi-Column-Layout-Modul erstellten Textspalte ist die festgelegte Breite des Bereiches, in dem sich die Textspalten ausbreiten können, dividiert durch die Spaltenanzahl. Natürlich ist es auch möglich, mit `column-width` direkt eine feste Breite für die Textspalten zu definieren und die Gesamtbreite außen vor zu lassen. Da das Layout dieses Workshops mit 75 % des Viewports relativ ist, entsprechen die beiden Textspalten (`column-count:2`), abzüglich der Abstände des Textabsatzes (`margin:2.5% 10%`) und des Spaltenabstands `column-gap` von 40 px, 50 % der Breite des Layouts.

erhalten zu können, muss die CSS3-Eigenschaft `column-count` vergeben werden. Über diese wird die Spaltenanzahl (in diesem Fall 2) für den Text definiert. Da Mozilla- und webkit-basierte Browser ihre jeweiligen Browserpräfixe dafür benötigen, müssen zwei weitere Zeilen zum Code hinzugefügt werden. Das Gleiche gilt für alle weiteren Eigenschaften dieses Moduls. Opera ab Version 11.1 kann die Eigenschaft ebenso ohne Präfix umsetzen wie der in de Pre-Beta-Phase befindliche IE 10.

Wer diese Zweispaltigkeit des Textes auch in älteren IE-Versionen umsetzen möchte oder muss, dem sei der im vorletzten Arbeitsschritt des Workshops »Initialen und mehrspaltige Layouts« in Kapitel 6 detailliert beschriebene Lösungsansatz auf Basis von JavaScript empfohlen.

```
#content p {
    margin:2.5% 10%;
    -moz-column-gap:40px;
    -moz-column-count:2;
    -webkit-column-gap:40px;
    -webkit-column-count:2;
    column-gap:40px;
    column-count:2;
}
```

Damit der Außenabstand des Textes im Contentbereich von 10 % mit dem im Footer übereinstimmt, wird dieser ebenso mit 10 % der Gesamtbreite des Layouts links und rechts eingerückt. Zusätzlich wird der Text im Footer rechtsbündig ausgerichtet.

```
#content, #footer p {
    padding:160px 10% 0 10%;
}
#footer p {
    text-align: right;
}
```

Da diese Eigenschaft der Spaltenbildung vom Opera und im Internet Explorer nicht unterstützt wird, stellen diese den Text ohne Spalten dar.

Abbildung 12 ▶
Layout mit am unteren Ende fixiertem Footer bei einem Viewport von über 750 Pixeln im Safari (links) und im IE 9 (rechts)

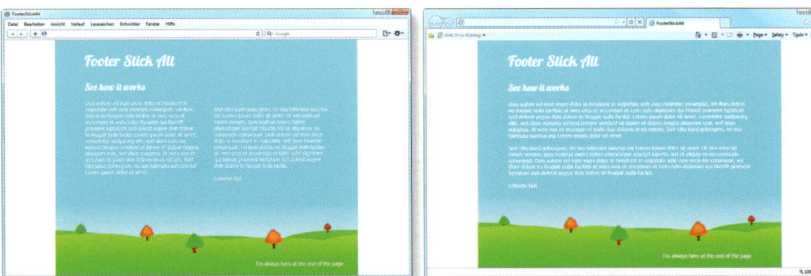

6 Bilder einsetzen

Professionell präsentiert: Bildergalerien im Web

In diesem Workshop erfahren Sie, wie Sie mit CSS3 eine vergrößerte Ansicht einer Abbildung in einer sogenannten Lightbox ganz ohne JavaScript erzeugen.

Sprechblasen und Teaserboxen

Gerade kurze Texte, die zum Weiterlesen animieren sollen, bieten Raum für individuelle Gestaltung. In diesem Workshop werden die Texte in Sprechblasen inklusive »Out-of-the-box-Effekt« verpackt.

Zitate individuell gestalten

Kaum ein Onlineshop verzichtet auf die Präsentation von Kundenmeinungen. Ein Beispiel für eine gelungene Umsetzung wird in diesem Workshop erarbeitet.

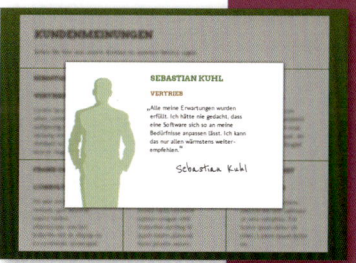

Initialen und mehrspaltige Layouts

Weil die wenigsten im Web gerne lange Texte lesen, müssen diese besonders gut gestaltet werden. Wie Sie mit Spalten und Initialen mehr aus Ihren Texten machen, zeigt dieser Workshop.

Professionell präsentiert: Bildergalerien im Web

Eine klassische Lightbox ohne JavaScript

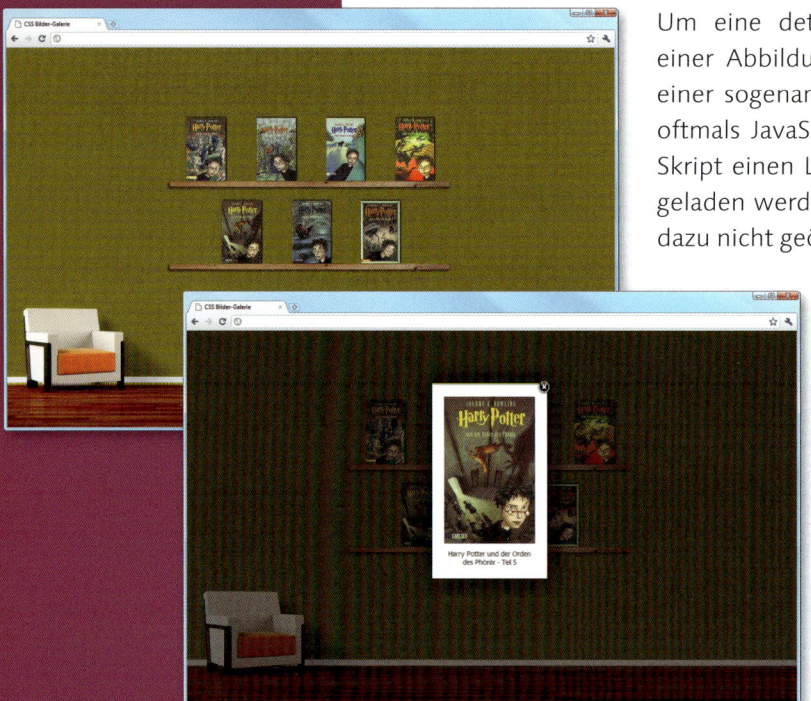

Um eine detaillierte oder vergrößerte Ansicht einer Abbildung in einem Pop-up oder Layer – einer sogenannten Lightbox – darzustellen, wird oftmals JavaScript eingesetzt. Dabei erzeugt das Skript einen Layer, in den alle möglichen Inhalte geladen werden können. Ein neues Fenster muss dazu nicht geöffnet werden. Besonderes Merkmal einer solchen Lightbox ist, dass sich der Layer über die eigentliche Webseite legt, die durch entsprechende Eigenschaften abgedunkelt wird, um so den Fokus noch mehr auf den Inhalt des »Pop-ups« zu lenken.

Dank CSS3 ist es nun möglich, eine solche Lightbox ganz ohne JavaScript umzusetzen. Wie das geht und was Sie dabei beachten müssen, erfahren Sie in diesem Workshop.

Zielsetzungen:

▶ Anlegen und Strukturieren einer Bildergalerie am Beispiel eines fiktiven Leseraums

▶ Positionieren und Gestalten einer Zoomansicht der Vorschaubilder im Lightbox-Stil ohne JavaScript

CSS3-Eigenschaften: CSS3-Module »Animation« und »Transforms« (`scale`), Media Queries

1 Strukturieren der Bildergalerie

In diesem Workshop soll eine Bildergalerie entstehen, in der die User per Klick auf eines der Bilder zu einer als Pop-up »getarnten« Zoomansicht gelangen. Ein Beispiel sehen Sie in Abbildung 1 (*planet-sports.de*).

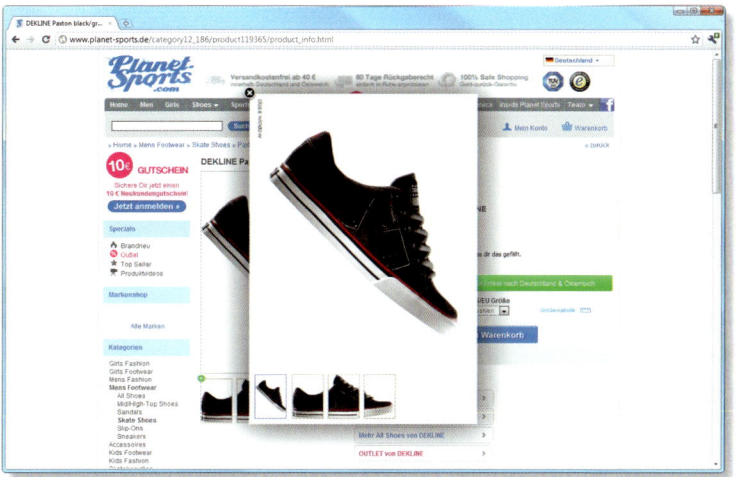

▲ Abbildung 1
Detaildarstellung eines Produktes im Pop-up per JavaScript

Der Vorteil der in diesem Workshop vorgestellten Methode gegenüber der Methode des Onlineshops von Planet Sports ist, dass die Umsetzung des Pop-ups ausschließlich auf CSS basiert und auf jegliches JavaScript verzichtet. Dadurch sparen Sie die Kilobytes für ein entsprechend notwendig werdendes JavaScript ein. Der Nachteil ist, dass der folgende Ansatz zu Darstellung von Detailbildern in Form einer Lightbox im IE 6 nicht funktioniert und diese Bilder dann gegebenenfalls via Conditional Comments in einem neuen Fenster oder Tab geöffnet werden können.

Da solche Lightboxen hauptsächlich für die Darstellung von Produktabbildungen oder Bildergalerien genutzt werden, werden wir in diesem Workshop die einzelnen Werke der Bücherreihe von »Harry Potter« in einem solchen Pop-up präsentieren. Hierzu strukturieren wir die Vorschaubilder (Thumbnails: »harry-potter-teil1-small.jpg« usw.) in einem »Bücherregal« mittels einer Liste wie folgt:

```
<div id="library">
   <ul id="imageGallery">
      <li>
         <a href="#" id="cover1"><img src="images/harry-potter-
         teil1-small.jpg" alt="Harry Potter und der Stein der
         Weisen"/></a>
      </li>
```

»harry-potter-teil1-small.jpg« bis »harry-potter-teil7-small.jpg«

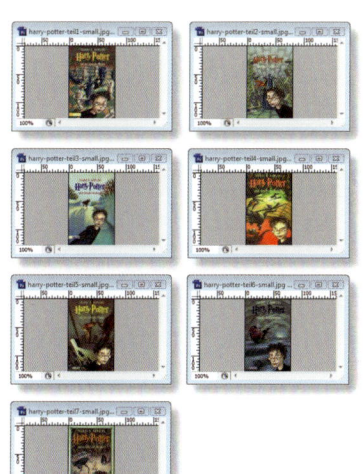

▲ Abbildung 2
Vorschaubilder der bisherigen sieben Ausgaben der Buchreihe »Harry Potter«

```
        <li>
            <a href="#" id="cover2"><img src="images/harry-potter-
            teil2-small.jpg" alt="Harry Potter und die Kammer des
            Schreckens" /></a>
        </li>
            ...
    </ul>
</div>
```

»bg-wall.jpg«

2 Gestaltung des »Lesezimmers«

Farben erzeugen bekannterweise Stimmung und Atmosphäre; dies gilt neben der »Offlinewelt« natürlich auch für Webseiten. Da es sich bei der Umsetzung dieser Bildergalerie um die Gestaltung eines Raums handeln soll, in dem Bücher präsentiert werden, sollten wir hierfür auch eine angenehme Atmosphäre schaffen. Und dies geht wunderbar mit warmen Farben wie Braun und Orange. Da sich kalte Farben wie Grün hingegen beruhigend und entspannend auf den Betrachter auswirken, findet sich auch diese Farbe in der Hintergrundgrafik (siehe Abbildung 3) wieder.

© iStockphoto, 13106537, Dizeloid

Abbildung 3 ▶
Mit dieser Hintergrundgrafik soll die passende Stimmung erzeugt werden.

Innenarchitektur mit einem Klick wechseln

Aufgrund der strikten Trennung von Content und Layout haben Sie auch bei dieser Bildergalerie die Möglichkeit, Elemente wie den Fußboden, die Wandfarbe, den Sessel, aber auch die Regalböden ohne viel Aufwand auszutauschen und die CSS-Eigenschaften bzw. Hintergrundbilder zu ändern.

Aufgrund der Maße der Hintergrundgrafik »bg_wall.jpg« benötigen wir insbesondere für den weiteren Verlauf des Hintergrundes den besagten beruhigend und entspannend wirkenden Grün-Ton #8c7c04, den wir einfach dem oberen Rand der Grafik entnehmen und dann dem body zuweisen. Da sich der Parkettboden und der zum Lesen einladende Sessel stets am unteren Browserfensterrand befinden sollen, muss die einmalig abzubildende Hintergrundgrafik fest am unteren linken Rand ausgerichtet werden.

```
body {
    font: 69% Tahoma, Arial, sans-serif;
    margin:0;
    padding:0;
    text-align:center;
    background: #8c7e04 url(../images/bg-wall.jpg)
    fixed left bottom no-repeat;
}
```

3 Maße des Bücherregals festlegen

Neben der farblichen Gestaltung ist für diesen Workshop auch die Breite der »Bibliothek« von besonderer Bedeutung. Denn durch die Breite des Bücherregals wird indirekt die Anzahl der Bücher je Reihe (Regalboden) definiert. Damit die 80 Pixel breiten und 128 Pixel hohen Cover der sieben »Harry Potter«-Bände ihre Wirkung beim Betrachter erzielen können und nicht zu nah nebeneinander stehen, bekommen sie auf einem mit 600 Pixel recht breiten Regal den entsprechenden »Freiraum«.

```css
#library {
    margin:10% auto 0 auto;
    padding:0;
    text-align:center;
    width:600px;
}
ul {
    list-style:none;
    padding:0;
    margin:0;
}
```

Unerlässlich für Bücher sind natürlich die einzelnen Regalbretter. Die Bretter für diesen Workshop liefert uns die Datei »regalboden.png«.

 »regalboden.png«

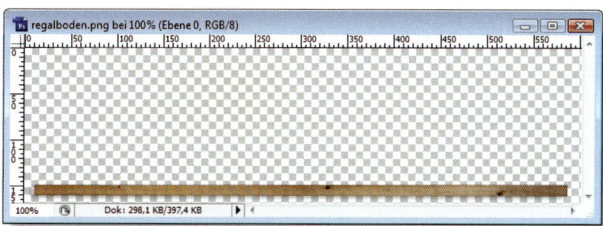

◄ **Abbildung 4**
Hintergrundgrafik
»regalboden.png«

Da nicht mehr als vier Buchcover nebeneinander abgebildet werden sollen, muss sich der Regalboden in vertikaler Richtung (y-Richtung) wiederholen. Somit wird das Bücherregal mit steigender Anzahl der Bücher höher und nicht breiter.

```css
#imageGallery {
    background:transparent url(../images/regalboden.png)
    0 0 repeat-y;
    text-align:center;
}
```

Nur wie werden die Abstände der Regalböden festgelegt? Hierfür müssen Sie die Höhe des Buchcovers sowie den Abstand des Covers nach oben berücksichtigen. Listenpunkte sind von Haus aus Blockelemente und wür-

▲ Abbildung 5
Vorschaubild ohne (oben)
und mit Schatten (unten)

▲ Abbildung 6
Vorschaubild ohne Schatten (oben)
und im fokussierten Zustand (unten) mit deutlicherem Schatten

den somit standardmäßig bei jedem weiteren Element einen Umbruch erzeugen. In diesem Fall ist dieses Verhalten aber nicht gewünscht, weshalb die Blockeigenschaft mittels `display:inline-block` zwar erhalten bleibt, dies aber keinen Umbruch nach jedem Listenpunkt zur Folge hat.

```
#imageGallery li {
    display:inline-block;
    margin:0;
    padding:20px 30px 19px 30px;
}
```

Da der Regalboden »regalboden.png« einen leichten Schattenwurf aufweist, greifen wir diesen bei der Darstellung der Buchcover auf, allerdings mit dem Unterschied, dass wir den Schattenwurf an dieser Stelle mittels CSS umsetzen.

```
#imageGallery img {
    border:0;
    -moz-box-shadow:1px -1px 5px rgba(0, 0, 0, 0.9);
    -webkit-box-shadow:1px -1px 5px rgba(0, 0, 0, 0.9);
    box-shadow:1px -1px 5px rgba(0, 0, 0, 0.9)
}
```

4 Aufmerksamkeit des Betrachters erhöhen

Da beim Überfahren der verlinkten Bücher nicht einfach irgendeine Hintergrund- oder Rahmenfarbe ausgetauscht werden kann, vergrößern wir hier stattdessen den Schatten des Buchcovers. Dadurch rückt das jeweils im Fokus des Betrachters befindliche Buch automatisch etwas mehr in Vordergrund.

```
#imageGallery a:hover img {
    -moz-box-shadow:1px -1px 10px rgba(0, 0, 0, 1);
    -webkit-box-shadow:1px -1px 10px rgba(0, 0, 0, 1);
    box-shadow:1px -1px 10px rgba(0, 0, 0, 1)
}
```

5 Zoomfunktion erzeugen

Alles in allem wäre das Buchregal mit den bisherigen Arbeitsschritten bereits fertig, aber wer möchte sich ein Bild aus so großer Distanz und in so kleinen Ausmaßen ansehen? Die Wenigsten! Aus diesem Grund arbeiten wir nun daran, die vergrößerte Darstellung (187 × 300 Pixel) der Bücher im Look & Feel des eingangs angesprochen Lightbox-Pop-ups ausschließlich mit CSS zu erzeugen.

Dazu stellen wir der bisherigen Bildergalerie eine Galerie mit den vergrößerten Ansichten zur Seite, wobei wir diese Bücher ebenfalls durch eine
Liste strukturieren.

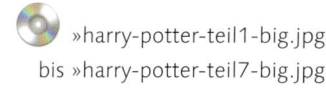

»harry-potter-teil1-big.jpg«
bis »harry-potter-teil7-big.jpg«

```
<ul id="imageGallery">
    <li><a href="#cover1">...</a></li>
    <li><a href="#cover2">...</a></li>
    ...
</ul>
```

Damit später beim Anklicken eines Buchcovers auch das richtige Cover
in der vergrößerten Darstellung angezeigt wird, muss der anfangs im Link
des Vorschaubildes festgelegte Ankerindikator (#cover1, #cover2 ...) bei
der Zoomansicht wieder aufgegriffen werden. Diese sogenannten Ankerindikatoren im URI (Uniform Resource Identifier) werden am Ende einer
Zieladresse innerhalb eines Dokumentes mit dem Zeichen # und dem
darauffolgenden Ankeridentifikator (cover1, cover2 ...) versehen.

Pseudoklasse »:target«

Mit der Pseudoklasse :target
werden Elemente selektiert, die
über URIs mit Ankeridentifikator
Ziel eines Verweises innerhalb eines HTML-Dokumentes sind. Zur
Aktivierung ist sowohl eine ID-
Vergabe als auch die Definition
eines Ankers möglich. Wenn diese
nicht übereinstimmen, wird das
entsprechende Ziel – hier also der
Aufruf der Detailansicht der Bücher – nicht erreicht.

```
<div id="library">
    <ul id="imageGallery">
        ...
    </ul>
    <ul id="zoomGallery">
        <li id="cover1">
            <a href="#home">
                <img src="images/harry-potter-teil1-big.jpg"
                alt="Harry Potter und der Stein der Weisen" />
                    <span>Harry Potter und der Stein der Weisen -
                    Teil 1</span>
            </a>
        </li>
        <li id="cover2">
            <a href="#home">
                <img src="images/harry-potter-teil2-big.jpg"
                alt="Harry Potter und die Kammer des Schreckens" />
                    <span>Harry Potter und die Kammer des Schreckens -
                    Teil 2</span>
            </a>
        </li>
        ...
    </ul>
</div>
```

6 Ausgangspunkt des Vergrößerungsprozesses

Da die vergrößerten Darstellungen der Bildergalerie natürlich nicht direkt, sondern erst nach Aufruf sichtbar werden sollen, blenden wir die absolut positionierten großen Abbildungen (»harry-potter-teil1-big.jpg«, »harry-potter-teil2-big.jpg« ...) via CSS aus. Dazu setzen wir initiale die Höhe und Breite der Detailansichten auf null. Zudem können Sie, um auf Nummer sicher zu gehen, den Detailansichten eine volle Transparenz zuweisen, womit sie vollständig durchsichtig wären.

```
li[id] {
   overflow:hidden;
   position:absolute;
   width:0;
   height:0;
   left:0;
   top:0;
   opacity:0;
   background:rgba(0,0,0,.5);
}
li[id]:target {
   width:100%;
   height:100%;
   opacity:1;
}
```

Inhalte »verschwinden« lassen

Um Inhalte mittels CSS3 vor den Augen des Betrachters »verschwinden« zu lassen, können Sie verschiedene Ansätze verfolgen. Der eine wäre, die Transparenz der Inhalte wie in diesem Workshop so hoch zu setzen, dass diese quasi durchsichtig sind. Eine weitere Lösung wäre es, die Inhalte mit der CSS-Eigenschaft :display und mit dem Wert none auszublenden.

Testweise können Sie die Höhe und Breite auch einmal auf die Maße der Detailansicht (187 px in der Breite und 300 px in der Höhe) setzen. Die Detail- bzw. Zoomansicht wird dann am linken oberen Rand des Browserfensters sichtbar.

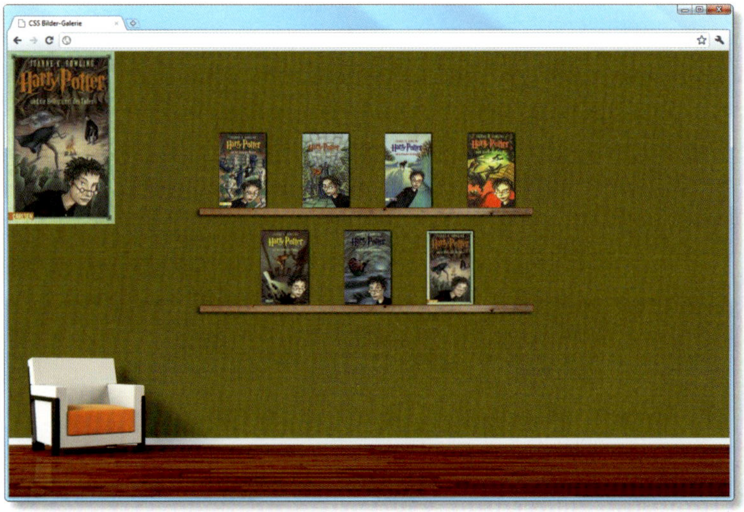

Abbildung 7 ▶
Das Pop-up befindet sich zum aktuellen Stand der Entwicklung in der linken oberen Ecke des Browserfensters. Zum besseren Verständnis der CSS-Eigenschaft wurde es sichtbar gemacht.

7 Positionierung der Lightbox

Um eine für die meisten Viewports optimierte Ausrichtung bzw. Positionierung des Pop-ups zu erhalten, zentrieren wir das verlinkte große Buchcover horizontal und vertikal und ziehen es um die Hälfte der Maße dieses Bildes wieder nach links bzw. nach oben.

Da die eigentliche Zoomdarstellung des Covers im oberen Bereich des Pop-ups abgebildet werden soll, ziehen wir sie lediglich um 40% statt 50% nach oben (mehr zur horizontalen und vertikalen Ausrichtung von Webseiteninhalten gibt es weiter hinten in diesem Kapitel im Workshop »Zitate individuell gestalten« im 2. Arbeitsschritt). Damit der im span-Element enthaltene Buchtitel nicht unterstrichen dargestellt wird, müssen wir dessen text-decoration aufheben. Das Gleiche gilt mehr oder weniger auch für das verlinkte Bild selbst. Da wir den ansonsten dargestellten Rahmen um das Bild nicht wünschen, müssen wir ihn mit border:0 aufheben.

```
#library li[id]:target a {
    background-color: #FFF;
    position:absolute;
    top:40%;
    left:50%;
    margin:-175px 0 0 -117px;
    border:25px solid #fff;
    text-decoration:none;
}
li[id]:target a img {
    border:0;
}
```

▲ **Abbildung 8**
Zoomansicht mit derzeit noch fehlerhaft ausgerichtetem Bilduntertitel

▲ **Abbildung 9**
Zoomansicht mit korrekt ausgerichtetem Bilduntertitel

▲ **Abbildung 10**
Zoomansicht mit korrekt ausgerichtetem Bilduntertitel und Schattenwurf

8 Bildunterschrift ausrichten

Aufgrund der fehlenden Blockeigenschaft und des damit einherge-
henden Umbruchs wird die Bildunterschrift nicht neben, sondern unterhalb des Bildes angezeigt. Um nun einen Umbruch zu erreichen, müssen
wir dem span-Element ebendiese Blockeigenschaft zuweisen. Um zusätzlich eine bessere Lesbarkeit zu gewährleisten, definieren wir neben einer
größeren Schriftgröße auch die Laufweite der Bildunterschrift (entspricht
der Breite des Bildes) und einen Innenabstand nach oben.

```
li[id]:target a span {
    font-size: 125%;
    width:187px;
    display:block;
    padding:10px 0 0 0;
    color:#303030;
}
```

9 Schatten für das Pop-up definieren

Um die bisher beim Regalboden, bei den Vorschaubildern und beim
Sessel verwendeten Schatten auch bei der vergrößerten Darstellung aufzugreifen, weisen wir diesem Bereich mit der Eigenschaft box-shadow folgenden Schatten zu:

```
#library li[id]:target a {
    ...
    -moz-box-shadow:0 0 74px 5px rgba(0, 0, 0, .8);
    -webkit-box-shadow:0 0 74px 5px rgba(0, 0, 0, .8);
    box-shadow:0 0 74px 5px rgba(0, 0, 0, .8);
}
```

10 Schließen-Funktionalität einbinden

Da Inhalte wie Pop-ups oder Layer nach dem Einblenden in der
Regel auch wieder geschlossen werden können, sollten Sie diese Erwar-
tungshaltung der User bedienen und ihnen die Möglichkeit anbieten, die
vergrößerte Darstellung wieder auszublenden. Dies geschieht nicht, wie
man eventuell erwarten könnte, über das zusätzliche Anlegen eines weiteren HTML-Elements, sondern mittels des Pseudoelements :before. Hiermit können Sie vor dem verlinkten Bildelement beliebigen Inhalt (Content)
beispielsweise in Form eines Schließen-Icons »ic-close.png« einfügen.

```
li[id] a:before {
    content:url("../images/ic-close.png");
    position:absolute;
    top:-33px;
    right:-33px;
    opacity:0;
}
li[id] a:hover:before {
    opacity:1;
}
```

 »ic-close.png«

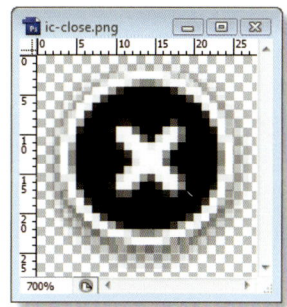

▲ **Abbildung 11**
Schließen-Icon

11 Einblend-Effekt der Detailansicht animieren

Mit dem Ein- und Ausblenden des Pop-ups ist das Ziel dieses Workshops eigentlich bereits erreicht. Da webkit-basierte Browser in Sachen CSS3 aber noch ein wenig mehr Features anbieten, greifen wir die bereits zuvor definierte Bezeichnung zoom für die nun folgende Animation wieder auf. Der Animationsname zoom soll Sie allerdings nicht täuschen, denn es handelt sich in diesem Fall nicht um die CSS3-Eigenschaft animation, sondern um die CSS3-Eigenschaft transform. Deren Dauer wird auf 1,5 Sekunden festgelegt.

```
#library li[id]:target a {
    ...
    -webkit-animation:zoom 1.5s cubic-bezier(0,0,0,1);
    -moz-animation:1.5s cubic-bezier(0,0,0,1);
}
```

Für die beiden ausschlaggebenden Positionen der Skalierung der Detailansicht werden ein Anfangs- und Endzustand als sogenannte Keyframes definiert.

```
@-webkit-keyframes zoom {
    0% { -webkit-transform:scale(0); }
    100% { -webkit-transform:scale(1); }
}
@-moz-keyframes zoom {
    0% { -moz-transform:scale(0); }
    100% { -moz-transform:scale(1); }
}
```

Das daraus resultierende Verhalten in den Browsern, die diese animierte Eigenschaft unterstützen (Google Chrome 13, Safari 5 und Firefox 5), können Sie sich in etwa wie in Abbildung 12 vorstellen.

▲ **Abbildung 12**
Entwicklung der Pop-ups von der Detailansicht bis zur Zoomdarstellung

12 Ausnahme: Internet Explorer kleiner Version 8

Da der Internet Explorer kleiner Version 8 weder das Pseudo-element `:before` noch die Pseudoklasse `:target` korrekt umsetzen kann, können Sie in der Regel leider nicht ganz auf JavaScript verzichten.

Aus diesem Grund werden diesen älteren Browserversionen die Detaildarstellungen beim Anklicken der verlinkten Bilder via JavaScript zugewiesen. Da dieses Script allerdings nur von den Browsern geladen werden soll, die es wirklich benötigen, definieren wir folgendermaßen einen Conditional Comment für den IE kleiner gleich Version 8:

```
...
<head>
<link rel="stylesheet" href="css/bilderGalerie.css" type="text/
css" media="all" />
<!--[if lte IE 8 ]>
<!-- An dieser Stelle können JavaScript-Dateien (jQuery, Mootools
& Co.) eingefügt werden. -->
<![endif]-->
<!--[if lte IE 8 ]>
...
```

Auf diese Weise wird vermieden, dass die darin enthaltenen Funktionen und Aufrufe auch von den Browsern interpretiert werden, denen die zuvor angelegten CSS-Eigenschaften zum Einblenden des Lightbox-Effektes genügen.

Buchtipp zu jQuery

Für diesen auf JavaScript basieren-den Ansatz gibt es viele Möglich-keiten, die beispielsweise mit jQuery unkompliziert zu realisie-ren sind. Das fast 600 Seiten um-fassende »jQuery-Praxisbuch« von Frank Bongers und Maximilian Vollendorf (Galileo Computing) ist eine Quelle, die diesbezüglich auch Einsteigern weiterhelfen sollte:
*galileocomputing.de/katalog/
buecher/titel/gp/titelID-1925*

Sprechblasen und Teaserboxen

Text und Bild clever kombinieren

Der Hauptanreiz für die meisten Internetnutzer, Webseiten zu besuchen, liegt neben reiner Unterhaltung und der Pflege sozialer Kontakte auch in der Suche nach Informationen. Dennoch: So paradox es klingen mag, aber einem durch ein Suchmaschinenergebnis auf Ihrer Seite gelandeten Nutzer sind textliche Inhalte im ersten Moment weniger wichtig. Texte und die darin enthaltenen Informationen sind erst dann interessant, wenn sich der Anwender für diese Webseite »entschieden« hat. Um diese »Entscheidung« zu Gunsten der Seite ausfallen zu lassen, bedarf es einer ordentlichen »Verpackung« der Inhalte.

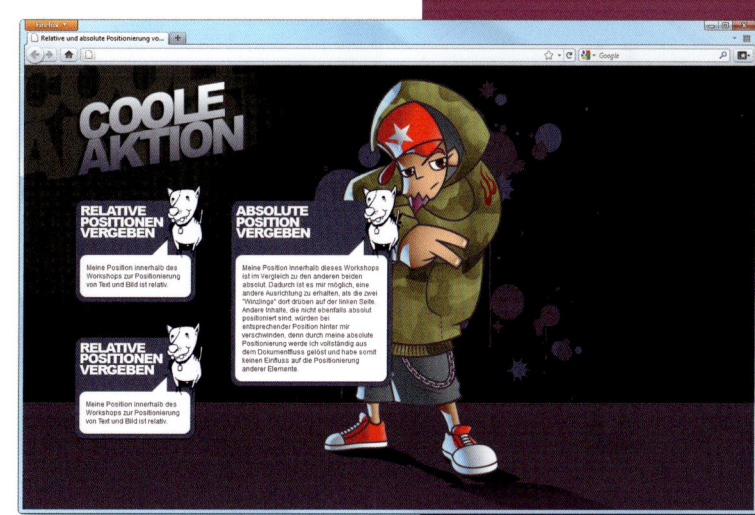

Zielsetzungen:

▶ Anlegen der Text- und Bildinhalte und Ausrichtung der Elemente mittels relativer und absoluter Positionierung

▶ Anlegen eines Out-of-the-Box-Effekts für die Grafik in den Teaserboxen

▶ Umsetzen der Teaserbox als Sprechblase

CSS3-Eigenschaften: `background-size`, `border-radius`, `box-shadow` und Pseudoelement `:before`

1 Bilder als Eyecatcher

Wer Design und Inhalt voneinander trennt und damit der Gestaltung via CSS freien Lauf lässt, hat zahlreiche Möglichkeiten, wie Text und Bild gestalterisch zueinander finden können. Bilder – insbesondere solche, die als Eyecatcher fungieren – bieten über diesen Weg nicht nur die Möglichkeit, Inhalte zu strukturieren und zu priorisieren, sondern auch den Inhalten eine emotionale Komponente zu verleihen. Zwei sehenswerte Beispiele hierfür sind die Website der Sprach-Effekt-App »Voices« des Entwicklerteams taptaptap und die Webseite *fishmarketing.net*. Beide verwenden den sogenannten Out-of-the-Box-Effekt, bei dem Bilder aus Elementen herausragen oder über mehrere Elemente hinwegragen.

▲ **Abbildung 1**
Webseiten mit Out-of-the-Box-Effekt: *taptaptap.com* (links), *fishmarketing.net* (rechts)

2 Strukturieren wiederholter Inhalte mittels Listen

»dog-trans.png«

Dieser Workshop stellt die oft vorherrschende Betrachtungsreihenfolge von Bild und Text näher vor. Das Hauptaugenmerk liegt insbesondere auf der Ausrichtung bzw. der Positionierung der Inhalte, die aus jeweils einer Überschrift zweiter Kategorie, einem Textabsatz und einer Illustration bestehen. Diese jeweils zu einem Listenpunkt einer unsortierten Liste gehörenden Elemente werden in jeweils einer Teaserbox, unter Inanspruchnahme des Out-of-the-Box-Effektes und unterschiedlicher Möglichkeiten der Positionierung, den Weg zueinander finden.

```
...
<div id="content">
<ul>
   <li>
      <img src="images/dog-trans.png"
      alt="Relative Position" />
      <h2>Relative Positionen vergeben</h2>
```

```
        <p>Meine Position innerhalb des Workshops zur Positionie-
           rung von Text und Bild ist relativ.</p>
     </li>
     <li>
        <img src="images/dog-trans.png"
        alt="Relative Position" />
        <h2>Relative Positionen vergeben</h2>
        <p>Meine Position innerhalb des Workshops zur Positionie-
           rung von Text und Bild ist relativ.</p>
     </li>
     <li id="mainContent">
        <img src="images/dog-trans.png"
        alt="Absolute Position" />
        <h2>Absolute Position vergeben</h2>
        <p>Meine Position innerhalb dieses Workshops ist im Ver-
           gleich zu den anderen beiden absolut...</p>
     </li>
  </ul>
</div>
...
```

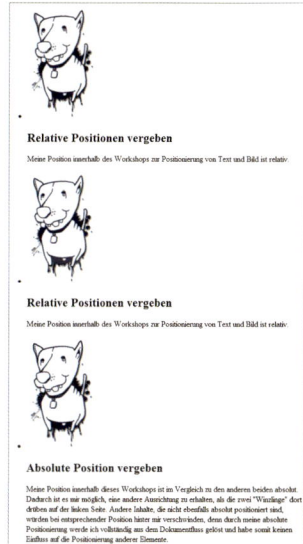

▲ **Abbildung 2**
Darstellung der unsortierten Liste
mit allen Inhalten

 »bg_sprayer.jpg«

3 Erstellung eines Farbschemas

Für die farbliche Gestaltung nutzen wir die Onlineplattform Adobe
Kuler. Nach dem Hochladen der Hintergrundgrafik »bg_sprayer.jpg« können Sie die Farbpalette direkt auf der Adobe-Plattform erzeugen und
danach direkt in Photoshop importieren.

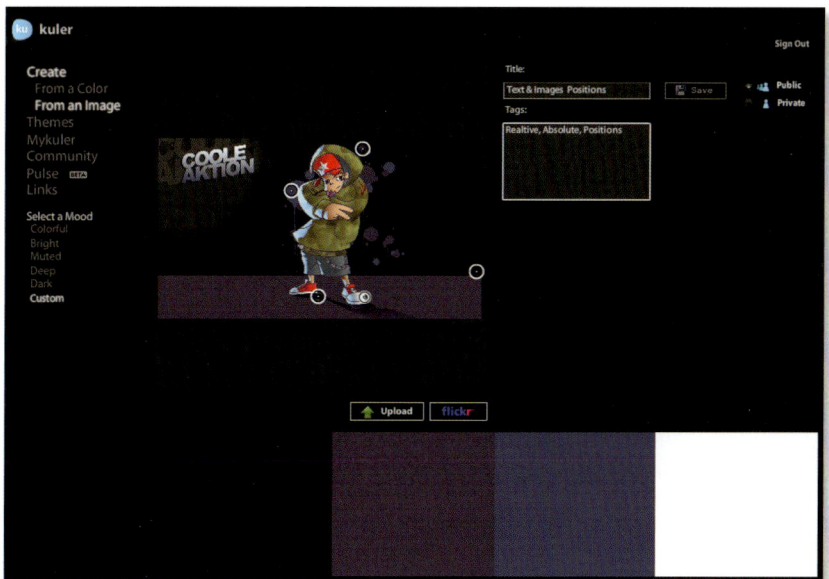

◄ **Abbildung 3**
Farbschema-Erstellung nach
Upload der Hintergrundgrafik

▲ **Abbildung 4**
Relativ (untereinander) ausgerichtete Teaserboxen

4 Relative Positionierung der Teaserboxen

Da sich zwei der drei Teaserelemente relativ in Bezug auf die Strukturierung (Reihenfolge der Elemente im HTML-Code) verhalten sollen und
lediglich die Teaserbox auf der rechten Seite des mit #content gekennzeichneten Bereiches absolut positioniert werden soll, versehen wir die
Listenpunkte zunächst alle mit der Eigenschaft position:relative. Die
blaue Hintergrundfarbe der Teaserboxen ist eine der Farben, die wir der
Farbpalette entnommen haben, die ihren Ursprung im Übrigen in den
Farbklecksen (siehe Abbildung 3) der Hintergrundgrafik haben.

```
#content {
    width:35em;
    margin:15em 0 0 6em;
ul {
    list-style: none;
    margin:0;
    padding:0;
    position:relative;
}
li {
    position:relative;
    width:35%;
    margin:0 0 4em 0;
    padding:.5em;
    background:#3f4f71;
}
```

5 Absolute Positionierung der dritten Teaserbox

Da der dritte der drei Listenpunkte rechts neben den anderen beiden Listenpunkten ausgerichtet werden soll, nehmen wir ihn mittels einer
absoluten Positionierung via CSS aus dem Dokumentenfluss. Da der mit
#content gekennzeichnete Bereich, in dem sich die drei Listenpunkte mit
den Teaserboxen befinden, eine relative Breite von 35 em aufweist und
der dritte Teaser am rechten Rand dieses Bereiches ausgerichtet werden
soll, weisen wir diesem mit #mainContent gekennzeichneten Teaser eine
absolute Positionierung (position:absolute) am rechten Rand (right:0)
des Bereiches zu. Zudem soll dieser Teaser #mainContent wesentlich breiter
sein, deshalb gestehen wir ihm eine Breite von 48 % der für diesen gesamten Bereich festgelegten 35 em zu. Die beiden Teaser links verbleiben mit
nur 35 % auf der linken Seite dieses Workshop-Beispiels.

```
...
li#mainContent {
    width:48%;
    position:absolute;
```

```
    margin:0;
    top:0;
    right:0;
}
```

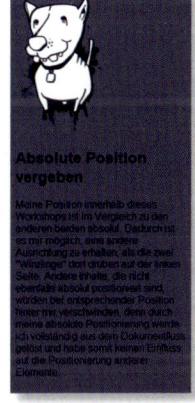

Absolute Positionierung

Die absolute Positionierung wird mittels der Eigenschaft `position` und der dazugehörigen Werte gesetzt. Diese Werte zur Ausrichtung der Inhalte können `left`, `right`, `top` und `bottom` sein. Absolute positionierte Elemente haben keine Auswirkung auf andere Elemente, da sie sich nicht mehr im Dokumentenfluss befinden.

◄ **Abbildung 5**
Relativ (links) vs. absolut ausgerichtete Teaserboxen (rechts)

6 Lesbarkeit der Inhalte erhöhen

Da die Überschrift und die dazugehörigen Textabsätze auf dem dunkelblauen Hintergrund bisher noch nicht sonderlich gut lesbar sind, weisen wir der in »Arial Black« abgebildeten Überschrift eine weiße Schriftfarbe zu. Zudem bilden wir die Überschrift über die Eigenschaft `text-transform` und den Wert `uppercase` ausschließlich mittels CSS in Großbuchstaben ab.

Um die Wirkung und Zusammengehörigkeit der einzelnen Wörter der Überschrift zu erhöhen, verringern wir den Buchstabenabstand um einen Pixel. Die dadurch vertikal enger aneinander stehenden Buchstaben werden zudem durch eine Reduzierung der Zeilenhöhe auch horizontal dichter zueinander finden.

```
li h2 {
    font: 150%/.825 "Arial Black", Arial, sans-serif;
    text-transform: uppercase;
    letter-spacing: -1px;
    padding:0;
    margin:0;
    color:#FFF;
}
```

Für die Farbgebung der Textabsätze gilt das Gegenteil: dunkelblaue Schrift auf weißem Hintergrund.

```
li p {
    font-size: 75%;
    padding:1.25em 1em;
    margin:2.5em 0 0 0;
    background-color:#FFF;
    color:#484058;
}
```

▲ **Abbildung 6**
Vergleich der Überschriften ohne und mit negativem Letterspacing

Abbildung 7 ►
Neu gestaltete und besser lesbare Texte

7 Out-of-the-Box-Effekt: Ausrichtung der Bildmotive

Da die aktuelle Position der Illustration nicht sonderlich kreativ ist, soll sie mit dem Out-of-the-Box-Effekt mehr in Szene gesetzt werden. Hierzu positionieren wir sämtliche innerhalb eines Listenpunktes enthaltene Abbildungen absolut. Damit sich die Illustration aus dem bisherigen Dokumentenfluss abhebt und auf der rechten Ecke der Teaserboxen wiederfindet, »ziehen« wir sie mit einem negativen Wert nach oben und rechts. Je höher einer der beiden (negativen) Werte für die absolute Positionierung (`top` und `right`) ist, desto weiter außerhalb der Teaserbox findet sich die Illustration wieder.

```
li img {
    position:absolute;
    top:-2.5em;
    right:-1.25em;
    height:8.5em;
    width:5em;
}
```

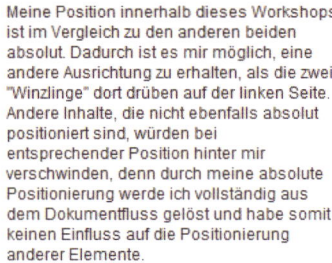

◄ **Abbildung 8**
Absolut ausgerichtete Bildmotive
»out of the Box«

8 Runde Ecken und Schatten

Um das ein oder andere Element der Hintergrundgrafik für die Gestaltung der Teaserboxen aufzugreifen, definieren wir sowohl für die Listenpunkte an sich als auch für die Textabsätze runde Ecken und Schatten.

```
li, li p {
    ...
    -moz-border-radius:1em;
    -webkit-border-radius:1em;
    border-radius:1em;
    -moz-box-shadow: .125em .125em .25em #24202C;
    -webkit-box-shadow: .125em .125em .25em #24202C;
    box-shadow: .125em .125em .25em #24202C;
}
li p {
    ...
    -moz-box-shadow: .125em .125em .25em #202839;
    -webkit-box-shadow: .125em .125em .25em #202839;
    box-shadow: .125em .125em .25em #202839;
}
```

> Meine Position innerhalb des Workshops zur Positionierung von Text und Bild ist relativ.

> Meine Position innerhalb des Workshops zur Positionierung von Text und Bild ist relativ.

▲ **Abbildung 9**
Vergleich der Teaserboxen ohne
und mit »runden Ecken«

Abbildung 10 ▶
Runde Ecken passen besser zum
Comic-Stil der Illustration.

▲ Abbildung 11
Wie ein Viereck zum Dreieck wird

9 Vom Textabsatz zur Sprechblase

Das Erscheinungsbild einer Sprechblase ist zugegebenermaßen nicht sonderlich ausgefallen, erhöht aber den visuellen Zusammenhang zwischen den Textabsätzen und den Kommentatoren bzw. Autoren, in diesem Fall den Hunde-Illustrationen.

Zur Verdeutlichung des Sachverhaltes und zum besseren Verständnis ist im obersten Teil von Abbildung 11 ein Boxenelement mit einer Höhe und Breite von 10 Pixeln (weiß) und einem border (blau, orange, rot, grün) von 3 em versehen. Wer nun die border-width für links und unten ebenso auf null setzt wie die Höhe und Breite, erhält ein Ergebnis wie im zweiten Teil der Abbildung. Um das gewünschte Dreieck zu erhalten, bedarf es nun lediglich noch der Transparenz für den oberen Rahmen. Das daraus resultierende Ergebnis ist, dass der orangefarbene Rahmen für die border-width rechts übrig bleibt (siehe dritten Teil von Abbildung 11). Nun müssen wir nur noch diesem Teil des Borders den gewünschten Farbwert #FFF zuweisen, und das gewünschte Ergebnis ist erreicht (siehe vierten und letzten Teil von Abbildung 11). Das Schöne daran: Selbst der Internet Explorer mit seinen letzten drei Versionen 7, 8 und 9 ist in der Lage, diese Darstellung korrekt umzusetzen. Sogar der in der Pre-Beta-Phase befindliche IE 10 stellt diese Eigenschaften zur vollsten Zufriedenheit dar.

```
p::before {
    content:"";
    position:absolute;
    top:5.125em;
    right:4em;
    border-color:transparent #FFF transparent transparent;
```

```
    border-style:solid;
    border-width:3em 3em 0 0;
    width:0;
    height:0;
}
```

◄ **Abbildung 12**
Ausschließlich mittels CSS
umgesetzte Sprechblase

10 Skalierbarer Hintergrund

Um den drei Illustrationen noch einen passenden Hintergrund spendieren zu können, verwenden wir die Grafik aus Abbildung 13.

»bg_sprayer.jpg«

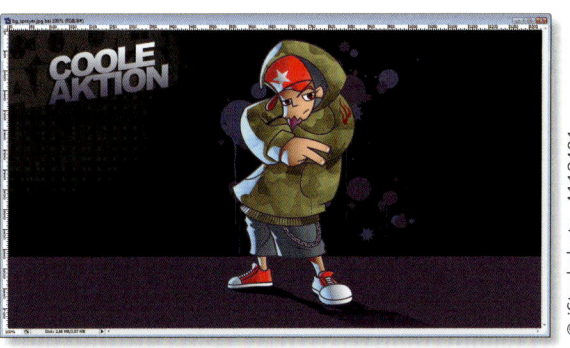

© iStockphoto, 4118491, molotovcoketail

◄ **Abbildung 13**
Die Hintergrundgrafik für diesen
Workshop

Nicht wenige Webdesigner haben schon vor Jahren davon geträumt, skalierbare Hintergrundbilder zu realisieren, die sich über den gesamten Viewport des Browsers erstrecken, und das unabhängig von seiner Größe. Möglich wird ein solches Verhalten durch die noch relativ neue CSS3-Eigenschaft background-size. Dass es für die Skalierbarkeit von Hintergrundgrafiken auch andere Lösungsansätze gibt, die auch der IE 6 korrekt umsetzen kann, zeigt der Workshop »Gleich hohe ›div‹-Elemente für alle Browser« in Kapitel 9.

```
div#main {
    background: url(../images/bg_sprayer.jpg) 0 0 no-repeat;
    -moz-background-size:100% 100%;
    -webkit-background-size:100% 100%;
    background-size:100% 100%;
    top:0px;
    left:0px;
    overflow:auto;
    position:absolute;
    height:100%;
    width:100%;
}
```

▲ **Abbildung 14**
»Coole Aktion« – Teaserboxen und Hintergrundbild bei einem Viewport von
1.400 × 1.050 px: Das Hintergrundbild muss noch nicht skaliert werden.

Alle Browser, die die Eigenschaft background-size verstehen, können das
Hintergrundbild skalieren und an die Größe des Viewports anpassen. Abbildung 15 zeigt, wie sich das bei einem Viewport von 1.680 × 1.050 px auswirken würde. Das Hintergrundbild passt sich der veränderten Breite an.

Abbildung 15 ▶
Das Hintergrundbild wird bei einem Viewport von 1.680 × 1.050 px
stark verzerrt.

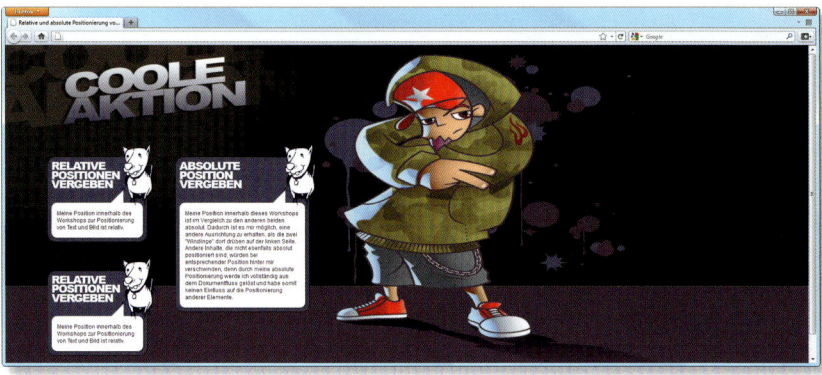

11 Out-of-the-Box-Effekt im IE 6 möglich machen

Die im PNG-Format und mit Alphatransparenz vorliegende Illustration des Hundes kommt leider nicht gut im IE 6 weg. Da der IE kleiner Version 7 alphatransparente Grafiken nicht ohne zusätzliche Unterstützung wie Filter oder JavaScript korrekt abbilden kann (siehe Abbildung 16), sind diese Versionen in der Darstellung entsprechend eingeschränkt. Solche Grafiken werden in den Bereichen, in denen die Alphatransparenz gilt, mit einem grauen Hintergrund dargestellt.

Um dieser Problematik entgegenzuwirken, gibt es zahlreiche Wege. Eine mögliche Lösung für dieses Problem bietet eine kleine, aber feine JavaScript-Bibliothek. Das von Dean Edwards entwickelt Script ist unter der URL *http://code.google.com/p/ie7-js/downloads/list* samt Erläuterung zur Implementierung erhältlich. Dieses Script sollte innerhalb eines Conditional Comments für alle Browser kleiner der IE-Version 7 angeboten werden, womit dieser HTTP-Request für alle anderen Browser unnötig wird.

```
<head>
...
<!--[if lt IE 7]>
<script src="http://ie7js.googlecode.com/svn/
version/2.1(beta4)/IE7.js"></script>
<![endif]-->
</head>
```

Neben der Implementierung dieses Scripts im head der HTML-Datei müssen Sie lediglich bei der Bezeichnung der Bilddateien die Bezeichnung -trans.png angeben.

```
<img src="images/dog-trans.png" alt="..." />
```

Über diesen Zusatz wird das Script dann die entsprechende »Optimierung« für den IE 6 vornehmen können, was zur gewollten Darstellung auch in diesem Browser führt.

Conditional Comments

Conditional Comments (CC) sind spezielle Kommentare, die nur vom Internet Explorer größer gleich Version 5 interpretiert werden können. Dieser Ansatz ermöglicht es, die jeweiligen Versionen dieses Microsoft-Schützlings über entsprechende Anweisungen mit gesonderten Eigenschaften zu versorgen. Sie platzieren Conditional Comments entweder an jeder beliebigen Stelle im body oder wie in diesem Workshop im head. Weitere Informationen zu CC finden Sie unter: *standards.webmasterpro.de/index-article-cc.html*.

▼ **Abbildung 16**
Teaserboxen und Hintergrundbild im IE ohne (links) und mit (rechts) Script-Support

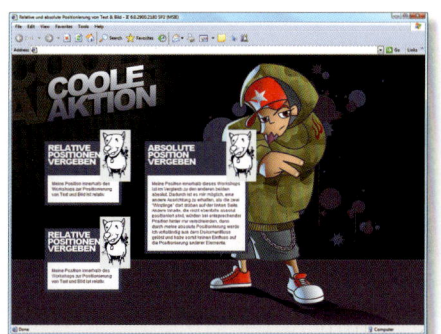 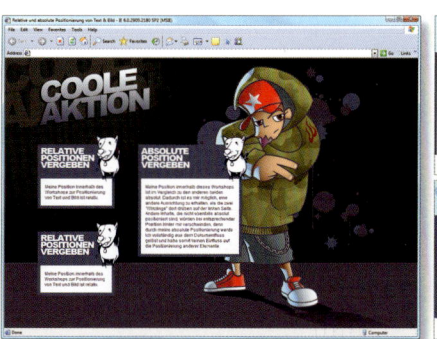 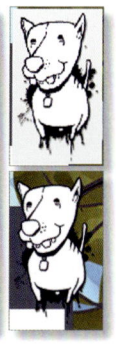

Zitate individuell gestalten

Mit ansprechend gestalteten Kundenbewertungen Vertrauen aufbauen und Authentizität schaffen

Onlineshop-Betreibern steht eine Großzahl an verkaufsfördernden Maßnahmen zur Verfügung. Vor allem der Einsatz von Kundenbewertungen, wie von Ebay oder Amazon bekannt, entwickelt sich zu einem immer effizienteren Mittel. Kaum eine neue Plattform verzichtet bei der Präsentation ihrer Produkte oder Services auf die Kraft von Kundenmeinungen, die in Form von Zitaten abgebildet werden. Und diese Anbieter wissen warum, denn kaum ein Marketing-Instrument ist in seiner Kommunikation so authentisch wie das Lob verbunden mit einer (Kauf-)Empfehlung eines zufriedenen Kunden. Kurz gesagt, Kundenmeinungen schaffen Vertrauen.

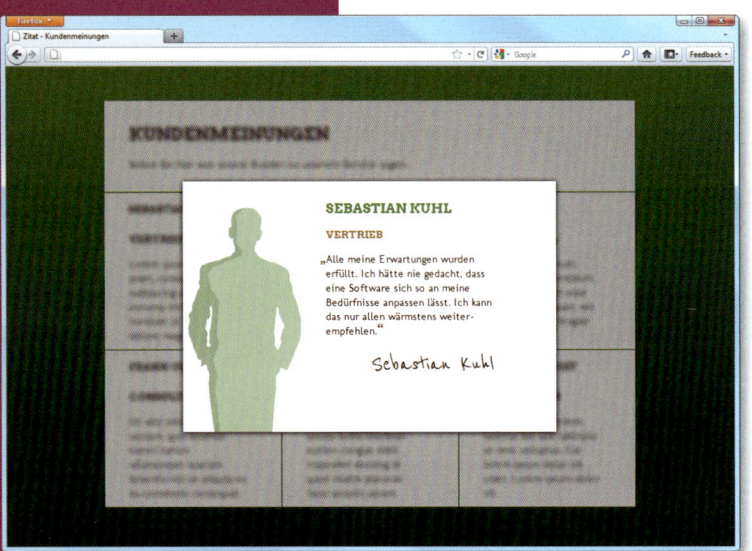

Zielsetzungen:

▶ Erstellen eines horizontal und vertikal zentrierten Dialogfensters für eine Kundenbewertung

▶ Einbinden externer Schriften über die Google Font API

▶ Gestalten des Zitates (mit und ohne Grafiken für die Anführungszeichen)

CSS3-Eigenschaften: Pseudoelemente `:before` und `:after`

1 Präsentation in Form eines Zitates

In diesem Workshop soll die Kundenmeinung in Form eines Zitates innerhalb eines Dialogfensters präsentiert und via CSS gestaltet werden.

```
<div id="quote">
   <!-- Bereich des Dialogfensters -->
</div>
```

Das Dialogfenster legt sich im weiteren Verlauf des Workshops mittels absoluter Positionierung über sämtliche andere abgegebene Kundenmeinungen. Diese sollen über ihre farbliche Gestaltung im wahrsten Sinne des Wortes in den Hintergrund treten.

◄ **Abbildung 1**
Bereich aller zusammengefassten Kundenmeinungen, über die wir im weiteren Verlauf das Dialogfenster ausrichten

2 Kundenmeinung innerhalb des Dialogfensters ausrichten und gestalten

Das absolut auszurichtende Dialogfenster richten wir horizontal sowie vertikal zentriert aus, um es dann unabhängig vom Viewport des Users immer im sichtbaren Bereich präsentieren zu können. Um dies zu erreichen, müssen wir nach der Einrückung von oben und unten von jeweils 50 % des Viewports die Hälfte der Breite und Höhe des Dialogfensters über negative Außenabstände zentrieren.

Um der Kundenmeinung einen weiteren authentischen und somit emotionalen Faktor hinzuzufügen, ergänzen wir das Dialogfenster auf der linken Seite durch eine Silhouette über eine Hintergrundgrafik. Auf diese Weise stellen Sie über eine einfache Grafik beispielsweise einen direkten Bezug zur Zielgruppe (Kinder, Jugendliche, Frauen, Männer, Senioren) her. Des Weiteren schmücken wir das Dialogfenster durch einen Schattenwurf, was die Position im Vergleich zum Hintergrund zusätzlich stärkt.

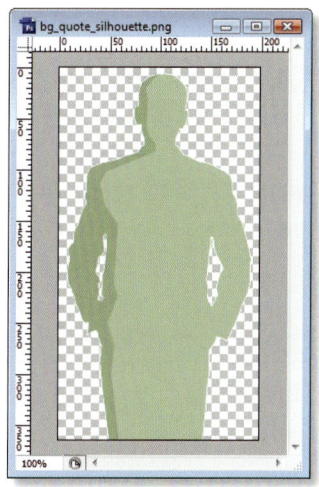

▲ **Abbildung 2**
Silhouette

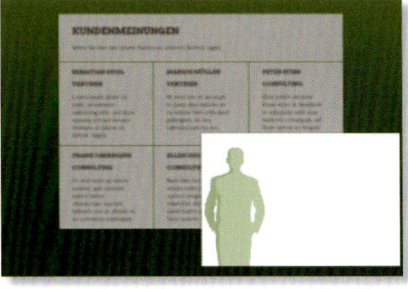 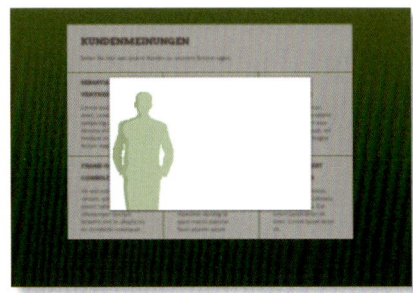

Abbildung 3 ▶
Position des Dialogfensters bei vertikaler und horizontaler Einrückung von 50 % (links) und bei einer Einrückung (negative Marginwerte) um die Hälfte der Höhe und Breite nach links oben (rechts)

»bg_quote_shilouette.png«

```css
#quote {
    position:absolute;
    width:600px;
    height:400px;
    background:#FFF
    url(../images/bg_quote_silhouette.png) left bottom
    no-repeat;
    top:50%;
    left:50%;
    margin:-200px 0 0 -300px;
    -moz-box-shadow:0 1px 8px #000;
    -webkit-box-shadow:0 1px 8px #000;
    box shadow:0 1px 8px #000;
}
```

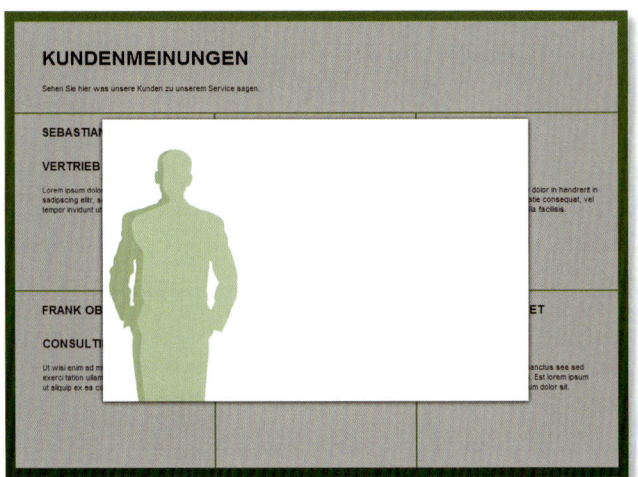

Abbildung 4 ▶
Mittig ausgerichtetes Dialogfenster mit Hintergrundgrafik

3 Das Zitat strukturieren und gestalten

Um eine Kundenmeinung, Produkt- oder Servicebewertung ihrer Bedeutung entsprechend mittels HTML auszuzeichnen, führt kein Weg an einem Zitat vorbei. Das u. a. dafür vorgesehene HTML-Element `blockquote` bildet daher die strukturelle Grundlage dieses Workshops. Der Name und die Berufsbezeichnung des Autors des Zitates strukturieren wir durch Überschriften unterschiedlicher Gewichtung, während die Bewertung des Produktes über das dafür vorgesehene HTML-Element blockquote erfolgt.

```
<div id="quote">
   <div id="quoteContent">
      <h2>Sebastian Kuhl</h2>
      <h3>Vertrieb</h3>
      <blockquote lang="de" cite="http://www.test.de">
         <p>
            Alle meine Erwartungen wurden erfüllt. Ich hätte nie
            gedacht, dass eine Software sich so an meine Bedürf-
            nisse anpassen lässt. Ich kann das nur allen wärm-
            stens weiterempfehlen.
         </p>
         <cite>Sebastian Kuhl</cite>
      </blockquote>
   </div>
</div>
```

Sprachliche Kennzeichnung von Zitaten

Um Zitate auch hinsichtlich der Sprache auszuzeichnen, gibt es verschiedene Möglichkeiten. So können Sie dem Element blockquote die Sprache des Zitates zuweisen: lang="de". So zeichnen Sie beispielsweise auch innerhalb einer englischsprachigen Seite ein deutsches Zitat mit der Sprache aus, in der es veröffentlicht wurde. Auf diese Weise kann unter anderem ein Screenreader diesen Bereich des Textes entsprechend der angegebenen Sprache betonen und aussprechen. Eines der wichtigsten Elemente eines Zitates ist, neben dem Inhalt, die Quelle. Innerhalb von Zitaten verweisen Sie dazu auf die Webseite, von der das Zitat stammt. Verwendet werden hierzu das Attribut und der dazugehörige URL auf die Seite der Quelle: cite=http://www.test.de.

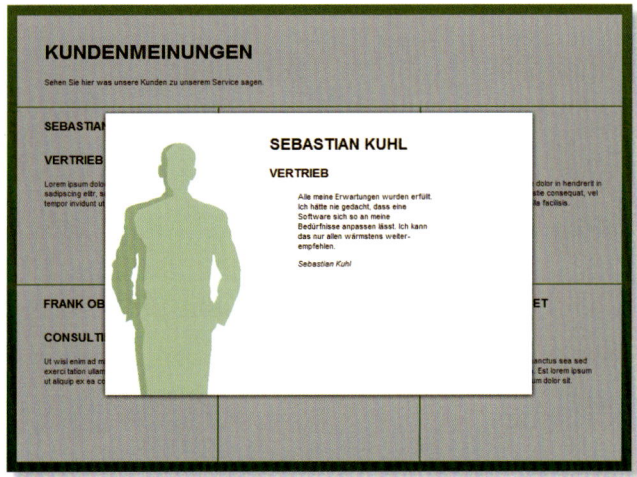

◄ **Abbildung 5**
Präsentation der Kundenmeinung neben der Silhouette im Dialogfenster

4 Gestalten des Zitates mit Schriften der Google Font API

Die bisherige Darstellung der Texte ist auf die standardmäßige Formatierung durch die Browser zurückzuführen und entspricht noch nicht der endgültigen Aufgabenstellung. Daher sollen nun die Schriften angepasst werden. Das Hauptaugenmerk liegt hierbei auf der Implementierung der externen Schriften »Arvo«, »Molengo« und »Reenie Beanie« der Google Font API. Wer, wie in diesem Fall, auf mehrere Schriften und Eigenschaften (regular, italic, bold ...) gleichzeitig referenzieren möchte, erreicht dies mit folgender Schreibweise:

```
<link href="http://fonts.googleapis.com/css?family=Reenie+
Beanie|Molengo|Arvo:regular,italic,bold,bolditalic" rel=
"stylesheet" type="text/css" />
```

Der Name des Kunden, der seine Meinung zur Software abgegeben hat,
wird ebenso wie der Bereich, in dem er beruflich tätig ist, in der Schriftart
»Arvo« in verschiedenen Schriftgrößen und verschiedenen Schriftfarben
abgebildet.

```
h2, h3 {
    font-weight: bold;
    font-family: Arvo, Arial, Helvetica, sans-serif;
}
h2 {
    color:#54830a;
    font-size: 200%;
}
h3 {
    color:#a97403;
    font-size: 150%;
}
```

Sebastian Kuhl

Vertrieb

Alle meine Erwartungen wurden
erfüllt. Ich hätte nie gedacht, dass
eine Software sich so an meine
Bedürfnisse anpassen lässt. Ich
kann das nur allen wärmstens weiterempfehlen.
Sebastian Kuhl

SEBASTIAN KUHL

VERTRIEB

Alle meine Erwartungen wurden
erfüllt. Ich hätte nie gedacht, dass
eine Software sich so an meine
Bedürfnisse anpassen lässt. Ich kann
das nur allen wärmstens weiterempfehlen.

Sebastian Kuhl

▲ Abbildung 7
Vergleich der Texte vor (oben) und
nach (unten) der Einbindung der
Schriften über die Google Font API

Im nächsten Arbeitsschritt soll das Zitat linksbündig mit dem Namen und
der Berufsbezeichnung ausgerichtet werden. Hierzu muss erwähnt werden, dass der Text des Zitates sich innerhalb eines Absatzes befindet, während der Autor dieses Zitates über das dazugehörige HTML-Element `cite`
ausgezeichnet wird. Da die Inhalte, die von einem `blockquote`-Element
umschlossen werden, durch die Browser standardmäßig eine große Einrückung von links erhalten, muss diese über die Innen- und Außenabstände
aufgehoben werden.

```
blockquote, blockquote p {
    margin:0;
    padding:0;
}
```

Damit der Name unter dem Zitat rechtsbündig ausgerichtet wird, müssen wir `blockquote` rechts ausrichten. Damit der darin enthaltene Absatz nicht auch diese Ausrichtung erhält, richten wir den Text innerhalb des Absatzes `p` wieder linksbündig aus.

```
blockquote {
    text-align: right;
}
blockquote p {
    font: 150% Molengo, Arial, Helvetica, sans-serif;
    text-align: left;
}
```

Durch die Verwendung der Schriftart »Reenie Beanie«, die wie eine handgeschriebene Unterschrift wirkt, erhalten wir zusätzliche Authentizität, weil dadurch unmittelbar eine Verbindung zum Autor der Kundenmeinung hergestellt werden kann. Und 350 % bei der Vergabe der Schriftgröße sorgen dafür, dass dieser Text auch ja nicht übersehen werden kann.

```
blockquote cite {
    display:block;
    margin:.5em 0 0 0;
    font:350% "Reenie Beanie", Arial, Helvetica, sans-serif;
}
```

Alle diese Anpassungen der textlichen Formatierung führen dazu, dass das Dialogfenster nun wie in Abbildung 8 im Browser abgebildet wird.

▲ **Abbildung 8**
Kundenmeinung strukturiert und ausgerichtet als Zitat

5 Anführungszeichen via CSS

Ein recht signifikantes Merkmal von Zitaten sind die Anführungsstriche, die normalerweise am Anfang und am Ende eines Zitates stehen. Die dem einen oder anderen auch als »Gänsefüßchen« bekannten Anführungsstriche können dem betreffenden Textabschnitt unter anderem ausschließlich mittels CSS3 zugewiesen werden. Das Problem bei der Sache ist, dass nicht alle Browser diese CSS3-Spezifikation korrekt interpretieren. Daher werden hier im weiteren Verlauf zwei Ansätze zur Abbildung der Anführungszeichen vorgestellt, so dass auch Browser wie der IE 6 auf diese nicht verzichten müssen.

Für Blockelemente wie den Absatz innerhalb des Zitates bietet CSS die Pseudoklassen `:before` und `:after`, mit denen Sie die Bereiche vor bzw. hinter einem Element formatieren können. Zudem bietet es die Eigenschaft `content` an, mit der Sie u.a. Text einfügen. Die beiden Pseudoklassen sind ideal, um damit die notwendigen Anführungszeichen des Zitates anzugeben, ohne dabei auf Grafiken zurückgreifen zu müssen. Um eine korrekte Darstellung zu gewährleisten, müssen Sie hierfür die Unicodezeichen für die im deutschen Schriftsatz verwendeten doppelten Anführungszeichen unten (wird am Anfang des Zitates verwendet – `"\210E"`) und oben (steht am Ende des Zitates – `"\210C"`) benutzen.

Damit wie in Abbildung 9 dennoch eine Linksbündigkeit sämtlicher Texte erhalten bleiben kann und die erste Zeile der Kundenbewertung nicht samt Anführungszeichen eingerückt wird, muss das Unicodezeichen, das den Beginn des Zitates kennzeichnet, um einen negativen Wert von 7 px eingezogen werden.

```
blockquote p:before {
   content: "\201E";
   margin-left:-7px;
}
blockquote p:after {
   content: "\201C";
   margin-left:0px;
}
```

Die Umsetzung der Kundenmeinung wäre in Bezug auf die Aufgabenstellung somit erfüllt. Gäbe es nicht den Internet Explorer bzw. die bei manchen Webseitenbetreibern relevanten Versionen IE 6 und IE 7. Denn wie bereits eingangs erwähnt, gibt es für die Browser, die die Eigenschaft `content` und die damit verbundene Darstellung der Anführungszeichen nicht verstehen, eine Alternative: den Einsatz von (Hintergrund-)Grafiken.

»content«

Statt wiederkehrende Elemente über zusätzliche Elemente in das HTML-Dokument einzufügen, um darüber beispielsweise Hintergrundgrafiken anzeigen zu können, können Sie mit den CSS-Pseudoelementen `:before` und `:after` Inhalte automatisch einfügen. Dieses kann beispielsweise Text, aber auch ein Unicodezeichen sein. Diese Inhalte werden dann innerhalb der Eigenschaft `content` angegeben und im Browser dargestellt. Von den aktuell relevanten Browsern können bis auf den IE 6 und IE 7 alle diese Eigenschaft korrekt abbilden.

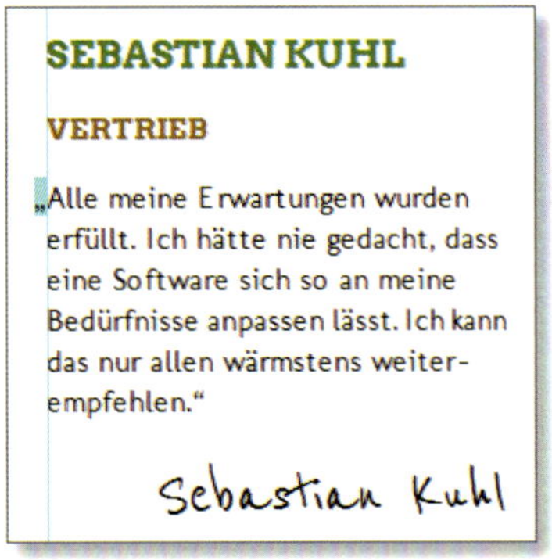
SEBASTIAN KUHL
VERTRIEB
„Alle meine Erwartungen wurden erfüllt. Ich hätte nie gedacht, dass eine Software sich so an meine Bedürfnisse anpassen lässt. Ich kann das nur allen wärmstens weiterempfehlen."
Sebastian Kuhl

▲ **Abbildung 9**
Darstellung der Gänsefüßchen über die `content`-Eigenschaft

▲ **Abbildung 10**
Kundenmeinung eingefasst in Gänsefüßchen

6 Anführungszeichen via Hintergrundgrafik

Die Verwendung von Hintergrundgrafiken für Anführungszeichen ist nicht neu und kann auch von etwas betagteren Browsern umgesetzt werden. Da diese Browser nicht in der Lage sind, einem Element mehrere Hintergrundgrafiken zuzuweisen, müssen die Anführungszeichen am Anfang und am Ende unterschiedlichen Elementen zugewiesen werden. Um sie also an den vorgesehenen Positionen auszurichten, übergeben Sie die schließenden Anführungsstriche dem Zitatblock `blockquote` und die öffnenden Anführungszeichen dem darin befindlichen Textabsatz `p`. Mit `text-indent` rücken Sie Text von links ein. Dass dies nur einzeilig möglich ist, entspricht in diesem Fall genau der Zielstellung, denn für das öffnende Anführungszeichen muss nur die erste Zeile eingezogen werden und nicht das gesamte Zitat.

```
#quoteContent {
    margin:30px 56px 30px 230px;
}
blockquote {
    text-indent:10px;
    background: transparent url(../images/bg_quotation.png) left
    7% no-repeat;
}
blockquote p {
    padding:0;
    margin:0 15px 0 0;
    background: transparent url(../images/bg_quotationClose.png)
    75% 85% no-repeat;
}
```

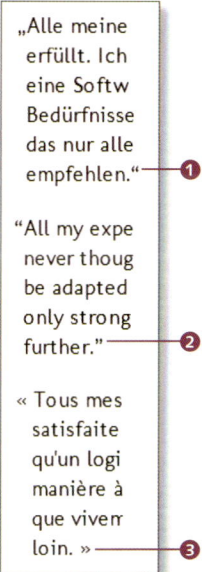

▲ **Abbildung 11**
Verschiedene Anführungszeichen
– deutsch ❶, englisch ❷, französisch ❸

Unterschiedliche Anführungszeichen

Anders als in Deutschland ❶ oder Österreich finden beispielsweise im schweizerischen Schriftsatz die französischen Anführungszeichen, die sogenannten Guillemets ❸, Anwendung. Für diese nach außen gerichteten spitzen Klammern verwenden Sie am Anfang das Unicodezeichen "\00AB" und am Ende "\00BB". Bei englischsprachigen Zitaten ❷ hingegen sind die Unicodezeichen "\201C" und "\201D" Pflicht.

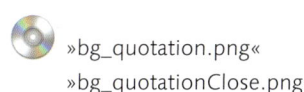
»bg_quotation.png«
»bg_quotationClose.png«

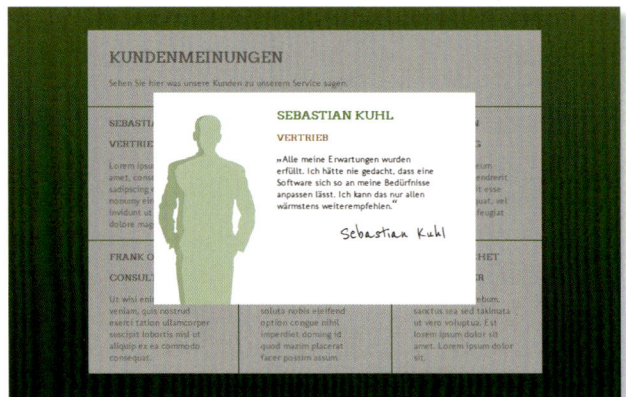

Abbildung 12 ▶
Darstellung der Kundenmeinung
im IE 6

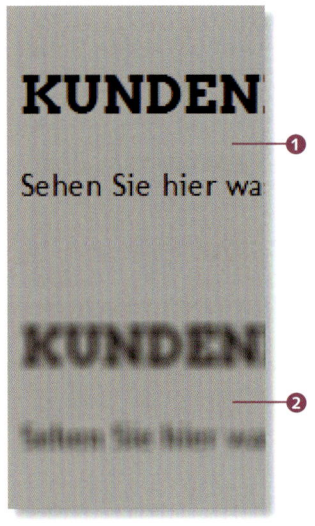

▲ **Abbildung 13**
Unterschiedliche Darstellung der
Texte im Hintergrund des Dia-
logfensters: ohne ❶ und mit ❷
Weichzeichner-Effekt

7 Den Fokus über einen Weichzeichner-Effekt verstärken

Ein weiterer und letzter Schritt zur Erhöhung der Aufmerksamkeit des Betrachters bezüglich der Kundenmeinung (schließlich soll er diese ja auch lesen und sich idealerweise positiv von ihr beeinflussen lassen) ist eine optische Ausblendung der Kundenbewertungen im Hintergrund. Da diese Übersicht den Anwender ansonsten vom Lesen der Kundenmeinung im Dialogfenster ablenken könnte, stellen wir die Elemente im Hintergrund mit einem nachempfundenen gaußschen Weichzeichner-Effekt unscharf dar.

```
#head, dl {
    text-shadow: 0 0 6px #333;
    color: transparent;
}
```

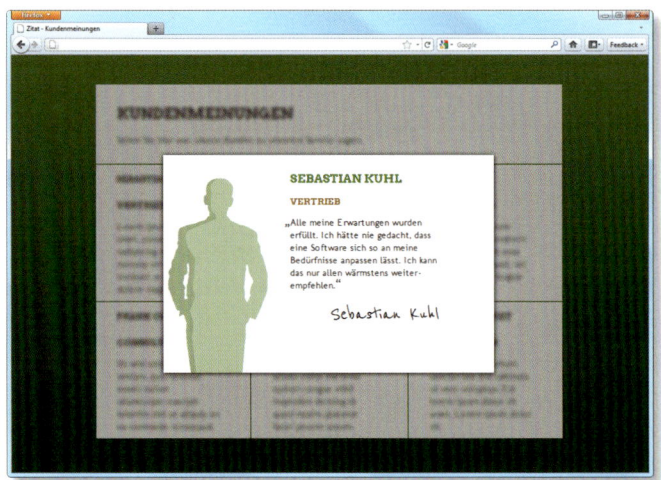

Abbildung 14 ▶
Darstellung der finalen Kundenmeinung innerhalb des Dialogfensters

Initialen und mehr-spaltige Layouts

Einen Text im Magazinlayout gestalten

Seit geraumer Zeit bietet CSS eine Vielzahl an Eigenschaften, mit denen Sie typografische Akzente setzen können. Zeilen- und Wortabstand, Spalten, aber auch die Gestaltung von Initialen gehören dazu. Solch ein Initial ist ein schmückender Anfangsbuchstabe, der als erster Buchstabe in Kapiteln oder Textabschnitten Verwendung findet.

In Büchern, Zeitungen und Printmagazinen schon immer ein Standard, hat sich das typografische Mittel des Spaltenlayouts erst mit dem aus CSS3 stammenden Multi-Column-Layout-Modul und der zunehmenden Unterstützung durch die Browser (-hersteller) seinen Weg in die Gestaltung von Webseiten bahnen können. Dieser Workshop zeigt Ihnen, wie Sie ein solches Layout mit Textspalten und Initialen leicht nachvollziehen und umsetzen.

Zielsetzungen:

▶ Anlegen und Strukturieren des Textlayouts mit dem Multi-Column-Layout-Modul

▶ Ausrichtung der Texte im vertikalen Rhythmus

▶ Umsetzen der Initiale über eine Spritegrafik

▶ Erstellen einer Printversion ohne Grafiken

CSS3-Eigenschaften: `column-count` und Media Queries

1 Das Grundprinzip mehrspaltiger Layouts

Das Multi-Column-Layout-Modul behandelt die Formatierung von Inhalten und nicht, wie oft irrtümlich angenommen, von ganzen Seitenstrukturen. Wer, wie wir in diesem Workshop, einen Text in einem Magazinlayout erstellen möchte, kann dies mit dem Multi-Column-Layout-Modul leicht realisieren.

Abbildung 1 ▶

Mehrspaltenlayouts und Initialen, von links oben nach rechts unten: *jasonsantamaria.com*, *zurb.com/playground/newspaper-layout*, *pearsonified.com* und *newyorker.com*

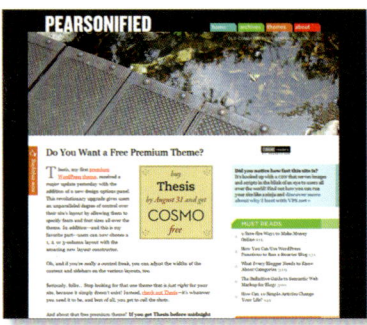

2 Strukturieren der Inhalte

Das typografische Hauptmerkmal dieses CSS-Moduls besteht darin, dass Text wie in den Screenshots in Abbildung 1 von einer in die nächste Spalte fließen kann, ohne dass der Text strukturell in mehrere Abschnitte geteilt und beispielsweise in verschiedene div-Blöcke positioniert werden müsste. Warum hierzu zwei div-Elemente vonnöten sind, erfahren Sie im weiteren Verlauf des Workshops.

```
<div id="container">
    <div class="columns">
        <h1>Drop Caps - Designing with Typography</h1>
        <p>A lorem ipsum dolor sit amet, rebum ...</p>
        <p>Stet clita kasd gubergren, no sea ...</p>
        <p>...</p>
    </div>
</div>
```

»column-count«

Ausschlaggebend für die Breite der einzelnen drei Spalten ist die für die Klasse .wrapper festgelegte Gesamtbreite von 800 Pixeln, die für die Ausdehnung der Textspalten zur Verfügung stehen. Eine weitere Möglichkeit der Zuweisung von Breitenangaben ist, den Einzelspalten über die Eigenschaft column-width eine Breite zuzuweisen.

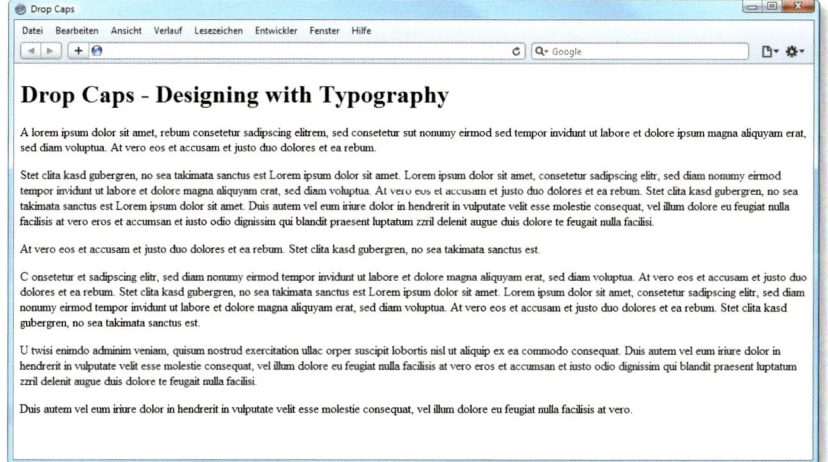

◄ **Abbildung 2**
Ohne jegliche CSS-Eigenschaften
erinnert beim Beispieltext samt
Überschrift wenig an ein Magazinlayout.

3 Erzeugen von Textspalten

Um die Eigenschaft zur Spaltenbildung den Absätzen und der Überschrift zuweisen zu können, müssen wir zunächst für das Element `.columns`
Eigenschaften zur Bildung von Textspalten anlegen. Hierzu vergeben wir
u. a. die CSS3-Eigenschaft `column-count`, die die Spaltenanzahl definiert.
Da die aktuellen Browser Firefox 5, Google Chrome 13 und Safari 5 diese
CSS3-Eigenschaft umsetzen können, hierfür aber ihre jeweiligen Browser-
präfixe benötigen, müssen wir weitere Zeilen hinzufügen. Eine Ausnahme
bildet Opera ab Version 11.1, denn dieser Browser kann den Text, wie in
Abbildung 3 zu sehen, bereits ohne Präfix in den drei gewünschten Textspalten darstellen.

Eine positive Nachricht diesbezüglich gibt es auch von der Microsoft-
Front, denn der in der Pre-Beta-Phase befindliche IE 10 kann diese CSS3-
Eigenschaft ebenfalls korrekt interpretieren. Wer ältere Browserversionen
des Internet Explorers unterstützen möchte oder muss, findet in Schritt 8
dieses Workshops eine kurze Anleitung.

»column-rule«

Mit `column-rule` können Sie Spal-
tenabstände bzw. Spaltenzwi-
schenräume für eine visuelle Trennung der Spalten untereinander
nutzen. Diese Eigenschaft ist im
Übrigen eine Kurzschreibweise für
die Eigenschaften `column-rule-
width`, `column-rule-style` und
`column-rule-color`.

```
#container {
   width: 800px;
   margin:0 auto;
}
.columns {
   margin:5em auto;
   -moz-column-count:3;
   -moz-column-gap:40px;
   -moz-column-rule: 1px solid #000;
   -webkit-column-count:3;
   -webkit-column-gap:40px;
   -webkit-column-rule: 1px solid #000;
```

```
    column-count:3;
    column-gap:40px;
    column-rule: 1px solid #000;
}
```

Abbildung 3 ▶
Erzeugung von drei Spalten inklusive zweier Spaltenlinien zur visuellen Trennung der Textspalten

Um für reichlich »Freiraum« im Sinne einer besseren Lesbarkeit des Textes
zu sorgen, können Sie mit der CSS3-Eigenschaft `column-gap` den Spalten-
abstand bzw. Spaltenzwischenraum optimieren. Für eine zusätzliche räumliche Trennung sorgt dann die Spaltenlinie basierend auf der Eigenschaft
`column-rule`. Mit dieser fügen Sie, wie in diesem Workshop, beispielsweise eine durchgehende Trennlinie ein.

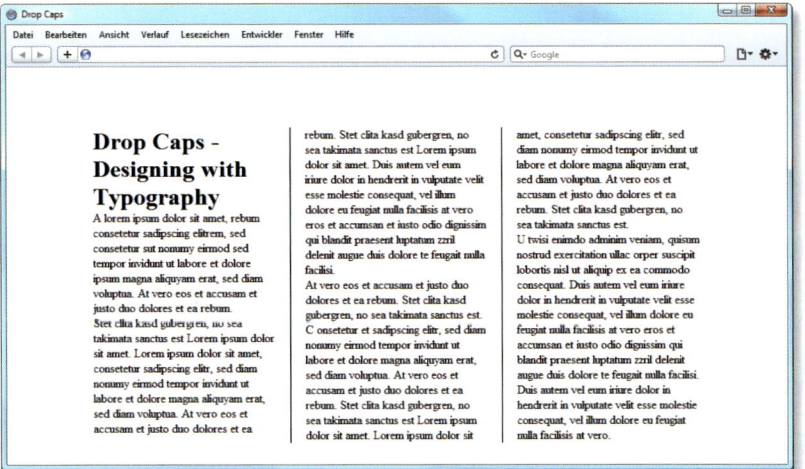

4 Vertikalen Rhythmus erzeugen

Überschriften, Spalten und Schmuckbuchstaben helfen dabei, Texte
visuell zu strukturieren, und vereinfachen es den Betrachtern, die Texte zu
lesen und letztendlich auch zu verstehen. Dabei spielt es keine Rolle, ob
der Text online oder offline gelesen wird. Machen Sie sich das zunutze, und
strukturieren Sie Ihre Texte, um die Besucher durch die Webseite zu führen. Ein Problem, mit dem Webseiten im Mehrspaltenlayout zu kämpfen
haben, ist die Einhaltung einer typografischen Regel, die auch in Printme-
dien genutzt wird – dem vertikalen Rhythmus. Diesen können Sie sich als
eine horizontale Linie vorstellen (siehe Abbildung 4), auf der die Schrift
über die einzelnen Spalten hinweg verläuft.

```
h1 {
    font: 36px/1.1 Georgia,"Times New Roman",Times,serif;
    padding:4px 0 0 0;
    margin:0 0 79px 0;
}
```

Um diesen vertikalen Rhythmus erhalten zu können, müssen der Überschrift und dem Fließtext Abstände zugewiesen werden, die den Text auf der sogenannten Baseline (hellblaue Linie in Abbildung 4) ausrichten. Ebenfalls beeinflusst wird dieser Rhythmus vom Zeilenabstand, dem vertikalen Freiraum zwischen zwei Zeilen, und der Zeilenhöhe. Im Fall des Fließtextes erreichen wir dies durch einen Abstand von 20 px nach unten zum nächsten Textabsatz. Mit diesem Wert und dem Außenabstand der Überschrift wird gewährleistet, dass alle aufeinanderfolgenden Absätze sich im vertikalen Raster befinden.

```
p {
    font:17px "Times New Roman",Times,serif;
    margin:0 0 20px 0;
    text-align: justify;
}
```

Berechnung des vertikalen Rhythmus

Zur Erklärung des vertikalen Rhythmus und seiner Berechnung existieren im Web viele Quellen. Empfehlenswert ist etwa der folgende, mittlerweile vier Jahre alte Beitrag der Sitepoint-Blogbetreiber: *blogs.sitepoint.com/typography-baseline-rhythm-deciphered/*. Zur Berechnung des vertikalen Rhythmus kann ich Ihnen Geoffrey Grosenbachs »Baseline Rhythm Calculator« wärmstens empfehlen: *topfunky.com/baseline-rhythm-calculator.*

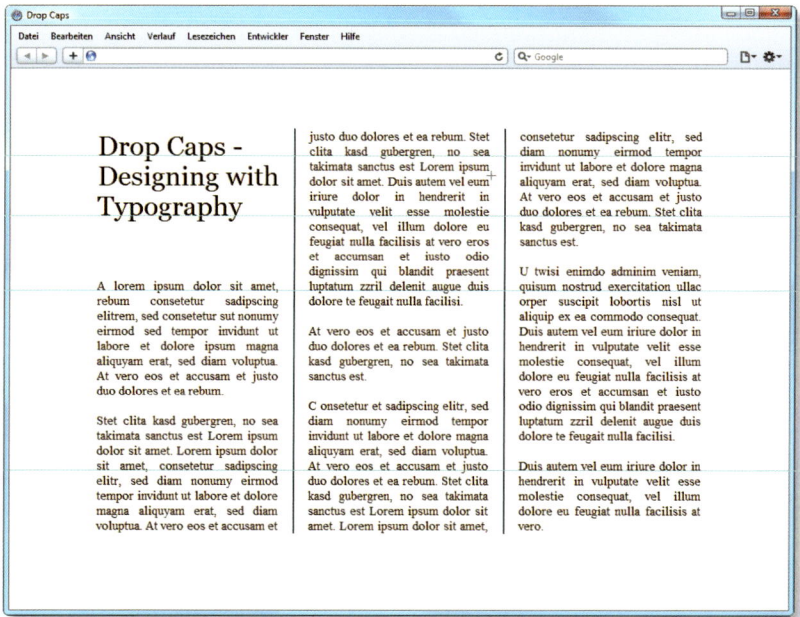

◄ **Abbildung 4**
Die Überschrift und die Textabsätze sind vertikal ausgerichtet.

5 Der Buchstabe als Form des Ausdrucks – das Initial

Als letztes Gestaltungsmittel fügen wir dem dreispaltigen Text drei verschiedene schmückende Anfangsbuchstaben hinzu. Bei einem solchen Initial handelt es sich in der Regel um einen Buchstaben, der größer als die Grundschrift ist und über mehrere Zeilen ragt. Als Grundlage für dieses Initial wird der erste Buchstabe eines Absatzes mit gesonderten Eigenschaften versehen, die später diese gesonderte Darstellung ermöglichen.

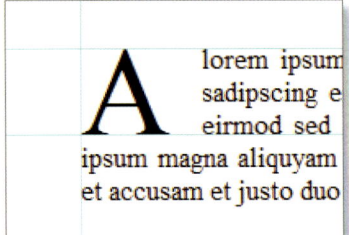

▲ **Abbildung 5**
Vergrößerte Abbildung des Initials über drei Zeilen unter Einhaltung des vertikalen Rhythmus

```
...
<p><span class="cap">A</span> lorem ipsum ...</p>
<p>Stet clita kasd gubergren, no sea takimata ...</p>
...
span.cap {
    color:#000;
    float:left;
    padding:5px 15px 0 0;
    font-size:450%;
    line-height:0.66em;
}
```

Da nicht jeder Browser alle in diesem Workshop verwendeten Eigenschaften korrekt abbilden kann, ist es umso wichtiger, beim nächsten Arbeitsschritt sehr genau zu arbeiten. Dies gilt insbesondere für IE 6-Nutzer, da diese Browserversion systemübergreifend nicht in der Lage ist, Attributselektoren, die wir im folgenden 6. Arbeitsschritt einsetzen, umzusetzen. Dies ist allerdings kein Grund, warum die Nutzer dieser Browserversion nicht auch bei den Schmuckbuchstaben eine akzeptable Gestaltung wie in den Abbildungen 5 und 6 vorfinden sollen.

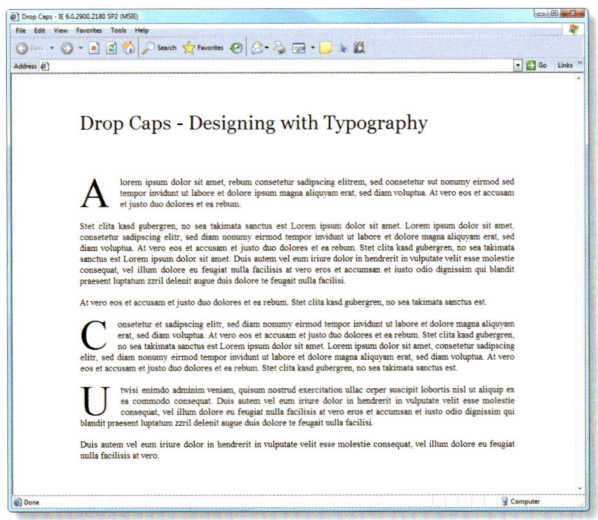

▲ **Abbildung 6**
So wirken die Initialen im Internet Explorer 6 ohne Textspalten.

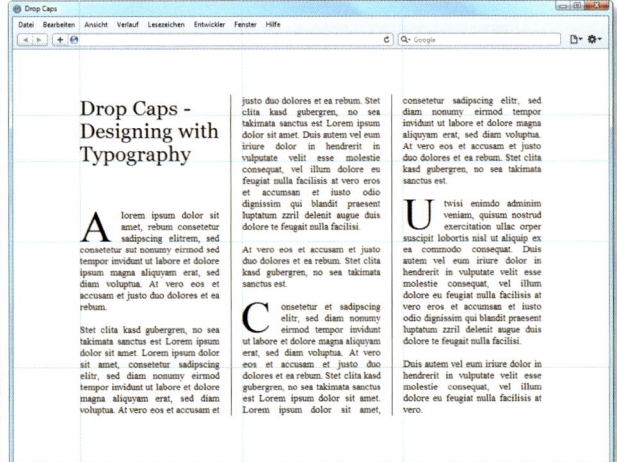

▲ **Abbildung 7**
So wirken die Initialen im Safari 5 mit Textspalten.

6 Initial aus Spritegrafik

Da nicht davon auszugehen ist, dass auf den Rechnern der Webseitenbesucher die recht exotische Schrift »Rose Caps« installiert ist, verwenden wir für die Umsetzung der Schmuckbuchstaben, die auf dieser

Schriftart basieren sollen, die Hintergrundgrafik »dropcaps-rose.png«. Diese Grafik dient als sogenannte Spritegrafik: Sie enthält alle Buchstaben der Schrift; über eine Positionsangabe per CSS wird aber immer nur ein Ausschnitt gezeigt. Der Vorteil dieser Vorgehensweise ist, dass nur ein HTTP-Request für alle Grafiken notwendig wird und somit die Ladegeschwindigkeit verbessert werden kann. Zudem verhindern Sie über diesen Ansatz, dass sich das Nachladen von Hover-Effekten wie beispielsweise bei Navigationsgrafiken verzögert.

Geeignete Schriftarten

Die Schriftart für Schmuckbuchstaben sollten Sie mit Bedacht wählen, denn Schrift kann ebenso wie Farben elegant, verspielt oder dynamisch, aber auch dezent sein. Und genau diese Wirkung können Sie bereits mit dem ersten Buchstaben erzielen.

▲ **Abbildung 8**
»dropcaps-rose.png« mit allen Schmuckbuchstaben der Schriftart »Rose Caps«

```
...
<h1>Drop Caps - Designing with Typography</h1>
<p><span class="cap" title="A">A</span> lorem ipsum...</p>
<p>Stet clita kasd gubergren, no sea takimata ...</p>
...
```

»dropcaps-rose.png«

Im HTML-Code werden die einzelnen Ausschnitte der Spritegrafik über das `title`-Attribut angesprochen. In der CSS-Datei wird sämtlichen Buchstaben über die entsprechenden Attributselektoren der passende Ausschnitt der Grafik »dropcaps-rose.png« zugewiesen.

Die seit CSS2 vorhandenen Attributselektoren können erst dann über CSS definiert werden, wenn das zu formatierende HTML-Element dieses Attribut auch enthält. Sie werden wie die Pseudoselektoren an den jeweiligen Selektor (span.cap) angehängt und bekommen dort die Eigenschaften zur Ausrichtung des Schmuckbuchstabens.

Da ein Schmuckbuchstabe immer auf einer Schriftlinie mit dem übrigen Text stehen sollte, sollten Sie die obere Begrenzung durch die Versalhöhe (also die Höhe der Großbuchstaben) oder die Oberlänge der Kleinbuchstaben bestimmen. Weitere Aufmerksamkeit sollten Sie der Einrückung des Schmuckbuchstabens schenken, damit Sie auf der linken Satzkante einen sauberen Abschluss erzielen (siehe Abbildung 9). Diese Eigenschaften werden für alle Buchstaben gemeinsam definiert.

```
span.cap[title="A"], span.cap[title="B"],
span.cap[title="C"], span.cap[title="D"],
...
span.cap[title="Y"], span.cap[title="Z"] {
    background:url("../images/dropcaps-rose.png")
    no-repeat scroll 0 0 transparent;
    text-indent:-9999em;
    line-height:1em;
    margin:0 5px 0 0;
    padding:0 75px 0 0;
}
```

▲ **Abbildung 9**
Vergrößerte Abbildung des Schmuckbuchstabens über vier Zeilen

Für diesen Workshop verwenden wir lediglich die Positionen der Buchstaben A, C und U.

```
span.cap[title="A"] {
    background-position:-35px -26px;
}
span.cap[title="C"] {
    background-position:-263px -26px;
}
span.cap[title="U"] {
    background-position:-491px -266px;
}
```

Nach der Ausrichtung der einzelnen Schmuckbuchstaben sollte die Gestaltung des Mehrspaltenlayouts in den Browsern, die diese Eigenschaft korrekt abbilden, das Gesamtbild aus Abbildung 10 ergeben.

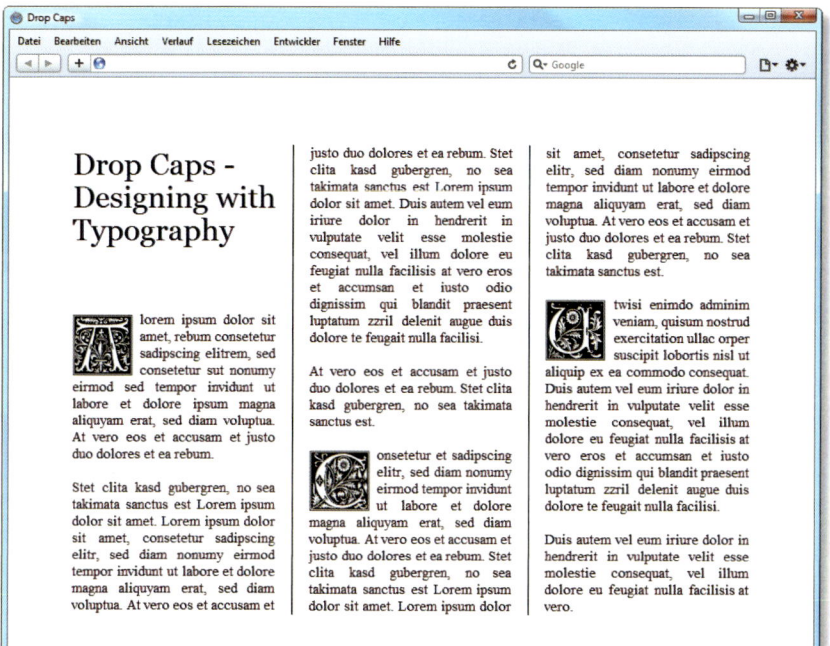

◄ **Abbildung 10**
Darstellung des gesamten dreispaltigen Textlayouts

7 Printversion

Für diejenigen, die mit dem Gedanken spielen, solche Texte mit Schmuckbuchstaben auszudrucken, folgt an dieser Stelle noch ein kurzer Hinweis. Auch wenn Drucker das Ausdrucken von Hintergrundgrafiken standardmäßig ohnehin nicht aktiviert haben, sollten Sie die bisherige Hintergrundgrafik via CSS ausblenden (`background:none`). Denn somit entgehen Sie dem Problem, dass Anwender die Deaktivierung des Ausdruckens von Hintergrundgrafiken eventuell aufgehoben haben.

Da in einem möglichen Ausdruck auf den Schmuckbuchstaben aber nicht verzichtet werden kann, darf für eine CSS-Datei, die für den Ausdruck von Inhalten angelegt wurde, die zuvor in Schritt 6 getätigte Ausrückung `text-indent:-9999em` nicht vorkommen, da sich die Schmuckbuchstaben ansonsten außerhalb des sichtbaren und somit druckbaren Bereiches befänden. Daher setzen wir diese Eigenschaft in der CSS-Datei für den Drucker auf null. Damit rücken die auf Text basierenden Schmuckbuchstaben – wie in Abbildung 11 zu erkennen ist – in den sichtbaren und somit »druckbaren« Bereich und können darum ebenfalls ausgedruckt werden.

> **Reihenfolge der Referenzierung von CSS-Dateien**
>
> Wichtig ist hierbei vor allem, dass die für den Druck angelegte CSS-Datei nach der CSS-Datei für die Browser innerhalb des Webseitenkopfes referenziert wird. Erst dann kann sie die dort definierten Eigenschaften speziell für den Druck überschreiben.

Der offensichtlichste Vorteil von
Spaltenlayouts ist die Begrenzung
der Laufweite des Textes. Diese
sollte unter Berücksichtigung der
Schriftgröße nicht zu groß sein.
»Je schmaler, desto besser«,
könnte man meinen, aber insbesondere in Gestaltung von Texten
im Webdesign entstehen bei zu
schmalen Spalten und einem zu
schmalen Spaltenzwischenraum
zahlreiche neue Probleme. Die
fehlende Silbentrennung der
Browser ist hier nur eines davon.
Daher heißt es oftmals einfach nur
testen.

```
span.cap[title="A"], span.cap[title="B"],
span.cap[title="C"], span.cap[title="D"],
...
span.cap[title="Y"], span.cap[title="Z"] {
   background:none;
   text-indent:0;
   line-height:20pt;
   margin:0 5pt 0 0;
   padding:0;
   display:inline;
}
```

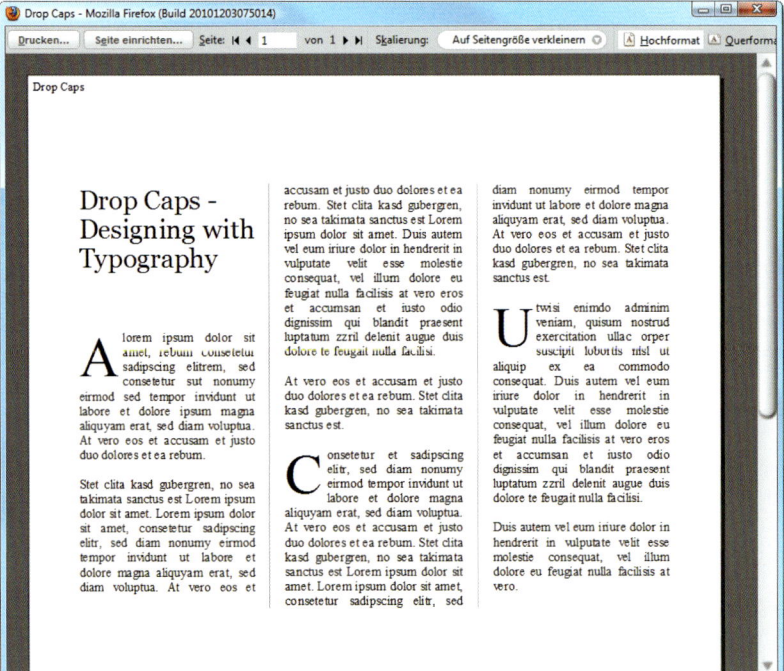

▲ **Abbildung 11**
Druckvorschau mit via CSS ausgeblendeten Initial-Hintergrundgrafiken

8 Textspalten auch im Internet Explorer

Da die fehlende Unterstützung von Textspalten im Internet Explorer nicht sehr ansehnlich ist, lösen wir dieses Problem mittels der JavaScript-Datei »css3-multi-column.js«. Da bisher alle relevanten Versionen des Internet Explorers diese Eigenschaft nicht unterstützen, greifen wir hierfür erneut auf Conditional Comments zurück, denn so erhält lediglich der IE dieses Script. Alle anderen Browser, die diese CSS3-Eigenschaft umsetzen können, laden diese für sie unnötige Datei nicht. Die einzige Bedingung, die im HTML-Code für die Umsetzung dieses Scripts im IE erfüllt sein muss,

Wer mehr Informationen zum
Einsatz dieser JavaScript-Datei benötigt und diese ausgiebig testen
möchte, dem sei folgende Anlaufstelle empfohlen: *cscripting.com/
css-multi-column*

ist eine Klasse `.columns`, und diese wurde bereits zu Beginn des Work-shops angelegt.

```
<head>
...
<!--[if IE]>
<script type="text/javascript" src="js/css3-multi-column.js">
</script>
<![endif]-->
</head>
...
```

9 Mehrspaltenlayout und Media Queries

Sollen mehrspaltig präsentierte Inhalte auch auf Endgeräte mit klei-nem Viewport angeboten werden, können Sie ein solches textbasiertes Layout zum Glück ohne große Umstände entsprechend optimieren, denn drei Textspalten auf einer Breite von 800 px sind zugegebenermaßen nicht sonderlich leserlich. Hierzu müssen Sie am Ende der CSS-Datei über ent-sprechende Media-Query-Angaben die zu verändernden Eigenschaften anlegen (mehr dazu im Workshop »Responsive Webdesign mit Media Queries« in Kapitel 11). Bei einer maximalen Browserfensterbreite von 850 Pixeln wird aus Gründen der Lesbarkeit das bisherige dreispaltige Lay-out nun zweispaltig. Die absolute Breite von 800 px wird in relative 90 % geändert, und der Außenabstand nach oben wird ebenfalls reduziert (siehe linken Teil in Abbildung 12).

Möglichkeiten von Media Queries

Wer mehr zu dieser noch recht neuen CSS3-Thematik erfahren möchte, dem sei der lesenswerte Blogartikel »Was können CSS3 Media Queries wirklich leisten?« von Ellen Bauer ans Herz gelegt: *elmastudio.de/webdesign/was-kon-nen-css3-media-queries-wirklich-leisten.*

```
@media screen and (max-width: 850px) {
    div.column   {
        width:90%;
        margin:2em auto;
        -moz-column-count:2;
        -webkit-column-count:2;
        column-count:2;
    }
}
```

Diese zweispaltige Darstellung des Layouts wird so umgesetzt, dass es bis zu einer Browserfensterbreite von 550 Pixeln gilt. Ab dieser Breite ist selbst diese Zweispaltigkeit nicht sonderlich lesbar. Deshalb setzen wir als letzten Schritt den Text bei einer Breite des Viewports von weniger als 550 px ein-spaltig (siehe rechten Teil der Abbildung 12). Die Eigenschaften der Breite und des Außenabstandes für den Spaltenzwischenraum müssen an dieser Stelle nicht wiederholt werden, da sie für eine maximale Breite von 850 Pixeln gelten. Diese Bedingung trifft natürlich auch für diesen Viewport zu.

```
@media screen and (max-width: 550px) {
    div.column  {
        -moz-column-count:1;
        -webkit-column-count:1;
        column-count:1;
    }
}
```

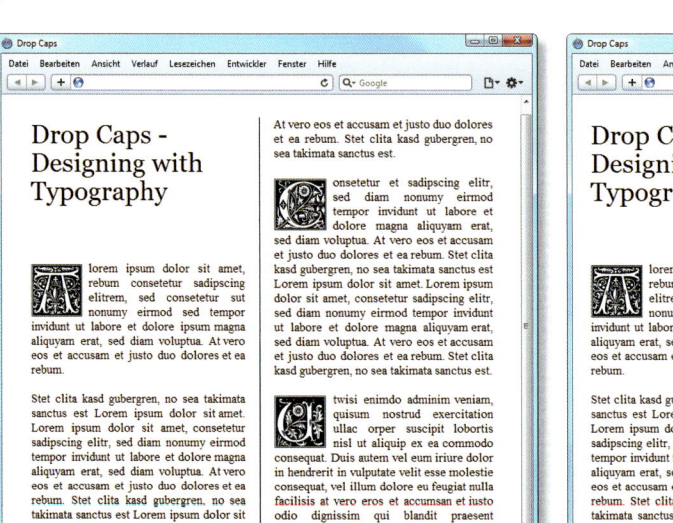

Abbildung 12 ▶
Media Query max-width: 850px
(links) und max-width: 550px
(rechts)

7   Daten visualisieren und eingeben

Daten übersichtlich präsentieren: Tabellen

Tabellen eignen sich hervorragend dafür, umfangreiche Daten übersichtlich zu gliedern und zu präsentieren. Leider beschränken sich einige Webdesigner bei der Gestaltung der Tabellen auf Rahmen oder Hintergrundfarben. Dass das nicht sein muss, zeigt dieser Workshop.

Onlineformulare benutzerfreundlich gestalten

Fast jede Website enthält Formulare, ob zur Kontaktaufnahme, zur Registrierung für einen Newsletter oder zur Bestellung von Produkten über einen Onlineshop. Wie Sie Formulare gestalten, die wirklich benutzerfreundlich sind, erfahren Sie in diesem Workshop.

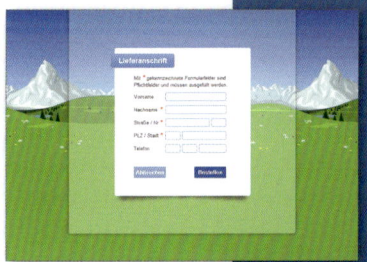

Daten übersichtlich präsentieren: Tabellen

Einzelne Tabellenspalten optisch hervorheben

In den Anfangszeiten der Gestaltung von Webseiten in den 90er Jahren wurden sie zur Gliederung des Designs verwendet. Im Laufe des letzten Jahrzehnts wurden sie zunehmend wieder ihrer eigentlichen Bestimmung zugeführt: die Beziehungen von Daten zueinander übersichtlich darzustellen. Die Rede ist natürlich von Tabellen. Da durchaus jede Datentabelle eine grafische Gestaltung vertragen kann, muss es nicht bei der Zuweisung eines Rahmens oder einer Hintergrundfarbe für die Tabellenzellen bleiben. So können Sie mit entsprechender Gestaltung durch CSS und der einen oder anderen Hintergrundgrafik einen übersichtlichen Vergleich einzelner Tabellenspalten ermöglichen. Wie Sie einen solchen Vergleich zwischen einzelnen Tabellenspalten realisieren können, ist Thema dieses Workshops.

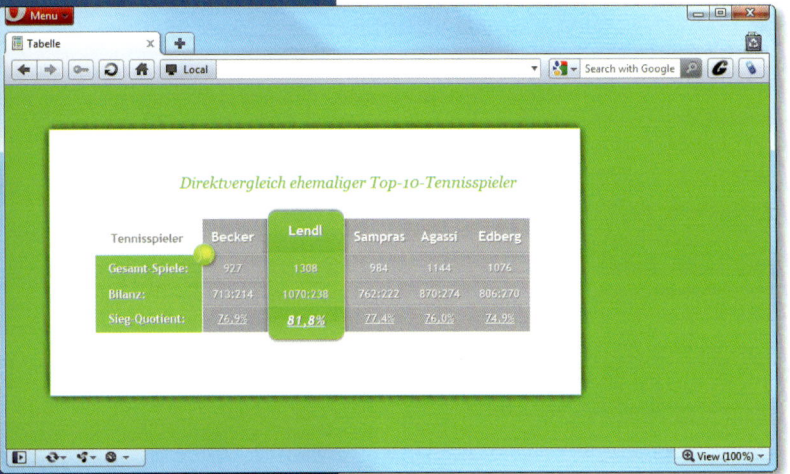

Zielsetzungen:

▶ Gestalten der Tabelle (ein Ansatz mit und ein weiterer Ansatz ohne jegliche Hintergrundgrafiken)

▶ Hervorheben einer Spalte durch eine besondere Gestaltung

▶ Tennisball-Animation als zusätzlicher »Hingucker«

CSS3-Eigenschaften: `linear-gradient`, `text-shadow`, `box-shadow`, `border-radius`, CSS3-Module »Animations« und »Transforms« (`scale`, `rotate...`)

1 Grundgerüst der Tabelle anlegen

Beim Anlegen eines Tabellengerüstes gibt es mehrere Möglichkeiten, den HTML-Code aufzubauen. Das Grundgerüst einer Tabelle sollte nicht nur zur besseren Strukturierung, sondern auch zur späteren Gestaltung u. a. aus einem Tabellenkopf `thead` und dessen Kopfzellen `th` bestehen. Diese enthalten in diesem Fall die Namen der ehemaligen Top-10-Tennisspieler.

```
...
<table>
   <thead>
      <tr>
         <td>Tennisspieler</td>
         <th>Becker</th>
         <th>Lendl</th>
         <th>Sampras</th>
         <th>Agassi</th>
         <th>Edberg</th>
      </tr>
   </thead>
```

Als Nächstes folgt der Tabellenfuß `tfoot`. Dieser enthält trotz seiner optischen Position eine Kopfzelle, in der das Ergebnis – der »Sieg-Quotient« – steht.

```
<tfoot>
   <tr>
      <th>Sieg-Quotient:</th>
      <td>76,9%</td>
      <td>81,8%</td>
      <td>77,4%</td>
      <td>76,0%</td>
      <td>74,9%</td>
   </tr>
</tfoot>
```

Da es Kopfzellen `th` auch im Tabellenfuß geben kann, überrascht es nicht, dass sie ebenfalls im Tabellenkörper `tbody` vorkommen können. Auch hier beschreibt die Kopfzelle die in ihrer Tabellenzeile folgenden Tabellenzellen `td` näher.

```
<tbody>
   <tr>
      <th>Gesamt-Spiele:</th>
      <td>927</td>
      <td>1308</td>
      <td>984</td>
```

Tabellen-Elemente zur Gliederung und Gestaltung nutzen

Die Besonderheit dieses Tabellendesigns liegt darin, dass außer den zur Verfügung stehenden Tabellenelementen (`thead`, `tfoot`, `tbody`, `th`, `td` ...) keine weiteren Elemente für die Gestaltung eingesetzt werden. Besonderes Augenmerk liegt neben der Gestaltung durch CSS auch auf der Nutzbarkeit dieser Daten für nichtvisuelle Medien, wie beispielsweise einen Screenreader.

```
            <td>1144</td>
            <td>1076</td>
        </tr>
        <tr>
            <th>Bilanz:</th>
            <td>713:214</td>
            <td>1070:238</td>
            <td>762:222</td>
            <td>870:274</td>
            <td>806:270</td>
        </tr>
    </tbody>
</table>
...
```

Direktvergleich ehemaliger Top-10-Tennisspieler

Tennisspieler	Becker	Lendl	Sampras	Agassi	Edberg
Gesamt-Spiele:	927	1308	984	1144	1076
Bilanz:	713:214	1070:238	762:222	870:274	806:270
Sieg-Quotient:	76,9%	81,8%	77,4%	76,0%	74,9%

Abbildung 1 ▶
Ehemalige Top-10-Tennisspieler im direkten Vergleich – Tabellendesign basierend auf Browserstyles

2 Beziehungen zwischen Tabellenzellen herstellen

Wie der Begriff `summary` vermuten lässt, bietet dieses Element eine Zusammenfassung der Inhalte einer Tabelle. Innerhalb des HTML-Codes wird es direkt im öffnenden `table`-Element definiert. Da diese Information von den grafischen Browsern nicht dargestellt wird, könnte man sich fragen, wozu diese Angabe vonnöten ist. Ganz einfach: Einem sehenden User erschließt sich der Inhalt der Tabelle durch ihren Aufbau. Einem blinden User ist dies nicht möglich. Da er aber ebenso wie ein Sehender im Netz schnell und unkompliziert an seine Informationen kommen will, beschreibt dieses Element mittels einer Zusammenfassung die Inhalte der Tabelle, so dass diese beispielsweise mittels assistiver Technologien wie einem Screenreader und der Braillezeile ausgegeben werden können.

Ein weiteres Element, das noch seltener zum Einsatz kommt und ein bescheidenes Dasein fristet, ist `colgroup`. Seit HTML 4.0 wird diese Syntax angeboten, die es ermöglicht, dem Browser gleich zu Beginn der Tabellendefinition die Anzahl der Spalten mitzuteilen. Dies geschieht mit den Attributen `span` und `width`.

»caption«

Innerhalb des Browsers wird die `caption` über der Tabelle abgebildet, innerhalb des Quellcodes wird sie allerdings direkt nach dem öffnenden `table`-Element angegeben.

```
...
<table summary="Direktvergleich ehemaliger Top-10-Tennisspieler
anhand ihrer jeweiligen Karrierebilanz">
      <caption>
      Direktvergleich ehemaliger Top-10-Tennisspieler
      </caption>
```

```
<colgroup>
      <col width="125px"/>
      <col width="70px" span="5" />
</colgroup>
...
</table>
...
```

Eine optimale »Vernetzung« der Tabellenstruktur ist vor allem für Nutzer mit körperlichen oder technischen Einschränkungen enorm wichtig. Aber auch diejenigen, die diese Einstellungen gegenüber den »üblichen« bevorzugen, sind auf die »Vernetzung« der einzelnen Tabellenzellen mit deren Inhalten angewiesen. Für sehende Webseitennutzer sind die Inhalte schnell aufzufinden, ein blinder User hingegen muss hierfür auf entsprechend mittels HTML-Tags ausgezeichnete Kopfzellen, Spalten etc. zurückgreifen. Damit in diesem tabellarischen Direktvergleich auch verständlich wird, was dem Leser in der vierten Tabellenzeile und der dritten Tabellenspalte an Informationen angeboten wird, können Sie mit dem scope-Attribut den Zellen in einer Spalte eine Überschrift zuweisen und somit einen eindeutigen Bezug zwischen den jeweiligen Spalten col oder Zeilen row herstellen. Die zwei Kopfzellen th geben somit der Datenzelle mit dem ansonsten bedeutungslosen Wert 81,8 % eine eindeutige Auszeichnung.

Mit dem Attribut scope ist es somit möglich, bestimmte Bereiche zu Gruppen zusammenzufassen. Das bedeutet, dass beispielsweise sehbehinderte User, die auf die Sprachausgabe der Tabelleninhalte angewiesen sind, einen Bezug zwischen Datenzellen und Kopfzellen einer Tabellenspalte (Becker = Gesamt-Spiele: 927 = Bilanz: 713:214 = Sieg-Quotient: 76,9 %) herstellen können, da die jeweilige Überschrift den einzelnen Tabellenzellen vorangestellt wird. Denn ohne akustische Wiederholung ist es vor allem bei umfangreichen Datentabellen fast unmöglich, den Beginn und das Ende einer Zelle oder Spalte zu erkennen. Zu guter Letzt legen wir, um später mit CSS der »Gewinnerspalte« von Ivan Lendl (besitzt das beste Verhältnis zwischen gespielten Tennispartien und daraus resultierenden Siegen) separate Eigenschaften zuweisen zu können, für jede Zelle seiner Spalte eine zusätzliche Klasse .best an.

> **Geltungsbereich definieren mit »scope«**
>
> Um Bezüge zwischen den Inhalten der einzelnen Tabellen- und Kopfzellen herzustellen, müssen diese innerhalb der Kopfzellen th das Attribut scope im Zusammenhang mit der Ausrichtung des Geltungsbereiches erhalten (col für eine Spalte und row für eine Zeile). Der Inhalt der Tabellenzelle, der mit dem scope="col" gekennzeichnet wird, bildet in diesem Fall die Spaltenüberschrift, sodass der Inhalt dieser Kopfzelle bei allen Zellen dieser Spalte wiederholt wird.

```
...
<thead>
   <tr>
      <td>Tennisspieler</td>
      <th scope="col">Becker</th>
      <th scope="col" class="best">Lendl</th>
      <th scope="col">Sampras</th>
      <th scope="col">Agassi</th>
      <th scope="col">Edberg</th>
   </tr>
```

In welcher Reihenfolge liest ein Screenreader die Daten vor?

Die aus dem jetzigen Quellcode entstandene Tabellenstruktur führt zu folgender Reihenfolge beim Vorlesen durch einen Screenreader; als Beispiel dient die dritte Tabellenspalte in der vierten Tabellenzeile: »Lendl – Sieg-Quotient – 81,8%.«

```
</thead>
<tfoot>
   <tr>
      <th scope="row">Sieg-Quotient:</th>
      <td>76,9%</td>
      <td class="best">81,8%</td>
      <td>77,4%</td>
      <td>76,0%</td>
      <td>74,9%</td>
   </tr>
</tfoot>
<tbody>
   <tr>
      <th scope="row">Gesamt-Spiele:</th>
      <td>927</td>
      <td class="best">1308</td>
      <td>984</td>
      <td>1144</td>
      <td>1076</td>
   </tr>
   <tr>
      <th scope="row">Bilanz:</th>
      <td>713:214</td>
      <td class="best">1070:238</td>
      <td>762:222</td>
      <td>870:274</td>
      <td>806:270</td>
   </tr>
</tbody>
</table>
...
```

3 Struktur schlägt Design

Eine Entwicklung, die durch die zunehmende Anwendung von CSS3-Eigenschaften mittlerweile immer häufiger anzutreffen ist, ist der Versuch, Tabellenspalten über die Eigenschaft der Skalierung hervorzuheben. Möchten Sie das erreichen, stehen Sie jedoch vor dem Problem, dass keine gesamte Tabellenspalte beim Überfahren mit der Maus oder bei der Fokussierung mit der Tastatur ausschließlich mit CSS skaliert werden kann, sondern nur einzelne Zellen. Daher kamen Entwickler einiger Preistabellen auf die weniger glorreiche Idee, die Tabellen durchweg mit div-Elementen oder Listen-Elementen zu realisieren, um dann beim Überfahren mit der Maus oder bei Fokussierung mit der Tastatur dieses alleinige Element, das für diese Spalte zuständig ist, zu skalieren.

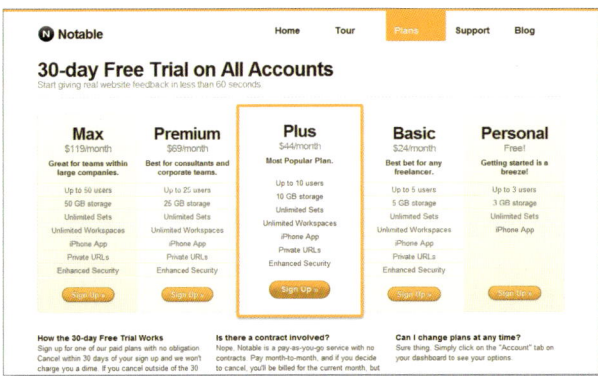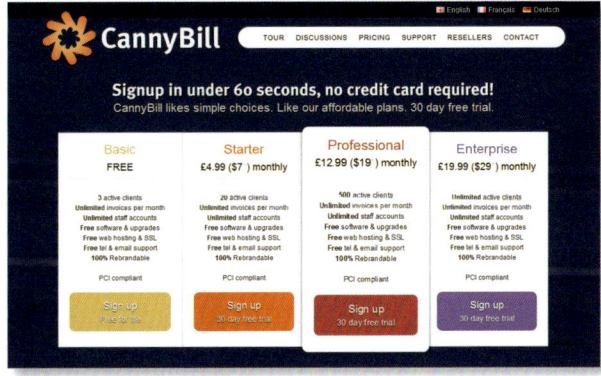

▲ **Abbildung 2**
Tabellen, deren Darstellung sich an der Optimierung des Verhaltens orientiert
und nicht an der Struktur der Inhalte (optisch top, technisch Flop)

Der immense Nachteil, der daraus entsteht, ist, dass die Felder des gesamten Datensatzes aus einer solchen Tabelle sämtliche Bedeutung zueinander verlieren, da die strukturelle Gliederung vollkommen verloren geht. Diese Vorgehensweise kann somit nicht zur Nachahmung empfohlen werden.

4 Farbschema für die Tabelle erzeugen

Als ersten Schritt zur visuellen Gestaltung der Tabelle können Sie sich die Erstellung eines Farbschemas vornehmen. Aufgrund des durchaus vorhandenen thematischen Bezuges zum Tennisturnier in Wimbledon – das im Übrigen von allen der hier aufgeführten Spielern gewonnen wurde, bis auf Ivan Lendl, dem Gewinner dieses Direktvergleiches – wird das Farbschema von verschiedenen Grüntönen dominiert. Dem Hintergrundbereich, auf dem die spätere Tabelle ihren Platz finden wird, weisen wir daher folgende Hintergrundfarbe zu:

```
body {
   background-color:#87C81C;
}
```

Wer sich bei der Wahl des Farbschemas schwertut oder ein wenig Inspiration benötigt, dem können an dieser Stelle Online-Farbmischer mit dazugehöriger Community wie COLOURlovers oder Kuler behilflich sein. Dort werden von den Usern Farbpaletten angelegt, kategorisiert, man kann Farbpaletten zusammenwürfeln, für andere zugänglich machen und auch bewerten lassen: *www.colourlovers.com*, *kuler.adobe.com*.

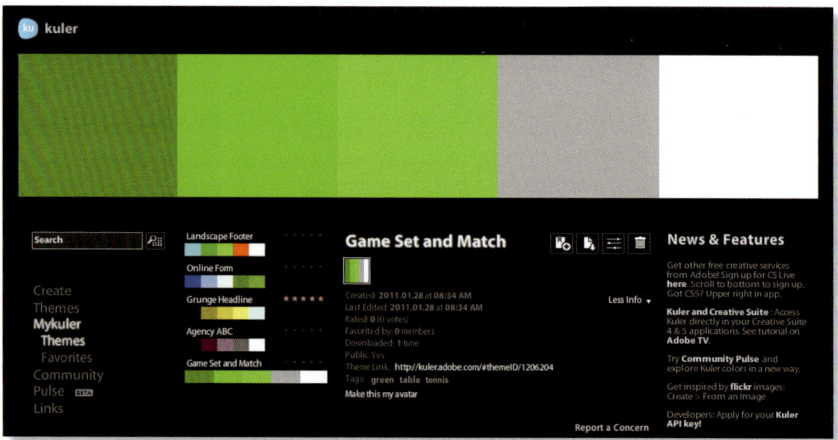

5 Die Tabelle räumlich begrenzen

Die Tabelle wird zum Schluss durch einen allumfassenden #table-Wrapper mit einer Breite von 600 Pixel begrenzt.

```
...
<div id="tableWrapper">
    <table>
    ...
    </table>
</div>
...
```

Um einen farblichen Kontrast zum Grün erzeugen zu können, füllen wir diesen Bereich mit weißer Hintergrundfarbe auf und versehen ihn über box-shadow mit einem Schatten. Diesen gestalten wir über RGBA-Angaben, er wird allerdings nicht von allen Browsern identisch abgebildet. Alle Internet-Explorer-Versionen kleiner 9 unterstützen diese Eigenschaft nicht.

```
#tableWrapper {
    margin:50px;
    background-color: #FFF;
    width:600px;
    border:1px solid #87C81C;
    -moz-box-shadow:0 0 20px rgba(0, 0, 0, .75);
    -webkit-box-shadow:0 0 20px rgba(0, 0, 0, .75);
    box-shadow:0 0 20px rgba(0, 0, 0, .75);
}
```

▲ **Abbildung 4**
Unterschiedliche Darstellung der Eigenschaft box-shadow in Safari (oben) und Google Chrome (unten)

Das »A« in RGBA

Anstelle des einfachen und herkömmlichen RGB-Farbwerts (RGB = Rot, Grün, Blau) gibt man bei RGBA über den Alphakanal den Transparenzwert des jeweiligen RGB-Farbwertes an. RGBA erlaubt es also, mit Hilfe dieses vierten Wertes eine Transparenz zu definieren.

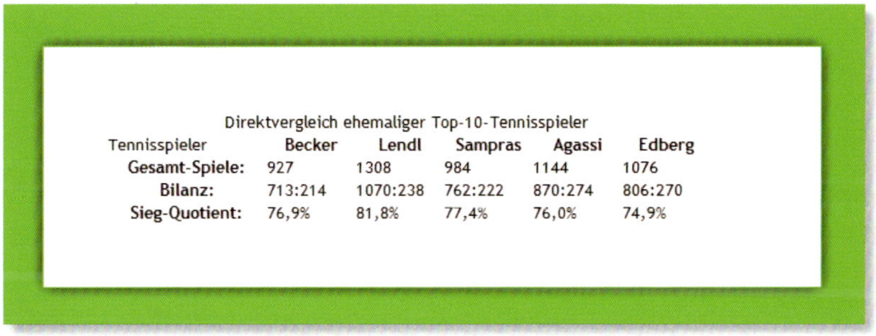

Direktvergleich ehemaliger Top-10-Tennisspieler

Tennisspieler	Becker	Lendl	Sampras	Agassi	Edberg
Gesamt-Spiele:	927	1308	984	1144	1076
Bilanz:	713:214	1070:238	762:222	870:274	806:270
Sieg-Quotient:	76,9%	81,8%	77,4%	76,0%	74,9%

◂ **Abbildung 5**
Eingrenzung der Tabelle über ein `div`-Element

6 Schrifteigenschaften und Rahmenabstände festlegen

Als Nächstes sollten Sie die Schrift für die Tabelleninhalte und die Tabellenüberschrift festlegen und im selben Schritt die Voreinstellung für die Rahmenabstände ändern und sie mit der Eigenschaft `border-collapse` »zusammenfallen« lassen.

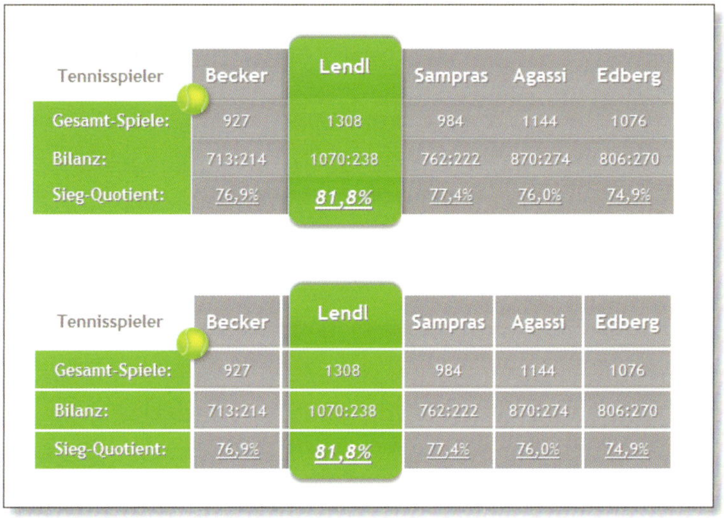

Tennisspieler	Becker	Lendl	Sampras	Agassi	Edberg
Gesamt-Spiele:	927	1308	984	1144	1076
Bilanz:	713:214	1070:238	762:222	870:274	806:270
Sieg-Quotient:	76,9%	81,8%	77,4%	76,0%	74,9%

Tennisspieler	Becker	Lendl	Sampras	Agassi	Edberg
Gesamt-Spiele:	927	1308	984	1144	1076
Bilanz:	713:214	1070:238	762:222	870:274	806:270
Sieg-Quotient:	76,9%	81,8%	77,4%	76,0%	74,9%

▴ **Abbildung 6**
Darstellung des späteren Endergebnisses mit `border-collapse` (oben) und ohne (unten)

»border-collapse«

Um die Abstände zwischen den einzelnen Rahmen entfernen zu können, bedarf es einer Erweiterung des CSS-Codes. Die Integration von `border-collapse` beeinflusst die Art, wie die Einzelrahmen der Tabellenbereiche benachbarter Zellen formatiert und dargestellt werden. Die Eigenschaft `border-collapse` kann folgende Werte enthalten:

- `separate` = Die Rahmen der Tabellenzellen weisen zu den jeweils benachbarten Zellen einen Abstand auf.
- `collapse` = Die Rahmen der Tabellenzellen fallen zusammen und besitzen keinen Abstand zu den jeweils benachbarten Zellen.

Wenn Sie also nahtlose Übergänge zwischen den Zellen und Spalten zum Ziel Ihres Tabellendesigns auserkoren haben, dann sollten Sie diese Eigenschaft nicht vergessen. Denn nur so ist es möglich, dass die Zellen später ohne Abstände zueinander abgebildet werden und damit nahtlos ineinander übergehen.

```
table {
   margin:10px;
   padding:0;
```

Die Tabellenüberschrift caption ist, ebenso wie das Element legend für Formulare, die ideale Möglichkeit, die darauffolgenden Inhalte entsprechend zu beschreiben und einzuleiten. Allerdings haben Sie bei der Gestaltung und bei der Positionierung einer Tabellenüberschrift dank der CSS-Eigenschaft caption-side die Möglichkeit. die Position der Überschrift festzulegen. Zur Auswahl stehen bei diesem eigenständigen Blocklevelelement die Werte top und bottom.

```
    border:0;
    border-collapse:collapse;
    font: normal 81% "Trebuchet MS", Verdana, sans-serif;
}
```

Die standardmäßig zentrierte Überschrift richten wir oberhalb der Tabelle rechtsbündig aus und passen sie farblich der späteren Gewinnerspalte an.

```
caption {
    font: italic normal 139%/1.44em Georgia, serif;
    text-align: right;
    color: #87C81C;
    padding:0;
    margin:0 15px 0 0;
    caption-side:top;
}
```

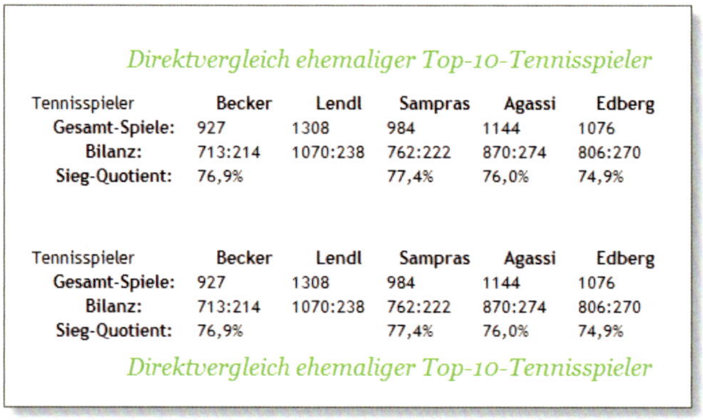

Direktvergleich ehemaliger Top-10-Tennisspieler					
Tennisspieler	Becker	Lendl	Sampras	Agassi	Edberg
Gesamt-Spiele:	927	1308	984	1144	1076
Bilanz:	713:214	1070:238	762:222	870:274	806:270
Sieg-Quotient:	76,9%		77,4%	76,0%	74,9%
Tennisspieler	Becker	Lendl	Sampras	Agassi	Edberg
Gesamt-Spiele:	927	1308	984	1144	1076
Bilanz:	713:214	1070:238	762:222	870:274	806:270
Sieg-Quotient:	76,9%		77,4%	76,0%	74,9%
Direktvergleich ehemaliger Top-10-Tennisspieler					

Abbildung 7 ▶
Mögliche Ausrichtungen der Tabellenüberschrift, caption-side:top (oben) und caption-side:bottom (unten)

Agassi	Edberg
1144	1076
870:274	806:270
76,0%	74,9%
Agassi	Edberg
1144	1076
870:274	806:270
76,0%	74,9%

▲ Abbildung 8
Nicht zentrierte Tabelleninhalte (oben) vs. zentrierte Tabelleninhalte (unten)

7 Ausrichtung und Gestaltung der Zelleninhalte

Um den Gewinner dieses Direktvergleichs entsprechend küren zu können, müssen wir überlegen, wie wir die Hervorhebung der Spalte »Lendl« umsetzen. So benötigen wir für die Zellen mit den Farbverläufen wie auch für die »runden Ecken« und den leicht angedeuteten Schatten im oberen und unteren Bereich der Gewinnerspalte insgesamt acht Hintergrundgrafiken. Diese fügen wir in den nächsten Arbeitsschritten in den Hintergrund der jeweiligen Tabellenzellen ein. Da Browser standardmäßig für Tabellenzellen Innen- und Außenabstände umsetzen – was insbesondere dann, wenn die Elemente pixelgenau ausgerichtet werden sollen, zu ungewollten Abständen führen kann –, setzen wir diese auf null und zentrieren sämtliche Zelleninhalte. Bei Kopfzellen (th) ist dies standardmäßig bereits der Fall, die Inhalte aller anderer Tabellenzellen (td) hingegen sind linksbündig ausgerichtet. Diese Eigenschaft heben wir mit den folgenden Zeilen CSS auf.

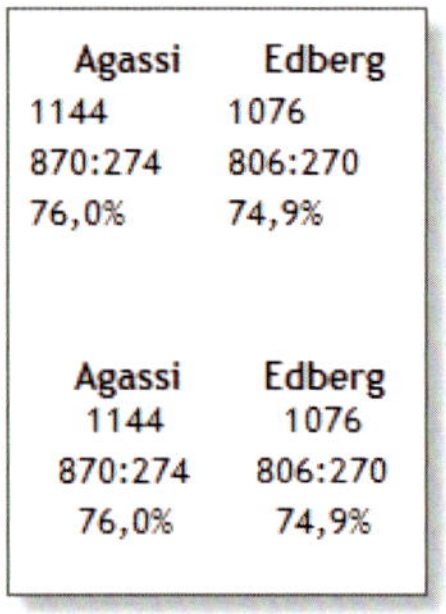

```
th, td {
    padding:0;
    margin:0;
    text-align:center;
}
```

8 Den Tabellenkopf gestalten

Grundlage des Tabellenkopfes, der die Namen der ehemaligen Top-10-Tennisspieler enthält, ist die vergrößerte Hintergrundgrafik »bg_head.gif« (siehe Grafik ❶ in Abbildung 9). Diese 1 Pixel breite Grafik wird mittels CSS im Hintergrund in der x-Richtung so oft wiederholt, wie es durch den Inhalt der Tabellenzellen nötig wird.

»bg_head.gif«

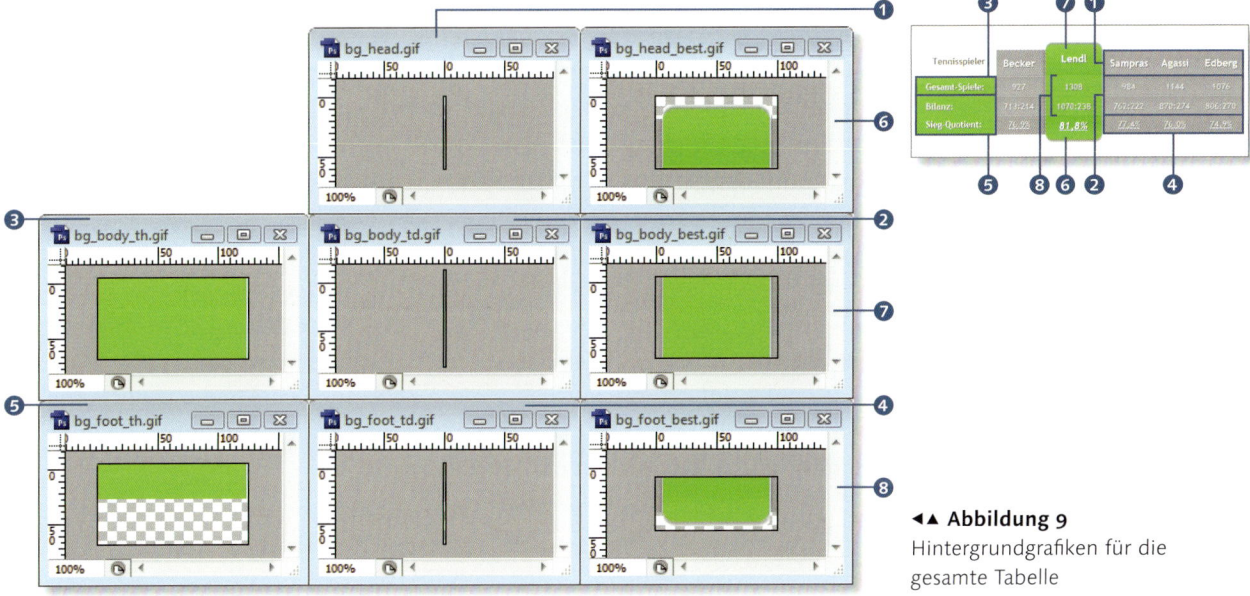

◀▲ **Abbildung 9**
Hintergrundgrafiken für die gesamte Tabelle

Um die Spaltenüberschriften innerhalb des grauen Farbverlaufes vertikal und horizontal zentriert ausrichten zu können, vergeben Sie dann noch eine Zeilenhöhe von 285 %.

```
thead th {
    height:60px;
    vertical-align:bottom;
    font-size:115%;
    line-height:285%;
    background:transparent url(images/bg_head.gif) repeat-x
    bottom left;
}
```

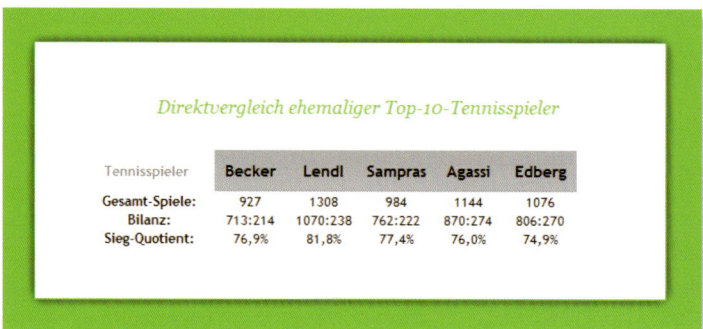

▲ **Abbildung 10**
Darstellung des Tabellenkopfes mit der Hintergrundgrafik »bg-head.gif«

Da die erste Tabellenzelle mit der Bezeichnung »Tennisspieler« mit anderen Schrifteigenschaften versehen werden soll, richten Sie hierfür den Text linksbündig aus und rücken ihn dann mittels der CSS-Eigenschaft `text-indent` um 15 px ein. Damit sich der Inhalt dieser Zelle auch auf einer Höhe mit dem Inhalt der Kopfzellen `th` befindet, wählen wir hierfür eine Zeilenhöhe von 305 %, im Vergleich zur Kopfzelle `th` mit einer Zeilenhöhe von 285 % also ein wenig größer. Da die Bezeichnung »Tennisspieler« und die dazugehörigen Nachnamen der ehemaligen Top-10-Spieler in einer Zeile abgebildet werden sollen, diese Spaltenüberschriften aber unterschiedliche Schriftgrößen besitzen, regelt die unterschiedliche Zeilenhöhe dieser Zellen innerhalb der Tabellenzeile `tr` des Tabellenkopfes `thead` diese vertikale Ausrichtung.

Zu guter Letzt vergeben Sie für diese Zelle noch eine graue Schriftfarbe, denn sie wird als Kontrast zu den Kopfzellen mit den Spielernamen keine Hintergrundgrafik erhalten und bleibt daher weiß.

```
thead td {
    font-weight:bold;
    vertical-align:bottom;
    text-indent:15px;
    line-height:305%;
    text-align:left;
    color:#999;
}
```

9 Den Tabellenkörper gestalten

Nun kümmern Sie sich um die Hintergrundgrafiken und die Ausrichtung der Zelleninhalte im Tabellenkörper.

Dazu weisen Sie allen Zellen innerhalb des Tabellenkörpers `tbody` eine Höhe von 30 px und die 1 px breite Hintergrundgrafik »bg_body_td.gif« (Grafik ❷ in Abbildung 9) zu, die sich entsprechend der Breite der Zelle in x-Richtung wiederholt.

Sampras

984

762:222
762:222
762:222

77,4%

▲ **Abbildung 11**
Wenn Sie die Anzahl an Zeichen innerhalb einer solchen im Fokus stehenden Tabellenspalte entsprechend berücksichtigen, können Sie auch mehrzeilige Tabelleninhalte abbilden.

```
tbody td {
   background:transparent url(images/bg_body_td.gif)
   repeat-x bottom left;
   height:30px;
}
```

 »bg_body_td.gif«

Die unterste Hintergrundgrafik (Grafik ❺ in Abbildung 9) im linken Bereich des Tabellenfußes der Datentabelle (»Sieg-Quotient«) ist ebenso wie die Fußzeile in der Gewinnerspalte (Grafik ❽ in Abbildung 9) 67 px hoch und 125 px breit, auch wenn Letztere visuell höher erscheint. Zudem wird der Inhalt dieser Zellen links ausgerichtet und 15 px eingerückt.

Den übrigen Kopfzellen im Tabellenkörper tbody und -fuß tfoot (erste Tabellenspalte) weisen Sie ebenfalls eine Hintergrundgrafik zu, und zwar »bg_body_th.gif« (Grafik ❸ in Abbildung 9). Damit diese Textinhalte nicht automatisch mittig ausgerichtet werden, ordnen Sie sie stattdessen links an und rücken sie dann mit der Eigenschaft text-indent um 15 px von dieser Position ein. Beachten Sie, dass diese Eigenschaft nur bei der ersten Zeile eines Absatzes funktioniert, schon die zweite übernähme diese Einrückung nicht. Da Sie diese Eigenschaft allerdings dem Tabellenkopf- und -fuß zuweisen und diese ohnehin nur eine Zeile enthalten werden, verwenden wir diese Eigenschaft an dieser Stelle als mögliche Alternative zur Eigenschaft padding-left.

```
tbody th,
tfoot th {
   text-align:left;
   background: transparent url(images/bg_body_th.gif)
   no-repeat bottom right;
   font-weight:bold;
   text-indent:15px;
}
```

▲ **Abbildung 12**
Darstellung der Inhalte der Kopfzellen der linken Spalte ohne (oben) und mit (unten) der Eigenschaft text-indent

 »bg_body_th.gif«

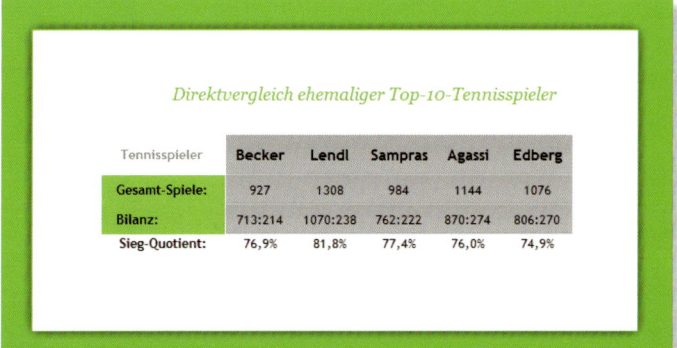

▲ **Abbildung 13**
Darstellung der Zellen des Tabellenkörpers inklusive Hintergrundgrafiken

»text-indent« – die etwas andere Texteinrückung

Die aus CSS1 stammende Eigenschaft text-indent zieht die erste Zeile eines Textes, je nach Art der Einrückung, nach rechts ein oder rückt sie nach links aus. Die Einrückung nach rechts erfolgt durch die Angabe eines positiven Wertes, die Ausrückung nach links hingegen erfolgt mittels eines negativen Wertes.

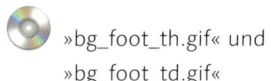 »bg_foot_th.gif« und
»bg_foot_td.gif«

10 Den Tabellenfuß gestalten

Der Tabellenfuß ist aufgrund seiner Aufteilung ebenso wie der Tabellenkopf dreigeteilt zu betrachten. Als Erstes versehen Sie daher die Zelle mit dem Inhalt »Sieg-Quotient« mit der dafür vorgesehenen transparenten Hintergrundgrafik »bg_foot_th.gif« (Grafik ❺ in Abbildung 9). Diese besitzt am rechten Rand einen 1 px breiten weißen Rahmen, damit diese Zelle optisch von der danebenliegenden Zelle getrennt ist. Der in dieser Zelle befindliche Text »Sieg-Quotient« wird im Gegensatz zu den Kopfzellen nicht nach unten, sondern nach oben hin ausgerichtet. Dadurch befindet sich der Text später mittig auf dem grünen Bereich der Hintergrundgrafik.

```
tfoot th {
    background: #FFF url(images/bg_foot_th.gif) no-repeat top right;
    vertical-align:top;
    padding-top: 4px;
}
```

Die Fußzellen definieren Sie analog zum Tabellenkopf, mit dem Unterschied, dass Sie die Hintergrundgrafik »bg_foot_td.gif« (Grafik ❹ in Abbildung 9) und Textinhalte diesmal im oberen Bereich der Zellen ausrichten. Für den unteren Bereich definieren Sie dann die Hintergrundfarbe Weiß.

```
tfoot td {
    background: #FFF url(images/bg_foot_td.gif) repeat-x top left;
    height:50px;
    padding-top:4px;
    vertical-align:top;
    text-decoration:underline;
}
```

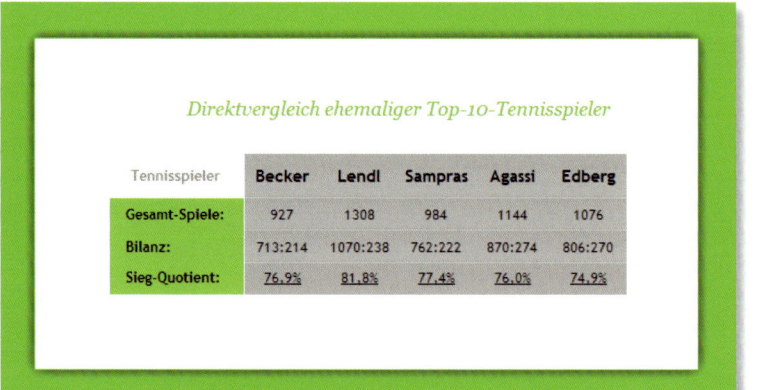

Abbildung 14 ▶
Hintergrundgrafiken für den Fuß
der Tabelle

Die besondere Stellung der »Gewinnerspalte« heben wir im weiteren Verlauf durch drei auffällige Hintergrundgrafiken deutlicher hervor, um diese Spalte für den Betrachter weiter in den Fokus zu rücken, als es bis zum jetzigen Zeitpunkt der Fall ist.

11 Die Gewinnerspalte gestalten

Um nun die Kopfzelle der Gewinnerspalte umzusetzen, definieren Sie für diese Spalte eine größere Breite als die bisher im HTML-Code mit 70 px angegebene Breite. Um die bereits angesprochene besondere Wertigkeit dieser Spalte deutlich hervorzuheben und somit für den User noch mehr in den Fokus zu setzen, definieren Sie neben einer größeren Schrift auch die Hintergrundgrafik »bg_head_best.gif« (Grafik ❻ in Abbildung 9) für die Kopfzelle mit .best.

 »bg_head_best.gif«, »bg_body_best.gif« und »bg_foot_best.gif«

```
thead th.best {
    background: #FFF url(images/bg_head_best.gif) no-repeat
    bottom left;
    width:100px;
    padding-bottom:5px;
    font-size:123%;
}
```

Den Anschluss an die darunterliegende Zelle gewährleisten Sie, indem Sie die Grafik am Boden der Zelle ausrichten. Damit der Name des effektivsten Spielers auch noch etwas hervorgehoben wird, versehen Sie ihn noch mit einem zusätzlichen Innenabstand nach unten. Die Tabellenzellen der Gewinnerspalte, die sich im Tabellenkörper tbody befinden, erhalten die Hintergrundgrafik »bg_body_best.gif« (Grafik ❼ in Abbildung 9). Diese Grafik enthält links und rechts den gleichen grauen Farbverlauf wie die »Verliererspalten«, womit ein nahtloser Übergang der Tabellenspalten möglich wird.

```
tbody td.best{
    background: transparent url(images/bg_body_best.gif)
    no-repeat bottom left;
    width:100px;
}
```

Um den höchsten Sieg-Quotienten entsprechend hervorzuheben, versehen wir diese Zelle mit der Hintergrundgrafik »bg_foot_best.gif« (Grafik ❽ in Abbildung 9) sowie zusätzlich mit einer Schriftgröße von 123 %:

▲ **Abbildung 15**
Die fertige Gewinnerspalte

```
tfoot td.best {
    background:transparent url(images/bg_foot_best.gif) no-repeat
    top left;
    width:100px;
    font-weight:bold;
    font-style:italic;
    font-size:123%;
}
```

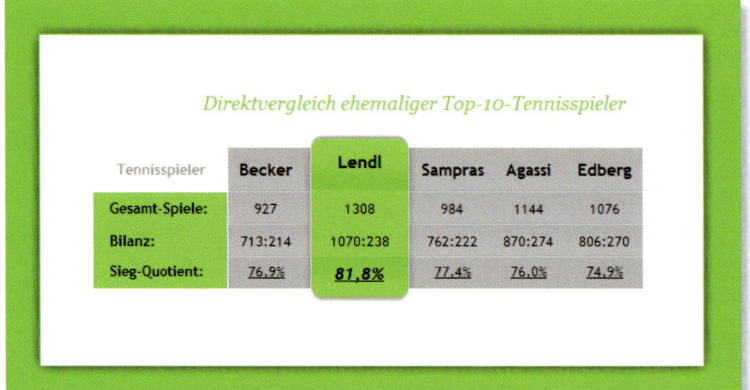

Abbildung 16 ▶
So passt sich die Gewinnerspalte
ins Gesamtbild ein und sticht trotzdem deutlich hervor.

12 Schriftfarbe anpassen

Um der Tabelle die geforderte und wesentlich besser zum Farbschema dieses Workshops passende Schriftfarbe zu geben, weisen Sie den
Tabelleninhalten einfach die notwendige Angabe zu.

```
table {
    ...
    color:#FFF;
}
```

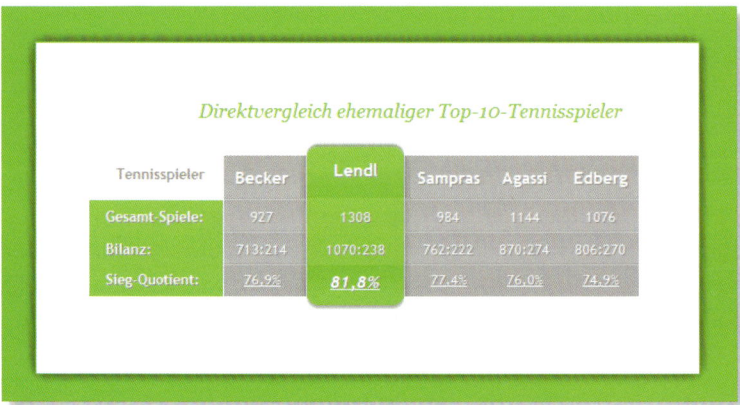

Abbildung 17 ▶
Die Tabelle nach Anpassung der
Schriftfarbe

13 Ein Tennisball als i-Tüpfelchen

Damit neben den Inhalten auch ein direkter Bezug zum Thema Tennis hergestellt werden kann, fügen Sie als i-Tüpfelchen der Tabelle noch einen Tennisball im PNG-Format hinzu.

```
<div>
    <table summary="Direktvergleich ehemaliger...">
        ...
    </table>
    <img src="images/ic_ball.png" class="icon" alt="Tennisball" />
</div>
```

Das kleine Bild »ic_ball.png« rücken Sie dann mittels CSS vom oberen linken Browserfensterrand um 205 px nach links und um 175 px nach unten ein. Somit findet sich die Grafik »innerhalb« der Tabelle wieder und verleiht dieser den endgültigen »Tennis-Touch«.

```
img.icon {
    border:0px;
    position:absolute;
    left:205px;
    top:175px;
    width:42px;
    height:42px;
}
```

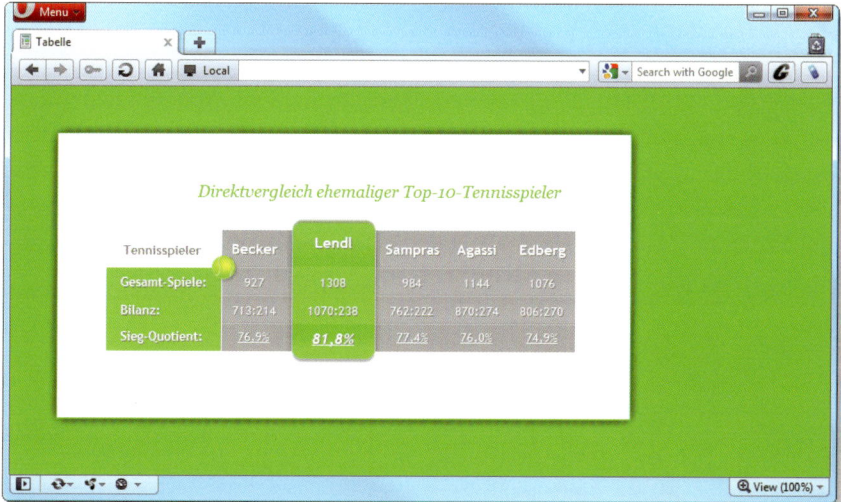

▲ **Abbildung 19**
Direktvergleich ehemaliger Top-10-Tennisspieler

»ic_ball.png«

▲ **Abbildung 18**
PNG-Grafik des Tennisballs

Absolute Positionierung

Absolut positionierte Elemente einer Webseite sind vollständig aus dem Dokumentenfluss (HTML-Code) genommen und haben aufgrund ihrer Eigenschaften keinen Einfluss auf folgende und/oder benachbarte Elemente. Daher kann es – anders als bei zu Elementen, die sich im Dokumentenfluss befinden – dazu kommen, dass absolut positionierte Elemente andere Elemente überlappen. Die Positionierung solcher Elemente erfolgt durch left, right, top oder bottom mit einer absoluten Maßangabe wie in diesem Fall (left:205px) oder aber mit einer relativen Maßangabe (left:20%). Diese Art der Positionierung von Webinhalten richtet sich nach dem nächsten Elternelement, das ebenfalls positioniert ist, also einen Wert für position anders als static besitzt. Wenn es kein solches Element gibt, richtet sich die Positionierung nach der Browserfenstergröße (Viewport). Mehr zur absoluten Positionierung erfahren Sie in Abschnitt 2.8, »Positionieren und Stapeln«.

14 Dank CSS3 auf alle (!) Hintergrundgrafiken verzichten

Alles schön und gut, aber schließlich widmet sich dieses Buch mit all seinen Workshops dem modernen Webdesign. Daher ist es nur folgerichtig, dass Sie wenigstens einmal versuchen, diese Tabelle ohne Hintergrundgrafiken und ausschließlich mit CSS3-Eigenschaften umzusetzen. Um sich der Herausforderungen für die einzelnen Tabellenzeilen und -spalten bewusst zu werden, sollten Sie sich zuallererst noch einmal die Tabellenstruktur vor Augen führen.

Tennisspieler	Becker	Lendl	Sampras	Agassi	Edberg
Gesamt-Spiele:	927	1308	984	1144	1076
Bilanz:	713:214	1070:238	762:222	870:274	806:270
Sieg-Quotient:	76,9%	81,8%	77,4%	76,0%	74,9%

Direktvergleich ehemaliger Top-10-Tennisspieler

Abbildung 20 ▶
Zum besseren Verständnis der Gliederung der Tabelleninhalte sind alle Tabellenzellen rot umrandet.

Da diese Tabellenzellen unglücklicherweise nicht nur einen einfachen Farbverlauf besitzen, der über die Eigenschaft `linear-gradient` realisiert werden könnte, sondern zusätzliche »Haltepunkte« aufweisen, die den einfachen Farbverlauf ändern, müssen Sie diese zusätzlichen Angaben allesamt für die jeweiligen Tabellenzellen definieren. Browser, die einen solchen Farbverlauf nicht darstellen können, bekommen als Fallback-Lösung eine Hintergrundfarbe zugewiesen, damit die Daten der Tabellenzelle sichtbar werden, denn weiße Schrift auf weißem Hintergrund dürfte selbst für die geübtesten Augen eine Herausforderung werden. Und da der Betrachter einer solchen Tabelle die Daten unkompliziert erfassen können soll, wählen Sie natürlich eine möglichst kontrastreiche Hintergrundfarbe.

← #d4d4d4
← #bdbdbd 2% oder 0.02

← #c5c5c5 92% oder 0.92
← #b9b9b9

Abbildung 21 ▶
Farbverlauf der Tabellenzellen

```
tbody td {
    height:28px;
    background: #bdbdbd;
    background: -moz-linear-gradient(
    top, #D4D4D4, #BDBDBD 2%, #C5C5C5 92%, #B9B9B9);
    background: -webkit-gradient(
    linear, left top, left bottom,
    from(#D4D4D4), color-stop(0.02, #BDBDBD),
    color-stop(0.92, #C5C5C5), to(#B9B9B9));
    background: -webkit-linear-gradient(
    top, #D4D4D4, #BDBDBD 2%, #C5C5C5 92%, #B9B9B9);
    background: -o-linear-gradient(
    top, #D4D4D4, #BDBDBD 2%, #C5C5C5 92%, #B9B9B9);
    background: linear-gradient(
    top, #D4D4D4, #BDBDBD 2%, #C5C5C5 92%, #B9B9B9);
}
```

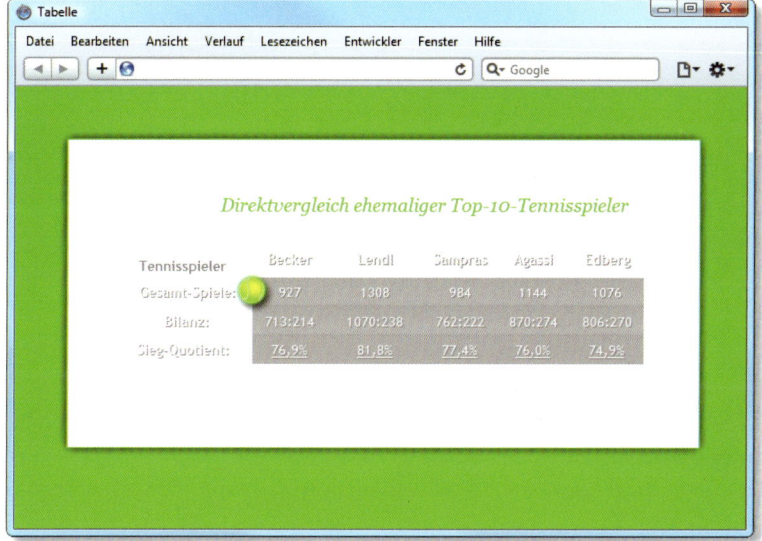

◄ **Abbildung 22**
Darstellung der Farbverläufe in allen normalen Tabellenzellen (td)

Bei den beiden für Mozilla- und webkit-betriebene Browser notwendigen Schreibweisen fallen neben der Art der Ausrichtung des Farbverlaufes linear-gradient insbesondere die »Haltepunkte« ins Auge. Auf diese Weise haben Sie die Möglichkeit, abhängig von der Höhe der Tabellenzellen beispielsweise bei 72 % Höhe einen abrupten Farbwechsel von Grün (#BDBDBD) zu Weiß (#FFFFFF) zu erzeugen.

```
tfoot td {
    background: #BDBDBD;
    height:38px;
    padding-top:4px;
    vertical-align:top;
```

```
text-decoration:underline;
background-image:-moz-linear-gradient(top,
#D4D4D4, #BDBDBD 1%, #BDBDBD 72%, #FFF 72%, #FFF);
background-image:-webkit-gradient(linear,
left top, left bottom, from(#d4d4d4),
color-stop(0.01, #BDBDBD), color-stop(0.72, #BDBDBD),
color-stop(0.72, #FFFFFF), to(#FFFFFF));
background-image:-webkit-linear-gradient(top,
#D4D4D4, #BDBDBD 1%, #BDBDBD 72%, #FFF 72%, #FFF);
background-image:-o-linear-gradient(top,
#D4D4D4, #BDBDBD 1%, #BDBDBD 72%, #FFF 72%, #FFF);
background-image: linear-gradient(top,
#D4D4D4, #BDBDBD 1%, #BDBDBD 72%, #FFF 72%, #FFF);
}
```

15 Kopfzellen des Tabellenfußes gestalten

Analog zu den Tabellenzellen mit den Daten der einzelnen Tennisspieler müssen wir auch die Kopfzeilen zu Beginn einer jeden Zeile umsetzen.

▲ **Abbildung 23**
Definition der Farbverläufe der Kopfzellen (th)

Der Unterschied zum vorangegangenen Arbeitsschritt ist lediglich der, dass bei 72 % des Farbverlaufes ein abrupter Wechsel von Grün (#A0D63D) auf Weiß (#FFFFFF) stattfindet und sich dieser Farbwert dann bis ans untere Ende ausdehnt. Das Ende des Farbverlaufes wird somit bei 72 % der Höhe der Zelle sichtbar, technisch gesehen geht er aber bis 100 %.

```
tfoot th {
    text-align:left;
    font-weight:bold;
    text-indent:15px;
    background: #A0D63D;
    background-image:-moz-linear-gradient(top,
    #9CD238, #A0D63D 72%, #FFF 72%, #FFF);
    background-image:-webkit-gradient(linear,
    left top, left bottom, from(#9CD238),
    color-stop(0.72, #A0D63D), color-stop(0.72, #FFFFFF), to(#FFFFFF));
    background-image:-webkit-linear-gradient(top,
    #9CD238, #A0D63D 72%, #FFF 72%, #FFF);
```

Schreibweisen für Haltepunkte

Die Schreibweisen für diese »Haltepunkte« sind leider (noch) nicht einheitlich, so dass für die Mozilla- und webkit-Browser zwei unterschiedliche Schreibweisen vorliegen. Während für alle Mozilla-Browser wie Firefox der Haltepunkt lediglich mit einem Prozentwert (1 % oder 72 %) angegeben wird, um die Position im Farbverlauf zu bestimmen, definieren Sie bei Webkit-Browsern wie Safari und Google Chrome die Werte folgendermaßen: 0.01 oder 0.72.

```
background-image:-o-linear-gradient(top,
#9CD238, #A0D63D 72%, #FFF 72%, #FFF);
background-image: linear-gradient(top,
#9CD238, #A0D63D 72%, #FFF 72%, #FFF);
}
```

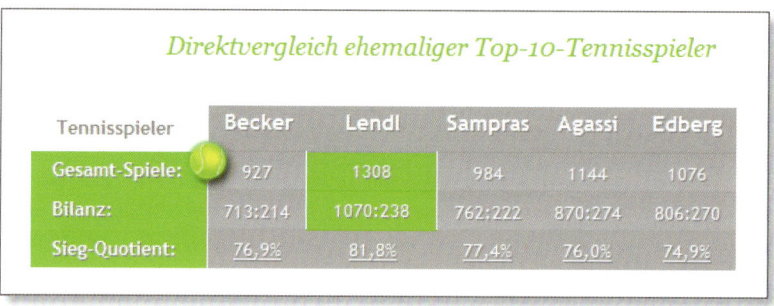

◀ Abbildung 24
Hinzufügen der Farbverläufe zu
den Kopfzellen

16 Tabellenzellen der Gewinnerspalte gestalten

Um nun auch der Gewinnerspalte den gebührenden Respekt
zu erweisen, versehen wir sie mit ähnlichen Farbverlaufseigenschaften,
wobei lediglich in der Farbgebung leichte Unterschiede vorliegen. Zudem
bekommt diese Spalte links und rechts einen weißen Rahmen, damit sie
sich visuell zusätzlich von den »Verliererspalten« abhebt.

```
tbody td.best {
    background: #87C81C;
    background: -moz-linear-gradient(top, #9FD63C, #A0DD42);
    background: -webkit-gradient(linear, left top, left bottom,
    from(#9FD63C), to(#A0DD42));
    background: -webkit-linear-gradient(top, #9FD63C, #A0DD42);
    background: -o-linear-gradient(top, #9FD63C, #A0DD42);
    background: linear-gradient(top, #9FD63C, #A0DD42);
    border-width:0 1px 1px 1px;
    border-style:solid;
    border-color: transparent #FFF #88c91d #FFF;
}
```

Direktvergleich ehemaliger Top-10-Tennisspieler

Tennisspieler	Becker	Lendl	Sampras	Agassi	Edberg
Gesamt-Spiele:	927	1308	984	1144	1076
Bilanz:	713:214	1070:238	762:222	870:274	806:270
Sieg-Quotient:	76,9%	81,8%	77,4%	76,0%	74,9%

◀ Abbildung 25
Hinzufügen der Farbverläufe zu den
Tabellenzellen (td) der Gewinner-
spalte

17 Kopf- und Fußzelle der Gewinnerspalte gestalten

Den gestalterischen Abschluss dieser Tabelle bilden die Kopf- und Fußzelle der Gewinnerspalte. Hier im Buch werden lediglich die Eigenschaften der Kopfzelle abgebildet, da die der Fußzeile dieselben sind, nur eben »auf den Kopf gestellt«. Neben Ausrichtung und zusätzlicher Hervorhebung der Inhalte durch eine größere Schriftgröße und eine andere Einrückung erhalten diese Zellen ebenfalls einen Farbverlauf von einem hellen zu einem dunkleren Grün sowie eine Einrahmung von drei der vier Seiten, einen Schattenwurf und einen Radius der beiden zur Verfügung stehenden »Ecken«.

```
thead th.best {
    padding-bottom:5px;
    font-size:123%;
    background-color: #87C81C;
    background: -moz-linear-gradient(top, #A0DD42, #87C81C);
    background: -webkit-gradient(linear, left top, left bottom,
    from(#A0DD42), to(#87C81C));
    background: -webkit-linear-gradient(top, #A0DD42, #87C81C);
    background: -o-linear-gradient(top, #A0DD42, #87C81C);
    background: linear-gradient(top, #A0DD42, #87C81C);
    border-width:0 1px 1px 1px;
    border-style:solid;
    border-color: transparent #FFF #87C81C #FFF;
    -moz-box-shadow: 0 -3px 5px -3px #333;
    -webkit-box-shadow: 0 -3px 5px -3px #333;
    box-shadow: 0 -3px 5px -3px #333;
    -webkit-border-top-right-radius:10px;
    -webkit-border-top-left-radius:10px;
    -moz-border-radius-topright:10px;
    -moz-border-radius-topleft:10px;
    border-top-right-radius:10px;
    border-top-left-radius:10px;
}
```

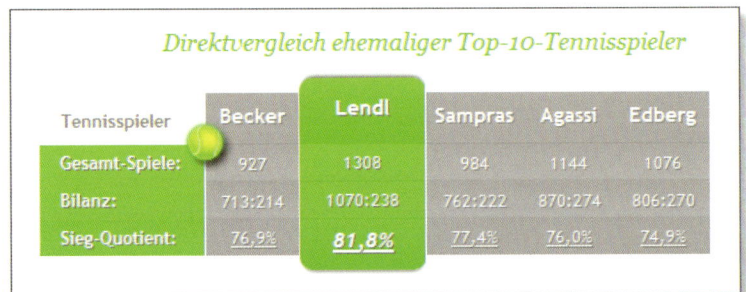

▲ **Abbildung 26**
Die fertige Gewinnerspalte mit passenden Farbverläufen in Kopf- und Fußzelle

18 Animation des Tennisballs

Zu guter Letzt – und ja, es ist tatsächlich der letzte (Arbeits-) Schritt in diesem Workshop – verschaffen wir dem Tennisball, der bisher ein eher tristes und bewegungsarmes Dasein fristete, etwas Bewegung. Diese auf CSS3 basierende Animation können all diejenigen, die einen webkit-basierten Browser (Safari oder Google Chrome) oder den Firefox ab Version 5 ihr Eigen nennen, auch beobachten, für alle anderen Nutzer bleibt der Ball leider unbeweglich.

```
img.icon {
    -webkit-animation-name: rotate;
    -webkit-animation-duration:4s;
    -webkit-animation-iteration-count: 1;
    -webkit-animation-timing-function: linear;
    -moz-animation-name: rotate;
    -moz-animation-duration:4s;
    -moz-animation-iteration-count: 1;
    -moz-animation-timing-function: linear;
}
```

Damit die nun folgende Animation auch die richtigen (zu verändernden) Eigenschaften erkennt, müssen Sie an sämtlichen Fixpunkten, an denen Sie eine veränderte Eigenschaft definieren, unbedingt denselben `animation-name` vergeben. Da der Ball zu Beginn der Bewegung aus dem Nichts kommen soll, muss er sich natürlich außerhalb des sichtbaren Bereiches des Browserfensters befinden. Zudem soll sich der Tennisball mit zunehmendem Verlauf der Bewegung optisch auf den Betrachter hinzubewegen, was zur Folge haben muss, dass er sich vergrößert. Daher erhält die Grafik zudem die Skalierungseigenschaft `scale` und den Wert `0.1`. Dies bedeutet, dass diese Tennisball-Grafik, die zu Beginn der Animation direkt nach dem Aufruf der Tabelle im Browser ohne Verzögerung geladen wird, eine Breite und Höhe von ca. 4 Pixeln aufweist. Damit diese Tennisball-Größe selbst bei besonders aufmerksamen Usern mit gutem Auge nicht sichtbar ist, setzen wir sie mit `top:-50px` und `left:-50px` außerhalb des sichtbaren Bereiches. Im weiteren Verlauf ändert sich neben der absoluten Position und der Größe auch die Rotation des Balles – genauso, wie es sich für einen echten Aufschlag gehört.

```
@-webkit-keyframes rotate {
    0% {-webkit-transform:rotate(0deg);
        -webkit-transform:scale(.1);
        top:-50px;left:-50px;
    }
    20% {-webkit-transform: rotate(-70deg);
        -webkit-transform:scale(.2);
```

Animation

Im ersten Schritt wird die Animation `rotate` für die Tennisball-Grafik angelegt. Um die später anzuwendenden Animationseigenschaften den einzelnen Zuständen zuweisen zu können (Position des Tennisballs nach einer Sekunde, Position des Tennisballs nach zwei Sekunden ...), wird diese Bezeichnung den Keyframes zugeordnet. Mit `animation-duration` legen Sie die viersekündige Dauer der Bewegung des Tennisballs fest, wohingegen Sie mit `animation-interation-count` den einmaligen Durchlauf einer Animation bestimmen.

»keyframes«

Mit `keyframes` werden die einzelnen Zustände der CSS-basierten Animation beschrieben. Da bisher lediglich Webkit-Browser wie Chrome 13, Safari 5 und Firefox 5 diese Eigenschaft unterstützen, wird der Eigenschaft das Präfix `-webkit-` oder `-moz-` vorangestellt. Den Zustand (Größe, Position, Rotation) des zu animierenden Elements können Sie über Prozentangaben für Anfangs-, Zwischen- und Endwerte definieren. 0% steht in diesem Fall für den Beginn und 100% für den finalen Zustand der Animation.

```
        top:10px;left:0px;
      }
    40% {-webkit-transform: rotate(-140deg);
        -webkit-transform:scale(.4);
        top:90px;left:40px;
      }
    60% {-webkit-transform: rotate(-210deg);
        -webkit-transform:scale(.6);
        top:175px;left:80px;
      }
    80% {-webkit-transform: rotate(-280deg);
        -webkit-transform:scale(.8);
        top:120px;left:130px;
      }
    100% {-webkit-transform: rotate(-360deg);
        -webkit-transform:scale(1);
        top:175px;left:205px;
      }
}
```

Die Definition dieser Eigenschaften der Keyframes muss ebenfalls für den
Firefox (erst ab Version 5!) angelegt werden. Dies geschieht mit der Verwendung des des mozilla-Präfixes.

```
@-moz-keyframes rotate {
  0% {
    -moz-transform:rotate(0deg);
    -moz-transform:scale(.1);
    top:-50px;left:-50px;
  }
  ...
}
```

Abbildung 27 ▶
So verläuft die Animation des Tennisballs. Zum Aufrufen der Animation auf der DVD klicken Sie auf die
unterste Zeile der Gewinnerspalte.

19 Fazit

Der zweite Teil dieses Workshops (ab Schritt 14), in dem wir die Tabelle basierend auf den CSS3-Eigenschaften `linear-gradient`, `webkit-animation`, `webkit-transform`, `border-radius` und `text-shadow` umgesetzt haben, hat dazu geführt, dass keine der eingangs verwendeten acht Hintergrundgrafiken für die Umsetzung dieser Tabelle mehr notwendig ist. Dadurch haben wir die HTTP-Requests für diesen Workshop von 11 auf 3 (!) reduziert und die Dateigröße für diesen Workshop von 17 KB auf 9,2 KB nahezu halbiert.

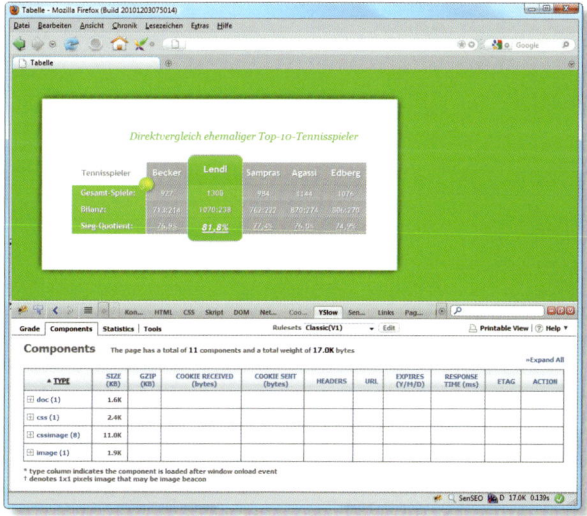

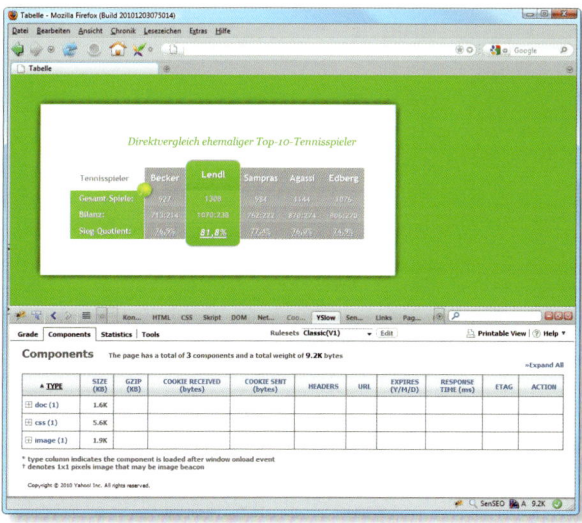

◄ **Abbildung 28**
Browser-Extension YSlow mit Anzeige der geladenen Dateien (mit Hintergrundgrafiken) und den daraus resultierenden elf HTTP-Requests (oben) sowie ohne Hintergrundgrafiken und mit den daraus resultierenden drei HTTP-Requests (unten)

HTTP-Requests reduzieren

Große Ladezeiten können viele Ursachen haben. Ein mitunter häufig auftretendes Problem ist der oftmals inflationäre Umgang mit HTTP-Requests. 50 und mehr Anfragen sind keine Seltenheit. Diese oftmals recht hohe Anzahl wird notwendig, da für jedes Bild, jede JS- und jede CSS-Datei eine neue HTTP-Verbindung zwischen Browser und Server geöffnet werden muss; und da die meisten Browser oft nur eine Handvoll paralleler HTTP-Requests zulassen, kann dies durchaus zu einem spürbar langsamen Ladeverhalten führen. Die Reduzierung der Grafiken wie in diesem Workshop ist hierbei nur eine Variante.
Mehr zur allgemeinen Optimierung von Webseiten erfahren Sie in Kapitel 4, »Seitenoptimierung und Debugging«.

Dieser letzte kleine Vergleich zeigt deutlich, warum Sie mit der Umsetzung von CSS3-Eigenschaften nicht länger warten sollten.

Onlineformulare benutzer-freundlich gestalten

Wie sieht ein Formular aus, das jeder gerne ausfüllt?

Fast jede Website enthält Formulare, ob zur Kontaktaufnahme, zur Registrierung für einen Newsletter oder auch zur Bestellung von Produkten über einen Onlineshop. Wie mit einem verständlichen Aufbau, der Auszeichnung von Pflichtfeldern und zusätzlichen Informationen dem Nutzer solcher Formulare das Ausfüllen leichter gemacht werden kann, ist Inhalt dieses Workshops. Die Vorlage für die Umsetzung soll ein Formular eines fiktiven Online-Getränkelieferanten sein, der sich auf die Auslieferung von Mineralwasser spezialisiert hat.

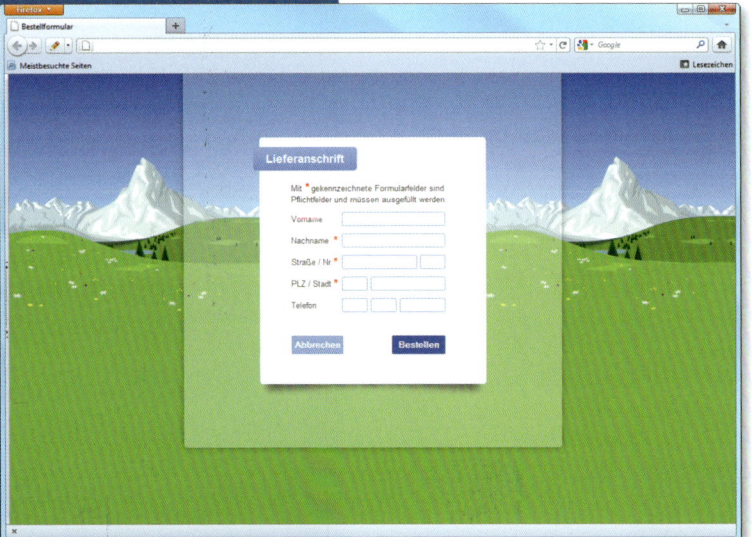

Zielsetzungen:

▶ Barrierefreie Umsetzung des Formulars mit WAI-ARIA-Attributen

▶ Gestalten des Formulars (u. a. mit Farbverläufen und Schatten, die ausschließlich mittels CSS umgesetzt werden)

▶ Kennzeichnen und Gestalten von Pflichtfeldern und Fehlermeldungen

CSS3-Eigenschaften: box-shadow, border-radius, linear-gradient, CSS3-Modul »Transitions«

1 Nicht mehr Formulardaten abfragen als nötig

Bei vielen Nutzern sind Formulare nicht sonderlich beliebt. Eine Ursache dafür ist, dass der User in dem Moment, in dem er beispielsweise ein Registrierungsformular ausfüllt, die Anonymität des World Wide Webs verlässt und ab diesem Zeitpunkt persönliche Informationen von sich preisgeben muss, die er beim normalen Surfen im Internet nicht benötigt. Kommen die Daten dort an, wo sie hingehören? Habe ich alles richtig ausgefüllt? Fragen, die sich bestimmt jeder von uns schon einmal gestellt hat. Genau aus diesem Grund ist es wichtig, vor allem den weniger versierten Usern das Verstehen, Ausfüllen und Absenden von Onlineformularen so einfach wie möglich zu gestalten und ihnen diese Unsicherheit zu nehmen.

Die erste grundlegende Frage, die Sie sich bei der Gestaltung eines Formulars stellen müssen, ist, welche Daten vom Internetnutzer abgefragt werden müssen. Da ein Formular oftmals die letzte Hürde ist, die ein Webseitenbesucher innerhalb eines Check-out-Prozesses überwinden muss, sollten Sie durch eine durchdachte Gestaltung Vertrauen vermitteln und Sicherheit schaffen. Bei einem Bestellformular, wie dem des fiktiven Getränkelieferanten, heißt dies auch, nur die Daten abzufragen, die zur Bezahlung und Auslieferung der bestellten Produkte wirklich notwendig sind. Denn wenn ein User wegen mangelnder Übersicht oder der Abfrage zu vieler (unnötiger) Daten nicht auf Anhieb mit dem Formular zurechtkommt oder verunsichert wird, wechselt er schnell einmal zur Konkurrenz. Und das soll natürlich vermieden werden.

▲ **Abbildung 1**
Kreativität im Kontaktbereich – auch wenn die hier abgebildeten Formulare kein Vorbild in Sachen Benutzerfreundlichkeit darstellen, zeigen sie deutlich, das Sie als Webdesigner bei der Gestaltung von Formularen durchaus mehr Kreativität als üblich einbringen können, auch um sich in diesem Bereich von der Konkurrenz abzuheben. *www.vincentmazza.com* (links), www.*berttimmermans.com* (rechts)

2 Strukturieren des Formulars mittels unsortierter Liste

Damit die Formularelemente auch zu einem funktionierenden Formular werden können, müssen sie von einem form-Tag umschlossen werden, das den gesamten Bereich des Formulars kennzeichnet. Da Sie die abzufragenden Formulardaten kennen, definieren Sie als Nächstes mit action die entsprechende Zieldatei für die zu versendenden Daten.

```
<form action="/cgi-bin/order.pl" method="post">
```

Um die Daten dieses Formulars strukturell zusammenzufassen, gruppieren Sie die darin enthaltenen Formularelemente mit dem fieldset-Element und einer eindeutigen Bezeichnung des Formulars (id="contactForm").

```
<fieldset id="contactForm">
```

Um dem Formular zusätzlich eine Überschrift geben zu können, bedarf es der Verwendung des legend-Elements. Dieses muss direkt nach dem fieldset-Element stehen, bevor andere Formularelemente folgen.

```
<legend>Lieferanschrift</legend>
```

Da die nun folgenden Formulardaten nacheinander, also untereinander, abgebildet werden, verwenden Sie zur Gliederung und späteren Gestaltung für dieses Formular eine unsortierte Liste ul. Dabei fügen Sie jedem Listenpunkt ein Label und das dazugehörige Formularelement hinzu. Die Listenpunkte li sorgen aufgrund ihrer Blockeigenschaft dafür, dass jedes Label und Formularelement in einer separaten Zeile abgebildet wird. Die Ausrichtung der Inhalte zueinander wird später von CSS übernommen. Um in erster Linie aber auch die Zugänglichkeit von Formularen und den darin enthaltenen Elementen zu verbessern, sollten Sie WAI-ARIA (Web Accessibility Initiative – Accessible Rich Internet Applications), einen in Entwicklung befindlichen Standard des W3C, verwenden (*http://www. w3.org/WAI/intro/aria.php*). ARIA ist eine rein semantische Erweiterung für HTML-Elemente, die das Layout von Webseiten nicht verändert, aber logische Verbindungen schafft und Eigenschaften in Form von Attributen zuweist. Das Hauptziel dieses Standards ist es, das dynamische Verhalten von Webseiten und -anwendungen für körperlich eingeschränkte Menschen zu verbessern, so dass diese die Daten und deren Strukturen einfacher und schneller verstehen können.

Eines dieser WAI-ARIA-Attribute, das auch in Formularen Verwendung finden kann, ist aria-required, mit dem Pflichtfelder gekennzeichnet werden. Es wird dem jeweiligen Formularelement hinzugefügt und um den Wert true ergänzt. Bildschirmleseprogramme wie NVDA oder JAWS erkennen dieses Attribut und werten die daraus resultierenden Verknüpfungen für die jeweiligen Anwender aus.

```html
<ul>
   <li>
      <label for="firstname">Vorname</label>
      <input name="firstname" id="firstname" type="text" />
   </li>
   <li>
      <label for="lastname">Nachname</label>
      <input aria-required="true" name="lastname"
      id="lastname" type="text" />
   </li>
   <li>
      <label for="street">Stra&szlig;e / Nr.</label>
      <input aria-required="true" name="street"
      id="street" type="text" />
      <input aria-required="true" name="number"
      id="number" type="text" />
   </li>
   <li>
      <label for="zipCode">PLZ / Stadt</label>
      <input aria-required="true" name="zipCode"
      id="zipCode" type="text" />
      <input aria-required="true" name="city" id="city"
      type="text" />
   </li>
   <li>
      <label for="mobileCountryCode">Telefon</label>
      <input name="countryCode" id="mobileCountryCode" type="text" />
      <name="cityCode" id="cityCode" type="text" />
      <input name="telNumber" id="telNumber" type="text" />
   </li>
   <li>
      <input type="reset" name="cancel" value="Abbrechen" />
      <input type="submit" name="absenden" value="Bestellen" />
   </li>
</ul>
</fieldset>
</form>
```

Allerdings besitzt dieser Ansatz den Nachteil, dass mit WAI-ARIA gekennzeichnete Elemente und somit die Webseiten, in denen sich diese Elemente befinden, nicht mehr valide sind. Da hier der Standard fortschrittlicher ist als der W3C-Validator, dürfte dieses »Problem« über kurz oder lang verschwinden.

Formularelemente wie beispielsweise die Postleitzahl (zipCode) sollten mit einem eindeutigen id-Attribut versehen werden. Dies erzeugt im Zusammenhang mit dem for-Attribut des labels eine »Verknüpfung«, die beim Anklicken des Labels dazu führt, dass der Cursor direkt in das Formularelement springt und dieses durch zusätzliche CSS-Eigenschaften visuell hervorgehoben wird. Dadurch können Sie die Benutzerführung also zusätzlich erleichtern.

Beachten Sie aber, dass diese strukturell als Pflichtfelder gekennzeichneten Formularfelder ohne eine entsprechende visuelle Gestaltung für sehende Anwender nun aber noch nicht als Pflichtfelder zu erkennen sind! Das wird sich in den nächsten Schritten dieses Workshops aber noch ändern.

Damit zu dem reinen HTML-Formulargerüst endlich auch visuell eine Verbindung zum Thema der Seite (»Getränkelieferant«) hergestellt werden kann, tragen wir dem Design der Site Rechnung.

»bg_form_mountain.jpg«

3 Ein Design entwickeln

Um dem Layout einen thematischen Bezug zum Getränkelieferanten von Bergkristall-Mineralwasser zu geben, wird die Grafik »bg_form_mountain.jpg« verwendet.

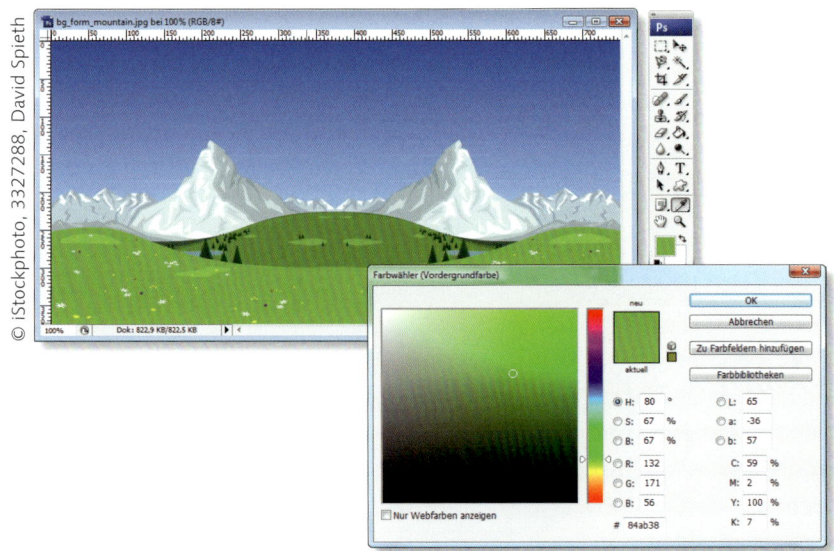

© iStockphoto, 3327288, David Spieth

Da sich diese Grafik später hinter allen anderen Elementen befinden wird und somit von ihnen überlagert wird, kann sie im body referenziert werden. Mit repeat-x wird, wie in Abbildung 4 zu sehen ist, eine Wiederholung der Grafik in horizontaler Richtung möglich, so dass sich das Hintergrundbild an den jeweiligen Viewport des Browsers anpasst. Wer also mehr als zwei Berggipfel in seinem Browserfenster zu Gesicht bekommt, kann davon ausgehen, dass er einen Viewport von nahezu 1.000 Pixeln oder mehr besitzt.

Da die Illustration der Bergregion – im Übrigen die einzige Grafik in diesem Workshop – eine Höhe von nur 375 Pixeln aufweist, müssen wir für den Bereich darunter einen Farbwert finden, der sich aus der Illustration ergibt. Hierzu entnehmen Sie den Grünwert (#84ab38), der am untersten Ende der Illustration liegt, und fügen ihn vor der Referenzierung zur Grafik ein.

```
body {
    ...
    background: #84ab38 url(../images/bg_form_mountain.jpg)
    0 0 repeat-x;
}
```

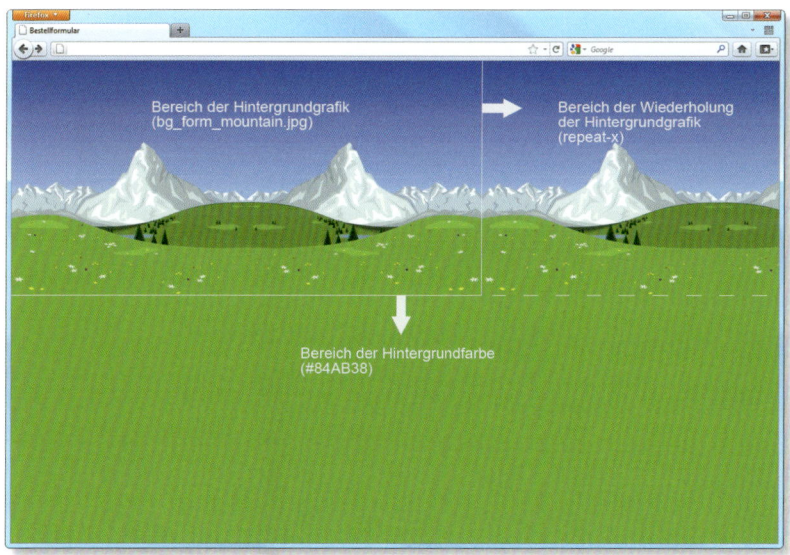

◀ **Abbildung 4**
Anordnung von Hintergrundbild und -farbe im Browserfenster bei einem Viewport mit einer Breite von über 1.000 px

4 Ausrichten des Formulars

Der erste gestalterische Punkt in diesem Workshop ist die horizontale Zentrierung des Bestellformulars. Der mit #main gekennzeichnete Bereich wird auf eine Breite von 600 Pixel beschränkt. In diesem Bereich richten wir dann im weiteren Verlauf das eigentliche Formular aus.

```
#main {
    margin:0 auto;
    padding: 0;
    width:600px;
    -moz-box-shadow:0 0 10px rgba(0, 0, 0, 0.3);
    -webkit-box-shadow:0 0 10px rgba(0, 0, 0, 0.3);
    box-shadow:0 0px 10px rgba(0, 0, 0, 0.3);
    -webkit-border-bottom-right-radius:5px;
    -webkit-border-bottom-left-radius:5px;
    -moz-border-radius-bottomright:5px;
    -moz-border-radius-bottomleft:5px;
    border-bottom-right-radius:5px;
    border-bottom-left-radius:5px;
    background-color: rgb(255,255,255);
}
```

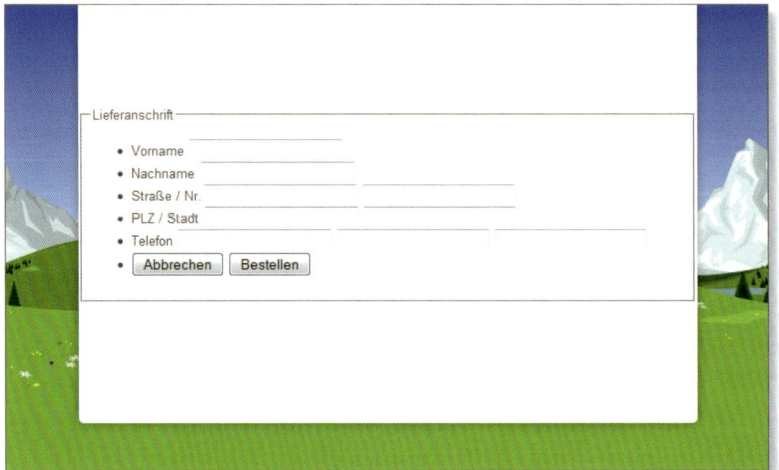

Abbildung 5 ▶
Das Formular ist mittig ausgerichtet
und hat einen Schlagschatten sowie
abgerundete Ecken bekommen.

5 Ausrichten der Formularinhalte

Die Formularinhalte sollen nicht auf einem rein weißen, sondern auf einem transparenten Hintergrund präsentiert werden. Daher folgt dem RGB-Wert für die Hintergrundfarbe ein RGBA-Wert. RGBA ist eine Methode, eine Farbe über einen sogenannten Alphakanal transparent zu machen. Hier wird durch diese Methode die Deckkraft des weißen Hintergrunds reduziert, was einen Blick auf die Berglandschaft ermöglicht.

Wer für diejenigen Browser, die diese Alphatransparenz nicht abbilden können, einen Fallback benötigt, muss den RGB-Wert dem RGBA-Wert voranstellen. Bei Browsern, die den RGBA-Wert interpretieren können, wird der RGB-Wert von dem darauffolgenden RGBA-Wert überschrieben.

```
#main {
   ...
   background-color: rgb(255,255,255);
   background-color: rgba(255,255,255,.3);
}
```

Als Nächstes entfernen wir die Aufzählungszeichen der Liste und richten die Listenpunkte dann untereinander aus. Zudem ordnen wir die `label` und dazugehörigen Formularelemente linksbündig an und blenden den standardmäßig von den Browsern umgesetzten Rahmen des `fieldset` aus.

```
fieldset {
   padding:0 40px 35px 50px;
   margin:0;
   border:0px solid transparent;
}
fieldset ul {
   margin:0;
   padding:15px 0 0 0;
   list-style-type: none;
}
```

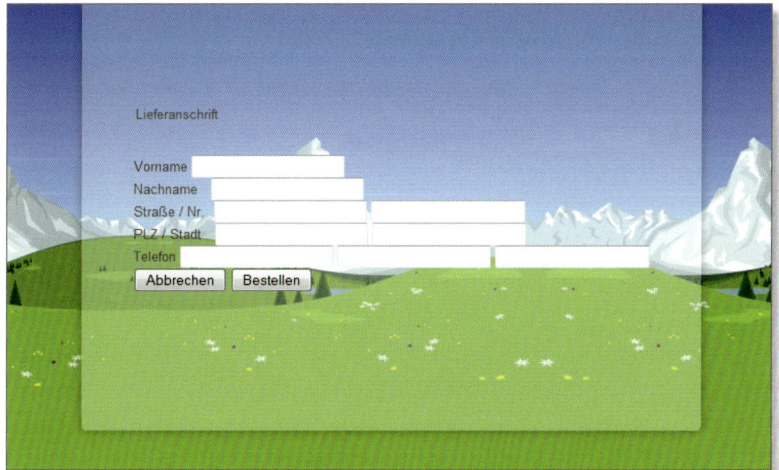

◄ **Abbildung 6**
Transparenter Hintergrund für den Formularbereich

»form«-Element zur Gestaltung des Formulars nutzen

Strukturell bildet das HTML-Element `form` den Rahmen für die darin enthaltenen Formularelemente. Zudem enthält es die Steuerinformationen für die Weiterverarbeitung der Daten. Leider wird dieses Element zu selten zur Gestaltung des Formulars verwendet, wobei die Einsparung eines weiteren allumfassenden Elements hiermit so denkbar naheliegt.

6 Festlegen der Maße des Formulars und Ausrichten der darin enthaltenen Elemente

Damit diese bisher lose Anhäufung von Formularelementen auch zu einem einigermaßen optisch zusammenhängenden Formular werden kann, muss das die Formularelemente umschließende `form`-Element ebenfalls zur Gestaltung genutzt werden. In diesem Fall bedeutet dies u. a. die Vergabe der Formularbreite und -hintergrundfarbe.

```
form {
    border:0;
    width:360px;
    background-color: #FFF;
    -moz-border-radius: 5px;
    -webkit-border-radius: 5px;
    border-radius: 5px;
    padding:15px 0 0 0;
    margin:0 auto;
    position:relative;
}
```

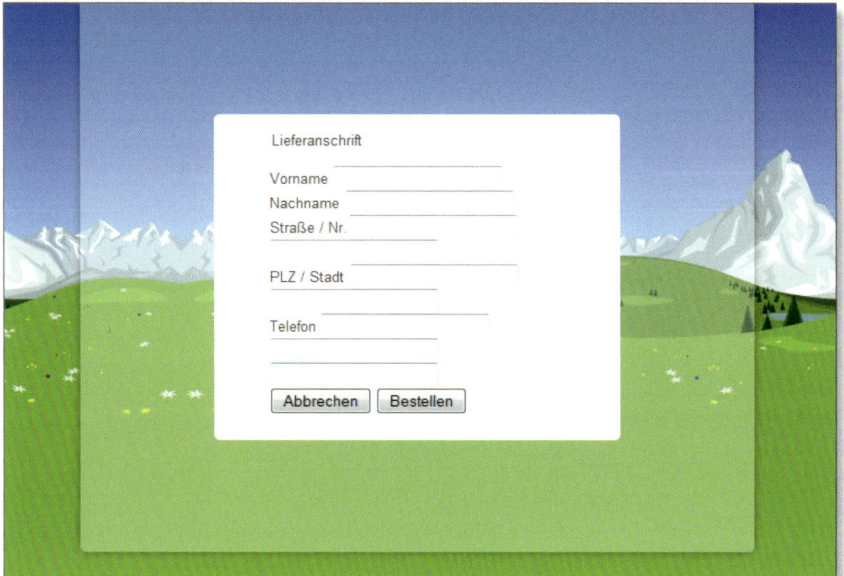

Abbildung 7 ▶
Endgültige Farbgebung des eigent-
lichen Formularhintergrundes und
Festlegung der Formularbreite

7 Benutzerführung durch anklickbare Label verbessern

Insbesondere bei der Positionierung der `label` sollten Sie darauf achten, dass keine zu große Distanz zu den Eingabefeldern entsteht, damit beide als zusammengehörig erkannt werden. Auf der anderen Seite dürfen sie aber auch nicht zu dicht »aneinanderkleben«. Die Bezeichnung der Felder sollte kurz und aussagekräftig sein. Der User sollte nicht zum Überlegen gezwungen werden, um die Frage beantworten zu können, was er nun in das Eingabefeld schreiben soll.

```
li {
    float:left;
    margin:0 0 12px 0;
    padding:0;
    width:253px;
}
```

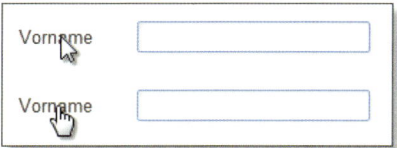

▲ **Abbildung 8**
Label-Element ohne CSS-Eigenschaft zur Verdeutlichung der Anklickbarkeit (oben);
verbesserte Benutzerführung durch die CSS-Eigenschaft `cursor` und den Wert
`pointer` (unten)

Dass das `label` und das jeweilige Eingabefeld durch die Angabe von `for`-
und `id`-Attributen miteinander verknüpft sind und ein Anklicken des Labels
den User direkt in ein Formularelement führt, muss dem User natürlich
auch kommuniziert werden, damit er davon profitieren kann. Dies ist mit
der Eigenschaft `cursor:pointer;` möglich. Das daraus resultierende Verhalten erzeugt beim Überfahren eines entsprechenden Elements mit der
Maus einen Mauszeiger in Form einer Hand, so wie es bei Links üblich
ist. Die relative Positionierung wird angegeben, weil im weiteren Verlauf
innerhalb dieses Elements ein weiteres Element absolut positioniert wird.

```
label {
    float:left;
    line-height:167%;
    width:83px;
    cursor: pointer;
    position:relative;
}
input{
    float:left;
    height:20px;
    width: 161px;
    border:1px solid #8eb0d9;
    padding:0;
    background:#FFF;
}
```

8 Definieren unterschiedlich breiter Formularelemente

Im Moment sind die Eingabefelder des Formulars noch alle gleich
breit, außerdem ist der rechte Rand ungleichmäßig. Dadurch wirkt das Formular noch recht wild und unübersichtlich. Besser ist es, für unterschiedliche Inhalte auch unterschiedliche Breiten zu definieren, also kleine Eingabefelder für Postleitzahl oder Telefonnummer, mittelgroße Eingabefelder
für die Eingabe der Stadt und große Eingabefelder für Vor- und Nachname.
Zusätzlich soll am Ende der rechte Bereich einen gleichmäßigen Abschluss
erhalten. Hierfür müssen wir zusätzliche Klassen anlegen.

```
input.small {
    width:38px;
}
input.number {
    width:71px;
}
input.medium {
    width:116px;
}
```

Bei den Formulardaten, bei denen in einer Spalte mehr als ein Eingabefeld notwendig ist (beispielsweise Postleitzahl und Stadt), müssen wir, um
einen gleichmäßigen Abstand in allen relevanten Browsern erzeugen zu
können, eine weitere Klasse mit darin enthaltenen Eigenschaften erstellen.

```
.inputSpace {
    margin:0 5px 0 0;
}
```

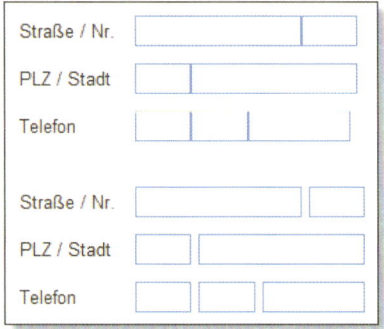

Abbildung 9 ▶
Eingabefelder ohne die außenab-
standserzeugende Klasse `.input-`
`Space` (oben), Eingabefelder mit
Außenabstand (unten)

Die unterschiedlich breiten Eingabefelder schließen nun bündig miteinander ab und ergeben somit ein übersichtlich erscheinendes, ausgewogenes
und wesentlich ruhiger wirkendes Bestellformular.

9 Konversionsrate erhöhen

Besonders wichtig bei Formularen ist es, eine Primär-Aktion für den
User zu schaffen, in diesem Fall also einen Button, der nur danach schreit,
angeklickt zu werden. Ein sogenannter Call-to-Action-Button! Um zu verdeutlichen, welchen Unterschied ein eindeutiger Call-to-Action-Button
ausmacht, sehen Sie in Abbildung 10 ein einfaches Beispiel. Hier wurden
zwei Versionen desselben Check-out-Prozesses über ein Registrierungsformular in einem sogenannten A/B-Test miteinander verglichen. Sie sollten
deutlich erkennen, dass in der ersten, nicht optimierten Version kein Button mit einer Primär-Aktion geschaffen wurde. Die Buttons in Variante 1

besitzen die gleiche Gewichtung – ein Zustand, den Sie im Formular des Getränkelieferanten dieses Workshops vermeiden sollten. Dass das optimierte Formular rechts eine doppelt so hohe Konversionsrate besitzt wie das linke Formular, liegt natürlich nicht nur am Button selbst, aber er hat garantiert einen nicht unerheblichen Anteil daran.

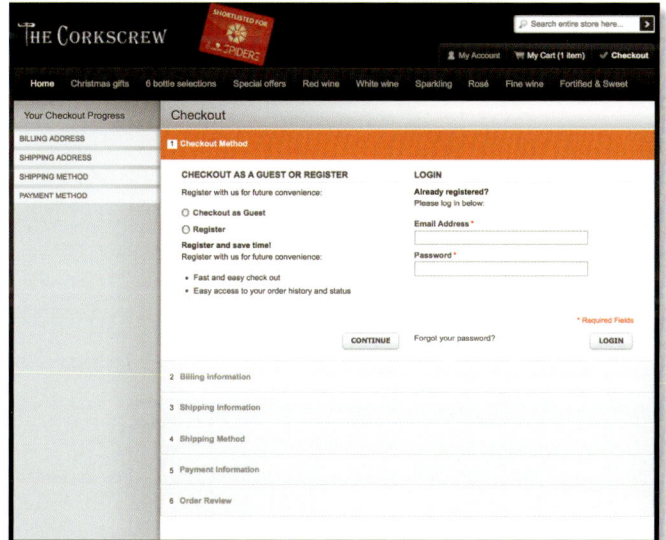 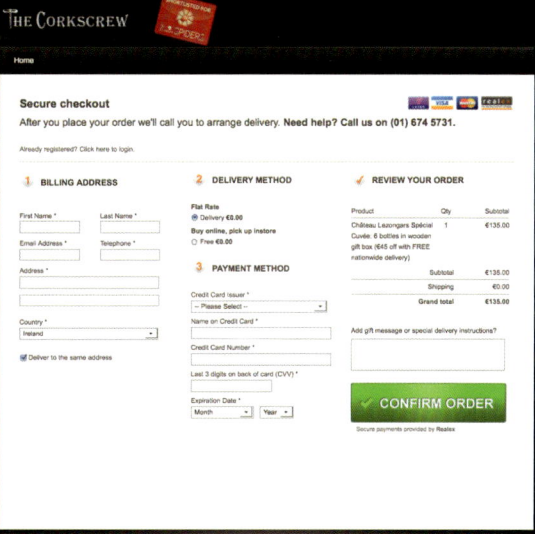

Daraus ist zu schließen, dass der Abbrechen-Button keine größere Aufmerksamkeit besitzen sollte als der Bestellen-Button und dass der Bestellen-Button stärker hervorgehoben werden sollte. Neben einer farblich stärkeren Wirkung kann hierbei auch die Position des Bestellen-Buttons den Anwender zum Abschluss der Bestellung führen. Setzen Sie also unbedingt die von den meisten Internetnutzern erlernte und gewohnte Reihenfolge um, bei der der Abbrechen-Button links und der Bestellen-Button rechts positioniert wird. Ganz auf den Abbrechen-Button verzichten würde ich nicht, denn der User fühlt sich im Allgemeinen sicherer, wenn er auch die Möglichkeit besitzt, einen Bestellvorgang abzubrechen.

▲ **Abbildung 10**
Formular ohne (links) und mit (rechts) Optimierung des Call-to-Action-Buttons

10 Abbrechen- und Bestellen-Buttons

Nach den Eingabefeldern widmen wir uns im folgenden Arbeitsschritt der Gestaltung der Buttons dieses Bestellformulars. Dazu richten wir den Abbrechen-Button linksbündig aus und den Bestellen-Button rechts. Zudem bekommt der Bestellen-Button – das primäre Call-to-Action-Element dieses Formulars – eine wesentlich präsentere Farbgebung als der »blasser« wirkende Abbrechen-Button; schließlich soll Letzterer dem Bestellen-Button visuell keine Konkurrenz machen.

```
input.btnCancel, input.btnSend {
    margin: 25px 0 0 0;
    float:left;
    width:85px;
    height:30px;
    font-weight:bold;
    color: #FFF;
    text-align: center;
    padding:0 0 2px 0;
    text-indent:0px;
    border:1px solid #8eb0d9;
}
input.btnSend   {
    float:right;
    margin-right:7px;
    border:1px solid #175ba2;
    border-color:#175ba2;
    background:#175ba2;
}
```

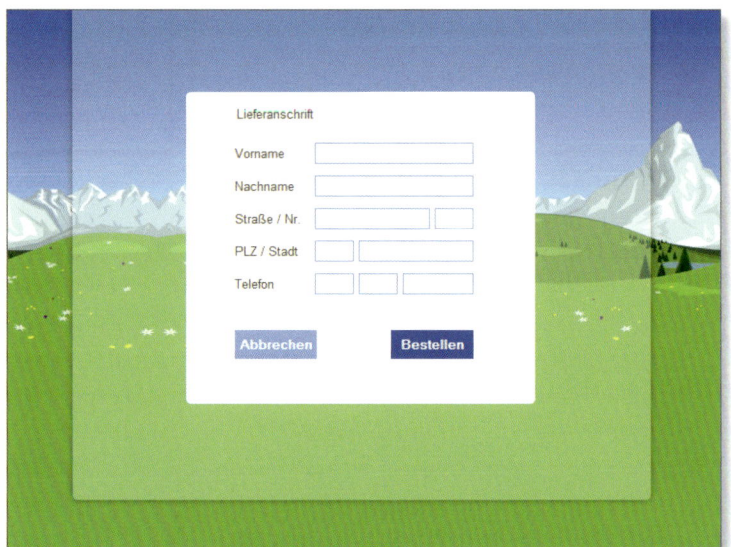

Abbildung 11 ▶
Mit den übrigen Elementen bündig ausgerichtete und visuell wesentlich auffälligere Buttons

11 Überschrift des Formulars betonen

Um den Betrachter vielleicht noch ein wenig schneller und zielgerichteter zu den Call-to-Action-Elementen führen zu können, ist es unter anderem eine Überlegung wert, der Formularüberschrift legend nicht nur eine Schriftfarbe zuzuweisen, sondern mit ihrer Gestaltung zusätzliche Aufmerksamkeit zu wecken und den Benutzer über sie hin zum Formular zu führen. Dazu können Sie dieses Element von seiner eigentlichen Position innerhalb des Formularbereiches über den linken

Bereich des Formulars hinausziehen und mit einem dezenten Farbverlauf versehen.

```
fieldset legend {
    margin:0 0 0 -60px;
    padding:7px 20px;
    color:#FFF;
    font-weight:bold;
    font-size:18px;
    -moz-border-radius: 5px;
    -webkit-border-radius: 5px;
    border-radius: 5px;
    background:#8eb0d9;
    background: -moz-linear-gradient(top, #8eb0d9, #6293cb);
    background: -webkit-gradient(linear, left top, left bottom,
    color-stop(0, #8eb0d9), color-stop(1, #6293cb));
    background: -webkit-linear-gradient(top, #8eb0d9, #6293cb);
    background: -o-linear-gradient(top, #8eb0d9, #6293cb);
    background: linear-gradient(top, #8eb0d9, #6293cb);
    -moz-box-shadow:1px 1px 2px #ccc;
    -webkit-box-shadow:1px 1px 2px #ccc;
    box-shadow:1px 1px 2px #ccc;
}
```

Durch diese CSS-Eigenschaften wird die Darstellung und dadurch auch die Wahrnehmung der Formularüberschrift verbessert. Sie führt den Betrachter nun direkt zum Anfang des Formulars und lässt aufgrund der erhöhten Lesbarkeit den Benutzer auch sofort verstehen, worum es bei diesem Formular geht – nämlich um die Eingabe der Lieferanschrift.

▲ **Abbildung 12**
Formularüberschrift ohne (oben) und mit (unten) zusätzlichen CSS-Eigenschaften

Fünf Schreibweisen für den linearen Farbverlauf

Da die Browser für die Umsetzung der Eigenschaft des linearen Farbverlaufes ihre »eigenen« Präfixe (-moz-, -webkit-, -o-) benötigen und webkit-basierte Browser (kleiner gleich Version 5 des Safari und Chrome 13) zudem eine ältere Schreibweise besitzen, bedarf es aktuell fünf verschiedener Versionen dieser Schreibweise, damit alle Browser, die diese Eigenschaft umsetzen können, dies auch tun.

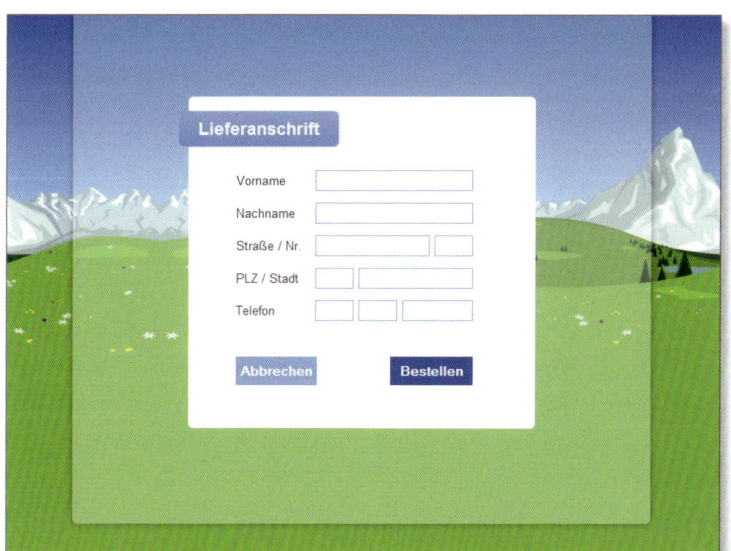

◀ **Abbildung 13**
Hervorhebung der Überschrift des Formulars

12 Kennzeichnung von Pflichtfeldern

Alles in allem wäre mit dem aktuellen Stand ein bereits einigermaßen ansehnliches Formular geschaffen. Um dem User aber überhaupt erst eine verbesserte Nutzerführung anbieten zu können, sollte er nun noch darauf hingewiesen werden, dass bestimmte Felder in diesem Formular zwingend ausgefüllt werden müssen. Denn ohne die Angabe dieser Daten wäre eine Lieferung unmöglich, wie beispielsweise beim Fehlen der Hausnummer. Sind solche Pflichtfelder nicht entsprechend gekennzeichnet, würde das die Wahrscheinlichkeit deutlich erhöhen, dass der User aufgrund von Unsicherheit den kompletten Buchungsvorgang abbricht, was nicht im Sinne des Webseitenbetreibers sein dürfte.

Da der Online-Getränkelieferservice auf jeden Fall eine Adresse zur Lieferung benötigt, sollten die entsprechenden Felder daher auch als Pflichtfelder gekennzeichnet werden. Mit dem WAI-ARIA-Attribut `aria-required` wurde bereits eine Basis dafür geschaffen, und zwar für diejenigen Anwender, die auf eine solch zusätzliche Kennzeichnung von Pflichtfeldern angewiesen sind. Damit aber nicht nur Menschen mit körperlichen Einschränkungen wie beispielsweise Blindheit, sondern auch diejenigen ohne Behinderungen das Formular korrekt ausfüllen können, bedarf es zusätzlicher visueller Merkmale. Diese sollen dem Betrachter verdeutlichen, dass es sich hierbei um ein Pflichtfeld handelt.

Speziell auf dieses Formular eines fiktiven Getränkelieferanten bezogen bedeutet dies, dass zum Beispiel der Vorname eher weniger wichtig ist, weil meistens der Nachname an der Haustür steht. Womit bereits das erste Pflichtfeld geklärt wäre, nämlich das Eingabefeld für den Nachnamen. Unverzichtbar für eine Zustellung sind ebenso die Daten für Straße, Hausnummer, Postleitzahl und Stadt.

Bevor wir uns aber der Kennzeichnung der Pflichtfelder widmen, müssen wir die Kunden zuerst einmal auf die Pflichtfelder und deren Kennzeichnung hinweisen. Dazu legen wir oberhalb des bisherigen Formulars einen Hinweis in einen weiteren Listenpunkt an.

```
<fieldset id="contactForm">
<legend>Lieferanschrift</legend>
<ul>
   <li>
      Mit <em title="Pflichtfeld">*</em> gekennzeichnete Formu-
      larfelder sind Pflichtfelder und müssen ausgefüllt werden.
   </li>
   <li>
      ...
```

Diesen ersten Listenpunkt, der somit die Information über die Pflichtfeldkennzeichnung enthält, richten wir mit Hilfe der Pseudoklasse `:first-`

`child` und entsprechenden Außenabstände so aus, dass dieser Hinweistext aufgrund seiner Position vom User nicht übersehen werden kann.

```
fieldset li:first-child {
   margin:0 40px 12px 0;
}
```

Nach der Positionierung dieses Hinweises geht es nun um die Kennzeichnung der Pflichtfelder. Wie bei Formularen üblich, verwenden wir dazu ein Sternchen. Damit die Pflichtfelder also ein wenig mehr Präsenz besitzen, versehen wir das Sternchen mit der Signalfarbe Rot, einer größeren Schriftgröße und einem höheren Schriftgewicht.

```
em {
   font-weight:bold;
   font-size:142%;
   color:#E00;
}
```

Nachdem das Aussehen der Sternchen definiert wurde, müssen die Sternchen natürlich auch noch an den entsprechenden Formularfeldern angebracht werden. Dazu könnten Sie so vorgehen wie im Workshop »Umfangreiche Onlineformulare« in Kapitel 10, hier soll aber eine andere Lösung vorgestellt werden. Dazu verändern wir den bisher bestehenden HTML-Code nur noch marginal. Wir fügen lediglich das `title`-Attribut mit der Beschreibung »Pflichtfeld« hinzu. Mehr geschieht zunächst nicht.

```
<li>
   <label for="lastname" title="Pflichtfeld">
      Nachname
   </label>
</li>
...
```

Bei diesem Ansatz wird auf die seit CSS2 vorhandenen Attributselektoren zurückgegriffen. Diese ermöglichen es, Elemente, die beispielsweise ein `title`-Attribut mit einem ganz speziellen Ausdruck besitzen, individuell zu kennzeichnen. Da aber nicht das `label`-Element selbst gestaltet werden, sondern nur durch ein entsprechendes Merkmal gekennzeichnet werden soll, fügen wir ihm das Sternchen über das Pseudoelement `:after` und die dazugehörige Eigenschaft `content` hinzu. Das Sternchen wird dann aufgrund seiner Zugehörigkeit zum `label`-Element auch innerhalb dieses Elements absolut positioniert. Es wird vom linken Rand um 70 px eingerückt und findet sich somit rechts neben den Beschreibungstexten der Eingabefelder wieder. Bei diesem Ansatz gilt es immer, den Wert am jeweils

Dialog mit dem User

Wichtig bei der Auszeichnung von Pflichtfeldern ist, dass diese als solche wahrgenommen und verstanden werden. Das heißt, die visuelle Gestaltung mittels CSS soll dazu führen, dass der User diese Felder ausfüllt, ohne dabei mehrfach überlegen zu müssen, ob es richtig ist, was er tut. Um eben diesem Szenario entgegenzuwirken, sollte am Anfang eines Formulars, das Pflichtfelder enthält, auf deren Auszeichnung und Bedeutung hingewiesen werden. Dazu positionieren Sie in den ersten Listenpunkt einen Satz zur Beschreibung der Pflichtfelder.

Attributselektoren

Dank der Attributselektoren und der ihnen zugewiesenen Eigenschaften, die von allen relevanten Browsern (außer IE 6) umgesetzt werden können, ist es möglich, Pflichtfelder auch ohne zusätzlichen HTML-Code zu kennzeichnen. Da aber der IE 7 kein Pseudoelement `:after` versteht und diese beiden Browser keine Anteile auf mobilen Endgeräten besitzen, ist dieser Ansatz zur Kennzeichnung von Pflichtfeldern insbesondere für Formulare mobiler Inhalte interessant. Wer mehr zum Thema Attributselektoren erfahren möchte, dem empfehle ich die »Intensivstation«: *www.intensivstation.ch/css/selectors/attribute-selectors/*.

längsten Beschreibungstext auszurichten. Um dem Sternchen dann noch ein wenig mehr visuelle Bedeutung zu verleihen, weisen Sie dem über das Pseudoelement eingefügten Sternchen dieselben stilistischen Eigenschaften wie dem em-Element im einleitenden Hinweis zur Kennzeichnung von Pflichtfeldern hinzu.

```
label[title~="Pflichtfeld"]:after {
    content:"*";
    position: absolute;
    left:70px;
    top:0;
}
label[title~="Pflichtfeld"]:after, em {
    font-weight:bold;
    font-size:142%;
    color:#E00;
}
```

▲ **Abbildung 14**
Pflichtfeldkennzeichnung auf Basis eines Attributselektors (title-Attribut) und eines Pseudoelements (:after)

Diese Umsetzung führt dazu, dass User, die einen Beschreibungstext eines Pflichtfeldes fokussieren, eine Darstellung wie die in Abbildung 14 erhalten.

Pflichtfelder im IE 6/7

Da der IE 6 und IE 7 die Kennzeichnung von Pflichtfeldern bei dieser Umsetzung aufgrund der fehlenden Unterstützung von Eigenschaften nicht abbilden können, könnten Sie ihnen beispielsweise über eine zusätzliche Klasse required innerhalb der entsprechenden Listenpunkte und mit Hilfe einer Sternchen-Hintergrundgrafik diese Kennzeichnung doch noch zukommen lassen (siehe Abbildung 14).

13 Darstellung von Fehlermeldungen

Damit neben der Kennzeichnung der Pflichtfelder auch die damit verbundenen und unter Umständen auftauchenden Fehlermeldungen als solche wahrgenommen werden, sollen die Listenpunkte, die falsch oder gar nicht ausgefüllt wurden, nach dem Betätigen des Bestellen-Buttons eine ebenfalls sichtbare Kennzeichnung über die Klasse .error erhalten. Vorteil dieser Vorgehensweise ist, dass in einem solchen Fall über die Klasse .error als Selektor jedem in diesem Listenpunkt enthaltenen Element eine individuelle Fehlergestaltung zugewiesen werden kann.

```
...
<li class="error required">
    <label for="lastname" title="Pflichtfeld">
        Nachname
    </label>
    <input aria-required="true" name="lastname"
    id="lastname" type="text" />
</li>
...
```

Um die Aufmerksamkeit des Betrachters nach einer fehlerhaften Eingabe umgehend zum entsprechenden Formularelement zu leiten, bekommt das Eingabefeld einen rosafarbenen Hintergrund, eine rote Schrift, die auf dem Hintergrund gut zu erkennen ist, sowie einen roten Rahmen. Den

Beschreibungstext färben wir ebenfalls rot ein. Da in den bisherigen allgemeinen Klassen zur Gestaltung der Eingabefelder die Rahmenstärke und der Stil der Felder bereits definiert wurden, überschreiben Sie an dieser Stelle lediglich den bisherigen Wert der Rahmenfarbe:

```
.error {
...color:#E00;
}
.error input {
   border-color:#E00;
   background-color:#FFDCE5;
}
```

Neben der Bekanntgabe eines Fehlers durch dessen farbliche Gestaltung sollten die Anwender zusätzlich einen Hinweis erhalten, was genau Sie falsch gemacht haben.

```
<ul>
   <li>
      Mit <em title="Pflichtfeld">*</em> ...
   </li>
   <li class="errorMsg">
      <span>Bitte geben Sie einen Nachnamen ein.</span>
   </li>
   <li>
   ...
</ul>
```

Diese Fehlermeldung wird unterhalb des Hinweistextes zu den Pflichtfeldern ausgegeben und ebenfalls in den roten Signalfarben deutlich sichtbar gemacht. Da sich diese Fehlermeldung zudem über die gesamte Breite ausdehnen soll, versehen wir sie mit einem negativen Wert für den linken Außenabstand, womit dieser Fehlerhinweis nach links »gezogen« wird. Da dieser Fehlerhinweis nur oben und unten eine Trennung durch den roten Rahmen benötigt, setzen wir die Rahmenstärke border-width für links und rechts auf null. Die darin befindliche Fehlermeldung wird zusätzlich von einem span-Element umschlossen, womit der Text entsprechend der Ausrichtung der Formularelemente und seine Beschreibungstexte gleichmäßig ausgerichtet sind.

```
.errorMsg {
   float:left;
   width:360px;
   margin:0 0 20px -50px;
   padding:0;
   border-width:1px 0;
```

```
   border-style: solid;
   border-color: #E00;
   color:#E00;
   background-color:#FFDCE5;
}
.errorMsg span {
   display: inline-block;
   padding:15px 40px 15px 50px;
}
```

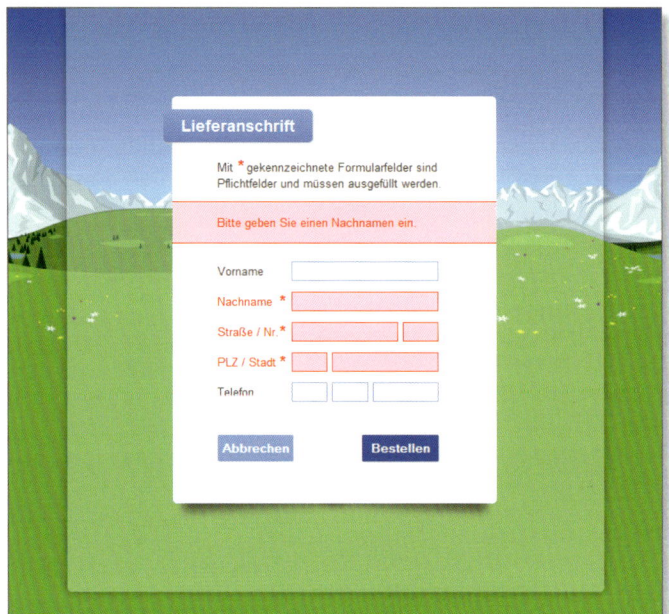

14 Box-Schatten für Formularelemente

Im folgenden Schritt versehen wir die Eingabefelder und Buttons sowie die übrigen Formularelemente mit abgerundeten Ecken und
zusätzlich einem Innenschatten. Üblicherweise wird box-shadow dazu verwendet, einem Element einen oder mehrere Schlagschatten – sprich einen
Schatten nach außen – zuzuweisen; mit inset gilt diese Eigenschaft für das
Innere dieses Elements.

```
input {
   ...
   -moz-border-radius: 2px;
   -webkit-border-radius: 2px;
   border-radius: 2px;
   -moz-box-shadow: 2px 2px 3px #e2e2e2,
             inset 2px 2px 3px #e2e2e2;
```

```
   -webkit-box-shadow: 2px 2px 3px #e2e2e2,
                 inset 2px 2px 3px #e2e2e2;
   box-shadow: 2px 2px 3px #e2e2e2,
         inset 2px 2px 3px #e2e2e2;
}
.error input {
   ...
   -moz-box-shadow: 2px 2px 3px #fec3d2,
               inset 2px 2px 3px #fec3d2;
   -webkit-box-shadow: 2px 2px 3px #fec3d2,
                 inset 2px 2px 3px #fec3d2;
   box-shadow: 2px 2px 3px #fec3d2,
         inset 2px 2px 3px #fec3d2;
}
```

◄ **Abbildung 16**
Eingabefelder ohne (oben) und mit
(unten) Schatten nach innen

Damit der nach innen gerichtete Schatten der Eingabefelder nicht von den
Buttons – wie im oberen Teil der Abbildung 17 zu erkennen ist – übernommen wird, entfernen wir die Eigenschaften (box-shadow:inset...) für
diese Elemente wieder. Zusätzlich fügen wir dem Bestellen-Button einen
Schatten nach außen hinzu.

```
input.btnCancel, input.btnSend {
   ...
   cursor:pointer;
   background-color:#8eb0d9;
   -moz-box-shadow: inset 0px 0px 0px;
   -webkit-box-shadow: inset 0px 0px 0px;
   box-shadow: inset 0px 0px 0px;
}
input.btnSend  {
   ...
   -moz-box-shadow:1px 1px 2px #ccc;
   -webkit-box-shadow:1px 1px 2px #ccc;
   box-shadow:1px 1px 2px #ccc;
}
```

◄ **Abbildung 17**
Fehlerhafte Darstellung der Buttons
mit Innenschatten (oben) und korrekte Darstellung der Buttons ohne
Innenschatten (unten)

Eine weitere Möglichkeit, die Nutzerführung ein wenig angenehmer zu gestalten, besteht darin, den Aktivitätsstatus eines Elements hervorzuheben. Das heißt, dass die Eingabefelder beim Überfahren mit dem Cursor mit einer anderen Hintergrundfarbe, einer anderen Rahmenfarbe und einem zusätzlichen Schatten angezeigt werden. Dieses Hervorheben der aktuellen Mausposition ermöglicht es unter anderem Webseitenbesuchern, die mit der Tastatur arbeiten, zu verdeutlichen, an welcher Position im Formular sie sich gerade befinden.

```
input:active, input:hover, input:focus {
    background-color: #d9f0f9;
    border-color: #175ba2;
}
```

Abbildung 18 ▶

Zustand des Eingabefeldes ohne Aktivitätszustand (oben), Zustände der Eingabefelder beim :hover, :active und :focus (unten)

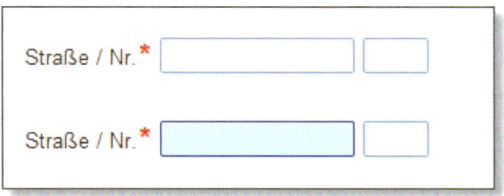

Für die beiden Buttons gilt ein ähnliches Prinzip, wobei für den Bestellen-Button beim Mouseover signifikantere Merkmale zu sehen sein sollten als beim Abbrechen-Button. Vielen Anwendern gefiel bereits vor Unterstützung von CSS3 die deutliche Hervorhebung von Formularfeldern in Webkit-Browsern wie Safari und Google Chrome. Formularfelder, die gerade den Fokus besaßen, ließen dort einen deutlichen sichtbaren Glow-Effekt sichtbar werden – ein Feature, das insbesondere die Anwender des Safari-Browsers nicht mehr missen möchten. Um diese Art des »Glühens« von Formularelementen auch in anderen Browsern über die CSS3-Eigenschaft box-shadow anbieten zu können, verwenden Sie folgenden Code:

```
input.btnSend:hover, input.btnSend:active, input.btnSend:focus {
    -moz-box-shadow: 0 0 5px rgba(98,147,203,.9);
    -webkit-box-shadow: 0 0 5px rgba(98,147,203,.9);
    box-shadow: 0 0 5px rgba(98,147,203,.9);
    border:1px solid rgba(23,91,162,1);
}
input.btnCancel:hover, input.btnCancel:active,
input.btnCancel:focus {
    -moz-outline:none;
    -webkit-outline:none;
    outline:none;
    background:#8eb0d9;
}
```

Als letztes dezentes Merkmal spendieren wir allen Inputfeldern dieses Formulars eine Einblendverzögerung von einer Viertelsekunde. Dadurch findet der Farbwechsel bei Fokussierung eines dieser Felder leicht verzögert statt.

Wer mehr zum Thema CSS3-Transitions-Modul erfahren möchte, dem empfehle ich den Workshop »Akkordeon-Effekt« in Kapitel 11.

```
input {
    -webkit-transition: all 0.25s case-in-out;
    -moz-transition: all 0.25s ease-in-out;
    transition: all 0.25s ease-in-out;
}
```

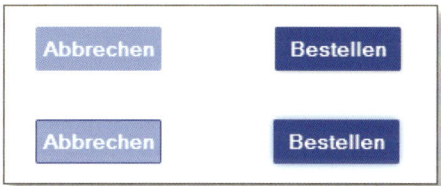

◄ **Abbildung 19**
Darstellung der Buttons ohne (oben) und mit (unten) den Schatteneigenschaften, die den Glow-Effekt erzeugen

15 Schatten mit Pseudoelementen erzeugen

Zur Umsetzung des letzten Schrittes verwenden wir die aus CSS2 stammenden Pseudoelemente `:after` (beschreibt den Bereich nach dem Inhalt des definierten Elements) und `:before` (beschreibt den Bereich vor dem Inhalt des definierten Elements). Die vor und nach dem Formularelement angelegte CSS-Eigenschaft `content` ist in diesem Fall lediglich Mittel zum Zweck. Es werden keine Inhalte angelegt oder hinzugefügt, daher wird die Eigenschaft im weiteren Verlauf auch ohne Wert auskommen.

Die folgenden Eigenschaften für die Ausrichtung, Positionierung und Darstellung beschreiben zwei schwarze Blöcke, die 10 % der Höhe und 50 % der Breite des Formulars besitzen. Ziel ist es, mit diesen Pseudoelementen zwei Schatten unterhalb bzw. hinter dem unteren Ende des Formulars zu erzeugen und so auszurichten, dass sie den optischen Eindruck erzeugen, das Formular befände sich wirklich über dem Hintergrund.

Pseudoelemente

Pseudoelemente sind Klassifizierungen, die einen bestimmten Teil eines Elements beschreiben und abbilden können. »Pseudo« heißen sie deshalb, weil es sich in diesen Fällen nicht um echte eigene Elemente handelt. Sie werden lediglich an den Elementnamen bzw. die Klassifizierung angehängt. Der Vorteil ist, dass keine zusätzlichen Elemente, Klassen oder IDs benötigt werden. Dies wiederum führt zu sauberem HTML-Code und einer damit verbundenen übersichtlicheren Seitenstruktur.

```
form:before, form:after {
    -moz-box-shadow: 0 15px 10px rgba(0, 0, 0, .7);
    -webkit-box-shadow: 0 15px 10px rgba(0,0,0, .7);
    box-shadow: 0 15px 10px rgba(0, 0, 0, .7);
    position: absolute;
    bottom:10px;
    z-index: -1;
    width: 50%;
    height: 10%;
    content: "";
    background: rgba(0, 0, 0, .7);
}
```

▲ **Abbildung 20**
Die beiden noch übereinander lagernden Schattenbereiche

Hinweis zu den Abbildungen der Schattenbereiche

Damit Sie die Vergabe der CSS-Eigenschaften für die Erzeugung der Schatten(-bereiche) besser nachvollziehen können, werden die Schatten in den Abbildungen 20, 21 und 22 unterhalb des Formulars sichtbar abgebildet. Wer dieses Verhalten nachvollziehen möchte, muss nur die absolute Ausrichtung von `bottom:10px` auf `bottom:-60px` ändern.

16 Ausrichten der Schattenbereiche

Damit der rechte und der linke Bereich des Schattens die für sie vorgesehenen Positionen einnehmen können, müssen sie aufgrund ihrer absoluten Positionierung zum Formular über die jeweiligen Pseudoelemente links- bzw. rechtsbündig ausgerichtet werden.

```
form:after {
    right:10px;
    left:auto;
}
form:before {
    left:10px;
    right:auto;
}
```

Da sich die Schattenwürfe der beiden Bereiche aber nicht über die volle Breite erstrecken sollen, sondern nur über die jeweils außenliegenden Bereiche, müssen sie noch die Eigenschaft der Neigung erhalten. Dies geschieht im folgenden Arbeitsschritt.

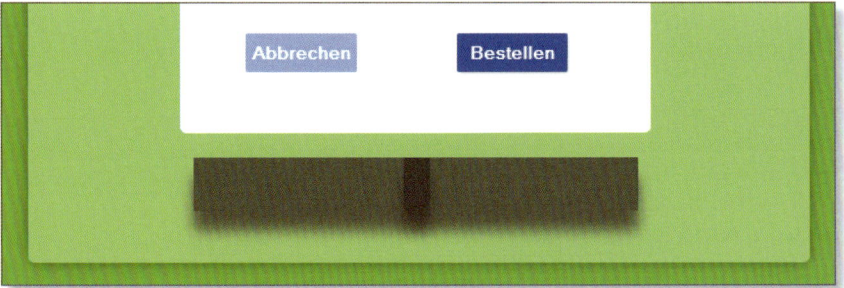

▲ **Abbildung 21**
Ausrichtung der Schatten mit `:before` (links) und `:after` (rechts)

17 Neigen der beiden Schattenbereiche

Um die unterschiedliche Neigung der beiden Schattenbereiche erzeugen zu können, bedarf es der Mitwirkung der bereits im Workshop »Ganz ohne Grafiken: Slogans, Logos, Aufmacher« verwendeten CSS3-Eigenschaft des Transform-Moduls. Diese ermöglicht es, via CSS Objekte beliebig zu drehen, zu verschieben und zu verzerren. Für unsere Anforderung hier ist Ersteres notwendig. Die wichtigste Eigenschaft in diesem Schritt ist daher die Drehung der Schatten um 3° bzw. −3° (° = deg).

```
form:after {
    -moz-transform: rotate(3deg);
    -webkit-transform: rotate(3deg);
    -o-transform: rotate(3deg);
    transform: rotate(3deg);
}
form:before {
    -moz-transform: rotate(-3deg);
    -webkit-transform: rotate(-3deg);
    -o-transform: rotate(-3deg);
    transform: rotate(-3deg);
}
```

Reduzierung von HTTP-Requests

Mit dem CSS3-Transforms-Modul haben Sie die Möglichkeit, beliebige Objekte einer Webseite ausschließlich mittels CSS zu drehen, zu verschieben und oder zu verzerren. Seit der Unterstützung dieser Eigenschaft durch Google Chrome und den Mozilla-Browser Firefox erfährt dieses Feature zunehmend Verbreitung und Aufmerksamkeit. Das Vorteilhafte an dieser Eigenschaft ist nicht nur die Darstellung von visuellen Effekten, die bisher über Grafiken abgebildet wurden, sondern auch die Möglichkeit, vorhandene Grafiken wie beispielsweise Pfeilicons zu drehen. Denn dadurch wird nur noch ein Icon anstatt mehrerer benötigt, und das unabhängig davon, ob diese einzeln oder in einer Spritegrafik vorliegen.

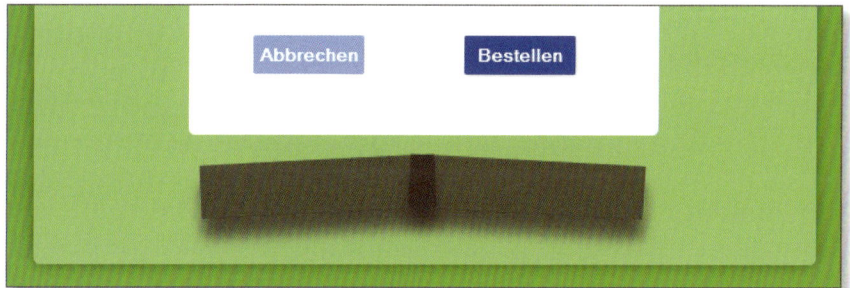

◄ **Abbildung 22**
Die Neigung wird die beiden Schatten in eine Position unterhalb des Formularbereiches bringen, so dass sie sehr realistisch erscheinen.

Das Gute an dieser Vorgehensweise ist, dass das gesamte Formular mit Ausnahme der Hintergrundgrafik »bg_form_mountain.jpg« ohne zusätzliche Grafiken auskommt und somit nur drei HTTP-Requests (1 CSS-Datei, 1 HTML-Datei, 1 Hintergrundgrafik) benötigt: keine Grafik für die Umsetzung des legend-Elements mit seinem Farbverlauf, keine Grafiken für die Eingabefelder oder Buttons mit ihren zahlreichen Effekten und keine Grafiken für die Darstellung der Schattenbereiche. Das Schlechte an diesem Ansatz ist, das aufgrund fehlender Unterstützung dieser Eigenschaft bisher keine Version des IE dazu in der Lage ist, die gewünschte Darstellung zu erzielen.

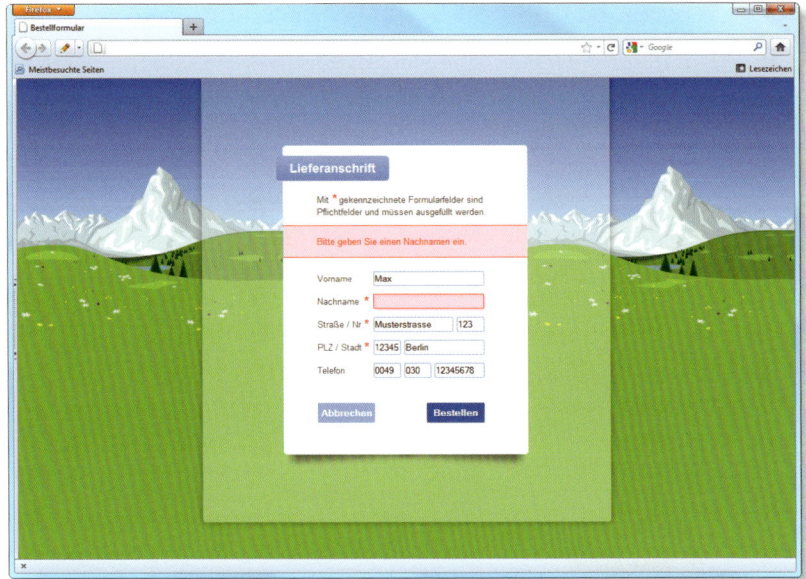

Abbildung 23 ▶
Finale Darstellung des Bestellformulars mit Farbverläufen, Transparenzen, Schatten, runden Ecken
und einer Fehlermeldung

18 Ausnahme Internet Explorer

Die aktuelle Version 9 des Internet Explorers unterstützt die Eigenschaften `linear-gradient` und `transform` nicht. Da der Schattenwurf ohne Neigung aber nicht sonderlich ansehnlich ist und da der Workshop bisher ohne Filter für IE-Versionen ausgekommen ist, wird es hierfür auch keinen Filter geben. Das bedeutet, dass alle Eigenschaften, die für den IE in all seinen zu berücksichtigenden Versionen angegeben werden müssen, via Conditional Comments in eine CSS-Datei »formular-ie.css« ausgelagert werden. In dieser Datei blenden wir dann u. a. die Darstellungen der Schatten der Pseudoelemente `:before` und `:after` aus und gestalten die Formularüberschrift `legend` vollkommen anders. In Abbildung 24 sollte das gut zu erkennen sein.

Abbildung 24 ▼
Finale Darstellung des Bestellformulars im IE 6, IE 7, IE 8 und IE 9
(von links nach rechts)

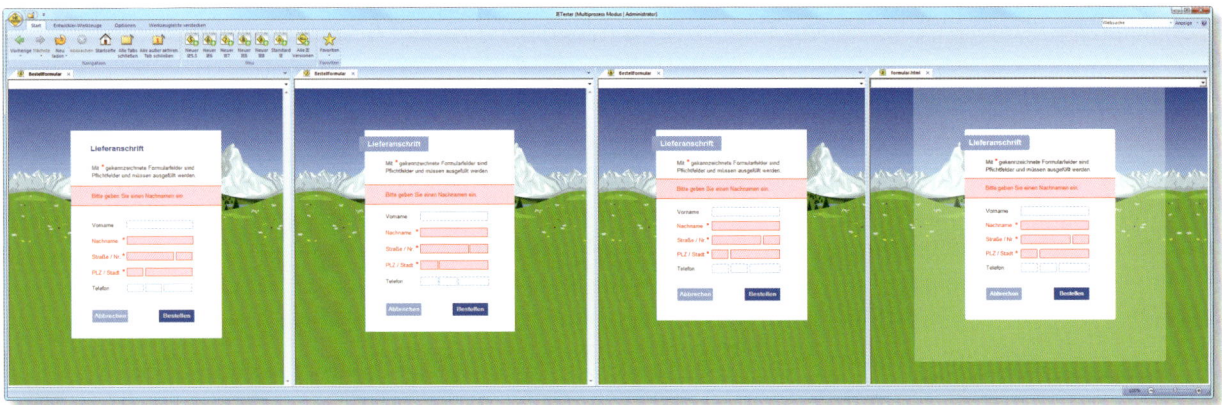

TEIL III
Trends, Tipps & Tricks

8 Weblogs

Parallax-Effekt im Header

Der Header eines Weblogs ist der Einstiegspunkt in die Website. In diesem Workshop stapeln Sie einzelne Bilder auf verschiedenen Ebenen und bringen sie in Bewegung. Dadurch wird der Eindruck von räumlicher Tiefe erzeugt.

Ein Blogdesign im Retro-Stil

Man kann sich darüber streiten, was im Web trendy und aktuell ist. Weblogs im Retro-Stil erfreuen sich aber seit einigen Jahren großer Beliebtheit, weshalb dieser Workshop einen Einblick gibt, wie Sie mit diesem Stil gekonnt umgehen.

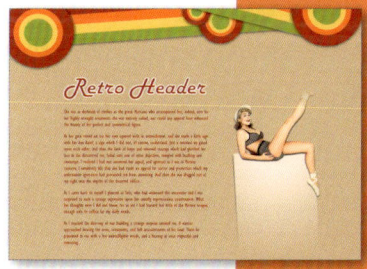

Kommentardesign in Blogs

Das Wichtigste für einen gut laufenden Blog sind die Kommentare der Besucher. Wie Sie mit dem Design der Kommentare Anreize zum Kommentieren setzen und dadurch die Verweildauer auf der Seite erhöhen, ist Thema dieses Workshops.

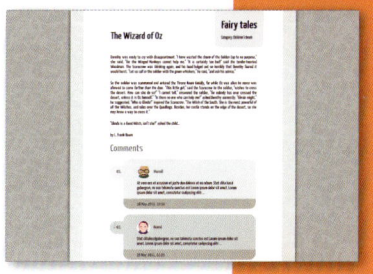

Parallax-Effekt im Header

Aufmerksamkeit durch interaktive Bewegung

CSS bietet die Möglichkeit, Elemente aus dem Dokumentenfluss herauszu-lösen und sie zum Beispiel als Hintergrundbilder zu verwenden oder – wie in diesem Workshop – innerhalb des Vordergrundes auszurichten. Durch die Art der Positionierung können Sie außerdem Effekte erzielen, die den Betrachter zur Interaktion einladen. Wie Sie solche Effekte in Kombination mit der Eigenschaft der Bewegung umsetzen, ist Bestandteil dieses Work-shops. Dabei basiert die Webseite auf statischem HTML und kommt ohne JavaScript aus.

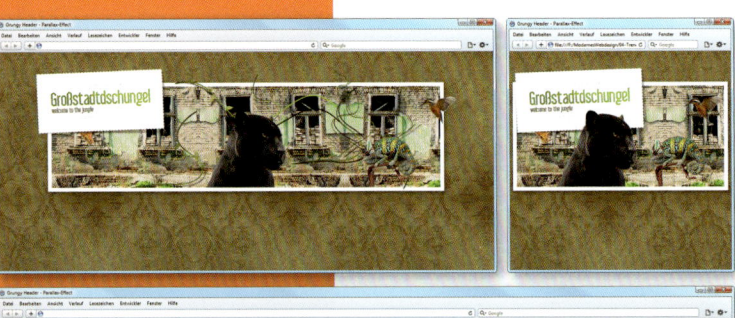

Zielsetzungen:

▶ Anlegen eines Blogheaders im Grunge-Stil

▶ Ausrichtung der Elemente durch relative und absolute Positionierung

▶ Umsetzung eines Pseudo-Parallax-Effektes

▶ Positionsänderung von Elementen durch User-Interaktion

CSS3-Eigenschaften: CSS3-Module »Transforms« und »Transition« (scale, rotate…)

1 Der Parallax-Effekt im Web

Das Parallax-Scrolling ist ein interessanter Effekt; in der Computergrafik ist er bereits seit den frühen 80er Jahren bekannt. Bei dieser Art des Pseudo-3D-Effektes bewegen sich die Hintergrundbilder langsamer als die Bilder im Vordergrund, wodurch der Eindruck räumlicher Tiefe erzeugt wird.

Auch im Web können Sie den Parallax-Effekt mit diesen sich verschieden schnell bewegenden Ebenen einsetzen. Er ermöglicht eine spezielle Art der Bewegung, die entweder durch Scrollen, Bewegen des Cursors oder die Veränderung des Browserviewports ausgelöst werden kann. Die Anwendungsmöglichkeiten sind vielfältig, wie die kleine, aber feine Auswahl an Webseiten in Abbildung 1 belegt.

> **Parallaxe**
>
> Als Parallaxe bezeichnet man die scheinbare Veränderung der Position eines Objektes, wenn der Beobachter seine eigene Position verändert.

▲ **Abbildung 1**
Diese Seiten kommen ohne JavaScript aus, der Parallax-Effekt wird lediglich durch Veränderung des Browserviewports erzielt: *silverbackapp.com* (links), *dromaeo.com* (rechts oben) und *therissingtonpodcast.co.uk* (rechts unten).

2 HTML-Code des Parallax-Headers

Wer von Ihnen sich bereits seit mehreren Jahren mit CSS beschäftigt, dem sollte am Ende dieses Workshops deutlich sein, welch positive Entwicklung CSS, nicht zuletzt dank CSS3, bereits genommen hat und noch nehmen wird. Bemerkenswert dabei ist, dass die Dateigröße der CSS-Datei am Ende noch nicht einmal 2 KB überschreiten wird.

Das HTML-Dokument dieses Workshops ist mit einem knappen Dutzend Zeilen sehr übersichtlich. Es enthält einen allumfassenden `div`-Container mit der ID `#wrapper`. Dieser dient der Zentrierung des gesamtes Layouts und beinhaltet einen weiteren `div`-Container mit der ID `#grungyHeader`. Wichtig ist der `div`-Container mit der ID `#grungyMotiv`: Innerhalb dieses Bereiches wird sich im weiteren Verlauf alles abspielen.

Weitere Bereiche sind für diesen Workshop nicht relevant, so dass Sie `grungyContent` und `grungyFooter` nicht weiter beachten müssen.

```
<div id="wrapper">
   <div id="grungyHeader">
      <div id="grungyMotiv">
```

▲ **Abbildung 2**
Die das gesamte Layout ausfüllen-
de Hintergrundgrafik »bg_grungy_
pattern.jpg«

© iStockphoto, 13036148, ShutterWorx

 »bg_grungy_pattern.jpg«

```
          ...
       </div>
    </div>
    <div id="grungyContent">
       <!-- für diesen Workshop nicht relevant -->
    </div>
    <div id="grungyFooter">
       <!-- für diesen Workshop nicht relevant -->
    </div>
</div>
```

Die Hintergrundgrafik »bg_grungy_pattern.jpg« (siehe Abbildung 2) soll sich den Maßen des Viewports anpassen, sich also sowohl in horizontaler als auch in vertikaler Richtung beliebig oft wiederholen können. Die Eigenschaften `repeat-y` und `repeat-x` werden Hintergrundgrafiken standardmäßig zugewiesen, Sie brauchen dies daher nicht selbst zu tun. Die CSS-Datei beginnen wir also mit diesen Zeilen:

```css
body {
   margin:0;
   padding:0;
   text-align:center;
   background: url(../images/bg_grungy_pattern.jpg);
}
```

Der Container `#wrapper` erhält eine relative Breite von 80 %. Zusätzlich weisen wir ihm eine Mindestbreite von 80 Pixeln zu, damit die Tiere des Großstadtdschungels, die später eingefügt und ausgerichtet werden, genügend Platz zur Verfügung haben. Um die Breite des Wrappers vollständig auszunutzen, gestehen wir dem darin enthalten div-Container `#grungy-Header` eine 100%ige Ausdehnung zu.

```css
#wrapper {
   width:80%;
   min-width:800px;
   margin:0 auto;
   padding:80px 0;
}
#grungyHeader {
   margin:0 auto;
   width:100%;
}
```

Der Bereich `#grungyMotiv` bekommt zur Verdeutlichung seiner Begrenzung einen breiten weißen Rahmen, der einen alphatransparenten Schatten in alle Richtungen wirft (siehe Abbildung 3). Die Höhe für diesen »grungy Header« begrenzen wir auf 260 px. Die obere und untere Kante dieses

Bereiches bilden später auch die Ausgangspunkte für die absolute Positionierung der meisten Tiere.

```
#grungyMotiv{
    margin:0 auto;
    width:100%;
    height:260px;
    border:10px solid #FFF;
    -moz-box-shadow:2px 5px 20px rgba(0, 0, 0, 0.5);
    -webkit-box-shadow:2px 5px 20px rgba(0, 0, 0, 0.5);
    box-shadow:2px 5px 20px rgba(0, 0, 0, 0.5);
    position:relative;
}
```

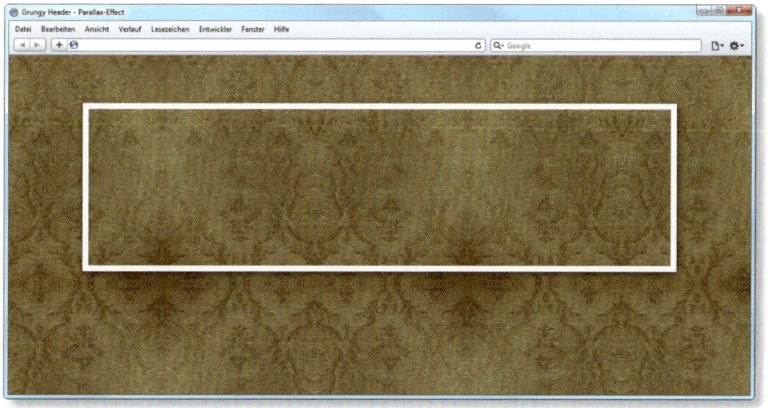

◄ **Abbildung 3**
Der weiße Rahmen definiert den Headerbereich.

3 Hintergrundbild für den Header

Der Grunge-Trend entstand aus einer Bewegung gegen »steriles« Design – es bietet sich daher an, für den Hintergrund des Headers grafische Elemente mit einem schmutzigen oder zerstörten »Look« in erdigen und grünen Farbtönen zu benutzen. Die Grafik »bg_grungy_header.jpg« (siehe Abbildung 4) erfüllt die Anforderungen an ein entsprechendes Motiv.

 »bg_grungy_header.jpg«

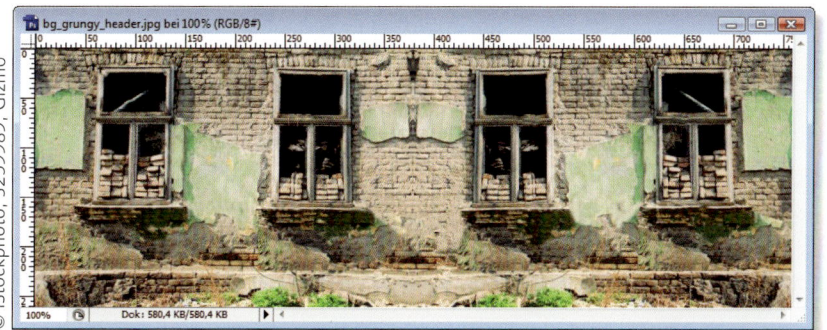

© iStockphoto, 3259989, Gizmo

◄ **Abbildung 4**
Die Ruinen-Hintergrundgrafik »bg_grungy_header.jpg«

Abbildung 5 ▶
Die Ruinen-Hintergrundgrafik innerhalb des Headerbereichs wiederholt sich in x-Richtung

Abbildung 6 ▶
Darstellung des Schichtenmodells; die Tiere sind auf Basis ihrer z-index-Position angeordnet.

Der Headerbereich wird nun mit dieser Grafik ausgefüllt; sie kann sich in horizontaler Richtung (x-Achse) je nach Breite des Viewports wiederholen. Die 750 Pixel breite und 250 Pixel hohe Grafik zeigt, wie in Abbildung 4 zu erkennen ist, vier Fenster. Wer also mehr oder weniger Fenster zu Gesicht bekommt, hat entweder einen größeren oder einen kleineren Viewport.

```
#grungyMotiv{
    ...
    background: url(../images/bg_grungy_header.jpg) 0 0 repeat-x;
}
```

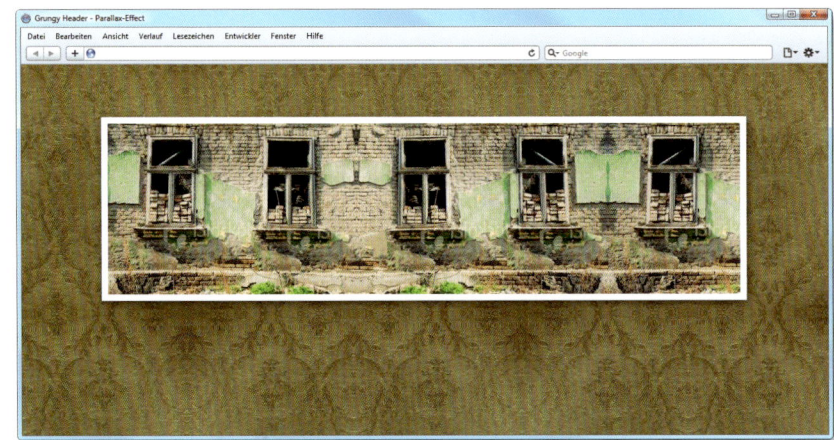

Die Explosionsgrafik in Abbildung 6 soll den Aufbau des Blogheaders noch einmal verdeutlichen: Je weiter man sich innerhalb der Abbildung von rechts nach links bewegt, desto höher ist der Wert des z-index und damit die Position innerhalb des Schichtenmodells.

4 Großstadtdschungel – die Lianen

Um dem Blogheader nun den Touch eines (Großstadt-)Dschungels zu verleihen, weisen wir dem relativ ausgerichteten Bereich `#grungyMotiv` eine Lianen-Grafik mit einer Breite von 750 px zu. Die Tiefenwirkung haben wir mit Schattenwürfen für die einzelnen Lianen unterstützt.

»liane.png«

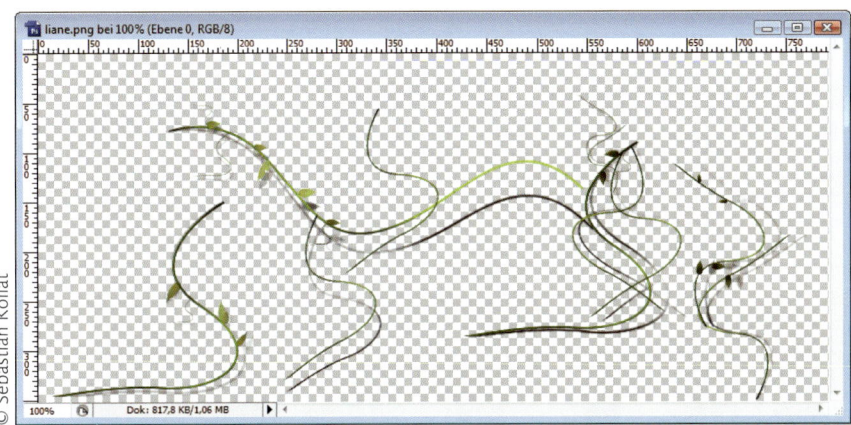

© Sebastian Kollat

◀ **Abbildung 7**
Lianen für den grungy Header

Diese Grafik im PNG-24-Format verlinken wir nun samt Alternativtext und Größenangabe, so dass wir sie auch als Navigationselement verwenden können.

```
<div id="grungyMotiv">
   <a href="#" title="Liane">
      <img src="images/liane.png" height="300" width="750"
      id="liane" alt="Liane" />
   </a>
</div>
```

Wichtig für den Pseudo-Parallax-Effekt ist die absolute Positionierung aller Bilder im Bereich `#grungyMotiv`. Da diese verlinkt sind, müssen wir die standardmäßig abgebildete Outline bei der Fokussierung (`:focus`) entfernen. Die Kennzeichnung der verwendeten Grafiken mit eindeutigen IDs, in diesem Fall mit `#liane`, ermöglicht die individuelle Vergabe von CSS-Eigenschaften für die Bildmotive. Darüber können wir dann die gewünschte Ausrichtung und das Bewegungsverhalten definieren. Die Lianen sollen »out of the Box« ausgerichtet werden, und ihre unteren Enden sollen mit dem weißen Rahmen des Headers abschließen; dazu ziehen wir die Grafik um 34 Pixel nach oben und rücken sie von rechts um 2,5 % ein. Im Folgenden platzieren wir jede Grafik auf einer eigenen Ebene. Da sich die Lianen-Grafik auf der untersten »Schicht« befinden soll – sie soll von allen anderen Grafiken überlagert werden –, weisen wir ihr den `z-index:1` zu.

PNG-24-Format

Wenn ein Bildmotiv Transparenz enthält, empfiehlt sich das PNG-24-Format, das eine 24-Bit-Farbwiedergabe unterstützt. Somit bleiben scharfe Details und Schattierungen erhalten und können ohne Qualitätsverlust wiedergegeben werden. Nachteil dieser hohen Qualität ist die große Dateigröße dieser Bilder. Zusätzlich zur normalen Hintergrundtransparenz wie im PNG-8-Format unterstützt das PNG-24-Format eine abgestufte Transparenz (Alphakanal). Leider beherrscht der Internet Explorer 6 diese Art der abgestuften Transparenz nicht.

```
#grungyMotiv img {
    border:0;
    position:absolute;
}
img#liane {
    top:-34px;
    right:2.5%;
    z-index:1;
}
```

Sie sehen das Zwischenergebnis in Abbildung 8: eine absolut ausgerichtete Liane über einer relativ ausgerichteten Hintergrundgrafik. Aufgrund dieser relativen Maßangabe in Prozent ändert sich bei Veränderung des Viewports die Position der Grafik.

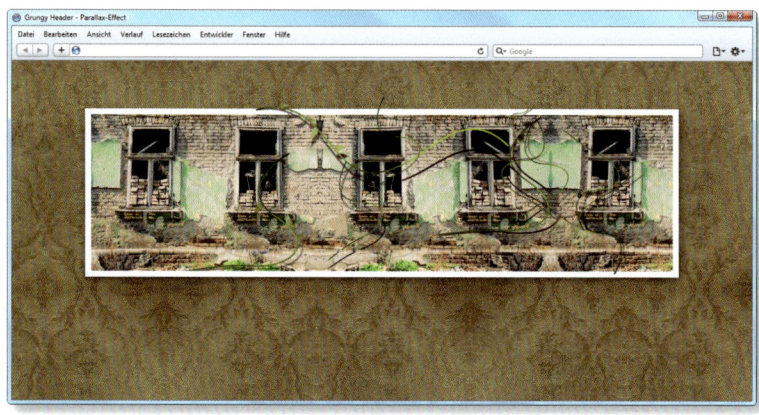

5 Großstadtdschungel – der Panther

Als erstes Tiermotiv dieses Großstadtdschungels fügen wir einen Panther ein. Die Abbildung platzieren wir in der HTML-Datei innerhalb des Bereiches #grungyMotiv und benennen sie mit der eindeutigen und selbsterklärenden ID #panther.

»panther.png«

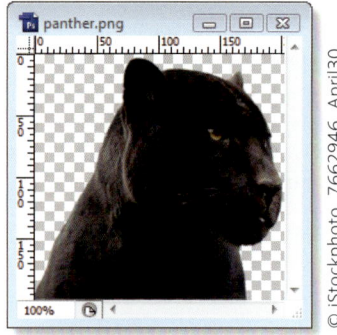

© iStockphoto, 7662946, April30

▲ **Abbildung 9**
»panther.png«

```
<div id="grungyMotiv">
    ...
    <a href="#" title="Panther">
        <img src="images/panther.png" height="200" width="203"
        id="panther" alt="Panther" />
    </a>
</div>
```

Der Panther soll in etwa zentriert ausgerichtet werden, um links und rechts neben ihm noch etwas Platz für die Positionierung der anderen Tiere zu haben. Ausschlaggebend hierfür ist die linke untere Ecke; sie soll sich bei

40 % der Gesamtbreite des Bereiches #grungyMotiv befinden. Da insgesamt sechs Motive ausgerichtet werden und sich der Panther innerhalb des Schichtenmodells auf der 5. Ebene (der zweiten von oben) befinden soll, weisen wir ihm den z-index:5 zu.

```
img#panther    {
    bottom:0px;
    left:40%;
    z-index:5;
}
```

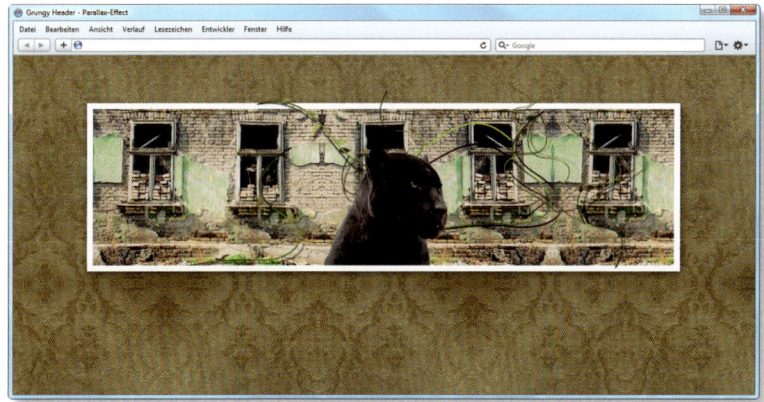

◀ **Abbildung 10**
Die in etwa mittig ausgerichtete Panther-Grafik innerhalb Headerbereiches

6 Großstadtdschungel – das Chamäleon

Als zweites Tiermotiv setzen wir ein Chamäleon ein. Die Grafik legen wir innerhalb des HTML-Codes im Bereich #grungyMotiv nach den bisherigen Grafiken an. Wir vergeben die ID #chamaeleon.

```
<div id="grungyMotiv">
    ...
    <a href="#" title="Chamaeleon">
        <img src="images/chamaeleon.png" height="129"
        width="138" id="chamaeleon" alt="Chamaeleon" />
    </a>
</div>
```

Das Motiv richten wir relativ weit rechts aus. Wie Sie im folgenden CSS-Code-Abschnitt erkennen, erfolgt die Ausrichtung nicht über die Eigenschaft right und einen relativ geringen Prozentwert, sondern durch die Eigenschaft left und einen relativ großen Prozentwert. Das angestrebte Ziel kann also auf zwei Wegen erreicht werden. Da sich das Chamäleon innerhalb des Schichtenmodells auf der zweiten Ebene von unten befinden soll (es soll nur die Lianen überlagern), geben wir ihm den z-index:2.

»chamaeleon.png«

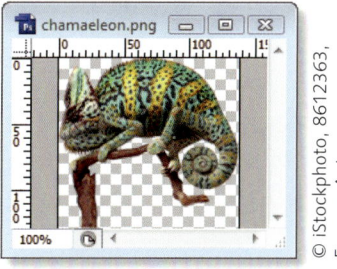

▲ **Abbildung 11**
»chamaeleon.png«

© iStockphoto, 8612363, Eugene_Antonov

```
img#chamaeleon {
    bottom:0px;
    left:80%;
    z-index:2;
}
```

Wie Sie in Abbildung 12 recht gut erkennen, schauen sich Panther und Chamäleon nun an. In der oberen rechten Ecke des Blogheaders soll im nächsten Schritt ein weiterer Dschungelbewohner seinen Platz einnehmen.

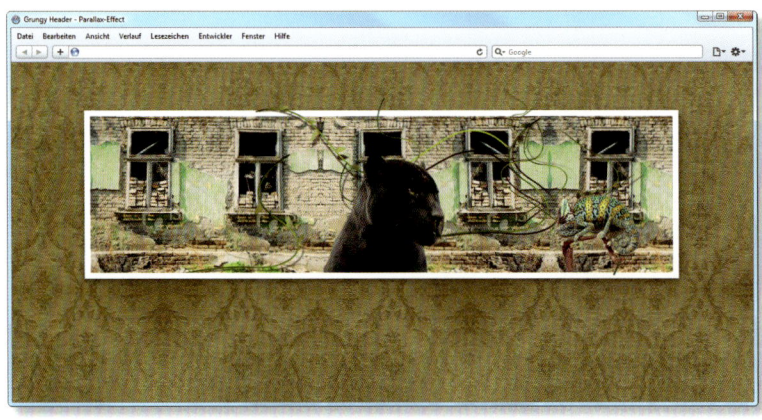

»bird.png«

▲ **Abbildung 13**
»bird.png«

7 Großstadtdschungel – der Vogel

Als drittes Tier gesellt sich ein Eisvogel hinzu (dass dieser Vogel kein Dschungelbewohner ist, sei mir an dieser Stelle bitte verziehen).

Die Bilddatei legen wir im HTML-Code innerhalb des Bereiches #grungyMotiv nach den bisherigen Grafiken an; wir vergeben die eindeutige und selbsterklärende ID #bird.

```
<div id="grungyMotiv">
    ...
    <a href="#" title="Bird">
        <img src="images/bird.png" height="74" width="108"
        id="bird" alt="Bird" />
    </a>
</div>
```

Um neben der Lianen-Grafik noch ein weiteres Motiv »out of the Box« auszurichten, positionieren wir den Vogel relativ weit rechts. Aufgrund der horizontalen Position (left:94%) und der Breite von 108 Pixeln liegen die Flügel des Winzlings außerhalb des weiß eingerahmten Bereiches #grungyMotiv (siehe Abbildung 14). Da sich der Eisvogel innerhalb des Schichtenmodells auf der obersten Ebene befinden soll, weisen wir ihm den z-index:6 zu.

```
img#bird {
    top:25px;
    left:94%;
    z-index:6;
}
```

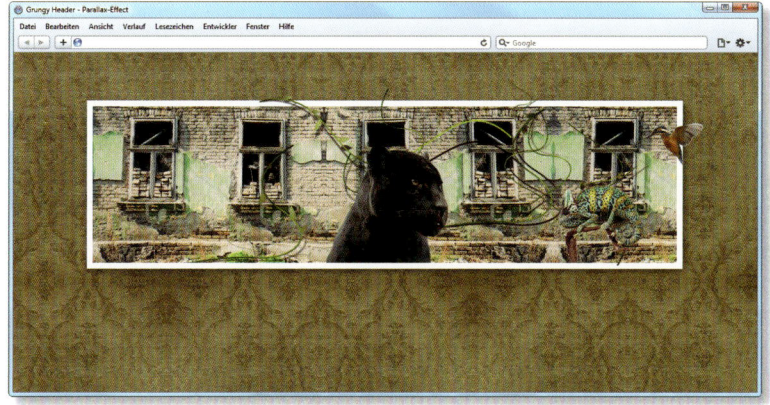

◄ **Abbildung 14**
Die Vogel-Grafik wird innerhalb des
Headerbereiches ganz oben rechts
ausgerichtet.

8 Großstadtdschungel – die Schlange

Als viertes und letztes Tier hält eine Schlange (genauer gesagt eine
orangefarbene Albino-Erdnatter) Einzug in den Großstadtdschungel. Die
Grafik legen wir im HTML-Code innerhalb des Bereiches #grungyMotiv an
und geben ihr die ID #snake.

```
<div id="grungyMotiv">
    ...
    <a href="#" title="Snake">
        <img src="images/snake.png" height="149" width="74"
        id="snake" alt="Snake" />
    </a>
</div>
```

Die Ausrichtung der Grafik ist durch das Motiv bereits vorgegeben: Da die
Schlange nur teilweise zu sehen ist, muss sie am oberen Rand angeordnet
werden (top:0px). Weil im linken Bereich des Blogheaders noch Platz ist,
positionieren wir die Schlange dort; sie erhält den z-index:3 (siehe Abbildung 16).

```
img#snake {
    top:0px;
    left:5%;
    z-index:3;
}
```

»snake.png«

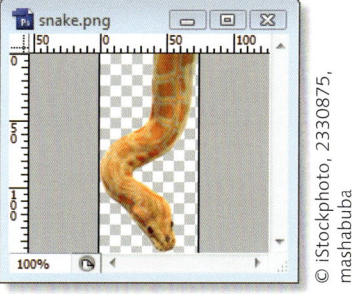

▲ **Abbildung 15**
»snake.png«

© iStockphoto, 2330875,
mashabuba

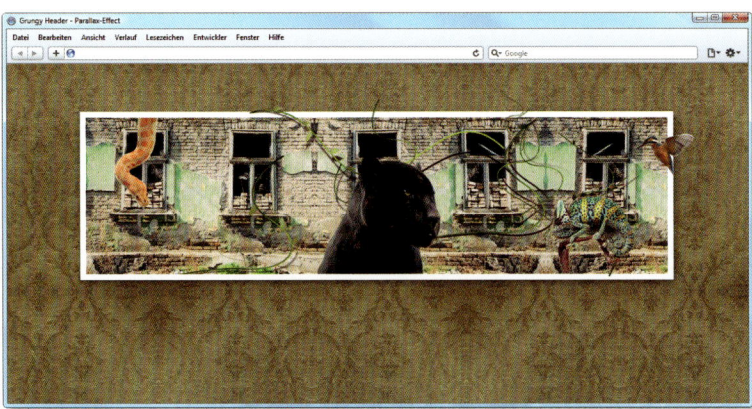

▲ **Abbildung 16**
Die Schlangen-Grafik ist innerhalb des Headerbereiches ganz oben links ausgerichtet.

»logo.png«

9 Großstadtdschungel – das Logo

Mittlerweile haben alle Dschungelbewohner ihren Platz innerhalb dieser tierischen Konstellation gefunden; es fehlt nur noch das Logo dieses Blogs. Dieses fügen wir im nächsten ein; hierzu verwenden wir die Grafik »logo.png«.

Abbildung 17 ►
»logo.png«

Nun erstellen wir also auch das letzte Motiv innerhalb des HTML-Codes, es erhält die ID #logo.

```
<div id="grungyMotiv">
   <a href="#" title="Großstadtdschungel">
      <img src="images/logo.png" height="178" width="359"
      id="logo" alt=" Großstadtdschungel Logo" />
   </a>
   ...
</div>
```

Da dieses Logo nicht nur aufgrund seiner Maße, sondern auch durch seine Position auffallen soll, positionieren wir es, ebenso wie den Vogel, »out of the Box«: Zur Ausrichtung des Motivs links oben verwenden wir negative Angaben.

Da das Logo die Schlange fast vollständig verdecken soll, bekommt es den noch zur Verfügung stehenden z-index:4, es befindet sich also auf der Ebene über der Schlange (z-index:3).

```
img#logo {
    top:-50px;
    left:-5%;
    z-index:4;
}
```

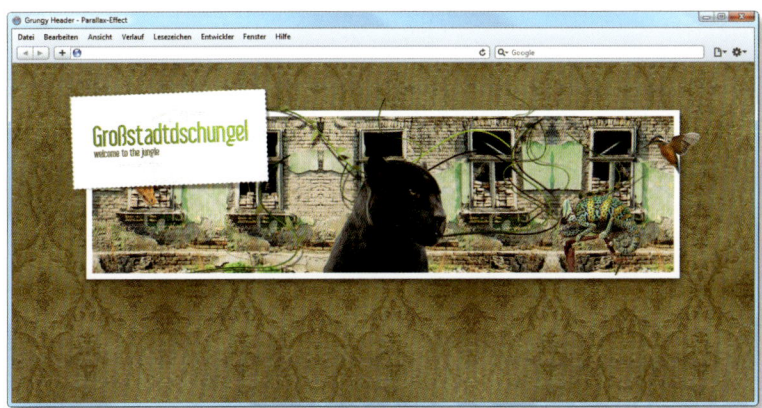

▲ **Abbildung 18**
Der in der Logo-Grafik vorhandene Schatten verstärkt den Effekt der Überlagerung.

10 Parallax-Effekt bei Veränderung des Viewports

Das Zwischenziel ist erreicht: Aufgrund der absoluten Positionseigenschaft für die Vertikale mit ihren relativen Prozentangaben für die horizontale Ausrichtung verändern sich die Positionen der Motive innerhalb des Webseitenkopfes bei Veränderung des Viewports (siehe Abbildung 19). Innerhalb dieser »tierischen Konstellation« vollziehen die Dschungelbewohner im Verhältnis zu den anderen Motiven eine Bewegung.

Der Parallax-Effekt ist also bereits vorhanden, aber recht gut versteckt, denn die wenigsten User verändern die Browserfenstergröße während des Surfens. Im letzten Arbeitsschritt des Workshops werden Sie deshalb lernen, wie Sie einen zusätzlichen Effekt erzielen: Bei Fokussierung durch den Benutzer – hier beim Überfahren der Tiere mit dem Mauszeiger – wird die Eigenschaft der Bewegung aufgerufen.

Browser-Support für diesen Workshop

Die im letzten Arbeitsschritt dieses Workshops angelegten Eigenschaften auf Basis der CSS3-Module »Transforms« und »Transitions« können nicht alle Browser korrekt umsetzen. Bei den Browsern, die es nicht können, springen die Motive ohne gleichmäßige Bewegung vom Ausgangs- zum Endpunkt. Browser, bei denen dieser Workshop vollständig und korrekt umgesetzt wird, sind Firefox ab Version 4, Google Chrome ab Version 10, Safari 5 und Opera ab Version 11.5.

Abbildung 19 ▶
Unterschiedlich große Viewports

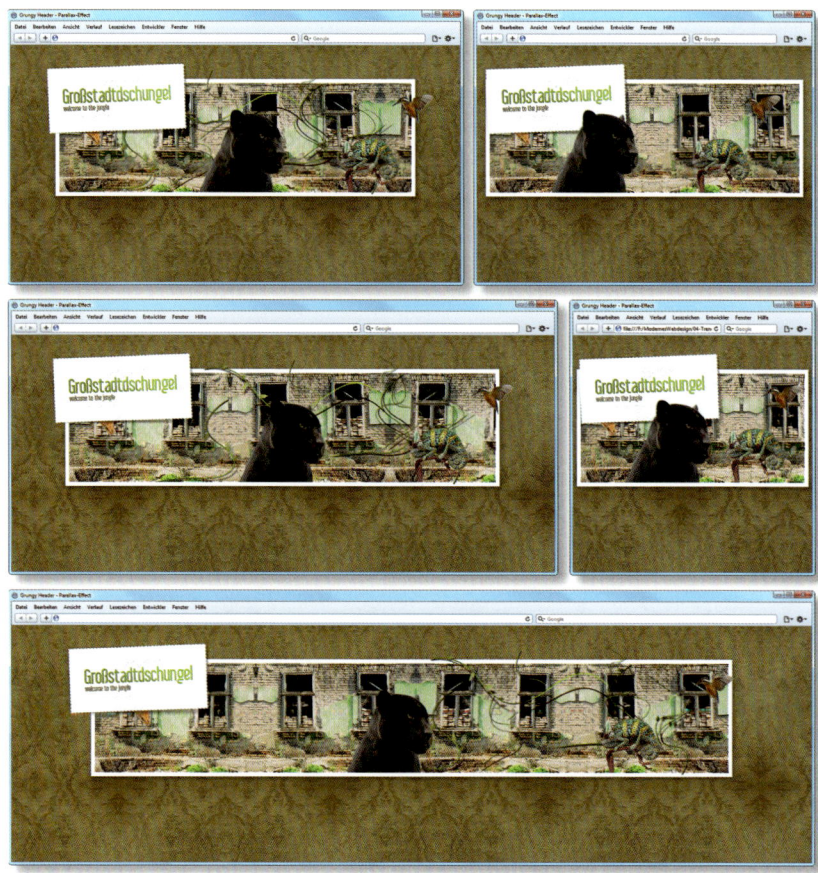

11 Eine Bewegung auslösen

Mit einem auf diese Weise gestalteten Blogheader lässt sich aufzeigen, was mit HTML und CSS (auch ohne JavaScript) alles möglich ist, und den Besucher zur Interaktion animieren. Möchten Sie, z. B. nach einem Redesign, dass über diesen Blog berichtet wird und dass viele Kommentare hinterlassen werden, können Sie auf diese Weise sicher Aufmerksamkeit erreichen.

Oft versuchen Webseiten- oder Blogbetreiber, dieses Ziel zu erreichen, indem sie bestimmte Elemente der Website in Bewegung versetzen. Jedoch werden Animationen von vielen Besuchern als störend und ablenkend empfunden. Möchten Sie also bewegte Elemente in Ihre Seite einbauen, ist die Position innerhalb des Blogheaders recht günstig: Dort lenken sie nicht so leicht von den Inhalten des Blogs ab.

Zudem hat sich in den letzten Jahren der Ansatz durchgesetzt, den Besucher die Webseite selbst entdecken zu lassen und dadurch auch für den gewissen Überraschungseffekt zu sorgen. Mit den CSS3-Modulen

---

CSS3-Transitions-Modul

Die CSS3-Eigenschaft `transition` legt fest, welche Eigenschaften eines Elements einer Webseite verändert werden, in welchem Zeitraum dies passiert (`transition-duration`), mit welcher Beschleunigung (`transition-timing-function`) und mit welcher Verzögerung (`transition-delay`).
Mehr Informationen dazu finden Sie unter der Adresse: *w3.org/TR/css3-transitions*.

»Transitions« und »Transforms« (mehr dazu im Workshop »Coffee-Cards –
eine etwas andere Liste« in Kapitel 11) können Sie den verlinkten Motiven
eine Bewegung zuweisen, die bei der Fokussierung, zum Beispiel mit der
Maus oder der Tastatur, ausgelöst werden kann. Hierzu weisen Sie den
absolut positionierten Motiven, zusätzlich zu ihren bisher zugewiesenen
Ausgangspunkten, bei Fokussierung eine andere Position zu.

Durch diese beiden Positionen stehen Anfangs- und Endpunkte der
Bewegung bereits fest. Mit den genannten CSS3-Modulen definieren Sie
die Art und Weise dieser Bewegung, zum Beispiel ihre Dauer und den
Bewegungsstil. In diesem Workshop legen wir als Basis des gesamten Ver-
haltens aller Motive für alle Bilder (bis auf das Lianen-Motiv) eine sanfte
Vor- und Zurückbewegung mit einer Dauer von drei Sekunden fest.

```
img#logo, img#panther, img#snake, img#bird, img#chamaeleon {
    -moz-transition: all 3s ease-in-out;
    -webkit-transition: all 3s ease-in-out;
    -o-transition: all 3s ease-in-out;
    transition: all 3s ease-in-out;
}
```

Wir beginnen mit dem Panther. Dieser soll im Moment der Fokussierung
durch den Besucher eine Position von 45 % der Breite des Headers (bezogen auf den linken Rand) einnehmen, was eine Positionsveränderung um
5 % zur Folge hat (vorher waren es 40 %). Der Panther legt also über die
Dauer von drei Sekunden eine relativ geringe Strecke zurück (siehe Abbildung 20), er bewegt sich also sehr langsam.

```
img#panther:hover {left:45%;}
```

◀ **Abbildung 20**
Bewegungsverhalten (Richtung,
Distanz) des Panthers

Als Nächstes weisen wir dem Chamäleon einen Endpunkt für seine Bewegung zu. Für diesen Dschungelbewohner geht es von seiner Position bei
80 % der Breite zu einer Position bei 25 % (von der linken Seite aus gesehen). Wie Sie in Abbildung 21 erkennen, ist die zurückzulegende Strecke
für das Chamäleon um einiges größer als für den Panther. Da diese Strecke
in derselben Zeit bewältigt werden muss wie die kurze Strecke des Panthers, bewegt sich das Chamäleon wesentlich schneller.

```
img#chamaeleon:hover {left:25%;}
```

Abbildung 21 ▶
Bewegungsverhalten des
Chamäleons

CSS3-Transforms-Modul

Das CSS3-Modul »Transforms« ist
Teil der W3C-CSS3-Recommenda-
tion. Die Eigenschaft `transform`
bestimmt, wie das entsprechende
Element transformiert, das heißt
verschoben (`translate`), rotiert
(`rotate`), skaliert (`scale`) oder ge-
neigt (`skew`) werden soll.
Mehr Informationen dazu unter:
w3.org/TR/css3-2d-transforms.

Eine noch größere Entfernung legt allerdings der Eisvogel zurück, denn er
fliegt von seiner Position ganz rechts (bei 94 % der Breite, bezogen auf den
linken Rand des Headers) zu einer Position ganz links (bei 10 % der Breite).

Um auch hier den Parallax-Effekt ein wenig ins Spiel zu bringen, soll
beim Eisvogel widergespiegelt werden, dass sich mit der zurückgelegten
Entfernung auch die Größe ändert. Wir verkleinern den Eisvogel also über
das CSS3-Modul »Transforms« und über die Eigenschaft der Skalierung
`scale` um 50 %. Wenn der Vogel sich wieder rückwärts bewegt, nähert er
sich seinen anfangs im HTML-Code festgehaltenen Höhen- und Breiten-
Eigenschaften wieder an. Eine wirklich interessante Möglichkeit, um die
Eigenschaft der zurückgelegten Strecke zusätzlich zu unterstreichen!

```
img#bird:hover {
    left:10%;
    -moz-transform:scale(0.5);
    -webkit-transform:scale(0.5);
    -o-transform:scale(0.5);
    transform:scale(0.5);
}
```

Abbildung 22 ▶
Bewegungsverhalten des Vogels

Als Nächstes geben wir der doch recht gut versteckten Schlange die Gelegenheit, sich zu zeigen: Bei der Fokussierung durch den Besucher verändert sie ihre bisherige Position (`top:0px`) um 115 px nach unten. Dadurch
wird der Eindruck hervorgerufen, dass sich die Schlange von einem Ast
bzw. vom Logo abseilt (siehe Abbildung 23).

```
img#snake:hover {top:115px;}
```

◄ **Abbildung 23**
Bewegungsverhalten der Schlange
bei Fokussierung durch den User

Zu guter Letzt weisen wir dem Bloglogo die Eigenschaften der Positionsveränderung, der Skalierung und der Rotation zu. Dies führt dazu, dass
sich das Logo – während der Zeitspanne von 3 Sekunden – von seiner
Position ganz oben außerhalb des Bereiches `#grungyMotiv` (`top:-50px`) zu
einer Position unten außerhalb des Bereiches bewegt und sich dabei um
ein Drittel verkleinert. Zusätzlich vollzieht es einen »Three Sixty« – eine
Drehung (`rotate`) von 360 Grad.

```
img#logo:hover {
    top:200px;
    -moz-transform: rotate(360deg)scale(.66);
    -webkit-transform: rotate(360deg)scale(.66);
    -o-transform: rotate(360deg)scale(.66);
    transform: rotate(360deg)scale(.66);
}
```

◄ **Abbildung 24**
Bewegungsverhalten des Logos bei
Fokussierung durch den User

Da insbesondere das Bewegungsverhalten der Tiere des letzten Arbeitsschrittes noch nicht von allen Browsern den Wünschen entsprechend
umgesetzt wird, empfehle ich, diesen Workshop auf webkit-basierten
Browsern (Safari, Google Chrome) und im Firefox ab Version 5 zu testen.

Ein Blogdesign im Retro-Stil

»Retro« als Gestaltungsmittel

Design ist eine ständige und immer wiederkehrende Transformation bestimmter Stile und deren Charakteristika. Auch wenn diese Entwicklung im Webdesign nicht dermaßen verankert ist wie beispielsweise im Produktdesign, ist Retro-Design entgegen seiner eigentlichen Definition somit immer zeitgemäß. In diesem Workshop wird gezeigt, wie Sie das Retrodesign bei der Umsetzung eines Headers mit Hilfe von CSS3-Eigenschaften umsetzen können.

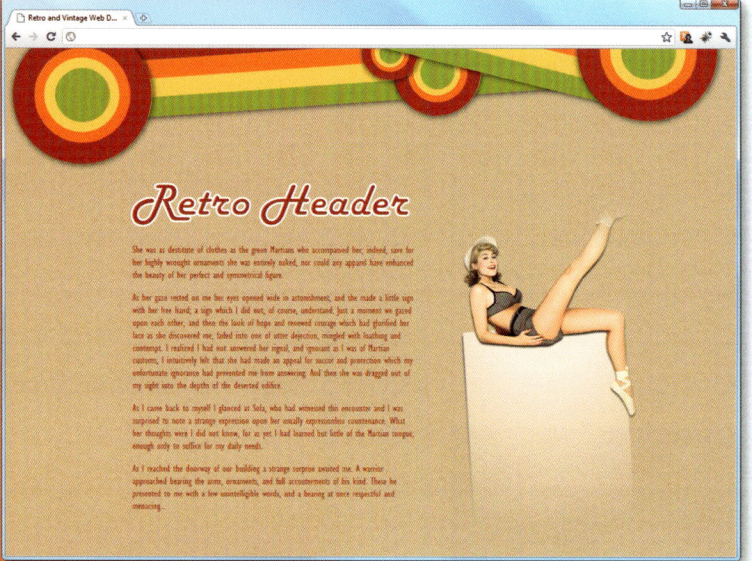

Zielsetzungen:

▶ Anlegen eines gestalterischen Elements im Retro-Stil

▶ Gestalten der `div`-Container über lineare und radiale Farbverläufe

▶ Einfügen von Kreisen über Pseudoelemente

CSS3-Eigenschaften: `linear-gradient`, `radial-gradient`, Pseudoelemente `:before` und `:after`, `translate`...

1 Retro im Webdesign

Den Retro-Stil charakterisieren in erster Linie bunte Farben auf dezenten Hintergründen sowie alte vergilbte Abbildungen an- oder eingerissener Fotos, wie beispielsweise die typischen Pin-up-Bilder. Mit diesen den meisten Betrachtern bekannten Stilelementen können Sie eine ganz bestimmte Stimmung vermitteln und dafür sorgen, dass die Webseite im Retro-Design sich von der Masse absetzt und bei den Betrachtern in Erinnerung bleibt.

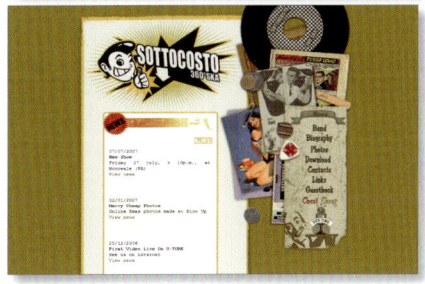

◄ **Abbildung 1**
Webseiten im Retro-Design (von links oben nach rechts unten): *www.style4you.it*, *www.target-scope.com*, *www.sottocostoska.it* und *www.level2d.com*

2 Farbverlauf per CSS

Dank der CSS3-Eigenschaft `gradient` mit ihren beiden Arten der Ausrichtung, `linear` und `radial`, haben Sie die Möglichkeit, Farbverläufe nicht mehr nur als Grafiken einzubinden, sondern sie über entsprechende CSS-Eigenschaften zu definieren. Der Vorteil ist neben der möglichen Reduzierung von HTTP-Requests je nach Größe der Datei auch die Verringerung des Ladeverhaltens.

Für diesen Effekt benötigen Sie lediglich zwei `div`-Container innerhalb des Bereiches `#retroHeader`:

```
<div id="wrapper">
  <div id="retroHeader">
    <div id="headerMotivLeft"></div>
    <div id="headerMotivRight"></div>
  </div>
```

```
     <div id="retroContent">
        <!-- für diesen Workshop nicht relevant -->
     </div>
     <div id="retroFooter">
        <!-- für diesen Workshop nicht relevant -->
     </div>
</div>
```

»bg_retro.jpg«

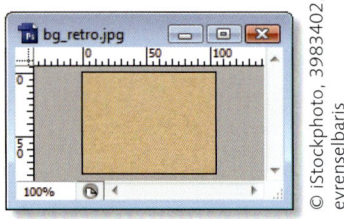

© iStockphoto, 3983402,
evrenselbaris

▲ **Abbildung 2**
Hintergrundgrafik »bg_retro.jpg«

Dem body-Element weisen wir als ersten Schritt die Hintergrundgrafik »bg_retro.jpg« zu. Diese kann sich innerhalb des Hintergrundbereiches unabhängig vom Viewport des Betrachters beliebig oft wiederholen.

```
body {
    margin:0;
    padding:0;
    text-align:center;
    background: url(../images/bg_retro.jpg);
}
```

Den allumfassenden Wrapper mit gleichnamiger ID beschränken wir auf eine Breite von 950 px und richten ihn mittig aus. Dies erreichen wir, indem wir die Werte für den linken und rechten Außenabstand margin auf auto setzen und der Bereich darum, in diesem Fall das body-Element, eine Zentrierung (center) der horizontalen Textausrichtung enthält (text-align).

```
#wrapper {
    width:950px;
    margin:0 auto;
}
```

3 Lineare Farbverläufe mit Haltepunkten

Da der Retro-Stil in der Regel sehr farbenfroh umgesetzt wird, soll sich dies auch in dem Farbverlauf dieses Workshop-Beispiels widerspiegeln. Dazu weisen wir den beiden im Arbeitsschritt zuvor angelegten Bereichen #headerMotivLeft und #headerMotivRight keinen herkömmlichen Farbverlauf mit einem Start- und Endpunkt zu, sondern einen Farbverlauf mit mehreren »Haltepunkten« (*color-stop*). Damit ergeben sich innerhalb eines Elements mehrere farblich sichtbare Kontraste.

Da die Positionierung dieser beiden Bereiche absolut ist, sie sich aber nicht innerhalb des Viewports, sondern innerhalb des div-Containers #retroHeader absolut ausrichten sollen, versehen wir diesen div-Container zuvor mit der Eigenschaft einer relativen Position. Alle folgenden Positionierungseigenschaften spielen sich dadurch innerhalb dieses Bereiches ab.

Die Höhe der nun folgenden Elemente beträgt 120 px. Bei vier verschiedenen Farbwechseln stellen wir also jeder Farbe 30 px zur Verfügung. Die einleitende Eigenschaft der einfachen Hintergrundfarbe ist für die Browser gedacht, die die darauffolgenden Eigenschaften des Farbverlaufes nicht umsetzen können. Als Letztes weisen wir den beiden Bereichen, die noch identische Eigenschaften teilen, einen zu 25 % transparenten Schattenwurf zu, der im weiteren Verlauf des Workshops von anderen Elementen aufgegriffen wird.

```
#retroHeader {
    margin:0 auto;
    position:relative;
    top:0;
    width:100%;
}
#headerMotivLeft, #headerMotivRight {
    ...
    background:linear-gradient(top,
    #b63112, #b63112 25%, #f56e02 25%, #f56e02 50%,
    #f8cc30 50%, #f8cc30 75%, #aeb00c 75%, #aeb00c);
    ...
}
```

Da die soeben festgelegten CSS-Eigenschaften für beide angelegte Bereiche – #headerMotivLeft und #headerMotivRight – gelten, sind diese beiden div-Container, wie in Abbildung 3 zu erkennen, deckungsgleich.

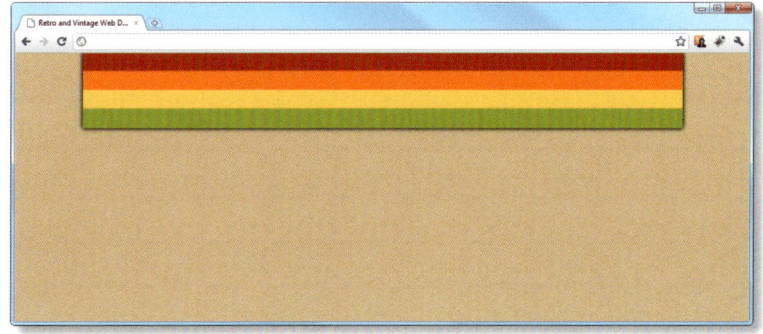

◄ **Abbildung 3**
Darstellung der Farbverläufe der beiden noch deckungsgleichen Elemente

Da beide Elemente allerdings nicht deckungsgleich sein, sondern unterschiedlich ausgerichtet werden sollen, versehen wir den Bereich #headerMotivLeft mit dem z-index:1. Dieses Element wird somit die unterste Position aller noch folgenden Elemente einnehmen. Als Nächstes drehen wir dieses Element mit dem CSS3-Transforms-Modul um 4 Grad gegen den Uhrzeigersinn gedreht.

```
#headerMotivLeft {
    z-index:1;
    left:0;
    -moz-transform: rotate(-4deg);
    -webkit-transform: rotate(-4deg);
    -o-transform:  rotate(-4deg);
    transform: rotate(-4deg);
}
```

Unterschiedliche Qualität bei der Kantenglättung

Trotz der interessanten und sehenswerten Möglichkeiten mit CSS3 wie der Neigung und Farbverlaufsgestaltung von Elementen soll an dieser Stelle auch darauf hingewiesen werden, dass eine in solchem Fall notwendige Glättung der Kanten wie in Abbildung 4 nicht von allen Browsern gleich umgesetzt wird. Opera ab Version 11.1, Firefox ab Version 4 und der Internet Explorer ab Version 9 arbeiten bei dieser Eigenschaft wesentlich sauberer als Safari 5 und Google Chrome 13.

Das Problem, das sich aus den bisherigen CSS-Angaben und der Neigung dieses Elements ergibt, wird im oberen Teil von Abbildung 4 sichtbar: Die Farbübergänge sind aufgrund des abrupten Farbwechsels wie beispielsweise bei 25% verzogen und wirken daher an diesen Stellen kantig und unsauber. Es ist also notwendig, diese Übergänge fließender zu gestalten. Dies erreichen Sie, indem Sie den Farbwechsel, wie im folgenden modifizierten CSS-Code, bereits jeweils 2% früher einleiten (23%, 48%, 73% bzw. 98%). Das führt zum Beispiel beim ersten Farbwechsel dazu, dass der Rot-Ton #b63112 von 0 bis 23% »verläuft« und ab diesem Haltepunkt dann ein »echter Farbverlauf« hin zum Orange #f56e02 vollzogen wird, das erst bei 25% startet. Im Bereich von 23% bis 25% werden also Rot und Orange »gemischt«. Dadurch wirkt der Farbwechsel, wie im unteren Teil von Abbildung 4 zu erkennen ist, weniger kantig und stattdessen gleichmäßiger.

Je nach Höhe des Elements, auf das Sie einen solchen Farbwechsel anwenden, müssen Sie diesen »Puffer« zur Umsetzung eines gleichmäßigen Farbüberganges anpassen, denn was 2% bei einem 500 px hohen Element ausmachen, ist bei einem 50 px hohem Element mit denselben CSS-Eigenschaften für den Farbverlauf kaum wahrnehmbar. Um diese fehlerhafte Darstellung der Kantenglättung zu umgehen, lassen wir die beschriebenen Änderungen nun wie folgt in den bereits vorhandenen CSS-Code einfließen:

▲ **Abbildung 4**
Oben: Der Farbverlauf hat noch Übergänge und wirkt kantig.
Unten: Mit den Übergängen wirkt der Farbverlauf wieder fließend.

```
#headerMotivLeft, #headerMotivRight {
    position:absolute;
    height:120px;
    width:100%;
    background-color:#b63112;
/* Mozilla (Firefox, Flock, etc.) */
    background:-moz-linear-gradient(top,
    #b63112, #b63112 25%, #f56e02 25%, #f56e02 50%,
    #f8cc30 50%, #f8cc30 75%, #aeb00c 75%, #aeb00c);
/* WebKit alt (Safari, Chrome, etc.) */
    background:-webkit-gradient(linear, left top, left
    bottom, from(#b63112), color-stop(0.22, #b63112),
    color-stop(0.25, #f56e02), color-stop(0.47, #f56e02),
    color-stop(0.5, #f8cc30), color-stop(0.72, #f8cc30),
```

```
       color-stop(0.75, #aeb00c), color-stop(0.97, #aeb00c),
       to(#aeb00c));
/* WebKit neu (Safari, Chrome ab Version 11, etc.) */
    background:-webkit-linear-gradient(top, #b63112,
    #b63112 23%, #f56e02 25%, #f56e02 48%, #f8cc30 50%,
    #f8cc30 73%, #aeb00c 75%, #aeb00c 97%, #aeb00c);
/* Opera ab Version 11.1 */
    background: -o-linear-gradient(
    #b63112, #b63112 25%, #f56e02 25%, #f56e02 50%,
    #f8cc30 50%, #f8cc30 75%, #aeb00c 75%, #aeb00c);
/* aktueller W3C working draft */
    background:linear-gradient(top,
    #b63112, #b63112 25%, #f56e02 25%, #f56e02 50%,
    #f8cc30 50%, #f8cc30 75%, #aeb00c 75%, #aeb00c);
    -moz-box-shadow: 0px 0px 10px 0px rgba(0,0,0,.75);
    -webkit-box-shadow: 0px 0px 10px 0px rgba(0,0,0,.75);
    box-shadow: 0px 0px 10px 0px rgba(0,0,0,.75);
}
```

Zusammen mit der Neigung des `div`-Containers `#headerMotivLeft` und den nun angepassten Werten für vier saubere Farbwechsel zeigen Browser wie der 5er-Firefox, 5er-Safari, 13er-Google-Chrome und Opera in Version 11.5 folgendes Bild:

▲ Abbildung 5
So sehen die Farbverläufe auch mit einer Neigung gut aus.

Da der linke Bereich des Elements `#headerMotivLeft` aufgrund der vollzogenen Neigung nun mehr oder weniger in der Luft hängt, ziehen wir den Bereich über die Eigenschaft `translate` in Richtung der y-Achse um 35 px nach oben.

```
#headerMotivLeft {
    ...
    -moz-transform: rotate(-4deg) translate(0, -35px);
    -webkit-transform: rotate(-4deg) translate(0, -35px);
    -o-transform:  rotate(-4deg) translate(0, -35px);
    transform: rotate(-4deg) translate(0, -35px);
}
```

Nun schließt der linke obere Bereich, wie Sie in Abbildung 6 erkennen, nahtlos am oberen Browserfensterrand ab.

Abbildung 6 ▶
Das linke Headermotiv wurde um
35 px nach oben gezogen.

Den bisher unveränderten `div`-Container `#headerMotivRight` weisen wir
im nächsten Schritt die Eigenschaft an, sich nicht mehr über die ganze
Breite auszudehnen, sondern auf lediglich 50 %. Zudem legen wir dieses
Element mit einem `z-index` von 4 über den Container `#headerMotivLeft`
und richten es rechtsseitig aus (`right:0`). Dieser `z-index` basiert darauf,
dass dieses Element insgesamt drei Elemente des gesamten Headerlayouts
überlagern soll und somit aufgrund der absoluten Positionierung innerhalb
der gesamten Ebenen an der vierten Stelle aufgeführt werden soll.

Um eine Art optisches Gegenstück zum zuvor leicht gegen den Uhrzeigersinn geneigten Container zu erhalten, neigen wir diesen Container um
14 Grad in die entgegengesetzte Richtung (siehe Abbildung 7).

```
#headerMotivRight {
    z-index:4;
    width:50%;
    right:0;
    background-color: #f8cc30;
    -moz-transform: rotate(14deg);
    -webkit-transform: rotate(14deg);
    -o-transform:  rotate(14deg);
    transform: rotate(14deg);
}
```

Abbildung 7 ▶
Neigung des nur noch halb so
breiten rechten Headermotivs
um 14 Grad

> **Buchtipp zum Thema
> »Retrodesign«**
>
> Wer mehr zu den Gestaltungskri-
> terien im Retrodesign erfahren
> möchte, dem sei an dieser Stelle
> das Buch »Retrodesign Stylelab«
> empfohlen:
> *retrodesign-stylelab.com*.

Aufgrund des nun wesentlich größer gewählten Neigungswinkels für den
Bereich `#headerMotivRight` muss dieser mit der `translate`-Eigenschaft
auch um einen größeren Wert nach oben gezogen werden.

```
#headerMotivRight {
    ...
    -moz-transform: rotate(14deg) translate(0, -67px);
    -webkit-transform: rotate(14deg) translate(0, -67px);
    -o-transform:  rotate(14deg) translate(0, -67px);
    transform: rotate(14deg) translate(0, -67px);
}
```

◄ **Abbildung 8**
Auch das rechte Headermotiv wird nach oben gezogen. Der Wert liegt aber mit 67 px wesentlich höher als der des linken Farbverlaufs.

4 Radiale Farbverläufe mit Haltepunkten – der kleine Kreis

Die beiden `div`-Container sind nun fertig. Wir können uns also den unterschiedlich großen Kreisen widmen, die sich an verschiedenen Stellen des Layouts befinden.

Falls Sie schon einmal einen Blick in den HTML-Code auf der Buch-DVD geworfen haben, fragen Sie sich eventuell, wie das gehen soll. Denn dort wird klar, dass nicht mehr Elemente zur Umsetzung dieser Kreise vorhanden sind. Dass Sie für die Gestaltung eines Elements nicht immer ein »echtes Element« innerhalb des HTML-Dokumentes benötigen, ist unter anderem den seit CSS3 einsetzbaren Pseudoelementen `:before` und `:after` zu verdanken. Über diese Eigenschaften können Sie Elemente vor und nach einem Element gestalten. Voraussetzung ist, dass diese Eigenschaften einem »echten Element« zugeordnet werden.

In diesem Workshop soll dem Bereich `#headerMotivLeft` mit der Eigenschaft `:before` ein weiteres Element hinzufügt werden. Rein optisch gesehen befindet sich dieses Pseudoelement nicht unbedingt »vor« dem `div`-Bereich. Die Positionierung wird allerdings wieder ausnahmslos durch die CSS-Eigenschaften bestimmt, die wir auch für dieses Pseudoelement festlegen werden.

Für den ersten und kleinsten aller Kreise legen Sie Eigenschaften wie den Durchmesser von 88 px und eine Einrückung von links um 49 % fest. Zudem definieren Sie ebenso wie bei den linearen Farbverläufen an dieser Stelle wieder eine Fallback-Hintergrundfarbe für solche Browser, die die Eigenschaften für den radialen Farbverlauf nicht umsetzen können. Der `z-index:3` sorgt dafür, dass dieser kleine Kreis über dem Container `#headerMotivLeft` liegt, aber unterhalb des Containers `#headerMotivRight` und somit von diesem überlagert wird.

```
#headerMotivLeft:before {
    z-index:3;
    top:0px;
    left:49%;
    height:88px;
    width:88px;
    background-color:#b63112;
    -webkit-border-radius: 44px;
```

```
-moz-border-radius: 44px;
border-radius: 44px;
}
```

»content« in Pseudoelementen

Mit den Pseudoelementen :be-fore und :after ist es möglich, über die Eigenschaft content vor bzw. nach einem Element beliebige Inhalte wie Text oder Bilder einzufügen. Aber auch wenn Sie keine Inhalte über diese Eigenschaft einfügen möchten, müssen Sie sie dennoch angeben – denn ansonsten ist es auch nicht möglich, gestalterische Eigenschaften, wie hier einen radialen Farbverlauf, zu vergeben.

Dem Pseudoelement weisen Sie dann, wie Sie in Abbildung 9 sehen, radiale Farbverlaufseigenschaften zu. Außerdem bekommt der Kreis einen Schattenwurf, den wir bereits bei den linearen Farbverläufen verwendet haben. Der Anteil der einzelnen Farben ist hingegen anders als bei den linearen Farbverläufen. Der innerste grüne Bereich soll hier einen größeren Bereich (40 % statt 25 %) umfassen.

```
#headerMotivLeft:before {
    position:absolute;
    content:"";
    background: -moz-radial-gradient(
    circle contain, #aeb00c 38%, #f8cc30 40%, #f8cc30 53%,
    #f56e02 55%, #f56e02 68%, #b63112 70%, #b63112);

    background:-webkit-gradient(
    radial, 44 50%, 8, 44 50%, 44, from(#aeb00c),
    color-stop(0.4, #f8cc30), color-stop(0.4, #f8cc30),
    color-stop(0.55, #f56e02), color-stop(0.55, #f56e02),
    color-stop(0.70, #b63112), color-stop(0.70, #b63112),
    to(#b63112));

    background: -webkit-radial-gradient(circle contain,
    #aeb00c 38%, #f8cc30 40%, #f8cc30 53%, #f56e02 55%,
    #f56e02 68%, #b63112 70%, #b63112);

    background: radial-gradient(circle contain, center,
    #aeb00c 38%, #f8cc30 40%, #f8cc30 53%,
    #f56e02 55%, #f56e02 68%, #b63112 70%, #b63112);

    -moz-box-shadow: 0px 0px 10px 0px rgba(0,0,0,.75);
    -webkit-box-shadow: 0px 0px 10px 0px rgba(0,0,0,.75);
    box-shadow: 0px 0px 10px 0px rgba(0,0,0,.75);
}
```

Abbildung 9 ▶
Der erste, kleine Kreis sitzt bereits richtig.

5 Der mittlere Kreis

Für den zweiten, mittelgroßen Kreis vergeben wir die gleichen Eigenschaften wie für den ersten Kreis. Die einzigen Unterschiede sind die

Position und der Durchmessers des Kreises sowie die Reihenfolge inner-halb der Stapelung der Elemente über den z-index.

```
#headerMotivLeft:after {
    z-index:2;
    top:10px;
    left:54%;
    position:absolute;
    content:"";
    height:140px;
    width:140px;
    background-color:#f8cc30;
    -webkit-border-radius: 70px;
    -moz-border-radius: 70px;
    border-radius: 70px;
}
```

Damit dieser Kreis die gleichen Farbverlaufseigenschaften erhält, fügen wir den Selektor #headerMotivLeft:after dem Selektor #header-MotivLeft:before hinzu. Dadurch profitieren beide Kreise von etwaigen Änderungen im Verlauf.

```
#headerMotivLeft:before, #headerMotivLeft:after {
    position:absolute;
    content:"";
    background: radial-gradient(circle contain, center,
    #aeb00c 38%, #f8cc30 40%, #f8cc30 53%,
    #f56e02 55%, #f56e02 68%, #b63112 70%, #b63112);
    ...
}
```

6 Die beiden großen Kreise

Um die beiden großen Kreise zu gestalten und zu positionieren, gehen Sie genauso vor wie bei den beiden kleineren Kreisen: Dem rechten Container #headerMotivRight weisen Sie über das Pseudoelement :before alle notwendigen CSS-Eigenschaften zu. Der einzige Unterschied sind die Position und der wesentlich größere Durchmesser des Kreises, der zur »Abdeckung« des rechten Endes dieses div-Containers. #headerMotiv-Right notwendig ist.

Natürlich spielt auch hier der `z-index` eine wichtige Rolle. Da sich dieser Kreis über allen anderen Elementen befinden soll, ist nun ein Wert notwendig, der den des `div`-Containers `#headerMotivRight` übersteigt.

```
#headerMotivRight:before {
    z-index:5;
    top:-85px;
    right:-12%;
    height:220px;
    width:220px;
    background-color:#f56e02;
    -webkit-border-radius: 110px;
    -moz-border-radius: 110px;
    border-radius: 110px;
}
```

Zum Nachlesen: Selektoren

Wer sich bei Selektoren und ihren Auswirkungen nicht ganz sicher ist, dem sei Abschnitt 2.3.1, »Aufbau von CSS-Regeln«, empfohlen.

Da sich auch dieser Kreis die Eigenschaften des Farbverlaufes mit den anderen beiden Kreisen teilen soll, fügen wir den Selektor `#headerMotivRight:before` den beiden anderen Selektoren des linken Bereiches des Headermotivs hinzu.

```
#headerMotivLeft:before, #headerMotivLeft:after,
#headerMotivRight:before {
    position:absolute;
    content:"";
    background: radial-gradient(circle contain, center,
    #aeb00c 38%, #f8cc30 40%, #f8cc30 53%,
    #f56e02 55%, #f56e02 68%, #b63112 70%, #b63112);
    ...
}
```

Lassen Sie sich also nicht verwirren: Abbildung 11 zeigt noch einmal deutlich, dass die letztendliche Position des Pseudoelements im Layout nicht der Bezeichnung des Pseudoelements entsprechen muss. So sieht auch das eben erstellte Pseudoelement rein optisch eher wie `:after` aus, es ist aber über die Eigenschaft `:before` definiert. Es ist also alles nur eine Frage der Vergabe der entsprechenden Positionierungseigenschaften.

Abbildung 11 ▶
Der große Kreis rechts wurde über das Pseudoelement `:before` des rechten Headerbereiches realisiert.

Die Maße des vierten und letzten Kreises (220 px) sind identisch mit denen des soeben ganz rechts im Headerbereich positionierten dritten Kreises:

```
#headerMotivRight:before, #headerMotivRight:after {
    z-index:6;
    top:-85px;
    right:-12%;
    height:220px;
    width:220px;
    -webkit-border-radius: 110px;
    -moz-border-radius: 110px;
    border-radius: 110px;
}
```

Der Unterschied ist natürlich die Position ganz links. Wer allerdings
einen Blick auf Abbildung 12 wirft, wird sich unter Umständen wundern,
warum die Positionierungswerte `top:200px` und `left:-115%` genutzt werden muss. Der Grund hierfür ist, dass der Ausgangspunkt des Pseudoelements (`0,0`) außerhalb des sichtbaren Bereiches liegt. Denn der linke
Bereich des `div`-Containers `#headerMotivRight`, der für die Position von
`headerMotivRight:after` ausschlaggebend ist, befindet sich aufgrund der
Neigung von 14 Grad nicht mehr am ursprünglichen Platz.

```
#headerMotivRight:after {
    top:200px;
    left:-115%;
    background-color:#f8cc30;
}
```

Da sich auch dieser vierte Kreis die Eigenschaften des Farbverlaufes mit den anderen drei Kreisen teilen soll, fügen wir den Selektor
`#headerMotivRight:after` den anderen Selektoren hinzu.

```
#headerMotivLeft:before, #headerMotivLeft:after,
#headerMotivRight:before, #headerMotivRight:after {
    position:absolute;
    content:"";
    background: radial-gradient(circle contain, center,
    #aeb00c 38%, #f8cc30 40%, #f8cc30 53%,
    #f56e02 55%, #f56e02 68%, #b63112 70%, #b63112);
    ...
}
```

◄ **Abbildung 12**
Der letzte Kreis ist über allen
Headerbereichen und Kreisen
ausgerichtet und basiert auf dem
Pseudoelement `:after` des rechten
Headerbereiches.

»retro_pinupTeaser.png«

▲ **Abbildung 13**
Webseiten mit Pin-up-Girls als Eyecatcher: *casino-lemonade.com* (oben), *sparkysgarage.com* (Mitte) und *lanalandis.com* (unten)

7 Pin-up-Girl als Eyecatcher

Wie Sie auch an den zu Beginn dieses Workshops vorgestellten Webseiten erkennen, sind Pin-up-Girls ein gern verwendeter Eyecatcher und ein fast unverzichtbares Merkmal von Webseiten im Retro-Design.

Um die Fotografie, die Sie im linken Teil von Abbildung 14 sehen, als Designelement im Retro-Stil nutzen zu können, stellen Sie das Motiv zunächst in Adobe Photoshop mit dem Lasso frei (mittlerer Teil von Abbildung 14). Außerdem setzen Sie das Pin-up-Girl auf einen leicht geneigten Kasten, in dem Sie beispielsweise Kontaktmöglichkeiten unterbringen können.

▲ **Abbildung 14**
Arbeitsschritte zur Erstellung der Grafik »retro_pinupTeaser.png«: Original (links), Freistellen (Mitte), Hinzufügen der Grafik (rechts)

In einem weiteren Arbeitsschritt fügen Sie dem Kasten über den Ebenenstil eine Textur und einen Schatten hinzu.

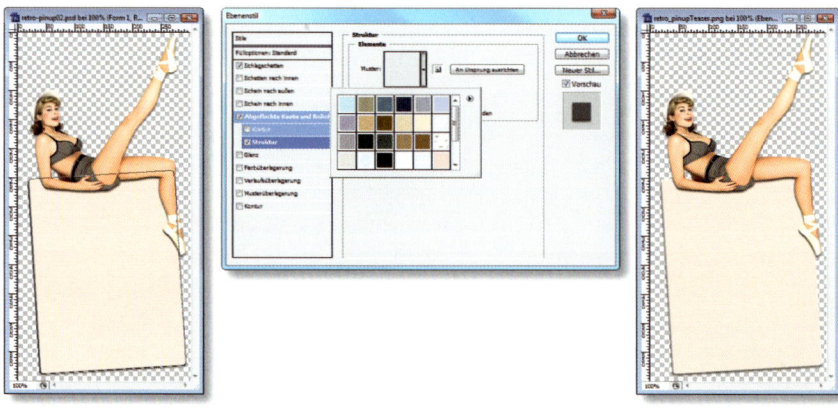

Abbildung 15 ▶
Der Kasten, auf dem das Pin-up-Girl sitzt, bekommt eine Textur und einen Schatten.

Die so erstellte Grafik »retro_pinupTeaser.png« könnte dann wie in Abbildung 16 im Gesamtlayout ausgerichtet werden.

8 Darstellung in aktuellen Browsern

Aufgrund der teilweise noch recht brandneuen Implementierung der Eigenschaften des linearen Farbverlaufes wie beim Opera-Browser in Version 11.5 und der veränderten Schreibweise für Farbverläufe bei webkit-basierten Browsern wie Safari und Google Chrome fragen Sie sich vielleicht, wie die oben beschriebenen CSS3-Eigenschaften von den aktuellen Browsern umgesetzt werden. Abbildung 17 zeigt daher Screenshots der zwei Browser, die die beiden Verlaufseigenschaften (unabhängig von der Schreibweise) korrekt umsetzen. Dies sind der Mozilla-Browser Firefox ab Version 3.6 und Google Chrome ab Version 10.

◄ **Abbildung 17**
Darstellung des Retro-Headers in
Firefox (oben) und Google Chrome
(unten)

Beim Safari-Browser gibt es bei der Umsetzung radialer Farbverläufe einige Abweichungen. Diesem Browser gelingt es nicht, eine scharfe Kante an den Übergängen der Farben zu erzeugen. Selbst der in Arbeitsschritt 3 angelegte Bereich für den Farbübergang von 2 % ändert an dieser Stelle nichts.

Ein Vergleich der aktuellen 5er-Version des Safari-Browsers mit einem aktuellen Nightly Build (r83429) zeigt hier schon deutliche Unterschiede. Sie sehen also, dass die Browserhersteller aktuell an diesen Eigenschaften arbeiten.

▲ **Abbildung 18**
Darstellung des Retro-Designs im 5er-Safari (oben) und im aktuellen Nightly Build (unten)

Radial Gradient für Opera

Wer den Einsatz von JavaScript zur Umsetzung des Retro-Headers für den Opera-Browser vermeiden möchte, der kann in Ausnahme-fällen über folgenden CSS-Hack speziell diesem Browser die dafür notwendige Hintergrundgrafik zu-weisen: @media all and (-webkit-min-device-pixel-ratio:10000), not all and (-webkit-min-device-pixel-ratio:0) { #retroHeader{ background: url(../images/retro_header. png;) }

 »retro_header.png«

Auch wenn der Unterschied zwischen einem linearen und einem radialen Farbverlauf marginal anmutet, sehen Sie in Abbildung 19, dass der Opera-Browser nur den linearen Verlauf bewältigt. In den Kreisen hingegen stellt er die Fallback-Variante (den jeweils einfarbigen Hintergrund) dar.

▲ **Abbildung 19**
Darstellung des Retro-Designs im Opera 11.5

Da selbst die aktuellste Version 9 des Internet Explorers keine der beiden Farbverlaufseigenschaften umsetzen kann, weisen wir allen Versionen die-ses Browsers über eine via Conditional Comments referenzierte separate CSS-Datei für den #retroHeader eine Hintergrundgrafik »retro_header. png« zu (siehe Abbildung 20). Der Nachteil dieses Ansatzes wird dann deutlich, wenn Sie sich die Dateigrößen der Ressourcen ansehen, die bei der Umsetzung dieses Retro-Headers notwendig sind. Bei Chrome, Safari und Firefox sind dies lediglich 7 KB und ein HTTP-Request für die Styleda-tei. Beim IE sind dies ebenfalls diese 7 KB, außerdem 1 KB für die Style-sheet-Datei, die für diese IE-Versionen notwendig wird, um dem Bereich `#retroHeader` die Hintergrundgrafik zuzuweisen, sowie die Grafik selbst mit knapp 100 KB. Wenn Sie nicht auf JavaScript-Ansätze zurückgreifen möchten, Ihre IE-Nutzer aber dennoch etwas von Ihrem Retrodesign sehen sollen, ist diese Vorgehensweise unverzichtbar.

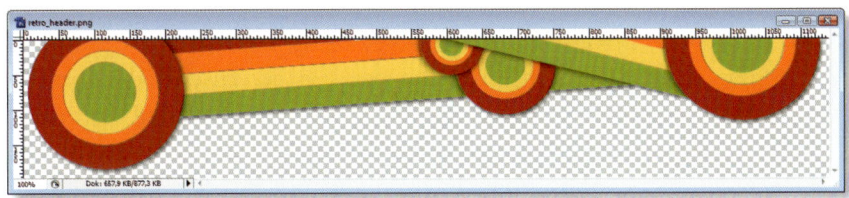

▲ **Abbildung 20**
Hintergrundgrafik »retro_header.png«

◀ **Abbildung 21**
So wird die Hintergrundgrafik im Internet Explorer 9 dargestellt.

Dieser Workshop hat auf eindrucksvolle Weise gezeigt, in welche Richtung es bei der Gestaltung von Webseiten auf Basis von CSS3-Eigenschaften gehen kann. Auch wenn die Entwicklung durch die Browserhersteller ein stetiger Prozess ist, machen insbesondere die webkit-basierten Browser Google Chrome und Safari sowie der Mozilla-basierte Browser Firefox und dessen »Ableger« deutlich, dass bei entsprechenden Ideen und Know-how kaum Grenzen gesetzt sind.

Kommentardesign in Blogs

*Mit ansprechend gestalteten Kommentaren
zum besseren Blogdesign*

Nicht selten wird bei der Erstellung eines Designs für eine Website oder einen Blog die größte Aufmerksamkeit dem Header geschenkt. Je weiter man auf der Seite nach unten scrollt, umso weniger Beachtung wurde oftmals den dort befindlichen Inhalten gewidmet. Dazu gehört der Bereich der Kommentare. Blogger mit einer diskussionsfreudigen Leserschaft sollten daher die Gestaltung von Kommentaren nicht außen vor lassen oder stiefmütterlich behandeln. Wie Sie mit dem Design Anreize zum Kommentieren setzen und somit auch die Verweildauer auf der Seite erhöhen können, wird Bestandteil dieses Workshops sein.

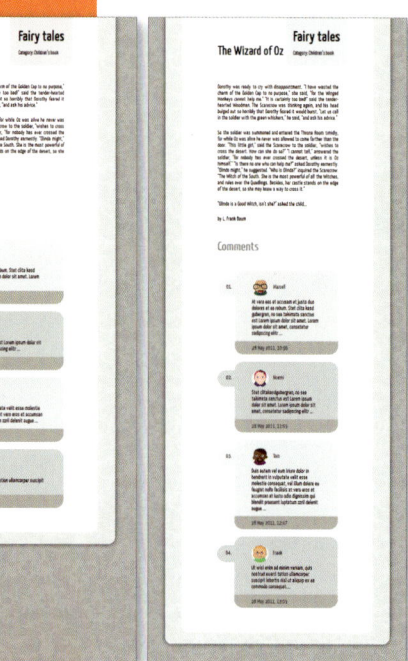

Zielsetzungen:

▶ Anlegen des Kommentardesigns innerhalb eines einspaltigen Bloglayouts

▶ Ausrichten der Kommentare in einem 50er-Raster

▶ Gestalten der Einzelkommentare mit runden Ecken und Avatar-Bildern

CSS3-Eigenschaften: border-radius, Pseudoklasse :nth-child(), Pseudoelement :before

1 Warum Kommentardesign wichtig ist

Wozu betreibt man einen Blog? In manchen Fällen sicherlich zur Selbstdarstellung, in den meisten Fällen allerdings für Besucher, aus denen im Idealfall regelmäßige Leser werden. Eines der wichtigsten Kriterien bei der Gestaltung ist die Frage nach der Zielgruppe des Blogs. In einem Blog ist dabei insbesondere die Gestaltung der Kommentare wichtig, die (einmal abgesehen vom Inhalt der Blogbeiträge) den Besucher zum Kommentieren animieren soll.

Dass Sie hierbei sehenswerte Resultate erzielen können, die nicht nur zum aufgrund des Inhaltes zum Kommentieren, sondern auch zum Lesen der Kommentare selbst einladen, zeigen die Blogs in Abbildung 1.

▼ **Abbildung 1**

Designorientierte Blogkommentare (von links oben nach rechts unten): *oaktreecreative.com*, *blog.spoongraphics.co.uk*, *snook.ca*, *rockersdelight.co.uk*, *css-tricks.com* und *kulturbanause.de*

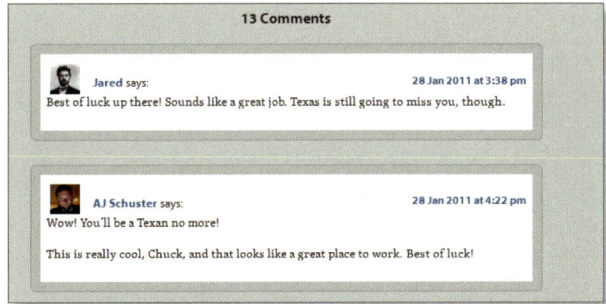

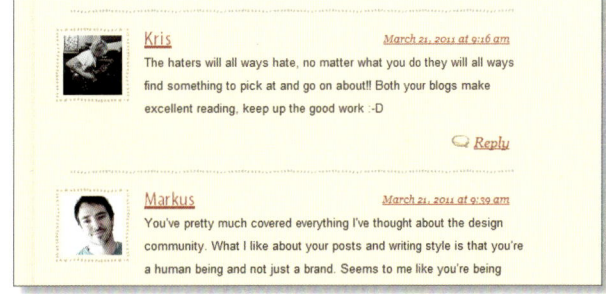

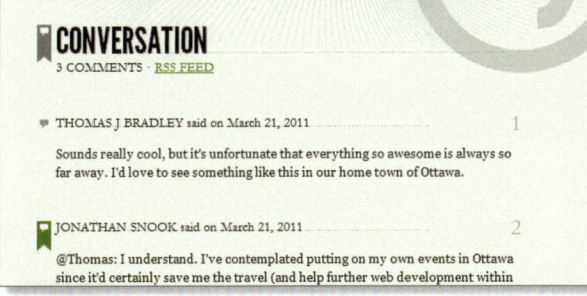

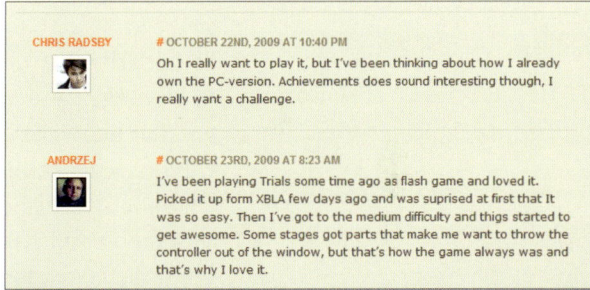

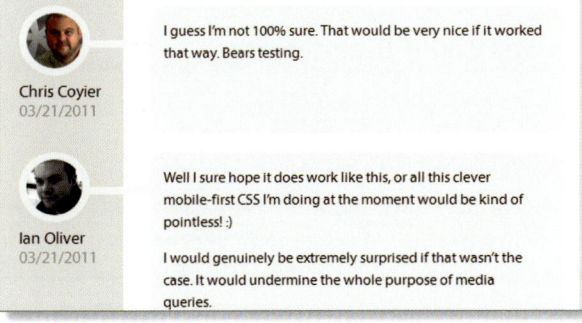

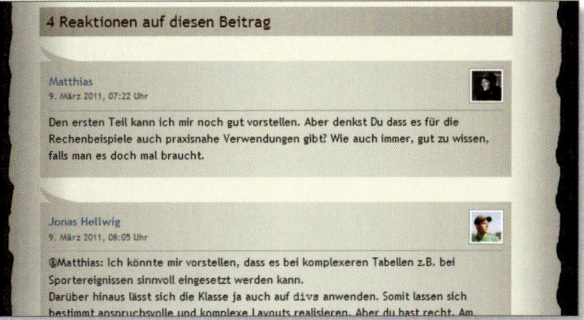

Warum Kommentardesign nicht stiefmütterlich behandelt werden sollte, sollte durch Abbildung 2 deutlich werden.

▲ **Abbildung 2**
Weniger designorientierte Blogkommentare (aus Gründen der Fairness werden an dieser Stelle keine URLs dieser Webseiten angegeben)

Es bedarf nicht unbedingt eines ausgefeilten Kommentardesigns wie in Abbildung 1. Auf eine ansprechende Gestaltung aber vollends zu verzichten, hat deutliche Nachteile. Oft sind dann die Abstände der Kommentare entweder zu gering oder zu groß, die Namen der Kommentatoren sind entweder gar nicht vom Fließtext zu unterscheiden, oder sie sind wie alle anderen Verlinkungen innerhalb des Kommentars gestaltet und somit nicht sonderlich einladend.

2 Anlegen des einspaltigen Blogdesigns

Grundlage dieses Workshops bildet ein einspaltiges Bloglayout, das sich inhaltlich dem Thema »Märchen« verschrieben hat. Nun ist die Zielgruppe für ein solches Thema nicht leicht zu fassen, da das Thema altersübergreifend wie kaum ein anderes ist. Vom Kindergartenalter bis zum rüstigen Rentner könnte sich jeder für Märchen interessieren. Aus dieser Erkenntnis heraus können wir das Ziel für das Design formulieren: Es soll den Inhalt in den Vordergrund stellen und nicht durch andere Elemente davon ablenken. Zudem soll das Design die Leser zu Diskussionen im Kommentarbereich animieren.

So wie ein bestimmtes Design vom Inhalt ablenken kann, kann es unter Berücksichtigung bestimmter Aspekte natürlich auch unterstützend wirken. Der prägnanteste Ansatz für ein Design, das den Inhalt in den Vordergrund stellen soll, ist eine minimalistische Gestaltung. Hier folgt die Form der Funktion und nicht umgekehrt.

Ob der Blog dem Webseitenbesucher gefällt, hängt neben der Form insbesondere von der Farbe ab. Bei der festgestellten Altersspanne können Sie aber davon ausgehen, dass nicht alle Besucher denselben Geschmack haben werden. Daher wollen wir hier lediglich versuchen, mit einem geeigneten Farbschema und Farbkontrasten eine Wirkung zu erzielen, die zum Lesen und Entspannen einlädt – ein Grund, warum das Farbschema des Blogdesigns auf der sachlichen, neutralen und nachdenklichen Stimmung der Farbe Grau basieren wird (siehe Abbildung 3).

Die psychologische Wirkung von Grau

Die unbunte Farbe Grau besitzt aufgrund ihrer Mischform eine gedämpfte Helligkeit, die unter anderem das Lesen erleichtert. Je nach Helligkeit und vorhandenen Kontrasten kann ein beruhigendes und sachlich wirkendes Umfeld geschaffen werden.

▲ **Abbildung 3**
Das Farbschema »Blog Comments« innerhalb der Onlineplattform Kuler (*kuler.adobe.com*)

Wenn die grundlegende Frage der farblichen Gestaltung beantwortet wurde, kann auch der passende Layouttyp dazu beitragen, dass die Zielgruppe mit dem Blog gut zurechtkommt. Da wir davon ausgehen müssen, dass die Zielgruppe dieses Blogs oft nur über kleine Monitore verfügt, entscheiden wir uns hier für ein Layout mit einer minimalen Ausdehnung von 650 px und einer maximalen Ausdehnung des Gesamtlayouts von 850 px. Damit dürften Sie, bis auf mobile Endgeräte (hier empfehle ich den Workshop »Webdesign im Miniaturformat: mobile Websites« in Kapitel 11), was den Viewport betrifft, einen großen Teil der Zielgruppe abdecken.

Um den Leser möglichst wenig vom Inhalt abzulenken, entscheiden wir uns zudem für ein einspaltiges Layout. Da es in diesem Workshop ausschließlich um die Gestaltung von Blogkommentaren geht, deuten wir die anderen Elemente wie den umfassenden Container und die Überschrift nur an. Aus demselben Grund legen wir in diesen Workshop auch keine Navigationselemente an.

»bg_pattern.jpg«

Da sich online schwarzer Text auf weißem Hintergrund immer noch am besten lesen lässt, ändern wir nichts an dieser Konstellation. Um den Leser direkt auf den Inhalt zu lenken, versehen wir den Bereich um den Inhalt mit einer sich in jegliche Richtung wiederholenden Hintergrundgrafik »bg_pattern.jpg« (siehe Abbildung 5).

Da sowohl der HTML- als auch der CSS-Code für den Bereich oberhalb des Kommentarbereiches für diesen Workshop nicht relevant sind, sehen Sie in Abbildung 4 bereits das fertige Blogdesign. Dieses ermöglicht eine gute Lesbarkeit und Fokussierung auf das Eigentliche – die Märchen.

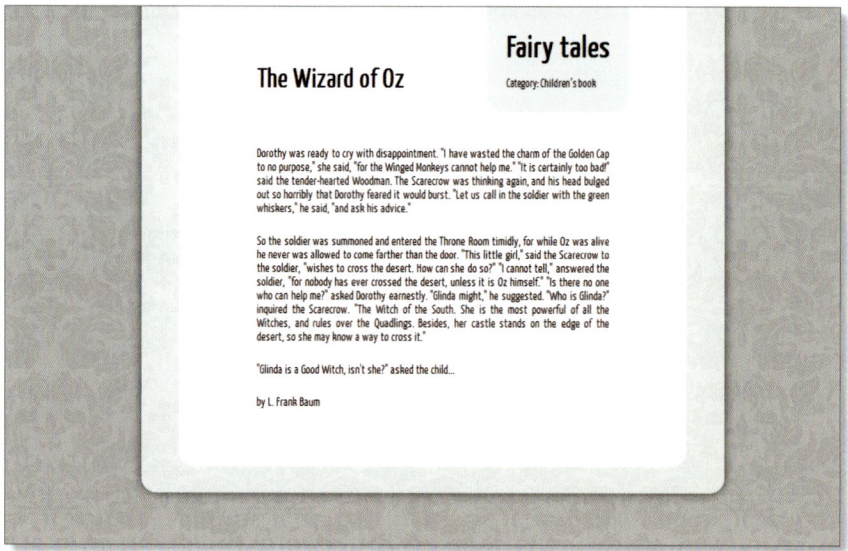

▲ **Abbildung 4**
Das einspaltige Blogdesign ohne Kommentare

Nun geht es an die Gestaltung der Kommentare. Die Gestaltung des Formularbereiches, über den die Besucher ihre Kommentare eingeben, wir hier außen vor gelassen. Hier empfehle ich Ihnen den Workshop »Onlineformulare benutzerfreundlich gestalten« aus Kapitel 7. Die Kommentare sollen zur Kommunikation und Diskussion animieren und müssen deshalb gut erkennbar, lesbar und unter Umständen chronologisch nachvollziehbar sein.

© iStockphoto, 1590502, colonel

▲ **Abbildung 5**
Die Hintergrunddatei für diesen Workshop

3 Anlegen einer chronologischen Kommentarstruktur

Die strukturelle Grundlage im HTML-Code unterhalb des Contentbereiches #contentZone ist der ebenfalls mit einer ID gekennzeichnete Kommentarbereich #commentZone. Dieser wird durch eine Überschrift 3. Ordnung eingeleitet. Die Kommentare selbst werden aufgrund ihrer chronologischen Reihenfolge von einer geordneten Liste aufgenommen. Jeder Kommentar, der nach Ausfüllen des Kommentarformulars im Bloglayout abgebildet wird, besitzt im Idealfall einen verlinkten Kommentarnamen, den Kommentar selbst sowie Uhrzeit und Datum des abgegebenen Kommentars.

Im nun folgenden HTML-Code wird nur der erste von vier innerhalb der geordneten Liste ausgegebenen Kommentaren detailliert abgebildet:

```
...
<div id="main">
    <h1>...</h1>
    <div id="contentZone">...</div>
    <div id="commentZone">
        <h3>Comments</h3>
        <ol class="commentlist">
        <li>
        <div class="comment_author">
            <cite>
                <a href="#" title="Marcell">Marcell</a>
            </cite>
        </div>
        <div class="comment">
            <p>At vero eos et accusam et...</p>
            <p class="date">28 May 2011, 10:56</p>
        </div>
        </li>
        <li>...</li>
        <li>...</li>
        <li>...</li>
        </ol>
    </div>
</div>
...
```

> **Die geordnete Liste »ol«**
>
> Eine geordneten Liste ol enthält Inhalte, die aufgezählt werden und zudem in einer chronologischen Verbindung zueinander stehen. Solche nummerierten Aufzählungen gestalten den Text selbst ohne CSS übersichtlicher und verdeutlichen so die Zusammenhänge auch im Schriftbild.

> **Kennzeichnung des Kommentarnamens**
>
> Das HTML-Element cite kennzeichnet einen Text der Bedeutung entsprechend als Quelle oder Autor und wird von allen aktuell relevanten Browsern unterstützt. Dieses Element hebt einen auf diese Weise ausgezeichneten Text in kursiver Schrift hervor. Da es von Haus aus ein Inlineelement ist, erzeugt es ohne zusätzliche CSS-Eigenschaften keinen Umbruch.

Das darauf basierende Zwischenergebnis (siehe Abbildung 6) der Strukturierung der Kommentare wird auf vielen Blogs bereits als endgültige Gestaltung angesehen und keiner weiteren gestalterischen Optimierung unterzogen.

Abbildung 6 ▶
So werden die Kommentare standardmäßig vom Browser ohne eigene CSS-Eigenschaften dargestellt.

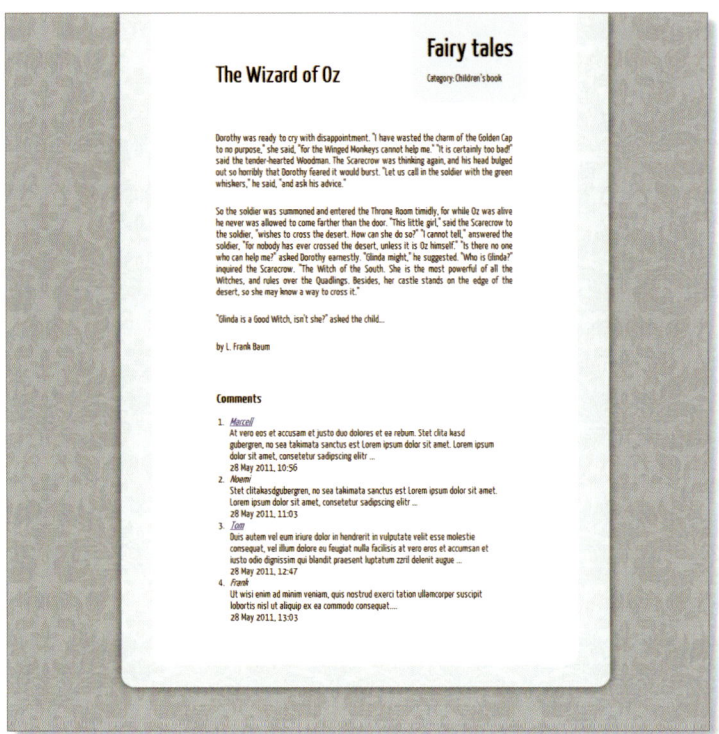

Abbildung 7 ▼
Webseiten auf Basis von Gridlayouts (von links nach rechts):
www.subtraction.com,
www.kompakt.fm und
www.uxmag.com

4 Ausrichten des Kommentarbereiches

Der Gestaltung des Blogs liegt ein sogenanntes Gridlayout mit einem Raster von 50 px zugrunde. Dieses Layout hat seinen Ursprung im Printdesign und wird insbesondere im minimalistischen Webdesign verwendet, weil es Übersichtlichkeit und klare Strukturen schafft. Abbildung 7 zeigt einige Beispiele. Zur besseren Erkennbarkeit der Gridlayouts wurden den jeweiligen Webseiten Hilfslinien hinzugefügt.

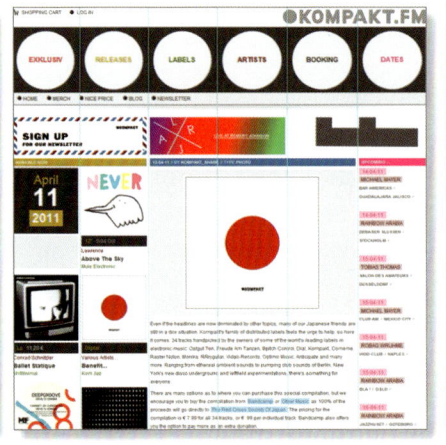

Einem solchen Layout liegen entweder die Gesamtbreite der Webseite oder die Abstände der Inhalte untereinander zugrunde. Das Raster können Sie eigenhändig oder mit Hilfe eines Gridlayout-Managers oder -Generators erstellen. Die einzelnen Komponenten der Webseite werden dann an einem zuvor festgelegten Gitter(-maßstab) ausgerichtet. In Abbildung 8 wird deutlich, dass dieses »50er-Raster« sowohl für den grauen Rahmen der Überschrift »Fairy tales« als auch für Abstände der Inhalte zum Rand des Layouts gilt.

Die in Abbildung 8 hellrot markierten Bereiche des Rasters sind diejenigen Bereiche des Layouts, die in ihrer Breite flexibel sind. Die etwas dunkelroter eingefärbten Rasterbereiche links und rechts neben dem Content sind nicht flexibel, da sie sich mit fixen Innen- und Außenabständen pixelgenau am 50er-Raster ausrichten.

Die Aufgabe ist es nun, sich in den folgenden Arbeitsschritten mittels CSS an diesem Rasterlayout zu orientieren. Das heißt, dass auch die innerhalb der geordneten Liste enthaltenen Inhalte an diesem Raster ausgerichtet werden.

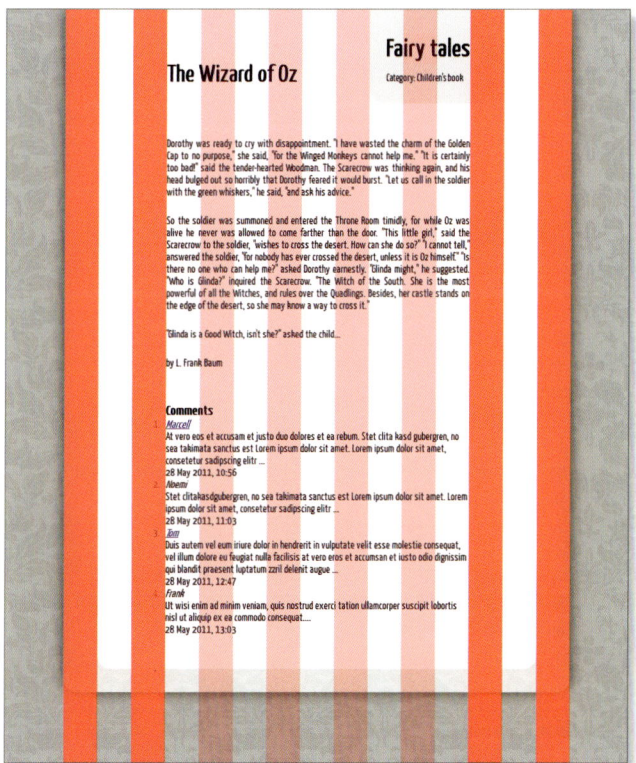

◄ **Abbildung 8**
So sieht das zugrundeliegende 50-px-Gridraster aus.

Zur Hervorhebung der einleitenden Überschrift »Comments« des Kommentarbereiches weisen wir ihr neben einer neuen Schriftfarbe insbesondere eine größere Schrift von 35 px zu. Auf Basis dieser beiden Eigenschaften dürften auch die etwas ungeduldigen jungen oder auch unter Umständen betagten Leser dieses Blogs wissen, in welchem Bereich des Blogs sie sich befinden. Die für den ein oder anderen wesentlich interessantere Eigenschaft ist die der linksbündigen Einrückung aller Kommentare um 50 Pixel sowie des Aufzählungssymbols. Um auch einmal einen anderen `list-style-type` vorzustellen, stellen wir der bisherigen Nummerierung in Form von Dezimalzahlen eine Null voran. Dies erzielen wir durch den Wert `decimal-leading-zero`.

```css
#commentZone h3 {
    color:#8e8e8e;
    font-size: 35px;
}
#commentZone ol {
    margin:50px 0 0 50px;
    list-style-type: decimal-leading-zero;
}
```

Durch diese Eigenschaften ist, wie in Abbildung 9 sehr gut zu erkennen, die Überschrift h3 wesentlich größer als zuvor, und die Kommentare sind deutlich eingerückt. Warum dieser Schritt notwendig ist, erfahren Sie in den nächsten beiden Arbeitsschritten.

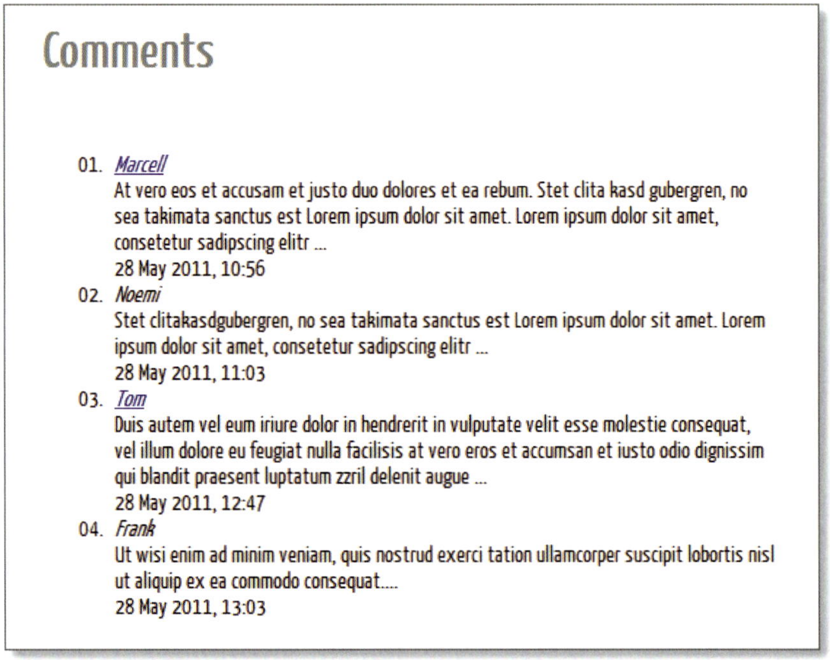

Comments

01. *Marcell*
    At vero eos et accusam et justo duo dolores et ea rebum. Stet clita kasd gubergren, no sea takimata sanctus est Lorem ipsum dolor sit amet. Lorem ipsum dolor sit amet, consetetur sadipscing elitr …
    28 May 2011, 10:56
02. *Noemi*
    Stet clitakasdgubergren, no sea takimata sanctus est Lorem ipsum dolor sit amet. Lorem ipsum dolor sit amet, consetetur sadipscing elitr …
    28 May 2011, 11:03
03. *Tom*
    Duis autem vel eum iriure dolor in hendrerit in vulputate velit esse molestie consequat, vel illum dolore eu feugiat nulla facilisis at vero eros et accumsan et iusto odio dignissim qui blandit praesent luptatum zzril delenit augue …
    28 May 2011, 12:47
04. *Frank*
    Ut wisi enim ad minim veniam, quis nostrud exerci tation ullamcorper suscipit lobortis nisl ut aliquip ex ea commodo consequat.…
    28 May 2011, 13:03

▲ **Abbildung 9**
Der Kommentarbereich mit veränderten Auflistungszeichen

5 Form und Farbe der Blogkommentare

In diesem Arbeitsschritt verwenden wir nun endlich auch die Farben des in Arbeitsschritt 2 erstellten Farbschemas als Hintergrundfarbe. Zudem beziehen wir die mittels Außenabstände erzielten Weißräume in die Gestaltung ein. Durch die Einhaltung von vertikalen Abständen und Weißräumen auf Basis des 50er-Rasters erhöhen wir die Lesbarkeit der Inhalte deutlich, wie Sie in Abbildung 10 im Vergleich zu Abbildung 9 sehen können.

Die Typografie in diesem Workshop halten wir schlicht. Das heißt auch, dass wir bis auf die über die Google Font API eingebundene Schrift »Yanone Kaffeesatz« keine weitere Schrift verwenden. In diesem Beispiel können Sie daher getrost nach dem Motto »weniger ist mehr« vorgehen.

Um die Eigenschaft der »runden Ecken« des allumfassenden Elements des Blogdesigns und der Überschrift h1 wieder aufzugreifen, weisen wir diese Eigenschaft auch den Kommentaren mit dem Wert von 25 Pixeln zu.

Mit der seit CSS3 zur Verfügung stehenden Pseudoklasse :nth-child() können Sie mehrere gleiche Elemente – in diesem Fall die Listenpunkte li – unterschiedlich gestalten. Bisher musste man für einen solchen Fall dynamisch eine Klasse generieren lassen, um darüber die Elemente dann anders zu stylen. Der daraus resultierende Nachteil war, dass bei Änderungen im HTML-Code die jeweiligen Klassen neu vergeben werden mussten, sofern sie nicht via JavaScript generiert wurden. Mit den für solche Anwendungszwecke vorhandenen Argumenten odd (gilt für ungerade Zahlen) und even (gilt für gerade Zahlen) können Sie nun in CSS3 ohne zusätzlich generierte Klassen für die Listenpunkte alternierende CSS-Eigenschaften vergeben. In diesem Fall sind das leicht unterschiedliche Grau-Töne für den Hintergrund der Kommentare (siehe Abbildung 10). Warum übrigens eine relative Positionierung der Listenpunkte notwendig ist, erfahren Sie im nächsten Arbeitsschritt.

»odd« und »even«

Eine alternierende Eigenschaft im Design einer Webseite, wie den Wechsel einer Hintergrundfarbe, erzielen Sie dank des aus CSS3 stammenden Pseudoelements :nth-child() auch mit den Argumenten odd und even:
:nth-child(2n+1)=
    :nth-child(odd)…
:nth-child(2n)=
    :nth-child(even)…

```
.commentlist li {
    margin:0 0 20px 0;
    padding:25px;
    -moz-border-radius: 25px;
    -webkit-border-radius: 25px;
    border-radius: 25px;
    position:relative;
}
.commentlist li:nth-child(odd) {
    background-color:rgba(175,175,175,.25);
}
.commentlist li:nth-child(even){
    background-color:rgba(100,100,100,.25);
}
```

Der Internet Explorer kleiner Version 9 unterstützt diese Eigenschaft zwar nicht, dieses Defizit können wir allerdings mit verschiedenen Ansätzen ausgleichen. Einer davon kommt ohne zusätzliche JavaScript-Dateien oder Plugins aus und bezieht sich auf sogenannte CSS-Expressions. Für die alternierenden Farbwechsel im Hintergrund der Kommentare wird hierbei zwischen ungeraden und geraden Elemente unterschieden, um so dem entsprechenden Elementobjekt über die Eigenschaft `elem.isEven` die jeweilige Hintergrundfarbe zuweisen zu können.

```
.commentlist li {
   background-color: expression( (new Function(
   'elem', ,\ elem.style.backgroundColor = (elem.isEven = elem.
   previousSibling &&!elem.previousSibling.isEven) ? "#d8d8d8" :
   "#ebebeb";\ ,))(this) );
}
```

Ein anderer Ansatz zur Aufhebung dieses Defizits in Sachen Pseudoklasse `:nth-child()` und der Argumente `odd` und `even` basiert auf Selectivizr. Selectivizr ist eine JavaScript-Bibliothek, die CSS3-Selektoren erkennt und für die relevanten Versionen 6 bis 8 des IE umsetzt. Als Basis wird ein JavaScript-Framework wie beispielsweise jQuery, MooTools oder Prototype verwendet. Daraufhin werden mittels Conditional Comments dieses Script und eine unter Umständen zusätzlich notwendig werdende CSS-Datei eingebunden. Diese könnte auch dann notwendig werden, falls der Anwender CSS deaktiviert hat und Sie trotzdem eine individuelle Gestaltung anbieten wollen. Da alle anderen relevanten Browser(-versionen) die Pseudoklasse `:nth-child()` und die Argumente `odd` und `even` korrekt umsetzen können, müssen lediglich der IE 6 bis 8 diese beiden Dateien zusätzlich laden.

```
<script type="text/javascript" src="js/[JS Framework Ihrer
Wahl]"></script>
<!--[if (gte IE 6)&(lte IE 8)]>
<script type="text/javascript" src="js/selectivizr.js"></script>
<noscript>
<link rel="stylesheet" href="css/styles-for-ie.css" />
</noscript>
<![endif]-->
```

Verwenden Sie zum Beispiel für Ihr Projekt bereits jQuery oder MooTools, erkennt die 5 KB große JavaScript-Datei »selectivizr.js« diese JavaScript-Bibliothek automatisch und führt die in den CSS-Dateien definierten Eigenschaften der CSS3-Selektoren aus.

Comments

01. *Marcell*
At vero eos et accusam et justo duo dolores et ea rebum. Stet clita kasd gubergren, no sea takimata sanctus est Lorem ipsum dolor sit amet. Lorem ipsum dolor sit amet, consetetur sadipscing elitr ...
28 May 2011, 10:56

02. *Noemi*
Stet clitakasdgubergren, no sea takimata sanctus est Lorem ipsum dolor sit amet. Lorem ipsum dolor sit amet, consetetur sadipscing elitr ...
28 May 2011, 11:03

03. *Tom*
Duis autem vel eum iriure dolor in hendrerit in vulputate velit esse molestie consequat, vel illum dolore eu feugiat nulla facilisis at vero eros et accumsan et iusto odio dignissim qui blandit praesent luptatum zzril delenit augue ...
28 May 2011, 12:47

04. *Frank*
Ut wisi enim ad minim veniam, quis nostrud exerci tation ullamcorper suscipit lobortis nisl ut aliquip ex ea commodo consequat.....
28 May 2011, 13:03

◄ **Abbildung 10**
Kommentarbereich mit alternierender Hintergrundfarbe der Kommentare auf Basis der Pseudoklasse `nth-child()` und der Argumente `odd` und `even`

6 Das Aufzählungszeichen per CSS gestalten

Da das Aufzählungszeichen bisher, wie in Abbildung 10 zu erkennen ist, noch wie ein Fremdkörper wirkt und sprichwörtlich in der Luft hängt, werden wir für die Integration in den Blogkommentar das Pseudoelement `:before` verwenden. Dieses Element ermöglicht mit Hilfe der Eigenschaft `content` das Erzeugen eines Bereiches, der allerdings keinerlei Inhalte (content) besitzt. Sie müssen also keine Inhalte über die Eigenschaft `content` einfügen, zur gestalterischen Umsetzung des Bereiches ist sie aber unverzichtbar. Wer zum Beispiel in diesem Bereich eine Grafik einfügen möchte, kann dies über die Eigenschaft `content` tun. Im Workshop »Zitate individuell gestalten« in Kapitel 6 fügen wir über diese Eigenschaften übrigens die öffnenden und schließenden Anführungszeichen ein. Die absolute Positionierung dieses über das Pseudoelement `:before` gestalteten Bereiches nimmt die Aufzählungszeichen vollständig aus dem normalen Elementefluss heraus, womit sie auf die Position der nachfolgenden Elemente keinen Einfluss mehr haben.

Um das zuvor angesprochene 50er-Raster und die runden Ecken auch an dieser Stelle wieder aufzugreifen, vergeben wir hierfür entsprechende

Das Pseudoelement :before kann dazu verwendet werden, Inhalte vor dem Inhalt des entsprechenden Elements hinzuzufügen. Ermöglicht wird dies durch die Eigenschaft content. Diese Inhalte sind nicht Teil des HTML-Dokuments, da sie über die CSS-Datei eingefügt werden, und haben somit keinen Einfluss auf den Dokumentstammbaum!

Eigenschaften. Da die Farbgebung dieses Bereiches, wie in Abbildung 11 zu sehen, mit dem des Kommentars übereinstimmen muss, verwenden die Pseudoklasse und ihre Argumente odd und even in Kombination mit dem Pseudoelement :before die gleichen Farbwerte wie im Arbeitsschritt 5.

```
.commentlist li:nth-child(odd):before,
.commentlist li:nth-child(even):before {
    content:"";
    position:absolute;
    z-index:1;
    top:25px;
    left:-50px;
    width:50px;
    height:50px;
    background-color:rgba(175,175,175,.25);
    -moz-border-radius-topleft:25px;
    -moz-border-radius-bottomleft:25px;
    -webkit-border-top-left-radius:25px;
    -webkit-border-bottom-left-radius:25px;
    border-top-left-radius:25px;
    border-bottom-left-radius:25px;
}
.commentlist li:nth-child(even):before {
    background-color:rgba(100,100,100,.25);
}
```

Die Ziffern und der unter Umständen verlinkte Kommentarname liegen auf einer Höhe, allerdings sitzen die Ziffern, wie Sie in Abbildung 12 erkennen, noch zu weit oben. Dies ändern wir im nächsten Arbeitsschritt.

▲ **Abbildung 11**
Vorher – nachher: Das Aufzählungszeichen wurde mit zusätzlichen CSS-Eigenschaften zum Kommentar hinzugefügt.

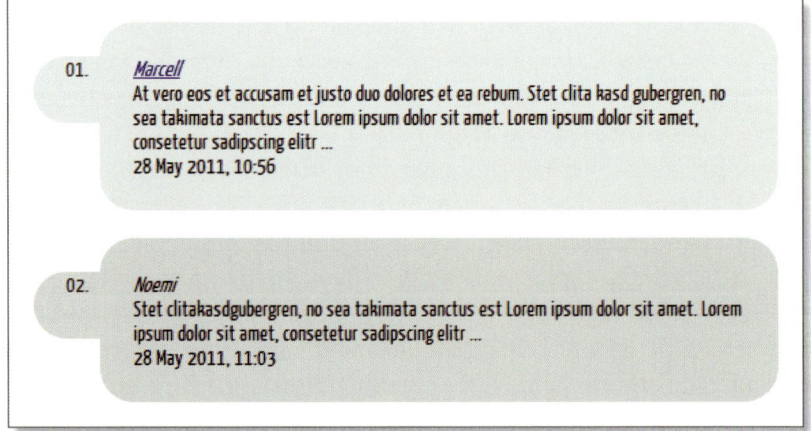

▲ **Abbildung 12**
Die Aufzählungszeichen wurden farblich hinterlegt, wodurch Ziffern und Kommentar als ein Element wahrgenommen werden.

7 Anlegen und Ausrichten eines Avatarbildes

Viele Blogger empfinden es als nettes Feature, wenn sie die Kommentare mit eigenen Bildern wie in Abbildung 13 oder Icons versehen können. Sofern Sie diese sogenannten Avatare dem Kommentarbereich auf ansprechende Art und Weise und zum Design passend hinzufügen, können sie das Interesse erhöhen, die Kommentare lesen zu wollen.

Eine Möglichkeit, das praktisch umzusetzen, ist, ein Feature der Onlineplattform Gravatar zu verwenden. Dieses Feature beruht darauf, dass die Avatargrafik über eine eindeutige URL in den Blogkommentaren angezeigt wird. Die Referenzierung auf diese Grafik muss sich direkt im HTML-Code befinden. Wie das genau funktioniert, lesen Sie am besten auf der Website *www.gravatar.com* nach (siehe Kasten »Was ist ein Gravatar?« auf Seite 257). Die Aufgabe der Darstellung der Gravatare wird in diesem Workshop von vier Illustrationen (siehe Abbildung 13) übernommen. Die Implementierung dieser »Gravatar-Imitatoren« innerhalb des HTML-Codes und deren Gestaltung via CSS erfolgt so, wie es bei »echten Gravataren« der Fall wäre. Die dazu notwendige Modifizierung des HTML-Codes sieht wie folgt aus:

```
...
<div class="comment_author">
        <p class="gravatar" style="
            background-image:url(images/avatar01.png)">
        </p>
        <cite>
            <a href="#" title="Marcell">Marcell</a>
        </cite>
</div>
...
```

Nun muss der Gravatar noch korrekt positioniert und ebenso wie die Textinhalte am 50er-Raster ausgerichtet werden. Dazu richten wir die noch unruhigen und schlecht ausgerichteten Elemente (siehe oberen Teil von Abbildung 14), wie das Aufzählungszeichen und den Namen des Kommentators, über einen negativen Außenabstand (–22 px), vertikal zentriert aus, wie im unteren Teil von Abbildung 14 zu erkennen ist. Das heißt, diese beiden »Textinhalte« befinden sich nun in etwa mittig zur Grafik.

Die Angabe der Hintergrundfarbe dient dazu, dass ein Blogger, der keinen Gravatar besitzt, zumindest eine Hintergrundfarbe angezeigt bekommt.

Das Absatz-Element `p.gravatar` besitzt von Haus aus Blockeigenschaften und würde somit nach der Gravatar-Grafik und vor dem Namen einen Umbruch erzeugen. Damit dies nicht passiert, ändern wir diese Eigenschaft in `inline-block`. Dadurch können Grafik und Name in einer Zeile bleiben.

»avatar01.png« bis »avatar04.png«

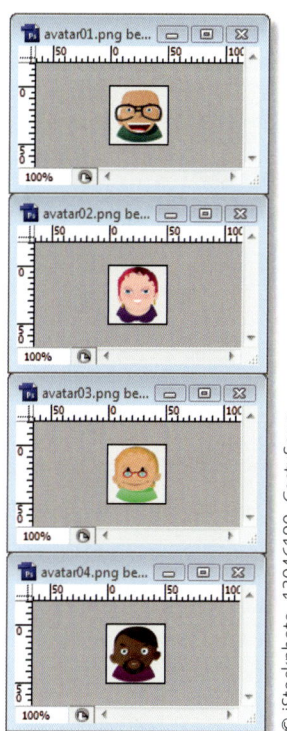

© iStockphoto, 13046190, CactuSoup

▲ **Abbildung 13**
Die vier für diesen Workshop vorliegenden Gravatare

Um noch ein wenig »Freiraum« zwischen Gravatar-Grafik und dem Kommentar zu erzeugen, definieren wir noch entsprechende Innenabstände. Der dritte Kommentar in Abbildung 15 stellt im Übrigen den Fallback dar – für den Fall, dass ein Kommentator keinen Gravatar-Account und die damit verbundene Grafik besitzt. Erreicht wird dies durch die Angabe einer Hintergrundfarbe im Absatz-Element p.gravatar.

```
.comment_author p.gravatar {
    display: inline-block;
    margin:0 0 -22px 25px;
    color:#333;
    width:50px;
    height:50px;
    background-color: #cfcdc9;
}
.commentlist cite a, .commentlist cite span {
    font-style: normal;
    text-decoration:none;
    color:#2e2e2e;
    padding-left:10px;
}
#commentZone .comment p {
    margin:0;
    padding: 25px 25px 15px 25px;
}
```

▲ **Abbildung 14**
Gravatar-Grafik, vor (oben) und nach (unten) vertikaler Ausrichtung

Abbildung 15 ▶
Die Kommentatoren mit vertikal ausgerichteter Gravatar-Grafik

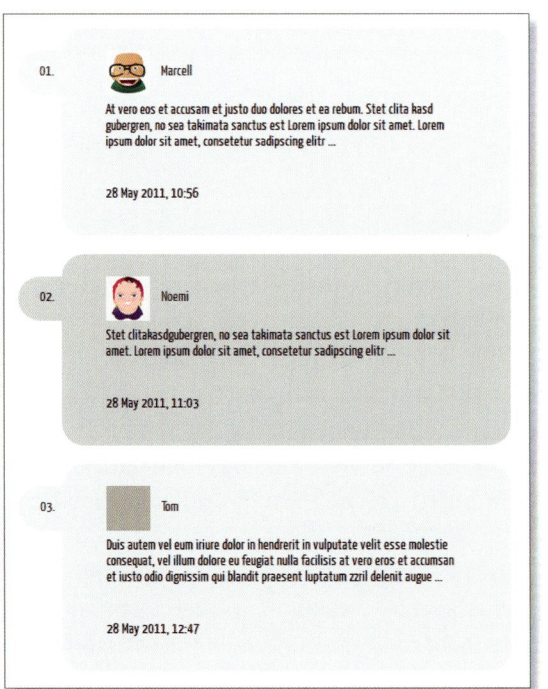

8 Vom eckigen zum runden Gravatar

Da die bisher eckige Gravatar-Grafik nicht sonderlich gut in das von »runden Ecken« geprägte Blogdesign passt, muss dieser Umstand dringend angepasst werden. Um aus einem eckigen Element mittels CSS ein rundes Element zu erstellen, muss der Wert für Breite und Höhe gleich sein. Hier ist das zum Glück der Fall, weshalb wir die vorliegenden 50 px nun halbieren werden und diesen Wert dann der dafür anzuwendenden Eigenschaft `border-radius` zuweisen.

```
.comment_author p.gravatar {
    ...
    -moz-border-radius:25px;
    -webkit-border-radius:25px;
    border-radius:25px;
}
```

Die daraus resultierende Veränderung (siehe Abbildung 16) passt nun wesentlich besser ins Gesamtkonzept der Bloggestaltung und greift den bereits für den Kommentar verwendeten `border-radius` von 25 px auf (siehe Abbildung 17).

▲ **Abbildung 16**
Eckiger Gravatar vs. runder Gravatar auf Basis der CSS-Eigenschaft `border-radius`

Was ist ein Gravatar?

Bei einem sogenannten Gravatar (Globally Recognized Avatar – global wiedererkennbarer Avatar) handelt es sich um einen weltweit verfügbaren Avatar, der mit der E-Mail-Adresse des Benutzers verknüpft ist, der sich auf der dazugehörigen Plattform registriert hat. Auf diese Weise kann ein Besucher eines Weblogs in jedem Blog oder anderen System sein »Erkennungsmerkmal«, den Gravatar, hinterlassen. Mehr zu dieser Plattform finden Sie unter: *www.gravatar.com*.

▲ **Abbildung 17**
Die Kommentatoren mit runder Gravatar-Grafik

9 Hervorheben der Datums- und Uhrzeitangabe

Rein theoretisch könnten wir die Gestaltung nun so belassen. Für Blogger ist es aber meist auch wichtig zu wissen, wann welcher Kommentar abgegeben wurde, um so in einem eigenen Kommentar direkt darauf Bezug zu nehmen. Um die Suche nach der Datums- und Zeitangabe etwas zu erleichtern, fassen wir diesen Bereich in ein dunkles Grau.

Da dieser Absatz `p.date` ebenso wie alle anderen Inhalte am 50er-Raster ausgerichtet werden sollen, weisen wir der Datums- und Zeitangabe links- und rechtsseitig einen Innenabstand von 50 px zu. Zudem greifen wir auch hier wieder die »runden Ecken« auf und weisen sie, wie in Abbildung 18 zu erkennen, den unteren beiden Ecken zu.

```
#commentZone .comment p.date {
```

CSSPrefixer

Wenn Sie sich bei den doch manchmal sehr umfangreich anmutenden CSS-Blöcken für Eigenschaften wie den `border-radius` ein wenig Arbeit ersparen möchten, können Sie hierfür die Anwendung »CSSPrefixer« nutzen. Sie ermöglicht es Ihnen, den vorhandenen CSS-Code mit einem Klick für alle Präfixe zu erstellen. Zudem kann sie mehrere CSS-Dateien miteinander kombinieren und minimieren. Sie finden Sie unter: *cssprefixer.appspot.com*

Ein Blick auf die CSS-Code-Abschnitte kann dem ein oder anderen Webdesigner oder Webentwickler schon die Haare zu Berge stehen lassen, wenn man an die doch oftmals umfangreichen Codeblöcke denkt, die aufgrund der zahlreichen Präfixe (`-moz-`, `-webkit-`, `-o-` …) notwendig werden.

```
padding:10px 50px;
background-color: #bfbcb6;
color:#2e2e2e;
-moz-border-radius-bottomright:25px;
-moz-border-radius-bottomleft:25px;
-webkit-border-bottom-right-radius:25px;
-webkit-border-bottom-left-radius:25px;
border-bottom-right-radius:25px;
border-bottom-left-radius:25px;
}
```

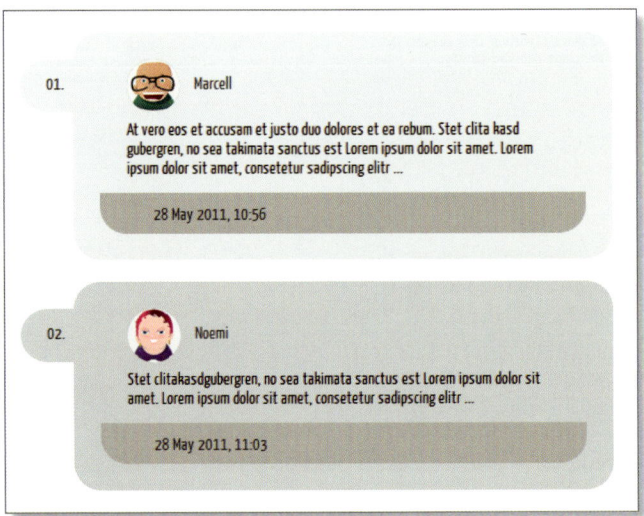

Abbildung 18 ►
Der eingefärbte Datums- und Uhrzeitbereich unterhalb des Kommentars

Leider entsteht an dieser Stelle ein unschöner Abstand von der Zeitangabe zum Hintergrund des Kommentars. Der Grund hierfür ist der Innenabstand, den wir dem Selektor `.commentlist li` im fünften Arbeitsschritt zugewiesen haben. Für den Bereich der Datums- und Uhrzeitangabe soll dieser Innenabstand aufgehoben werden, damit er deckungsgleich mit dem grauen Hintergrund abschließt.

Da der Innenabstand (`padding`) aus Arbeitsschritt 5, der für diesen Abstand verantwortlich ist, 25 px beträgt, müssen wir denselben Wert verwenden, um die gewünschte Deckungsgleichheit zu erzielen.

```
#commentZone .comment p.date {
    margin:0 -25px -25px -25px;
    ...
}
```

◄ **Abbildung 19**
Jetzt liegt der Datums- und Uhrzeitbereich unterhalb des Kommentars deckungsgleich über dem Hintergrund.

10 Gridlayout

Um noch einmal zu sehen, wie die einzelnen Elemente in das 50er-Raster dieses Workshops eingepasst wurden, zeigt Abbildung 20 Screenshots bei einem Viewport von über 1.000 px und bei einem von ca. 750 px. Diese unterschiedlich breiten Viewports sorgen dafür, dass die maximale Ausdehnung des Layouts von 850 px wie auch die minimale Ausdehnung von 650 px erreicht werden, und zeigen, dass sich alle Elemente unabhängig vom Layout strikt an das in Arbeitsschritt 4 angelegte 50er-Raster halten. Aber natürlich nur dann, wenn die Breite des Layouts durch 50 teilbar ist.

Gridgeneratoren

Sollten Sie Online-Gridgeneratoren zur Erstellung eines Rasters einsetzen wollen, sind folgende Anwendungen empfehlenswerte Anlaufstellen:

▶ Grid Generator:
designbygrid.com/tools

▶ Blueprint Grid CSS Generator:
bgg.kematzy.com

▶ Variable Grid System:
spry-soft.com/grids

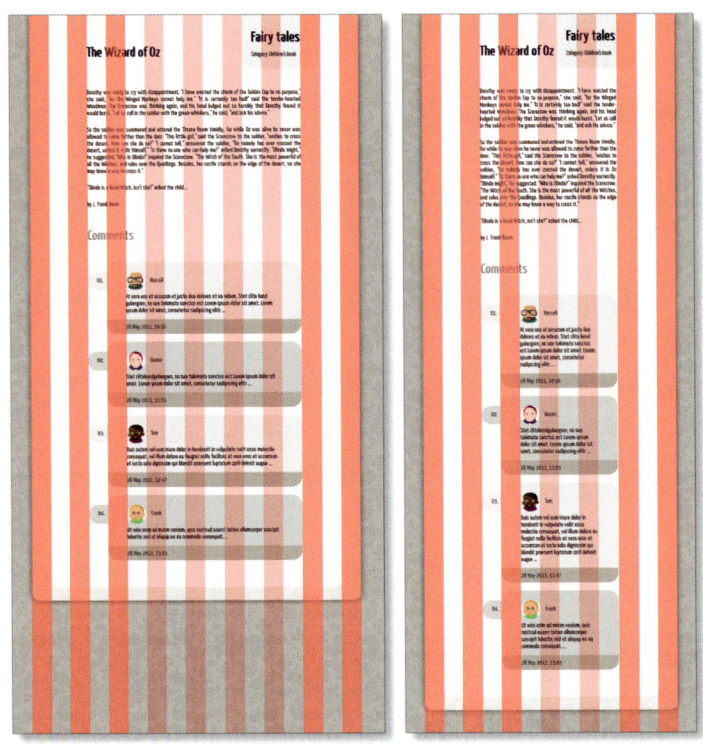

Abbildung 21 ▼
2011 vs. 2001 (Firefox 5 vs. Internet Explorer 6) – das Workshop-Endergebnis in unterschiedlichen Browsern

Da in Anlehnung an den auch in diesem Workshop verfolgten Ansatz des »Progressive Enhancements« jeder Browser die Eigenschaften interpretiert, die er umsetzen kann, kommt es auch nach allen vollzogenen HTML- und CSS-Arbeiten, wie in Abbildung 21 zu erkennen ist, zu unterschiedlichen Darstellungen zwischen neuen und alten Browsern.

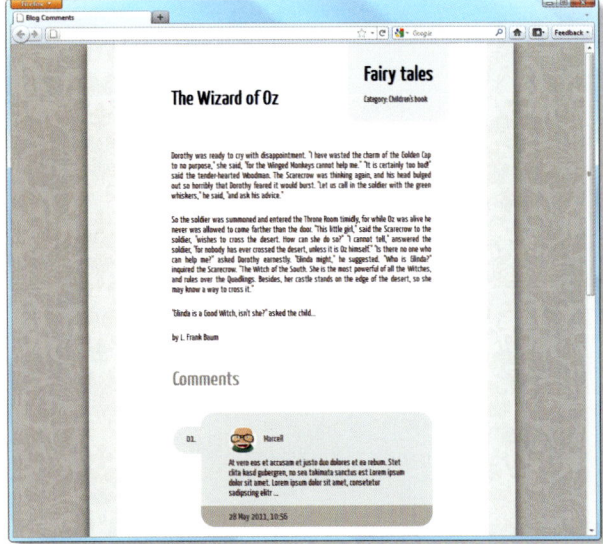

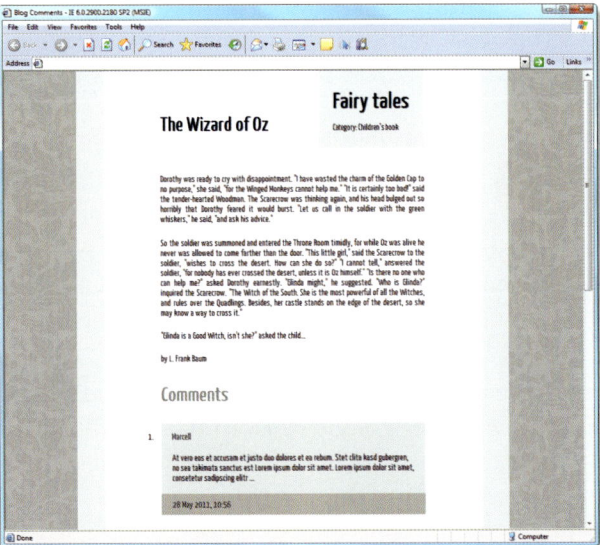

9 Firmen- und Freelancer-Sites

Gleich hohe »div«-Elemente für alle Browser

Sollen mehrere gleich hohe Boxen auf einer Website eingesetzt werden, müssen die Boxen eine Mindesthöhe haben, die in allen Browsern funktioniert. Nur so sind die Boxen auch dann gleich hoch, wenn ihre Inhalte unterschiedlich lang sind. Wie Sie das realisieren, erfahren Sie in diesem Workshop.

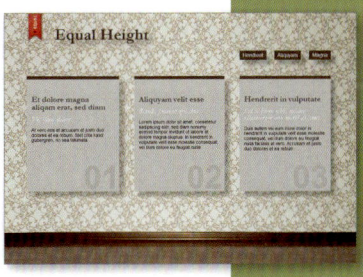

Ihre Visitenkarte im Netz: ein Portfolio gestalten

Ein Portfolio dient zum einen der Präsentation Ihrer Arbeiten, zum anderen sollten Sie potentiellen Kunden durch die gestalterische und technische Umsetzung zeigen, was Sie können: Neueste CSS3-Techniken und eine korrekte Darstellung in allen relevanten Browsern sind hier also besonders wichtig.

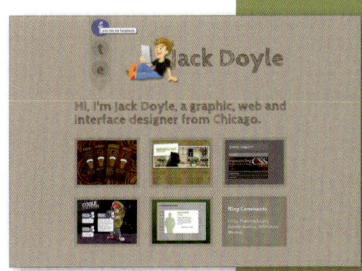

Gleich hohe »div«-Elemente für alle Browser

Eine Mindesthöhe für Infoboxen mit unterschiedlichen Inhalten

Ein häufig eingesetztes Gestaltungsmittel sind gleich hohe Elemente: ob für das Layout eines Onlinemagazins, das sich über diese Eigenschaft im Printstyle präsentiert, für die Infoboxen eines Stadtportals oder aber für die Teaser einer Landingpage einer Reiseplattform. War die Umsetzung dieses Vorhabens bisher oft nicht ganz einfach, können CSS3-Eigenschaften eine große Anzahl der Probleme lösen. Welche Eigenschaften das sind, wie sie eingesetzt werden sollten und wie auch der IE 6 zu einem akzeptablen Ergebnis gelangt, zeigt dieser Workshop anhand einer fiktiven Agentur-Startseite.

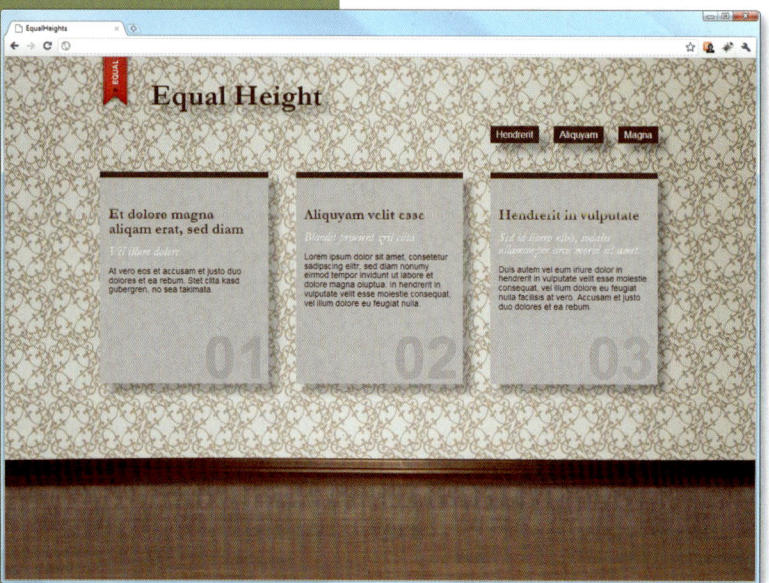

Zielsetzungen:

► Erstellung gleich hoher div-Elemente, unabhängig von der Menge an Textinhalten

► Einfügen von Ziffern als Schmuckelement mit 3D-Effekt

► Zuweisen einer skalierbaren Hintergrundgrafik per CSS

CSS3-Eigenschaften: Pseudoklassen :nth-child() und :last-child, Pseudoelemente :after, text-shadow, box-shadow, min-height, max-height

1 Gleich hohe Elemente als Gestaltungsmittel

Diejenigen von Ihnen, die bereits vor der Web 2.0-Phase mit der Gestaltung von Webseiten zu tun hatten, wissen, dass damals die meisten Webseiten mit Layouttabellen umgesetzt wurden. Durch das vorgegebene Tabellengerüst und die darin enthaltenen Tabellenzeilen und -zellen entstanden in dieser Zeit folgerichtig viele Designs mit gleich hohen Elementen.

Wer empfehlenswerterweise auf eine strikte Trennung von Inhalten und Gestaltung setzt, kann diese Art des Ausrichtens natürlich nicht mehr nutzen. Die Webseiten in Abbildung 1 zeigen allerdings, dass die Ausrichtung auch ausschließlich auf Basis von CSS erfolgen kann.

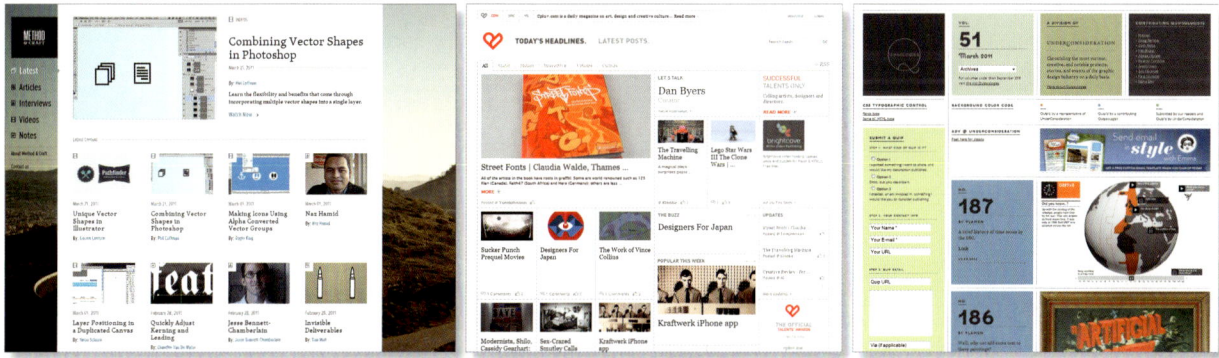

▲ **Abbildung 1**
Diese Websites nutzen gleich hohe Elemente: *methodandcraft.com* (links), *cpluv.com* (Mitte) und *underconsideration.com/quipsologies* (rechts).

Die Beispielseiten aus Abbildung 1 arbeiten mit der Höhe von Elementen, aber nicht mit einer Mindesthöhe. Im weiteren Verlauf dieses Workshops soll allerdings genau die Eigenschaft der Mindesthöhe, `min-height`, in den Mittelpunkt des Geschehens rücken. Denn durch diese Eigenschaft ist es möglich, im Layout einer Seite gleich hohe Elemente unabhängig von den darin befindlichen Inhalten zu erzeugen.

2 Farbschema auf Basis der Hintergrundgrafik

Die Farbe Braun hat viele Bedeutungen. In Bezug auf die Innenarchitektur besitzt diese Farbe eine warme und gemütliche Ausstrahlung auf den Betrachter. Aus diesem Grund fiel die Wahl für eine Hintergrundgrafik auf die in Abbildung 2 gezeigte Grafik mit Nussbaumlaminat und einer Wand, die diesen Farbton aufgreift.

 »bg_wallpaper.jpg«

© iStockphoto, 15676625, herkisi

Abbildung 2 ▶
Hintergrundgrafik für die fiktive Agentur

Das auf Basis der Grafik »bg_wallpaper.jpg« erstellte Farbschema kommt mit drei Brauntönen sowie Grau und Weiß aus. Diese Farben bilden die Grundlage für die spätere Vergabe von Hintergrundfarben, Textfarbe und Schattenfarbe.

Abbildung 3 ▶
Farbschema auf Basis der Hintergrundgrafik »bg_wallpaper.jpg«

3 Anlegen der Dateistruktur

Da in diesem Workshop das Augenmerk auf drei gleich hohen Elementen liegen wird, enthält der folgende Codeausschnitt lediglich die HTML-Struktur genau dieser drei div-Elemente. Diese drei div-Elemente sind von einem allumfassenden div-Element #content umschlossen. Um die Wirksamkeit der späteren CSS-Eigenschaften zu verdeutlichen, enthalten die Elemente unterschiedlich viel Inhalt innerhalb der HTML-Elemente h2, h3 und p.

```
...
<div id="content">
    <div>
        <h2>Et dolore magna aliqam erat, sed diam</h2>
        <h3>Vel illum dolore</h3>
        <p>At vero eos et accusam ...</p>
    </div>
    <div>
        <h2>Aliquyam velit esse</h2>
        <h3>Blandit praesent zril clita</h3>
        <p>Lorem ipsum dolor ...</p>
    </div>
    <div>
        <h2>Hendrerit in vulputate</h2>
        <h3>Sed id libero nibh, ...</h3>
        <p>Duis autem vel ...</p>
    </div>
</div>
...
```

Da die Inhalte ohne die Strukturierung durch Layouttabellen auskommen, zeigt der Browser die HTML-Elemente h2, h3 und p einfach untereinander mit standardisierten Abständen an. Da wir keine Eigenschaften – bis auf die für alle Textinhalte bereits festgelegten, aber in diesem Workshop nicht weiter erklärten Eigenschaften wie Textfarbe und Schrift – definiert haben, ist die Darstellung der Inhalte noch alles andere als zufriedenstellend.

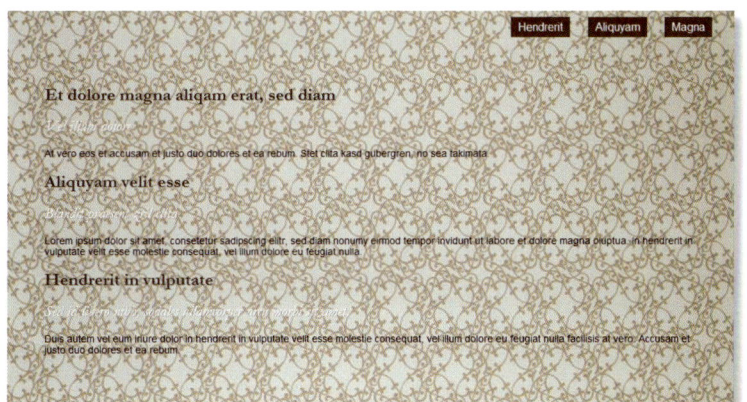

◄ **Abbildung 4**
Bisher werden die Inhalte einfach untereinander angezeigt. Die späteren Infoboxen sind noch nicht erkennbar.

4 Gestaltung der Infoboxen

Um die Infoboxen nun überhaupt als solche wahrnehmen zu können, weisen wir den drei div-Elementen einen leicht transparenten, zuvor im Farbschema festgelegten grauen Farbton zu. Zudem erhalten die Boxen über die border-Eigenschaft oben einen 10 px großen Rand.

Da ältere Browserversionen wie beispielsweise der IE 6 nicht in der Lage sind, RGBA-Farbwerte umzusetzen, stellen wir dem RGBA-Farbwert für die Rahmen- und für die Hintergrundfarbe der Infoboxen einen Hexa-dezimal-Farbwert voran. Dieser nicht transparente Alternativfarbwert wird durch die darauffolgenden RGBA-Eigenschaften für die Browser, die diese Eigenschaft umsetzen können, überschrieben.

```
...
#content {
    width:100%;
}
#content div {
    border-width:10px 0 0 0;
    border-style:solid;
    border-color:#6e5342;
    border-color:rgba(77, 47, 27, .90);
    background-color: #c1c1c1;
    background:rgba(192, 192, 192, .90);
}
```

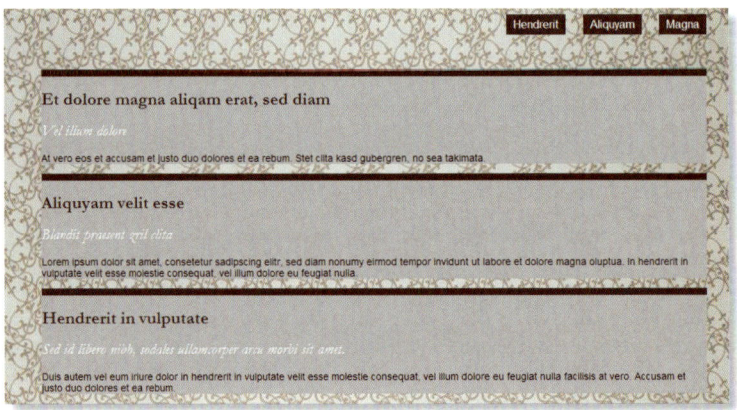

5 Ausrichten der Infoboxen zueinander

Wird die Höhe eines solchen Elements nicht durch CSS bestimmt, nehmen die Inhalte des Elements immer die Höhe in Anspruch, die sie benötigen, um vollständig angezeigt zu werden. Je nachdem, wie viel Inhalt das div-Element enthält, fällt also auch seine Höhe unterschiedlich aus. Dieses Verhalten würde also nicht zu dem hier gewünschten Ergebnis führen.

Über die Höhe eines Blockelements entscheiden Angaben für die Höhe (height) zusammen mit dem Innenabstand (padding) sowie einem unter Umständen dazugehörigen Rahmen (border). Um aber überhaupt erst einen »Höhenvergleich« vornehmen zu können, müssen die bisher unter-einander ausgerichteten Infoboxen, wie in Abbildung 7 zu erkennen, mit der float-Eigenschaft nebeneinander ausgerichtet werden. Damit diese drei Infoboxen aber auch in den #content-Bereich passen, weisen wir ihnen eine jeweilige Breite von 30% zu.

```
#content div {
  ...
  float:left;
  width:30%;
}
```

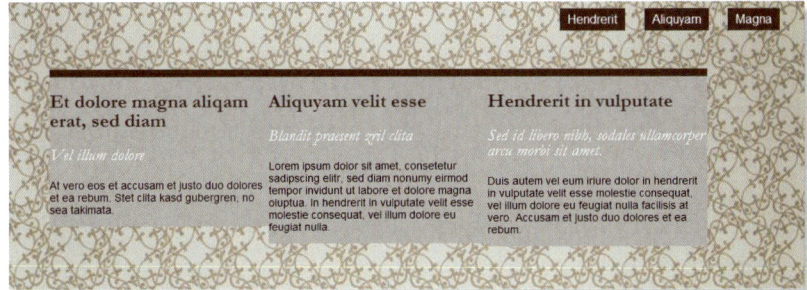

◄ **Abbildung 7**
Die nun auf Basis der float-Eigen-schaft nebeneinander ausgerichte-ten Teaserboxen

6 Ausrichten der Infoboxen im Gesamtlayout

Mit der CSS-Eigenschaft min-height definieren wir nun die mini-male Höhe der div-Elemente. Diese Eigenschaft stellt sicher, dass die Info-boxen immer eine minimale Höhe im Layout aufweisen, auch wenn der Inhalt eigentlich weniger Platz benötigen würde. Gleichzeitig garantiert min-height, dass die div-Elemente mitwachsen, wenn der Inhalt mehr Platz braucht. Die Eigenschaft passt sich also im Gegensatz zur Eigenschaft height der Menge an Inhalt an.

```
#content div {
  ...
  min-height:350px;
}
```

Mindesthöhe »min-height«

Internet Explorer 6 (ebenso wie seine Vorgänger) unterstützt die Eigenschaft min-height noch nicht, erst die Version 7 von IE kann min-height interpretieren. Für IE 6 sind diverse min-height-CSS-Hacks im Umlauf. Zwar gibt es auch die CSS-Eigenschaft max-height, aber auch mit max-height fließen überlange Inhalte in Boxen über – es sei denn, Sie begrenzen die Höhe der umfassenden Box mit der Stylesheet-Eigenschaft overflow:scroll oder overflow:hidden. Übergroße Bilder können Sie mit der Eigen-schaft clip beschneiden.

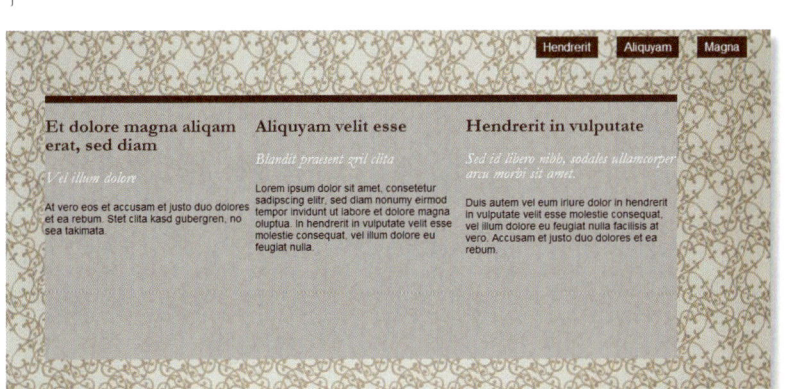

◄ **Abbildung 8**
Die nebeneinander ausgerichteten Infoboxen mit einer Mindesthöhe (min-height) von 350 px

Um zwischen den Infoboxen einen Abstand zu erzielen, legen wir für die jeweilige Box einen Außenabstand an.

```
#content div {
    ...
    margin:0 5% 0 0;
}
```

Da wir allerdings nur zwei statt drei Außenabstände benötigen, geht diese Rechnung, wie Abbildung 9 zeigt, (noch) nicht ganz auf.

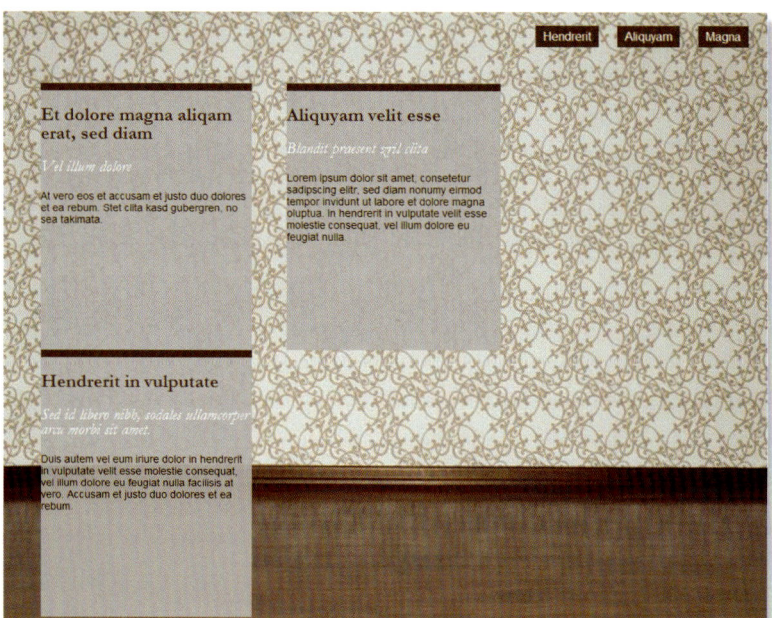

▲ **Abbildung 9**
Die Infoboxen mit je 5 % Außenabstand (30 % + 5 % + 30 % + 5 % + 30 % + 5 % = 105 % = Umbruch, da nur 100 % Breite zur Verfügung stehen)

Pseudoklasse »:last-child«

Die aus CSS3 stammende Pseudoklasse `:last-child` ist eine sogenannte strukturelle Pseudoklasse, die es ermöglicht, dem jeweils letzten Kindelement (`div`) eines Elternelements (`#content`) ohne eine zusätzliche Klasse oder ID gesonderte Eigenschaften zukommen zu lassen.
Unterstützt wird diese Pseudoklasse von den folgenden Browsern: Firefox (ab Version 3), Opera (ab Version 9.6), Safari (ab Version 4), Chrome (ab Version 5) und Internet Explorer 9. Um auch älteren Versionen des IE ein akzeptables Ergebnis anbieten zu können, werden wir uns in Arbeitsschritt 9 dem IE Version 8 und kleiner widmen.

Um diese fehlerhafte Darstellung zu umgehen, könnten wir der letzten Infobox eine Klasse oder ID zuweisen und dieser Infobox den soeben zugewiesenen Außenabstand wieder wegnehmen oder ihn auf Null setzen. Dank der Pseudoklasse `:last-child` können wir der letzten der drei Infoboxen aber auch ohne zusätzliche Kennzeichnung im HTML-Code folgende Eigenschaft für den Außenabstand zuweisen:

```
#content div:last-child {
    margin-right:0;
}
```

▲ **Abbildung 10**
Alle drei nebeneinander ausgerichteten Infoboxen – ohne Außenabstand (0 %) für die letzte Infobox ganz rechts (30 % + 5 % + 30 % + 5 % + 30 % + 0 % = 100 % = kein Umbruch)

7 Abstände und Schatten zuweisen

Das Ziel dieses Workshops haben wir nun eigentlich schon erreicht: Die `div`-Elemente sind gleich hoch, egal, wie viel Inhalt sie enthalten. Allerdings lässt die Darstellung dieser Inhalte noch etwas zu wünschen übrig. Daher versehen wir die Inhalte im folgenden Schritt zunächst mit Außenabständen. Diese sorgen für einen Abstand der Texte zum Infoboxrand. Um den Texten eine gewisse Tiefe und Plastizität zu verleihen, greifen wir auf die CSS-Eigenschaft `text-shadow` zurück. Mit dieser kann unter Berücksichtigung des Schärfegrades und mit einer konkreten Textschattenfarbe ein Versatz des Textes geschaffen werden. Da diese Eigenschaft das Lesen des Textes nicht erschweren soll, sollten Sie allerdings von zu starken Kontrasten absehen (siehe Abbildung 11).

»text-shadow«

Die Eigenschaft `text-shadow` enthält als ersten Wert den Versatz des Schattens von links, als zweiten Wert den Versatz nach unten, der dritte Wert bestimmt den Grad der Unschärfe des Textschattens, und über den letzten Wert definieren Sie den Farbwert des Schattens: `text-shadow: 1px 1px 0px #cecece;`.

```
#content h2 {
    margin:50px 15px 15px 15px;
    padding:0;
    text-shadow: 1px 1px 0px #cecece;
}
#content h3 {
    margin:0 15px;
    padding:0;
    text-shadow: 1px 1px 0px #ababab;
}
#content p {
    margin: 15px;
    padding:0;
    line-height:1.125;
    text-shadow: 1px 1px 0px #cecece;
}
```

▲ **Abbildung 11**
Detaillierter Ausschnitt der Textinhalte ohne (oben) und mit Textschatten (unten)

Abbildung 12 ▶
Die Infoboxen mit Außenabständen und unterschiedlichen Schattierungen für die Texte, basierend auf der CSS-Eigenschaft text-shadow

»box-shadow«

Die CSS3-Eigenschaft box-shadow orientiert sich an der Syntax des text-shadows. Angegeben werden der Versatz auf der x- und y-Achse, der Blur-Faktor sowie die Farbe. Auch hier können Sie mit Transparenzen, also einem Alpha-wert, arbeiten. Der Versatz kann auch negative Werte annehmen, der Schatten wird dann in die andere Richtung generiert. Auch wenn die aktuellen Versionen des Firefox (Version 5), Opera (Version 11.5), Google Chrome (Version 13) und IE (Version 9) keine Präfixe zum Umsetzen dieser Eigenschaft benötigen, sind insbesondere die älteren Versionen dieser Browser und der Safari (Version 5) auf die entsprechenden Präfixe angewiesen. Ausnahmen bilden die IE-Versionen kleiner gleich Version 8, denn denen können Sie die box-shadow-Eigenschaft auch nicht mit Präfixen, sondern lediglich mit Filtern zuweisen. Eine empfehlenswerte Anlaufstelle für Experimente mit dieser CSS3-Eigenschaft ist folgende Webseite: www.zurb.com/playground/css-boxshadow-experiments

Um Boxelemente mit einem Schattenwurf zu versehen, wurde vor Erscheinen der CSS3-Eigenschaft box-shadow auf PNG-Grafiken mit Alphatransparenz zurückgegriffen. Leider wurden durch diese Vorgehensweise oftmals zusätzliche HTTP-Requests notwendig. Dieser Nachteil wurde mit der CSS3-Eigenschaft box-shadow ad acta gelegt.

Der Schatten für die Infoboxen dieses Workshops soll, ebenso wie die Textschatten, eine Transparenz aufweisen; hierfür verwenden wir nach der Definition des Farbwertes Schwarz den Wert .25. Dieser Wert gibt an, dass von dem ursprünglichen schwarzen Schatten, dessen Farbwert Sie auch als RGB oder hexadezimal angeben können, lediglich noch 25% übrig sind und somit die Transparenz 75% bzw. 0,75 beträgt. Unbedingt zu beachten ist die Schreibweise, denn zwischen rgba und der öffnenden Klammer darf sich kein (!) Leerzeichen befinden, ansonsten ist der Schatten weg.

```
#content div {
    -moz-box-shadow: 15px 15px 15px rgba(0,0,0, .25);
    -webkit-box-shadow: 15px 15px 15px rgba(0,0,0, .25);
    box-shadow: 15px 15px 15px rgba(0,0,0, .25);
}
```

Abbildung 13 ▶
Die Infoboxen mit Schatten, basierend auf der CSS-Eigenschaft box-shadow

Das Problem beim Einsatz der Microsoft-spezifischen CSS-Eigenschaft `filter` (mehr dazu in der Infobox »box-shadow«) ist, dass der Schatten der Infoboxen zur Gesamtbreite hinzugerechnet wird, wodurch erneut ein Umbruch der letzten Infobox wie in Abbildung 9 erfolgen würde. Daher sollten Sie sich an dieser Stelle schon fragen, inwiefern es sinnvoll ist, dieses Gestaltungselement dem IE mit allen Mitteln zuzuweisen. In Anlehnung an das Prinzip des »Progressive Enhancements« sehen wir daher in diesem Workshop von der Unterstützung dieser Eigenschaft ab.

8 Schmuckelemente mit 3D-Effekt

Als letztes gestalterisches Element sollen ohne zusätzliche Änderungen am HTML-Code und ohne Verwendung von Grafiken die Zahlen »01«, »02« und »03« im unteren rechten Bereich der Infoboxen hinzugefügt werden. Dazu verwenden wir das Pseudoelement :nth-child(). Die Ziffern werden absolut und mit einem kleinen Abstand positioniert.

Da die Maße der Ziffern in der Breite, wie in Abbildung 14 zu sehen ist, variieren, müssen wir die Ziffern individuell ausrichten, um die gleichen Abstände zum rechten Rand zu erhalten. Zudem soll die Eigenschaft des Textschattens auch an dieser Stelle angewendet werden, mit dem Unterschied, dass die Ziffern nicht nur einen Schattenwurf zugewiesen bekommen, sondern zwei, um die Konturen zum Hintergrund zu verdeutlichen und um einen dezenten, aber durchaus erkennbaren dreidimensionalen Effekt zu hinterlassen. Hierzu listen wir die Schatten für denselben Text durch Kommas getrennt hintereinander auf. Der Schatten oben links wird mit einem negativen Wert für den x- und y-Versatz und dem Hexadezimalwert #aaa erzeugt. Den hellen Schlagschatten unten rechts legen wir wie beim Textschatten zuvor mit einem Versatz von 1 px von links und von oben mit dem Hexadezimalwert #cecece an.

```
#content div {
    ...
    position:relative;
}
#content div:after {
    font-size:100px;
    font-weight:bold;
    z-index:1;
    position: absolute;
    color:#b1b1b1;
    text-shadow: -1px -1px 0px #aaa, 1px 1px 0px #cecece;
}
#content div:nth-child(1):after {
    content:"01";
```

Absolute Positionierung in relativ positioniertem Umfeld

Grundsätzlich verhalten sich absolut positionierte Elemente absolut zum Rahmen des Viewports. Allerdings kann sich absolute Positionierung auch relativ verhalten, und zwar dann, wenn das Elternelement relative Positionseigenschaften besitzt (siehe hier im Workshop: #content). Denn dann orientiert sich die absolute Positionierung an den Maßen des Elternelements.

Pseudoelement »:after«

Das Pseudoelement :after kann dazu verwendet werden, zusätzliche Inhalte nach dem Inhalt des entsprechenden HTML-Elements hinzuzufügen. Ermöglicht wird dies durch die Eigenschaft content. Diese Inhalte sind nicht Teil des HTML-Dokuments, da sie über die CSS-Datei eingefügt werden, und haben somit keinen Einfluss auf den Dokumentstammbaum!

```
    bottom:-15px;
    right:-5px;
}
#content div:nth-child(2):after {
    content:"02";
    bottom:-15px;
    right:5px;
}
#content div:nth-child(3):after{
    content:"03";
    bottom:-15px;
    right:5px;
}
```

▲ **Abbildung 14**
Die Zahlen »01«, »02« und »03«
gestaltet mit dem Pseudoelement
`:after`

▲ **Abbildung 15**
Die Infoboxen inklusive Nummerierung auf Basis der Kombination der Pseudoelemente
`:nth-child()` und `:after`

9 Sonderschichten für den IE

Kein Browser sorgt bei Webdesignern und Entwicklern wegen fehlender Unterstützung von Webstandards für so viele Diskussionen wie der Internet Explorer aus dem Hause Microsoft. Da die Website einer Agentur idealerweise auch Kunden generieren soll, sollte man die Seite auch im Internet Explorer 6 und in seinen nachfolgenden Versionen entsprechend der Zielsetzung umsetzen. Findige Kunden, die Ihre Site dann in alten Browserversionen testen, sehen dann direkt, was Sie können.

Empfehlenswert ist für einen solchen Fall die Verwendung von Conditional Comments, einer Browserweiche für den Internet Explorer. Da der im März 2011 veröffentliche Internet Explorer 9 die angeforderten Eigenschaften umsetzen kann, müssen lediglich die Versionen kleiner gleich IE 8 gesonderte CSS-Eigenschaften erhalten. Der CC-Kommentar ist daher explizit an dieser Bedingung und diesen Versionen auszurichten. Daher weisen wir im folgenden HTML-Code-Abschnitt allen Version

Zum Nachlesen:
Conditional Comments

Was es mit Conditional Comments (kurz: CC) auf sich hat, erfahren Sie im Abschnitt 2.2.5, »Einbindung einer CSS-Datei für den Internet Explorer: Conditional Comments«. Mehr Infos zum Thema erhalten Sie zudem unter: *standards.webmasterpro.de/index-article-cc.html*.

kleiner gleich (*less than or equal to* = `lte`) Version IE 8 die entsprechende CSS-Datei zu.

```
<head>
...
<link rel="stylesheet" href="css/equalHeights.css" type="text/
css" media="all" />
<!--[if lte IE 8 ]>
<link rel="stylesheet" href="css/equalHeights-ie.css" type="text/
css" media="all" />
<![endif]-->
</head>
```

Zu den nun anstehenden IE-Bugfixes gehört unter anderem die Aufgabe, den Versionen kleiner gleich IE 8 die Möglichkeit zu geben, die dritte Infobox in einer Reihe mit den anderen beiden Infoboxen abzubilden. Dieses Verhalten ist bisher noch nicht möglich, da diese Versionen die Pseudo-Klasse `:last-child` nicht kennen und somit den Außenabstand der dritten Infobox nicht aufheben können, womit diese, wie in Abbildung 16 zu erkennen, umbricht.

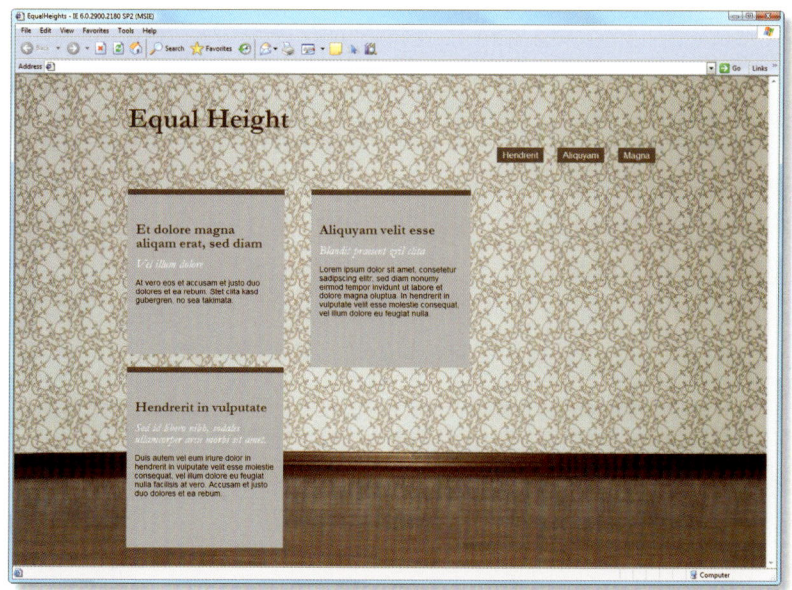

◄ **Abbildung 16**
Unterschiedlich hohe Infoboxen im IE 6

Um die drei Teaserboxen im IE kleiner gleich Version 8 nun ebenfalls nebeneinander ausrichten zu können, gibt es verschiedene Wege. Das Gleiche gilt für die Umsetzung gleich hoher Elemente im IE 6.

Ein Weg, der ohne JavaScript oder andere zusätzliche HTTP-Requests auskommt, bedarf lediglich einer neuen Klasse (`.last`), die wir dem letzten `div`-Container innerhalb des Contentbereiches zuweisen.

```
...
<div id="content">
    <div>...</div>
    <div>...</div>
    <div class="last">...</div>
</div>
...
```

Innerhalb der für diese Fälle angelegten CSS-Datei »equalHeights-ie.css« setzen wir dann den Außenabstand der dritten und letzten Teaserbox von 5 % auf null.

```
#content div.last {
    margin-right:0;
}
```

Mit JavaScript können wir dieses Problem allerdings auch beheben, und das sogar ohne Hinzufügen der Klasse .last in den HTML-Code. Eine relativ unproblematische Lösung basiert auf der mithilfe des JavaScript-Frameworks jQuery. Die aktuelle Version 1.5.2 (Stand Mai 2011) dieser u.a. bei Google gehosteten und bereits minimierten JavaScript-Datei ist mit der untenstehenden Pfadangabe zu erreichen und wird innerhalb des bereits vorhandenen CC für den IE 8 hinzugefügt. Warum innerhalb des CC? Damit andere Browser, die diese zusätzlichen Hilfen nicht benötigen, die JavaScript-Datei nicht laden.

Nach dem Laden des Scripts wird folgende kleine Funktion aufgerufen, die dem letzten Kindelement innerhalb des Elternelements #content die Klasse .last zuweist.

```
<!--[if lte IE 8 ]>
<script src="https://ajax.googleapis.com/ajax/libs/jquery/1.5.2/
jquery.min.js" type="text/javascript"></script>
<script type="text/javascript">
 $(document).ready(function() {
    $("#content div:last-child").addClass('last');
 });
</script>
<link rel="stylesheet" href="css/equalHeights-ie.css" type="text/
css" media="all" />
<![endif]-->
```

Über die Klasse .last wird dann, wie im zuvor beschriebenen Ansatz ohne JavaScript, der Außenabstand für den IE innerhalb der CSS-Datei auf null gesetzt. Und wie in Abbildung 17 gut zu erkennen ist, ist die Position im Vergleich zur Abbildung 16 die gewünschte. Nun werden die Teaserboxen in allen Versionen des Internet Explorers 8 und kleiner nebeneinander ausgerichtet. Im IE 6 besteht aber weiterhin das Problem der gleich hohen

Teaserboxen, da dieser die Eigenschaft `min-height` nicht kennt und daher auch nicht umsetzen kann.

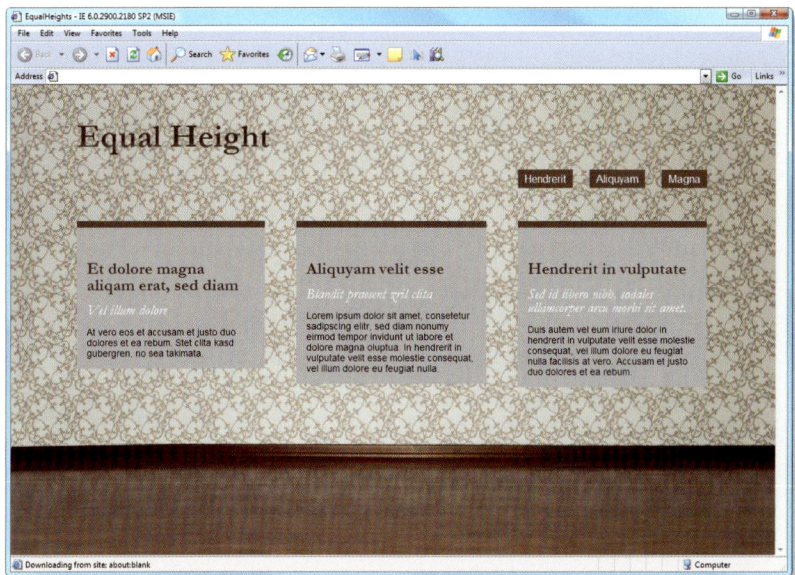

◀ **Abbildung 17**
Unterschiedlich hohe Infoboxen
im IE 6

Wie bereits am Anfang dieses Arbeitsschrittes erwähnt, gibt es auch für dieses Problem verschiedene Lösungswege. Wenn Sie auf JavaScript verzichten wollen und keine weiteren Anpassungen im HTML-Code vornehmen möchten, können Sie dieses Problem beispielsweise mithilfe einer Hintergrundgrafik lösen: Eine Variante ist die unter dem Begriff »Faux Columns« bekannte Technik. Bei diesem Ansatz wird der Umstand ausgenutzt, dass die drei unterschiedlich hohen Infoboxen von dem allumfassenden Elternelement `#content` umschlossen werden. Wird diesem Element eine sich in y-Richtung wiederholende Hintergrundgrafik wie die in Abbildung 18 zugewiesen, kann der Eindruck gleich hoher Elemente erzeugt werden.

Faux Columns

Der Begriff »Faux Columns« ist eine auf CSS basierende Technik, mit der das Problem bezüglich gleich hoher Elemente behoben werden kann. Da sich – anders als bei Tabellenzellen – die Höhe gefloateter oder anderweitig positionierter Elemente nicht an der Höhe des höchsten umliegenden Elements orientiert, werden diese sogenannten »falschen Spalten« über eine sich vertikal wiederholende Hintergrundgrafik realisiert. Mehr zum Thema gibt es in einem von Dan Cederholm bereits im Januar 2004 verfassten Artikel: *www.alistapart.com/articles/fauxcolumns*.

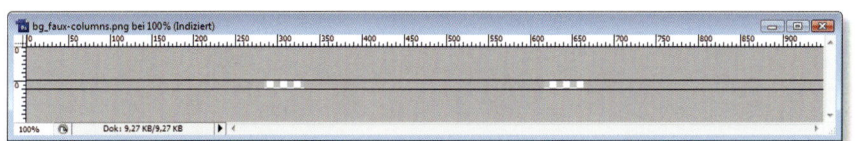

◀ **Abbildung 18**
Hintergrundgrafik »bg_faux-columns.png«

 »bg_faux-columns.png«

Da diese Grafik ausschließlich für den IE 6 gedacht ist und im Falle dieses Workshops nur eine via Conditional Comments angebotene CSS-Datei für alle Versionen kleiner gleich IE 8 verantwortlich ist, verwenden wir für diesen IE 6-Missstand den Underscore-Hack zur Zuweisung dieser Hintergrundgrafik.

<!-- sidebar boxes -->

Underscore-Hack

Hinter dem Begriff »Underscore-Hack« versteckt sich ein Ansatz zur Problemlösung bei Layout-Bugs speziell für den IE 6. Mit diesem CSS-Hack können Sie wie bei anderen CSS-Hacks auch die Interpretationsfehler der entsprechenden Browser ausnutzen, um über diesen Weg bestimmte Informationen vor ihnen zu verbergen.
Mehr zum Thema CSS-Hacks finden Sie unter:
wellstyled.com/css-underscore-hack.html.

Equal-Heights für jQuery

Das 1 KB kleine jQuery-Plugin von Matt Hobs zur Erzeugung gleich hoher Webseiten-Elemente benötigt keine Anpassung im HTML-Code und ist denkbar einfach zu implementieren. Eine ausführliche Anleitung zur Anwendung des Plug-ins finden Sie unter:
www.chouselive.co.za/demo/jquery/columns/simple-equal-columns.php.

```
#content {
    _background: transparent url(
    ../images/bg_faux-columns.png) 0 0 repeat-y;
}
```

So viel zum JavaScript-freien Ansatz. Da wir das JavaScript-Framework jQuery bereits zur Ausrichtung der Teaserboxen verwendet haben, nutzen wir es auch für die Darstellung gleich hoher Elemente. Hierzu geben wir unterhalb der Referenzierung der von Google gehosteten jQuery-Datei das auf jQuery aufbauende kleine Script »equalHeights« an. In der darauffolgenden Funktion innerhalb des HTML-Dokumentes müssen wir dann lediglich noch die Elemente ansprechen (#content div), die die gleiche Höhe besitzen sollen.

```
<!--[if lte IE 8 ]>
<script src="https://ajax.googleapis.com/ajax/libs/jquery /1.5.2/
jquery.min.js" type="text/javascript"></script>
<script src="js/equalheights.js" type="text/javascript"> </script>
<script type="text/javascript">
jQuery(function($){
    $('#content div').equalCols();
});
</script>
<link rel="stylesheet" href="css/equalHeights-ie.css" type="text/
css" media="all" />
<![endif]-->
```

Die Ergebnisse dieser beiden Herangehensweisen führen mehr oder weniger zum dem Ergebnis, wie es in Abbildung 19 zu begutachten ist.

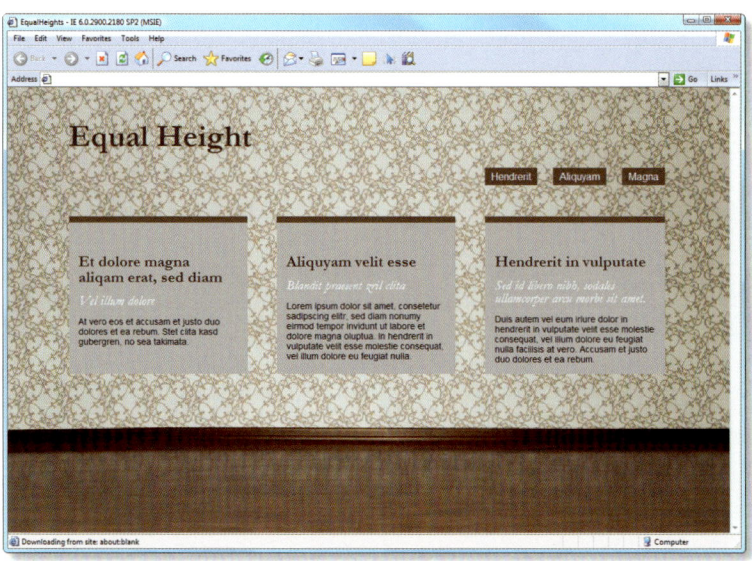

Abbildung 19 ▶
Die Webseite im IE 6 mit gleich hohen Infoboxen auf Basis der Hintergrundgrafik »bg_faux-columns.png«

10   Skalierbares Hintergrundbild

»bg_wallpaper.jpg«

Auch wenn es in diesem Workshop um die Vorstellung der Eigenschaft der Mindesthöhe von Elementen ging, möchte ich an dieser Stelle auch noch kurz auf die im Hintergrund befindliche 850 px breite und 550 px hohe Grafik »bg_wallpaper.jpg« eingehen. Diese Grafik wird je nach Größe des Viewports vollständig mitskaliert. Da im Workshop »Sprechblasen und Teaserboxen« in Kapitel 6 bereits auf die CSS3-Eigenschaft `background-size` zur Skalierung von Hintergrundgrafiken eingegangen wird, möchte ich an dieser Stelle eine andere Technik zur Darstellung vollständig skalierbarer »Hintergrundgrafiken« vorstellen. Das Wort Hintergrundgrafiken habe ich bewusst in Anführungsstriche gesetzt, da die in diesem Workshop verwendete Grafik dem Layout nicht über die CSS-Eigenschaft für Hintergrundgrafiken zugeführt wird, sondern sich direkt im HTML-Code in einem mittels ID eindeutig gekennzeichneten Container `background-Image` befindet und erst durch CSS zur »Hintergrundgrafik« avanciert.

```
<div id="wrapper">
   <div id="main">
      <div id="content">
         <!-- HTML-Bereich der Infoboxen -->
      </div>
   </div>
</div>
<div id="backgroundImage">
   <img src="images/bg_wallpaper.jpg" alt="Hintergrundgrafik -
   Wallpaper" />
</div>
```

Um dieser Grafik nun die Eigenschaften einer in x- und y-Richtung 100 % skalierbaren »Hintergrundgrafik« zuzuweisen, vergeben wir für die Grafik eine `min-width` von der Breite der Originalgrafik (850 px) und eine `min-height` von 100 %. Auf diese Weise gehen wir sicher, dass die Hintergrundgrafik nie kleiner ist als das Originalbild. Da wir die Viewportgrößen der Anwender nicht kennen und sich diese Hintergrundgrafik über die gesamten Maße des Browserfensters ausdehnen soll, verwenden wir Prozent als Einheit zur Skalierung.

Für das »horizontale und vertikale Ausfüllen« eines wesentlich größeren Viewports werden zudem die Eigenschaften der Breite `width` von 100 % und der automatischen Anpassung der Höhe (`height:auto`) genutzt. Damit die Grafik sich auch ab dem obersten linken Pixel des Browserfensters ausrichten kann, bekommt sie zudem eine fixe Position.

Tutorials im Netz

Weitere Beispiele und empfehlenswerte Tutorials (auch auf Basis von jQuery) zu diesem Thema finden Sie unter:

▶ *css-tricks.com/perfect-full-page-background-image*

▶ *nooshu.com/jquery-plug-in-scalable-background-image*

▶ *highresolution.info/webdesign/testcases/scaling-backgrounds.html*

```
#backgroundImage img {
    min-height: 100%;
    min-width: 850px;
    width: 100%;
    height: auto;
    position: fixed;
    top: 0;
    left: 0;
}
```

Um die Grafik allerdings nicht im Vorder-, sondern im Hintergrund aus-richten zu können, bedarf es noch des Eingriffes der Eigenschaft z-index. Da bisher ausschließlich die über das Pseudoelement :after integrierten Zahlen »01«, »02« und »03« Eigenschaften einer absoluten Positionierung erhalten haben, sind diese oberhalb der »Hintergrundgrafik« auch wirk-lich sichtbar. Mit Hilfe der z-index-Eigenschaft werden aber auch die im Bereich #wrapper befindlichen Inhalte sichtbar, wie in Abbildung 20 rechts zu erkennen.

```
#wrapper {
    z-index: 1;
    position: relative;
    width: 100%;
    height: 100%;
}
```

▲ **Abbildung 20**
Die Agenturwebseite ohne (links) und mit (rechts) z-index für das allumfassende Element mit allen Inhalten, #wrapper

Da auch an dieser Stelle der IE 6 alternative Angaben für eine relativ ansehn-liche Umsetzung dieses Verhaltens benötigt, müssen wir die Gesamthöhe (body) und die Höhe der Grafik (#backgroundImage div) auf 100 % setzen. Damit die Grafik im IE 6 allerdings nicht am unteren Ende der Webseite erst nach Scrollen zu erreichen ist, müssen wir zudem die Position von ursprünglich fixed auf absolute ändern.

```
body {
    _height: 100%;
}
#backgroundImage img {
    _position: absolute;
    _height: 100%;
}
```

Wie sich alle diese in Arbeitsschritt 10 eingesetzten CSS-Eigenschaften in Bezug auf das Layout der fiktiven Agenturwebseite auswirken, verdeutlicht der Vergleich der unterschiedlich großen Viewports des Google Chrome Browsers in Abbildung 21.

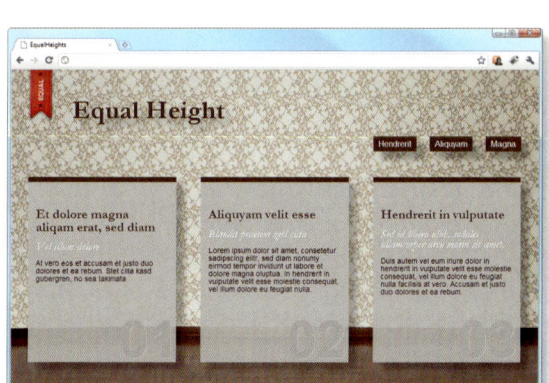

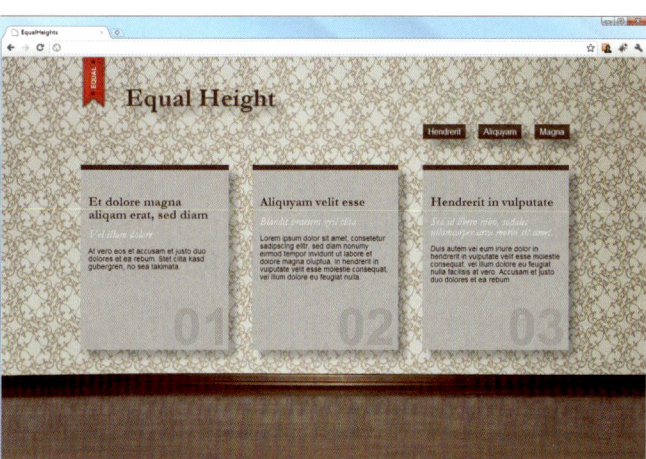

Ihre Visitenkarte im Netz: ein Portfolio gestalten

Einblend-Effekte und Slide-Animationen für eine gelungene Präsentation

Ob Jobsuche, Auftragsakquise oder Bewerbung, Designer in nahezu allen Branchen sind auf das Erstellen von Portfolios angewiesen. Das gilt natürlich auch für Web- oder Interface-Designer. Die besondere Herausforderung liegt hierbei sowohl in der Verwendung neuester Technologien und Webstandards als auch in der grafischen Präsentation der Inhalte. In diesem Workshop erstellen wir das Onlineportfolio des fiktiven Designers Jack Doyle. Neben den gestalterischen Aspekten sollen hier auch noch einmal ein paar technische »Schmankerl« vorgestellt werden.

Zielsetzungen:

▶ Anlegen einer Portfolio-Galerie und Einbinden einer externen Schrift

▶ Erstellen eines Kontaktmenüs mit Pfeil und Transparenzen

▶ Einblend-Effekt für die Projektbeschreibungen nutzen

▶ Die Überschrift mittels Slide-Effekt animieren

CSS3-Eigenschaften: CSS3-Module »Transforms« und »Animations«, opacity...

1 Arbeitsmappen im Web

Beim Portfolio geht es meist darum, potentiellen Kunden zu zeigen, welche Fähigkeiten man besitzt und für wen man schon gearbeitet hat. Je nachdem, welche Zielgruppe Sie im Blick haben, dürfen Sie hier auch schon einmal etwas experimentierfreudiger sein, wie die Beispiele in Abbildung 1 zeigen.

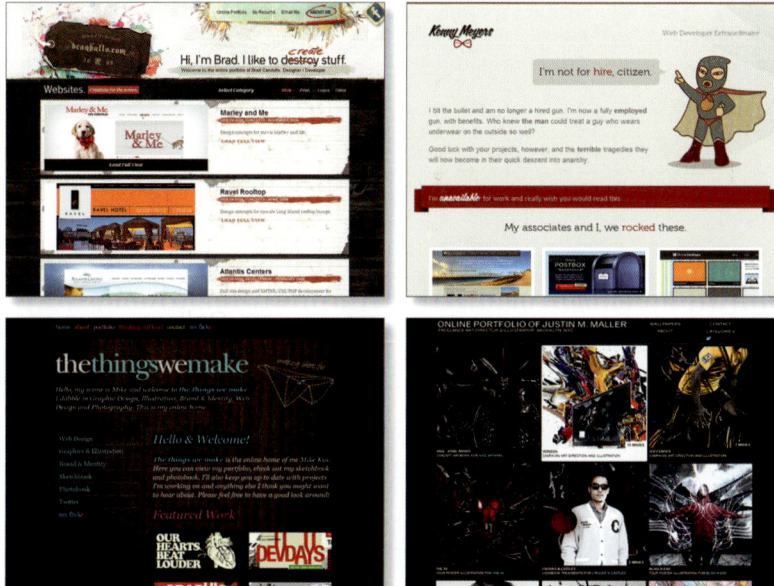

◄ **Abbildung 1**
Portfolio-Galerien (von links oben nach rechts unten): *bcandullo.com*, *kennymeyers.com*, *thethingswe-make.co.uk* und *justinmaller.com*

Da die Dateigröße solcher Grafiken manchmal gut und gerne einige Hundert KB in Anspruch nimmt, leidet unter Umständen die Ladezeit. Da man sich als Webdesigner auch mit Onpage-Optimierung und SEO auskennen sollte, achten wir im weiteren Verlauf darauf, dass die Ladezeit nicht zu lang ausfällt.

2 Portfolio-Galerie ohne JavaScript und Flash

Die HTML-Struktur für die doch recht übersichtlichen Inhalte der Portfolio-Galerie von Jack Doyle ist recht einfach. Sie besteht aus zwei Navigationen, die durch Listen gegliedert werden, sowie aus einer Überschrift erster und einer zweiter Kategorie. Zudem enthält das h1-Element eine Illustration von Jack (siehe Abbildung 2). Die Grafik »jack-doyle.png« stellen wir dem in diesem Element enthaltenen Namen des Webdesigners voran. Bei entsprechender Ausrichtung der Grafik mittels CSS stellen wir dann optisch einen Zusammenhang zwischen Illustration und dem Namen des Designers her: Jack soll sich an seinen Namen »anlehnen«.

 »jack-doyle.png«

▲ Abbildung 2
Grafik »jack-doyle.png«

▲ Abbildung 3
Die Portfolio-Galerie auf Basis des
HTML-Codes (ohne CSS)

```
...
<div id="portfolio">
    <ul class="menu">
        <li><a href="#">f</a></li>
        <li><a href="#">t</a></li>
        <li><a href="#">e</a></li>
    </ul>
    <h1>
        <img src="images/jack-doyle.png"
        alt="Jack Doyle" /> Jack Doyle
    </h1>
    <h2>
        Hi, I'm Jack Doyle, a graphic, web and interface designer
        from Chicago.
    </h2>
    <ul class="portfolio">
        <li>
            <a href="#" title="Coffee Cards">
            <img src="images/portfolio-coffee-cards.jpg"
            alt="Coffee Cards" />
            </a>
        </li>
        <li>
            <a href="#" title="Sliding Headline">
            <img src="images/portfolio-parallax-header.jpg"
            alt="Grungy Parallax Header" />
            </a>
        </li>
        ...
    </ul>
</div>
...
```

Die strikte Trennung von Inhalt und Layout ermöglicht es, mit dem aktuellen Stand des Workshops nahezu alle nur erdenklichen Designs umzusetzen.

3 Erstellen eines Farbschemas

In welche farbliche Richtung sich dieses Design entwickeln wird, bestimmen wir in diesem Arbeitsschritt. In diesem Workshop soll die auf Flash basierende Anwendung »Colorotate« genutzt werden, mit der Sie auf verschiedene Arten – wie die Verwendung von Hexadezimalwerten, des RGB-, des CMYK- oder des HSLA-Farbmodells – ein Farbschema erstellen und mit der Community teilen können.

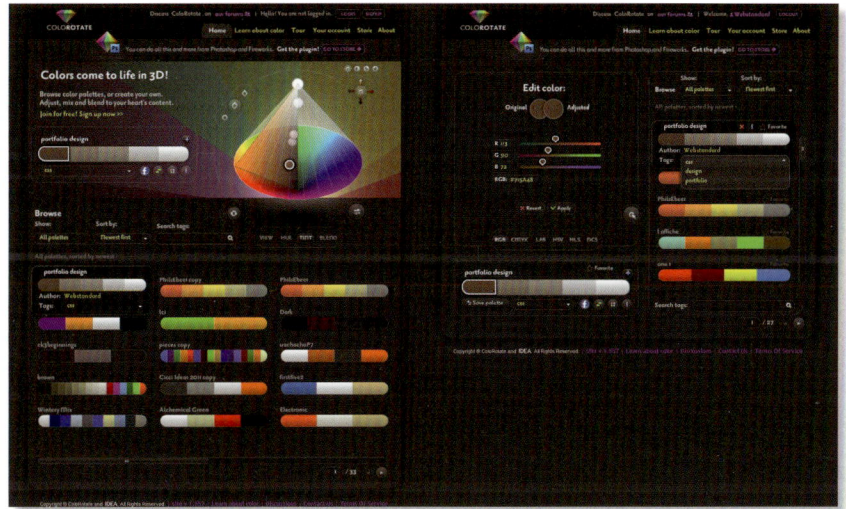

4 Ausrichten und Gestalten des Portfolios

Nachdem wir uns für ein Farbschema entschieden haben, erstellen
wir für diesen Workshop eine Hintergrundgrafik, die über Filter eine Textur erlangt hat. Die Grafik wird dem body-Element zugewiesen und kann
darin beliebig wiederholt werden. Des Weiteren richten wir das Layout der
Portfolio-Galerie mit einer Breite von 750 px zentriert aus.

»bg_texture.png«

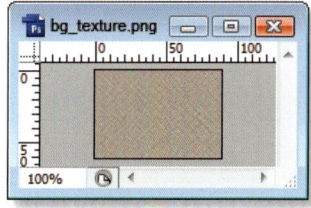

▲ **Abbildung 5**
Hintergrundgrafik »bg_texture.png«

```
body {
    ...
    background: url(../images/bg_texture.png);
    color:#654;
}
#wrapper {
    text-align:center;
}
#portfolio {
    position:relative;
    margin:0 auto;
    width:750px;
}
```

Im portfolio-Bereich richten wir die von Listenpunkten umfassten Portfolio-Abbildungen mit float: left nebeneinander aus. Da jeder der Listenpunkte 250 px breit ist, passen drei Abbildungen nebeneinander. Die vierte
Abbildung rutscht dann aufgrund der float-Eigenschaft automatisch in
eine neue Zeile. Das Gleiche würde dann für eine siebte oder zehnte Abbildung gelten. Die Listenpunkte li bekommen an dieser Stelle die Positionseigenschaft relative, weil wir im weiteren Verlauf diesem Bereich absolut
positionierte Inhalte zuweisen werden.

```
.portfolio {
    float: left;
    list-style: none;
    border:0;
    padding:0;
    margin:0;
}
.portfolio li {
    float:left;
    text-align:left;
    width:250px;
    height:200px;
    margin:0;
    padding:0;
    position: relative;
}
```

Zur Umrandung der Screenshots in diesem Portfolio weisen wir den ver-
linkten Grafiken einen Rahmen von 10 px zu. Wie schon in anderen Work-
shops geben wir für diese Eigenschaft zuerst eine Fallback-Variante im
RGB-Modus an. Diese gilt für all die Browser (IE kleiner Version 8), die das
RGBA-Farbmodell nicht umsetzen können. Allen anderen weisen wir den
Farbwert `rgba(150,140,130,.5)` zu, der aufgrund der Reihenfolge in der
CSS-Datei den Wert `rgb(150,140,130)` überschreibt.

```
.portfolio li a img {
    border:10px solid rgb(150,140,130);
    border-color:rgba(150,140,130,.5);
}
```

Wie Sie in Abbildung 6 unten und in Abbildung 7 erkennen können, ergibt
sich in den webkit-basierten Browsern Google Chrome und Safari ein
Problem: Die teiltransparenten Ecken überlagern sich und sind an diesen
Stellen dunkler als eigentlich gewollt. Alle anderen Browser, die mit dem
RGBA-Farbmodell umgehen können, haben dieses Problem nicht.

Um diesen Browser-Bug zu umgehen, wählen wir eine andere Herangehensweise. Hierzu sei ein Blick auf den oberen Teil von Abbildung 8 gestattet. In dieser Abbildung wurde den linken und rechten Rahmen die Farbe
Grün und den oberen und unteren Rahmen die Farbe Rot zugewiesen.
Wer also mindestens zwei Farbwerte für die Rahmen angibt, entgeht dem
Problem mit der »Überlagerung« in der Ecke. Allerdings soll der Rahmen
ja keine unterschiedlichen Farbwerte, sondern (annähernd) die gleichen
besitzen. Und genau da liegt des Rätsels Lösung: Die Rahmen erhalten dieselben RGB-Werte, aber den Wert für die Transparenz gestalten wir mini-
mal unterschiedlich (0.5 vs. 0.505). Der untere Teil von Abbildung 8 zeigt,
dass dies zum Erfolg führt.

◀ **Abbildung 7**
Die Portfolio-Galerie mit auf Basis der `floating`-Eigenschaft neben-einander ausgerichteten Galerie-bildern

```
.portfolio li a img {
   border:10px solid rgb(150,140,130);
   border-color: rgba(150,140,130,.5) rgba(150,140,130,.505);
}
```

▲ **Abbildung 8**
So wird der Rahmen aufgebaut, wenn zwei Rahmenfarben zum Einsatz kommen. Durch diesen Trick stellen auch Safari 5 und Google Chrome 13 alles korrekt dar.

Wer eine andere Herangehensweise sucht, kann anstatt eines Rahmens dem verlinkten Bildelement einen Außenabstand geben und den Listenpunkt mit den farblichen Hintergrundeigenschaften versehen, die wir in diesem Arbeitsschritt dem Rahmen zugewiesen haben.

5 Wahl einer Schriftart mit »Persönlichkeit«

Die bisher noch recht unspektakuläre Schrift wird die nächste »Baustelle« dieses Workshops werden. Da mit der Illustration von Doyle im wahrsten Sinne des Wortes bereits ein persönliches Bild gezeichnet wurde, soll in diesem Blog eine junge, dynamische, kreative Schrift verwendet werden, die »Persönlichkeit« ausstrahlt. Da in diesem Workshop nicht auf Image-Replacement-Techniken zurückgegriffen werden soll, binden wir stattdessen die Schrift »Cabin Sketch« über die Google Webfont API ein. Ein Blick auf Abbildung 9 zeigt, dass diese Schrift das Potential besitzt, dem Onlineportfolio von Jack noch mehr »Persönlichkeit« zu verleihen.

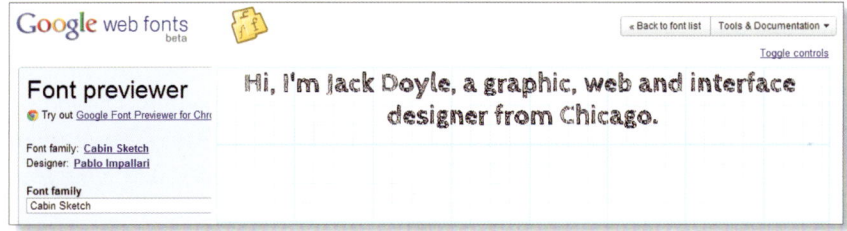

◀ **Abbildung 9**
Vorschau auf die Schriftart »Cabin Sketch« innerhalb der Google Webfont API

Nach der Wahl der Schriftart weisen wir diese Schrift den entscheidenden Elementen in geeigneter Größe zu. Außerdem soll die Ausrichtung des Namens »Jack Doyle« und der Illustration »Jack Doyle« jedem Betrachter innerhalb der ersten Augenblicke deutlich machen, dass es sich hierbei um das Portfolio von Jack Doyle handelt und dass Jack Doyle durch die Illustration repräsentiert wird.

```
h1, h2 {
    font: bold 85px "Cabin Sketch", Arial;
}
h1 {
    padding:70px 0 50px 0;
    margin:0 0 0 125px;
}
h1 img {
    margin:0 -30px -60px 0;
}
h2 {
    font-size:45px;
    text-align: left;
    line-height:1;
}
```

Abbildung 10 ▶
Ausschnitt des Headerbereiches mit dem Menü, den beiden Überschriften und der Illustration

6 Kontaktmöglichkeit über das Menü

Zu wissen, dass es sich bei dem jungen Designer um »Jack Doyle« handelt, ist zwar schön und gut, aber potentielle Auftraggeber benötigen in erster Linie Kontaktmöglichkeiten. Und die sollen sie bekommen – in Form eines Navigationsmenüs mit drei Kontaktmöglichkeiten (Facebook, Twitter, E-Mail). Dazu positionieren wir dieses Menü absolut am oberen Browserfensterrand (top:0), geben ihm eine Höhe von 220px und eine

Breite von 75 px und weisen ihm ebenso wie den Rahmen der Portfolio-Abbildungen eine Transparenz zu.

```
.menu {
    height:220px;
    left:50px;
    top:0;
    position:absolute;
    background:rgb(150,140,130);
    background:rgba(150,140,130,.33);
}
.menu, .menu li {
    list-style-type:none;
    margin:0;
    padding:0;
    width:75px;
}
```

Die Aufzählungszeichen entfernen wir (list-style-type:none), und die verlinkten Buchstaben »f«, »t« und »e« setzen wir als runde Elemente um. Dies erreichen wir, wie in anderen Workshops zuvor bereits erwähnt, indem wir den Angaben von Höhe und Breite (je 60 px) einen border-radius in Höhe des halben Wertes (30 px) dieser Angaben zuweisen. Für die daraus entstandenen Kreise vergeben wir, wie in Abbildung 11 zu erkennen ist, ebenfalls eine Hintergrundfarbe mit Transparenz. Allerdings ist die Transparenz geringer als bei den Rahmen, damit sich diese Kreise vom Hintergrund abheben, ohne dabei zu sehr ins Auge zu fallen.

```
.menu li {
    margin:10px 0 0 0;
}
.menu a {
    margin:0 auto;
    display: block;
    font-weight: bold;
    font-size:55px;
    text-decoration: none;
    color:#654;
    width:60px;
    height:60px;
    -webkit-border-radius: 30x;
    -moz-border-radius: 30px;
    border-radius: 30px;
    background:rgb(150,140,130);
    background:rgba(150,140,130,.5);
}
```

▲ **Abbildung 11**
Ausschnitt des oberen Bereiches des Portfolios von Jack Doyle mit der Schriftart
»Cabin Sketch«

IE's CSS3 Transforms Translators

Wenn Sie den CSS-Code für die Neigung des Pfeils anschauen, sehen Sie, dass für den IE 9 ein zusätzlicher Wert angegeben werden muss. Dieser Wert stammt aus dem »IE's CSS3 Transforms Translator«. Dort kann man diesen Wert auf Basis der gewünschten Neigung, der Breite und der Höhe des zu neigenden Elements errechnen. Da der IE die Neigung ohne diesen Wert nicht realisieren kann, ist dieser Ansatz für eine reine CSS-Lösung unverzichtbar.

Als besonderer Effekt soll das Kontaktmenü als eine Art Pfeil auf den Textbereich »I'm ...« zeigen. Damit wollen wir eine visuelle Verbindung zwischen den Kontaktmöglichkeiten des Designers und der Person Jack Doyle herstellen. Den zur Gestaltung dieses Bereiches notwendigen »Container« stellt das Pseudoelement :after bereit. Diesem weisen wir eine Höhe und Breite von 52 px zu. Sie fragen sich, warum es 52 px und nicht 75 px sind, wo doch das Menü eine Breite von 75 px aufweist? Der Grund ist, dass wir dieses Quadrat im weiteren Verlauf um 45 Grad neigen werden. Die vorherige Diagonale entspricht damit der Breite und passt zum 75 px breiten Menü, wie der rechte Teil von Abbildung 12 belegt. Alle Browser, die das Pseudoelement :after nicht unterstützen (IE 6 bis 8), können diesen Pfeil nicht darstellen und bekommen somit auch nicht die Eigenschaft der Neigung zugewiesen. Daher setzen wir an dieser Stelle mit Hilfe des »IE's CSS3 Transforms Translators« lediglich die Neigung für den IE 9 um.

```
.menu:after {
    position:absolute;
    content:"";
    top:194px;
    left:12px;
    height:52px;
    width:52px;
    background-color:rgb(150,140,130);
    background-color:rgba(150,140,130,.33);
    -ms-transform:matrix(.7071,.7071,-.7071,.7071,0,0);
```

```
   -moz-transform: rotate(45deg);
   -webkit-transform: rotate(45deg);
   -o-transform:  rotate(45deg);
   transform: rotate(45deg);
}
```

Wenn Sie sich Abbildung 12 genau anschauen, sehen Sie, dass sich auch hier die eine Hälfte des um 45 Grad geneigten teiltransparenten Quadrates und das teiltransparente Menü überlagern. Ebenso wie schon bei den Portfolio-Abbildungen lösen wir dieses Problem auch hier über die Rahmen.

Aufgrund der Gesamtbreite von 52 px weisen wir dem Pseudoelement `:after` eine Breite `width` von 2 px sowie einen Rahmen mit einer Stärke von 25 px zu, womit wir die gewünschte Breite von 52 px erreichen. Die Eigenschaften der Neigung bleiben unverändert. Zum Schluss müssen wir noch die Hintergrundfarbe vom Arbeitsschritt zuvor entfernen, da sich die Transparenzen sonst wieder überlagern würden (siehe linken Teil von Abbildung 13).

Sicherlich könnte man darüber diskutieren, ob dieser Aufwand von knapp 10 Zeilen CSS notwendig ist, um diese Ecke darstellen zu können, statt auf eine PNG-Grafik zurückzugreifen, insbesondere deshalb, weil Browser, die das Pseudoelement `:after` nicht kennen, diese Ecke ihren Anwendern bei diesem Ansatz vorenthalten. Letztendlich sollten Sie eine solche Entscheidung an der Zielgruppe der Webseite ausrichten. Für potentielle Auftraggeber oder Kooperationspartner ist eine Umsetzung auf Basis der CSS-Eigenschaften mit hoher Wahrscheinlichkeit interessanter als die seit Jahren bekannte Herangehensweise mit einer teiltransparenten PNG-Grafik.

```
.menu:after {
   position:absolute;
   content:"";
   top:194px;
   left:12px;
   height:2px;
   width:2px;
   border-width:25px;
   border-style:solid;
   border-color: transparent rgba(150,140,130,.33)
              rgba(150,140,130,.333) transparent;
   -ms-transform:matrix(.7071,.7071,-.7071,.7071,0,0);
   -moz-transform: rotate(45deg);
   -webkit-transform: rotate(45deg);
   -o-transform:  rotate(45deg);
   transform: rotate(45deg);
}
```

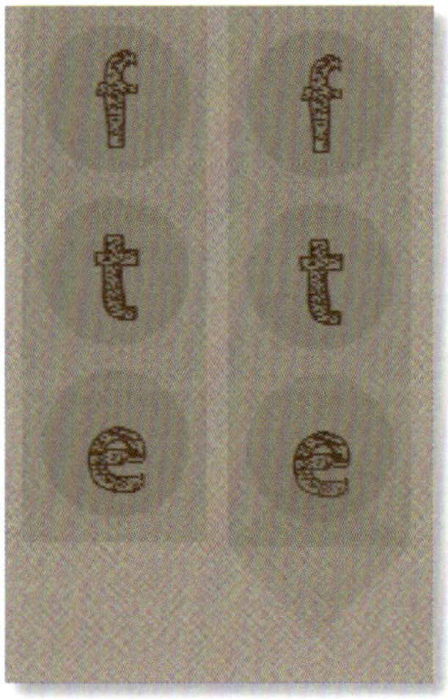

▲ **Abbildung 12**
Menü ohne (links) und mit Pfeilelement (rechts), das über die Pseudoklasse `:after` gestaltet wurde

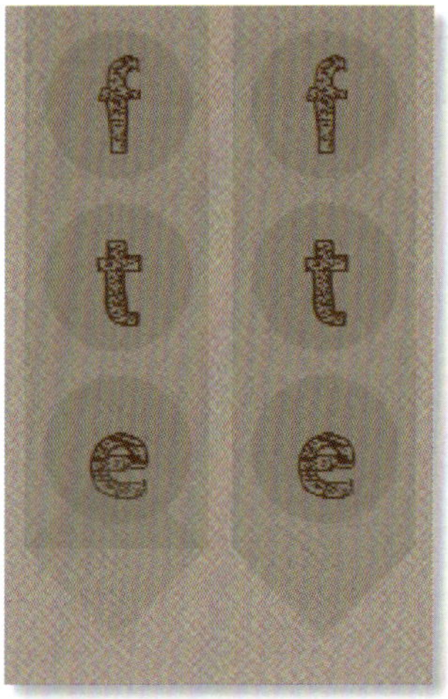

▲ **Abbildung 13**
Pfeilelement des Menüs mit Überlagerung aufgrund zwei übereinander lagernder teiltransparenter Bereiche (links) und mit wechselnden Transparenzen (rechts)

Progressive Enhancement

Mehr zum Thema »Progressive Enhancement« erfahren Sie in Abschnitt 2.10, »Progressive Enhancement und Graceful Degradation«.

Die drei Navigationspunkte sollen bei Fokussierung durch den User farblich hervorgehoben werden. Um die drei Navigationspunkte auch im Internet Explorer 6 ansprechen zu können, weisen wir ihnen aussagekräftige Klassenbezeichnungen zu. Denn auch wenn ich eigentlich immer dafür plädiere, den Ansatz des »Progressive Enhancements« zu verfolgen, wird sicher der eine oder andere potentielle Auftraggeber auf die Idee kommen, die Funktionalität des Portfolios auch in betagten Browsern zu testen.

Für zusätzliche Informationen (z. B. »join me on Facebook«) verwenden wir, wie in Abbildung 14 zu erkennen ist, das `title`-Attribut.

```
...
<ul class="menu">
   <li>
      <a href="#" title="join me on facebook"
      class="facebook">f</a>
   </li>
   <li title="tweet me on twitter"
      class="twitter"><a href="#">t</a>
   </li>
   <li title="send me an email"
      class="email"><a href="#">e</a>
   </li>
</ul>
...
```

Buchtipp zum Thema »Portfolios«

Wer unabhängig von diesem Workshop weitere Inspiration rund um das Thema Portfolios benötigt, dem sei an dieser Stelle die seit dem Jahr 2000 erscheinende Buchreihe »Web Design Index« empfohlen.
www.webdesignindex.org

Nach dem Hinzufügen dieser Klassen im HTML-Code weisen wir ihnen passende Farbwerte zu. Die ersten beiden Klassen bekommen die Farben, die man auch mit den jeweiligen Diensten in Verbindung bringt. Für die erste Klasse wählen wir daher einen dunklen Blau-Wert (Facebook), für die zweite ein helles Blau (Twitter). Der dritte Menüpunkt setzt diese Farbreihe fort und wird weiß. Ähnlichkeiten des fokussierten Menüpunktes – wie im untersten Teil von Abbildung 14 – für den Kontakt via E-Mail mit dem Logo eines recht verbreiteten Browsers sind zufällig und nicht beabsichtigt und spiegeln auch keine persönlichen Präferenzen wider.

```
.menu .facebook:hover {
   background:#3b5998;
   color:#fff;
}
.menu .twitter:hover {
   background:#bbd6e4;
   color:#f0f0f0;
}
.menu .email:hover {
   background:#fff;
   color:#09f;
}
```

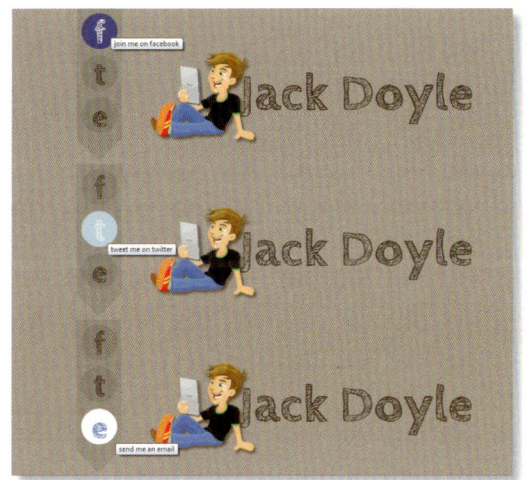

◄ **Abbildung 14**
Das Menü mit den jeweils aktiven
Menüpunkten: Facebook (oben),
Twitter (Mitte) und E-Mail (unten)

7 Anlegen der Projektbeschreibungen

Nun kommen wir zum wichtigsten Effekt dieses Workshops: dem Einblenden von zusätzlichen und für den potentiellen Kunden hoffentlich hilfreichen Informationen zu den einzelnen Arbeiten im Portfolio. Dazu fügen wir der Liste mit den verlinkten Screens einen div-Container hinzu, in dem wir über eine Überschrift dritter Ordnung und einen Textabsatz das jeweilige Projekt näher beschreiben.

Da in diesem Beispiel die Abbildungen die einzelnen Workshops dieses Buchs zeigen, sollen im div-Container nun auch Informationen zu diesen Workshops gegeben werden: Es werden deshalb die jeweils verwendeten CSS3-Eigenschaften aufgelistet. Sie können also auf diese Art und Weise Ihre Kunden informieren, wie diese Projekte umgesetzt wurden.

```
...
<div id="portfolio">
   ...
   <ul class="portfolio">
      <li>
         <a href="#" title="Coffee Cards">
         <img src="images/portfolio-coffee-cards.jpg"
         alt="Coffee Cards" />
         </a>
         <div>
            <h3>Coffee Cards</h3>
            <p>CSS3: Transform Module (rotate, translate), Media
            Queries</p>
         </div>
      </li>
      <li>
         <a href="#" title="Sliding Headline">
         <img src="images/portfolio-parallax-header.jpg"
```

```
            alt="Grungy Parallax Header" />
        </a>
        <div>
            <h3>Parallax Header</h3>
            <p>CSS3: Border-Radius, Background-Size,
            Animation Module</p>
        </div>
    </li>
    ...
  </ul>
</div>
...
```

Die entscheidende Frage ist jetzt eigentlich nur, wie wir diese Informationen einblenden. Denn wie in Abbildung 15 zu erkennen ist, kann die Überlagerung der Screens so nicht bleiben.

Abbildung 15 ▶
Ausschnitt der Portfolio-Galerie mit Beschreibungstexten zu den jeweiligen Arbeiten

8 Einblenden der Projektbeschreibungen

Ziel ist es, die Beschreibungstexte bei Fokussierung des jeweiligen Screens durch den Anwender direkt über den Abbildungen der Arbeiten einzublenden. Das wiederum setzt voraus, dass die Inhalte initial nicht angezeigt werden. Da die Beschreibungstexte direkt über den Abbildungen dargestellt werden sollen, müssen diese Inhalte absolut darüber positioniert werden und den Maßen (width:200px) der Abbildung inklusive der Rahmenbreite (border-width) entsprechen. Das initiale »Ausblenden« erfolgt über die Vergabe einer vollständigen Transparenz (opacity:0). Dadurch werden alle Inhalte des div-Containers, wie im unteren Teil von Abbildung 16 zu erkennen ist, »unsichtbar«.

▲ Abbildung 16
Nicht ausgeblendete Beschreibungstexte (oben) und auf Basis der Eigenschaft opacity ausgeblendete Beschreibungstexte (unten)

```
.portfolio div {
   position:absolute;
   left:0;
   bottom:30px;
```

```
    height:170px;
    width:220px;
    color:#FFF;
    opacity:0;
}
```

Um die Beschreibungstexte einzublenden, wird nun bei einer Fokussierung der Abbildung durch den User der Wert für die Transparenz des div-Containers verändert. Da weißer Text auf den Abbildungen nur schwer lesbar ist, weisen wir dem div-Container noch eine Hintergrundfarbe zu. Durch die Teiltransparenz von 10 % erhalten die Betrachter des Portfolios noch eine gewisse Information über das dahinter liegende Motiv.

▲ Abbildung 17
Bei der Fokussierung durch den User werden Beschreibungstexte eingeblendet.

```
.portfolio li:hover div, .portfolio li:active div,
.portfolio li:focus div {
    position:absolute;
    z-index:3;
    left:0px;
    bottom:30px;
    height:170px;
    width:220px;
    text-align:left;
    color:#FFF;
    opacity:1;
    background: rgb(150,140,130);
    background: rgba(150,140,130,.90);
}
.portfolio div h3, .portfolio div p {
    margin: 10px 20px 20px 20px;
    padding:0;
}
.portfolio div h3 {
    margin-top:30px;
}
```

9 Einblend-Effekt mit Slide-Eigenschaften

Bis jetzt geschieht die Einblendung der Beschreibungstexte in allen Browsern gleich. Die einzige Ausnahme bildet der IE 6, da dieser bei Elementen, die nicht verlinkt sind, die Fokussierung auf Basis der Pseudoklasse :hover nicht umsetzen kann. Der User gelangt z. B. erst durch Anklicken der Galerie-Abbildungen auf die Beschreibungen. Dies ist zwar nicht das gewünschte Verhalten, aber da die Informationen trotzdem zugänglich sind, wird es bei der Ausnahme für diesen Browser bleiben.

Dank der webkit-basierten Browser und ihrer Unterstützung des CSS3-Animations-Moduls können wir für Safari- und Chrome-Nutzer noch ein besonderes Feature anbieten; eines, das man eigentlich von Flash- oder JavaScript-basierten Anwendungen kennt. Hierzu erstellen wir eine Animation slide, die über eine Dauer von 10 Sekunden einmalig abläuft.

```
.portfolio li:hover div, .portfolio li:active div,
.portfolio li:focus div {
    ...
    -moz-animation-name:slide;
    -moz-animation-duration:10s;
    -moz-animation-iteration-count:1;
    -webkit-animation-name: slide;
    -webkit-animation-duration:10s;
    -webkit-animation-iteration-count:1;
    animation-name: slide;
    animation-duration:10s;
    animation-iteration-count:1;
}
```

Innerhalb der folgenden keyframes definieren wir die zu verändernden Eigenschaften der Animation. Wichtig ist dabei, dass Sie an dieser Stelle die Bezeichnung der Animation (slide) wieder angeben, womit die darauffolgenden Eigenschaften explizit dieser Animation zugeordnet werden können. Bei Fokussierung durch den Anwender soll der div-Container langsam von unten nach oben eingeblendet werden, dann eine Weile stehen bleiben und anschließend wieder nach unten fahren.

Dazu müssen wir die Höhe des einzublendenden div-Containers in Bezug auf die Animationsdauer ändern: Der ausgeblendete Container soll nach 2,5 Sekunden vollständig ausgefahren sein (siehe Abbildung 18 ganz rechts). Ohne die Fokussierung verändern zu müssen, fährt diese Einblendung nach weiteren 5 Sekunden über eine Dauer von 2,5 Sekunden wieder nach unten. Für diese wenig umfangreichen Beschreibungstexte reichen fünf Sekunden durchaus aus. Allerdings können Sie diese Werte natürlich beliebig ändern.

```
@-webkit-keyframes slide {
    0%  { height:0px;   }
    25% { height:170px; }
    75% { height:170px;}
    100% { height:0px;   }
}
@-moz-keyframes slide {
    0%  { height:0px; }
    25% { height:170px; }
    75% { height:170px;}
    100% { height:0px; }
}
```

In Abbildung 18 erkennen Sie allerdings, dass die Einblendung des Beschreibungstextes noch nicht wie gewünscht abläuft: Der Beschreibungstext wird bei der Fokussierung sofort unterhalb der Abbildung sichtbar. Der div-Container muss daher über die CSS-Eigenschaft overflow ausgeblendet (hidden) werden.

▲ **Abbildung 18**
Einblend-Effekt der beschreibenden Informationen eines Portfolio-Projektes mit fehlerhaft überlappender Darstellung

```
.portfolio div {
   ...
   overflow:hidden;
}
```

▼ **Abbildung 19**
Nun funktioniert der Einblend-Effekt, basierend auf dem CSS3-Animations-Modul, wie gewünscht.

Jetzt werden die Beschreibungstexte erst dann sichtbar, wenn diese den Bereich des Bildes, das sie überlagern sollen, erreichen.

10   Animation der Namenseinblendung

Jetzt, wo die Vorgehensweise des CSS3-Animations-Moduls bekannt ist, verwenden wir dieses abschließend noch einmal. Denn natürlich sollen bei potentiellen Auftraggebern oder Kooperationspartnern nicht nur die vorgestellten Arbeiten im Gedächtnis bleiben. Viel wichtiger noch ist der Name des Designers, der in diesem Arbeitsschritt – im wahrsten Sinne des Wortes – ins rechte Licht gerückt werden soll.

Dazu legen wir für die Überschrift h1 eine weitere Animation an. Dieser einmalig zu durchlaufenden Animation pushingHeadline weisen wir eine Dauer von 3 Sekunden zu.

Mehrfachanimationen

Wenn Sie mehrere auf dem CSS3-Animation-Modul basierende Animationen definieren, sollten Sie neben den dafür notwendigen Eigenschaften insbesondere darauf achten, dass Sie den einzelnen Animationen unterschiedliche Animationsbezeichnungen zuweisen.

```
h1 {
    ...
    -moz-animation-name:pushingHeadline;
    -moz-animation-duration:3s;
    -moz-animation-iteration-count:1;
    -webkit-animation-name: pushingHeadline;
    -webkit-animation-duration:3s;
    -webkit-animation-iteration-count:1;
    animation-name: pushingHeadline;
    animation-duration:3s;
    animation-iteration-count:1;
}
```

In diesen drei Sekunden werden der in dem h1-Element befindliche Name und die Illustration von links außerhalb des Viewports (text-indent:-2000px) über den linken Browserfensterrand auf die dafür vorgesehene Position geschoben. Der in Abbildung 20 zu erkennende Ablauf der Animation hinterlässt den Eindruck, als schöbe die Illustration den Namen an die gewünschte Position. Ein durchaus sehenswerter Effekt, der unter Umständen dafür sorgt, dass sich dieses Portfolio in der Erinnerung des Betrachters gegenüber anderen Portfolios durchsetzt.

```
@-webkit-keyframes pushingHeadline {
    0% { text-indent:-2000px;}
    100% { text-indent:0px;}
}
@-moz-keyframes pushingHeadline {
0% { text-indent:-2000px;}
100% { text-indent:0px;}
}
```

Abbildung 20 ▼
Slide-Sequenz der Headline
inklusive Illustration

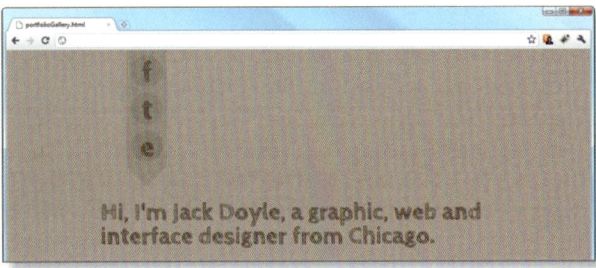
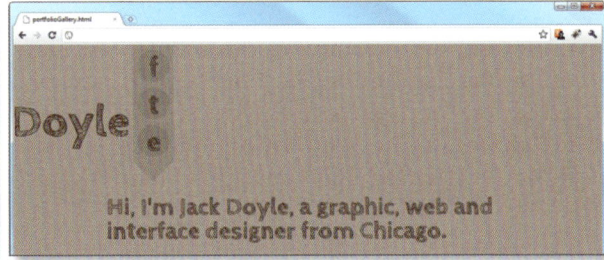

11   Mobiles Portfolio

Aufgrund des Vormarsches mobiler Endgeräte gibt es auch immer mehr Anfragen von Kunden, die gerne eine mobile Webseite oder Applikation realisiert haben möchten. Somit kann es für einen Webdesigner durchaus von Vorteil sein, sein Portfolio auch mobil zu präsentieren. Das heißt, das bisherige Layout wird bezüglich der Breite, der Schriftgröße und der Ausrichtung der im Portfolio enthaltenen Inhalte angepasst. Diese Anpassungen können Sie in diesem Fall über Media Queries realisieren, ohne den HTML-Code duplizieren oder modifizieren zu müssen. Abbildung 21 zeigt, wie sich darüber die Breite des Layouts dem Viewport des Betrachters anpassen kann.

Auf diese Weise können Sie das Portfolio sowohl für Anwender eines Desktop-PCs, Tablets oder Netbooks als auch für Smartphones über CSS optimieren.

▼ **Abbildung 21**
Das Onlineportfolio auf verschieden großen Viewports: Desktop-PC (links), Tablet und Netbook (Mitte) sowie Smartphone (rechts)

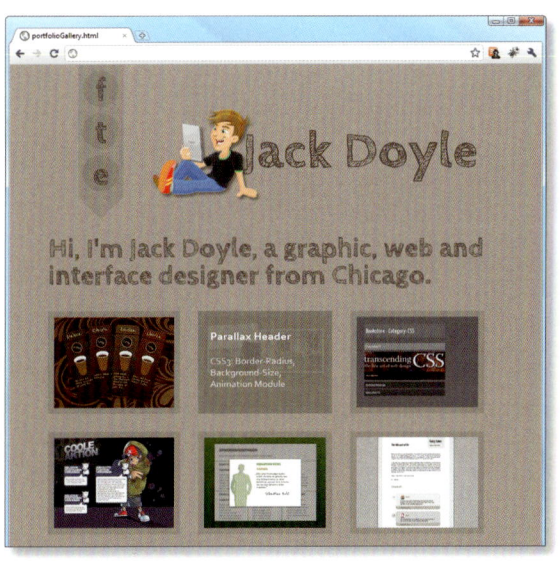

12   Internet Explorer

Da insbesondere der Internet Explorer sich den Möglichkeiten der letzten Arbeitsschritte leider immer noch verschließt und zu dieser Entwicklung eigentlich nicht viel zu sagen bzw. zu schreiben ist, sei es diesem Browser gestattet, in Form einer letzten Abbildung das letzte »Wort« in diesem Workshop zu haben. Diese Abbildung, die auf veränderten und über Conditional Comments zugewiesenen speziellen Eigenschaften (unterschiedliche Ausrichtung des Menüs) basiert, zeige ich nicht, um Ihnen die »Unzulänglichkeiten« des IE 6 vor Augen zu führen – die dürften Sie alle zu gut kennen. Diesen Screenshot drucke ich deshalb ab, um die Vorteile des »Progressive Enhancement«-Ansatzes zu unterstreichen. Webanwendungen und Webseiten wie ein Onlineportfolio eines Designers sollten sich nicht an dem kleinsten gemeinsamen Nenner orientieren, sondern den Browsern die Eigenschaften zuweisen, die sie umsetzen können. Trotzdem soll nicht unerwähnt bleiben, dass beispielsweise der IE keine Probleme mit Media Queries hat und die Anforderungen analog zur vorangegangenen Abbildung 21 umsetzt.

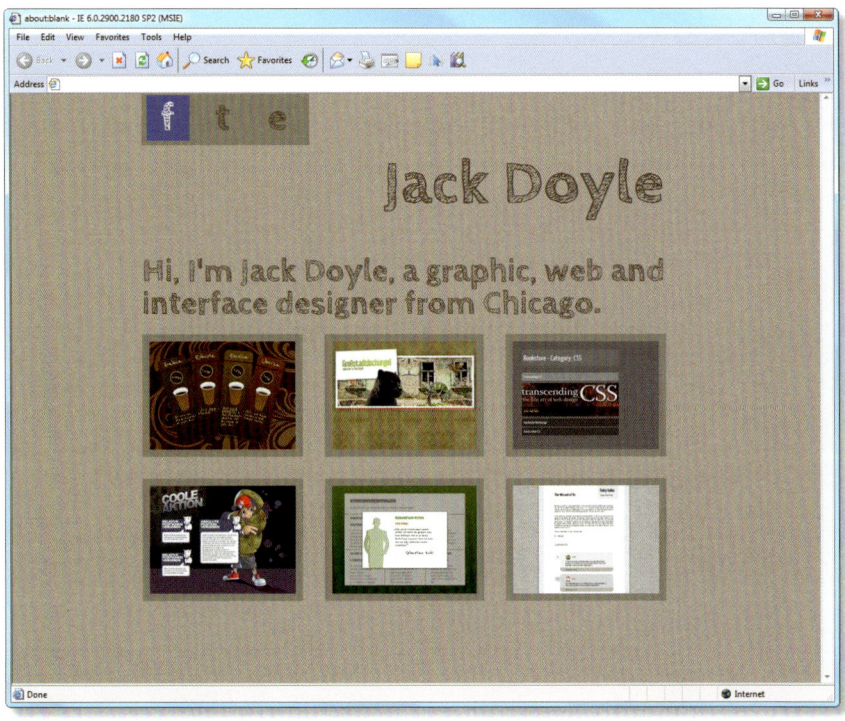

Abbildung 22 ▶
Die Portfolio-Galerie im IE 6

Ohne Extras bei der Umsetzung von Darstellungseigenschaften – wie zusätzliche JavaScript-Dateien oder weitere Bilder – ist es gelungen, die zu Beginn des Workshops ins Auge gefasste Marke von 100 KB für die gesamte Dateigröße dieses Portfolios (diese hängt selbstverständlich zu einem großen Anteil von der Anzahl der Abbildungen in dem Portfolio ab) zu unterbieten. Wer von Ihnen diesen Workshop beispielsweise mit der Browsererweiterung Firebug genauer unter die Lupe nimmt, wird sehen, dass der CSS-Code mit den Media-Query-Eigenschaften zur Anpassung an mobile Endgeräte noch nicht einmal 5 KB erreicht!

10 Onlineshops

Breadcrumb-Navigationen

Sogenannte Breadcrumb-Navigationen haben sich vor allem in Onlienshops bewährt. Diese zeigen dem Besucher, wo er sich gerade befindet und wie er dort hin gekommen ist. Sind die einzelnen Navigationspunkte zusätzlich anklickbar, findet sich jeder schnell zurecht.

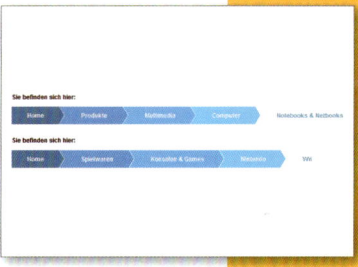

Umfangreiche Onlineformulare

Formulare in Onlineshops sind meist recht umfangreich: Für Versand und Bezahlung werden zahlreiche Angaben benötigt. Hier sind Übersichtlichkeit, eine gute Usability und Accessibility also das A und O. Was Sie sonst noch beachten müssen, zeigt Ihnen dieser Workshop.

Breadcrumb-Navigationen

Den Weg des Besuchers auf der Website kennzeichnen

Viele, die mit dem Ausdruck »Breadcrumb-Navigation« erstmalig in Kontakt kommen, fragen sich, was Brotkrümel mit einer Webseite zu tun haben sollen. Haben sie eine solche Orientierungshilfe aber erst einmal

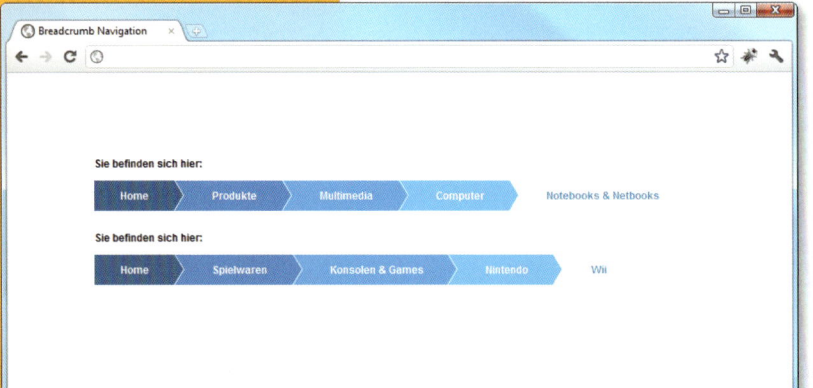

»live« auf einer Website gesehen, finden selbst ungeübte Anwender schnell heraus, dass »Breadcrumbs« den Weg des Besuchers abbilden und als zusätzliches Navigationsinstrument genutzt werden können. Aspekte, die nicht nur bei umfangreichen Portalen mit einer weitverzweigten Seitenstruktur eine nicht zu unterschätzende Hilfe darstellen.

Zielsetzungen:

▶ Anlegen und Strukturieren einer Breadcrumb-Navigation

▶ Gestaltung auf Basis des HSLA-Farbmodells und ohne Grafiken

▶ Entwicklung einer Variante mit Spritegrafik für die Versionen 6 bis 8 des Internet Explorers

CSS3-Eigenschaften: HSLA-Farbmodell, Pseudoklassen `:first-child`, `:last-child` und `nth-child()`, Pseudoelemente `:before` und `:after`

1 Hauptmerkmale einer Breadcrumb-Navigation

Eine Breadcrumb-Navigation sollte im Gesamtkonzept einer Webseite im Idealfall mittels einer geordneten Liste über dem Hauptinhalt der Website, aber unterhalb der Hauptnavigation platziert sein. Die einleitenden Worte: »Sie befinden sich hier:« sind eine gute Hilfestellung für diese Art der Orientierungshilfe. Auch wenn man berücksichtigt, dass ein nicht unerheblicher Anteil der Webseitenbesucher über Suchmaschinen auf einer beliebigen Unterseite zum Beispiel eines Onlineshops landet, trägt eine Breadcrumb-Navigation zur besseren Orientierung bei.

Durch die Verwendung von Pfeilen bei der Gestaltung können Sie zusätzlich verdeutlichen, dass der »Weg« des Anwenders von einer Seite (beispielsweise Hauptkategorie) zu einer anderen Seite (beispielsweise Unterkategorie) dargestellt wird. Aber auch der »Ort« der aktuellen Position kann durch die Breadcrumb-Navigation abgebildet werden. Am Ende eines solchen Pfads steht in einem Onlineshop wie in Abbildung 1 dann entweder das aktuell angezeigte Produkt oder die (Unter-)Kategorie, in der sich das Produkt befindet.

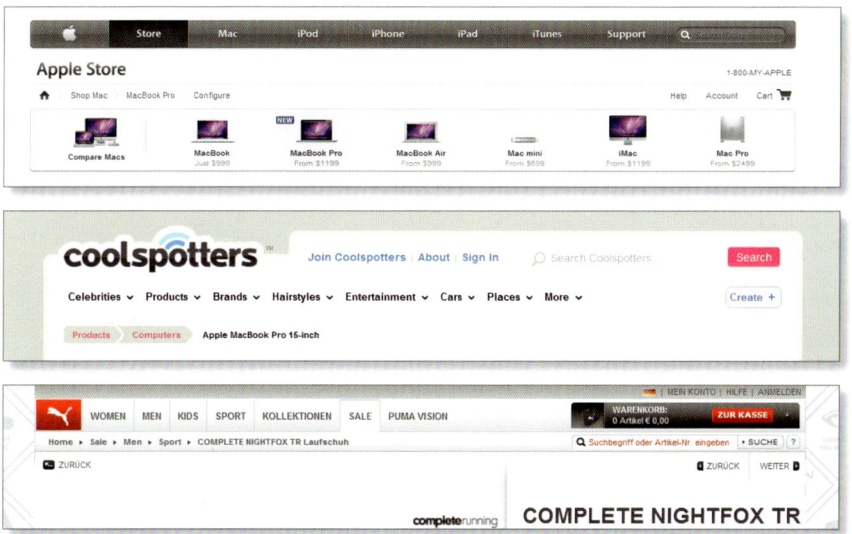

◀ **Abbildung 1**
Breadcrumb-Navigationen in Onlineshops: Apple (oben), Coolspotters (Mitte), Puma-Onlineshop (unten)

Auch wenn aus ästhetischen Gründen oder durch die Vorgaben eines Corporate Designs auf die Unterstreichung der Links in einer solchen Orientierungshilfe verzichtet werden muss, sollten Sie bei der Fokussierung des verlinkten Elements mit der Maus oder Tastatur eine optische Veränderung zur besseren Benutzerführung nutzen.

Wichtig ist, dass diese Art der Orientierungshilfe zwar unterstützend sein und vom Anwender gefunden werden soll, sie aber dennoch nicht vom Inhalt ablenken oder die Hauptnavigation dominieren darf.

2 Anlegen der HTML-Struktur mittels geordneter Liste

Im Hinblick auf die Onpage-Optimierung für Suchmaschinen sollten Sie für Navigationselemente wie Breadcrumb-Navigationen relevante Keywords verwenden. Zudem haben Sie mit einer Breadcrumb-Navigation die Möglichkeit, die interne Ebenenstruktur Ihrer Website auf den Ergebnisseiten unterzubringen und sich dadurch zusätzlich von anderen Suchmaschinenergebnissen abzusetzen.

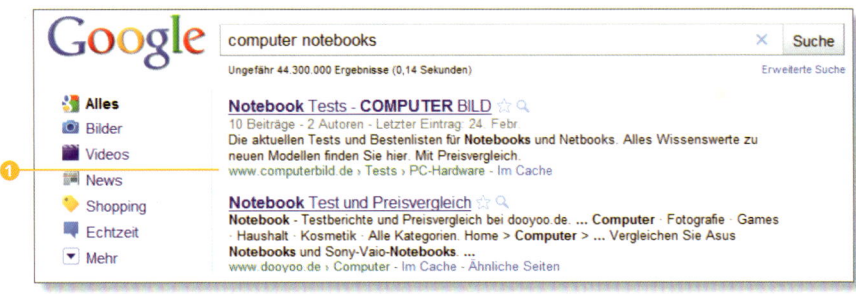

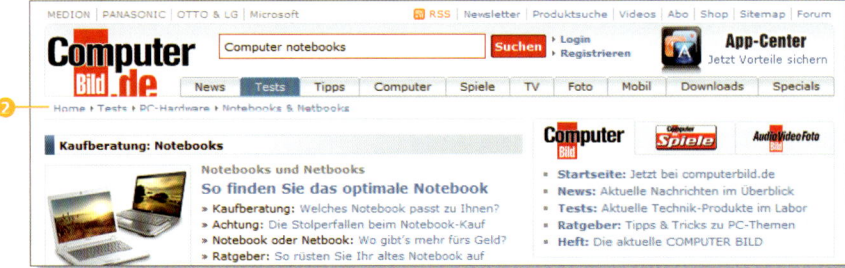

▲ **Abbildung 2**
Screenshot einer Google-Ergebnisseite (oben). Das mit ❶ markierte Suchergebnis zeigt die Breadcrumb-Navigation, die auch im Webauftritt enthalten ist ❷.

Da die interne Verlinkung in den Google-Algorithmus zur Berechnung des Rankings einfließt, ist dieser Aspekt sicher nicht ganz uninteressant.

Die Gliederung und interne Verlinkung der einzelnen Ebenen wird von einer geordneten Liste ol übernommen und von den Worten »Sie befinden sich hier:« eingeleitet.

```
<p>Sie befinden sich hier:</p>
<ol class="breadcrumb">
    <li><a href="#">Home</a></li>
    <li><a href="#">Produkte</a></li>
    <li><a href="#">Multimedia</a></li>
    <li><a href="#">Computer</a></li>
    <li><a href="#">Notebooks & Netbooks</a></li>
</ol>
```

Sie befinden sich hier:

1. Home
2. Produkte
3. Multimedia
4. Computer
5. Notebooks & Netbooks

▲ **Abbildung 3**
Darstellung der Breadcrumb-Navigation auf Basis der Browserstyles

3 Die Ausrichtung der Navigation festlegen

Bei der Ausrichtung der Listenpunkte li müssen Sie bedenken, dass bei den meisten Webseiten für diese Breadcrumb-Navigationen sehr wenig Platz zur Verfügung steht. Wichtig ist vor allem die Ausrichtung nebeneinander, die entweder über die Eigenschaft float und den Wert left oder die Eigenschaft display und den Wert inline-block erfolgen kann. Für die Versionen 6 und 7 des Internet Explorers müssen Sie den Wert inline verwenden. Mehr dazu erfahren Sie in Schritt 9 dieses Workshops, der sich ausschließlich der Modifikation weiterer CSS-Angaben für den Microsoft-Browser widmet.

```css
.breadcrumb {
    list-style-type: none;
    overflow: hidden;
    padding:0;
    margin:0;
}
.breadcrumb li {
    display:inline-block; /* oder float: left;*/
    padding:0;
    margin:0;
}
```

Sie befinden sich hier:

HomeProdukteMultimediaComputerNotebooks & Netbooks

▲ **Abbildung 4**
Nebeneinander ausgerichtete Navigationspunkte der Breadcrumb-Navigation

4 Farbschema mit dem HSLA-Farbmodell erstellen

Für die optische Gestaltung der Navigation verwenden wir das weniger bekannte Farbmodell HSLA (siehe Kasten). Der Vorteil dieses Modells ist, dass es mit der HSL-Schreibweise gegenüber der RGB-Schreibweise einfacher ist, mehrere Farben zu definieren, die den gleichen Farbton (H = *Hue*) haben und sich lediglich durch unterschiedliche Angaben bei der Helligkeit (L = *Lightness*) und der Sättigung (S = *Saturation*) unterscheiden. Mit zahlreichen Anwendungen – wie dem HSLA Color Picker in Abbildung 5 – können Sie sich mit einem Klick über die Hexadezimal-Werte die entsprechenden Werte für das HSLA-Farbmodell generieren lassen.

Das HSLA-Farbmodell

Beim Farbmodell HSLA erreichen Sie nicht nur durch Änderung von Farbwerten einen anderen Gesamtfarbwert, sondern auch durch Anpassung der Farbsättigung oder der Helligkeit. Bei dem auf der Dreifarbentheorie basierenden RGBA-Farbmodell müssen Sie mindestens eine der drei Farben ändern, um eine neue Farbe zu erhalten.

▶ H (Hue bzw. Farbton) = die möglichen Werte reichen von 0 bis 360° (0 = Rot, 120 = Grün, 240 = Blau, 360 = Rot).

▶ S (Saturation bzw. Sättigung) = wird als Prozentwert definiert.

▶ L (Luminance bzw. Helligkeit) = wird ebenfalls als Prozentwert definiert, wobei 0% für Schwarz und 100% für Weiß steht.

▶ A (Alphawert) = wird mit einem Wert zwischen 0.0 (vollständig transparent) und 1.0 angegeben.

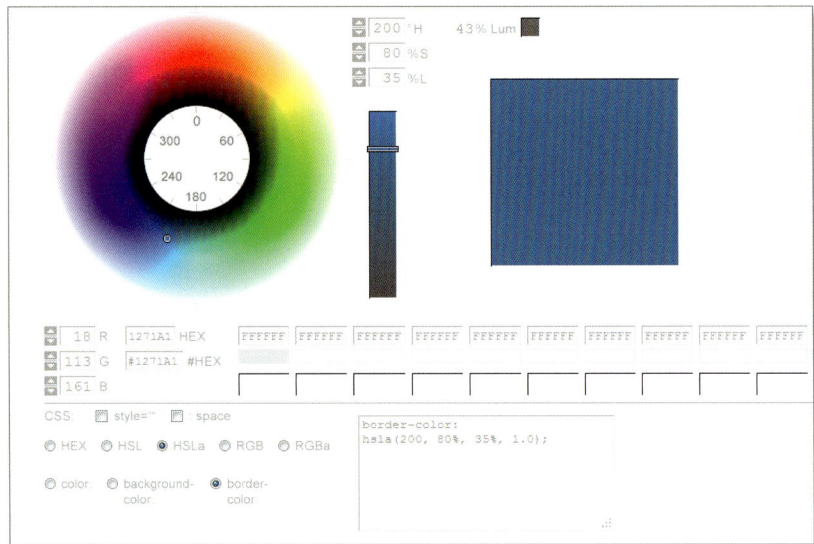

Abbildung 5 ▶
Von Onlinegeneratoren wie dem
HSLA Color Picker (*workwithcolor.
com*) können Sie sich mit einem
Klick die Farbwerte des HSLA-Farb-
modells generieren lassen.

Hierbei wählen Sie zuerst einen Farbton, in diesem Fall Blau. Diesem Farbwert weisen Sie eine Sättigung zu, die Sie auch für alle anderen Navigationspunkte beibehalten. In diesem Fall liegt die Sättigung bei 80 %. Der
einzige Wert, der im weiteren Verlauf für eine unterschiedliche farbliche
Gestaltung sorgen wird, ist die Helligkeit. Als Ausgangswert hierfür verwenden wir 35 %.

Damit nicht nur der Linktext, sondern auch das gesamte Breadcrumb-
Navigations-Element anklickbar ist, weisen wir diesen Elementen die
Blockeigenschaft zu, so dass auch der Bereich, der durch den Innenabstand
padding geschaffen wurde, (an-)klickbar ist.

```
.breadcrumb li a {
    color:#FFF;
    text-decoration: none;
    padding:10px 10px 10px 60px;
    background: #1795be;
    background: hsla(200,80%,35%,1);
    position: relative;
    display:inline-block; /* oder float: left;*/
}
```

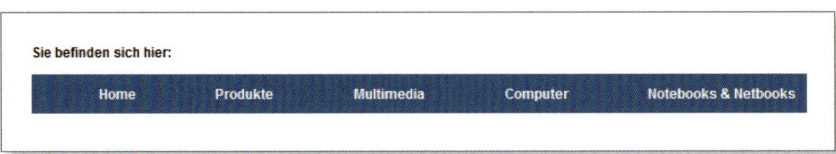

▲ **Abbildung 6**
Darstellung der gesamten Breadcrumb-Navigation auf Basis von HSLA

5 Zusätzliche Orientierungshilfe – der Pfeil

Um den Weg, den der Anwender auf der Website gegangen ist, auch optisch zu verdeutlichen, setzen wir im weiteren Verlauf eine Art Pfeil zur zusätzlichen Orientierung ein. Diesen binden wir aber nicht über eine Hintergrundgrafik ein – wodurch auch ein weiterer HTTP-Request notwendig würde –, sondern über die Pseudoelemente :before und :after. Über diese Elemente wird, ähnlich wie im Workshop »Sprechblasen und Teaserboxen« in Kapitel 6, ein Blockelement erzeugt, das mittels verschiedener Rahmenstärken und entsprechender Farbwerte einen »Pfeil« entstehen lässt. Der Farbwert sollte für einen nahtlosen Übergang dem HSLA-Wert aus dem vorangegangenen Arbeitsschritt entsprechen. Damit diese »Pfeildarstellung« mittig in der Breadcrumb-Navigation ausgerichtet wird, muss sie absolut positioniert werden.

```
.breadcrumb li a:after {
    content: " ";
    display:inline-block; /* oder float: left;*/
    width: 0;
    height: 0;
    border-top: 50px solid transparent;
    border-bottom: 50px solid transparent;
    border-left: 30px solid hsla(200,80%,35%,1);
    position: absolute;
    top: 50%;
    margin-top: -50px;
    left: 100%;
    z-index: 2;
}
```

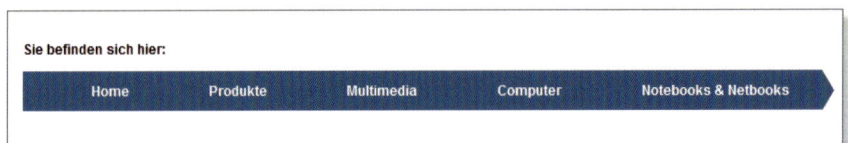

▲ **Abbildung 8**
Allen vier Navigationselementen wurde ein Pfeil zugeordnet. Da Hintergrund und Pfeil jedoch dieselbe Farbe haben, sehen Sie das im Augenblick nur beim letzten Navigationspunkt.

6 Verdeutlichung des zurückgelegten Weges

Damit sich die Navigationsebenen voneinander unterscheiden, müssen wir die Pfeile, von denen aktuell nur der des letzten Listenpunktes NOTEBOOKS & NETBOOKS sichtbar ist, über das Pseudoelement :before auch allen weiteren Elementen bis auf den Ausgangspunkt HOME zuwei-

▲ **Abbildung 7**
Darstellung des Pfeils bei einer Ausrichtung von oben mit 0%, 25%, 50%, 75% und 100% Abstand (von oben nach unten)

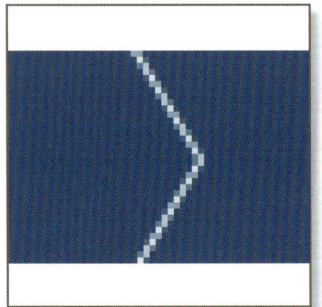

▲ **Abbildung 9**
Pfeildarstellung innerhalb der zurückgelegten Bereiche (Kategorien)

»:first-child«

Diese Pseudoklasse ermöglicht es
Ihnen, dem ersten Kindelement
li des Elternelements ol ohne
Hinzunahme einer weiteren Klasse
oder ID gesonderte CSS-Eigenschaften zuzuweisen. Bis auf den
mittlerweile über 10 Jahre alten IE
6 wird diese Pseudoklasse auch
von allen relevanten Browsern
unterstützt.

Abbildung 10 ▶
Darstellung des zurückgelegten
Weges durch einfache Pfeile.

sen. Da der Farbwert des Pfeils mit der Hintergrundfarbe der Navigationspunkte identisch ist, kann man die Pfeile bisher noch nicht sehen. Um
das zu ändern, erzeugen wir den Pfeil mit Hilfe eines 1 px breiten weißen
Rahmens. Dadurch entsteht eine dezente visuelle Trennung, die deutlich
macht, wie die aktuelle Seite erreicht wurde bzw. welche Hierarchie der
einzelnen Ebenen vorliegt.

```
.breadcrumb li a:before {
    content: " ";
    display:inline-block; /* oder float: left;*/
    width: 0;
    height: 0;
    border-top: 50px solid transparent;
    border-bottom: 50px solid transparent;
    border-left: 30px solid white;
    position: absolute;
    top: 50%;
    margin-top: -50px;
    margin-left: 1px;
    left: 100%;
    z-index: 1;
}
```

Da die linksbündige Einrückung von 60 px für das erste Element HOME
nicht notwendig ist, reduzieren wir sie über die Pseudoklasse :first-
child auf 30 px.

```
.breadcrumb li:first-child a {
    padding-left: 30px;
}
```

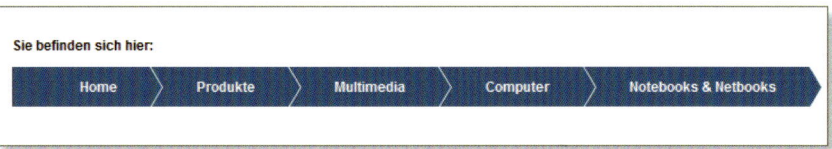

7 | Gestaltung der Breadcrumb-Ebenen

Auch wenn die auf diese Weise erzeugten »CSS-Pfeile« bereits
durchaus die Benutzerführung unterstützen, können wir diese Wirkung
durch eine farbliche Unterscheidung noch weiter verbessern. Um auch hier
auf eine Verwendung weiterer Klassen- oder ID-Angaben innerhalb des
HTML-Dokumentes zu verzichten, wenden wir hierfür den Pseudoselektor
:nth-child() an. Dieser ermöglicht es, über gezielte Ansprache durch die

Angabe der entsprechenden Ziffer mehrere gleiche Elemente unterschiedlich zu gestalten, um somit die Hierarchie innerhalb der Webseite zu verdeutlichen.

Um das erste Kindelement der Breadcrumb-Navigation in diesem Workshop anzusprechen, können Sie die Pseudoklasse `.breadcrumb li:first-child a` oder den Pseudoselektor `.breadcrumb li:nth-child(1) a` verwenden.

Da über den Selektor `.breadcrumb li a` bereits die Gestaltung des Ausgangspunktes HOME gewährleistet ist (ansonsten könnten wir dies, wie bereits erwähnt, auch mit dem Pseudoselektor `:nth-child(1)` erledigen), beginnt dieser Arbeitsschritt mit der Gestaltung des zweiten Navigationspunktes, PRODUKTE, und dem Pseudoselektor `:nth-child(2)`. Dann folgt der dritte Navigationspunkt, MULTIMEDIA, mit dem Pseudoselektor `:nth-child(3)`, dann der vierte usw.

Wie schon zuvor müssen wir auch bei diesem Farbwechsel den gesamten Navigationspunkt »umfärben«. Das betrifft also sowohl das verlinkte Element selbst als auch den dazugehörigen Rahmen. Der farbliche Unterschied soll dabei zwar deutlich, aber nicht zu gravierend sein, um den User nicht zu verwirren. Deshalb setzen wir innerhalb des HSLA-Farbwertes lediglich den dritten Wert, der für die Helligkeit zuständig ist, um jeweils 10% herauf. Dadurch steigt also die Helligkeit, so dass die farbliche Entwicklung der Breadcrumb-Navigation am Ende über die Pseudoklasse `:last-child` mit der Farbe Weiß ihren Abschluss findet.

»:first-child« oder »:nth-child(1)«

Mit der Pseudoklasse `:first-child` können Sie ebenso wie mit dem Pseudo-Selektor `:nth-child(1)` das erste Kindelement eines Elternelements ohne Hinzunahme einer Klasse oder ID direkt ansprechen.

Pseudoselektor: »nth-child()«

Mit dem Pseudoselektor `:nth-child` sprechen Sie zielgerichtet bestimmte Elemente innerhalb eines Elternelements an und lassen ihnen darüber separate CSS-Eigenschaften zukommen. Der Vorteil ist auch hier, dass Sie ebenso wie bei anderen Pseudoklassen oder -elementen keine weiteren Klassen- oder ID-Angaben im HTML-Code benötigen.

```
.breadcrumb li:nth-child(2) a {
   background: hsla(200,80%,45%,1);
}
.breadcrumb li:nth-child(2) a:after {
   border-left-color: hsla(200,80%,45%,1);
}
.breadcrumb li:nth-child(3) a {
   background: hsla(200,80%,55%,1);
}
.breadcrumb li:nth-child(3) a:after {
   border-left-color: hsla(200,80%,55%,1);
}
.breadcrumb li:nth-child(4) a {
   background: hsla(200,80%,65%,1);
}
.breadcrumb li:nth-child(4) a:after {
   border-left-color: hsla(200,80%,65%,1);
}
.breadcrumb li:nth-child(5) a {
   background: hsla(200,80%,75%,1);
}
```

▲ **Abbildung 11**
Eindeutiger Kontrast zwischen zwei
Ebenen

```
.breadcrumb li:nth-child(5) a:after {
    border-left-color: hsla(200,80%,75%,1);
}
.breadcrumb li:last-child a {
    background-color: #FFF;
    pointer-events: none;
    cursor: default;
    padding-right:20px;
    color:#1795be;
}
```

Auch wenn über den Sinn eines verlinkten, aber dennoch nicht anklickbaren Elements diskutiert werden könnte, wird diese CSS-Eigenschaft unabhängig davon an dieser Stelle vorgestellt. Denn nicht selten muss beispielsweise bei einem Facelift einer Website das äußere Antlitz verändert werden, allerdings ohne die HTML-Struktur der Inhalte verändern zu dürfen. Die Eigenschaft `pointer-events` verschafft Ihnen somit zumindest visuell die Möglichkeit, möglichen Anforderungen gerecht zu werden.

»pointer-events«

Die WebKit-Browser Safari und Chrome sowie der Mozilla-Browser Firefox ermöglichen es mit der Eigenschaft `pointer-events`, die Anklickbarkeit eines verlinkten Elements aufzuheben. Obwohl also der letzte Navigationspunkt der Breadcrumb-Navigation verlinkt ist, ist er aufgrund dieser Eigenschaft in den genannten Browsern nicht (mehr) anklickbar.

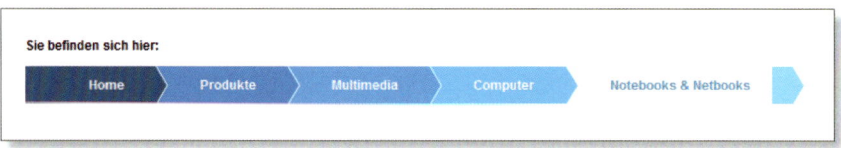

▲ **Abbildung 12**
Unterschiedliche farbliche Gestaltung durch Veränderung der Helligkeit. Lediglich
die Farbe des Pfeils des letzten Listenpunktes wird noch nicht korrekt dargestellt.

»:last-child«

Diese Pseudoklasse gibt Ihnen die Möglichkeit, dem letzten Kindelement `li` des Elternelements `ol` ohne Hinzunahme einer weiteren Klasse oder ID gesonderte CSS-Eigenschaften zuzuweisen. Bis auf die Versionen 6, 7 und 8 des Internet Explorers wird diese Pseudoklasse von allen relevanten Browsern unterstützt.

Damit das farbliche Überbleibsel am Ende der Breadcrumb-Navigation (siehe Abbildung 12) nicht mehr zu sehen ist, setzen wir die Rahmenstärke (`border:0`) dieses auf CSS basierenden Pfeils auf null. Auf diese Weise zeigt der letzte sichtbare Pfeil quasi auf die Kategorie, in der sich der User aktuell befindet.

```
.breadcrumb li:last-child a:after {
    border: 0;
}
```

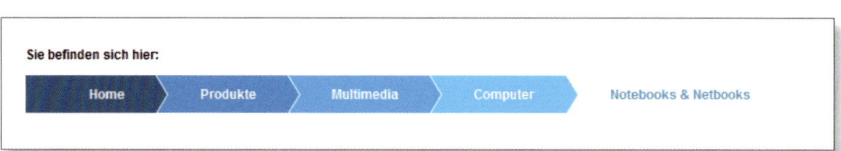

▲ **Abbildung 13**
Entfernung der Hintergrundfarbe für die aktuelle Navigationsebene

8 Verändern des Farbwertes bei Fokussierung

Da diese Orientierungshilfe auch dazu verwendet werden kann, innerhalb einer Webseite wie einem Onlineshop zu navigieren, sollten die Elemente bei einer Fokussierung durch den User mit Maus oder Tastatur ein visuelles Feedback geben, um anzuzeigen, dass sie angeklickt werden können. Denkbar ist hier beispielsweise ein Farbwechsel wie in Abbildung 14. Dazu setzen wir bei allen verlinkten Elementen und dem dazugehörigen gleichfarbigen Rahmen die Helligkeit auf 25 % herab, so dass die Farbe beim Fokussieren mit der Maus oder Tastatur dieselbe ist wie beim Ausgangspunkt (HOME).

```css
.breadcrumb li a:hover {
    background: hsla(200,80%,25%,1);
}
.breadcrumb li a:hover:after {
    border-left-color: hsla(200,80%,25%,1);
}
```

CSS3-HSLA-Farbmodell

Wer weitere Informationen für den Einsatz des HSLA-Farbmodells benötigt, dem empfehle ich folgende Webseiten:
w3.org/TR/css3-color
css3files.com/color

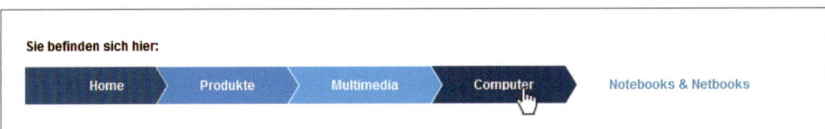

◄ **Abbildung 14**
Bei einer Fokussierung der Navigationsebene durch den Anwender verändert sich die Hintergrundfarbe.

9 Alternativgrafik(en) für den Internet Explorer

Da der Internet Explorer in den Versionen 6, 7 und 8 Schwierigkeiten hat, alle in diesem Workshop verwendeten Pseudoelemente und -Klassen sowie HSLA-Farbwerte umzusetzen, bekommen diese Versionen des IE Unterstützung in Form von weiteren via Conditional Comments (kleiner gleich Version 8) angelegten CSS-Angaben und einigen Hintergrundgrafiken. Möchten Sie also auch in diesen älteren IE-Versionen eine annähernd identische Abbildung gewährleisten, müssen Sie zuerst über entsprechende Kennzeichnung der Listenpunkte das HTML-Dokument anpassen.

```html
<ol class="breadcrumb">
    <li id="home"><a href="#">Home</a></li>
    <li id="mainCategory"><a href="#">Produkte</a></li>
    <li id="subCategory"><a href="#">Multimedia</a></li>
    <li id="subCategoryChild"><a href="#">Computer</a></li>
    <li id="product"><a href="#">Notebooks & Netbooks</a></li>
</ol>
```

Trotz der mangelnden Unterstützung der älteren IE-Versionen in Bezug auf den Pseudoselektor `:nth-child()` besitzen Sie also mit diesen individuellen IDs zur Kennzeichnung der unterschiedlichen Bereiche eine Möglichkeit der individuellen Gestaltung, in diesem Fall der Zuweisung unterschiedlicher Hintergrundgrafiken.

Zuerst müssen Sie in der CSS-Datei für diese IE-Versionen einige zuvor für alle anderen Browser angelegte Eigenschaften überschreiben. Dazu gehören geänderte Innenabstände, außerdem transparente Hintergründe, die die farblich unterschiedlichen Hintergrundeigenschaften überschreiben, die für die anderen Browser gelten, sowie das Ausblenden der zuvor über die Pseudoelemente :before und :after angelegten Eigenschaften. Ausgeblendet werden müssen sie deshalb, weil der IE 8 sie noch umsetzen würde, es aufgrund der mangelnden Unterstützung der anderen Eigenschaften aber keinen Sinn ergibt, sie beizubehalten.

```
.breadcrumb li {
   *display: inline; /*CSS-Hack für kleiner gleich IE7*/
   background-color: transparent;
   margin:0;
   padding:0;
}
.breadcrumb li a {
   *display: inline;
   padding:0 40px 0 30px;
   line-height:35px;
   background-color: transparent;
}
.breadcrumb li a:before, .breadcrumb li a:after {
   display:none;
}
.breadcrumb li#product a {
   color:#1795be;
   text-decoration: none;
}
```

Nun konzentrieren wir uns auf die Erstellung der Hintergrundgrafiken für die unterschiedlichen Bereiche der Breadcrumb-Navigation. Dazu erstellen wir zuerst eine 250 px breite und 35 px hohe Grafik wie im oberen Teil von Abbildung 15, die am rechten Rand die »Pfeilspitze« aufweist, die wir zuvor ausschließlich mittels CSS umgesetzt haben. Auch wenn die Menüpunkte keine feste Breite besitzen, sollte eine solche Grafik immer mindestens so breit sein wie der längste Menüpunkt. Bei einem Onlineshop, der unter Umständen auch mehrsprachig angeboten wird, bedeutet dies eventuell auch einigen Aufwand, dies herauszufinden. Danach fügen wir dieser Grafik (siehe Abbildung 15) – die im Übrigen für den Ausgangspunkt HOME der Breadcrumb-Navigation verwendet wird –, eine 1 px ❷ breite KONTUR ❹ am rechten Rand der »Pfeilspitze« ❶ in weißer FARBE ❸ hinzu.

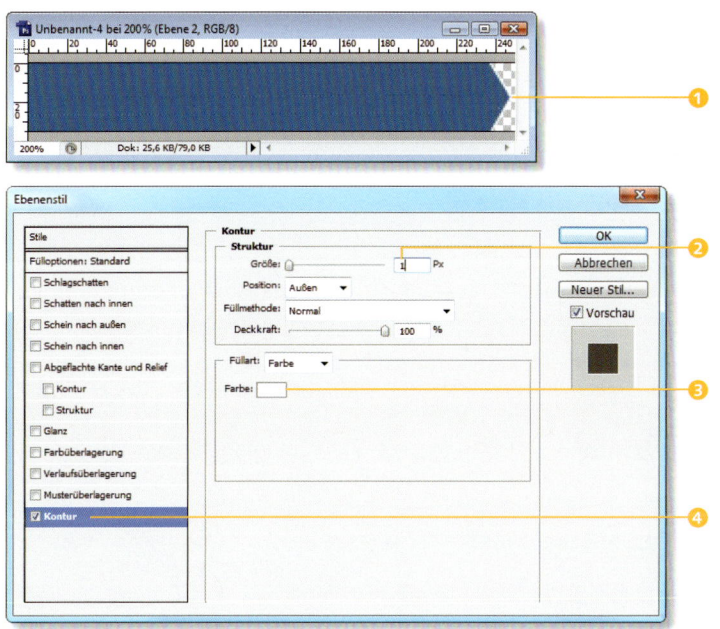

◄ **Abbildung 15**
Erzeugung einer Kontur im Bereich
der »Pfeilspitze«

Da der IE 6 alphatransparente Grafiken im PNG-24-Format nicht unterstützt, legen wir die Hintergrundgrafik im PNG-8-Format ❺ an (siehe Abbildung 16). Um die notwendige TRANSPARENZ ❻ für den Bereich der Grafik erzielen zu können, der sich ober- und unterhalb der »Pfeilspitze« befindet ❽, geben wir eine Hintergrundfarbe ❼ an, die zum visuellen Absetzen transparenter Pixel notwendig ist. Dieser Wert muss sich je nach Hintergrundgrafik an der entsprechenden Hintergrundfarbe des jeweiligen Menüpunktes orientieren.

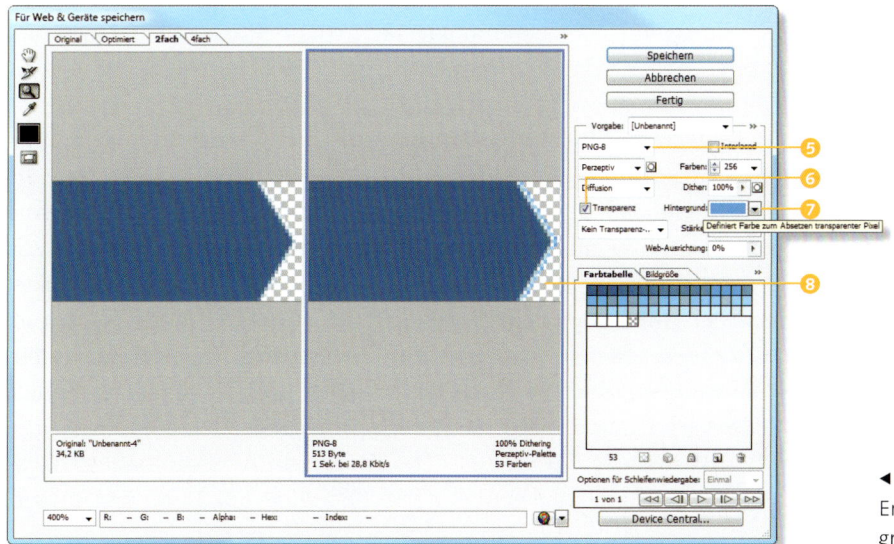

◄ **Abbildung 16**
Erzeugung transparenter Hintergrundgrafiken im PNG-8-Format

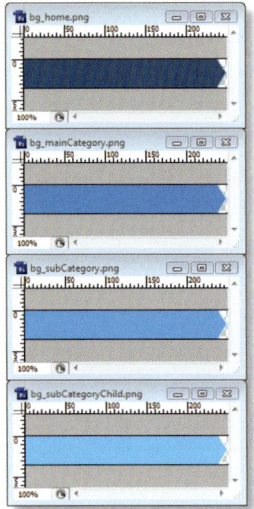

▲ **Abbildung 17**
Die vier Hintergrundgrafiken

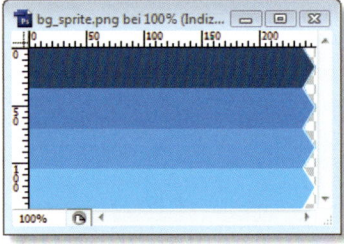

▲ **Abbildung 18**
So sieht die zur Reduzierung der
HTTP-Requests verwendete Hinter-
grundgrafik »bg_sprite.png« aus.

»bg_home.png«
»bg_mainCategory.png«
»bg_subCategory.png«
»bg_subCategoryChild.png«

Alle auf diese Weise erstellten Hintergrundgrafiken werden entsprechend der ID-Kennzeichnung des HTML-Codes unter einem eindeutigen Namen abgespeichert und rechtsbündig ausgerichtet.

```
.breadcrumb li#home a {
    background: #1691ce url(../images/bg_home.png)
    right center no-repeat;
}
.breadcrumb li#mainCategory a {
    background: #30aae8 url(../images/bg_mainCategory.png)
    right center no-repeat;
}
.breadcrumb li#subCategory a {
    background: #5ebded url(../images/bg_subCategory.png)
    right center no-repeat;
}
.breadcrumb li#subCategoryChild a {
    background: #fff url(../images/bg_subCategoryChild.png)
    right center no-repeat;
}
```

Wer auch auf die Performance achten muss – und das ist sicherlich bei den meisten der Fall –, sollte, anstatt vier Grafiken zu erstellen und zu laden, eine Spritegrafik anlegen. Dazu fassen Sie alle zuvor erstellten Einzelgrafiken in einer Gesamtgrafik zusammen, wie in Abbildung 18 zu erkennen. Der Vorteil ist nicht nur die Reduzierung der HTTP-Requests, sondern auch die der Gesamtdateigröße, denn aus 4×1 KB werden insgesamt nur 2 KB.

Da von der Grafik in erster Linie der Pfeilbereich immer sichtbar sein muss und der Rest der 250 px breiten Grafik je nach Umfang der Textlänge des verlinkten Menüpunktes sichtbar wird, muss die Hintergrundgrafik »bg_sprite.png« für alle Menüpunkte rechtsbündig ausgerichtet werden. Dies geschieht durch die Positionsangabe von 100 % in x-Richtung. Je weiter unten sich die jeweilige Einzelgrafik innerhalb der Gesamtgrafik befindet, umso weiter muss die Positionsangabe in die y-Richtung angepasst werden.

Da die Pfeile alle 35 px hoch sind, muss die negative Positionsangabe (wird nach unten verändert, daher ein Minuswert) immer durch 35 teilbar sein. Bei möglicher Zweizeiligkeit müssen Sie solche Grafiken entsprechend in der Höhe anpassen. Die Angabe der Hintergrundfarbe bei den entsprechenden Menüpunkten bleibt im Vergleich zur Umsetzung mit vier einzelnen Grafiken identisch.

```
.breadcrumb li#home a {
    background: #1691ce url(../images/bg_sprite.png)
    100% 0px no-repeat;
}
```

```
.breadcrumb li#mainCategory a {
   background: #30aae8 url(../images/bg_sprite.png)
   100% -35px no-repeat;
}
.breadcrumb li#subCategory a {
   background: #5ebded url(../images/bg_sprite.png)
   100% -70px no-repeat;
}
.breadcrumb li#subCategoryChild a {
   background: #fff url(../images/bg_sprite.png)
   100% -105px no-repeat;
}
```

Zum besseren Verständnis dafür, wie die Grafiken innerhalb der Menü-punkte ausgerichtet sind, wurden sie in Abbildung 19 mit einem gepunkteten braunen Rahmen versehen. Damit auch die beiden letzten Navigationspunkte in der obersten Darstellung lesbar sind, wurde auch die Schrift braun eingefärbt. Insbesondere in der oberen Darstellung ❶ wird deutlich, warum die Hintergrundfarben der Menüpunkte nicht mit den Farbwerten der Hintergrundgrafiken übereinstimmen: Der Bereich rechts ober- und unterhalb der »Pfeilspitze« ist transparent und wird nicht von der jeweiligen Hintergrundgrafik abgedeckt. Daher muss an dieser Stelle bereits die darunterliegende Farbe des jeweils rechts daneben befindlichen Menü-punktes sichtbar werden. So ist, wie in der mittleren ❷ und unteren Darstellung ❸ deutlich wird, ein nahtloser Übergang zu gewährleisten.

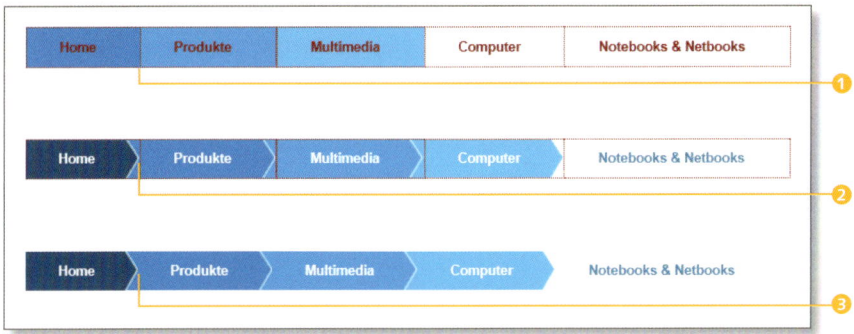

◀ **Abbildung 19**
Strukturierung der Breadcrumb-Navigation und Ausrichtung der Hintergrundgrafiken

Um die Breadcrumb-Navigation für Anwender des IE kleiner gleich Version 8 perfekt zu machen, müssen wir noch eine Kleinigkeit anpassen: Da die CSS-Eigenschaft `pointer-events` von älteren IE-Versionen nicht unterstützt wird, zeigen die genannten Versionen immer noch das Hand-Symbol beim Cursor an. Um das zu verhindern, weisen wir diesen Versionen des IE den Standardwert `default` der Cursor-Eigenschaft `cursor` zu (siehe Abbildung 20).

```
.breadcrumb li#product a:hover,
.breadcrumb li#product a:active,
.breadcrumb li#product a:focus {
    cursor: default;
    text-decoration: none;
}
```

Der Unterschied im IE kleiner gleich Version 8 verglichen mit Firefox, Chrome & Co. ist, dass man den letzten Menüpunkt der Breadcrumb-Navigation, der das Produkt enthält, anklicken kann. Um dies zumindest visuell nicht weiter zu unterstützen, entfernen wir die automatische Unterstreichung des Menüpunktes im Moment der Fokussierung.

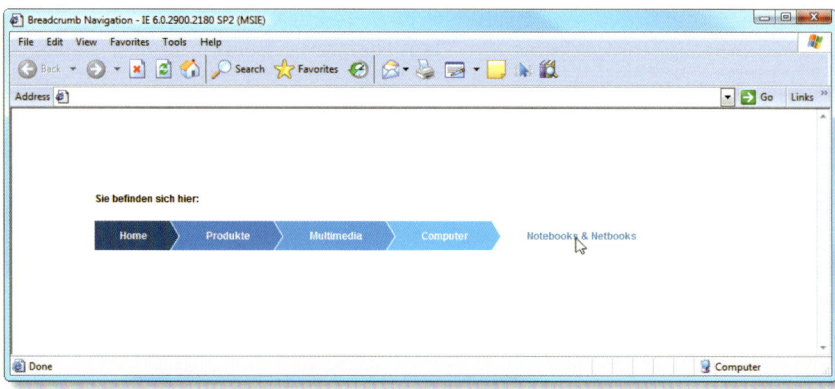

Abbildung 20 ▶
Screenshot der Breadcrumb-Navigation im IE 6

Der Vorteil der Browser, die die CSS3-Eigenschaften dieses Workshops unterstützen (Firefox ab Version 4, Safari ab Version 5, Opera ab Version 11.1, Google Chrome ab Version 11, IE 9), im Vergleich zu denen, die es nicht tun (IE kleiner Version 8), wird insbesondere dann deutlich, wenn Sie sich die Arbeiten dieses letzten Arbeitsschrittes ansehen. Während Erstere ohne jegliche Grafiken und mit gerade einmal 3 KB für die CSS-Datei und somit einem HTTP-Request auskommen, benötigen die älteren Versionen des Microsoft-Browsers mindestens eine Spritegrafik und eine weitere separate, über Conditional Comments zugeführte CSS-Datei. Das klingt zwar zunächst nicht nach sonderlich viel, aber Sie sollten nicht vergessen, dass bisher lediglich eine Breadcrumb-Navigation umgesetzt wurde. Die Gesamtgröße der Dateien würde sich signifikant erhöhen, wenn auch andere Bereiche einer Webseite von solchen zusätzlichen Arbeiten betroffen wären. Unabhängig vom Umfang der benötigten Dateien hat dieser Workshop aber hoffentlich deutlich machen können, wo die Vorteile von CSS3 liegen.

Umfangreiche Onlineformulare

Verbesserte Benutzerführung für umfangreiche Bestell- oder Registrierungsformulare

Was für Kontaktformulare von kleinen Webseiten oder Blogs gilt, gilt erst recht für Registrierungs-, Bestell- oder Buchungsformulare: In kaum einem anderen Bereich einer Webseite ist die Gestaltung unter den Aspekten der Zugänglichkeit der Inhalte (Accessibility) und Benutzerführung (Usability) so essentiell wie dort.

Bevor Sie mit der Planung und Umsetzung dieses wichtigen Website-bereichs anfangen, sollten Sie sich Gedanken darüber machen, welche Daten Sie vom Kunden wirklich benötigen. Die Felder sollten leicht verständlich sein und den Anwender bei der Eingabe der Daten unterstützen. Kommt es während der Dateneingabe zu Fehlern, sollten diese an den Stellen, an denen sie verursacht wurden, auffällig angezeigt werden.

Zielsetzungen:

▶ Anlegen eines mehrfach gegliederten Registrierungsformulars für einen T-Shirt-Shop

▶ Visuelle Anzeige von korrekter Eingabe und von Fehlermeldungen

▶ Anpassung des Gesamtlayouts an den Viewport, basierend auf unterschiedlichen Ausgabemedien

CSS3-Eigenschaften: `box-shadow` (`inset`), `border-radius`, `rgba`, CSS3-Modul »Transitions«, Media Queries

1 Formulardesign – (K)ein Buch mit sieben Siegeln!

Da sich die Usability von Formularen sehr stark auf die Konversionsrate, also das abschließende Versenden der ausgefüllten Formulare, auswirkt, müssen Sie bei der Gestaltung eines Formulars zahlreiche Aspekte berücksichtigen. Als Beispiel mit »Optimierungspotential« zeigt Abbildung 1 das Buchungsformular des Onlineshops von Esprit. Dieses Formular wird registrierten Mitgliedern angezeigt, nachdem sie ein Produkt in den Warenkorb gelegt haben. Insbesondere die Positionierung der Elemente zueinander bietet einiges an Verbesserungspotential.

Check-out-Prozess

In erster Linie sollten Sie die Anzahl der Check-out-Schritte nennen, damit der User immer weiß, wo er sich im Prozess befindet. Außerdem sollten Sie diese Anzahl klein halten, denn je mehr Schritte beispielsweise ein Registrierungs- oder Bestellformular aufweist, umso mehr Anwender gehen auf dem Weg zur letztendlichen Registrierung oder Bestellung verloren – ein Grund, warum die Formulargruppen des T-Shirt-Shops dieses Workshops nicht auf drei aufeinanderfolgenden Seiten realisiert wurden, sondern auf einer Seite zu sehen sind.

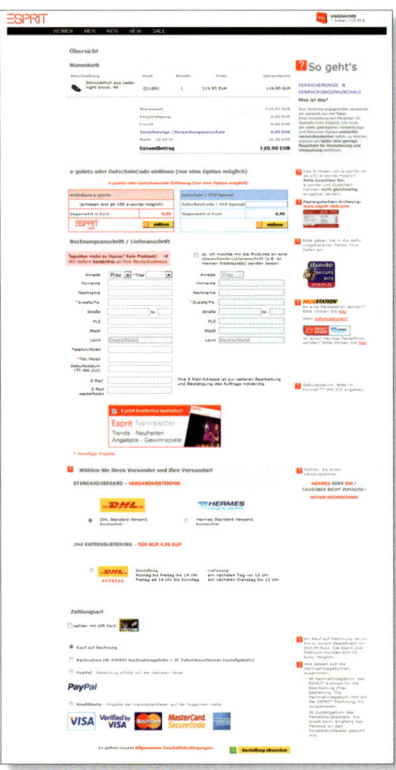 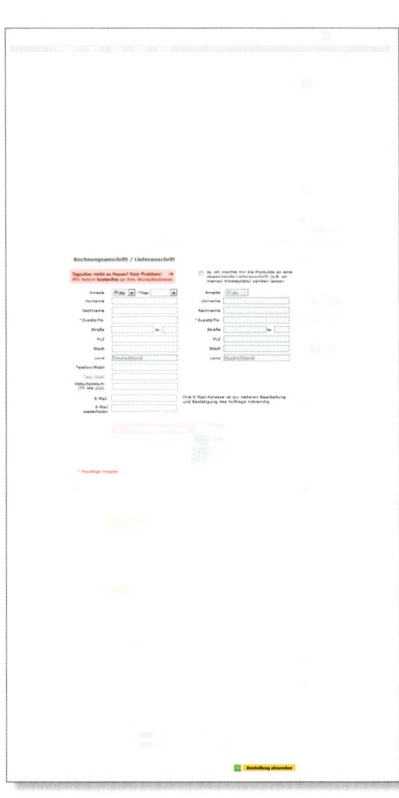

Abbildung 1 ▶
Buchungsformular des Esprit-Onlineshops

Ein erster Blick auf den linken Teil von Abbildung 1 zeigt, dass sich das eigentliche Formular in der Mitte des Screenshots befindet und somit je nach Viewport des Anwenders erst über Scrollen erreichbar ist. Des Weiteren ist man im ersten Augenblick unter Umständen darüber verwundert, wie wenige Pflichtfelder dieses Formular anscheinend besitzt: Nur ein Feld ist mit einem Sternchen gekennzeichnet. Diese Fehleinschätzung wird erst mit einem weit unter dem Formular positionierten Hinweis ausgeräumt. Denn dieser enthält die Information, dass die Felder mit Sternchen freiwillig sind. Hier wird also nicht wie sonst üblich das Pflichtfeld mit einem Sternchen gekennzeichnet, sondern die freiwillig auszufüllenden Formularelemente. Da viele Anwender im Lauf der Zeit gelernt haben, dass derart gekennzeichnete Felder Pflichtfelder darstellen, sollten Sie diese Herangehensweise vermeiden. Unabhängig davon sollten Sie den Hinweis, welche Formularelemente freiwillig ausgefüllt werden, vor und nicht nach dem Formular positionieren.

Ein weiterer Punkt mit Verbesserungspotential ist die Position des primären Call-to-Action-Elements, des BESTELLEN-Buttons. Dieser ist erst nach langem Scrollen erreichbar und wird somit von dem ein oder anderen Besucher kaum als zum Formular gehöriger Button wahrgenommen. Besonders dieser Aspekt kann für Unsicherheit sorgen, die wiederum zum Abbruch dieses Check-out-Prozesses führen könnte.

Um solche Aspekte der Gestaltung von Formularen näher beschreiben zu können, wird in diesem Workshop ein Bestellformular eines Online-shops für Kinder-T-Shirts umgesetzt.

2 Versenden der Formulardaten

Wer Formulare erstellt, kommt als Erstes mit dem HTML-Element form, dem allumfassenden Container für Formularelemente, in Berührung. Alles, was zu einem Formular gehören soll, muss sich innerhalb dieses Elements befinden. Das form-Element verfügt mit den Attributen action, method und enctype über verschiedene Arten des Versendens von Daten. Das W3-Konsortium empfiehlt, die Methode get dann zu wählen, wenn die Daten lediglich zur Steuerung des Ablaufs benötigt werden (beispielsweise bei einer Suche), während die Methode post wie im Falle dieses Workshops dann eingesetzt werden sollte, wenn die Daten über die Eingabe hinaus weiterverarbeitet werden sollen, wenn Sie zum Beispiel in einer Kundendatenbank gespeichert werden sollen.

```
<form action="#" method="post">
  ...
</form>
```

3 Gruppierung für bessere Benutzerführung

Um eine größere Anzahl an Daten, wie beispielsweise in einem Bestell- oder Registrierungsformular, abzufragen, bedarf es der strukturellen und visuellen Gruppierung der Felder. Eine solch zusammengehörige Gruppe von Formularelementen sollte sich nicht zuletzt aufgrund der Zugänglichkeit innerhalb eines öffnenden und schließenden fieldset-Elements wiederfinden. Entsprechend der BITV-Bedingung 12.3 sollten umfangreiche Formularblöcke zur Erfassung von Daten in leicht handhabbare Gruppen aufgeteilt werden. Ziel dieses Ansatzes ist es, eine Grup-

Tools für A/B-Tests

Wollen Sie Ihr Design testen, greifen Sie am besten zu A/B-Tests. Zur Durchführung solcher Tests sind folgende Tools empfehlenswert:

► Optimizely (www.optimizely.com)
► Visual Website Optimizer (www.abtests.de)
► Google Website Optimizer (www.google.com/websiteoptimizer)

»form«-Element

Im form-Element legen Sie fest, wie die Formulardaten übertragen werden:

► action: Enthält die URL-Adresse, die beim Betätigen einer Schaltfläche (Button) aufgerufen wird.
► method: HTTP-Methode, mit der die Daten des Formulars nach dem Absenden übertragen werden sollen. Hierbei wird zwischen den Methoden get und post unterschieden. Bei der Methode get hängt der Browser die Formulardaten als Parameter an die Aufrufadresse an. Die Methode post überträgt die Daten mit einer Anfrage an den Web-Server, der diese wiederum einem CGI-Programm zur Verfügung stellt.
► enctype: Gibt die Art der Kodierung der Formulardaten vor.

pierung auf Basis der semantischen Bedeutung der Elemente zueinander herstellen zu können. Dies erlaubt es Benutzern, die Beziehung der Formularelemente untereinander zu verstehen und sie so schneller auszufüllen.

Die Einteilung in die verschiedenen Formulargruppen sollte durch eine Gruppenüberschrift basierend auf dem legend-Element erfolgen.

```
<form action="#" method="post">
    <fieldset>
        <legend>Anschrift</legend>
            ...
    </fieldset>
    <fieldset>
        <legend>Bankdaten</legend>
            ...
    </fieldset>
    <fieldset>
        <legend>AGB</legend>
            ...
    </fieldset>
</form>
```

Da die Browser fieldset-Elemente standardmäßig umrahmen, sieht das Zwischenergebnis aus wie in Abbildung 2.

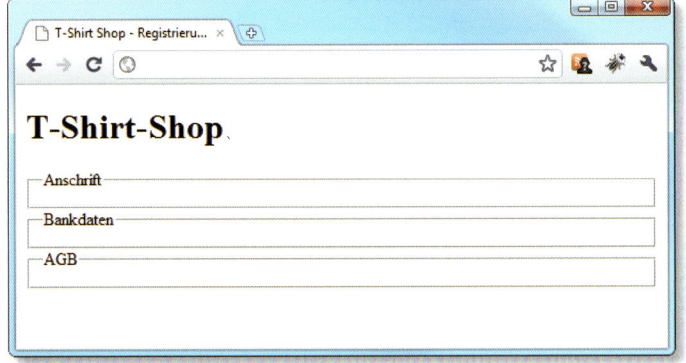

Abbildung 2 ▶
Die drei fieldset-Elemente (noch ohne Formularelemente)

4 Strukturelle Gliederung der Formularinhalte

Da ein Formular ohne Formularelemente nicht sonderlich effektiv ist, widmen wir uns in diesem Arbeitsschritt der abzufragenden Steuerelemente. Diese ermöglichen eine Interaktion des Webseitenbesuchers mit der Webseite. Interaktion bedeutet in diesem Fall, dass Daten versendet und aufgerufen werden können.

Jedes nun anzulegende Element erhält einen über das Attribut name definierten Namen (beispielsweise <input name="firstname" />). Für

Formularelemente wie Eingabefelder, Auswahllisten oder Checkboxen gibt es (noch) keine logische Beschriftungsmöglichkeit. Daher muss eine geschaffen werden. Um zwischen der Beschriftung eines Formularelements und einem Formularelement selbst auch einen logischen Bezug herzustellen, benötigen wir das label-Element. Diese »Verknüpfung« erfolgt durch die Verwendung des Universalattributs id mit einer eindeutigen Namenskennzeichnung innerhalb des Formularelements (beispielsweise `<input name="lastname" id="lastname" />`) und das Attribut for innerhalb der Beschriftung des label-Elements (beispielsweise `<label for="lastname">`). Beim Klick auf den Inhalt eines auf diese Weise gekennzeichneten Labels wird in allen aktuellen Browsern das Formularelement fokussiert bzw. ausgewählt, auf das sich dieser Beschriftungstext bezieht. Das sorgt für mehr Komfort beim Handling der Formularelemente und macht beispielsweise Checkboxen und kleine Eingabefelder einfacher erreichbar.

```
<fieldset>
<legend>Anschrift</legend>
<div class="formBox">
    <div>
        <label for="firstname">Vorname:</label>
        <input name="firstname" id="firstname" type="text" />
    </div>
    <div>
        <label for="lastname">Nachname:</label>
        <input name="lastname" id="lastname" type="text" />
    </div>
    <div>
        <label for="street">Straße / Nr.:</label>
        <input class="medium inputSpace" name="street" id="street"
        type="text" />
        <input class="small" name="number" id="number" type="text" />
    </div>
    <div>
        <label for="zipCode">PLZ / Stadt:</label>
        <input class="small inputSpace" name="zipCode" id="zipCode"
        type="text" />
        <input class="medium" name="city" id="city" type="text" />
    </div>
    <div>
        <label for="mobileCountryCode">Telefon:</label>
        <input class="small inputSpace" name="countryCode"
        id="mobileCountryCode" type="text" />
        <input class="small inputSpace" name="cityCode"
        id="cityCode" type="text" />
        <input class="number" name="telNumber" id="telNumber"
        type="text" />
    </div>
```

```
<div>
    <label for="email">E-Mail:</label>
    <input name="email" id="email" type="text" />
  </div>
</div>
</fieldset>
```

Dieser HTML-Code würde ohne Hinzunahme von CSS zu einem unspekta-
kulären, aber funktionsfähigen Formular führen.

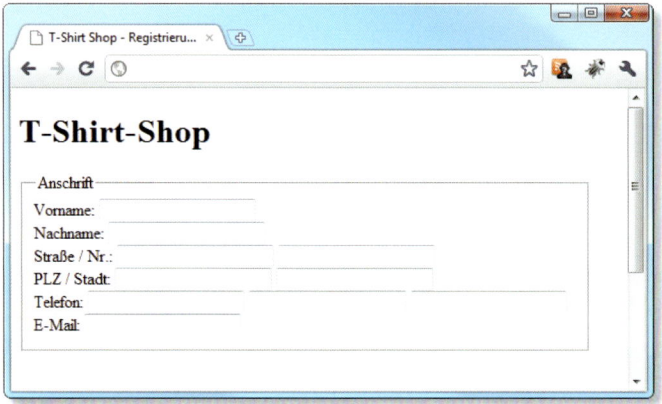

Abbildung 3 ▶
Die Formularelemente im ersten
der drei `fieldset`-Elemente dienen
der Erfassung der Anschrift.

5 Pflichtelemente kennzeichnen: WAI-ARIA

Um die Zugänglichkeit von Formularen und den darin enthaltenen
Elementen zu verbessern, soll wie schon im Workshop »Onlineformulare
benutzerfreundlich gestalten« in Kapitel 7 der Standard WAI-ARIA (Web
Accessibility Initiative – Accessible Rich Internet Applications) verwendet
werden. Das Hauptziel dieses Standards ist es, das dynamische Verhalten
von Webseiten und -anwendungen für körperlich eingeschränkte Menschen zu verbessern, so dass diese die Daten und deren Strukturen einfacher und schneller verstehen können.

Eines dieser WAI-ARIA-Attribute, das auch in Formularen Verwendung
finden kann, ist das `aria-required` Attribut, mit dem Pflichtfelder gekennzeichnet werden. Dieses fügen Sie dem jeweiligen Formularelement hinzu
und ergänzen es um den Wert `true`. Bildschirmleseprogramme wie NVDA
oder JAWS erkennen dieses Attribut und werten die daraus resultierenden
Verknüpfungen für die jeweiligen Anwender aus.

```
<div>
    <label for="lastname">Nachname:</label>
    <input name="lastname" id="lastname" type="text"
    aria-required="true" />
</div>
```

Wie bereits erwähnt, besitzt dieser Ansatz den Nachteil, dass mit WAI-ARIA gekennzeichnete Elemente und somit die Webseiten, in denen diese sich befinden, nicht mehr valide sind. Da hier der Standard fortschrittlicher ist als der W3C-Validator, dürfte dieses »Problem« über kurz oder lang verschwinden.

Nun müssen wir natürlich auch noch die Anwender bedenken, die keine Behinderung haben. Auch sie sollen sofort erkennen, bei welchen Feldern des Formulars es sich um Pflichtfelder handelt. Dies geschieht, indem wir nach dem Beschreibungstext innerhalb des `label`-Elements eines Pflichtfeldes ein Sternchen hinzufügen. Zur weiteren Unterstützung dieser Pflichtfeld-Information umfassen wir das Sternchen von dem HTML-Element `em`, um ihm zusätzlich das `title`-Attribut mit dem Beschreibungstext »Pflichtfeld« hinzufügen zu können. Sehenden Anwendern wird dieser Text dann über den Browser-Tooltip angezeigt; nicht sehenden Anwendern wird er vom Bildschirmleseprogramm vorgelesen, bevor das Formularelement selbst erreicht wird. Im HTML-Code des Formulars hätte dies folgende Kennzeichnung der Formularelemente zur Folge:

```
<fieldset>
<legend>Anschrift</legend>
<div class="formBox">
   <div>
      <span>
         Mit <em title="Pflichtfeld">*</em>gekennzeichnete
         Formularfelder sind Pflichtfelder und müssen ausgefüllt
         werden.
      </span>
   </div>
   <div>
      <label for="firstname">Vorname:</label>
      <input name="firstname" id="firstname" type="text" />
   </div>
   <div>
      <label for="lastname">Nachname:
      <em title="Pflichtfeld">*</em></label>
      <input name="lastname" id="lastname" type="text"
      aria-required="true"/>
   </div>
...
</div>
</fieldset>
```

In Abbildung 4 wird sofort deutlich, welche der Formularelemente Pflichtfelder sind.

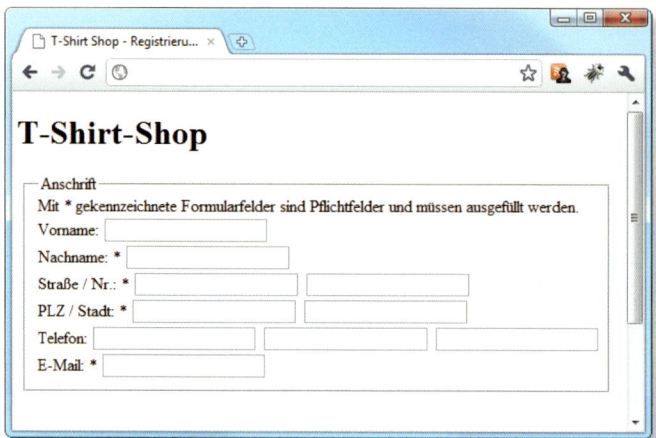

Abbildung 4 ▶
Formularelemente des Fieldsets für
die Anschrift mit Kennzeichnung
der Pflichtfelder

6 Hervorhebung der Formulargruppen und ihrer Elemente

Da sich neben diesem Formular eine Sidebar befindet, auf die an dieser Stelle nicht näher eingegangen werden muss, weisen wir dem allumfassenden div-Container dieser beiden Bereiche mit der Klasse .wrapper eine Breite von 950 px zu.

```
.wrapper {
    width:950px;
}
```

Den Formularbereich richten wir per float-Eigenschaft aus. Entsprechende Innen- und Außenabstände verschaffen den Elementen ausreichend Freiraum und sorgen so für eine gute Lesbarkeit der Elemente. Daneben sind auch die Breitenangaben der einzelnen Formularelemente ein durchaus kritischer Faktor, denn die Länge der Elemente sollte sich stets an der ungefähren Anzahl an einzugebenden Zeichen (beispielsweise Postleitzahl) orientieren. Zu lange oder zu kurze Eingabefelder sorgen beim Anwender eher für Irritation.

Die Beschriftung sollten Sie oberhalb oder links und mit nicht zu großem Abstand vom Eingabefeld platzieren, da ansonsten das Risiko besteht, dass der Benutzer das jeweilige Feld der Beschriftung nicht zuordnen kann. Damit die Felder selbst auch entsprechend wahrgenommen werden können, ohne dabei die Sehnerven zu reizen, weisen wir zunächst den Formulargruppen einen dezenten hellen Blau-Ton #e4f0ff als Hintergrundfarbe zu, ebenso wie einen border-radius von 5 px. Diese Eigenschaft wird auch von den Formularelementen mit einem border-radius von 2 px wieder aufgegriffen.

Perfekte »label«-Elemente

Bei der Beschreibung von Formularelementen durch das label-Element gibt es zahlreiche gestalterische und formale Aspekte, die – wenn Sie sie beachten – dabei helfen können, den User zu einem erfolgreichen Abschluss des Check-out-Prozesses zu führen. Die folgende kleine Checkliste soll Ihnen dabei behilflich sein:

- ▶ Beschreibungstext in direkter Nachbarschaft zum Formularelement positionieren, idealerweise oberhalb und links neben dem Formularelement

- ▶ dezente Erhöhung des Schriftgewichtes (font-weight), um die Wahrnehmung zu erhöhen

- ▶ Verknüpfung über id- und for-Attribut (ermöglicht das Anklicken des Beschreibungstextes, was wiederum einen direkten Sprung in das Formularelement auslöst)

```
fieldset {
    padding:0 0 35px 0;
    margin:0 0 20px 0;
    background-color: #e4f0ff;
    -moz-border-radius:5px;
    -webkit-border-radius:5px;
    border-radius:5px;
    border:0;
}
```

Des Weiteren weisen wir den Formularelementen einen Rahmen mit einer Transparenz von 34 % zu, ebenso wie einen auf der Eigenschaft box-shadow und dem Parameter inset basierenden dezenten grauen Schatten innerhalb der Formularelemente (siehe Abbildung 5).

```
input, select {
    height:20px;
    width:248px;
    padding:0;
    background:#FFF;
    color: #555;
    outline:none;
    border:1px solid rgb(23,149,190);
    border:1px solid rgba(23,149,190,.66);
    -moz-border-radius:2px;
    -webkit-border-radius:2px;
    border-radius:2px;
    -webkit-box-shadow: 1px 1px 2px #e2e2e2,inset 1px 1px 2px
    #e2e2e2;
    -moz-box-shadow: 1px 1px 2px #e2e2e2,inset 1px 1px 2px
    #e2e2e2;
    box-shadow: 1px 1px 2px #e2e2e2,inset 1px 1px 2px #e2e2e2;
}
select {
    width:250px;
}
```

Um den Beschreibungstext links neben den Formularelementen auszurichten, greifen wir die floating-Eigenschaft zurück. Bei einer Breite von 150 px hat dieses Element auch bei Formularen, die beispielsweise eine Mehrsprachigkeit unterstützen müssen, genügend Platz.

```
label {
    float:left;
    line-height:125%;
    width:150px;
    cursor: pointer;
}
```

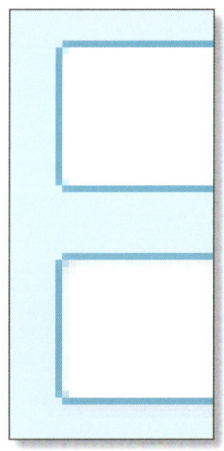

▲ **Abbildung 5**
Vergrößerte Darstellung der Eingabefelder – ohne (oben) und mit Innenschattierung (unten), basierend auf der Eigenschaft box-shadow und dem Parameter inset

»border-radius« für Eingabefelder

Gerade bei der Vergabe von border-radius-Eigenschaften für Eingabefelder sollten Sie diesen Wert immer im Verhältnis zur Höhe betrachten. Denn eine Höhe von 20 px und ein border-radius von 10 px würde am Anfang und am Ende des Eingabefeldes zu einem Halbkreis führen und in den seltensten Fällen zu einem ansehnlichen Endergebnis.

Gerade bei der Gestaltung von Formularen sollten Sie sicherstellen, dass das Formular auf unterschiedlichen Ausgabemedien mit kleineren Viewports korrekt dargestellt wird und bedient werden kann. Um das zu erreichen, könnten Sie zum Beispiel das gesamte Formular und die darin enthaltenen Formularelemente nicht mit absoluten Pixelangaben, sondern mit relativen Maßangaben wie % ausstatten. Dadurch würde sich das Layout flexibel an die Viewportgröße des Ausgabemediums (Desktop-PC, Netbook, Tablet, Smartphone) anpassen. Allerdings entsteht bei dieser Vorgehensweise ein Problem: Bei einem großem Viewport bieten 20% für ein kleines Eingabefeld wie für die Postleitzahl noch ausreichend Platz für die notwendige Anzahl an Ziffern, bei einem kleinen Viewport wie bei einem Smartphone ist das allerdings nicht mehr der Fall. Daher schlagen wir in diesem Workshop einen anderen Weg ein; mehr dazu erfahren Sie in Arbeitsschritt 13. Hier soll es zunächst um die Breite der gesamten Formularelemente gehen. Diese sollen sich nicht über den Wert von 250 px hinaus erstrecken und außerdem rechtsbündig miteinander abschließen. Dazu benötigen wir bei unter Berücksichtigung der Bedeutung der jeweiligen Formularelemente (beispielsweise Postleitzahl, Hausnummer) die folgenden unterschiedlichen Breitenangaben:

```
input.small {
    width:66px;
}
input.number {
    width:94px;
}
input.medium {
    width:171px;
}
.inputSpace {
    margin:0 5px 0 0;
}
```

Die somit erzielte Gestaltung zeigt eine klare Gliederung des Registrierungsformulars in drei getrennte, aber dennoch zusammengehörige Bereiche.

Da die Gruppenüberschriften legend ❶ noch recht unscheinbar sind, gestalten wir sie im nun folgenden Arbeitsschritt visuell präsenter. So erkennt der Anwender auf den ersten Blick, welche Daten in den Formulargruppierungen jeweils abgefragt werden.

Ausrichtung von Beschriftungstexten

Zur Positionierung von Beschreibungstexten für Formularelemente hat der Produktdesigner Luke Wroblewski bereits 2005 einen lesenswerten und vor allem immer noch gültigen Artikel verfasst, dessen Lektüre ich Ihnen an dieser Stelle ans Herz legen möchte:
www.lukew.com/resources/articles/web_forms.html
Wer unabhängig von diesem Artikel mehr zu diesem Thema erfahren möchte, dem sei das ebenfalls von Luke geschriebene Buch »Web Form Design: Filling in the Blanks« empfohlen:
www.lukew.com/resources/web_form_design.asp

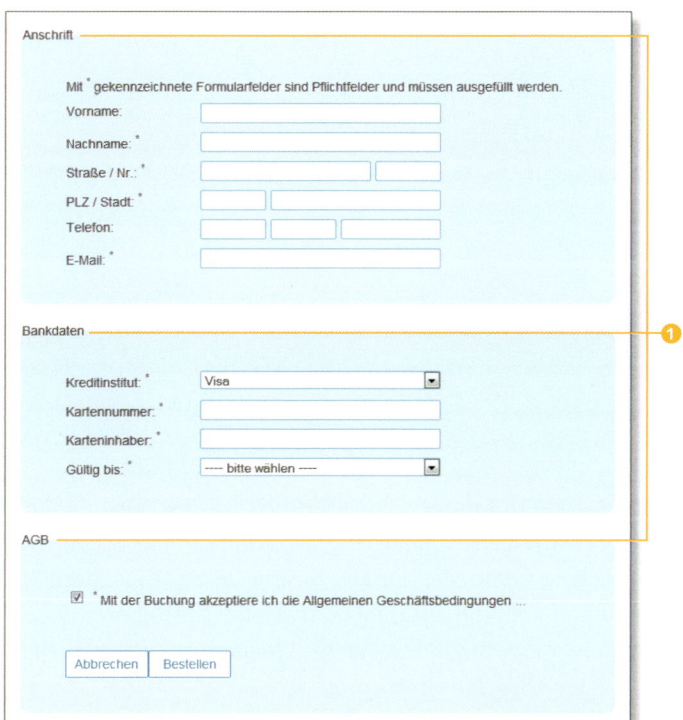

◄ **Abbildung 6**
Das gesamte Registrierungsformular

Anschrift

Mit * gekennzeichnete Formularfelder sind Pflichtfelder und müssen ausgefüllt werden.

Vorname:

Nachname: *

Straße / Nr.: *

PLZ / Stadt: *

Telefon:

E-Mail: *

Bankdaten

Kreditinstitut: * Visa

Kartennummer: *

Karteninhaber: *

Gültig bis: * ---- bitte wählen ----

AGB

☑ * Mit der Buchung akzeptiere ich die Allgemeinen Geschäftsbedingungen ...

Abbrechen Bestellen

7 Hervorhebung der Gruppenüberschrift »legend«

Überschriften zur Formulargruppierung sollten immer dann visuell hervorgehoben werden, wenn sie als unverzichtbarer Teil des Formulars angesehen werden und vom Betrachter wahrgenommen werden sollen. Hier erreichen wir das durch die Vergabe der aus dem Farbschema noch zur Verfügung stehenden Farbe Blau. Zudem greifen wir an dieser Stelle wieder den `border-radius` von 5 px auf, damit die Formulargruppenüberschrift `legend` deckungsgleich mit der Formulargruppe `fieldset` ist. In Abbildung 7 wurden die beiden Elemente etwas versetzt, damit das besser zu erkennen ist.

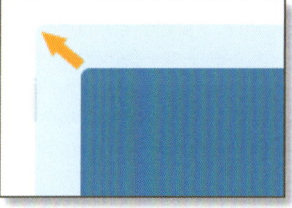

▲ **Abbildung 7**
Deckungsgleiche Eckenrundungen zwischen Formulargruppe (hellblau) und Formulargruppenüberschrift (dunkelblau)

```
...
fieldset legend {
    float:left;
    font-weight:bold;
    font-size:18px;
    height:50px;
    background-color: #1795be;
    color:#FFF;
    width:100%;
    padding:0;
    margin:0 0 25px 0;
```

```
    -moz-border-radius-topright:5px;
    -moz-border-radius-topleft:5px;
    -webkit-border-top-right-radius:5px;
    -webkit-border-top-left-radius:5px;
    border-top-right-radius:5px;
    border-top-left-radius:5px;
}
...
```

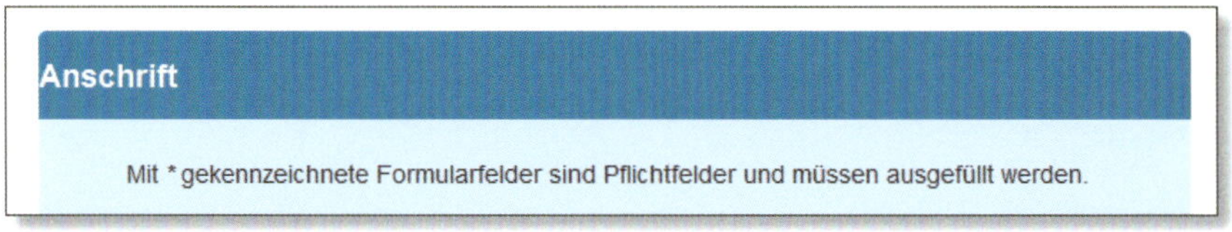

Abbildung 8 ▶
Farbliche Hervorhebung des `legend`-Elements, inklusive runder Ecken oben links und oben rechts

Um zu verdeutlichen, dass die drei Formulargruppen »Anschrift«, »Bankdaten« und »AGB« schrittweise abgearbeitet werden sollen, stellen wir ihnen eine Nummerierung voran. Da diese von Haus keine Formatierungseigenschaften mitbringen soll, die wir dann erst wieder aufheben müssen, greifen wir auf das `span`-Element zurück. Dieses stellen wir dann innerhalb des `legend`-Elements den Überschriften voran.

```
...
   <legend><span>01</span>Anschrift</legend>
...
```

Inline-Block

Ein Element mit der Eigenschaft `inline-block` ist eine Mischung der Elementtypen `inline` und `block`. Inline-Block-Elemente nehmen nur den Platz in Anspruch, den sie benötigen, ohne dabei neue Zeilen zu erzeugen. Außerdem können sie Innen- und Außenabstände erhalten, ebenso wie Höhen- und Breitenangaben, und dadurch neue Zeilen erzeugen. Intern wird das entsprechende Element jedoch im Dokumentenfluss belassen.
Die Versionen 6 und 7 des IE akzeptieren diese Eigenschaft übrigens nur bei den HTML-Elementen, die die Eigenschaft `display:inline` besitzen.
Möchten Sie mehr zum Thema Inline-Block und dessen Eigenschaften erfahren, so schlagen Sie in Abschnitt 2.6, »Inline- und Blockelemente«, nach.

Ohne separate Ausrichtung und Gestaltung sieht das Zwischenergebnis wie in Abbildung 9 aus.

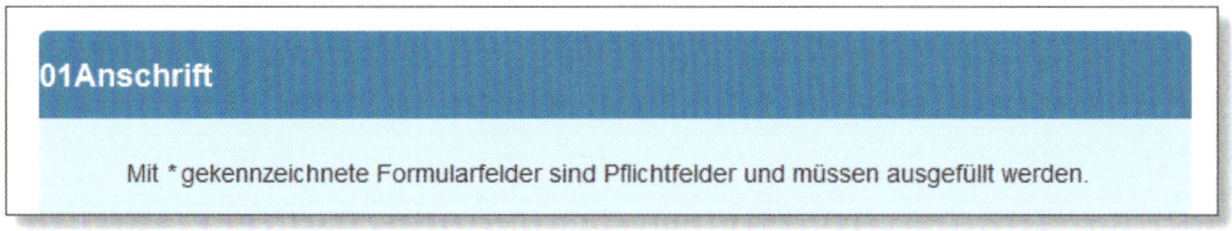

▲ Abbildung 9
Hervorhebung des `legend`-Elements durch Nummerierung

Damit die Ziffern auch direkt ins Auge fallen, gestalten wir sie entsprechend dem bisherigen Gesamtlayout des Formulars. Dazu gehört neben der erneuten Verwendung des `border-radius` mit dem Wert von 5 px auch die Vergabe der Eigenschaft, sich wie ein Blockelement zu verhalten. Unter Verwendung dieser Eigenschaft wird dieses Element dann noch entsprechend der Gegebenheiten ausgerichtet. Der Farbwechsel zwischen Hintergrund- und Schriftfarbe im Vergleich zur Gruppenüberschrift sorgt für zusätzliche Aufmerksamkeit, um den Betrachter Schritt für Schritt durch das Bestellformular zu führen.

```css
fieldset legend span {
    display:inline-block;
    background-color:#e4f0ff;
    color:#1795be;
    margin:10px;
    height:20px;
    width:20px;
    padding:5px;
    -moz-border-radius: 5px;
    -webkit-border-radius: 5px;
    border-radius: 5px;
}
```

◄ **Abbildung 10**
Zusätzliche farbliche Hervorhebung
der Nummerierung

8 Gestaltung der Call-to-Action-Elemente

Der Fokus dieses Arbeitsschrittes liegt auf der Gestaltung der Call-to-Action-Elemente des AGB-Bereiches. Wenn Sie den folgenden Code betrachten, sehen Sie, dass die Inhalte im Vergleich zu den anderen Formularelementen unterschiedlich strukturiert sind. Bisher wurden die Beschreibungstexte innerhalb des label-Elements vor dem Formularelement wieder geschlossen, diesmal umschließt das label-Element die Checkbox. Der Grund für diese Vorgehensweise ist, dass der Beschreibungstext Anwendern, die auf Bildschirmleseprogramme angewiesen sind, zunächst vorgelesen wird, bevor sie das Häkchen setzen oder entfernen. Via CSS soll dieses Häkchen dann aber optisch vor dem Beschreibungstext ausgerichtet werden.

```html
<fieldset>
<legend>AGB</legend>
<div class="formBox">
    <div class="check">
        <label for="businessConditions">
        <em title="Pflichtfeld">*</em>
        Mit der Buchung akzeptiere ich die ...
        <input type="checkbox" id="businessConditions"
        name="businessConditions" aria-required="true" />
        </label>
    </div>
    ...
</div>
</fieldset>
```

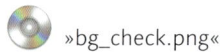 »bg_check.png«

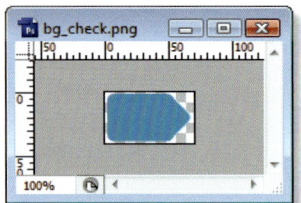

▲ **Abbildung 11**
Hintergrundgrafik »bg_check.png«
zur visuellen Hervorhebung des sekundären Call-to-Action-Elements

Um die Wahrnehmung dieser wichtigen Checkbox zusätzlich zu erhöhen –
denn schließlich müssen die potentiellen Kunden die AGB bestätigen, bevor
sie den BESTELLEN-Button drücken –, versehen wir den Bereich, in dem die
Checkbox ausgerichtet wird, mit einer Hintergrundgrafik »bg_check.png« in
Pfeilform (siehe Abbildung 11). Der Pfeil wird direkt auf den Beschreibungstext der Checkbox zeigen, damit der User auch weiß, was er hier bestätigt.
Damit dieser Bereich »out of the Box« ausgerichtet ist und somit über den
linken Formularbereich hinausragen kann, ziehen wir den div-Container
.check dezent, aber dennoch sichtbar um 1 % über diesen Bereich hinaus.
Das darin relativ ausgerichtete label-Element rücken wir um 68px ein,
damit die Hintergrundgrafik ausreichend Abstand zum Beschreibungstext
der Checkbox hat und diesen nicht verdeckt.

```
.check {
    float:left;
    margin:0 0 1.5% -1%;
    padding:1.5%;
    width:90%;
    background: transparent url(../images/bg_check.png) 0 0 no-repeat;
}
.check label{
    display:inline-block;
    position:relative;
    width:85%;
    padding:0 0 0 68px;
    line-height:150%;
}
.check label input {
    border:none;
    left:10px;
    top:0px;
    position:absolute;
    width:13px;
    height:13px;
}
```

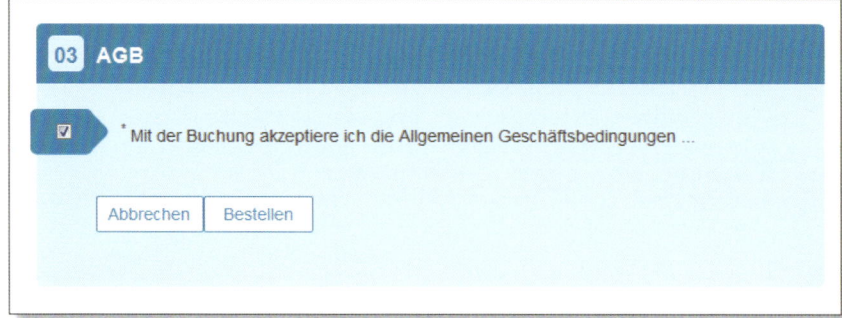

Abbildung 12 ▶
So sieht die fertig gestaltete Checkbox inklusive label-Element aus.

Bei der Umsetzung von Buttons ist nicht nur die Gestaltung wichtig. Auch die Beschriftung selbst ist eine wichtige Komponente. Um ein Abbrechen des Check-out-Prozesses an dieser Stelle zu vermeiden, sollten Sie aussagekräftige Beschreibungen verwenden. Ein einfaches »OK« ist bei der Absendung von Daten einer Bestellung nicht sonderlich aussagekräftig. Ein klares und unverwechselbares »Bestellen« ist an dieser Stelle deutlich besser. Der Besucher versteht die Bedeutung und den darauffolgenden Vorgang besser.

```
<fieldset>
<legend>AGB</legend>
    ...
    <div class="buttons">
        <input class="btnCancel" type="reset" name="cancel"
value="Abbrechen" />
        <input class="btnSend" type="submit" name="absenden"
value="Bestellen" />
    </div>
</div>
</fieldset>
```

Da der ABBRECHEN-Button im Idealfall am besten gar nicht geklickt wird, darf er auch bei der Gestaltung neben dem BESTELLEN-Button ein wenig »untergehen«. Zunächst weisen wir aber beiden Buttons einige gemeinsame Eigenschaften zu: Um die bisherige Linksbündigkeit aller Elemente auch an dieser Stelle wieder aufzugreifen, vergeben wir für den hierfür verantwortlichen div-Container .buttons entsprechende Innen- und Außenabstände. Die Buttons bekommen neben einigen Eigenschaften für Breite, Höhe, Schriftgröße, Ausrichtung (linksbündig) der Button-Beschriftung (text-align:center) den für die Formularelemente verwendeten border-radius von 2 px zugewiesen.

```
.buttons {
    margin:0 0 10px 0;
    padding:0 0 0 50px;
    width:85%;
}
input.btnCancel, input.btnSend {
    float:left;
    font: bold 14px/1.25 Arial, sans-serif;
    margin:25px 0 0 0;
    padding:0;
    width:90px;
    height:30px;
    font-weight: normal;
    color: #1795be;
```

```
text-align: center;
border:1px solid #1795be;
-moz-border-radius:2px;
-webkit-border-radius:2px;
border-radius:2px;
cursor:pointer;
background-color: #FFF;
}
```

Da der BESTELLEN-Button visuell hervorstechen soll, benötigt er eigene CSS-Eigenschaften. Dazu gehört neben der rechtsbündigen Ausrichtung, größeren Breite und einer anderen Schrift- und Hintergrundfarbe auch die Eigenschaft des Schattens (siehe Abbildung 14). Durch den Schatten entsteht eine Art Glow-Effekt, der bei der Fokussierung durch den Anwender noch deutlicher werden soll, aber dazu mehr im nächsten Arbeitsschritt.

```
input.btnSend   {
   float:right;
   color:#FFF;
   width:150px;
   background: #dd902a;
   border:1px solid #fff;
   -moz-box-shadow:      1px 0 0 #dd902a,
                         -1px 0 0 #dd902a,
                         0 1px 0 #dd902a,
                         0 -1px 0 #dd902a,
                         0 5px 10px -5px #dd902a;
   -webkit-box-shadow: 1px 0 0 #dd902a,
                         -1px 0 0 #dd902a,
                         0 1px 0 #dd902a,
                         0 -1px 0 #dd902a,
                         0 5px 10px -5px #dd902a;
   box-shadow:           1px 0 0 #dd902a,
                         -1px 0 0 #dd902a,
                         0 1px 0 #dd902a,
                         0 -1px 0 #dd902a,
                         0 5px 10px -5px #dd902a;
}
```

Abbildung 14 ▶
Finale Darstellung des dritten Fieldsets mit besonderer Gestaltung des sekundären (Checkbox) und primären (BESTELLEN-Button) Call-to-Action-Elements

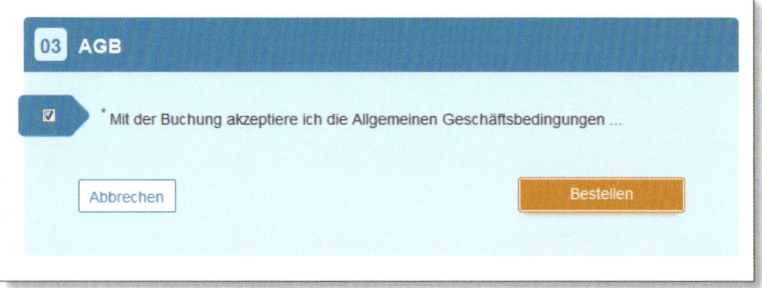

9 Hervorheben fokussierter Formularelemente

Um den Fokus über das Anklicken der `label`-Elemente den Fokus auf ein Formularelement setzen zu können und das über den Cursor auch für den Anwender sichtbar werden zu lassen, benötigen wir für den Cursor die Eigenschaft `pointer`. Dadurch wird der ursprüngliche Cursor in Pfeilform, wie in Abbildung 15 zu sehen, zu einem Cursor in Form der Hand. So erhalten die Anwender dieses Formulars den zusätzlichen visuellen Hinweis, dass dieses Element angeklickt werden kann.

Um noch besser hervorzuheben, welches Formularelement ein Anwender mit dem Cursor fokussiert, sollten Sie dieses auch farblich hervorheben. Dazu benutzen Sie die Pseudoklassen `:hover`, `:active` und `:focus`. Außerdem weisen wir den Eingabefeldern ähnlich dem BESTELLEN-Button den Glow-Effekt von 5 px in alle Richtungen und ohne Versatz zu. Dem Rahmen dieser Elemente nehmen wir dann mit `rgba(23,149,190,1)` die ursprüngliche Transparenz `rgba(23,149,190,.66)`, wodurch der durchgehende Rahmen, wie in Abbildung 15 dargestellt, noch stärker sichtbar ist.

```
label {
   ...
   cursor: pointer;
}
input:active, input:hover, input:focus {
   -moz-box-shadow: 0 0 5px rgba(23,149,190,.75);
   -webkit-box-shadow: 0 0 5px rgba(23,149,190,.75);
   box-shadow: 0 0 5px rgba(23,149,190,.75);
   border:1px solid rgb(23,149,190);
   border:1px solid rgba(23,149,190, 1);
}
```

Ein besonderer Effekt, der erst seit Einführung des CSS3-Transitions-Moduls zur Verfügung steht, ist die Zeitverzögerung. Mit dieser Eigenschaft, dem gleichmäßigen Einblenden über den Wert `ease-in-out` und der zeitlichen Verzögerung von `0.25s`, in der dieser Vorgang vonstattengehen soll, können Sie die Fokussierung des Elements zeitlich steuern. Hierzu weisen Sie diese Eigenschaften lediglich dem Element, wie im folgenden CSS-Code-Ausschnitt, von vornherein zu. Ein Klick auf den Beschreibungstext NACHNAME (siehe Abbildung 15 oben), und eine Viertelsekunde später wird das dazugehörige Formularelement visuell hervorgehoben (siehe Abbildung 15 unten).

```
input, select {
   ...
   -webkit-transition: all 0.25s ease-in-out;
   -moz-transition: all 0.25s ease-in-out;
```

Unterstützung des CSS3-Transitions-Moduls

Weil das CSS3-Transitions-Modul zum Zeitpunkt der Veröffentlichung dieses Buchs im Sommer 2011 noch relativ neu war, ist auch die Unterstützung der aktuellen Browser noch etwas lückenhaft, aber trotzdem schon aller Ehren wert. Unterstützt wird diese Eigenschaft vom Safari ab Version 5, von Chrome ab Version 11 und Firefox 4 (der IE kann dies in all seinen Versionen nicht umsetzen). Auch der Opera ab Version 11.1 beherrscht diese Eigenschaft, allerdings mit einer kleinen Einschränkung. Denn für diesen Browser müssen Sie der Transition-Eigenschaft die folgende Angabe voranstellen: `-o-transition-property`.
Weitere Informationen hierzu finden Sie unter:
www.w3.org/TR/css3-transitions/#animatable-properties.

```
-o-transition-property: border-color;
-o-transition: all 0.25s ease-in-out;
}
```

Abbildung 15 ▶

Nach Anklicken des Labels wird
eine Viertelsekunde später der Fokus auf das dazugehörige Formularelement gesetzt. Dadurch entsteht
ein schöner Einblend-Effekt.

Um den Effekt der Fokussierung auch beim BESTELLEN-Button anwenden
zu können, bedarf es auch hier eines Wechsels der farblichen Eigenschaften. In diesem Fall betrifft das lediglich den Schatten des BESTELLEN-Buttons. Den im oberen Teil von Abbildung 16 zu erkennenden dezenten
Schatten verstärken wir für den Fall der Fokussierung durch den Anwender
deutlich. Hierzu dehnen wir den Schatten in alle vier Richtungen aus (siehe
Abbildung 16 unten).

```
input.btnSend:hover, input.btnSend:active,
input.btnSend:focus {
    -moz-box-shadow:     1px 1px 2px #dd902a,
                        -1px 1px 2px #dd902a,
                         1px 1px 2px #dd902a,
                         1px -1px 2px #dd902a,
                        -1px -1px 1px 1px #dd902a;
    -webkit-box-shadow: 1px 1px 2px #dd902a,
                        -1px 1px 2px #dd902a,
                         1px 1px 2px #dd902a,
                         1px -1px 2px #dd902a,
                        -1px -1px 1px 1px #dd902a;
    box-shadow:         1px 1px 2px #dd902a,
                        -1px 1px 2px #dd902a,
                         1px 1px 2px #dd902a,
                         1px -1px 2px #dd902a,
                        -1px -1px 1px 1px #dd902a;
}
```

▲ **Abbildung 16**

Das primäre Call-to-Action-
Element ohne Fokus durch den
Anwender (oben) und mit Fokus
(unten)

»bg_fieldsetCorrect.png«

10 Erfolg sichtbar werden lassen

Um die Zielgruppe dieses Onlineshops für Kinder-T-Shirts zusätzlich anzusprechen, können Sie ein Maskottchen oder die Bildmarke Ihres
Logos verwenden, sofern dieses das hergibt. Das für diesen Fall erstellte
Maskottchen (siehe Abbildung 17) soll, wie der Dateiname »bg_fieldsetCor-
rect.png« eventuell schon vermuten lässt, immer dann im freien Bereich des
Formulars angezeigt werden, wenn kein Fehler beim Ausfüllen oder Abschi-
cken der Formulardaten vorliegt. So soll dem Anwender visuell ansprechend
signalisiert werden, dass mit seiner Bestellung alles korrekt abläuft.

Um einer Formulargruppe `fieldset`, in diesem Fall der Gruppierung »Anschrift«, diese Hintergrundgrafik gezielt zuordnen zu können, weisen wir der Formulargruppe die Klasse `.personalData` zu. Nun könnten Sie einwenden, dass wir auf diese zusätzliche Klasse auch verzichten könnten, wenn wir das Pseudoelement `:nth-child(1)` verwenden würden. Da sich durch die Modularität von Registrierungsformularen unter Umständen die Reihenfolge der Formulargruppen ändert, bevorzuge ich allerdings die Variante mit der neuen Klasse.

```
<fieldset class="personalData">
   ...
</fieldset>
```

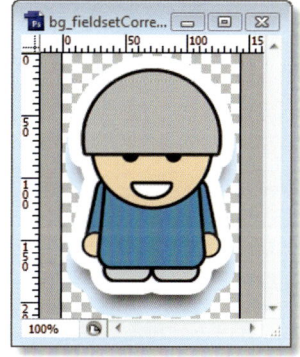

▲ **Abbildung 17**
Maskottchen des Onlineshops

Um für die Formulargruppe `.personalData` nun die Grafik an die dafür vorgesehene Position zu setzen, bedarf es lediglich folgender Angaben:

```
fieldset.personalData {
   background: #e4f0ff url(../images/bg_fieldsetCorrect.png) 96%
   85% no-repeat;
}
```

◀ **Abbildung 18**
Positionierung und Darstellung des Maskottchens im bisherigen Gesamtlayout des Formulars

Abbildung 19 ▶
Darstellung des Überweisungsformulars der Webseite des SOS-Kinderdorfes (*www.sos-kinderdorf.de*) ohne (links) und mit Fehlermeldungen (rechts)

11 Fehlermeldungen visuell hervorheben

Es ist sicherlich löblich, eine korrekte Vorgehensweise anzuzeigen, wie wir das im vorangegangenen Schritt getan haben. Absolut notwendig ist es dagegen, Ihren Webseitenbesuchern zu kommunizieren, wenn beim Ausfüllen des Formulars ein Fehler aufgetreten ist und wo dieser zu finden ist. Auf der Webseite des SOS-Kinderdorfes ist das besonders vorbildlich gelöst.

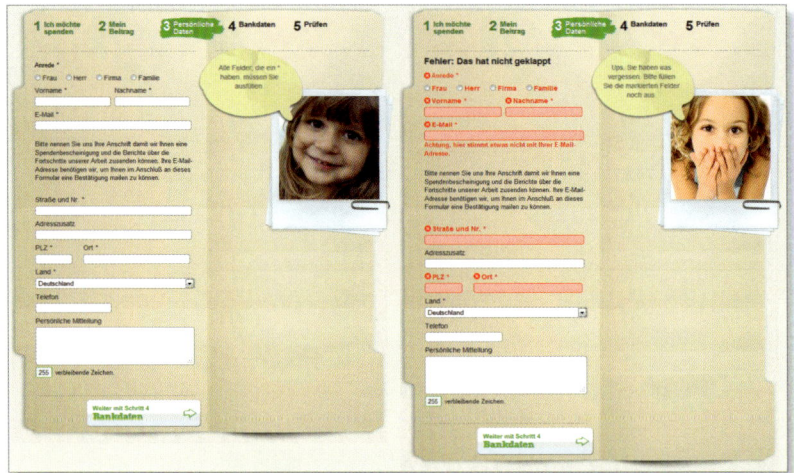

Zu einem für den Anwender hilfreichen und aussagefähigen Fehlerhinweis gehört neben der konkreten Benennung des Problems insbesondere das Anbieten einer Problemfindung. Die Fehlermeldung sollte auffällig positioniert werden und sich farblich klar von der Gestaltung der übrigen Formularinhalte absetzen. Um diesen Aufmerksamkeitsreiz zu setzen, sollten Sie die als fehlerhaft gekennzeichneten Formularelemente idealerweise mit der Signalfarbe Rot markieren.

Im Formular unseres T-Shirt-Shops wird ein div-Container .errorMsg an präsenter Position oberhalb aller Formularelemente in der ersten Formulargruppe .personalData einen Hinweis zu den Fehlern enthalten. Des Weiteren versehen wir die bisher klassen- und ID-losen div-Container, die jedes einzelne Formularelement und den Beschreibungstext umschließen, im Falle eines Fehlers mit der Klasse .error.

```
<fieldset class="personalData">
<legend>Anschrift</legend>
<div class="formBox">
    <div class="errorMsg">
        Bitte geben Sie einen Nachnamen ein.
    </div>
    <div>
```

```
    <span>
        Mit <em title="Pflichtfeld">*</em>gekennzeichnete
        Formularfelder sind Pflichtfelder und müssen ausgefüllt
        werden.
    </span>
  </div>
  <div>
    <label for="firstname">Vorname:</label>
    <input name="firstname" id="firstname" type="text" />
  </div>
  <div class="error">
    <label for="lastname">Nachname:
    <em title="Pflichtfeld">*</em></label>
    <input name="lastname" id="lastname" type="text"
    aria-required="true" />
  </div>
  ...
</div>
</fieldset>
```

Um die Aufmerksamkeit des Betrachters zu erlangen und ihm direkt und unmissverständlich deutlich zu machen, dass etwas beim Absenden der Daten fehlgeschlagen ist, werden die Elemente und der Inhalt der Fehlermeldung rot gefärbt. Dazu verstärken wir den Hinweis durch einen Rahmen oben und unten und geben ihm einen rosafarbenen Hintergrund, der den Signalbereich noch einmal ausdehnt.

Damit die Fehlermeldung gut lesbar ist, sollte sie einen farblichen intensiven Kontrast und genügend Abstand zu den Formularelementen (margin) aufweisen. Für eine gute Lesbarkeit sorgt zudem das Aufgreifen der Bündigkeit der Texte mit den Beschreibungstexten der Formularelemente (siehe Abbildung 20).

Da in der Regel nicht ausgefüllte Pflichtfelder für die Fehlermeldungen verantwortlich sind, können wir die Sternchen zur Kennzeichnung der Pflichtfelder ebenfalls mit der Signalfarbe Rot versehen.

```
.errorMsg {
    float:left;
    margin:0 0 20px 0;
    padding:15px 0;
    width:100%;
    border-width:1px 0;
    border-style: solid;
    border-color: #E00;
    color:#E00;
    background-color:#FFDCE5;
}
.errorMsg span {
```

```
   display: block;
   padding:0 10px 0 50px;
}
em {
   display:inline-block;
   font-size:125%;
   font-weight: bold;
   color:#E00;
}
```

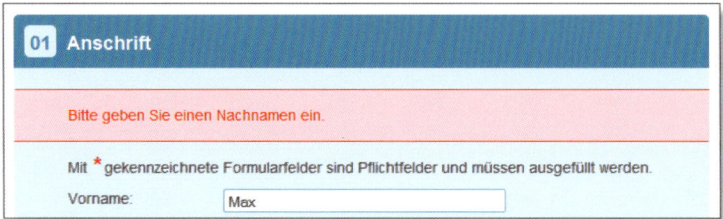

Abbildung 20 ▶

Hinweis zur Fehlermeldung oberhalb der Formularelemente

Der Vorteil der obigen Herangehensweise, `.error` nicht dem Formularelement, sondern dem umschließenden `div`-Container zuzuweisen, ist der,
dass nicht nur das Formularelement auffällig rot gefärbt wird, sondern
auch der vom `label`-Element umschlossene Beschreibungstext.

```
div.error  {
   color:#E00;
}
div.error input {
   border:1px solid #E00;
   color:#E00;
   background-color:#FFDCE5;
}
```

Zur Kennzeichnung der Fehlermeldung verändern Sie die Farbe des Rahmens der Hintergrundgrafik in einem Grafiktool Ihrer Wahl und speichern
sie als Hintergrundgrafik »bg_fieldsetCorrect.png« ab. Außerdem wandeln
wir die bisher positiv gestimmte Mimik der Illustration in eine überraschte
und warnende Mimik um. Um diese Grafik der Formulargruppe allerdings
zuweisen zu können, bedarf es der Modifikation des HTML-Codes. Und
zwar fügen Sie der Klasse `.personalData` eine weitere Klasse `.error` hinzu.
Diese Klasse existiert bereits; in Kombination mit dem Selektor `fieldset`.
`error` unterscheidet sie sich allerdings deutlich vom Selektor `div.error`.

```
...
<fieldset class="personalData error">
<legend>Anschrift</legend>
<div class="formBox">
```

```
<div class="errorMsg">
   Bitte geben Sie einen Nachnamen ein.
</div>
...
</div>
</fieldset>
```

Mittels des Selektors `fieldset.error` kann nun Hintergrundgrafik »bg_fieldsetCorrect.png« durch die Hintergrundgrafik »bg_fieldsetError.png« überschrieben werden. Ausschlaggebend hierfür ist allerdings nicht die Reihenfolge der Klassen im HTML-, sondern diejenige im CSS-Code. Letztere gewinnt in diesem Fall. Im Fall von Abbildung 22 hat Max Mustermann lediglich vergessen, seinen Nachnamen in dem Registrierungsformular anzugeben, was beim Maskottchen für Erstaunen sorgt.

```
fieldset.error {
   background: #e4f0ff
   url(../images/bg_fieldsetError.png) 96% 85% no-repeat;
}
```

»bg_fieldsetError.png«

▲ **Abbildung 21**
Darstellung des Maskottchens (Hintergrundgrafik »bg_fieldset-Error.png«) bei einer Fehlermeldung

Selektoren

Mehr zum Thema Selektoren und ihren Auswirkungen gibt es in Abschnitt 2.3.1, »Aufbau von CSS-Regeln«. Eine lesenswerte deutschsprachige Anlaufstelle zu diesem Thema gibt online unter: *css-selektoren.mozork.de*

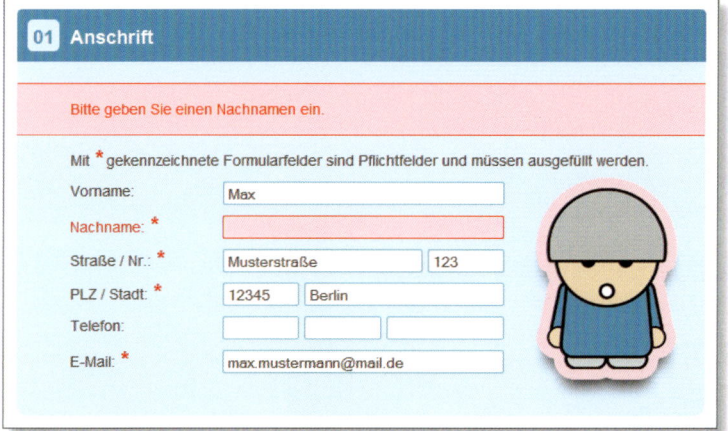

▲ **Abbildung 22**
Darstellung einer fehlerhaften Dateneingabe im Registrierungsformular

12 Hintergrundgrafik und Überschrift einfügen

Wie Sie schon am Design des Maskottchens erkennen können, sollten Sie unabhängig von der Ernsthaftigkeit und Wichtigkeit eines solchen Registrierungsformulars nicht davon absehen, die gesamte Seite für die Zielgruppe visuell ansprechend zu gestalten. Dazu gehört unter Umständen auch die Verwendung themenrelevanten Bildmaterials für den Hintergrund der Seite, wie Sie in Abbildung 23 sehen.

»bg_form.jpg«

Abbildung 23 ▶
Hintergrundgrafik »bg_form.jpg«
des T-Shirt-Shops.

Mit dem Positionswert `fixed` für die Eigenschaft `background` bietet Ihnen CSS die Möglichkeit, sehenswerte Effekte zu erzielen. So können Sie, wie im Falle dieses Workshops, Hintergründe innerhalb des Browserfensters so ausrichten, dass sie sich unabhängig vom Scrollen immer an derselben Position befinden. Diese Eigenschaft wird von allen relevanten Browsern – bis auf den für den einen oder anderen Webseitenbetreiber immer noch wichtigen IE 6 – unterstützt. Aber auch für diesen gibt es einen Workaround, der auch in diesem Workshop angewendet wird: Der Positionswert muss für das `body`-Element einer Webseite angewendet werden. Würden Sie diese Eigenschaft aber beispielsweise dem in diesem Workshop allumfassenden `div`-Container mit der ID `#main` zuweisen (spielt für die Gestaltung des Formulars keine Rolle), würde die Hintergrundgrafik »bg_form.jpg« im IE 6 mitscrollen.

Diese Hintergrundgrafik wird im Browser fix positioniert, was wiederum dazu führt, dass der Bereich des Bestellformulars abhängig vom Viewport des Anwenders gescrollt werden kann, wobei der Hintergrund, wie Abbildung 24 zeigt, aber nicht mitscrollt.

```
body {
    ...
    background:url(../images/bg_form.jpg) fixed no-repeat;
}
```

Das einzige noch fehlende Element ist die Headline mit dem Schriftzug »T-Shirt-Shop«. Hierfür verwenden wir für das Überschriften-Element `h1` die bereits im Workshop »Ihre Visitenkarte im Netz: ein Portfolio gestalten« in Kapitel 9 eingesetzte Schriftart »Cabin Sketch« aus der Google Webfont API.

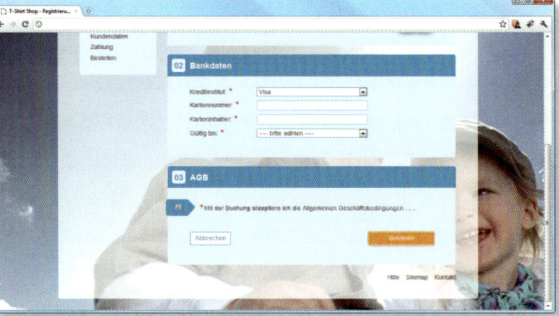

Abbildung 24 ▶
Bei einem kleinen Viewport muss gescrollt werden, um an den Bestellen-Button zu gelangen. Da die Hintergrundgrafik fix positioniert ist, bewegt sie sich beim Scrollen der Inhalte nicht mit.

13 Zu mehr Mobilität mit CSS3 Media Queries

Wie Sie bereits erfahren haben, ermöglichen CSS3 Media Queries es, mittels CSS-Eigenschaften individuelle Darstellungen eines Layouts für verschiedene Ausgabemedien zu erzeugen. Sie erstellen also eine Standardversion einer CSS-Datei für eine Webseite, die sich an Desktoprechner mit adäquaten Monitoren mit einem Viewport von beispielsweise mindestens 1.024×768 richtet.

Um ein flexibles Layout in Bezug auf das Ausgabemedium zu gewährleisten, legen wir also in diesem Arbeitsschritt auf Basis von Media Queries individuelle CSS-Eigenschaften für Ausgabemedien wie Tablets oder Smartphones an. Mit einer Art Raster soll zunächst deutlich gemacht werden, wie die Inhalte für die jeweiligen Endgeräte angeordnet werden müssen.

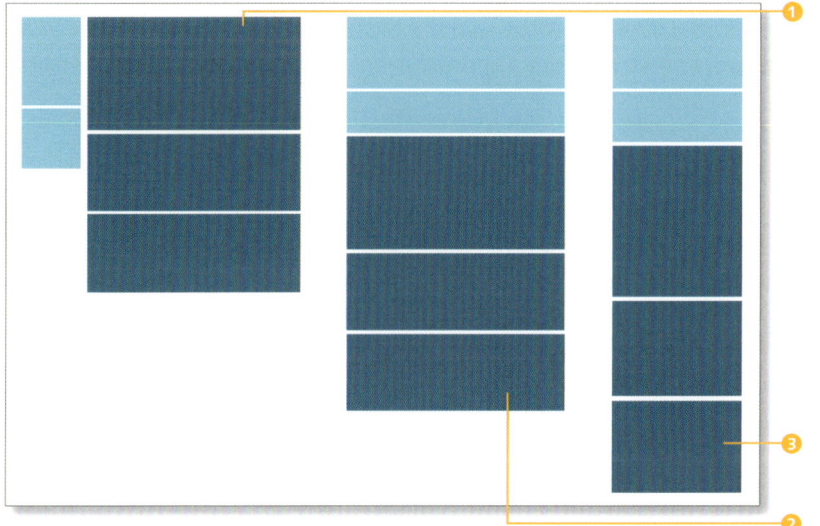

◀ **Abbildung 25**
Unterschiedliche Strukturierung der Inhalte des Bestellformulars in Abhängigkeit von der Viewportgröße:
❶ Desktop-PC und Laptop (links),
❷ Tablet und Netbook (Mitte),
❸ Smartphone (rechts)

So können Sie beispielsweise die bisherige Sidebar der Webseite (in Abbildung 25 hellblau) des Bestellformulars der Desktopansicht ❶ für die iPad-Ansicht ❷ und die Smartphone-Ansicht ❸ über dem Bestellformular ausrichten.

Zuerst legen Sie via Media Queries – zu denen es im Workshop »Responsive Webdesign mit Media Queries« in Kapitel 11 übrigens noch wesentlich mehr Informationen gibt – die verschiedenen Viewportgrößen fest. In diesem Fall führt dies, wie der folgende CSS-Code-Block verdeutlicht, zu individuell verschiedenen Breiten des Formularlayouts. Die Ausgangsbreite wurde bereits festgelegt und kann nun von den folgenden Bedingungen verändert werden.

```
@media screen and (max-width: 975px) {
    ...
}
```

```
@media screen and (max-width: 775px) {

    ...

}
@media screen and (max-width: 500px) {

    ...

}
```

Diesen Bedingungen führen wir nun individuelle Eigenschaften zu, die sich der Reihenfolge entsprechend überschreiben. Die über Media Queries angelegten Eigenschaften befinden sich also nicht in einer separaten CSS-Datei, sondern wir fügen sie einfach hinter die bereits festgelegten CSS-Eigenschaften aus diesem Workshop ein. Da der letzte Wert den vorangegangenen überschreibt, wird bei Veränderung des Viewports aus einem bisher 950 px breiten Formularlayout ein 750 px breites Formularlayout.

Um ein intuitives Benutzerverhalten auch auf kleineren Displays zu erzielen, müssen wir allerdings noch ein paar andere Eigenschaften verändern. Dazu gehört in erster Linie die Neuausrichtung des #sidebar-Containers, der bisher via float:left neben dem Formular ausgerichtet und 175 px breit ist. Da dieser Container unter anderem die Informationen des Warenkorbs enthält, soll er auf kleinen Geräten oberhalb des Formulars abgebildet werden. So behält der Kunde den Überblick über seine möglichen Ausgaben. Um das zu erreichen, heben wir die float-Eigenschaft auf.

Zudem erhält der #sidebar-Container nun die Breite des Formulars, womit beide Bereiche, wie in Abbildung 25 zu erkennen ❷, gleich breit sind. Des Weiteren richten wir die vorher mittels display:block untereinander angeordneten Listenpunkte nun über display:inline-block nebeneinander aus.

```
@media screen and (max-width: 975px) {
    .wrapper {
        width:750px;
    }
    #sidebar {
        width:650px;
        float:none;
    }
    #sidebar li {
        display:inline-block;
    }
}
```

Auf diese Weise erhalten Sie in Browsern, die Media Queries unterstützen, eine Darstellung wie im mittleren der drei Screenshots in Abbildung 27.

Bei einem Viewport mit 775 px Breite steht für das Formular noch weniger Platz zur Verfügung, weshalb sich die Gestaltung für diese Viewportgröße ändern muss. Die nun folgenden Eigenschaften geben dem umfassenden Container `.wrapper` eine maximalen Ausdehnung von 490 px für das gesamte Layout, womit alle Endgeräte mit einem Viewport von 775 px bis knapp 500 px die nun folgenden Layouteigenschaften erhalten. Dies hat unter anderem zur Folge, dass die noch 650 px breiten Formular- und Sidebar-Bereiche in ihrer Breite angepasst werden müssen.

Bisher war der Formularbereich wesentlich breiter als die Formular-gruppen, damit rechts neben den Formularelementen noch Platz für die Illustration war. Nun setzen wir aber den gesamten Formularbereich `form` mit den Formulargruppen in der Breite gleich. Das hat unter anderem zur Folge, dass die bisher im Hintergrund befindliche Illustration aus Platzman-gel ausgeblendet wird.

Außerdem richten wir die Beschreibungstexte, die wie in Abbildung 26 bisher mittels der `float`-Eigenschaft links neben den Formularelementen ausgerichtet waren, oberhalb der Formularelemente aus. Dazu erhöhen wir unter anderem die bisherige Breite von 150 px auf 325 px.

Browser-Support von CSS3 Media Queries

Unterstützt wird das CSS3-Modul für Media Queries von den fol-genden der aktuell relevanten Browser: Google Chrome 13, Opera 11.5, Safari 5, Firefox 5, IE 9.
Lediglich die Vorgänger-Versionen des IE 9 können ohne zusätzliche Hilfe nicht mit Media Queries um-gehen.

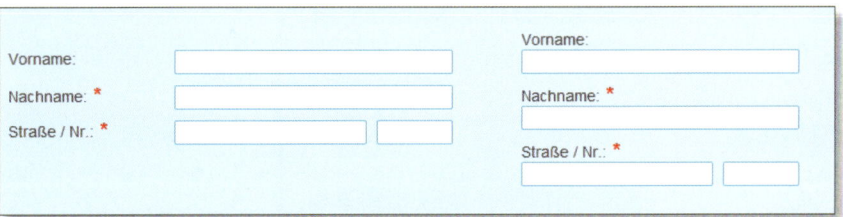

◀ **Abbildung 26**
Unterschiedliche Strukturierung der Beschreibungstexte von Formular-elementen bei großen Viewports wie einem Desktop-PC/-Monitor (links) und bei kleinen Viewports wie einem Smartphone (rechts)

Damit die bisher 75 px große Überschrift »T-Shirt-Shop« (h1) nicht einen zu großen Bereich des Displays in Anspruch nimmt, reduzieren wir sie wie im rechten Screenshot von Abbildung 27 auf 50 px.

```
@media screen and (max-width: 775px) {
    .wrapper {
        width: 490px;
    }
    form, fieldset, #sidebar {
        width: 400px;
    }
    fieldset.personalData {
        background-image: none;
    }
    label {
        width: 325px;
    }
    #intro h1 {
        font-size: 50px;
    }
    ...
}
```

Im Quellcode zu diesem Workshop wird der maximale Viewport noch weiter reduziert. Da dafür lediglich die Breitenangaben verändert werden müssen, wird von der Aufzählung dieser Eigenschaften an dieser Stelle abgesehen.

Wenn Sie sich den CSS-Code auf der beiliegenden DVD näher ansehen, werden Sie erkennen, dass Sie das den Anforderungen entsprechend veränderte Layout des Formulars für verschiedene Viewportgrößen mit wenigen Zeilen CSS erreichen können.

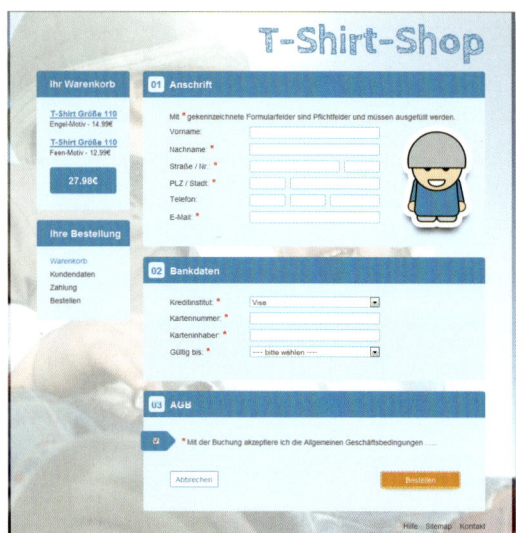 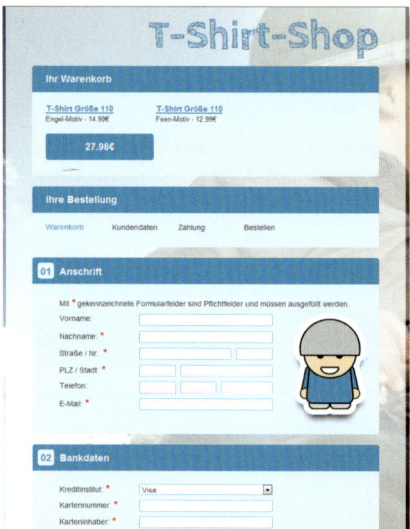 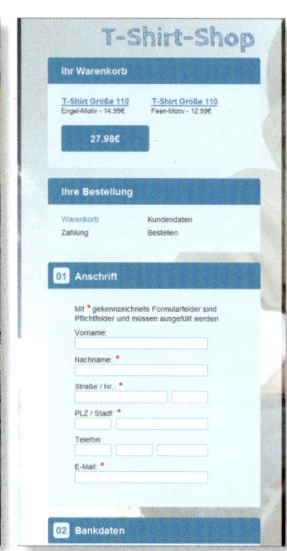

▲ **Abbildung 27**
Unterschiedliche Strukturierung der Inhalte des Bestellformulars in Abhängigkeit von der Viewportgröße

Warum der Einsatz von CSS3 Media Queries neben den offensichtlichen Vorteilen auch Nachteile mit sich bringt, wird im Workshop »Responsive Webdesign mit Media Queries« in Kapitel 11 genau beschrieben. Daher sollten Sie die Möglichkeiten von CSS3 Media Queries nicht als allgemeingültige, unumstößliche und beste Lösung für die Gestaltung von Webinhalten ansehen, sondern als einen stetig in der Entwicklung befindlichen Prozess in den Bereichen Hardware (Endgeräte) und Software (Betriebssystem, Browser), der dem Webdesign der Zukunft neue Türen öffnet.

TEIL IV
Web 3.0

11   CSS3 für eine kreative Gestaltung

Coffee-Cards – eine etwas andere Liste

In diesem Workshop verwandeln Sie eine einfache Liste in fächerförmig angeordnete »Coffee-Cards«. Natürlich lassen sich so auch andere Infos vermitteln – lassen Sie sich inspirieren!

Akkordeon-Effekt

Der Akkordeon-Effekt ist eine platzsparende Methode, wenn viele Inhalte untergebracht werden müssen. Wie Sie dies nur mit CSS3 umsetzen, erfahren Sie in diesem Workshop.

Responsive Webdesign mit Media Queries

In diesem Workshop nutzen Sie CSS3 Media Queries, um den Viewport abzufragen und für jedes Gerät, von dem die Website aufgerufen wird, eine ideale Darstellung zu erreichen.

Webdesign im Miniaturformat: mobile Websites

Am Beispiel einer Website für eine App, lernen Sie in diesem Workshop wie Sie vorgehen müssen, wenn eine Website auf einem mobilen Endgerät wie dem iPhone laufen soll.

Coffee-Cards – eine etwas andere Liste

Kreative Gestaltung mit CSS3: Farbverlauf, Neigung, Schatten, runde Ecken…

Für eine Vielzahl von Webdesignern und -entwicklern bedeutet browserübergreifendes Webdesign, eine Webseite auf allen gängigen Browsern identisch aussehen zu lassen. Diese Vorgehensweise führt allerdings dazu, dass moderne Browser in ihrem gewachsenen Potential eingeschränkt und Websites auf ein Minimum an Gestaltung reduziert werden, damit sie auch in alten Browsern korrekt dargestellt werden. Bei der Herangehensweise der sogenannten »Graceful Degradation« geht man allerdings anders vor: Hier werden Websites so gestaltet, dass sie in den neuesten Browserversionen ihr volles Potential entfalten können, und erst dann werden – beispielsweise über Conditional Comments – die älteren Ausnahmen bedacht. Das folgende Design, das ursprünglich als Workshop für gleich hohe Elemente gedacht war, entwickelte sich zu einem Sammelsurium dieser neuen Eigenschaften.

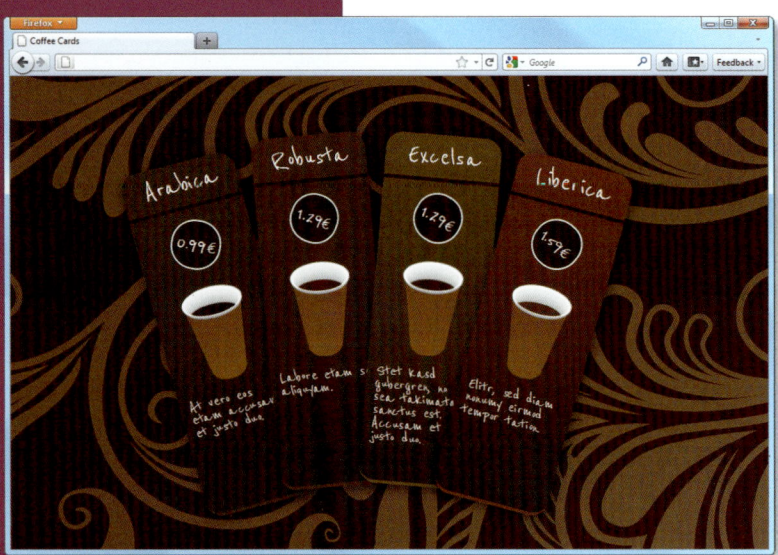

Zielsetzungen:

▶ Anlegen einer ungeordneten Liste als Basis für die Gestaltung der »Coffee-Cards«

▶ »Coffee-Cards« in Fächerformation und mit Stapeleffekt gestalten

▶ Karte beim Überfahren mit der Maus im Stapel nach vorn holen

CSS3-Eigenschaften: `linear-gradient, rotate, box-shadow...`

1 HTML-Struktur der Coffee-Cards

Die HTML-Struktur dieser Elemente, durch die am Ende dieses Workshops die vier Coffee-Cards in einer Fächerformation umgesetzt werden, basiert auf vier Bereichen mit der Klasse `.col`, die wir später linksbündig nebeneinander ausrichten werden. Jeder der vier Bereiche besitzt zusätzlich eine individuelle und aussagekräftige Klasse (`.arabica`, `.robusta`, `.excelsa`, `.liberica`), über die wir die einzelnen Bereiche individuell via CSS gestalten können. Zudem enthalten alle Bereiche eine Überschrift zur zusätzlichen eindeutigen Kennzeichnung der darauffolgenden Inhalte, einen Bereich für die Preiskennzeichnung, der allein durch die aussagekräftige Klasse `.price` erkennbar sein sollte, eine Produktbeschreibung, die über die Klasse `.description` gesteuert werden kann, sowie eine Abbildung in Form eines Kaffeebechers.

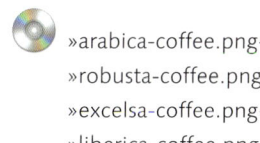

»arabica-coffee.png«
»robusta-coffee.png«
»excelsa-coffee.png«
»liberica-coffee.png«

```html
<ul id="coffeeCards" class="clearfix">
   <li class="col arabica">
      <h2>Arabica</h2>
      <p class="price">0.99€</p>
      <img src="images/arabica-coffee.png" alt="Arabica" />
      <p class="description">At vero eos etam ...</p>
   </li>
   <li class="col robusta">
      <h2>Robusta</h2>
      <p class="price">1.29€</p>
      <img src="images/robusta-coffee.png" alt="Robusta" />
      <p class="description">Labore etam set ...</p>
   </li>
   <li class="col excelsa">
      <h2>Excelsa</h2>
      <p class="price">1.29€</p>
      <img src="images/excelsa-coffee.png" alt="Excelsa" />
      <p class="description">Stet kasd gubergren, ...</p>
   </li>
   <li class="col liberica">
      <h2>Liberica</h2>
      <p class="price">1.59€</p>
      <img src="images/liberica-coffee.png" alt="Liberica" />
      <p class="description">Elitr, sed diam ...</p>
   </li>
</ul>
```

2 Farbschema erstellen

Wie so oft in diesem Buch erstellen wir nun im ersten Schritt zur Gestaltung des Coffee-Card-Designs das Farbschema, hier auf der Onlineplattform COLOURlovers.

▲ **Abbildung 1**
Inhalte dieses Workshops ohne CSS

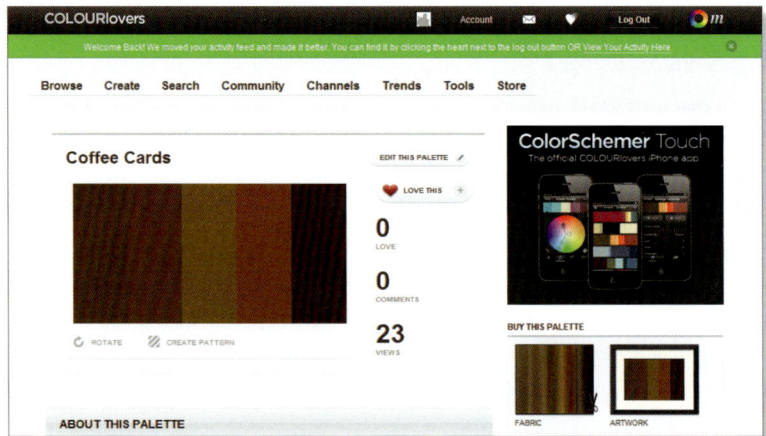

Abbildung 2 ▶
Ein mögliches Farbschema für den Coffee-Card-Workshop auf *colourlovers.com*

»bg_coffee.jpg«

Da in Cafés fast ausnahmslos warme Farben und bei manchen Ketten zudem große Wandmalereien die Räumlichkeiten schmücken, nutzen wir auch in diesem Workshop verschiedene Braun-Töne und die Hintergrundgrafik »bg_coffee.jpg« (siehe Abbildung 3).

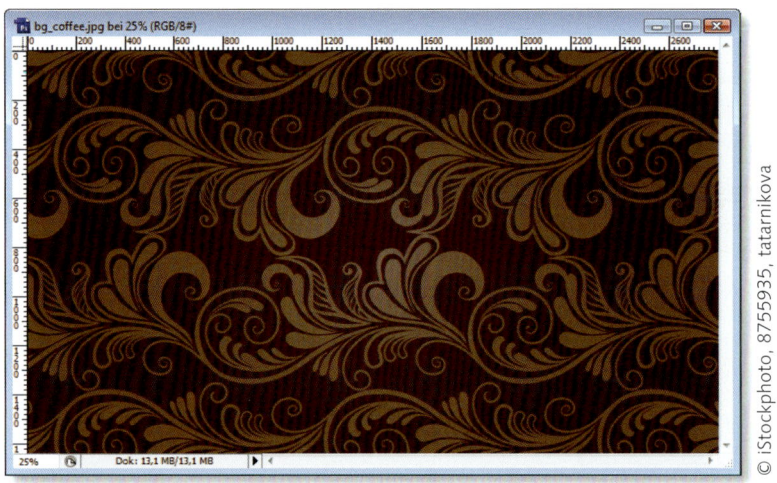

▲ **Abbildung 3**
Hintergrundgrafik für die Coffee-Cards

Google Font API

Wer genauer wissen möchte, wie Schriften aus der Google Font API eingebunden werden, liest im Workshop »Von Kopf bis Fuß: der Webseitenfooter« in Kapitel 5 im 6. Arbeitsschritt nach.
Zur von James Grieshaber aus Chicago (USA) entwickelten und 63 KB großen Schriftfamilie »Reenie Beanie« erfahren Sie mehr unter: *google.com/webfonts/family?family=Reenie+Beanie*

3 Erstellung des Layout-Grundgerüstes

Neben der Referenzierung auf ebendiese Hintergrundgrafik weisen wir dem body auch die über die Google Font API angebotene Schrift »Reenie Beanie« zu. Diese Handschrift verleiht den Coffee-Cards ein wenig zusätzliche Persönlichkeit und erinnert durchaus an die vor den Cafés stehenden Tafeln, auf denen oftmals mit großer Sorgfalt die Tagesangebote aufgeführt werden.

```
body {
    background:transparent url(../images/bg_coffee.jpg)
    fixed 0 0 no-repeat;
    padding:0;
    margin:0;
    font: 100% "Reenie Beanie", arial, serif;
    color:#FFF;
    text-align:center;
}
#coffeeCards {
    width:75%;
    margin:7em auto 0 auto;
    padding:0 0 0 10em;
}
```

▲ **Abbildung 4**
Die Überschrift in »Reenie Beanie«
(oben) und der Fallback-Font
»Arial« (unten)

Das signifikanteste Element bei der Gestaltung der Coffee-Cards ist die der Ausrichtung der vier Cards nebeneinander. In diesem Fall gewährleisten wir dies über die Eigenschaft `float` und den Wert `left`. Da die Überschriften nicht nur beschreiben sollen, welche Kaffeesorte das jeweilige Element enthält, sondern auch die Aufmerksamkeit des Betrachters wecken sollen, ist ihre Schrift wesentlich größer als die der beschreibenden Texte. Da die standardmäßige Zeilenhöhe von 1,0 bei den beschreibenden Texten in Kombination mit einer Schriftgröße von 150 % – wie im rechten Teil von Abbildung 5 zu erkennen – zu groß ist, verkleinern wir sie um ein Viertel. Bei anderen Schriften könnte diese Zeilenhöhe allerdings zu gering sein und dazu führen, dass diese Texte dann wiederum schlechter lesbar sind.

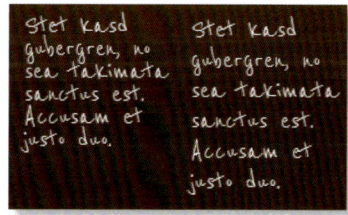

▲ **Abbildung 5**
Auch die Zeilenhöhe (`line-height`)
spielt eine wichtige Rolle – gerade
bei längeren Texten: links mit einer
Zeilenhöhe von `0.75` und rechts
mit `1.0`.

```
.col {
    float:left;
    width:10em;
    text-align:center;
    padding:0 0 2em 0;
}
h2 {
    margin:0;
    padding:0;
    width:100%;
    font-size: 250%;
    font-weight:normal;
    line-height:1.5;
}
.description {
    margin:0 .5em;
    text-align:left;
    font-size: 150%;
    line-height:.75;
}
```

Zeilenhöhe und Lesbarkeit

Eine Faustregel besagt, dass für die bessere Lesbarkeit eines Textes die Zeilenhöhe umso größer sein sollte, je länger die Textzeilen sind. Das heißt, bei relativ kurzen Zeilen wie bei den Coffee-Cards ist es durchaus legitim, die Zeilenhöhe zu reduzieren, während die gleiche Zeilenhöhe bei einem Fließtext über mehrere Hundert Pixel garantiert schwerer zu lesen sein würde. Ein Onlinetool, in dem Sie das Verhalten zwischen Schriftart, -größe und Zeilenhöhe und die damit verbundenen Auswirkungen auf die Lesbarkeit testen können, ist der Typetester:
www.typetester.org

Um die verschiedenen Coffee-Cards auch optisch unterscheiden zu können, weisen wir jedem der vier Bereiche eine zuvor im Farbschema festgelegte Hintergrundfarbe zu. Diese gilt im Übrigen auch als Fallback für jene Browser, die die CSS3-Eigenschaft für den Farbverlauf nicht abbilden können. Wichtig ist hierbei die Reihenfolge der Eigenschaften: Da standardmäßig die Eigenschaft des Farbverlaufes umgesetzt werden soll und die folgenden Hintergrundfarben nur im »Notfall« Verwendung finden sollen, müssen wir den Fallback (`background-color`) der »Wunscheigenschaft« (`background:linear-gradient`) voranstellen, damit er im Idealfall (Browser kennt beide Eigenschaften) von dieser überschrieben wird.

```
.arabica {
    background-color:#5a3e17;
}
.robusta {
    background-color:#643f16;
}
.excelsa {
    background-color:#7e5c1c;
}
.liberica {
    background-color:#804605;
}
```

Das Ergebnis unserer bisherigen Bemühungen ist noch nicht sonderlich ansehnlich, aber im Vergleich zu Abbildung 1 ist wenigstens schon zu erkennen, worum es in diesem Workshop geht.

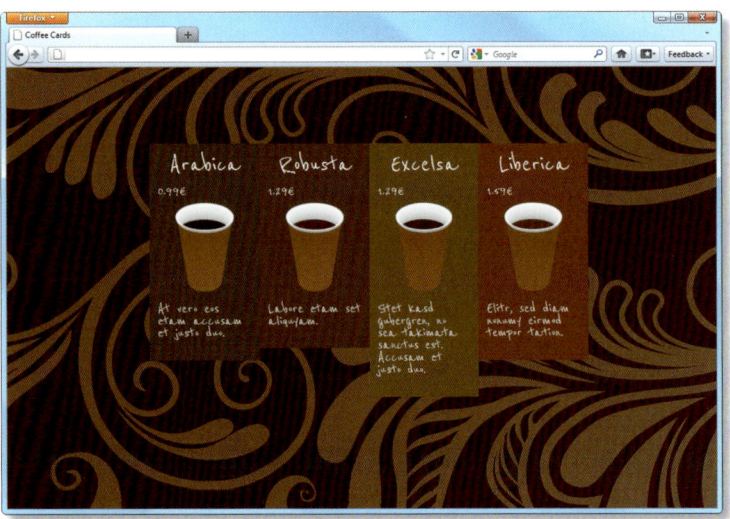

Abbildung 6 ▶
Da die Größe der vier Bereiche noch nicht festgelegt wurde, sind die Coffee-Cards noch unterschiedlich hoch.

4 Runde Ecken und gleiche Höhe

Die CSS-Eigenschaft `min-height` bestimmt die Mindesthöhe eines HTML-Elements und stellt somit sicher, dass auch leere Boxen eine Mindesthöhe im Layout aufweisen, bei einer Zunahme von Inhalten aber dennoch mitwachsen. Mit der CSS-Eigenschaft `min-height` passt sich die Box – im Gegensatz zur Eigenschaft `height` – den wachsenden Inhalten an. Ohne diese Eigenschaften würde sich die Coffee-Card zwar an die Höhe der Inhalte anpassen – aber die Höhe des HTML-Elements `.col` würde dann ausschließlich durch die Inhalte, wie in Abbildung 6 zu erkennen ist, bestimmt werden. Damit die Eigenschaft gleich hoher Elemente auch im IE realisiert werden kann, weisen wir dieser Browserversion den gleichen Wert für die Mindesthöhe zu wie den anderen. Mehr zu diesem Problem erfahren Sie im Workshop »Gleich hohe ›div‹-Elemente für alle Browser« in Kapitel 9.

Eine weitere prägnante und für viele Webdesigner unerlässliche Eigenschaft wird den Weg in diesen Workshop finden – »runde Ecken«. Die CSS-Eigenschaft `border-radius` wird mittlerweile von allen aktuellen Browserversionen (Firefox 5, Internet Explorer 9, Opera 11.5, Safari 5, Google Chrome 13) unterstützt, also haben wir keine zusätzliche Arbeit mit der Erstellung von Grafiken.

```
.col {
    ...
    -moz-border-radius:1.5em;
    -webkit-border-radius:1.5em;
    border-radius:1.5em;
    min-height:28em;
    height:28em;
}
```

Techniken für »runde Ecken«

Da die CSS3-Eigenschaft `border-radius` insbesondere von den älteren Browserversionen (IE 6 bis 8) nicht unterstützt wird, hat sich im Laufe der letzten Jahre eine Vielzahl an Techniken zur Umsetzung »runder Ecken« etabliert: *www.devwebpro.com/25-rounded-corners-techniques-with-css*

Gleiche Höhe im IE 6

Der Internet Explorer 6 (ebenso wie seine Vorgänger) unterstützt die Eigenschaft `min-height` noch nicht, erst die Version 7 von IE kann `min-height` interpretieren.

◄ **Abbildung 7**
Durch die Eigenschaft `min-height` sind nun alle Bereiche gleich hoch.

5 Runder Preis

Nun soll der Preis stärker in Szene gesetzt werden. Um aus einem eckigen Blockelement einen Kreis mittels CSS zu erzeugen, muss der Wert für Breite und Höhe dieses Elements gleich sein (in diesem Fall 2 em). Diesen Wert halbieren wir dann und weisen ihn der Eigenschaft `border-radius` zu.

Außerdem hinterlegen wir den Preis mit einem kontrastreichen Hintergrund, der sich durch einen weißen Rand zusätzlich von der Hintergrundfarbe der jeweiligen Coffee-Card abhebt und durch die Zentrierung direkt über dem jeweiligen Kaffeebecher ins Auge des Betrachters fällt. Zudem rücken wir den Preis über die Eigenschaft `text-indent` ein wenig ein, wodurch wir ihn innerhalb des endgültigen Kreises mittig ausrichten können. Aufgrund der Einzeiligkeit dieses Elements (bei mehreren Zeilen wäre mit dieser Eigenschaft lediglich die erste Zeile eingerückt) stellt diese Eigenschaft eine Alternative zur Einrückung über den Innenabstand `padding` dar.

▲ **Abbildung 8**
Preisangabe – links ohne gesonderte Eigenschaften, rechts mit mehr Fokus dank Kreisform, weißer Umrandung und kontrastreicher dunkler Hintergrundfarbe

```
p.price {
    font-size: 200%;
    margin:.5em auto;
    width:2em;
    height:2em;
    line-height:2em;
    text-indent:.175em;
    -webkit-border-radius:1em;
    -moz-border-radius:1em;
    border-radius:1em;
    border:.075em solid #FFF;
    background-color:#3d270d;
}
```

6 Farbverlauf: »linear-gradient«

Dank der CSS3-Eigenschaft `linear-gradient` mit ihren Ausrichtungen (`linear`, `radial`) können Sie Farbverläufe nun nicht nur über Grafiken abbilden, sondern sie dem Browser auch ausschließlich über CSS zuweisen. Ein Vorteil ist neben der möglichen Reduzierung von HTTP-Requests die Zeitersparnis bei der Erstellung solcher Grafiken. Außerdem bedarf es keiner Rücksichtnahme auf Breite und Höhe des Elements oder auch die runden Ecken der Coffee-Cards, deren Darstellung in den Browsern allerdings sichtbare Unterschiede aufweist (siehe Abbildung 11).

Anfang Januar 2011 änderte das Webkit-Team die Syntax für die CSS3-Eigenschaften `linear-gradient` und `radial-gradient` und orientiert sich seitdem an der vom W3C favorisierten Syntax von Mozilla. Die Integration ist bereits in die aktuellen Nightly Builds von Safari 5 und in Google Chrome ab Version 11 eingeflossen und wird demnächst auch in den zukünftigen Versionen dieser Browser integriert werden. Für den Übergang wird Webkit auch weiterhin die bestehende Syntax unterstützen. Ein Grund, warum dieser Workshop beide webkit-basierte Schreibweisen enthält, denn schließlich sollen sowohl Google Chrome als auch der Safari-Browser unterstützt werden.

Wer sich ein wenig Tipparbeit sparen möchte, greift hierfür auf einen der zahlreichen Farbverlaufsgeneratoren zurück. Ich empfehle Ihnen den Gradient-Generator von *www.display-inline.fr/projects/css-gradient*. Dieser erstellt nach Angabe des Anfangs- und Endwertes des Verlaufes nicht nur den für Mozilla- und Webkit-Browser üblichen CSS-Code, sondern er bietet gleichzeitig einen Ansatz für Opera-Nutzer, die noch eine ältere Version als 11.1 besitzen, denn diese Versionen benötigen zusätzlich zum gesonderten CSS-Code eine SVG-Datei zur Umsetzung der Farbverlaufseigenschaft.

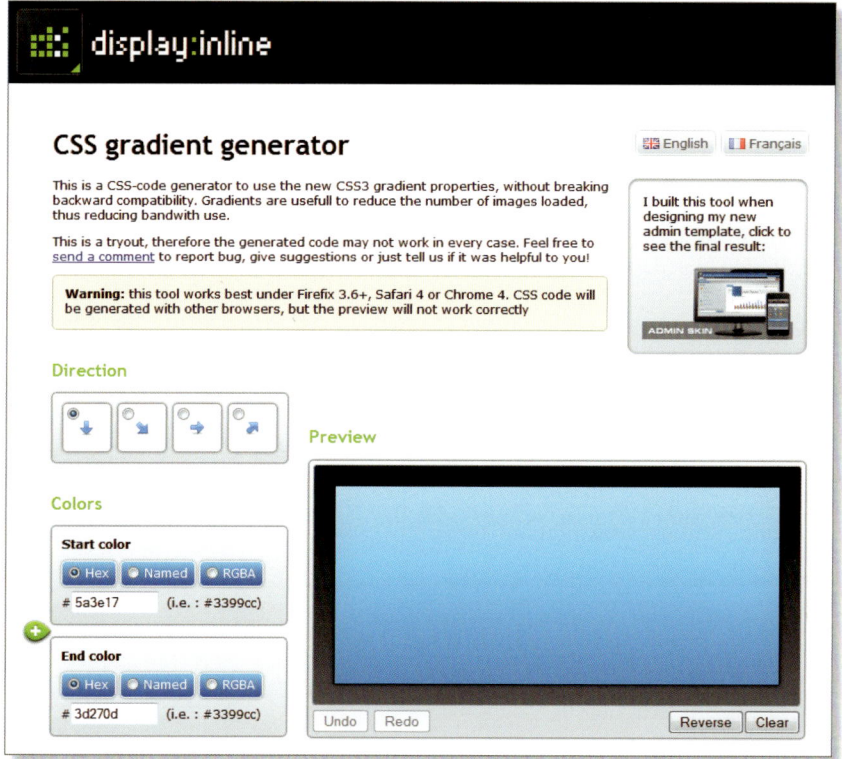

◄ **Abbildung 9**
Der CSS-Gradient-Generator von
www.display-inline.fr

Mit einem Klick generieren Sie auf diese Weise CSS-Code, der für alle gängigen Browser ein Ergebnis anbietet. Leichter geht's wirklich nicht.

Für die noch in der Pre-Beta-Phase befindliche Version des IE 10 stellen wir den Farbverläufen der vier Coffee-Cards das Präfix -ms- voran.

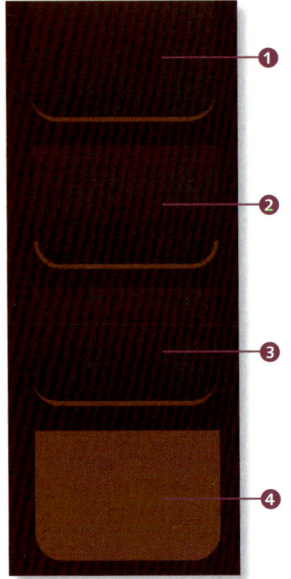

▲ Abbildung 10

Firefox ❶, Chrome und Safari ❷ und Opera ❸ stellen den Farbverlauf und die runden Ecken zwar unterschiedlich, aber korrekt dar. Der IE 9 ❹ stellt zwar die runden Ecken dar, kann aber den Farbverlauf nicht umsetzen.

```css
.arabica {
    background-color:#5a3e17;
    background: -moz-linear-gradient(top, #5a3e17, #3d270d);
    background: -webkit-gradient(linear, left top, left bottom,
    from(#5a3e17), to(#3d270d));
    background: -webkit-linear-gradient(top, #5a3e17, #3d270d);
    background: -o-linear-gradient(top, #5a3e17, #3d270d);
    background: -ms-linear-gradient(top, #5a3e17, #3d270d);
    background: linear-gradient(top, #5a3e17, #3d270d);
    border-width:0 0 .25em 0;
    border-style:solid;
    border-color:#5a3e17;
}
.robusta {
    background-color:#643f16;
    background: -moz-linear-gradient(top, #643f16, #3d270d);
    background: -webkit-gradient(linear, left top, left bottom,
    from(#643f16), to(#3d270d));
    background: -webkit-linear-gradient(top, #643f16, #3d270d);
    background: -o-linear-gradient(top, #643f16, #3d270d);
    background: -ms-linear-gradient(top, #643f16, #3d270d);
    background: linear-gradient(top, #643f16, #3d270d);
    border-width:0 0 .25em 0;
    border-style:solid;
    border-color:#643f16;
}
.excelsa {
    background-color:#7e5c1c;
    background: -moz-linear-gradient(top, #7e5c1c, #3d270d);
    background: -webkit-gradient(linear, left top, left bottom,
    from(#7e5c1c), to(#3d270d));
    background: -webkit-linear-gradient(top, #7e5c1c, #3d270d);
    background: -o-linear-gradient(top, #7e5c1c, #3d270d);
    background: -ms-linear-gradient(top, #7e5c1c, #3d270d);
    background: linear-gradient(top, #7e5c1c, #3d270d);
    border-width:0 0 .25em 0;
    border-style:solid;
    border-color:#7e5c1c;
}
.liberica {
    background-color:#804605;
    background: -moz-linear-gradient(top, #804605, #3d270d);
    background: -webkit-gradient(linear, left top, left bottom,
    from(#804605), to(#3d270d));
    background: -webkit-linear-gradient(top, #804605, #3d270d);
    background: -o-linear-gradient(top, #804605, #3d270d);
    background: -ms-linear-gradient(top, #804605, #3d270d);
    background: linear-gradient(top, #804605, #3d270d);
    border-width:0 0 .25em 0;
```

```
   border-style:solid;
   border-color:#804605;
}
```

◀ **Abbildung 11**
Unterschiedliche Farbverläufe der
Coffee-Cards, basierend auf der
Eigenschaft `linear-gradient`

7 Fächerformation mit Drehung und Verschiebung

Die Erzeugung zweidimensionaler Flächen wie beispielsweise eines Quadrats ist für CSS keine sonderlich große Herausforderung. Mit dem CSS3-2D-Transforms-Modul ist es aber mittlerweile möglich, solche Flächen zu verschieben (natürlich nicht via `-padding` oder `margin`), zu skalieren, zu drehen und zu verzerren.

Zur Demonstration dieser Möglichkeiten liegt die Hauptaufgabe nun darin, die vier Coffee-Cards in einer gleichmäßigen Formation als Fächer auszurichten. Damit sie nicht zu weit auseinander liegen, sollen sie gleichmäßige Abstände in einem Neigungswinkel von 10° erhalten.

Den Beginn machen die beiden außenliegenden Coffee-Cards »Arabica« und »Liberica«. Um die Fächerformation umsetzen zu können, muss die Coffee-Card »Liberica« sich im Uhrzeigersinn, in diesem Fall mit einem Winkel von 15°, neigen, während die Coffee-Card »Arabica« sich um denselben Wert gegen den Uhrzeigersinn neigen muss. Daher benötigen Sie an dieser Stelle auch das Minuszeichen.

```
.arabica {
  ...
  -moz-transform: rotate(-15deg);
  -webkit-transform: rotate(-15deg);
  -o-transform: rotate(-15deg);
```

**Browser-Support des
CSS3-2D-Transform-Moduls**

Die CSS3-Eigenschaften `scale`, `rotate`, `skew` und `translate` werden von allen aktuellen Versionen relevanter Browser unterstützt (Firefox 5, Opera 11.5, Safari 5, Google Chrome 13), auch wenn diese ihre Präfixe zur Umsetzung dieser Eigenschaft benötigen. Mit dem Präfix `-ms-` ist im Übrigen auch die aktuelle Version 9 des Internet Explorers in der Lage, die Neigung der Coffee-Cards umzusetzen. Da die älteren Versionen des IE (kleiner gleich Version 8) keine runden Ecken umsetzen können und somit auch der Bereich des Preises nicht rund, sondern eckig ist, sehen wir von einer Neigung über Filter-Eigenschaften in diesen Fällen ab.

```
    -ms-transform: rotate(-15deg);
    transform: rotate(-15deg);
}
.liberica {

    ...
    -moz-transform: rotate(15deg);
    -webkit-transform: rotate(15deg);
    -o-transform: rotate(15deg);
    -ms-transform: rotate(15deg);
    transform: rotate(15deg);
}
```

▲ **Abbildung 12**
Neigung der äußeren Coffee-Cards basierend auf der Eigenschaft transform
und dem Wert rotate

Im zweiten Schritt müssen nun die beiden innenliegenden Coffee-Cards
»Robusta« und »Excelsa« einen Neigungswinkel von 5° bzw. –5° erhalten.

```
.robusta {

    ...
    -moz-transform: rotate(-5deg);
    -webkit-transform: rotate(-5deg);
    -o-transform: rotate(-5deg);
    -ms-transform: rotate(-5deg);
    transform: rotate(-5deg);
}
.excelsa {

    ...
    -moz-transform: rotate(5deg);
    -webkit-transform: rotate(5deg);
```

```
  -o-transform: rotate(5deg);
  -ms-transform: rotate(5deg);
  transform: rotate(5deg);
}
```

◄ **Abbildung 13**
Neigung der beiden inneren
Coffee-Cards um –5° bzw. 5°

Aufgrund der unterschiedlichen Neigungswinkel sind die vier Coffee-Cards noch nicht in der idealen Fächerformation. Um das zu beheben, könnten wir die beiden innenliegenden Elemente über einen negativen Außenabstand `margin` hochziehen. Da in diesem Kapitel allerdings CSS3 die Hauptrolle spielt und demzufolge auch neue Eigenschaften vorgestellt werden sollen, verwenden wir für diesen Workshop eine andere Eigenschaft.

Diese ebenfalls durchaus interessante und großes Potential bietende Eigenschaft ist die der Verschiebung. Nein, kein `padding`, kein `margin` – `translate`! Das in diesem Fall nicht für »übersetzen«, sondern für »verschieben« stehende Wort definiert seine Eigenschaft über zwei Werte. Der erste Wert steht für die x-Verschiebung und der zweite Wert für die y-Verschiebung. Wenn keine Verschiebung eines Wertes vorliegen soll, bekommt dieser den Wert Null. Wenn Sie an dieser Stelle wieder eine Alternative für die Browser benötigen, die diese Eigenschaft nicht umsetzen können (beispielsweise IE kleiner gleich Version 8), empfehle ich Ihnen, diese Positionsveränderung mit einem negativen Außenabstand nach oben (`margin-top:-2em`) zu erzielen.

Translate – die Verschiebung
Auch hier gibt es eine Unterscheidung zwischen positiven und negativen Angaben. Während eine positive Zahl das jeweilige Element nach rechts verschiebt, verschiebt ein negativer Wert dieses Element nach links. Beim zweiten Parameter, der für die vertikale Verschiebung steht, schiebt eine negative Zahl das Element nach oben und ein positiver Wert schiebt es nach unten.

```
.robusta {
  ...
  -moz-transform: rotate(-5deg) translate(0, -2em);
  -webkit-transform: rotate(-5deg) translate(0, -2em);
  -o-transform: rotate(-5deg) translate(0, -2em);
```

```
    -ms-transform: rotate(-5deg) translate(0, -2em);
    transform: rotate(-5deg) translate(0, -2em);
}
.excelsa {
    ...
    -moz-transform: rotate(5deg) translate(0, -2em);
    -webkit-transform: rotate(5deg) translate(0, -2em);
    -o-transform: rotate(5deg) translate(0, -2em);
    -ms-transform: rotate(5deg) translate(0, -2em);
    transform: rotate(5deg) translate(0, -2em);
}
```

▲ **Abbildung 14**
Verschiebung der inneren beiden Coffee-Cards in y-Richtung

 »bg_coffee.jpg«

Um noch ein wenig mehr Aufmerksamkeit auf die jeweilige Kaffeesorte zu lenken, weisen wir der Überschrift zweiter Ordnung mit folgendem CSS-Code eine sichtbare farbliche Trennung zu. Der dafür verwendete Farbwert stammt aus der Hintergrundgrafik »bg_coffee.jpg«.

```
h2 {
    ...
    border-bottom:.125em solid #3e1d0e;
}
```

Auch die Preisangabe soll sich natürlich ein wenig mitdrehen. Erreicht wird das durch folgenden CSS-Code:

```
.price {
    ...
```

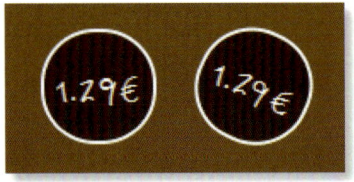

▲ **Abbildung 15**
Preisangabe ohne und mit Drehung um 25°

```
  -moz-transform: rotate(25deg);
  -webkit-transform: rotate(25deg);
  -o-transform: rotate(25deg);
  -ms-transform: rotate(25deg);
  transform: rotate(25deg);
}
```

CSS3-Transforms-Modul

Innerhalb des CSS3-Transforms-Moduls gibt es die Möglichkeit, mehrere Eigenschaften miteinander zu kombinieren. Dazu fügen Sie der Eigenschaft (beispielsweise `rotate`) den dazugehörigen Wert (`5deg`) hinzu, gefolgt von der nächsten Eigenschaft in der gleichen Reihenfolge. Anders als bei anderen Schreibweisen, wie zum Beispiel beim Farbverlauf, wird bei der Aneinanderreihung von Eigenschaften nicht auf die Trennung durch Komma gesetzt. Weitere Informationen finden Sie unter *www.w3.org/TR/css3-2d-transforms*.

▲ **Abbildung 16**
Neigung des Preises um 25°

8 Stapeleffekt mit Schatten: »box-shadow«

Einen Schatten hinter Elementen zu generieren, beherrschen heutzutage alle moderneren Browser außer Internet Explorer 6 bis 8, aber die sind ja auch nicht wirklich modern. Für den Schatten werden der Versatz auf x- und y-Achse, der Blur-Faktor und die Farbe angegeben. Auch hier können Sie mit Transparenzen, also einem Alphawert, arbeiten. Der Versatz kann auch negative Werte annehmen, der Schatten wird dann in die andere Richtung generiert.

```
.col {
  ...
  margin:0 -1em 0 0;
  -moz-box-shadow:.125em .25em 1em rgba(0, 0, 0, .5);
  -webkit-box-shadow:.125em .25em 1em rgba(0, 0, 0, .5);
  box-shadow:.125em .25em 1em rgba(0, 0, 0, .5);
}
```

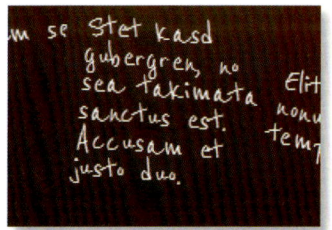

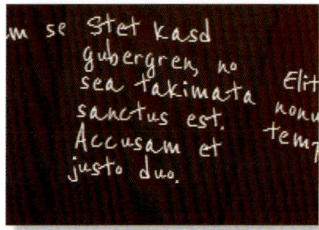

▲ **Abbildung 17**
Die Coffee-Cards ohne (oben) und mit Schatten (unten). Die Stapelung wirkt nun plastischer.

▲ **Abbildung 18**
Coffee-Cards inklusive Schatten mit Alphatransparenz basierend auf der Eigenschaft `box-shadow`

9 Aufmerksamkeit erhöhen

Damit beim Fokussieren der einzelnen Coffee-Cards mit Maus oder Tastatur der durch die Stapelung teilweise verdeckte Text im unteren Bereich vollständig angezeigt wird, verändern wir die Position der jeweils fokussierten Coffee-Card.

```
.arabica:hover, .arabica:active, .arabica:focus,
.robusta:hover, .robusta:active, .robusta:focus,
.excelsa:hover, .excelsa:active, .excelsa:focus,
.liberica:hover, .liberica:active, .liberica:focus {
    position:relative;
    z-index:1;
}
.arabica:hover, .arabica:active, .arabica:focus {
    background-color:#5a3e17;
}
.robusta:hover, .robusta:active, .robusta:focus {
    background-color:#643f16;
}
.excelsa:hover, .excelsa:active, .excelsa:focus {
    background-color:#7e5c1c;
}
.liberica:hover, .liberica:active, .liberica:focus {
    background-color:#804605;
}
```

Die relative Position der Coffee-Cards wird somit, wie in Abbildung 19 gut zu erkennen ist, mit der CSS-Eigenschaft z-index auf die jeweils oberste der insgesamt vier Ebenen gehoben.

◀ **Abbildung 19**
Die fokussierte Coffee-Card liegt immer oben im Stapel. Durch ein »Überschreiben« des Farbverlaufes durch die Hintergrundfarbe heben wir die fokussierte Karte noch einmal zusätzlich hervor.

Der mit dieser Fokussierung verbundene Farbwechsel der Hintergrundfarbe löst den bisherigen Farbverlauf ab, wodurch die jeweilige Coffee-Card zusätzliche Aufmerksamkeit auf sich zieht.

Akkordeon-Effekt

Elemente ein- und ausblenden mit CSS3-Pseudoklassen – ohne JavaScript

Fließend animierte Übergänge bei Slide- oder Aufklapp-Effekten von Website-Elementen wie beispielsweise einem Menü wurden bisher meistens mit kleinen Plugins basierend auf einem JavaScript-Framework wie jQuery oder Mootools umgesetzt. Die CSS3-Eigenschaft `transition` ermöglicht ein solches »Bewegungsmuster« nun gänzlich ohne JavaScript. Das heißt, dass solche »Akkordeon-Effekte« ausschließlich via CSS umgesetzt werden können! Wie das genau geht, zeigt der folgende Workshop unter Verwendung der CSS3-Eigenschaften `border-radius`, `gradient` und `transition`. Weder JavaScript noch zusätzliche Grafiken – abgesehen von der Hintergrundgrafik – sollen dabei zum Einsatz kommen.

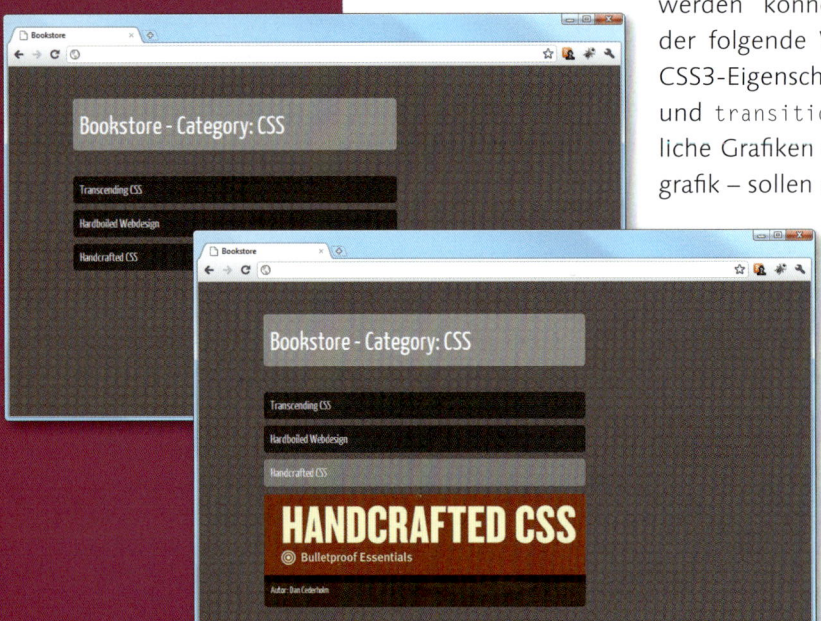

Zielsetzungen:

▶ Gestalten eines Menüs für einen Buchshop

▶ Ein- und Ausblenden von Informationen zu den Büchern (Akkordeon-Effekt) mittels Pseudoklassen (ohne JavaScript)

CSS3-Eigenschaften: CSS3-Module »Transforms« und »Transition«

1 Navigation mit Akkordeon-Effekt

Immer häufiger findet man auf Webseiten sogenannte Akkordeon-Effekte, die es ermöglichen, durch einen Klick auf einen Link Inhalte ein- und auszublenden. Dadurch kann der Webdesigner bzw. Webentwickler viel Inhalt auf wenig Raum unterbringen. Es geht hierbei also um die effektive Nutzung des sogenannten »Screen Real Estates« (Bildschirmplatzverbrauch).

»Screen Real Estate«

Die effektive Nutzung der Viewports von Browsern ist nicht zuletzt aufgrund der zunehmenden Verbreitung mobiler Endgeräte mit kleinen Viewports eine der größten Herausforderungen im Webdesign. Dies liegt neben den hardware- (Endgeräte) und softwaretechnischen Gegebenheiten (Browser) daran, dass möglichst viele Daten auf dem Bildschirm abgebildet werden sollen, allerdings ohne sich gegenseitig (negativ) zu beeinflussen. Dadurch soll Scrollen und das damit verbundene »verspätete Auffinden« von Inhalten auf Webseiten minimiert werden. Eine Möglichkeit ist der Einsatz auf- und zuklappbarer Elemente.

▲ **Abbildung 1**
Darstellung der Produktdetails im Onlineshop »i wie ida« (*www.i-wie-ida.de*)

Wie im Beispiel des Onlineshops »i wie ida« haben die Inhalte einer Webseite für sich genommen oft einen relativ geringen Umfang. Würde man die Inhalte jedoch alle auf einmal abbilden, wäre die Produktseite viel zu lang. Der Großteil der Produkte wäre außerhalb des Viewports und somit für den Betrachter im ersten Augenblick außer Sichtweite und erst durch Scrollen zu erreichen. Genau für solche Anwendungsfälle sind Elemente, die sich den Akkordeon-Effekt zunutze machen, prädestiniert.

2 Definieren der HTML-Struktur des Menüs

Das HTML-Grundgerüst dieses Navigationsmenüs besteht aus drei Menüpunkten li, die die Titel der drei Bücher zum Thema »CSS« enthalten und durch eine Überschrift erster Ordnung h1 eingeleitet werden. Nach

Onpage-Optimierung

Die Überschriften 1. und 2. Grades stellen die oberste Ebene in der Textstruktur von Webseiteninhalten dar und informieren die Suchmaschinenrobots darüber, dass die in ihnen enthaltenen Wörter von höchster Wichtigkeit für den gesamten – im Idealfall im direkt darauf folgenden – Text sind. Daher ist es nicht verwunderlich, dass es für die Onpage-Optimierung von Webseiten von großer Bedeutung ist, in Elementen wie den Überschriften auch die für diese Webseite relevanten Keywords unterzubringen.

dem Aufklappen des jeweiligen Überschriftenelements h2 werden ein in einem Absatzelement p befindlicher Ausschnitt der Abbildung des Buchcovers sowie der in einem span-Element befindliche Name des Buchautors sichtbar.

```
...
<div id="main">
    <div id="content">
        <h1>Bookstore - Category: CSS</h1>
        <ul class="bookMenu">
            <li id="transcendingCSS" class="book">
                <h2>
                    <a href="#transcendingCSS">Transcending CSS</a>
                </h2>
                <p><span>Autor: Andy Clarke</span></p>
            </li>
            <li id="hardboiledWebdesign" class="book">
                <h2>
                    <a href="#hardboiledWebdesign">
                    Hardboiled Webdesign</a>
                </h2>
                <p><span>Autor: Andy Clarke</span></p>
            </li>
            <li id="handcraftedCSS" class="book">
                <h2>
                    <a href="#handcraftedCSS">Handcrafted CSS</a>
                </h2>
                <p><span>Autor: Dan Cederholm</span></p>
            </li>
        </ul>
    </div>
</div>
...
```

Die Darstellung dieses Büchermenüs ist ohne CSS-Eigenschaften, nicht sehr überraschend, noch sehr spartanisch. Allerdings wird durch die Strukturierung des HTML-Codes und die daraus resultierende Gewichtung der Inhalte unter Umständen auch die Bedeutung dieser Inhalte für die Suchmaschinen offensichtlich (h1, h2, p bzw. span).

Wer also gezielte Onpage-Optimierung für bestimmte Keywords – wie im Beispiel des Onlineshops »i wie ida« – betreiben möchte, sollte dies bereits bei der Strukturierung der Inhalte berücksichtigen und dafür sorgen, dass die gewünschten Keywords zumindest in den Überschriften und Verlinkungen nicht vergessen werden.

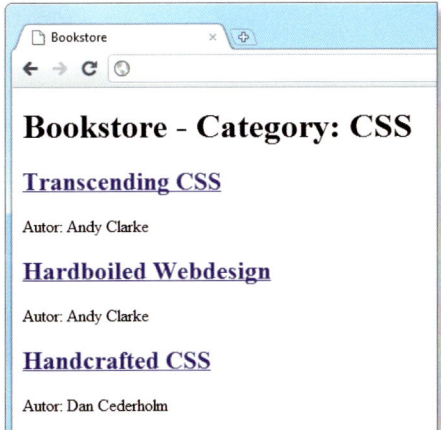

◄ **Abbildung 2**
Die aus dem HTML-Code resultierende Darstellung sieht ohne CSS noch relativ unspektakulär aus.

3 Der Grundaufbau des Layouts

Der Grundaufbau des Layouts birgt keine sonderlich großen Überraschungen. Zunächst kommt die Hintergrundgrafik »bg_pattern.png« (siehe Abbildung 4) zum Einsatz, die als Muster angelegt beliebig wiederholt und somit zu einem hintergrundausfüllenden Element wird. Wenn Ihnen die Erstellung einer solchen Pattern-Grafik zu umständlich ist, können Sie auch auf eine der zahlreichen Onlineanwendungen wie den »bgMaker« zurückgreifen, die es mit wenigen Klicks ermöglichen, diese Grafiken selbst zu erstellen.

 »bg_pattern.png«

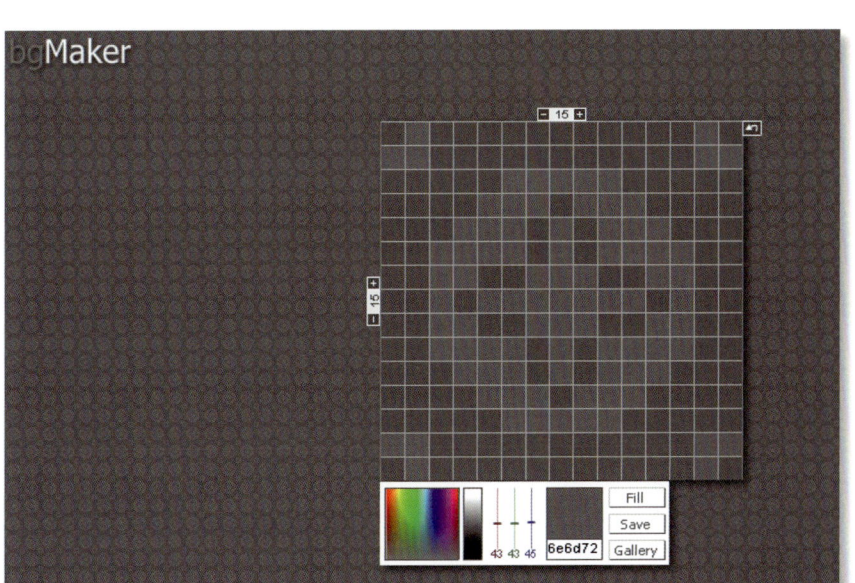

◄ **Abbildung 3**
Erstellung der Hintergrundgrafik im Hintergrund-Generator »bgMaker« (*bgmaker.ventdaval.com*)

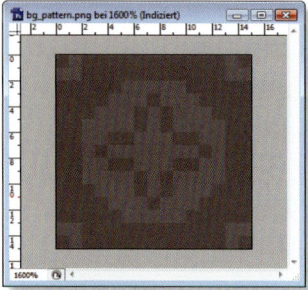

▲ Abbildung 4
Zur beliebigen Wiederholung angelegte Hintergrundgrafik »bg_pattern.png«

Zur Darstellung der Texte verwenden wir die über die Google Font API angebotene Schriftart »Yanone Kaffeesatz«. Genaue Informationen zur Einbindung solcher Schriften erhalten Sie im Workshop »Von Kopf bis Fuß: der Webseitenfooter« in Kapitel 5 im Arbeitsschritt 6.

```
body {
    margin:0;
    padding:0;
    background: url(../images/bg_pattern.png) 0 0 repeat;
    font: 12px "Yanone Kaffeesatz", arial, serif;
}
#content {
    margin:50px 100px;
    width:500px;
}
```

RGBA vs. Opacity

Während HTML-Elemente, denen Sie die CSS-Eigenschaft opacity zuweisen, eine allumfassende Transparenz für alle darin enthaltenen Inhalte aufweisen, können Sie mit dem RGBA-Wert eine Transparenz nur für die Hintergrundfarbe und nicht für die in diesem HTML-Element befindlichen Inhalte vergeben.

Damit sich die Überschrift h1 von der Hintergrundgrafik abhebt und besser vom Betrachter wahrgenommen wird, weisen wir ihr neben Innen- und Außenabständen auch eine Hintergrundfarbe zu. Hierbei unterscheiden wir allerdings zwischen zwei Eigenschaften: Den RGB-Wert legen wir als Fallback für den Internet Explorer Version 8 und kleiner an, weil diese nicht in der Lage sind, den darauffolgenden Alphatransparenzwert 0.4 des RGBA-Wertes umzusetzen. Bei den Browsern, die diese über den RGBA-Wert festgelegte Transparenz für den Hintergrund realisieren können (Firefox 5, Safari 5, Google Chrome 13, Opera 11.5, IE 9), werden so die dahinterliegenden Elemente sichtbar. Je kleiner ein solcher Wert ist, desto höher ist die Transparenz des Bereiches. Die beiden RGB-Werte unterscheiden sich deshalb, weil die Farbgebung des RGB-Wertes allein von den darin enthaltenen Werten von Rot, Grün und Blau abhängig ist, beim RGBA-Wert aber auch die dahinterliegende Farbe hinzukommt.

```
h1 {
    padding:20px 10px;
    margin:0 0 20px 0;
    font-size: 38px;
    font-weight: normal;
    background: #909090;
    background:rgb(144,144,144);
    background:rgba(255,255,255,.4);
    color:#FFF;
}
.bookMenu {
    padding: 10px 0;
    margin:0;
    list-style-type:noone;
}
```

▲ Abbildung 5
Die Überschrift h1 mit unterschiedlichen Werten für die Alphatransparenz: oben 0.7, Mitte 0.4 (Ist-Wert) und unten 0.1

◄ Abbildung 6
So soll die Überschrift h1 des
Büchermenüs aussehen.

4 Anklickbare Elemente gestalten

Damit sich die auf- und zuklappbaren Überschriftenelemente von der Hauptüberschrift farblich ein wenig absetzen und nicht mit dieser verwechselt werden können, weisen wir den Überschriften zweiter Ordnung, h2, einen dunkelgrauen Farbwert zu. Alle Browser, die alphatransparente Hintergrundfarben darstellen können, realisieren diesen »Grauton« über die Hintergrundfarbe Weiß und den Wert der Durchsichtigkeit dieses Elements von 0.3.

Bitte beachten Sie, dass diese Angaben ausschließlich für Browser gelten, die die Pseudoklassen :target und :not nicht unterstützen. Dazu gehören in erster Linie alle Versionen des Internet Explorers kleiner gleich Version 8. Diese beiden Pseudoklassen werden im späteren Verlauf des Workshops dafür sorgen, dass Inhalte ein- und ausgeblendet werden können, und übernehmen zusätzlich die Gestaltung der Überschriften h2.

```
.bookMenu h2 {
    margin:5px 0;
    padding:0;
}
.bookMenu h2 a {
    font-size: 18px;
    display: block;
    font-weight: normal;
    color:#FFF;
    text-decoration:none;
    margin:0;
    padding:10px;
    background:rgb(144,144,144);
    background:rgba(255,255,255,.3);
}
```

Hintergrundfarbe mit Transparenz

Immer wenn Sie Hintergrundfarben mit Alphakanal wie im Fall von RGBA angeben, sollten Sie dieser Eigenschaft einen Farbwert mit Hexadezimal-Wert oder einen RGB-Farbwert voranstellen, für diejenigen Browser, die diese Eigenschaft nicht umsetzen können. Anderenfalls hat dieses Element in Browsern wie dem IE 6 und IE 7 keine Hintergrundfarbe – ein Zustand, der im Interesse der Anwender dieser Browser(-versionen) vermieden werden sollte, denn unter Umständen kommt es dann zu einem nicht vorhandenen Kontrast zwischen weißer Schrift und weißer Hintergrundfarbe.

Abbildung 7 ▶
Die fertig gestalteten Menüpunkte
mit den Überschriften h1 und h2

Negationsselektor »:not«

Mit der Negationspseudoklasse
:not() können Elemente ausgewählt werden, auf die die Eigenschaften eines bestimmten Selektors nicht zutreffen. Diese
Elemente werden mit einfachen
Selektoren innerhalb der Klammern angegeben.

5 Gestalten der ein- und ausblendbaren Inhalte

Um die drei Bereiche dieses Menüs nicht alle auf einmal aufgeklappt betrachten und je nach Größe des Viewports scrollen zu müssen, kommen nun zwei Pseudoklassen ins Spiel, die es in Kombination mit der CSS3-Eigenschaft transition ermöglichen, Elementen den Auf- und Zuklappmechanismus zuzuweisen.

Damit die in den Elementen enthaltenen Inhalte auch für Nutzer alter Browser wie beispielsweise dem IE 6 zugänglich sind, wurde den Elementen, die auf diese Weise eingeblendet werden, die Negationspseudoklasse :not() vorangestellt. Direkt danach wird in Klammern aufgeführt, für welche Pseudoklasse diese Negationspseudoklasse gilt. Das Verstecken bzw. Ausblenden der Inhalte formulieren wir also über einen Selektor mit dem Konstrukt :not(:target). Da der IE kleiner gleich 8 mit diesen Anweisungen nichts anfangen kann, macht er an dieser Stelle auch nichts und zeigt einfach alle Menüpunkte aufgeklappt an.

Da natürlich auch diese »negierten Elemente« gestaltet werden müssen, weisen wir den Überschriften h2 für den inaktiven und den aktiven Zustand wechselnde Hintergrundeigenschaften zu.

```
.bookMenu :not(:target) h2 a {
    background: rgb(59,59,59);
    background: rgba(0,0,0,.4);
}
.bookMenu h2 a:hover,
.bookMenu h2 a:active,
.bookMenu h2 a:focus {
    background:rgb(144,144,144);
    background:rgba(255,255,255,.3);
}
```

◄ **Abbildung 8**
Farbwechsel bei Fokussierung des
aktiven Menüpunktes

6 Aufmerksamkeit des Betrachters erhöhen

Eine weitere Möglichkeit, die Aufmerksamkeit des Betrachters zu erlangen, ist neben einem Farbwechsel die Skalierung des entsprechenden Elements bei Fokussierung durch den User. Die Angabe zur Skalierung von Elementen wird vom CSS3-Transforms-Modul und der dazugehörigen Eigenschaft scale realisiert. Die Definition des Wertes erfolgt relativ zur aktuellen Größe. Der Wert 1.05 bedeutet daher, dass die Skalierung der verlinkten Überschrift beim Fokus 105 % der ursprünglichen Größe entspricht. Der Wert gilt für die Höhe und für die Breite des Elements.

```
.bookMenu h2 a:focus,
.bookMenu h2 a:hover,
.bookMenu h2 a:active {
   -moz-transform:scale(1.05);
   -webkit-transform:scale(1.05);
   -o-transform:scale(1.05);
   -ms-transform:scale(1.05);
   transform:scale(1.05);
}
```

▲ **Abbildung 9**
Vergrößerte Darstellung des aktiven Menüpunktes bei Fokussierung
durch den Anwender

**Die Spezifikation des
»:target«-Selektors**

Sogenannte Ankerindikatoren im Uniform Resource Identifier (kurz URI) stehen am Ende der Adresse, beginnend mit dem Zeichen #, gefolgt von einem idealerweise eindeutigen Namen. Angewendet auf diesen Workshop könnte ein Beispiel wie folgt lauten:
http://bookstore.com/css/
index.html#handcraftedCSS
Existiert innerhalb eines HTML-Dokumentes ein Element, das die ID handcraftedCSS besitzt, dann springt im Falle des Desktopbrowsers der Cursor direkt an diese »Sprungmarke«. Die Pseudoklasse :target in Kombination mit der Negationspseudoklasse not() ermöglicht es Ihnen, für genau dieses Verhalten dem Browser eine gesonderte Gestaltung anzubieten.

7 Akkordeon-Effekt vorbereiten

Für alle Browser, die die Pseudoklasse `:target` und die Negations-pseudoklasse `:not()` und deren Eigenschaften umsetzen können, soll nun der Ein- und Ausblend-Effekt umgesetzt werden. Zunächst müssen wir sicherstellen, dass im geschlossenen Zustand der Menüpunkte weder die Hintergrundgrafik noch die Autoreninfo sichtbar sind, sondern erst nach Aktivieren des Menüpunktes sichtbar werden. Dazu bekommt das Absatz-element `p` eine Höhe von Null.

```css
.bookMenu :not(:target) p {
    padding:0;
    margin:0;
    height: 0;
    overflow: hidden;
}
```

»transcending-css.jpg«
»hardboiled-webdesign.jpg«
»handcrafted-css.jpg«

Die drei durch die IDs eindeutig gekennzeichneten Bereiche erhalten in diesem Schritt die ihr zugeordneten Hintergrundgrafiken (siehe Abbildung 10).

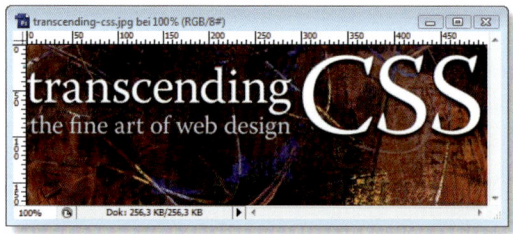

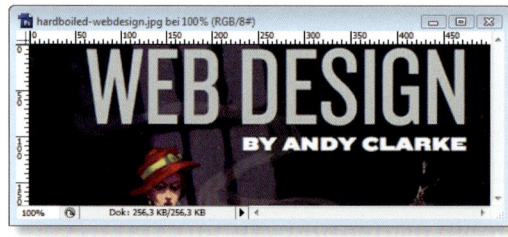

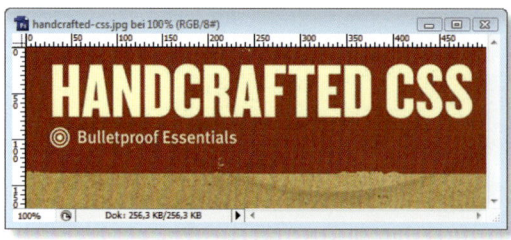

Abbildung 10 ▶
Hintergrundgrafiken der Bücher-kategorie »CSS«

```css
.bookMenu #transcendingCSS p,
.bookMenu #hardboiledWebdesign p,
.bookMenu #handcraftedCSS p {
```

```
    background: url(../images/transcending-css.jpg) top left
    no-repeat;
    position:relative;
}
.bookMenu #hardboiledWebdesign p {
    background-image: url(../images/hardboiled-webdesign.jpg);
}
.bookMenu #handcraftedCSS p {
    background-image: url(../images/handcrafted-css.jpg);
}
```

Um die Ausschnitte der Buchcover und die Autoreninformation im aufgeklappten Zustand in voller Höhe betrachten zu können, müssen wir
nun die Höhe des einzublendenden bzw. in den älteren IE-Versionen stets
geöffneten Bereiches auf 175 px festlegen. Das heißt, je größer der Wert
für die Höhe dieses Bereichs ist, desto größer ist später auch der ein- und
auszublendende Bereich. Der an dieser Stelle angegebene Wert von 175 px
orientiert sich an den Größen der Grafiken der Buchcover.

```
.bookMenu p {
    height:175px;
}
```

◄ **Abbildung 11**
Aufgeklappter Menüpunkt des
Buchtitels »Handcrafted CSS«

8 Gestalten der Inhalte im aufgeklappten Zustand

Nun versehen wir die bisher ausnahmslos eckigen Elemente über
die CSS3-Eigenschaft `border-radius` mit sogenannten »runden Ecken«.
Dazu weisen wir dem von Haus aus als Inlineelement vorliegenden `span`-
Element die Blockeigenschaft zu.

Damit die Autoreninformation am unteren Ende des p-Elements ausgerichtet wird, setzen wir eine absolute Positionierung innerhalb dieses Elements am untersten Rand mit `bottom:0` um, die sich vom linken Rand dieses Bereiches (`left:0`) über die volle Breite (`width:100%`) erstreckt.

```
.bookMenu p span{
   font-size:14px;
   display:block;
   height:35px;
   padding:15px 0 0 0;
   text-indent:10px;
   position:absolute;
   bottom:0;
   left:0;
   width:100%;
   color:#FFF;
   background: rgb(144,144,144);
   background: rgba(0,0,0,.6);
   -moz-border-radius-bottomright:5px;
   -moz-border-radius-bottomleft:5px;
   -webkit-border-bottom-right-radius:5px;
   -webkit-border-bottom-left-radius:5px;
   border-bottom-right-radius:5px;
   border-bottom-left-radius:5px;
}
```

▲ **Abbildung 12**
Nicht deckungsgleiche runde Ecke des span-Elements innerhalb des p-Elements ohne runde Ecke

Wenn wir Abbildung 12 betrachten, wird schnell ein Problem klar: Die runde Ecke des span-Elements wird zwar korrekt umgesetzt; da das p-Element jedoch keine runden Ecken hat, sind die Elemente nicht deckungsgleich.

Abbildung 13 ▶
Hervorhebung des Buchautors innerhalb des aufgeklappten Bereiches

9 Runde Ecken für alle Elemente

Um diese Deckungsgleichheit zu erzielen, müssen wir die Ecken des Absatzes `p` – der das Buchcover und den Bereich mit den Informationen zum Buchautoren enthält und durch die Negationspseudoklasse `:not()` erst nach dem Aufklappen sichtbar wird – ebenfalls abrunden.

Damit auch die anderen Elemente dieses Gestaltungselement der runden Ecken übernehmen, müssen wir sowohl der Überschrift erster Ordnung als auch den verlinkten Überschriften zweiter Ordnung dieselbe Eigenschaft zuweisen.

```
h1,
.bookMenu h2 a,
.bookMenu :not(:target) p {
    -moz-border-radius: 5px;
    -webkit-border-radius: 5px;
    border-radius: 5px;
}
```

▲ **Abbildung 15**
Das finale Büchermenü mit aufgeklapptem Menüpunkt des Buchtitels »Handcrafted CSS«

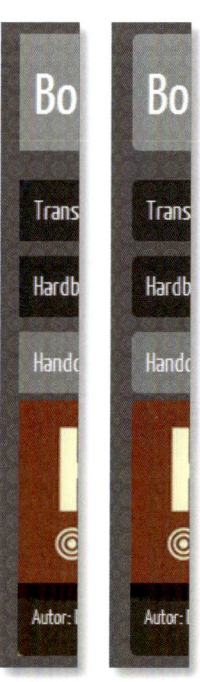

▲ **Abbildung 14**
Eckige Ecken (links) vs. »runde Ecken« (rechts)

10 Akkordeon-Effekt erzeugen

Jetzt widmen wir uns der CSS3-Eigenschaft, die erst zum Entstehen dieses Workshops geführt hat – der CSS3-Eigenschaft `transition`. Diese ermöglicht, wie bereits eingangs erwähnt, fließend animierte Übergänge. In diesem Fall soll sie dem Menü einen Slide-Effekt zuweisen. Das

▲ Abbildung 16
Bewegungsablauf des Aufklapp-
mechanismus

heißt, beim Klick auf einen der drei Menüpunkte werden die in den Absätzen befindlichen Inhalte ein- bzw. ausgeblendet.

Dieses Bewegungsverhalten können Sie zudem mit der Eigenschaft `ease-in` zeitlich steuern. Die hier gewählte Dauer von 1,5 Sekunden ist natürlich ein wenig hoch gegriffen. Da dieser Workshop aber auch einen Demonstrationscharakter besitzen soll, bekommen Sie so die Möglichkeit, den Effekt besser zu nachzuvollziehen, als beispielsweise bei 0,5 Sekunden.

Beachten Sie, dass diese auf dem CSS3-Transitions-Modul basierenden Eigenschaften momentan allerdings nur mit webkit-betriebenen Browsern wie Safari und Google Chrome, der 11.5er-Version des Opera-Browsers und in Firefox ab Version 4 funktionieren.

```
.bookMenu :not(:target) p {
    ...
    -moz-transition: height 1.5s ease-in;
    -webkit-transition: height 1.5s ease-in;
    -o-transition: height 1.5s ease-in;
    transition: height 1.5s ease-in;
}
```

11 Browserunterstützung

Da der Internet Explorer erst seit Version 9 die Pseudoklassen `:target` und `:not()` unterstützt, ignorieren all seine Vorgängerversionen diesen Auf- und Zuklappmechanismus. Daher bekommen die Anwender dieser älteren IE-Versionen, wie Sie im linken Bereich von Abbildung 17 sehen, alle Inhalte im aufgeklappten Zustand zu Gesicht.

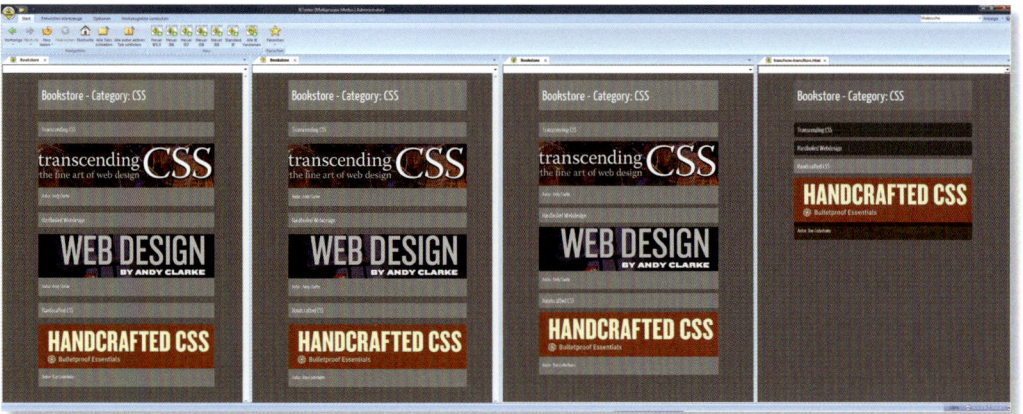

▲ Abbildung 17
IE-Tester: Vergleich der Darstellung des Büchermenüs zwischen den Browsern IE 6,
IE 7, IE 8 und IE 9 (von links nach rechts)

Responsive Webdesign mit Media Queries

Eine Website für mobile Endgeräte optimieren

Mit Media Queries machen Sie die Darstellung, Menge und Reihenfolge der angezeigten Elemente einer Website von der Browserfensterbreite des Geräts abhängig, auf dem die Website aufgerufen wird. Sie können also unterschiedliche Layouts generieren, ohne dabei auf JavaScript zurückgreifen zu müssen.

Media Types, mit denen Sie Eigenschaften für spezielle Ausgabegeräte (screen, print …) erstellen können, dürften sicher die meisten von Ihnen kennen, aber wie funktionieren Media Queries? Um die Möglichkeiten von Media Queries aufzuzeigen, soll ein bestehendes Projekt genutzt werden. Daher bildet der Workshop »Übersichtlich gegliedert: Navigationen gestalten« aus Kapitel 5 die strukturelle und gestalterische Grundlage dieses Workshops.

Zielsetzungen:

▶ Gestaltung der Webanwendung dem zur Verfügung stehenden Viewport mit Media Queries anpassen

▶ Definieren von Regeln und weiteren Eigenschaften wie der Browserfensterbreite auf Basis unterschiedlicher Media Types

▶ Neuausrichten und Gestalten der Inhalte

CSS3-Eigenschaften: border-radius, Media Queries

1 Funktionsweise von Media Queries

Bevor die praktische Umsetzung beschrieben wird, sollte einleitend die Funktionsweise von Media Queries vorgestellt werden. Dazu bieten die bereits erwähnten Media Types einen guten Einstiegspunkt. Wenn Sie bereits separate Stylesheets für die Druckausgabe erstellt haben, kennen Sie schon das Konzept, nach dem bestimmte Stylesheets unter bestimmten Bedingungen aufgerufen werden. Die aus CSS2 stammenden Media Types ermöglichen es also, die Ausgabe von Stylesheets bestimmten Medientypen wie einem Drucker (`print`), einem Braillegerät (`braille`), einem TV-Gerät (`tv`) oder einem Handheld (`handheld`) zuzuordnen.

Die hier im weiteren Verlauf beschriebenen Media Queries entstammen CSS3; sie greifen dieses Konzept auf und bauen es weiter aus. Das heißt, es wird nicht nur nach dem Ausgabemedium entschieden, sondern anhand von Eigenschaften und Fähigkeiten von Endgeräten, wie beispielsweise der Breite und Höhe des Viewports etc. Für einen Anwender, der – unabhängig davon, ob er einen Desktop-PC oder ein mobiles Endgerät verwendet – einen Browser nutzt, der Media Queries unterstützt, können Sie separate, für das jeweilige Ausgabemedium optimierte Gestaltungseigenschaften festlegen. Voraussetzung für Media Queries ist daher die strikte Trennung von Inhalt und Layout! Ein interessantes Webprojekt, das diesen Aspekt berücksichtigt hat, so dass der Umsetzung mittels Media Queries nichts im Wege stand, ist die Webseite von John Hicks (siehe Abbildung 1).

Browser-Support von Media Queries

Opera kann seit Version 8 mit Media Queries umgehen, Firefox seit Version 3.5 (Gecko 1.9.1). Safari bietet einen umfangreichen Media-Queries-Support, den Webautoren nutzen können, um mobile Geräte wie iPhones und iPads anzusprechen. Safaris Rendering-Engine-Webkit kommt außerdem in Googles Chrome zum Einsatz, daher ist die Media-Queries-Unterstützung in diesem Browser nahezu identisch mit Safari. Auch der IE ab der aktuellen Version 9 beherrscht Media Queries. *http://www.w3.org/TR/css3-mediaqueries*

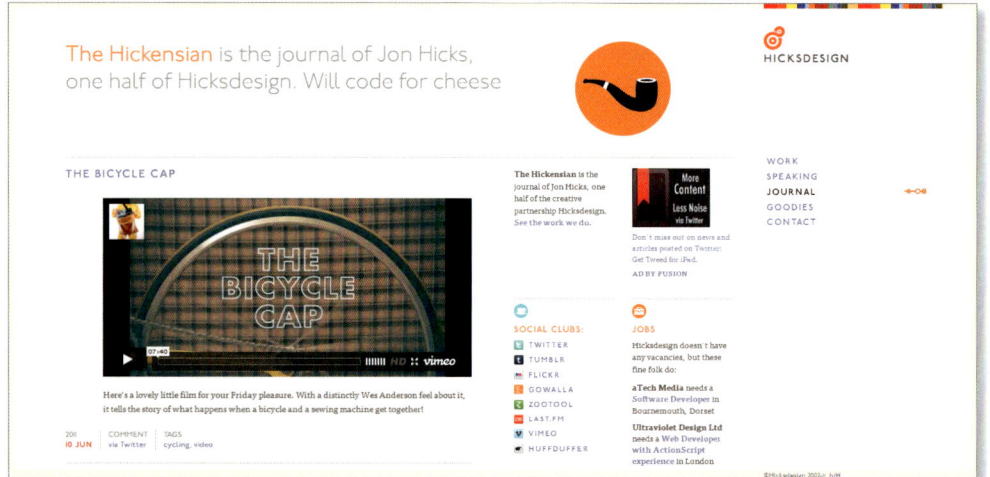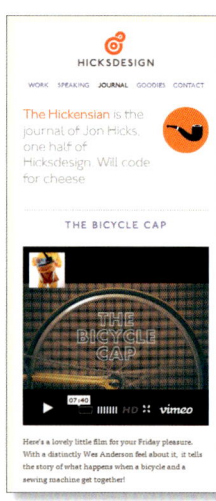

▲ **Abbildung 1**
Webseite des Webdesigners John Hicks (*hicksdesign.co.uk*) in der »Desktopversion« (links) und in der mobilen Version (rechts)

Wie zu erkennen ist, richtet sich das Layout nach der Breite des Ausgabemediums. Wie Sie die dafür notwendigen Regeln definieren, erfahren Sie im weiteren Verlauf dieses Workshops. Um die gewünschten Eigenschaften demonstrieren zu können, wird, wie bereits erwähnt, der Workshop »Übersichtlich gegliedert: Navigationen gestalten« aus Kapitel 5 die strukturelle und gestalterische Grundlage dieses Workshops bilden. Das Navigationskonzept wird, ohne dabei den HTML-Code modifizieren zu müssen, grundsätzlich geändert und den Anforderungen der Endgeräte angepasst, von großem bis kleinem Viewport (mobile Endgeräte), so wie es auch bei der Webseite der Webveranstaltung dConstruct aus dem Jahr 2010 geschehen ist (siehe Abbildung 2).

▲ **Abbildung 2**
Die Webseite der Webveranstaltung dConstruct (*2010.dconstruct.org*) in der Desktopversion (links) und in der mobilen Version (rechts)

Ziel ist es also, das Layout den Anforderungen eines Nutzers eines mobilen Endgerätes entsprechend zu optimieren.

2 Anlegen und Kombinieren von Media-Query-Regeln

Ähnlich wie bei Media Types gibt es auch bei Media Queries verschiedene Wege, diese zusätzlichen, für bestimmte Endgeräte angelegten Eigenschaften einzubinden. Sie können das `link`-Element benutzen, wobei dort das `media`-Attribut dazu dient, das jeweilige Ausgabemedien für die referenzierte CSS-Datei zu bestimmen:

```
<link rel="stylesheet" type="text/css" href="styles.css"
media="screen" />
```

Bei der Referenzierung über das `link`-Element können Sie aber auch weitere Eigenschaften als Merkmale miteinander kombinieren:

Media Queries im Web

Was alles mit Media Queries möglich ist, zeigt die Webdesign-Galerie der gleichnamigen Seite unter: *http://mediaqueri.es*

```
<link rel="stylesheet" type="text/css" href="styles.css"
media="screen and (min-width: 750px)" />
```

Sie können sogar mehrere Media Queries mit den jeweiligen Merkmalen miteinander kombinieren. Dazu trennen Sie die verschiedenen Ausgabemedien durch ein Komma voneinander:

```
<link rel="stylesheet" type="text/css" href="style.css"
media="screen and (min-width: 750px), projection and
(min-width: 1500px)" />
```

Aus Gründen der besseren Übersicht und des Codeumfangs sollten Sie bei der Vergabe weiterer Eigenschaften für verschiedene Ausgabemedien jeweils separate Stylesheet-Dateien anlegen. Erstellen Sie also besser eine CSS-Datei für Smartphones und eine für Tablets, statt alles in eine Datei zu packen und dann später Eigenschaften doppelt anlegen zu müssen, weil die Gestaltung dann doch noch unterschiedlich ausfallen soll. Unabhängig davon sollten Sie berücksichtigen, dass bei der Verwendung von Media Queries und dafür neu angelegten CSS-Dateien sämtliche Dateien geladen werden, auch die Inhalte der »Desktopwebseiten«, die unter Umständen via Media Queries ausgeblendet worden sind. Bei der Übertragung der vorhandenen Daten führt dies unter Umständen zu unerwünschtem, weil langsamem Ladeverhalten.

Bei wenig zusätzlichem Code ist dies allerdings nicht so sinnvoll. Die notwendigen CSS-Eigenschaften können Sie in einem solchen Fall, so wie auch in diesem Workshop, einfach an das Ende einer bereits vorhandenen CSS-Datei inline anfügen. Das Einfügen muss am Ende geschehen, da die beispielsweise zuvor für große Viewports definierten Eigenschaften von den Eigenschaften für kleine Viewports überschrieben werden müssen.

```
@media screen and (max-width:750px) {
   body { ... }
}
```

Aber damit nicht genug. Mit der Eigenschaft device-width können Sie auch gezielt die Breite eines mobilen Geräts wie zum Beispiel des iPhones 3G mit einer Bildschirmauflösung von 480×320 Pixel ansprechen:

```
<link rel="stylesheet" type="text/css" href="mobile.css"
media="only screen and (max-device-width:480px)" />
```

Da es bei mobilen Endgeräten wie Smartphones und Tablets mit der Portrait- und der Landscape-View zudem zwei unterschiedliche Ansichtsformate zur Darstellung der Inhalte gibt, können Sie mit orientation die Merkmale height und width miteinander vergleichen. Wenn height größer oder gleich width ist, besitzt die Darstellung den Wert portrait, andernfalls den Wert landscape. Erkannt wird die Ansicht am Gerät übrigens durch einen Bewegungssensor.

Sollte die Gestaltung der Website auf diesen beiden Ansichtsformaten große Unterschiede aufweisen, können Sie jedem Format folgendermaßen eine eigene CSS-Datei zuweisen:

```
<link rel="stylesheet" media="all and (orientation:portrait)"
href="portrait.css" />
<link rel="stylesheet" media="all and (orientation:landscape)"
href="landscape.css" />
```

Neben der Integration dieser Media-Query-Regeln ist es wichtig, dass Sie dem Viewport-Metatag innerhalb des head-Elements initial weitere Eigenschaften zur optimierten Darstellung der Inhalte zuweisen. Damit können Sie die Darstellung und Skalierung der Inhalte auf Smartphones (beispielsweise iPhone) und Tablets (beispielsweise iPad) gleichermaßen festlegen.

In diesem Workshop wird auf Geräten mit Viewports von über 750 px (z. B. Netbooks, Tablets wie das iPad) die herkömmliche desktop-optimierte Darstellung der Webseite mit der darin enthalten Navigation angezeigt (siehe Abbildung 3).

Es geht also im Folgenden um die Darstellung der Inhalte auf Geräten mit kleineren Viewports. Diesen Geräten weisen wir mittels Media Queries neue CSS-Eigenschaften zu, um eine optimierte Benutzerführung zu erreichen.

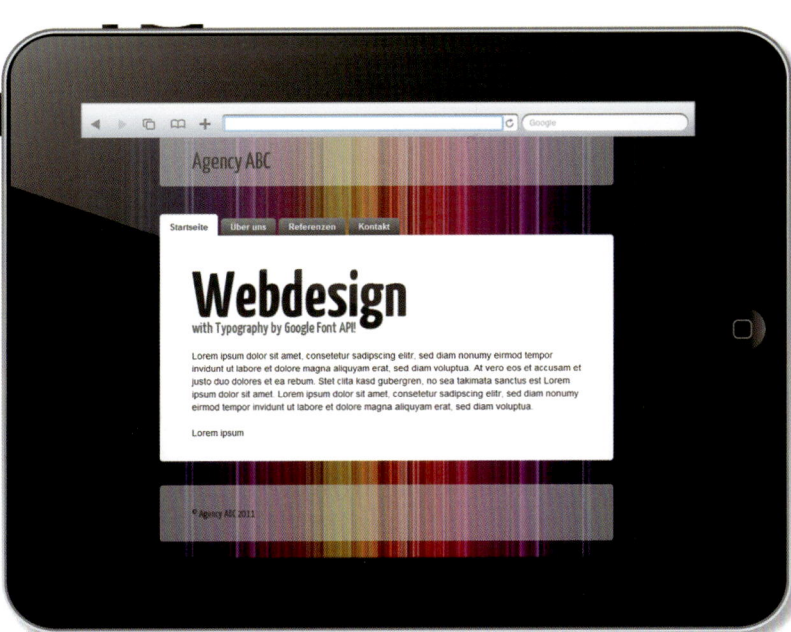

Media-Query-Abfragen bei großen Viewports

iPads (Portrait und Landscape):
```
@media only screen and
(min-device-width:768px) and
(max-device-width:1024px)
{...}
```
iPads (Landscape):
```
@media only screen and
(min-device-width:768px) and
(max-device-width:1024px)
and (orientation : land-
scape) {...}
```
iPads (Portrait):
```
@media only screen and
(min-device-width:768px) and
(max-device-width:1024px)
and (orientation:portrait)
{...}
```
Desktops und Laptops:
```
@media only screen and
(min-width: 1224px){... }
```
Große Monitore:
```
@media only screen and
(min-width: 1824px){... }
```

◀ **Abbildung 3**
Breites Ansichtsformat (landscape) auf dem iPad

Testumgebung für große Viewports (iPad)

Ähnlich wie Desktopanwendungen sollten Sie auch mobile Anwendungen eingehenden Tests unterziehen. Mit dem kostenlosen iPad-Simulator »iPad Peek« (siehe Abbildung 3) können Sie Ihre Projekte vorab analysieren und testen. Die Macher dieses Simulators (*ipadpeek.com*) vermitteln mit dieser Anwendung einen ersten Eindruck, wie Webseiten und Webanwendungen auf Tablets wie dem iPad aussehen können.

Mit einem Klick auf den oberen Rand des Simulators schalten Sie zwischen den verschiedenen Ansichtsformaten (Landscape und Portrait) hin und her.

Media-Query-Abfragen bei kleinen Viewports

Smartphones (Portrait und Landscape):
```
@media only screen and
(min-device-width : 320px) and
(max-device-width : 480px)
{... }
```
Smartphones (Landscape):
```
@media only screen and
(min-width : 321px){... }
```
Smartphones (Portrait):
```
@media only screen and
(min-width : 320px){... }
```
iPhone 4:
```
@media only screen and
(-webkit-min-device-pixel-
ratio : 1.5), only screen and
(min-device-pixel-ratio : 1.5)
{... }
```

3 Layout anpassen für Netbooks und Tablets

Als Erstes legen wir für den Viewport eine maximale Breite von 750 px als Bedingung fest, die erfüllt sein muss, damit die CSS-Eigenschaften in der nun anstehenden Regel überhaupt greifen. Das heißt also, dass alle Geräte, die diesen Wert nicht überschreiten, in den Genuss dieser Eigenschaften kommen.

```
@media only screen and (max-width: 750px) {
    ...
}
```

Dazu gehört, dass wir, da viel weniger Platz zur Verfügung steht, die bisher recht große Überschrift h2 mit 100px auf 30px reduzieren. Zudem verkleinern wir die Innenabstände des Contentbereiches, ebenso wie die Außen- und Innenabstände der Überschrift zweiter Ordnung und die darauffolgenden Textabsätze (siehe Abbildung 4).

```
@media only screen and (max-width: 750px) {
    #main {
        margin:0 auto;
        max-width:700px;
        min-width:401px;
        width:90%;
    }
    #content {
        padding:10px 0;
    }
    h2, p {
        margin:0;
        padding:10px 20px;
    }
    h2 {
        font-size:30px;
        line-height: 1.25;
    }
    h2 span {
        font-size:18px;
    }
}
```

Um die schrittweise Veränderung der Gestaltung des Layouts je nach Größe des vorhandenen Viewports zu verdeutlichen, zeigt Abbildung 5 drei mögliche Viewportgrößen auf Basis ein und derselben HTML-Ressource. Das Layout auf der linken Seite zeigt die Ausgangssituation des Layouts bei einem Viewport, der größer als 750 px ist. Die Darstellung in der Mitte entspricht einem Viewport von 749 px und kleiner. Die Abbildung auf der rechten Seite entspricht einem Viewport mit einer Breite von 400 px und kleiner.

◄ **Abbildung 4**
Die Headline bei einer Breite des
Viewports bis 750 px (oben) und
bei einer Breite von 749 px bis
400 px (unten)

Display-Auflösungen mit einem Viewport von kleiner als 400 px – wie sie
das nicht mehr ganz aktuelle iPhone 3G, das HTC Magic oder das Samsung
I7500 Galaxy aufweisen, um nur einige zu nennen – bekommen, wie die
Darstellung in Abbildung 5 ganz rechts erahnen lässt, Schwierigkeiten
mit dem zur Verfügung stehenden Platz. Im nächsten Schritt schaffen wir
Abhilfe.

▼ **Abbildung 5**
Darstellungen des Layouts je nach
Browserfenster- bzw. Displaygröße:
größer gleich 750 px (links), von
749 px (Mitte) bis 401 px (Mitte) ab
400 px und kleiner (rechts)

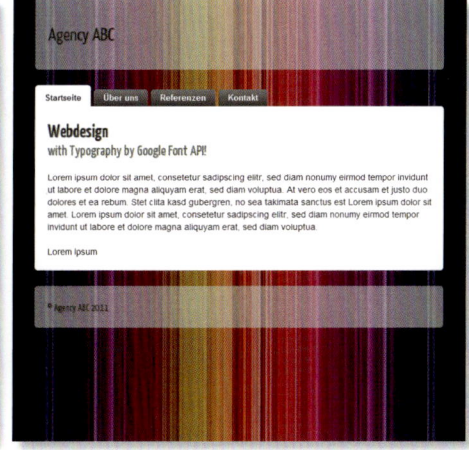

4 Layout anpassen für Smartphones

Da für eine horizontal ausgerichtete Navigation auf den kleinen
Smartphone-Displays kein Platz ist, muss sie – ähnlich der dConstruct-
Webseite (siehe Abbildung 2) – zu einer vertikalen Navigation werden.
Daher legen wir mittels Media Queries eine »Abfrage« für eine maximale

Breite des Viewports von 400 px und kleiner an. Das heißt, dass wir allen Endgeräten, die diesen Wert nicht überschreiten, die folgenden CSS-Eigenschaften und Werte zuweisen:

```
@media only screen and (max-width: 400px) {
    ...
}
```

Als Erstes reduzieren wir für diese Endgeräte die Innen- und Außenabstände der Überschriften und der Textabsätze weiter. Als nächsten, allerdings wesentlich signifikanteren Arbeitsschritt vereinfachen wir das Navigationskonzept. Das heißt, dass das bisherige für Desktops und Tablets optimierte und über die float-Eigenschaft realisierte Navigationslayout nun einspaltig wird. Dazu setzen wir die Eigenschaft float auf none und die Breite der Navigation ul sowie der Navigationselemente li auf 100%.

```
@media only screen and (max-width: 400px) {
    #main {
        margin:0 auto;
        max-width:400px;
        min-width:150px;
        width:90%;
    }
    #navi ul {
        float:none;
        width:100%;
        padding:0;
    }
    #navi li, #navi li#active span,
    #navi li a, #navi li a span {
        float:none;
        width:100%;
    }
    #navi ul li {
        padding:0;
    }
    h2, p {
        margin:0;
        padding:10px;
    }
    #navi li a, #navi li a span, #navi li#active span {
        padding:0;
    }
...
```

◄ **Abbildung 6**
Der Webseitenkopf nach veränderter Ausrichtung der Navigation

Im nächsten Schritt setzen wir die noch immer vorhandenen »runden Ecken« der Navigationspunkte auf null, um damit die ursprünglich weiter oben in der CSS-Datei angelegten Eigenschaften zu überschreiben. Wenn Sie separate CSS-Dateien mittels Media Queries anlegen, müssen Sie diese nach (!) den CSS-Dateien im `head`-Element des HTML-Dokumentes referenzieren, damit sie die Eigenschaften auch überschreiben können.

```
...
#navi li a, #navi li#active {
    text-align: left;
    margin:0;
    padding:0;
    text-indent:10px;
    -moz-border-radius:0px;
    -webkit-border-radius:0px;
    border-radius:0px;
}
#content, #navi li#active span, #navi li a {
    -moz-border-radius-topright:0px;
    -moz-border-radius-topleft:0px;
    -webkit-border-top-right-radius:0px;
    -webkit-border-top-left-radius:0px;
    border-top-right-radius:0px;
    border-top-left-radius:0px;
}
...
```

Die einzige Ausnahme in Sachen »runde Ecken« soll der oberste der vier Navigationspunkte bilden. Damit er seine runden Ecken behält, wird er, ohne dass ein Hinzufügen einer weiteren Klasse oder ID im HTML-Dokument nötig würde, über die Pseudoklasse `:first-child` angesprochen und bekommt die dafür notwendigen Eigenschaften. Bei der Umsetzung

Was Sie beim Einsatz von Media Queries beachten müssen

Aufgrund der möglichen unterschiedlichen Viewports der Benutzer muss ein auf Basis von Media Queries umgesetztes Design einer Webseite einige wichtige Aspekte berücksichtigen, die unabhängig vom Viewport eine weiterhin optimale Benutzerführung gewährleisten. Daher sollten Sie zumindest folgende Aspekte immer im Auge haben, um somit gegebenenfalls je nach Viewport neue CSS-Eigenschaften anlegen zu können:

► Größe und Ausrichtung von Bildern (`floating` vs. `fullsize-width`)
► Anpassung der Schriftgrößen
► Darstellung (Maße, Kontraste) von Links und Buttons
► Ausrichtung und Position des `label`-Elements in Formularen
► Reduzierung oder Vergrößerung des Whitespace (Tablet vs. Smartphone)
► Aus- bzw. Einblenden von via Conditional Comments eingeblendeten Dateien (IE 6 ist auf mobilen Endgeräten nicht vertreten)

von Navigationselementen für mobile Endgeräte sollten Sie beachten, dass diese aufgrund der zunehmenden Verbreitung von Smartphones mit Touchscreen weitestgehend mit dem Finger angetippt werden. Daher sollten diese Elemente nicht zu klein sein, damit der Nutzer nicht etwa aus Versehen einen anderen Navigationspunkt als gewollt auswählt.

```
...
    #navi li:first-child a,
    #navi li#active:first-child span {
        -moz-border-radius-topright:5px;
        -moz-border-radius-topleft:5px;
        -webkit-border-top-right-radius:5px;
        -webkit-border-top-left-radius:5px;
        border-top-right-radius:5px;
        border-top-left-radius:5px;
    }
}
```

Das endgültige und auf Basis von Media Queries erzielte Ergebnis könnte auf Geräten mit einer maximalen Displaybreite von 400 Pixeln aussehen wie in Abbildung 7.

Abbildung 7 ►
Das über Media Queries modifizierte Webangebot auf mobilen Endgeräten der Marke Apple (links) und LG (rechts)

Alles in allem besitzt dieser Navigationsworkshop lediglich vier HTTP-Requests mit insgesamt weniger als 10 KB Dateigröße, womit er sowohl als Desktop- als auch als Mobilversion selbst bei langsamer Internetverbindung ein akzeptables Ladeverhalten erzielen dürfte. Warum der Umgang mit Media Queries bei wesentlich umfangreicheren Webprojekten mit einer größeren Anzahl an HTTP-Requests und größeren Datentransfers aber durchaus Probleme bereiten kann, wird im nächsten und letzten Schritt dieses Workshops beschrieben.

5 Nachteile von Media Queries

CSS3 Media Queries machen es möglich, dass sich das Design einer Webseite anhand der via Media Queries vergebenen Eigenschaften automatisch an die unterschiedlichen Bildschirmformate der unterschiedlichen Ausgabegeräte anpasst. Der Begriff, der sich für ein solches Verhalten durchgesetzt hat, lautet *Responsive Webdesign*. Aber auch ein solch positiv anmutendes Verhalten hat seine Nachteile, auch wenn Sie das beim Betrachten des zurückliegenden Workshops nicht unbedingt vermuten. Dies wird insbesondere bei Bildern deutlich, die im Zusammenhang mit den unterschiedlichen Viewports der Endgeräte unterschiedliche große Darstellungen erzielen müssen, um somit die sicherlich von den meisten Webseitenbetreibern angestrebte intuitive Benutzerführung zu erreichen. So müssen beispielsweise große Header- oder Teasergrafiken bei desktoporientierten Anwendungen in mobilen Anwendungen stark reduzierte Bildmotive werden (siehe Webseite von John Hicks in Abbildung 1). Das Problem bei dieser Herangehensweise ist, dass sich diese ursprünglich große Bilddatei zwar visuell in den Maßen (Höhe und Breite) anpassen lässt, die zu ladende Dateigröße allerdings bleibt unabhängig vom Ausgabemedium gleich. Somit ist auch das Ausblenden von Inhalten wie in der Webseite der Webveranstaltung dConstruct (siehe Abbildung 2) keine ideale Herangehensweise. Bei mobilen Geräten und den aktuellen Übertragungsraten können einige Hundert Kilobyte für solche Bilddateien das Ladeverhalten signifikant beeinflussen. Solch ein langer Ladevorgang bewirkt am Ende ebenso wie bei desktop-orientierten Webseiten auch bei mobilen Webseiten eine erhöhte Absprungrate, auf die jeder Webseitenbetreiber sicherlich gern verzichten würde.

Sie könnten also durchaus zu dem Schluss kommen, dass desktop-optimierte Anwendungen und Webseiten für das mobile Web, die umfangreicher sind als dieses Workshop-Beispiel, nicht nur einfach herunterskaliert oder abgespeckt dargestellt werden sollten. Wer seinen (mobilen) Besuchern für mobile Endgeräte optimierte Inhalte anbietet, wird daher zum aktuellen Stand der Entwicklung langfristig erfolgreicher sein als jemand, der bestehende Inhalte einfach nur herunterskaliert anbietet. Denn wer möchte schon, bevor er überhaupt ein Bild oder Video betrachten oder einen Text lesen kann, die Inhalte erst mehrfach vergrößern müssen?

Wie Sie eine solche mobile Anwendung auf Basis von HTML5-Atrributen und dem jQuery-Mobile-Framework in wenigen Schritten umsetzen, erfahren Sie im nächsten Workshop.

Testumgebung für kleine Viewports (iPhone)

Wer nicht im Besitz eines Smartphones sein sollte, kann unter *testiphone.com* und *iphonetester.com* das Verhalten mobiler Endgeräte simulieren. Somit wären Sie zumindest ansatzweise in der Lage nachzuempfinden, ob das Layout auch den Anforderungen dieser kleinen Viewports standhält. Allerdings ist dies nur eine Simulation und ersetzt eine finale Analyse nicht, denn auf einem realen Gerät können Sie beispielsweise Aspekte wie die Performance und die Bedienung des Touchscreens besser nachvollziehen.

»Media Queries für jedermann« (JavaScript)

Da ältere Browserversionen wie beispielsweise der IE 8 Media Queries nicht verstehen und die damit verbundenen CSS-Eigenschaften nicht umsetzen können, gibt es hierfür nicht sonderlich überraschend auch die ein oder andere JavaScript-Lösung. Die »css3-mediaqueries.js« von Wouter van der Graaf bietet eine durchaus nutzbare Alternative, die allerdings knapp 16 KB groß ist, aber nur innerhalb von angelegten Media-Query-Regeln einer CSS-Datei funktioniert: *http://code.google.com/p/ css3-mediaqueries-js/*

Webdesign im Miniatur-format: mobile Websites

Eine mobile Website für eine fiktive App erstellen

Einfach ausgedrückt, ist mit »mobiles Web« das World Wide Web gemeint, auf das über mobile Endgeräte wie Handys, Smartphones, aber auch Laptops, Netbooks und Tablets wie dem iPad zugegriffen werden kann. Wegen der rasanten Entwicklung der Technik durch die unterschiedlichen Hersteller wird auch die Entwicklung von mobilem Content immer wichtiger. Mit sogenannten Cutting-Edge-Geräten wie dem iPhone oder iPad von Apple erhalten die Möglichkeiten des »mobilen Webs« immer mehr Aufmerksamkeit. Aber was ist das »mobile Web«? Ist es das World Wide Web in klein? Dieser Workshop soll diese Fragen beantworten und darauf eingehen, wie Sie Content für mobile Endgeräte anlegen, strukturieren und gestalten sollten. Als Beispiel dient eine Webseite für eine fiktive App namens »Mobile App«.

Zielsetzungen:

▶ Anlegen und Strukturieren des dreiseitigen mobilen Webprojektes auf Basis von jQuery Mobile

▶ Gestalten und Ausrichten der Inhalte

▶ Gestalten des Call-to-Action-Elements

CSS3-Eigenschaften: `linear-gradient`, `border-radius`, CSS3-Modul »Transitions« …

1 Anforderungen an mobile Websites

Um die Antwort auf eine der in der Einleitung gestellten Fragen vorwegzunehmen – nein, es reicht nicht, Inhalte einer desktop-optimierten Webseite auf eine mobile Webseite zu transportieren. Die Gründe dafür sind vielfältiger Natur. Vor allem würden die Navigationskonzepte desktop-optimierter Webseiten auf mobilen Endgeräten zu schlecht benutzbaren Navigationen führen. Aufgrund der relativ geringen Größe der Displays (siehe Abbildung 1) ist schlichtweg kein Platz für ausladende Navigationen vorhanden, sie würden abgeschnitten oder wären erst nach Scrollen erreichbar, außerdem wären viele Navigationselemente einfach zu klein und somit schlecht erreichbar.

Eine »mobile« Webseite ist mehr als die »kleine« Version!

Bei der Realisierung von Webangeboten im mobilen Bereich müssen Sie ebenso wie im Desktopbereich einige Aspekte berücksichtigen. So gibt es in diesem Bereich stetig neue und vielfältigste Hardware mit mehreren Betriebssystemen, einer stetig wachsenden Anzahl an mobilen Browsern sowie diverse Bedienformen wie beispielsweise eine Handytastatur, ein Mini-Keyboard oder einen Touchscreen, mit dem der Anwender die Inhalte erreicht. Außerdem kommt auf vielen dieser mobilen Endgeräte die Möglichkeit hinzu, zwischen einer Portrait- und einer Landscape-View zu wechseln. Eine mobile Website muss also auf beiden Ansichtsformaten bedienbar sein, und das natürlich auch unter natürlichen Einflüssen wie Sonneneinstrahlung. Alles in allem keine leichte, aber eine lohnenswerte Herausforderung.

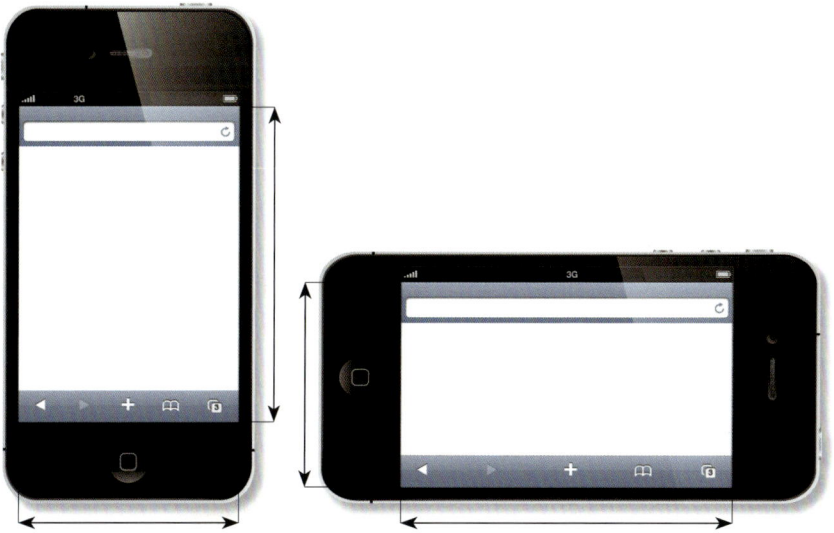

▲ **Abbildung 1**
Viewport des Apple iPhone: Portrait-View (Höhe 480 px, Breite 320 px) vs. Landscape-View (Breite 480 px , Höhe 320 px)

Sie müssen des Weiteren beachten, dass beispielsweise Flash-Inhalte auf Apple-Produkten aufgrund des nicht vorhandenen Supports des Plugins nicht abgespielt werden können. Und auch der textliche und grafische Umfang des Contents sollte für mobile Endgeräte geringer ausfallen als auf desktopoptimierten Webseiten – auf der einen Seite, weil sich auf dem kleineren Viewport schlichtweg weniger Inhalte darstellen lassen, und auf der anderen Seite, weil die Datenübertragung auf mobilen Geräten wesentlich länger dauert als auf Desktopgeräten.

Im Vergleich zu desktop-optimierten Webseiten müssen mobile Webseiten, wie die Beispielseiten in Abbildung 2 zeigen, vor allem aus Platzmangel also wesentlich schneller auf den Punkt kommen.

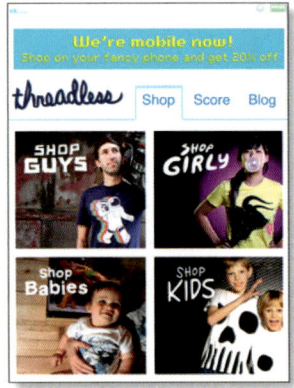

▲ **Abbildung 2**
Beispiele für mobile Webseiten: Toy Soldier (*designbleach.com/m*), MailChimp (*m.mailchimp.com*), Victoria's Secret Pink (*vspink.mobi*), Threadless (*threadless.com/shop*)

2 jQuery Mobile – Framework zur Entwicklung von mobilen Websites

jQuery Mobile ist auf die Entwicklung von Webapplikationen für Smartphones und andere Geräte mit Touchscreen ausgerichtet und liegt seit April 2011 in der vierten Alphaversion vor. Statt bei der Entwicklung mobiler Anwendungen und Webseiten auf die Spezifikationen der zahlreichen Geräte Rücksicht nehmen zu müssen, besitzen Entwickler mit diesem Framework eine Möglichkeit, plattformübergreifend zu arbeiten.

jQuery Mobile

Die Javascript-Bibliothek jQuery Mobile wurde speziell für mobile Plattformen auf Basis von jQuery erstellt. Sie läuft plattformübergreifend auf nahezu allen mobilen Plattformen. Je nach Funktionsumfang wird bei den mobilen Browsern vermehrt auf neue HTML5- und CSS3-Funktionen zurückgegriffen.
http://jquerymobile.com

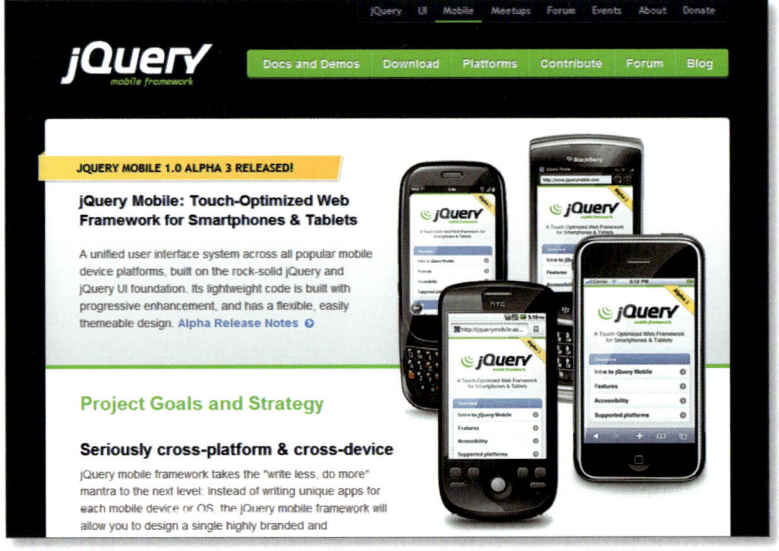

▲ **Abbildung 3**
jQuery Mobile – »Touch-Optimized Web Framework for Smartphones & Tablets«

Bevor wir nun damit beginnen, die mobile Webseite für die fiktive App zu entwickeln und mit CSS zu gestalten, beleuchten wir zunächst die zugrundeliegende HTML5-Struktur ein wenig näher. Das Arbeiten mit HTML5 ist auf mobilen Endgeräten nicht so problembehaftet, wie das bei Desktopbrowsern derzeit noch der Fall ist, da HTML5 von nahezu allen mobilen Browsern unterstützt wird. Auch wenn HTML5 noch kein offizieller Webstandard ist, wird er bereits von den aktuellen relevanten mobilen Browserversionen (Fennec [mobile Version des Firefox], Internet Explorer 9, Safari 5, Google Chrome ab Version 10, Opera Mobile 11 und Opera Mini 6) unterstützt. Für die Optimierung von Webinhalten für mobile Geräte bietet HTML5 einiges, insbesondere weil die meisten Videos, Spiele und eine stetig steigende Anzahl an Webseiten zur Darstellung von Animationen das Plugin Adobe Flash nutzen. Da mobile Endgeräte wie das iPhone oder iPad Flash aber nicht unterstützen, besitzt HTML5 in Kombination mit CSS3 und JavaScript die Möglichkeit, diese Bedürfnisse auch ohne Adobes Flash zu bedienen. Da jQuery Mobile auf HTML5-Dokumenten basiert und der Browser die Information erhalten muss, dass er ein HTML5-Dokument umsetzen soll, müssen Sie ihm dies durch den Document-Type mitteilen, wie im folgenden HTML-Code-Ausschnitt:

```
<!DOCTYPE html>
<html>
<head>
<link rel="stylesheet" href="http://code.jquery.com/mobile/
1.0a4.1/jquery.mobile-1.0a4.1.min.css" type="text/css" />
<script src="http://code.jquery.com/jquery-1.5.min.js"
type="text/javascript"></script>
<script src="http://code.jquery.com/mobile/1.0a4.1/jquery.
mobile-1.0a4.1.min.js" type="text/javascript"></script>
<link rel="stylesheet" href="css/mobileWebapp01.css" type="text/
css" media="all" />
...
</head>
...
```

Browser- und Betriebssystem-Support

Ein Grund, warum ich Ihnen an dieser Stelle dieses Framework vorstelle bzw. empfehle, ist, dass die Browserunterstützung für Fennec (Firefox Mobile), Opera Mobile und Mini ebenso ausgebaut wurde wie der Support für Android, iOS sowie für BlackBerry 6 und Endgeräte mit Palm WebOS. Zudem ist man laut Informationen des jQuery-Teams kurz davor, auch für Windows Phone 7 und Nokia Support anzubieten. Eine Liste der unterstützten Smartphones/Browser finden Sie unter:

http://jquerymobile.com/gbs/

HTML5

Mehr Informationen zu HTML5 finden Sie unter:
▶ *http://html5demos.com*
▶ *http://html5rocks.com*
▶ *http://html5boilerplate.com*

3 Projektstruktur

Die intuitive HTML-Struktur dieses Frameworks basiert funktionell zu großen Teilen auf dem Einsatz des Attributes `data-role`, über das der allgemeine Aufbau und die Gliederung einer Seite bzw. Anwendung definiert werden. Damit Sie innerhalb einer mobilen Webseite auf Basis dieses Frameworks verlinken können, benötigt jede Seite eine individuelle und aussagekräftige ID (`intro`, `continuation`, `end`). Dass jede dieser Seiten in ihrer Gesamtheit auch eine Seite darstellt, definieren wir durch das Attribut data-role="page". Für das Beispiel der dreiseitigen Onlinepräsenz dieses Workshops könnte die Seitenstruktur wie folgt gegliedert sein:

```
...
<div data-role="page" id="intro">
   <!-- First page -->
</div>
<div data-role="page" id="continuation">
   <!-- Second page -->
</div>
<div data-role="page" id="end">
   <!-- Third page -->
</div>
...
```

4 Seitenstruktur

Die Inhalte dieser einzelnen Seiten sollten sich somit alle innerhalb des Elements mit dem HTML5-Attribut data-role="page" befinden. Die für den klar gegliederten Aufbau einer mobilen Webseite relevanten Bereiche sind data-role="header", data-role="content" und data-role="footer". Diese werden per Ajax in das DOM der jeweiligen Seite integriert. Eine daraus resultierende Struktur für die erste der drei Seiten könnte somit wie folgt aussehen:

```
<!-- pages -->
<div data-role="page" id="intro">
   <div data-role="header" class="mobileHeader">
      ...
   </div>
   <div data-role="content">
      ...
   </div>
   <div data-role="footer" class="mobileFooter">
      ...
   </div>
</div>
```

5 Seiteninhalte

Als Erstes sollten Sie wie in einer Desktopanwendung die Positionierung und Ausrichtung der Überschrift oder des Logos berücksichtigen.

Die Titelleiste auf mobilen Seiten und Apps enthält naturgemäß den Titel der aktuell angezeigten Seite, so dass der Anwender ständig und sofort darüber informiert ist, wo er sich befindet. Meistens ist in diesem Bereich aber auch noch ein wenig Platz für Elemente wie einen Zurück-Button oder ein Logo. Das Gute an jQuery Mobile ist, dass Sie sich um den Zurück-Button nicht kümmern müssen, denn das Framework ordnet diesen auf allen Seiten ein (siehe Abbildung 4), deren Besucherhistorie eine vorherige Seite aufweist.

Der Aufbau der Beispiel-Einstiegsseite ist einfach: eine als Titelleiste angelegte Überschrift erster Ordnung (h1), eine zweiter Ordnung (h2) als Headline für den Content, eine Produktabbildung, einen Kaufen-Button mit Preisangabe, eine Liste von Vorteilen dieser App, allgemeine beschreibende Texte, eine Weiterleitung zu den Folgeseiten sowie eine Fußleiste.

▲ **Abbildung 4**
Zurück-Button des jQuery-Mobile-Frameworks innerhalb des Bereiches `data-role="header"`

 »iPhone.png«

```html
<div data-role="page" id="intro">
   <div data-role="header" class="mobileHeader">
      <h1>Mobile App</h1>
   </div>
   <div data-role="content">
      <div class="mobileContent">
         <h2>Mobile App - Intro</h2>
         <p>
            <img src="images/iPhone.png" class="logo" alt="Mobile
            App - Screen" />Vel illum dolore eu feugiat nulla
            facilisis velit esse sed molestie consequat. Lorem
            ipsum dolor sit amet, consetetur sadipscing elitr.
         </p>
         <p>
            <a href="#buy" class="button buy">
               buy it - 0.99€
            </a>
         </p>
         <p>
            Sed diam nonumy eirmod tempor invidunt ut labore et
            dolore magna aliquyam erat.
         </p>
         <ul>
            <li>&#10004; Sed diam voluptua elitr</li>
            <li>&#10004; At vero eos etacu sit amet</li>
            <li>&#10004; Stet clita kasdum ut labore</li>
            <li>&#10004; Justo duo nonumy eirmod</li>
         </ul>
         <p>Lorem ipsum dolor sit amet, consetetur sadipscing
         elitr, sed diam nonumy eirmod tempor invidunt ut labore
         et dolore magna aliquyam erat, sed diam voluptua.</p>
         <p>
            <a href="#continuation" data-transition="slideup"
            class="button navi">
               view more &#10151;
            </a>
         </p>
      </div>
   </div>
```

Dingbats

Der Unicodeblock »Dingbats« (2700–27BF) enthält eine Sammlung von Symbolen und dekorativen Zeichen, von denen wir die folgenden zwei für diesen Workshop verwenden:
✔ = ✔
➧ = ➧
Der Vorteil dieser Symbole ist der Verzicht auf Grafiken und damit eine mögliche Reduzierung der HTTP-Requests. Allerdings sollten Sie sich darüber informieren, ob die für Ihre Projekte verwendeten Schriften diese Symbole auch unterstützen.

```
    </div>
    <div data-role="footer" class="mobileFooter">
        <h4>Intro</h4>
    </div>
</div>
```

Basierend auf den CSS-Eigenschaften, die bei der Implementierung von
jQuery Mobile bereits vorhanden sind (»jquery.mobile-1.0a3.min.css«),
sieht der aktuelle Stand der Introseite wie folgt aus:

Abbildung 5 ▶
Der Seitenaufbau basierend auf
jQuery Mobile bei einem Viewport mit einer (Display-)Breite von
325 px

Diese CSS-Eigenschaften sollen nun im weiteren Verlauf dieses Workshops
überschrieben werden, um eigene Gestaltungswege gehen zu können.

6 Logo in der Titelleiste einbinden

Nachdem nun alle strukturellen Aufgaben bezüglich der HTML-
Struktur abgeschlossen wurden, richten wir im Folgenden die Titelleiste in
Form der Überschrift h1 aus.

```
<div data-role="header" class="mobileHeader">
   <h1>Mobile App</h1>
</div>
```

Um neben dem Markennamen oder der Produktbezeichnung den eingangs beschriebenen zur Verfügung stehenden Platz nicht zu verschwenden, fügen wir der Textmarke eine Bildmarke in Form eines kleinen Logos hinzu.

 »logo-small.png«

```
<div data-role="header" class="mobileHeader">
   <h1>
      <img src="images/logo-small.png"
      alt="Mobile App Logo" />
      Mobile App
   </h1>
</div>
```

Da die Ausrichtung dieses Logos ohne CSS nicht ganz optimal ist, müssen wir dies durch eine entsprechende Positionierung optimieren (siehe Abbildung 6).

▲ **Abbildung 6**
Mobiler Header ohne Logo, mit Logo und mit ausgerichtetem Logo

```
.mobileHeader h1 img {
   margin:0 10px -5px 0;
}
```

7 Eine App für das Farbschema nutzen

Bei der Umsetzung einer mobilen Webseite ist es durchaus naheliegend, Ihnen für die Wahl des Farbschemas die App »Color Toy« (*www.colortoy.net*) zu empfehlen, mit der Sie die ideale Farbpalette auch unterwegs erstellen können. In diesem Workshop benötigen wir neben den Farben für die konversionsgetriebenen Buttons auch Farbwerte für die Hintergrundgrafik sowie die Titel- und die Fußleiste.

▼ **Abbildung 7**
Auch für die Erstellung von Farbpaletten gibt es eine passende App.

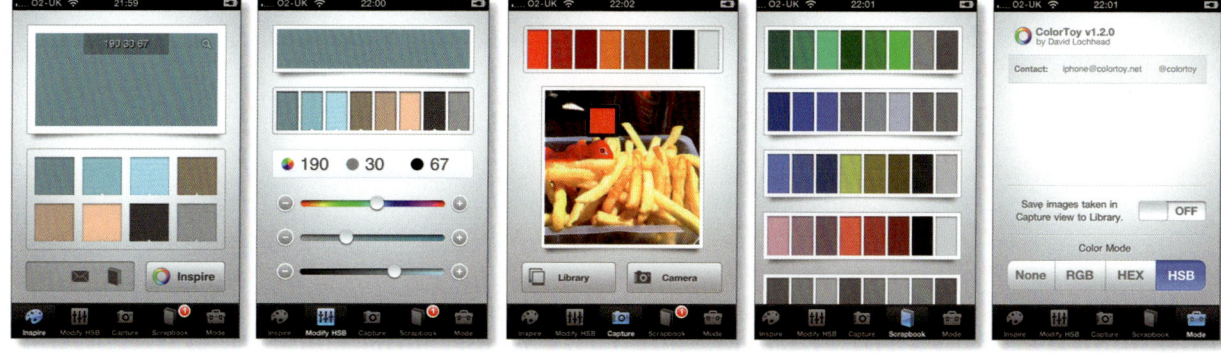

 »bg_wood.png«

8 Den Hintergrund gestalten

Um sich von dem grauen Hintergrund zu verabschieden und dem Design einen warmen Charakter zu verleihen, weisen wir den drei Seiten dieser Webanwendung die Hintergrundgrafik »bg_wood.png« zu, die eine Holztextur zeigt. Der Bereich, der den gesamten Content enthält, erhält eine weiße Hintergrundfarbe mit einem Alphatransparenzwert von 0,15.

```
.ui-content {
   background: transparent url(../images/bg_wood.png) 0 0 repeat;
}
.mobileContent {
   font-size:14px;
   margin:10px;
   padding:5px 0 30px 0;
   background: rgba(255,255,255, .15);
   -moz-border-radius:10px;
   -webkit-border-radius:10px;
   border-radius:10px;
}
```

Da bei jQuery Mobile die CSS-Datei Texteigenschaften für einen Textschatten enthält und dieser nicht Bestandteil des Designs werden soll, müssen wir diese Eigenschaft aufheben. Zudem bekommt die Überschrift h2 mit Weiß eine andere Schriftfarbe als die restlichen Textinhalte.

```
.mobileContent p,
.mobileContent h2 {
   margin:10px 15px;
   padding:10px 15px 0 15px;
   text-shadow:0 0 0;
   color:#353638;
}
.mobileContent h2 {
   font-size:20px;
   color:#FFF;
}
```

▲ **Abbildung 8**
Mobile Webseite mit Hintergrundgrafik und angepasster Schriftfarbe

9 Inhalte ausrichten

Damit wir den neben der Produktabbildung noch vorhandenen Freiraum besser nutzen, kommt die float-Eigenschaft ins Spiel. Mit ihr richten wir die fiktive Produktbeschreibung neben der Produktabbildung so aus, dass sie diese umfließt.

Die standardmäßig enthaltenen runden Aufzählungszeichen blenden wir aus, damit die Häkchen des Unicodeblocks »Dingbats« deutlicher zur Geltung kommen. Um diese »Checkliste« noch ein wenig deutlicher hervorzuheben, färben wir diese Häkchen über das Pseudoelement :first-letter grün ein. Auch wenn die Zuweisung dieser Eigenschaft nicht in jedem Browser funktioniert, ist dies in diesem Fall zu vernachlässigen, denn die betroffenen Browser – nämlich die Versionen 6 bis 8 des Internet Explorers – sind nicht relevant für die Entwicklung mobiler Webseiten und Anwendungen.

```css
.mobileContent img.logo {
    float:left;
    margin:0 15px 15px 0;
}
.mobileContent ul {
    list-style-type:none;
    padding:0;
    margin:0 0 0 30px;
}
.mobileContent li {
    text-shadow:0 0 0;
}
.mobileContent li:first-letter {
    color:green;
}
```

▲ **Abbildung 9**
Der vorhandene Platz wird von den Text- und Bildinhalten nun besser ausgenutzt.

10 Call-to-Action-Elemente erzeugen: BoB

Die Positionierung der Inhalte ist abgeschlossen, nur die Buttons sind bisher nicht sonderlich auffällig und können somit ihre Wirkung, die sie als Call-to-Action-Elemente besitzen sollten, noch nicht entfalten. Da Tests gezeigt haben, dass große orangefarbene Buttons im Gegensatz zu anderen Farben überdurchschnittlich hohe Konversionsraten zur Folge haben und diese Farbe auch zu dem bisherigen Design passt, weisen wir dem Kaufen-Button einen orangefarbenen Verlauf zu.

```css
.mobileContent .button {
    white-space: nowrap;
    color:#FFF;
    font-weight:normal;
    -moz-border-radius:5px;
    -webkit-border-radius:5px;
    border-radius:5px;
    padding:10px 15px;
    background:#e46c1c;
    background:-moz-linear-gradient(top, #ec8c4c,
    #e47c35 25%, #e46c1c 50%, #e46c1c 50%, #e46c1c);
    background:-webkit-gradient(
    linear, left top, left bottom, from(#ec8c4c),
    color-stop(0.25, #e47c35), color-stop(0.5, #e46c1c),
```

»BoB« (Big orange Button)

Der BoB ist eine spezielle Version eines Call-to-Action-(CTA-)Elements. Die Bezeichnung BoB, die auf Deutsch »großer orangefarbener Knopf« bedeutet, steht sinnbildlich für Elemente, die noch mehr Aufmerksamkeit erzeugen sollen als die übrigens CTA-Elemente. Dies sind, wie der Button dieses Workshops, Elemente, die eine eindeutige und leicht verständliche Handlungsaufforderung enthalten. Um ihre volle Wirkung entfalten zu können, sollten sich diese visuell gut sichtbaren Elemente vom übrigen Design einer Seite abheben und ohne Scrollen (bzw. Wischen mit dem Finger auf Endgeräten mit Touchscreen) erreichbar sein.

▲ **Abbildung 10**
Fokussierung der Call-to-Action-
Elemente anpassen

```
color-stop(0.5, #e46c1c),to(#e46c1c));
background:-webkit-linear-gradient(top, #ec8c4c,
#e47c35 25%, #e46c1c 50%, #e46c1c 50%, #e46c1c);
background:-o-linear-gradient(top, #ec8c4c,
#e47c35 25%, #e46c1c 50%, #e46c1c 50%, #e46c1c);
background:-ms-linear-gradient(top, #ec8c4c,
#e47c35 25%, #e46c1c 50%, #e46c1c 50%, #e46c1c);
background: linear-gradient(top, #ec8c4c,
#e47c35 25%, #e46c1c 50%, #e46c1c 50%, #e46c1c);
text-decoration:none;
-webkit-transition: all 2.5s ease-in-out;
-moz-transition: all 2.5s ease-in-out;
}
```

▲ **Abbildung 11**
Das Design der Call-to-Action-
Elemente muss einander angepasst
werden – die Buttons sollen aber
nicht konkurrieren.

Die übrigen Buttons bekommen dank der zusätzlichen Klassen `.navi` und `.call` die gleichen Eigenschaften wie der Kaufen-Button, nur die Hintergrund- und Schriftfarbe wird über die zusätzlichen Klassen überschrieben. Wichtig ist, dass diese beiden weiteren Buttons visuell weniger präsent sind, um nicht vom wichtigsten CTA-Element abzulenken. Schließlich sollen die Besucher dieser Webseite direkt auf den Kaufen-Button klicken und nicht den weiter unten liegenden »mehr«-Button.

```
.mobileContent .buy {
    border:1px dashed #fde7d8;
}
.mobileContent .navi {
    background:rgba(255,255,255,.5);
}
.mobileContent .call {
    background:rgba(255,255,255,.85);
    color:#353638;
}
```

11 Fokussierung der Call-to-Action-Elemente

Eine Eigenschaft, die bei mobilen Webseiten wichtiger ist als bei desktopoptimierten Websites, ist die, dass dem Anwender deutlich gemacht wird, dass er beispielsweise mit dem Finger auf einem Touchscreen-Display auch den gewünschten Button getroffen hat. Hierzu wird die bisher gestrichelte (`dashed`) Buttonlinie des CTA-Elements bei Fokussierung durchgehend. Der zu weiteren Details führende »mehr«-Button verliert, wie in Abbildung 12 unten zu erkennen, seine Transparenz und wechselt zudem die Schriftfarbe.

```
.mobileContent .buy:hover,
.mobileContent .buy:focus,
```

```
.mobileContent .buy:active {
    border:1px solid #fde7d8;
}
.mobileContent .navi:hover,
.mobileContent .navi:focus,
.mobileContent .navi:active {
    background:rgba(255,255,255,.8);
    color:#353638;
}
```

Dazu soll aber nicht unerwähnt bleiben, dass ohne (den Cursor der) Maus auf einem mobilen Endgerät wie beispielsweise dem iPhone die Pseudoklasse `:hover` schwer ausgeführt werden kann. Mit einigen wenigen Zeilen JavaScript (der folgende Codeausschnitt stammt vom Camma-Blog) kann dieser Zustand unter Zuhilfenahme einer weiteren Klasse `.buyTouch` dennoch angesprochen werden, und zwar genau in dem Moment, in dem der Finger des Anwenders den Link oder Button berührt (`touchstart`), bis zu dem Moment, in dem er ihn wieder verlässt (`touchend`).

Camma-Blog

Eine sehr hilfreiche Anlaufstelle für die Gestaltung mobiler Webseiten stellt der aus der Schweiz stammende Camma-Blog dar: *www.camma.ch/2010/03/09/ webseiten-fuer-iphone-programmieren-tipps-und-tricks*

```
var myLinks = document.getElementsByTagName('a');
for(var i = 0; i < myLinks.length; i++){
    myLinks[i].addEventListener('touchstart',
    function(){this.className = "buyTouch";}, false);
    myLinks[i].addEventListener('touchend',
    function(){this.className = "";}, false);
}
```

Für den vorangegangenen CSS-Code hätte dies folgende Änderungen zur Folge:

```
.mobileContent .buy:hover,
.mobileContent .buy:focus,
.mobileContent .buy:active,
.mobileContent .buyTouch {
    border:1px solid #fde7d8;
}
```

▲ **Abbildung 12**
Fokussierung der CTA-Elemente

12 Finale Seitenstruktur

Da wir in diesem Workshop nur die erste der drei Webseiten erstellt haben, folgt nun ein kleiner Überblick der Gesamtkonstruktion. In Abbildung 13 sehen Sie die soeben angelegte und beschriebene Produktvorstellung (INTRO), in der Mitte die allgemeine Produktbeschreibung mit einer telefonischen Kontaktmöglichkeit (THE CONTINUATION) und die abschließende Produktseite (THE END), die ebenfalls noch einmal einen Kaufen-Button enthält.

Ein erfolgreicher BoB

Ein gut gemachter und vor allem effektiver BoB ist, wie der Name schon sagt, orange und groß. Auch wenn es simpel klingen mag, aber insbesondere die Größe von CTA-Elementen wird oftmals vernachlässigt. Die signifikanten Merkmale eines guten BOBs sind die folgenden Empfehlungen:

- ► große Form
- ► großer Innen- und Außenabstand zur freien Entfaltung
- ► signifikante Handlungsaufforderung (»buy it« = »kauf es«)
- ► große Schriftgröße mit starkem Kontrast zwischen Hintergrund und Schriftfarbe
- ► deutlicher Kontrast zwischen CTA-Element und dessen Hintergrund
- ► Position nicht zu dicht an anderen CTA-Elementen

▲ **Abbildung 13**
Übersicht der Seitenstruktur: Intro (links), Fortsetzung (Mitte), Ende (rechts)

12   Das semantische Web

Kontaktdaten effektiv einsetzen mit hCard

*Durch den Einsatz sogenannter Mikroformate können
die Besucher Ihrer Website Kontaktdaten direkt auslesen und nutzen. Wie das geht, zeigt dieser Workshop.*

Termine formatieren mit hCalendar

*Mikroformate bieten noch mehr: Auch Veranstaltungs-
daten lassen sich maschinenlesbar aufbereiten. Dass Sie
dabei auf gute Gestaltung nicht verzichten müssen, erfahren Sie in diesem Workshop.*

hReview: Bewertungen maschinenlesbar umsetzen

*Nutzen Sie Mikroformate für Produktbewertungen,
kann Google diese Informationen für die Generierung
der Suchmaschinenergebnisse nutzen. Es lohnt sich also,
diesen Workshop nachzuarbeiten.*

Kontaktdaten effektiv einsetzen mit hCard

Formatieren maschinenlesbarer Daten

Die Anforderungen an Webseiten sind hoch: Sie sollen gut aussehen, schnell laden, bei Google und anderen Suchmaschinen so weit oben wie möglich stehen und zudem oft nützliche Features enthalten. Ein solches Feature mit Mehrwert sind durch Mikroformate ausgezeichnete Inhalte, die beispielsweise mit wenigen Klicks in einer E-Mail-Anwendung gespeichert werden können. Eine Plattform, die solche Formate bereits seit Jahren nutzt, ist die kambodschanische Version der Gelben Seiten (*www.yellowpages-cambodia.com*); und auch der belgische Designer Tim Van Damme (*timvandamme.com*) verwendet Mikroformate bei den etwas weniger umfangreichen Kontaktmöglichkeiten auf seiner Webseite. Was Sie bei der Strukturierung und Bereitstellung solcher Daten alles beachten müssen, soll dieser Workshop am Beispiel der Konditorei Max Mustermann aufzeigen.

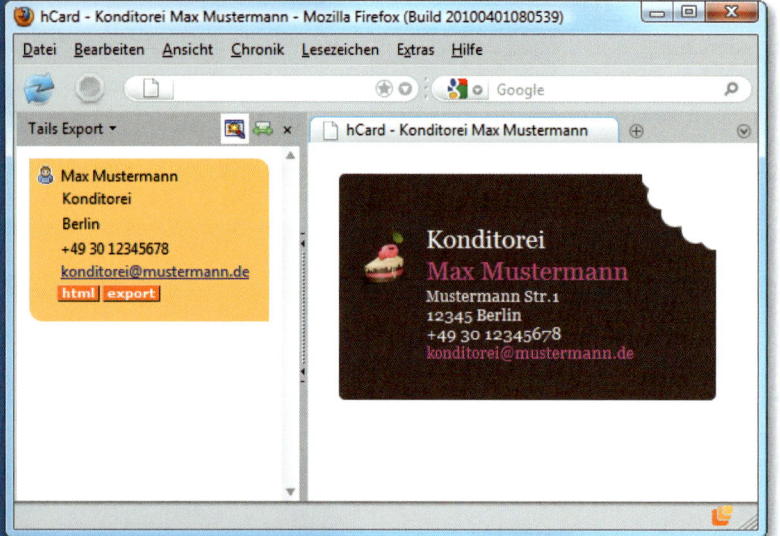

Zielsetzungen:

▶ Definieren der Datenstruktur für die Visitenkarte und Anlegen der Kontaktdaten

▶ Gestalten der Visitenkarte

▶ Auslesen und Speichern der Kontaktdaten

CSS3-Eigenschaft: border-radius

1 Definieren der Kontaktdaten

Formate für die Kennzeichnung von Inhalten über Mikroformate gibt es mehrere. Eines dieser Formate ist das hCard-Format, mit dem Kontaktdaten innerhalb eines HTML-Dokumentes so strukturiert werden können, dass sie auch maschinell lesbar sind. Dazu muss sich das gesamte Markup innerhalb eines Elements mit der Klasse `.vcard` befinden.

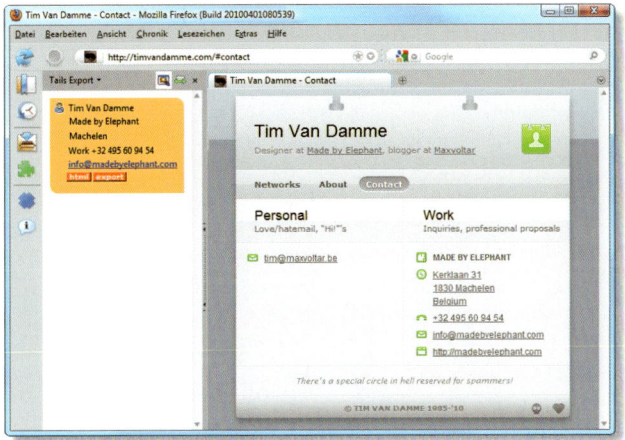

◀ **Abbildung 1**
Kontaktdaten auf der Webseite des Designers Tim van Damme (*timvandamme.com*), basierend auf dem hCard-Format

Für die gesamten Kontaktdaten (E-Mail, Internet, Telefon, Wohn- oder Arbeitsanschrift...) sollten Sie das `address`-Element verwenden, denn dadurch stellen Sie direkt eine logische Auszeichnung der Inhalte her.

```
<div class="vcard">
   <address><!-- Kontaktdatenbereich --></address>
</div>
```

2 Anlegen der Kontaktadresse

Das Hauptaugenmerk bei Kontaktdaten liegt neben dem Ansprechpartner bei den Kontaktmöglichkeiten wie Telefonnummer oder E-Mail-Adresse. Die Bezeichnungen sind für die jeweiligen Mikroformate vorgegeben. Die Klasse `.org` enthält hierbei den Verweis auf die entsprechende Bezeichnung der Firma oder der Organisation. Das Element `.fn` enthält den vollen Namen von Herrn Mustermann.

```
<div class="vcard">
   <address>
      <span class="org">Konditorei</span>
      <span class="fn">Max Mustermann</span>
   </address>
</div>
```

Da es sich bei dieser Visitenkarte um einen dienstlichen Kontakt handelt, kennzeichnen wir dies mit der Klasse .work entsprechend. Damit die einzelnen Inhalte einer Adresse von Anwendungsprogrammen wie Outlook ihrer Bedeutung entsprechend abgespeichert werden können, ist auch hier eine differenzierte Kennzeichnung nötig. Dazu integrieren Sie innerhalb des Bereiches für die dienstliche Anschrift mit .street-address einen Bereich für die Straße, mit .postal-code einen Bereich für die Postleitzahl und mit .locality den Namen der Stadt.

```html
<div class="vcard">
   <address>
      <span class="org">Konditorei</span>
      <span class="fn">Max Mustermann</span>
      <span class="adr work">
         <span class="street-address">
            Mustermann Str.1
         </span>
         <span class="postal-code">12345</span>
         <span class="locality">Berlin</span>
      </span>
   </address>
</div>
```

3 Anlegen der Kontaktmöglichkeiten

Neben der bloßen Anschrift müssen selbstverständlich auch telefonische Kontaktmöglichkeiten aufgelistet werden. Besonders wichtig sind hierbei die Bezeichnungen für die unterschiedlichen Eingabefelder der (dienstlichen) Telefonnummer. In unserem Beispiel fügen Sie außerhalb des Adressbereiches .adr und .work, aber innerhalb des address-Elements ein weiteres Element mit den Klassen .tel und .cell hinzu:

```html
<div class="vcard">
   <address>
      <span class="org">Konditorei</span>
      <span class="fn">Max Mustermann</span>
      <span class="adr work">
         <span class="street-address">
            Mustermann Str. 1
         </span>
         <span class="postal-code">12345</span>
         <span class="locality">Berlin</span>
      </span>
      <span class="tel cell">+49 160 12345678</span>
   </address>
</div>
```

Damit Kunden etwaige Bestellungen nicht nur telefonisch, sondern auch per E-Mail aufgeben können, fügen Sie am Ende das dafür vorgesehene Element mit der Klasse `.email`, dem Attribut `mailto` und der jeweiligen E-Mail-Adresse hinzu:

```
<div class="vcard">
   <address>
      <span class="org">Konditorei</span>
      <span class="fn">Max Mustermann</span>
      <span class="adr work">
         <span class="street-address">
            Mustermann Str. 1
         </span>
         <span class="postal-code">12345</span>
         <span class="locality">Berlin</span>
      </span>
      <span class="tel cell">+49 160 12345678</span>
      <a class="email"
      href="mailto:konditorei@mustermann.de">
         konditorei@mustermann.de
      </a>
   </address>
</div>
```

Wer Produkte oder eine Dienstleistung verkaufen will, muss die Emotionen der potentiellen Kunden ansprechen, damit sie auch zu Kunden werden. Daher ist es sinnvoll, den bisher unscheinbaren Kontaktdaten der »Konditorei Max Mustermann« visuell ein wenig mehr Bedeutung zukommen zu lassen und somit emotionale Wirkung zu erzeugen, denn die meisten Kaufentscheidungen finden nicht auf der rationalen, sondern auf der emotionalen Ebene statt.

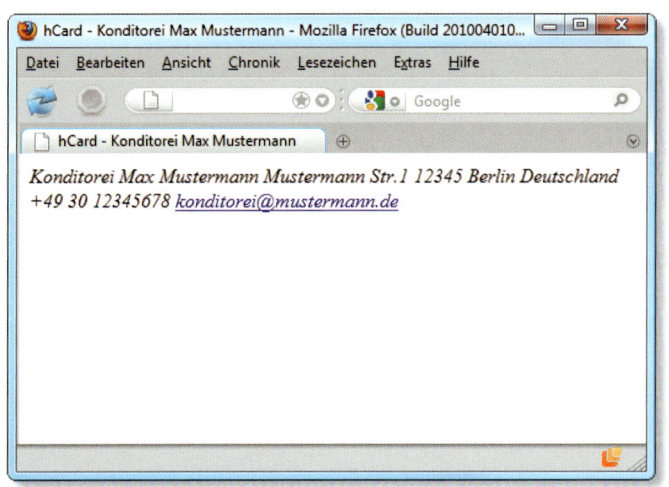

◄ **Abbildung 2**
Kontaktdaten der Konditorei Mustermann

Die Aufgabe einer Visitenkarte ist es, neben der Präsentation der Kontaktdaten, beim Betrachter in Erinnerung zu bleiben. Nutzen Sie die Gelegenheit, um mit einem sehenswerten oder einem etwas anderen Design den Eindruck zu verstärken.

Abbildung 3 ▶
Anlaufstelle für Visitenkarten und mehr: die Startseite von MOO

4 Farbschema für die Konditorei-Visitenkarte

In Anlehnung an die thematische Ausrichtung sollte die Erstellung eines Farbschemas für eine Konditorei-Visitenkarte keine allzu große Herausforderung darstellen – Braun für die Schokolade, Rosa und Beige für Zuckerguss, Grün für Pistazien und Weiß für die je nach Vorliebe später hinzukommende Schlagsahne eignen sich.

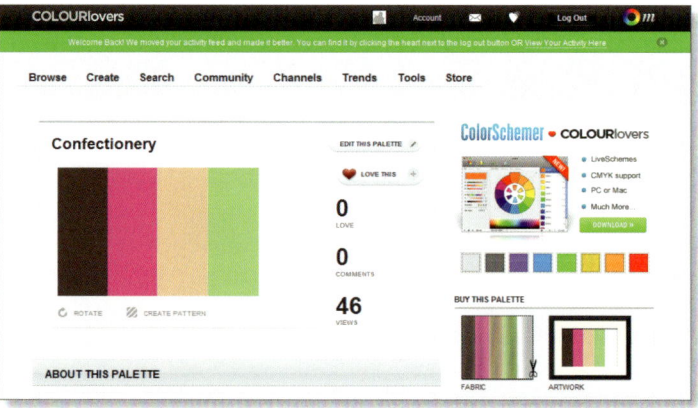

Abbildung 4 ▶
Farbschema »Confectionery«, hier mit der Web-Anwendung COLOURlovers erstellt (*www.colourlovers.com*)

5 Die Visitenkarte per CSS gestalten

Erstellen Sie mit folgenden CSS-Anweisungen zunächst die Grundlagen für das Design der Visitenkarte.

```
body {
    margin:25px;
    padding:0;
    font:100% Georgia, "MS Sans Serif";
}
```

Um dem Thema »Konditorei« visuellen Ausdruck zu verleihen, weisen Sie der oberen rechten Ecke eine Hintergrundgrafik zu. Diese soll durch die Darstellung einer abgebissenen Ecke einen emotionalen Bezug zu den »leckeren Produkten« der Konditorei herstellen.

Damit die Visitenkarte nicht im üblichen eckigen Format einer Business Card daherkommt, geben Sie den Ecken einen Radius von 5px. Wer aber nun auf die Kurzschreibweise für den border-radius zurückgreift, würde dafür sorgen, dass beispielsweise die Browser Firefox und Safari die »runde Ecke« für oben rechts auch darstellen und diese somit sichtbar machen. Daher lassen wir in diesem Schritt die Vergabe der runden Ecke für oben rechts weg.

▲ **Abbildung 5**
Ungewollte Abbildung einer »runden Ecke« oben rechts

```
div.vcard {
    width:300px;
    -moz-border-radius-topleft:5px;
    -moz-border-radius-bottomleft:5px;
    -moz-border-radius-bottomright:5px;
    -webkit-border-top-left-radius:5px;
    -webkit-border-bottom-left-radius:5px;
    -webkit-border-bottom-right-radius:5px;
    border-bottom-left-radius: 5px;
    border-bottom-right-radius: 5px;
    border-top-left-radius: 5px;
    background: #58473F  url(../images/bg_hCard_bite.png) right
    top no-repeat;
}
```

»bg_hCard_bite.jpg«

Um die einzelnen Textabschnitte von ihrer Aneinanderreihung zu »befreien«, definieren wir die folgenden Inhalte als Blockelement.

```
div.vcard span.org,
div.vcard span.street-address,
div.vcard span.tel {
    display: block;
}
```

Die dadurch erzeugten Umbrüche sorgen dafür, dass die Inhalte der Visitenkarte in separate Zeilen aufgeteilt werden. Da diese drei Zeilen aufgrund der Blockeigenschaft vor und nach der Zeile einen Umbruch erzeugen, benötigen Sie an dieser Stelle lediglich drei und nicht sechs Elemente mit dieser Eigenschaft.

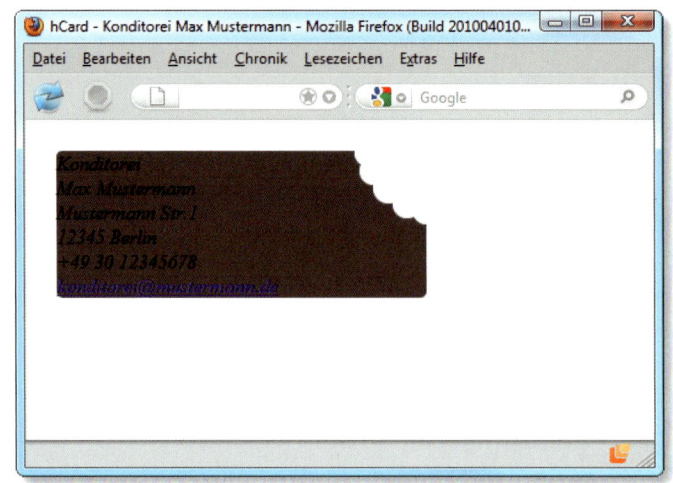

▲ Abbildung 7
Tortenstück ohne (oben) und mit
(unten) Hintergrundfarbe

»cake-icon.png«

6 Texteigenschaften definieren und (Bild-)Inhalte ausrichten

Nun soll die durch das verwendete `address`-Element von den Browsern standardmäßig verwendete kursive Schriftformatierung der Kontaktdaten aufgehoben werden. Dazu fügen wir an dieser Stelle den `font-style normal` der Kurzschreibweise der Schrifteigenschaften hinzu. Um einen Kontrast zur Hintergrundfarbe zu erzeugen, fällt die Wahl der Schriftfarbe für die Kontaktdaten auf Weiß und Rosa. Zu guter Letzt weisen wir diesem Element nach Einrückung aller darin enthaltenen Inhalte noch eine Hintergrundgrafik zu, die repräsentativ für die Konditorfähigkeiten von Herrn Mustermann steht und den Betrachter emotional ansprechen soll.

```
div.vca rd address {
   font-style: normal;
   font-size: 75%;
   line-height: 1.25;
   color:#FFF;
   padding:40px 10px 30px 70px;
   background: url(../images/cake-icon.png) 12px 41px no-repeat;
}
```

Wer, wie im Fall dieser Visitenkarte mit »Biss« und Icon, auf Bildmaterial im PNG-Format mit Alphatransparenz zurückgreifen muss, möchte sicher auch für den Internet Explorer in Version 6 eine brauchbare Abbildung erhalten. Geeignet ist dazu beispielsweise die Open-Source-Anwendung »TweakPNG« von Jason Summers, denn mit ihr erstellen Sie in wenigen Schritten PNG-Grafiken mit Alphatransparenzen unter Angabe der entsprechenden Hintergrundfarben.

Öffnen Sie dazu einfach das entsprechende Bild mit TweakPNG, wählen Sie dann INSERT • bKGD (»background color«), und klicken Sie anschließend mit der rechten Maustaste auf den Chunk, um ihn über EDIT CHUNK zu editieren (siehe Abbildung 9). In diesem Fall heißt es somit, dem Chunk die Farbwerte für Rot, Grün und Blau zuzuweisen, die den Hexadezimalwert für die Hintergrundfarbe (#58473F) der Visitenkarte ergeben.

Die so erzeugte Grafik »cake-icon.png« muss dann noch im PNG-Format abgespeichert werden, und so erhält auch der IE 6 eine Grafik, die sich sehen lassen kann und die nicht, wie sonst üblich, grau unterlegt ist (siehe Abbildung 8).

▲ **Abbildung 8**
PNG-Grafik »cake-icon.png« ohne (oben) und mit (unten) via TweakPNG hinzugefügter Hintergrundfarbe

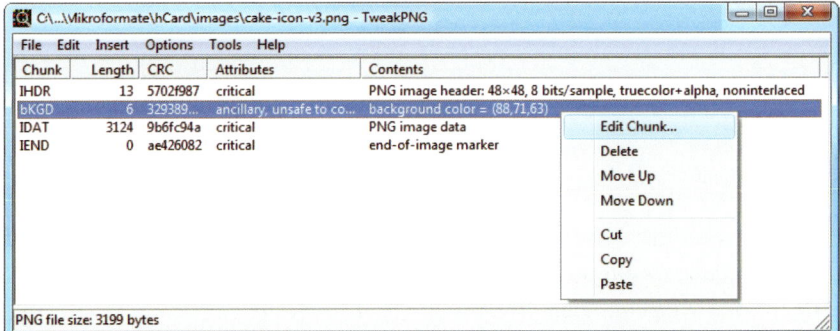

◄ **Abbildung 9**
PNG-Bildbearbeitung mit TweakPNG

7 Schrifteigenschaften definieren

Damit dem Besucher der Betreiber der Konditorei ebenso wie bei einer normalen Visitenkarte direkt ins Auge springt, vergeben Sie als einen der letzten Arbeitsschritte für die Klassen .org (»Konditorei«) und .fn (»Max Mustermann«) die Schriftgröße von je 165%.

```
address .fn,
address .org {
   font-size:165%;
}
```

Damit der Name »Max Mustermann« und die angegebene E-Mail-Adresse sich von den übrigen Inhalten des Kontaktes abheben, greifen wir für die Schrift dieser zwei Zeilen innerhalb der Visitenkarte die Farbe Rosa aus dem Icon auf, womit wir zusätzlich eine Beziehung zwischen dem Namen der Konditorei und den Produkten herstellen.

```
address .fn, address a {
   color:#E5439A;
   text-decoration: none;
}
```

▲ **Abbildung 10**
Stärkere Visualisierung der Kontaktdaten mittels »Biss« und Abbildung eines
Konditoreiproduktes, das den Kaufanreiz steigern soll

Da der Internet Explorer die CSS-Eigenschaften für einen Radius erst ab
Version 9 korrekt darstellt, zeigen die Versionen kleiner gleich 8 die Visitenkarte der Konditorei Mustermann mit eckigen statt runden Ecken an.

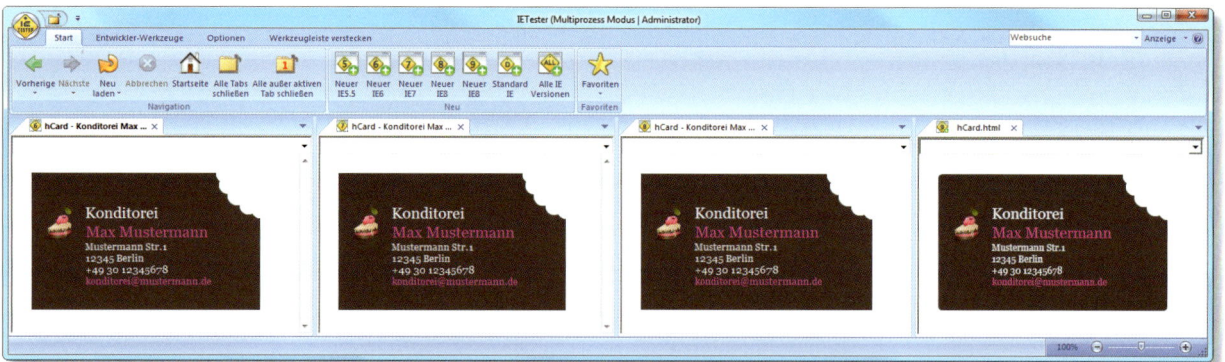

▲ **Abbildung 11**
Darstellung der Visitenkarte im IE-Tester von der Version 6 bis 9 (von links nach rechts)

8 Auslesen und Speichern der Kontaktdaten mit Tails Export

Beim Klick auf den EXPORT-Button dieser Erweiterung erhalten Sie eine
Darstellung wie in Abbildung 12.

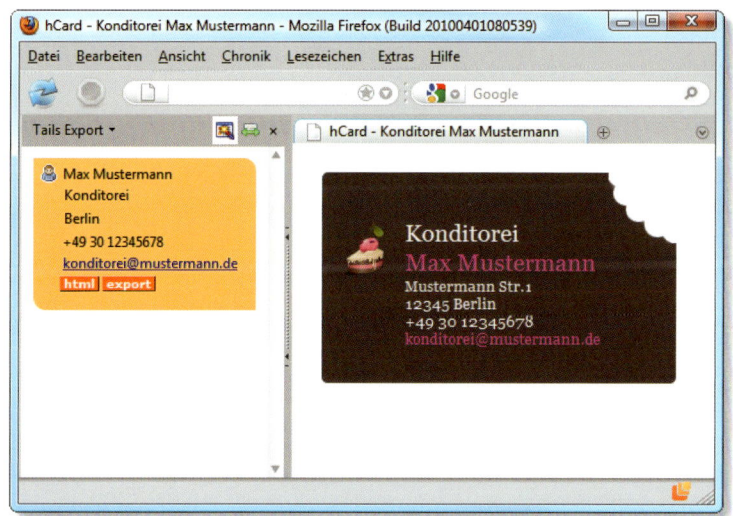

▲ **Abbildung 12**
Die maschinenlesbaren Kontaktdaten in der Firefox-Erweiterung Tails Export

Nach dem Klick auf den Button zum Exportieren der Daten zeigt das Popup-Fenster den Überblick sämtlicher in diesem Beispiel verwendeten Datenfelder. Jede Zeile dieser ».vcf«-Datei beschreibt ein Datenfeld. Zu Beginn einer jeden Zeile steht der Name des Datenfeldes in Großbuchstaben. Der Inhalt dieses Feldes wird dann, getrennt durch einen Doppelpunkt, aufgelistet. Die einzelnen Datenfelder wiederum werden durch Semikolon getrennt.

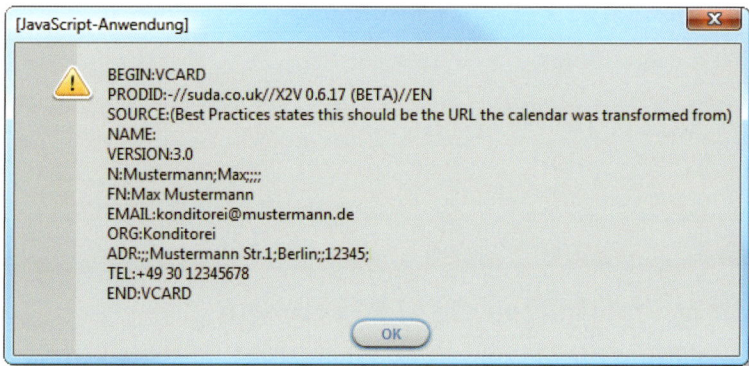

▲ **Abbildung 13**
Überblick sämtlicher Datenfelder der Visitenkarte

Wer dieses Informationsfenster des Browsers bestätigt, hat dann die Möglichkeit, die Kontaktdaten im ».vcf«-Format abzuspeichern, um sie dann entweder auf der Festplatte abzulegen oder mit Outlook zu öffnen.

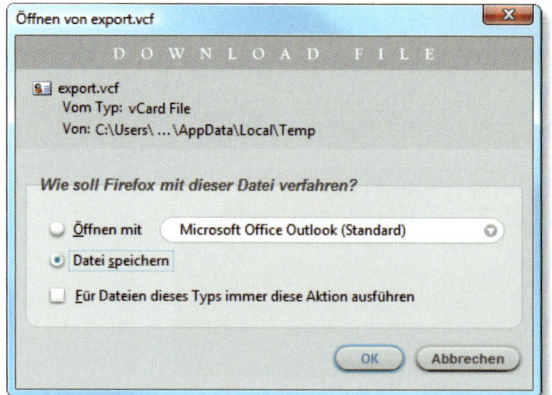

Abbildung 14 ►
Speichern der Kontaktdaten für
Outlook im ».vcf«-Format

Beim Öffnen dieser Datei sähe der Outlook-Anwender den auf diese Weise
abgespeicherten und aufgerufenen Kontakt mit allen enthaltenen und via
hCard-Mikroformat ausgezeichneten Kontaktdaten.

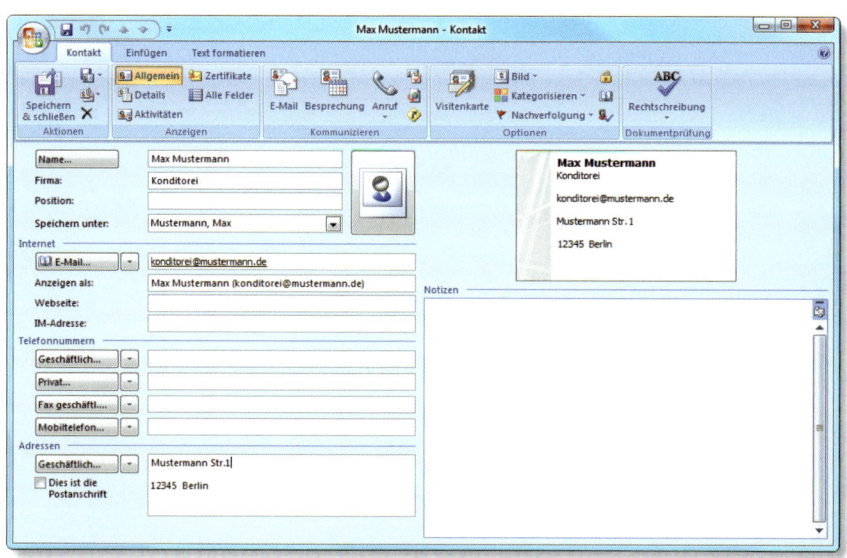

Abbildung 15 ►
Überblick der Daten im KONTAKT-
Bereich von Outlook

9 Mit Mikroformaten die SERPs erobern

SERPs

SERP ist die Abkürzung für
»Search Engine Result Page«, ein
aus der englischen Sprache stam-
mender Begriff, der schlicht und
einfach »Suchmaschinenergebnisseite« bedeutet.

Dass die Auszeichnung des Markups mit Mikroformaten neben einer
möglichen und wesentlich präsenteren Abbildung in den Google SERPs
auch einen weiteren Mehrwert für die Nutzer aufweist, wird erst durch
die Installation entsprechender Erweiterungen für Browser wie den Firefox
deutlich. Tails Export ist eine solche Browsererweiterung. Sie wird nach
ihrer Installation durch das Mikroformate-Icon unten rechts in der Status-
zeile des Browsers sichtbar. Je nach Branche ist es notwendig, auch in der
lokalen Suche von Suchmaschinen wie Google ein optimales Ranking zu

besitzen, um auf diese Weise (potentielle) Kunden erreichen zu können. Für diejenigen, die nach lokalen Dienstleistungen wie Restaurants, Elektrikern oder einer Konditorei suchen, können Sie über Mikroformate und die dafür reservierten Klassen die relevanten Daten maschinenlesbar auszeichnen und somit von den Suchmaschinen finden lassen – ein Mehrwert, den auch die Social-Media-Plattform Facebook für sich erkannt hat und seinen Usern nicht vorenthalten möchte.

◄ **Abbildung 16**
Der Veranstaltungsort der »Webinale 2011« auf Facebook, basierend auf dem hCard-Format

Seit Kurzem werden daher Events im hCalendar-Format und Kontaktdaten wie der Veranstaltungsort der Webinale 2011 im hCard-Format strukturiert.

Termine formatieren mit hCalendar

Auslesen und Speichern von Veranstaltungsdaten direkt aus dem Browser

Wie Sie schon im vorangegangenen Workshop zum Thema hCard erfahren haben, ist es über Mikroformate möglich, Websites mit zusätzlichen Features auszustatten. Ein solches Feature mit Mehrwert sind mittels hCalendar ausgezeichnete Inhalte. So ausgezeichnete Markup-Bereiche können direkt aus dem Browser heraus mit wenigen Klicks in E-Mail- oder Adress-Anwendungen wie Outlook oder dem Google Calendar abgelegt werden.

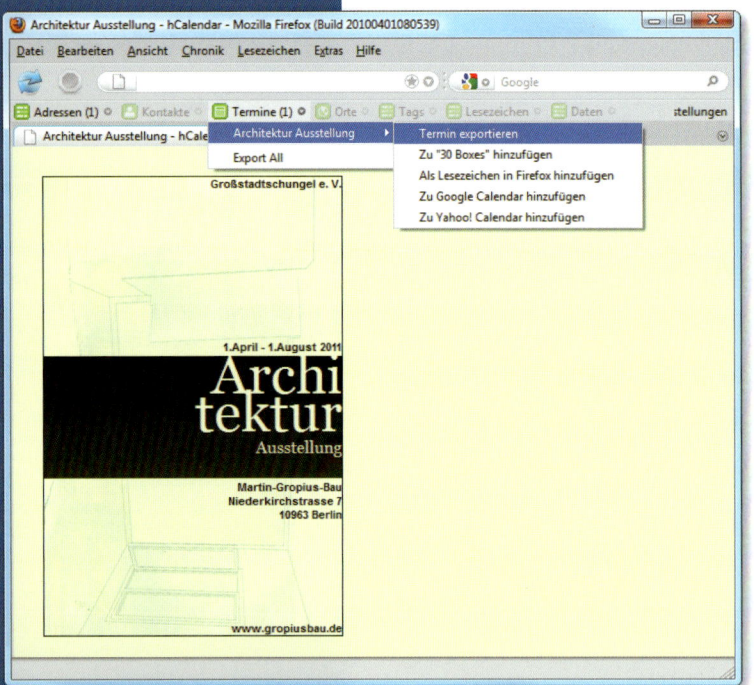

Zielsetzungen:

▶ Anlegen eines Online-Veranstaltungsposters im hCalendar-Format

▶ Definieren der Datenstruktur und Gestalten des Eventposters

▶ Auslesen und Abspeichern der Daten mit der Browsererweiterung Operator

CSS3-Eigenschaft: linear-gradient

1 Strukturen der Veranstaltung

Wie eine Veranstaltung selbst sollten auch ihre Daten immer gut organisiert und strukturiert sein. Daher sollten diese Daten immer innerhalb eines Elements stehen, das weitere Elemente enthalten kann. Das heißt, ein Inlineelement wie beispielsweise ein `span`-Element, das von Haus aus keine Formatierung wie einen eigenen Textabsatz im Textfluss erzeugt, sollten Sie hierfür nicht verwenden. Im Idealfall ist es ein allumfassendes `div`-Element, da es im weiteren Verlauf neben den Überschriften auch andere Blockelemente wie das `address`-Element enthalten wird. Damit E-Mail-Anwendungen die angegebenen Informationen auch verarbeiten können, müssen Sie das zu verwendende HTML-Element immer mit der zusätzlichen Klasse `.vevent` anlegen. Eine Zusammenfassung, wie beispielsweise den Titel einer Veranstaltung, sollten Sie mit der Klasse `.summary` versehen. Diese bildet später in den auszulesenden Anwendungen die Überschrift des Events, so wie es beispielsweise auch bei der Webseite der Webveranstaltung dConstruct der Fall ist.

Der Kalender – hCalendar

Die Basis für das hCalendar-Format sind das vCalendar- und das iCalendar-Format. So ausgezeichnete Markup-Bereiche besitzen die Dateiendung »*.vcs*« bzw. »*.ics*« und können in Anwenderprogrammen wie Outlook, dem Google- oder dem Yahoo!-Kalender verarbeitet werden.

Hinweis

Wären die Inhalte mit #vevent ausgezeichnet, wären sie nicht auslesbar und verlören somit ihren Mehrwert für den User, verwertbar zu sein. Dies gilt nicht nur für Veranstaltungsdaten, sondern für alle Inhalte, die durch Mikroformate strukturiert werden.

◄ **Abbildung 1**
Webseite mit Kontaktdaten im hCalendar-Format:
2010.dconstruct.org

2 Definieren des Veranstaltungsortes

Zielsetzung für diesen Workshop ist es, die Angaben einer Ausstellung zum Thema »Architektur« im Walter-Gropius-Bau in Berlin so zu formatieren, dass diese Daten in wenigen Schritten ausgewertet und abgespeichert werden können. Wenn es für einen Termin einen Veranstaltungsort gibt, müssen Sie diesen durch ein Element mit der Klasse `.vevent` kennzeichnen. Innerhalb dieses Elements sollten Sie dann als eine Art

Zusammenfassung eine Überschrift erster Ordnung (h1) nutzen, um somit gleich zu Beginn deutlich zu machen, worum es sich bei dieser Veranstaltung handelt. Das zu späteren Gestaltungszwecken in ein span-Element gepackte Wort »Ausstellung« bekommt die aussagekräftige Klasse .subtitle.

```
<div class="vevent">
   <h1 class="summary">Architektur
     <span class="subtitle">Ausstellung</span>
   </h1>
</div>
```

Dem nun angelegten Veranstaltungstitel folgt die Kennzeichnung des Veranstaltungsortes. Dies geschieht in diesem Fall durch die Verwendung des address-Elements, das sich hierfür nahezu aufdrängt. Allein durch die Auszeichnung mit diesem Element sind die Inhalte aber nicht maschinenlesbar. Dafür müssen wir die einzelnen Elemente mit entsprechenden Annotationen wie .postal-code für die Postleitzahl oder .locality für die Stadt versehen. Wichtig ist, dass dies immer innerhalb einer Klasse geschieht. Bei Anwendungen mit mehrsprachigen Inhalten sollten Sie das Element für die Länderkennzeichnung .country-code mit angeben, da es ansonsten durch die Verwendung der Postleitzahl Probleme mit der Positionierung des Ortes in den Map-Anwendungen geben könnte.

```
<div class="vevent">
   <h1 class="summary">Architektur
     <span class="subtitle">Ausstellung</span>
   </h1>
   <address class="adr">
     <span class="extended-address">
        Martin-Gropius-Bau
     </span>
     <span class="street-address">
        Niederkirchstrasse 7
     </span>
     <span class="postal-code">10963</span>
     <span class="locality">Berlin</span>
   </address>
</div>
```

3 Definieren des Veranstaltungszeitraumes

Falls – was bei fast jedem Event der Fall ist – dieses Ereignis auch mit einem Veranstaltungszeitraum verbunden ist, sollte dieser immer mit einer Klasse .date eingeleitet werden. Somit »wissen« die Anwendungen, dass jetzt im Idealfall ein Zeitraum in Form eines Datums oder einer Uhrzeit folgt. Dafür leiten Sie den Beginn einer Veranstaltung mit einer Klasse `.dtstart` ein und das Ende mit einer Klasse `.dtend`. Die verwertbaren Angaben für die Anwendungen, die diese Informationen verarbeiten, geben Sie hierbei innerhalb des `title`-Attributes an.

```
<div class="vevent">
   <h2 class="subtitle">Großstadtschungel e. V.</h2>
   <p class="date">
      <span class="dtstart">
         <span class="value-title" title="2011-04-01">
            1.April -
         </span>
      </span>
      <span class="dtend">
         <span class="value-title" title="2011-08-01">
            1.August 2011
         </span>
      </span>
   </p>
...
</div>
```

4 Definieren der Kontaktdaten der Veranstaltung

Zum Angeben von Kontaktmöglichkeiten wie beispielsweise der URL der Webseite einer Veranstaltung weisen Sie dem bereits mit einem `address`-Element ausgezeichneten Bereich eine Klasse mit der Bezeichnung `.vcard` zu.

```
<div class="vevent">
   <div class="vcard">
      <h2 class="subtitle">Großstadtschungel e.V.</h2>
      <p class="date">...</p>
      <h1 class="summary">Architektur
         <span class="subtitle">Ausstellung</span>
      </h1>
      <address class="adr">...</address>
      <a href="http://www.gropiusbau.de"
      title="Martin-Gropius-Bau"
      class="url">www.gropiusbau.de</a>
   </div>
</div>
```

Eigentlich ist die Strukturierung der Informationen zum Event abgeschlossen. In Abbildung 2 erkennen Sie an den aktiven Icons der Operator-

Operator, aktuell in Version 0.9.5.6 vorliegend, ermöglicht es, als Mikroformate ausgezeichnete Inhalte auf einer Seite zu erkennen und auszulesen. Über diese Erweiterung steht Ihnen eine weitere Werkzeugleiste zur Verfügung, die sich ähnlich wie andere Erweiterungen wie beispielsweise die Web-Developer-Toolbar innerhalb der Browserschaltflächen einrichtet. Wenn Operator Mikroformate (u. a. `hCard`, `hCalendar`...) innerhalb einer Webseite erkennt, werden die entsprechenden Schaltflächen der Erweiterung, wie in Abbildung 2 zu erkennen ist, aktiv dargestellt. Die Website zu Operator erreichen Sie unter: *https://addons.mozilla.org/de/firefox/addon/operator*

Erweiterung für Adressen und Termine (je 1 ×) in der dafür angelegten Toolbar, dass die Daten bereits auslesbar sind und für die Verarbeitung in Anwendungen wie dem Google- oder dem Yahoo!-Kalender bereitstehen.

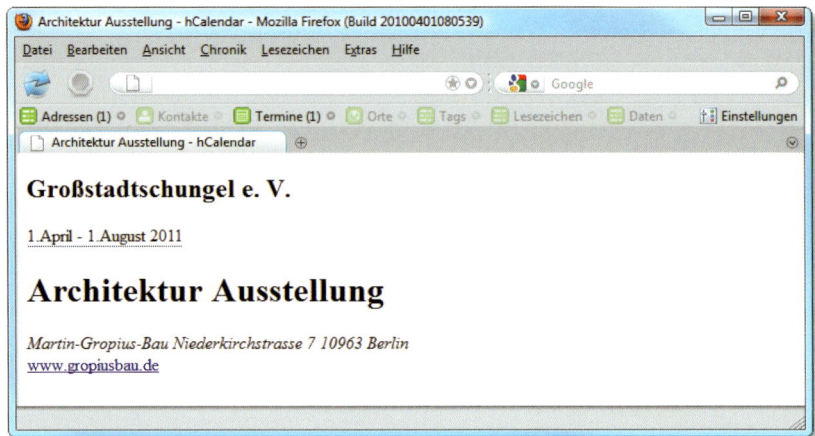

▲ **Abbildung 2**
Zusätzliche Informationen wie Veranstaltungszeitraum, inklusive verlinkter Internetadresse

5 Typo-Spielerei vorbereiten

Auf dem Weg zur Zielsetzung steht Ihnen lediglich noch eine kleine Anpassung im HTML-Code bevor. Um die typografische Wirkung der Überschrift durch CSS gestalterisch zu unterstreichen, »zwingen« wir das Wort »Architektur« nach dem »i« mit einem `span`-Element und unter der späteren Hinzunahme der Eigenschaft `display` und des Werts `block` dazu, umzubrechen.

```
...
<h1 class="summary">
   <span>Archi</span>tektur
   <span class="subtitle">Ausstellung</span>
</h1>
...
```

Unabhängig von der thematischen Ausrichtung einer Veranstaltung – wie einem Konzert, einer Ausstellung, einem Sport- oder Kinder-Event – besitzen Plakate wie die in Abbildung 3 dieselben Inhalte wie das »Onlineplakat« für die Architekturausstellung in diesem Workshop (Veranstaltungstitel, -ort, -zeitpunkt, Kontaktmöglichkeiten...). Der ausschlaggebende Unterschied ist, dass Interessenten sich die Daten der »Offlineplakate« für eine Weiterverarbeitung merken oder gar abtippen müssen.

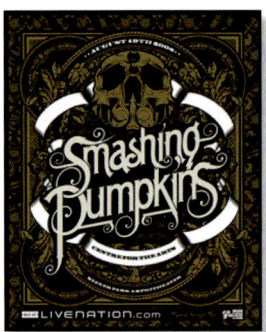

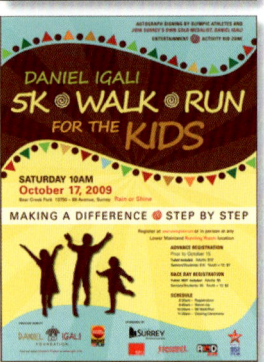

▲ **Abbildung 3**
Veranstaltungsposter: Konzert, Kinder-Event

6 Festlegen des Farbschemas

Nun definieren Sie zunächst das Farbschema für das »Onlineplakat« der Architekturausstellung. Als Beispiel wurde hierzu ein Screenshot des Entwurfes in der Onlineplattform COLOURlovers hochgeladen, über den Sie dann das Farbschema anlegen können, dessen Werte wir im weiteren Verlauf zur Gestaltung verwenden.

Schriftart »Helvetica«

Die seit 1961 unter dem Namen »Helvetica« bekannte Schriftart gehört zu denen am weitesten verbreiteten serifenlosen Schriften. Marken wie Lufthansa, Bayer, Hoechst, Deutsche Bahn, BASF und BMW nennen die »Helvetica« ihre Hausschrift. Mehr zu dieser Schriftart erfahren Sie unter: *www.helveticaforever.com*

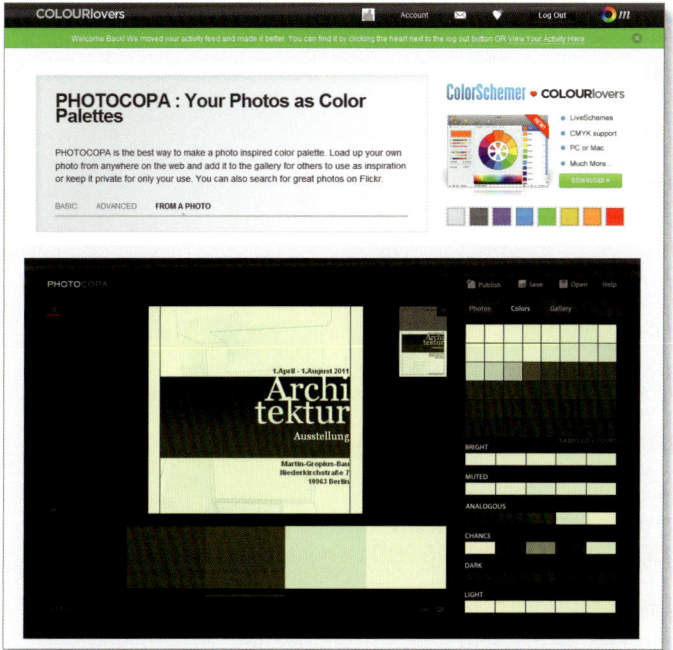

◄ **Abbildung 4**
Erstellung eines Farbschemas (am Beispiel eines Screenshot-Uploads mit COLOURlovers)

7 Typo festlegen und Hintergrundgrafik ausrichten

Nach der Erstellung des Farbschemas legen Sie eine Schriftfarbe für diesen Workshop an sowie alle anderen Schrifteigenschaften, die in diesem Fall von der Schriftart »Helvetica« getragen werden.

```
body {
    background-color:#F5FCD5;
    color:#40432C;
    margin:30px;
    font: bold 69% Helvetica, Arial;
}
```

Um dem Layout auch einen thematischen Anstrich in Sachen Architektur zu verpassen, verwenden wir hier eine Hintergrundgrafik mit Architekturelementen. Weisen Sie die Hintergrundgrafik der Klasse .vevent zu, und richten Sie sie am unteren Ende dieses Bereiches aus. Das führt dazu, dass

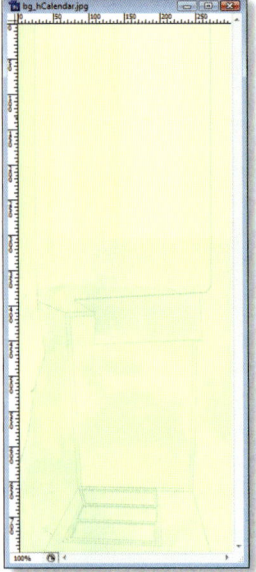

▲ Abbildung 5
Themenrelevante Hintergrundgrafik

Abbildung 6 ▶
Rechtsbündig ausgerichtete Inhalte
innerhalb des Veranstaltungsposters

Schriftart »Georgia«

Diese Schriftart ist eine sogenannte Barock-Antiqua und wurde
1996 von Matthew Carter für das
Software-Unternehmen Microsoft
entworfen. Daher verwundert es
nicht, dass diese Schrift eine klare
Darstellung und optimale Lesbarkeit auf Computerbildschirmen
besitzt. Mehr zu dieser Schriftart
erfahren Sie unter:
praegnanz.de/essays/georgia

der untere Bereich der Hintergrundgrafik »bg_hCalendar.jpg« immer sichtbar ist. Falls dem aktuellen Inhalt zusätzliche Informationen zum Veranstalter oder Veranstaltungsort hinzugefügt werden sollten, haben Sie einen
»Puffer«, bevor Ihnen die Grafik »ausgehen« sollte. Das heißt, die Grafik
»wächst« entsprechend der Menge des Contents mit. Für den Fall, dass
der Inhalt doch einmal überhandnimmt, vergeben Sie hierfür noch die
Hintergrundfarbe, die Sie bereits dem body-Element zugewiesen haben.
So verhindern Sie, dass bei zu viel Content der Bereich innerhalb des Rahmens, der das Layout visuell begrenzt, irgendwann weiß wird.

```
.vevent {
    border:1px solid #40432C;
    width:300px;
    text-align:right;
    background: #F5FCD5 url(../images/bg_hCalendar.jpg)
    bottom left no-repeat;
}
```

8 Hintergrund-»Grafik« per CSS

Der Überschrift h1 soll neben der Schriftart »Georgia« ein Farbverlauf im Hintergrund zugewiesen werden, der sich entsprechend der Breite
des »Onlineplakates« horizontal ausbreitet. Um an dieser Stelle HTTP-
Requests einzusparen, verwenden wir nicht etwa eine weitere Hintergrundgrafik für den Farbverlauf, sondern greifen auf die CSS3-Eigenschaft
linear-gradient zurück.

```
h1 {
    margin:2px 0;
    padding:0;
    font: normal 500%/.66 Georgia, "Times New Roman";
    color:#F5FCD5;
    background: #181a08;
    filter:progid:DXImageTransform.Microsoft.gradient(
    startColorstr=#FF181a08, endColorstr=#FF3c3f1f);
```

```
-ms-filter:"progid:DXImageTransform.Microsoft.gradient(
startColorstr=#FF181a08, endColorstr=#FF3c3f1f)";
background: -moz-linear-gradient(
top, #181a08, #3c3f1f);
background: -webkit-gradient(linear,
left top, left bottom, from(#181a08), to(#3c3f1f));
background: -webkit-linear-gradient(
top, #181a08, #3c3f1f);
background: -o-linear-gradient(
top, #181a08, #3c3f1f);
background: -ms-linear-gradient(
top, #181a08, #3c3f1f);
background: linear-gradient(
top, #181a08, #3c3f1f);
}
```

▲ **Abbildung 7**
Vergleich der Überschriften mit einer Zeilenhöhe `line-height` von `0.6` (oben) und `1.0` (unten)

Ein weiteres offensichtliches visuelles Merkmal der Überschrift »Architektur« ist neben der Schriftgröße die Ausrichtung des Untertitels »Ausstellung«, der sich ebenfalls innerhalb des h1-Elements befindet. Damit dieses Wort nicht in einer Zeile mit dem Wort »Architektur« abgebildet wird, geben Sie ihm die Blockeigenschaft. Dadurch wird es ohne zusätzlichen HTML-Umbruch in eine separate Zeile geschoben und kann somit unabhängig vom restlichen Inhalt von h1 ausgerichtet werden.

```
h1 span {
   display:block;
}
h1 span.subtitle {
   margin:0;
   font-size:31%;
   line-height:129%;
   padding:10px 0 25px 0;
}
```

◄ **Abbildung 8**
Optimierte Darstellung der Überschrift h1 inklusive Untertitel

9 Ausrichtung optimieren

Um einen Abstand zwischen dem Veranstalter und der Überschrift herzustellen, lassen Sie der Überschrift h2 einen Abstand von 150 px nach unten zukommen.

```
h2 {
    font-size:100%;
    margin:0;
    padding:0 0 150px 0;
}
p.date {
    padding:0;
    margin:0;
}
```

Der Veranstaltungsort, ausgezeichnet durch das address-Element, wird standardmäßig durch die Browser in kursivem Schriftstil dargestellt. Da diese Formatierung hier aber unerwünscht ist, ersetzen wir sie durch den normalen Schriftstil. Zudem erhält die Adresse eine Abstandsangabe nach unten von 100 px, wodurch wir eine räumliche Trennung zwischen dem Veranstaltungsort und der Internetadresse herbeiführen.

Durch diese Angabe werden zudem weitere Bereiche der Hintergrundgrafik im unteren Teil des Veranstaltungsposters sichtbar, und der gewonnene Freiraum (Whitespace) ober- und unterhalb des Farbverlaufs führt den Blick des Betrachters direkt zu den relevanten Überschriften h1 und h2.

```
address {
    font-style:normal;
    padding:0 0 100px 0;
}
```

Damit die unterhalb der Überschrift und des Untertitels befindliche Anschrift in drei Zeilen abgebildet wird, bedarf es nicht der Verwendung von Umbrüchen im HTML-Code, sondern lediglich wieder der Vergabe der Blockeigenschaft für die Zeile, die die Klasse `.street-address` enthält:

```
.street-address{
    display: block;
}
```

Zwei letzte, kleine Schritte in Sachen CSS-Gestaltung sind das Entfernen der standardmäßigen Unterstreichung von Hyperlinks und eine Neugestaltung in Form einer neuen Schriftfarbe:

```
a    {
    text-decoration: none;
    color:#40432C;
}
```

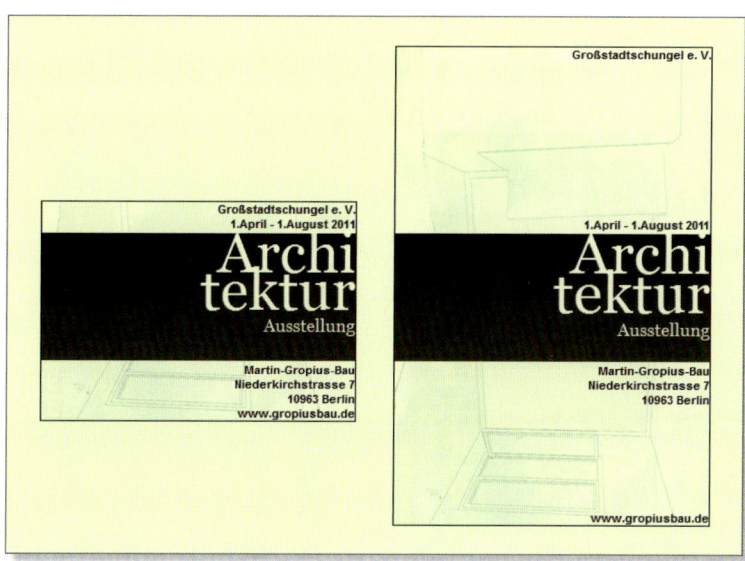

◄ **Abbildung 10**
Zum Vergleich: das Plakat ohne (links) und mit Freiraum (rechts)

10 Auslesen der Veranstaltungsdaten: Operator

Da noch so grafisch und typografisch ausgereift gestaltete Webseiten vom schönen Antlitz allein nicht leben können, kommt es auf die Inhalte und deren Auszeichnung durch entsprechendes Markup an, das dem Nutzer ermöglicht, die Daten beispielsweise mit Browsererweiterungen wie Operator auszulesen und direkt zu verwerten.

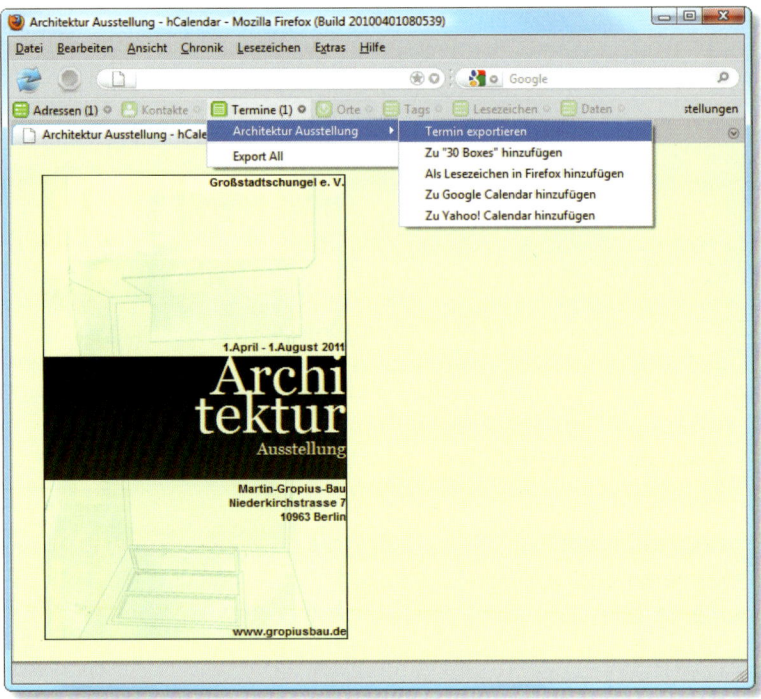

Abbildung 11 ▶
Auslesen des Veranstaltungszeitraumes

Operator ermöglicht das Abspeichern bzw. direkte Öffnen des Veranstaltungszeitraumes mit einer Anwendungssoftware wie Outlook oder dem Google Calendar.

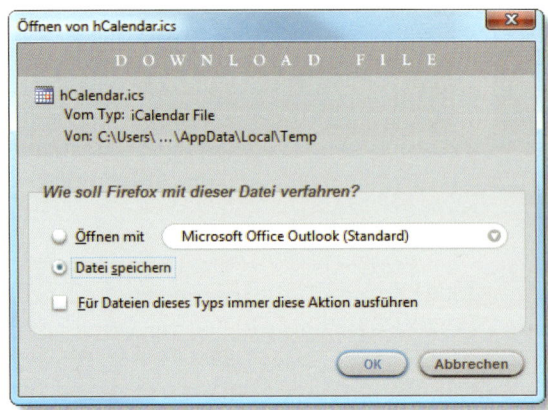

Abbildung 12 ▶
Abspeichern der hCalendar-Datei im ».ics«-Format

In Outlook kann dieser Veranstaltungstermin nun direkt geöffnet, gespeichert und gegebenenfalls mit entsprechenden Vermerken ergänzt und abgespeichert werden.

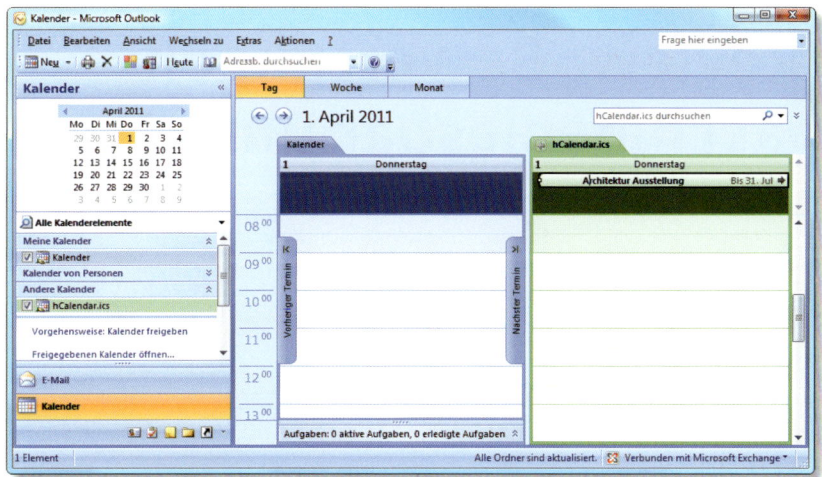

◀ **Abbildung 13**
Der abgespeicherte Veranstaltungszeitraum im Kalender von Outlook

11 Darstellung von hCalendar-Inhalten bei Google

Wer den Mehrwert von Inhalten, die mittels der verschiedenen Mikroformate ausgezeichnet wurden, immer noch nicht erkannt hat,
wirft einmal einen Blick auf die Suchmaschinenergebnisseite von Google
in Abbildung 14.

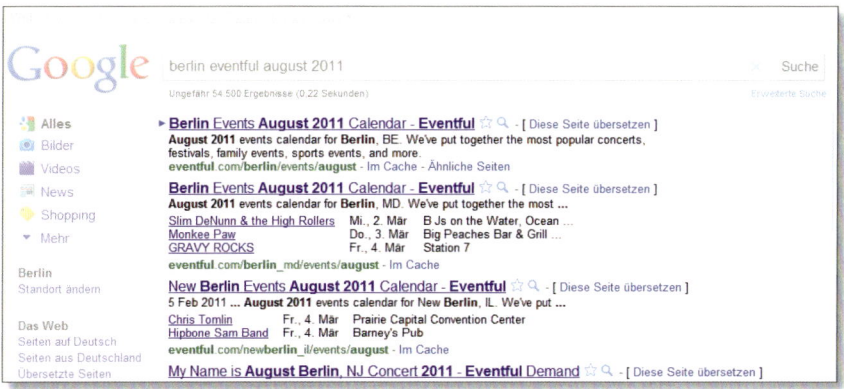

◀ **Abbildung 14**
Ein via Mikroformate ausgezeichne-
tes Rich Snippet für Events in den
Google-Suchergebnissen

Die Suche nach Veranstaltungen im August 2011 in Berlin zeigt die anstehenden Konzerte der Event- und Konzert-Plattform eventful zu dem
gesuchten Zeitpunkt. Neben dem Mehrwert, Inhalte direkt weiterverar-
beiten zu können, ist der deutlich sichtbare visuelle Unterschied, den ein
solch ausgezeichnetes »Rich Snippet« aufgrund der differenzierten Darstellung und des wesentlich größeren Informationsangebots im Vergleich
zu anderen Ergebnissen erzeugt, ein wünschenswerter (Neben-)Effekt,
der für durchaus signifikanten Traffic-Zuwachs sorgen kann und nicht ver-
schenkt werden sollte.

hReview: Bewertungen maschinenlesbar umsetzen

Produktinformationen für Mensch und Maschine

Die auf Basis des Mikroformats hReview ausgezeichneten Inhalte können von Suchmaschinen wie Google gezielt gesucht und vor allem auch ausgewertet werden. Im Fall des Formates hReview bezieht sich dies unter anderem auf die Bewertung oder Besprechung von Produkten und Services. Die Aufgabe in diesem Workshop ist daher, eine Rezension für das Buch »Social Media Marketing« von Tamar Weinberg den Formatvorgaben entsprechend zu strukturieren und mit CSS zu gestalten.

Zielsetzungen:

▶ Anlegen von Daten auf Basis des hReview-Formates

▶ Anlegen der Struktur zum Auslesen der Rezensionsdaten

▶ Anlegen und Stylen der Daten zum Buch »Social Media Marketing«

CSS3-Eigenschaften: `border-radius`, `linear-gradient`, `box-reflect`

1 Vorteile maschinenlesbarer Inhalte

Wenn Mikroformate im Content enthalten sind, erhält das Suchergebnis zusätzliche semantisch ausgezeichnete Informationen. Die so gewonnenen Informationen werden bei der Anzeige des Suchergebnisses zur Erstellung von sogenannten Rich Snippets verwendet. Ein solches Suchergebnis besteht dann nicht mehr nur aus der Titelzeile und dem sogenannten Snippet, also dem zweizeiligen Textausschnitt, vielmehr wird ein auf dem hReview-Format basierendes Snippet um die Anzahl der Testberichte und der durchschnittlichen Bewertungen erweitert. Ein Beispiel zeigt Abbildung 1, wo die Produktbeschreibung des iPads auf der britischen Webplattform *techradar.com* entsprechend angereichert wird.

Diese Art der Darstellung wiederum kann dazu führen, dass der User die Relevanz eines solchen Suchergebnisses höher einstuft und dass der Klickanreiz steigt.

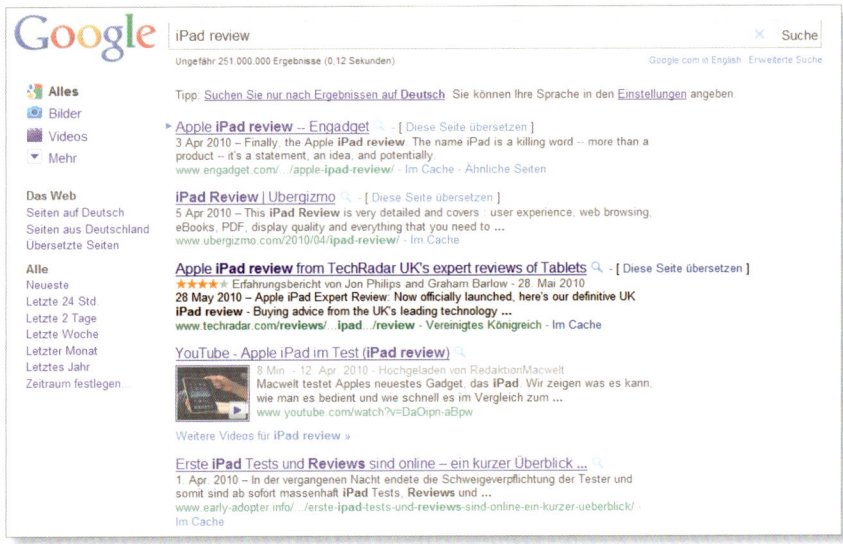

▲ **Abbildung 1**
Produktbeschreibung des iPads direkt im Suchmaschinenergebnis von Google

Die hinter dieser Rezension steckende Webseite der Plattform *techradar. com* kommt visuell in einem Design daher, dessen Inhalte unter anderem auf Basis des hReview-Formates umgesetzt wurden. Was Sie bei der Strukturierung und Kennzeichnung solcher Webinhalte – wie im Fall der iPad-Bewertung (siehe Abbildung 2) – beachten müssen, ist Thema dieses Workshops.

Das hReview-Format

Das Mikroformat hReview befindet sich im Gegensatz zu den ebenfalls in diesem Kapitel vorgestellten Formaten hCard und hCalendar (noch) nicht im Stadium einer offiziellen Spezifikation. Unabhängig davon gewinnt es bei den Suchmaschinenbetreibern zunehmend an Bedeutung. Denn dieses Format bietet aufgrund der Fülle an Informationen, die es enthalten kann, einen Mehrwert, den Suchmaschinenbetreiber wie Google für sich nutzen. Seit Herbst 2010 werden daher auch Inhalte dieses Formates zunehmend häufiger in Ergebnislisten aufgenommen (siehe Abbildung 1).

Suchmaschinencrawler

Ein Webcrawler ist eine Softwareanwendung, die dazu verwendet wird, das Internet automatisch zu durchsuchen, um die Inhalte von Webseiten analysieren, bewerten und indexieren zu können. Daher ist es immens wichtig, die Inhalte von Webseiten ihrer Bedeutung entsprechend auszuzeichnen. Wird nun mittels einer Suchmaschine wie Google oder Bing nach einem Begriff (Keyword) gesucht, so werden basierend auf dem Algorithmus der Suchmaschine aus den indexierten und bewerteten Seiten die besten Ergebnisse herausgefiltert, gewichtet und als Ergebnisliste ausgegeben.

Abbildung 2 ▶
Produktbewertung des iPads
auf *techradar.com* und ihre Code-
ansicht über die Browsererweiterung Firebug

2 Rezensionstyp und Produktkategorie kennzeichnen

Die Grundlage bzw. der Ausgangspunkt dieses hReview-Formates ist die Klasse `.hreview`. Ab dem Zeitpunkt, in dem diese Klasse in den HTML-Code integriert wird, wird das hReview-Format von entsprechenden Applikation erkannt. Da diesem Bereich je nach Umfang der Beurteilung oftmals zahlreiche Inhalte zugewiesen werden, ist es von Vorteil, diese Klasse in einem `div`-Container anzulegen:

```
...
   <div class="hreview">
      <!-- Bereich der Rezensionsdaten -->
   </div>
...
```

Wie die Schlagzeilen der lokalen Tagespresse, sollten auch Überschriften im Web aus wenigen, dafür aber aussagekräftigen Wörtern bestehen und damit idealerweise den zu erwartenden Inhalt wiedergeben. In diesem Fall integrieren wir neben einer Begrüßung in der Überschrift `h1` den Titel des rezensierten Buchs in die Überschrift `h2`.

Damit das rezensierte Buch auch von Programmen wie Suchmaschinencrawlern eindeutig erkannt und ausgelesen werden kann, muss es genauer spezifiziert werden. Dies geschieht durch die Klasse `.type`. Da ohne diese Klasse die Rezension nicht als solche erkannt wird, stellt dies eine Pflichtangabe in der Kennzeichnung solcher Inhalte dar. In einer zweiten Überschrift könnten Sie den Besuchern – ähnlich wie bei einer Breadcrumb-Navigation – eine zusätzliche Orientierungshilfe anbieten, damit sie erkennen, in welcher Rezension sie sich befinden, ohne die Rezension ganz lesen zu müssen. Der Vorteil dabei ist, dass Sie dadurch die Möglichkeit besitzen, an dieser Stelle das oder die relevanten Keywords in einem Überschriften-Element zweiter Ordnung unterzubringen.

<div class="info-box">
<div class="info-header">Art der Beurteilung</div>
Mehr Informationen zu Pflichtfeldern und optionalen Angaben innerhalb des hReview-Formats finden Sie unter: *http://microformats.org/wiki/hreview*.
</div>

```
...
   <div class="hreview">
      <h1 class="type">
         Herzlich willkommen auf Ihrer Buchseite
      </h1>
      <h2>
         Sie lesen : Social Media Marketing -
         Strategien für Twitter, Facebook & Co
      </h2>
   </div>
...
```

Webseitenbesucher, die von Google oder einer anderen Suchmaschine auf Landingpages wie dieser landen, suchen diese zuerst nach dem gesuchten Keyword ab. Daher sollten Sie diesen »Aufhänger« entsprechend auf der Landingpage positionieren. Der zuvor angelegten Produktrezension fügen Sie darum die Produktbezeichnung – hier also Buchtitel und Untertitel – innerhalb des HTML-Elements h3 hinzu. Da der Buchtitel gegenüber dem Untertitel aber auch strukturell gekennzeichnet werden soll, umschließen wir ihn mit dem HTML-Element em. Diese zusätzliche Strukturierung werden Sie sich im weiteren Verlauf zunutze machen, um den Buchtitel anders zu gestalten als den Buchuntertitel.

Die Autorenkennzeichnung fügen Sie über das HTML-Element h4 hinzu. Das bereits für den Buchtitel angelegte Element h3 können Sie um einen Direktlink zum Verlag bzw. zur Präsentationsseite des Buchs ergänzen. Die Verlinkung <a href="#">...</a> versehen wir mit den Klassen .url und .fn. Beim Anklicken der Produktrezension gelangen Sie dann auf die detaillierte Darstellung dieses Buchs.

```
...
   <div class="hreview">
      <h1>...</h1>
      <h2>...</h2>
      <div class="summary">
         <h3 class="item">
            <a class="url fn" href="#">
               <em>Social Media Marketing</em>
               Strategien für Twitter, Facebook & Co
            </a>
         </h3>
         <h4 class="name">von Tamar Weinberg</h4>
```

```
      </div>
   </div>
...
```

3 Beschreibung des Produktes anlegen

Das Hauptaugenmerk bei einer Bewertung liegt meistens auf einer inhaltlichen und qualitativ hochwertigen und von den Anwendern als nützlich eingestuften Einschätzung oder Beurteilung des Produktes. Für dieses Beispiel muss die Beschreibung eines Buchs des O'Reilly-Verlags herhalten. Damit auch diese Informationen beispielsweise von Suchmaschinen gezielt ausgelesen und ausgewertet werden können, müssen Sie diesen Bereich mit der Klasse `.description` innerhalb des Containers mit der Klasse `.hreview` integrieren:

Anlaufstelle zum Thema Mikroformate

Eine Quelle, die seit Jahren hilfreiche und aktuelle Informationen rund um das Thema Mikroformate vorstellt, ist der Notizblog von Matthias Pfefferle: *http://notizblog.org*

```
...
   <div class="hreview">
      <h1>...</h1>
      <h2>...</h2>
      <div class="summary">
         <h3 class="item">...</h3>
         <h4 class="name">...</h4>
         <p class="description">
            Ohne Social Media Marketing geht es ...
         </p>
      </div>
   </div>
...
```

Inhaltlich gesehen könnte man nun davon ausgehen, dass alle relevanten Daten abgebildet sind. Aber alle kaufentscheidenden Elemente wie der Preis, die Bewertung oder auch die Produktabbildung fehlen noch.

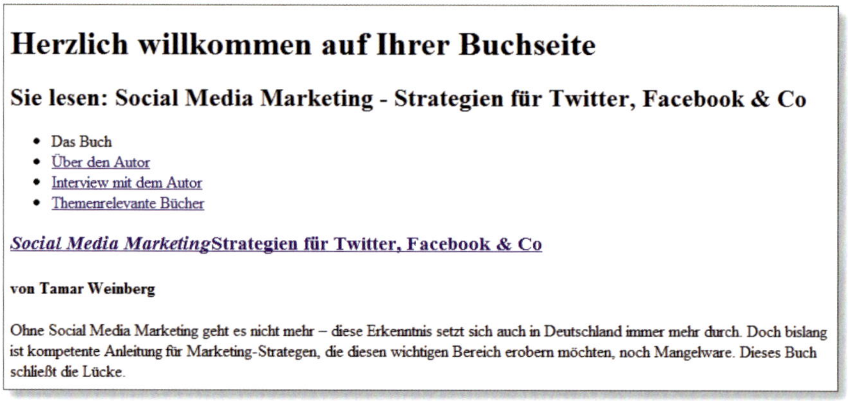

Abbildung 3 ▸
Produktbeschreibung mit Buchtitel, Untertitel, Autorenname und Buchbeschreibung

Die zusätzlich zwischen den Überschriften h2 und h3 eingefügte Navigation kann dazu verwendet werden, zusätzliche Daten zum Buch oder zum Autor mittels CSS über Ein- und Ausblenden sichtbar werden zu lassen, ohne dass der User dabei großartig scrollen muss.

4 Preis anlegen und kennzeichnen

Da auch der Preis des Buchs angezeigt werden soll, benötigen wir die Klasse .price und eine Klasse .currency zur Kennzeichnung der Währung. Da der Preis im weiteren Verlauf vor der Produktbeschreibung .description stehen soll, platzieren wir ihn entsprechend.

```
...
   <div class="hreview">
      <h1>...</h1>
      <h2>...</h2>
      <div class="summary">
         <h3 class="item">...</h3>
         <h4 class="name">...</h4>
         <p>
            <span class="price">24.90€</span>
            Auf Lager und kostenloser Versand!
         </p>
         <p class="description">...</p>
      </div>
   </div>
...
```

hReview Creator

Wer Rezensionen über ein Formular erstellen möchte, kann hier für den hReview Creator verwenden, um den daraus gewonnen HTML-Code an geeigneter Stelle implementieren zu können:
http://microformats.org/code/hreview/creator

5 Integrieren der Produktabbildung

Inhaltlich und strukturell haben Sie bis hierher bereits alle notwendigen Informationen, die später von Suchmaschinen ausgelesen werden können, angelegt. Da die Rezension zu diesem Buch die Besucher der Webseite aber auch emotional ansprechen soll, fehlt an dieser Stelle noch die dafür notwendige Produktabbildung, die Lesern, die das Cover bereits kennen, noch einmal zusätzlich bestätigt, hier eine Rezension zum richtigen Buch zu lesen.

»buch-social-media.jpg«

```
...
   <div class="hreview">
      <h1>...</h1>
      <h2>...</h2>
      <div class="summary">
         <img src="images/buch-social-media.jpg"
         class="photo" alt="Social Media Marketing" />
```

Bewertungsmaßstäbe

Für die Bewertung innerhalb von Rezensionen sind verschiedene Arten der Punktevergabe möglich, zum Beispiel mit einer ganzzahligen Skala von 1 (schlecht) bis 5 (sehr gut). Allerdings kann diese Bewertungsskala auch Dezimalschritte und somit detaillierte Bewertungen ermöglichen.

```
            <h3 class="item">...</h3>
            <h4 class="name">...</h4>
            <p>
                <span class="price">
                    29.90
                    <span class="currency">€</span>
                </span>
                Auf Lager und kostenloser Versand!
            </p>
            <p class="description">...</p>
        </div>
    </div>
...
```

6 Kennzeichnen der Bewertungskriterien

Für viele Leser ist eine beschreibende Beurteilung allein nicht eindeutig oder aussagekräftig genug, um daraufhin eine Kaufentscheidung zu treffen. Daher greifen wir, wie in vielen Onlinekatalogen, Reiseportalen etc., auch in unserem Beispiel auf eine Beurteilung in Form von Punkten zurück. Denn wenn ein Produkt beispielsweise 4 von 5 oder 8 von 10 Punkten erhält, ist diese Information für viele Leser entscheidender als eine nicht aussagekräftige Beurteilung eines Produktes und stellt somit einen Vertrauensindikator dar, den sich viele Webseiten, wie die eingangs genannte Plattform *techradar.com*, zunutze machen.

Eine beliebte Form der Beurteilung von Produkten oder Serviceleistungen ist es, Sterne zu vergeben. Damit diese Art der Beurteilung auch von den entsprechenden Anwendungen erkannt und ausgelesen werden kann, müssen Sie die Beurteilung entsprechend kennzeichnen. Da die Darstellung einer Bewertung anhand von Sternen durchaus eine Art der Abkürzung darstellt, können Sie hierfür das abbr-Element verwenden. Diesem Element müssen Sie lediglich die Klasse .rating und im Attribut title die numerische Angabe der Beurteilung hinzufügen. Die Sterne könnten Sie über Grafiken darstellen, es gibt aber auch die Möglichkeit, Stern-Symbole aus dem Unicodeblock »Dingbats« zu benutzen, ähnlich wie wir es schon im Workshop »Webdesign im Miniaturformat: mobile Websites« in Kapitel 11 gemacht haben.

»abbr«-Element

Das abbr-Element markiert Abkürzungen. In CSS erzeugt dieses Element ein Inlineelement, das heißt, es führt nicht zu einem Zeilenumbruch, sondern setzt den Dokumentenfluss ungehindert fort. Standardmäßig werden Inhalte innerhalb dieses Tags mit einer gepunkteten Linie unterstrichen dargestellt.
Das title-Attribut ist in Verbindung mit abbr nützlich, um Information anzugeben, die im Browsern als Browser-Tooltip angezeigt werden. Im Internet Explorer funktioniert dies erst ab Version 7.

```
...
    <div class="hreview">
        <div class="summary">
            <h3 class="item">...</h3>
            <h4 class="name">...</h4>
            <p><span class="price">...</p>
```

```
<p>
    <abbr class="rating" title="5">
        Kundenbewertung:
        &#10026;&#10026;&#10026;&#10026;&#10026;
    </abbr>
</p>
<p class="description">...</p>
    </div>
</div>
...
```

Der Vorteil dieser Variante ist, dass wir die Sterne farblich mit CSS gestalten können und dafür keinen zusätzlichen HTTP-Request benötigen, der beim Einsatz von Grafiken notwendig würde. Ein Nachteil ist, dass die Sterne vom Internet Explorer kleiner Version 7 nicht abgebildet werden. Für einen solchen Fall könnten Sie via Conditional Comments und einer Abfrage für diese Versionen diesen in die Tage gekommenen IE-Versionen über Hintergrundgrafiken einen alternativen Ansatz zur Darstellung der Bewertungssterne anbieten.

7 Anlegen des Call-to-Action-Elements

Die Inhalte, die zum Auslesen der Daten notwendig sind, haben wir angelegt. Einzig und allein das Call-to-Action-Element fehlt, mit dem der Anwender aufgefordert wird, die gewünschte Handlung auszuführen – also das Buch in den Warenkorb zu legen. Also erstellen wir das notwendige Element nach der Beschreibung der Buchrezension und kennzeichnen es mit einer eindeutigen Klasse .buy, über die dieses Element seine spätere Gestaltung via CSS erfahren soll.

```
...
<div class="hreview">
    <div class="summary">
        <h3 class="item">...</h3>
        <h4 class="name">...</h4>
        <p><span class="price">...</p>
        <p>
            <abbr class="rating" title="5">... </abbr>
        </p>
        <p class="description">...</p>
        <p>
            <a href="#" class="buy">In den Warenkorb</a>
        </p>
    </div>
</div>
...
```

Herzlich willkommen auf Ihrer Buchseite

Sie lesen: Social Media Marketing - Strategien für Twitter, Facebook & Co

- Das Buch
- Über den Autor
- Interview mit dem Autor
- Themenrelevante Bücher

SOCIAL MEDIA MARKETING STRATEGIEN FÜR TWITTER, FACEBOOK & CO

O'REILLY

Social Media Marketing Strategien für Twitter, Facebook & Co

von Tamar Weinberg

29.90€ Auf Lager und kostenloser Versand!

Kundenbewertung: ✪✪✪✪✪

Ohne Social Media Marketing geht es nicht mehr – diese Erkenntnis setzt sich auch in Deutschland immer mehr durch. Doch bislang
ist kompetente Anleitung für Marketing-Strategen, die diesen wichtigen Bereich erobern möchten, noch Mangelware. Dieses Buch
schließt die Lücke.

In den Warenkorb

»bg_pattern.jpg«

© iStockphoto, 1590502, colonel

▲ **Abbildung 5**
Die Grafik dient als Hintergrund für
die Buchseite

8   Von der Struktur zur Gestaltung

Webseitenbesucher surfen von einer Webseite zu nächsten, scannen und überfliegen die Inhalte und verlassen die Websites wieder genauso schnell – vor allem dann, wenn sie denken, dass sie nicht gefunden haben, was sie suchen. Kommen Sie daher also direkt auf den Punkt, und lassen Sie den Besucher schnell erkennen, ob die für ihn relevanten Informationen vorhanden sind oder nicht. Die Gestaltung mit CSS hat daran einen entscheidenden Anteil.

Nachdem die Strukturierung der Inhalte nun abgeschlossen ist, richten wir im weiteren Verlauf die Inhalte aus, gestalten sie und bringen sie somit neben ihrer Bedeutung auch visuell in Beziehung zueinander. Hierzu richten wir zuerst die beiden Überschriften oberster Ordnung, h1 und h2, entsprechend präsent oberhalb der darunterliegenden Navigation aus. Den Hintergrund des gesamten Layouts bildet allerdings ein grau eingefärbtes Hintergrundbild, das bildschirmfüllend wiederholt wird.

```
body {
    text-align:center;
    background: url(../images/bg_pattern.jpg) 0 0 repeat;
}
h1 {
    color:#133870;
    font-size:30px;
}
```

```
h2 {
    color:#133870;
    font-size:15px;
    margin:0 0 50px 0;
    font-weight:normal;
}
```

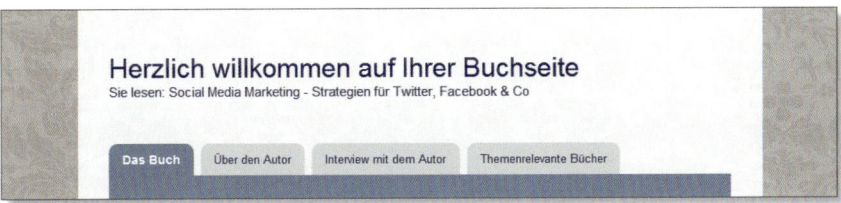

▲ **Abbildung 6**
Oberhalb der Navigation ausgerichtete Überschriften, die textlich bereits einleiten, was im nächsten Schritt bildhaft hinzugefügt wird

Danach richten wir unterhalb der Navigation – auf die ich an dieser Stelle nicht näher eingehe – die Produktabbildung linksbündig aus und lassen sie von den textlichen Inhalten in weißer Schriftfarbe umfließen.

```
body {
    color:#FFF;
}
.photo {
    float: left;
    margin:3px 35px 100px 0;
}
```

◄ **Abbildung 7**
Linksbündig ausgerichtete Produktabbildung, daneben die Beschreibung des Produkts

Perfekte Landingpages

Sucht jemand nach einem Produkt, können Sie davon ausgehen, dass er einen gewissen Bedarf an diesem Produkt hat. Dieser Bedarf muss auf der Landingpage quasi »nur« noch über die letztendliche Kaufentscheidung in einer Bestellung münden. Die Kaufberatung, die die Kaufentscheidung maßgeblich beeinflussen kann, muss unter anderem aus einer Auflistung von Vorteilen des entsprechenden Produktes und Kundenbewertungen des Produkts bestehen. Wer mehr darüber wissen möchte, welche Merkmale eine gute Landingpage haben muss, um das Interesse und Vertrauen des Webseitenbesuchers zu wecken, sollte folgenden Cheat Sheet (Merkzettel) kennen: *http://www.formstack.com/the-anatomy-of-a-perfect-landing-page.*

9 Hervorhebung des Buchtitels

Da die Überschriften, die den Buchtitel und die Autorin auszeichnen, bereits im unformatierten Zustand visuell präsenter sind als andere Textinhalte, heben wir diese Eigenschaften über CSS noch mehr hervor. Das wichtigste Merkmal ist neben den unterschiedlichen Schriftgrößen die Blockeigenschaft, die wir dem Buchtitel zuweisen. Da dieser zusammen mit dem Untertitel Bestandteil von h3 ist, haben wir ihn mit em eingangs in ein zusätzliches HTML-Element »eingefasst«.

```
h3 a, h3 a em, h4 {
    font-style:normal;
    font-weight:normal;
    color:#fff;
    text-decoration:none;
}
h3 a {
    display: block;
    font-size:15px;
}
h3 a em {
    display: block;
    font-size:35px;
    line-height:.9;
}
h4 {
    font-size:13px;
    font-style:italic;
}
```

Abbildung 8 ▶
Hervorhebung des Buchtitels über das HTML-Element h3

Warum die Vergrößerung der Überschriften nicht ganz unwichtig ist, zeigt Abbildung 8, in der die Überschrift mit der Schriftgröße von 35 px (unten) wesentlich mehr Aufmerksamkeit erzeugt als die vorherige Version (oben), die noch ohne Eigenschaften für die Schriftgröße auskam.

10 Preis und Produktbewertung hervorheben

Neben dem primären Call-to-Action-Element und der Ausrichtung der Produktabbildung müssen wir auch den Produktpreis gestalten. Damit dieser dem Betrachter ins Auge fällt, gibt es mehrere gestalterische Regeln zu berücksichtigen. Eine dieser Regeln, die wir uns hier zunutze machen können, ist die der räumlichen Nähe. Sie besagt, dass Elemente einer Webseite, die räumlich nah beieinander liegen, in der Wahrnehmung der Webseitenbesucher gruppiert und als zusammengehörig aufgefasst werden. Aus diesem Grund wird der Preis des Buchs mit 35 px deutlich größer ausfallen als die umliegenden Texte. Zudem deklarieren wir ihn als Inline-Block-Element, was es möglich macht, ihm auch einen Außenabstand zuzuweisen. Damit die in manchen Browsern standardmäßige Unterstreichung des abbr-Elements und der darin enthaltenen Sterne nicht angezeigt wird, müssen wir sie entfernen. Zwecks einer besseren Lesbarkeit der Sterne versehen wir sie mit Abständen.

7 Regeln für Call-to-Action-Elemente

Sofern eine Aufforderung zu einer Handlung (»Call to Action«) nicht klar erkennbar ist, wird sie leicht übersehen. Wie Sie dies vermeiden können, erfahren Sie in einem lesenswerten Blogbeitrag bei konversionsKRAFT:
konversionskraft.de/checklisten/weniger-stress-fuer-shopbetreiber.html

```css
.price {
   display:inline-block;
   font-size:35px;
   margin:20px 15px 0 0;
   padding:0 13px 0 0;
}
abbr {
   display:inline-block;
   margin:10px 0 0 0;
   border-bottom:none;
}
.description {
   margin:20px 0;
}
```

Auf diese Weise wird der Abstand der umliegenden Inhalte von Produktabbildung und vom dazugehörigen Preis vergrößert. Eine Ausnahme bilden die direkt darunterliegenden Sterne, die die Bewertung des Buchs widerspiegeln und somit in direkte Verbindung mit der Produktabbildung und dem Preis gebracht werden können. Warum diese räumliche Nähe so immens wichtig ist, soll der folgende Vergleich verdeutlichen: Die obere Darstellung aus Abbildung 9 entspricht den nun umgesetzten Eigenschaften, während in der unteren Darstellung zwischen Preis und Produkt eine zu große Distanz für die Augen des Betrachters vorliegt und somit Abbildung und Preis nicht mehr so leicht zu einer Einheit gruppiert werden.

Abbildung 9 ▶
Hervorhebung des Produktpreises durch die Vergrößerung der Schrift und weitere Abstände zu anderen Elementen unter Berücksichtigung räumlicher Nähe zwischen Produktbild und Preis

11 Positionierung und Gestaltung des Call-to-Action-Buttons

Wie andere wichtige Webinhalte unterliegen auch CTA-Elemente häufig der Vorgabe durch eine Corporate Identity und werden daher in das vorhandene Farbschema integriert. Das Problem hierbei ist, dass diese Elemente dadurch oftmals zu wenig Kontrast aufweisen und in der Webseite nicht genügend Aufmerksamkeit erfahren. Daher sollten Sie für ihre Gestaltung konträre Farben verwenden, die direkt ins Auge des Betrachters fallen.

Aus diesem Grund weisen wir in diesem Workshop dem Link bzw. Button In den Warenkorb einen dezenten Farbverlauf zu, der den roten Farbwert des Buchuntertitels aufgreift und somit im völligen Kontrast zu den umliegenden Inhalten und dem Hintergrund steht und Aufmerksamkeit erzeugt.

```
.buy {
    display:inline-block;
    margin:0 15px 0 0;
    padding:10px 13px;
    font-weight:bold;
```

▲ **Abbildung 10**
Vergleich des Call-to-Action-Buttons vor (oben) und nach (unten) der Gestaltung mit CSS

```
-moz-border-radius:10px;
-webkit-border-radius:10px;
border-radius:10px;
text-decoration: none;
color:#FFF;
background-color: #cb0b18;
background:-moz-linear-gradient(
90deg, #cb0b18, #b30c14 25%, #bc1413);
background:-webkit-gradient(
linear, center bottom, center top,
from(#cb0b18), color-stop(25%,#b30c14), to(#bc1413));
background:-webkit-linear-gradient(
90deg, #cb0b18, #b30c14 25%, #bc1413);
background:-ms-linear-gradient(
90deg, #cb0b18, #b30c14 25%, #bc1413);
background: linear-gradient(
90deg, #cb0b18, #b30c14 25%, #bc1413);
}
```

Für den Moment der Fokussierung dieses Elements durch den Webseiten-besucher wird der als Button dargestellte Link den Farbwert erhalten, mit dem der zuvor festgelegte Farbverlauf beginnt.

```
.buy:hover, .buy:active, .buy:focus {
   background:#cb0b18;
}
```

Farbverlauf im Opera

Nachdem lange Zeit lediglich Mozilla und webkit-basierte Browser die Eigenschaft des Farbverlaufes unterstützten, beherrscht dies seit Ende März 2011 auch der norwegische Browser Opera in Form der Version 11.10. Dazu ist allerdings, wie für die beiden anderen Browser, das Präfix `-o-` notwendig. Die Schreibweise ist ansonsten mit der von Mozilla identisch, ebenso wie die für den in der Pre-Beta-Phase befindlichen IE 10 (`-ms-`).

▲ **Abbildung 11**
Kontrastreiche Gestaltung des Call-to-Action-Buttons

»box-reflect« nur für Webkit-Browser

Da, wie im CSS-Code zu erkennen ist, lediglich das Präfix `-webkit-`Anwendung findet und keine für alle Browser allgemeingültige Eigenschaft ohne Präfix vorliegt, können aktuell nur Safari 5 und Google Chrome 13 diese Eigenschaft umsetzen. Alle anderen Browser stellen das Buchcover wie in Abbildung 11 ohne Spiegelung dar.

12 Spiegelung per CSS: Aufmerksamkeit weiter erhöhen

Da die Produktpräsentation durch eine hochwertige Abbildung aufge-wertet werden kann, stelle ich im letzten Arbeitsschritt dieses Workshops

noch eine weitere CSS3-Eigenschaft vor, die Inhalte imposanter wirken lassen kann, als sie vielleicht ursprünglich sind. Dank CSS3 und der Unterstützung der vom Safari- und Chrome-Browser genutzten Browser-Engine Webkit gibt es die Möglichkeit, gänzlich ohne Grafikprogramme oder auch JavaScript-Erweiterungen eine Reflexion eines Elements zu erzeugen.

Neben Ausrichtung der Spiegelung (below), der Definition des Abstandes zwischen »Original« und »Reflexion« (1 px) und dem Anfangs- und Endpunkt wird in dieser Eigenschaft auch die Ausrichtung (linear) festgelegt. Des Weiteren definieren wir einen »farblichen Start- und Stopp-Punkt« (from, ... color-stop) sowie einen End-Punkt (to) und dessen Farbwert.

```
.photo {
    ...
    -webkit-box-reflect: below 1px -webkit-gradient(
    linear, left top, left bottom, from(transparent),
    color-stop(0.73, transparent), to(#FFF));
}
```

Diese Eigenschaften führen dazu, dass 73 % der Produktdarstellung des gespiegelten Buchcovers, wie in Abbildung 13 zu erkennen ist, transparent sind und erst die restlichen 27 % sichtbar werden und ohne jegliche Transparenz im Abstand von 1 px zum »Original« enden.

»box-reflect« für alle Browser (JavaScript)

David Walsh, dessen Blog eine empfehlenswerte Anlaufstelle für alles ist, was mit JavaScript zu tun hat, stellt in folgendem bereits Ende 2009 veröffentlichten Artikel zwei Varianten zur Spiegelung von Inhalten mittels der Java-Script-Frameworks jQuery und Mootools vor: *www.davidwalsh. name/javascrip-reflection*

▲ **Abbildung 13**
Darstellung der Inhalte der Buchrezension, inklusive des gespiegelten Buchcovers

Die DVD zum Buch

Auf der DVD zum Buch haben wir interessante Zusatzmaterialien und natürlich alle Beispiele aus den Workshops für Sie zusammengestellt. Sie finden folgende Inhalte:

Beispielmaterial und Links

Sortiert nach den Kapiteln des Buchs finden Sie im Ordner BEISPIEL-MATERIAL_LINKS das komplette Beispielmaterial aus den Workshops. Über die Datei INDEX.HTML auf der obersten Ebene können Sie die Beispielseiten direkt im Browser ansteuern und testen.

Um den CSS-Code in einem Editor Ihrer Wahl zu öffnen, wählen Sie den Ordner zum jeweiligen Kapitel und anschließend den zum gewünschten Workshop aus; darin finden Sie den Unterordner CSS und auch die jeweils verwendeten Bilddateien (Ordner IMAGES).

Zusätzlich finden Sie auf der obersten Ebene des Ordners eine Liste mit interessanten und nützlichen Links zu den Themen dieses Buchs.

Testversion Photoshop CS5 Extended

Im Ordner TESTVERSION_PhotoshopCS5 finden Sie eine 30-tägige Testversion von Photoshop CS5 Extended für Mac und Windows. Um das Programm zu installieren, kopieren Sie zunächst den jeweiligen Ordner auf Ihre Festplatte. Von dort starten Sie das Installationsprogramm per Doppelklick auf die exe- (Windows) bzw. die dmg-Datei (Mac). Hatten Sie bereits einmal eine Demoversion von Photoshop CS5 auf Ihrem Rechner installiert, so ist die erneute Installation einer Testversion nicht möglich.

Video-Lektionen

Im Ordner VIDEO-LEKTIONEN haben wir ein besonderes Bonus-Angebot für Sie zusammengestellt. Sie finden über eine Stunde Video-Lektionen zu wichtigen CSS-Grundlagen und CSS-Layouts. Die Lektionen stammen aus dem Video-Training »CSS in der Praxis« von Bernhard Stockmann (ISBN 978-3-8362-1723-1).

Um das Training zu starten, gehen Sie auf der Buch-DVD in den Ordner VIDEO-LEKTIONEN und klicken dort als Windows-Benutzer die Datei »start.exe« auf der obersten Ebene an (als Mac-Anwender die Datei »start.app«). Alle anderen Dateien können Sie ignorieren. Das Video-Training startet, und Sie finden sich auf der Oberfläche wieder. Sie finden folgende Filme:

Kapitel 1: CSS-Grundlagen verstehen und anwenden
1.1. Selektoren – A und O der Stylesheets   (09:18 Min.)
1.2 Kaskadierung und Vererbung verstehen   (14:46 Min.)
1.3 Die Pseudoklassen nutzen   (04:00 Min.)

Kapitel 2: Mit CSS zum perfekten Layout
2.1 Eine zentrierte Website mit zwei Spalten   (05:55 Min.)
2.2 Eine zentrierte Website mit drei Spalten   (06:59 Min.)
2.3 Eine dehnbare Website mit drei Spalten   (06:31 Min.)

Kapitel 3: CSS für Druck und mobile Endgeräte
3.1 Medientypen unterscheiden   (02:06 Min.)
3.2 Die Website für den Druck optimieren   (07:40 Min.)
3.3 Websites für mobile Endgeräte aufbereiten   (11:02 Min.)

Index

Ich bin iStock

M(28)SUCHT:
JPG, WAV, MOV UND FLA
FÜR EINE FESTE
EINBINDUNG

PHILIP_28_WEBDESIGNER_BERLIN

FOTOS   GRAFIKEN   VIDEOS   AUDIO   FLASH

Weschkalnies, Shabanov, Ahmadi
Adobe Flash CS6
Das umfassende Handbuch

957 S., komplett in Farbe, mit DVD, 49,90 €
ISBN 978-3-8362-1888-7
www.galileodesign.de/3054

Sebastian Erlhofer
Suchmaschinen-Optimierung
Das umfassende Handbuch

734 S., 6. Auflage, 39,90 €
ISBN 978-3-8362-1898-6
www.galileocomputing.de/3077

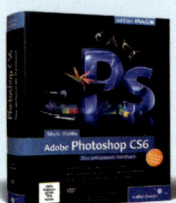

Sibylle Mühlke
Adobe Photoshop CS6
Das umfassende Handbuch

1.200 S., komplett in Farbe, mit DVD, 49,90 €
ISBN 978-3-8362-1883-2
www.galileodesign.de/3058

Frank Bongers
HTML5 und CSS3
Das umfassende Handbuch

1.000 S., mit DVD, 39,90 €, ab 03/2013
ISBN 978-3-8362-1924-2
www.galileocomputing.de/3112

454 S.
3. Auflage 2012
44,90 €

Ingo Chao, Corina Rudel
Fortgeschrittene CSS-Techniken
Inkl. Debugging und Performance-Optimierung

In drei umfangreichen und reich illustrierten Teilen zeigen Ihnen die beiden Autoren Corina Rudel und Ingo Chao die Vielfalt der CSS-Prinzipien anhand von vielen Kurzbeispielen, stellen kompetent den Umgang mit Inkonsistenzen in modernen Browsern dar und vermitteln professionelle Debugging-Techniken.

ISBN 978-3-8362-1695-1
www.galileocomputing.de/2511

804 S., 2011
mit DVD und Referenzkarte
39,90 €

Kai Laborenz
CSS
Das umfassende Handbuch

Endlich findet sich das vollständige Wissen zu CSS und Co. in einem Band. Einsteiger erhalten eine fundierte Einführung, professionelle Webentwickler einen Überblick über alle CSS-Technologien und Praxislösungen für CSS-Layouts sowie Tipps, um aus dem täglichen Webeinerlei herauszukommen. Inkl. HTML5 und CSS3

ISBN 978-3-8362-1725-5
www.galileocomputing.de/2556

422 S.
mit DVD
39,90 €

Manuela Hoffmann
Modernes Webdesign
Gestaltungsprinzipien, Webstandards, Praxis

Die 3. Auflage des erfolgreichen Praxisbuchs, komplett überarbeitet: HTML5 und CSS3 im Überblick, neue Beispiele und Arbeitsvorlagen u. v. m. Die Grafikerin und Webdesignerin Manuela Hoffmann (pixelgraphix.de) führt Sie von der Idee über erste Entwürfe bis hin zur technischen Umsetzung: Ein Wegweiser für modernes Webdesign, der gleichzeitig Praxis, Anleitung und Inspiration liefert.

ISBN 978-3-8362-1796-5
www.galileodesign.de/2907

866 S.
2. Auflage 2012
mit DVD
34,90 €

Esther Düweke, Stefan Rabsch
Erfolgreiche Websites
SEO, SEM, Online-Marketing, Usability

Alles, was Sie für Ihren erfolgreichen Webauftritt benötigen. Zahlreiche Praxisbeispiele zeigen Ihnen anschaulich den Weg zu einer besseren Webpräsenz. Inkl. SEO, SEM, Online-Marketing, Affiliate-Programme, Google AdWords, Web Analytics, Social Media-, E-Mail-, Newsletter- und Video-Marketing, Mobiles Marketing u. v. m.

ISBN 978-3-8362-1871-9
www.galileocomputing.de/3041

Markus Wäger

Grafik und Gestaltung
Das umfassende Handbuch

Was macht eine Gestaltung perfekt?
Dieses umfassende Praxisbuch zeigt Ihnen
im Detail, wie Sie mit Form, Farbe, Schrift
und Bildern ansprechende Layouts erstellen.
Markus Wäger verrät so manchen Tipp aus
der Praxis und wertvolles Hintergrundwissen.
Nutzen Sie das Buch als Nachschlagewerk
und Inspirationsquelle – und perfektionieren
Sie Ihre Designs.

620 S., 2010, 39,90 €
ISBN 978-3-8362-1206-9
www.galileodesign.de/1812

*Ein Muss für jeden spezialisierten Kreativen, der über
den Tellerrand seiner Disziplin hinausblicken will.* DOCMA

Claudia Runk

Grundkurs Typografie und Layout
Für Ausbildung und Praxis

Diese liebevoll gestaltete Einführung
zeigt Ihnen, wie Ihre Entwürfe durch
den richtigen Umgang mit Schrift ge-
winnen können – von der passenden
Schriftwahl über Abstände bis hin zu
Grundlinienrastern und dem optima-
len Seitenformat. Beispiele aus Print
und Web, umgesetzt mit InDesign
und QuarkXPress, vervollständigen
das Buch.

319 S.
3. Auflage 2012
24,90 €

ISBN 978-3-8362-1794-1
www.galileodesign.de/2627

Claudia Runk

Grundkurs Grafik und Gestaltung
Mit konkreten Praxislösungen

Dieses Buch führt Sie Schritt für Schritt
in die Geheimnisse guter Gestaltung
ein. Es zeigt Ihnen, welche Grundregeln
es zu beachten gilt und wie Sie mit den
richtigen Farben, Bildern und Schriften
Layouts entwerfen, die im Gedächtnis
bleiben. Mit zahlreichen Beispielen,
Vorher-nachher-Vergleichen und praktischen Checklisten!

314 S., 2010
24,90 €

ISBN 978-3-8362-1437-7
www.galileodesign.de/2157

Uwe Koch, Dirk Otto, Mark Rüdlin

Recht für Grafiker und Webdesigner
Der praktische Ratgeber für Kreative

Das Standardwerk für Kreative in der
10. Auflage! Drei Anwälte beantworten
Ihre dringendsten Fragen: Wie kann
ich meine kreativen Arbeiten schützen?
Wie gelingt der Schritt in die Selbststän-
digkeit? Wie sollten Verträge formuliert
sein? Dieses Buch schafft Klarheit – mit
Vertragsmustern und Checklisten zum
Download.

439 S.
10. Auflage 2012
49,90 €

ISBN 978-3-8362-1844-3
www.galileodesign.de/3001

Nils Pooker

Der erfolgreiche Webdesigner
Der Praxisleitfaden für Selbstständige

Sie möchten wissen, wie Sie als Webdesigner noch erfolgreicher werden
können? Nils Pooker hält in diesem
Buch die passenden Antworten parat.
Er vermittelt praxiserprobte Strategien
und Lösungen zu allen Themen, die bei
der täglichen Arbeit eines Webdesigners
eine Rolle spielen, wie z. B. Kundenge-
winnung, Marketing, SEO, Usability und
Konzeption u. v. m.

641 S.
2. Auflage 2011
mit DVD
39,90 €

ISBN 978-3-8362-1529-9
www.galileodesign.de/2287

Der Name Galileo Press geht auf den italienischen Mathematiker und Philosophen Galileo Galilei (1564–1642) zurück. Er gilt als Gründungsfigur der neuzeitlichen Wissenschaft und wurde berühmt als Verfechter des modernen, heliozentrischen Weltbilds. Legendär ist sein Ausspruch *Eppur si muove* (Und sie bewegt sich doch). Das Emblem von Galileo Press ist der Jupiter, umkreist von den vier Galileischen Monden. Galilei entdeckte die nach ihm benannten Monde 1610.

Lektorat Katharina Geißler, Sonja Corsten
Fachgutachten Dirk Jesse, Berlin
Korrektorat Petra Biedermann, Reken
Einbandgestaltung Klasse 3b, Hamburg
Herstellung Maxi Beithe
Satz Markus Miller, München
Coverbild Fotolia.com: TM-Design 10343814; vege 11507487; tuulijumala 17057113; George Mayer 20739730; chispas 22483515 und 16126364; Eleandil 22487222
Workshopbilder Heiko Stiegert und Lizenzgeber (*www.istockphoto.com*, Pierre Woita, Sebastian Kollat). Alle Rechte vorbehalten. Alle in diesem Buch und auf dem beiliegenden Datenträger zur Verfügung gestellten Bilddateien sind ausschließlich zu Übungszwecken in Verbindung mit diesem Buch bestimmt. Jegliche sonstige Verwendung bedarf der vorherigen, ausschließlich schriftlichen Genehmigung des Urhebers.
Druck Himmer AG, Augsburg

Dieses Buch wurde gesetzt aus der Linotype Syntax (9,5 pt/13,5 pt) in Adobe InDesign CS4. Gedruckt wurde es auf mattgestrichenem Bilderdruckpapier (115 g/m²).

Gerne stehen wir Ihnen mit Rat und Tat zur Seite:
katharina.geissler@galileo-press.de
bei Fragen und Anmerkungen zum Inhalt des Buchs

service@galileo-press.de
für versandkostenfreie Bestellungen und Reklamationen

julia.mueller@galileo-press.de
für Rezensions- und Schulungsexemplare

Bibliografische Information der Deutschen Nationalbibliothek
Die Deutsche Nationalbibliothek verzeichnet diese Publikation in der Deutschen National-bibliografie; detaillierte bibliografische Daten sind im Internet über *http://dnb.d-nb.de* abrufbar.

ISBN 978-3-8362-1666-1

© Galileo Press, Bonn 2011
1. Auflage 2011, 2., korrigierter Nachdruck 2013

In unserem Webshop finden Sie unser aktuelles
Programm mit ausführlichen Informationen,
umfassenden Leseproben, kostenlosen Video-Lektionen –
und dazu die Möglichkeit der Volltextsuche in allen Büchern.

www.galileodesign.de

Galileo Design

Know-how für Kreative.